¿Tienes pregu
¿Has vivido fr
¿Estás triste? ¿
¿Sientes temor

El Señor Jesuc

demás circunstancias. Nos llega su cariñosa invitación: "Venid a mí" (Mateo 11:28).

¿No estás seguro de que Jesús tiene lo que tú necesitas? Entonces al igual que a Andrés y a Juan, quienes llegaron a ser sus discípulos, él te invita a averiguarlo. Dice "Venid y ved" (Juan 1:39).

Abre este libro y recorre sus páginas. El Salvador invita y espera...

Con la oración de que la Palabra de Dios llegue a ser probada, vivida y gozada, este Nuevo Testamento es presentado a:

____

(nombre)

____

(fecha y lugar)

por

Tabernaculo de Fe

2124 S.W 29th

Oklahoma City, Oklahoma 73119

Phone (405) 634-1351

Fax (405) 634-5218

EDITORIAL MUNDO HISPANO

Apartado Postal 4256, El Paso, TX 79914, EE. UU. de A.

www.editorialmh.org

Ediciones del Nuevo Testamento: 1986, 1987
NT "Venid a Mí": 1990, 1991, 1993, 1994,
1995, 1997, 1997, 1998, 1998, 1999
Decimotercera edición, 2002

Clasificación Decimal Dewey: 225.56

Tema: Biblias, Nuevos Testamentos español, Reina-Valera Actualizada 1986

ISBN: 0-311-48752-1
EMH Art. No. 48752

50 M 1 02

Impreso en Bielorrusia
Printed in Belarus

PRINTCORP LP № 347 of 11.05.99. Kuprevich St. 18, Minsk, 220141. Or. 01233A. Qty 50 000 cps.

EL NUEVO TESTAMENTO
de la
SANTA BIBLIA
Versión Reina-Valera Actualizada

con ayudas especiales:
Sección de Estudios Bíblicos "Venid a Mí"

Sección de pasajes del Nuevo Testamento
para ser cantados y memorizados

Editorial Mundo Hispano

CONTENIDO

Abreviaturas y siglas

aprox. Aproximadamente
cap. Capítulo
comp. Compárese con
gr. Griego
lit. Literalmente, del idioma original
LXX Versión griega llamada de los Setenta o Septuaginta
m., cm., km. Metro(s), centímetro(s), kilómetro(s)
ms., mss. Manuscrito, manuscritos
O: Una traducción con palabra(s) sinónima(s) o muy afín(es)
O sea, y Es decir Equivalencias o notas explicativas semejantes
otra(s) trad(s). Otra(s) palabra(s) o frase(s) que traduce(n) el mismo texto, con variación mayor que con "O:"
p.ej. Por ejemplo
s., ss. Siguiente, siguientes
v., vv. Versículo, versículos
ver Señala un pasaje paralelo o de cierta afinidad de tema, que puede ayudar a entender el texto.

( ) Encierran las palabras o frases aclaratorias dentro del texto y que son parte del mismo.

[ ] Encierran pasajes que han sido incluidos en el texto por razones convincentes, pero cuya ubicación o presencia en el texto original es incierta.

— — Las rayas se usan para abrir parlamentos o diálogos, identificar personajes e indicar escenas dramáticas. También son usadas a manera de paréntesis en ciertas cláusulas, generalmente largas, para ayudar al lector a no perderse en construcciones sintácticas fieles al idioma original, pero más complejas que las normales en el castellano moderno. Indican un segundo (u otro) párrafo al seguir hablando una misma persona en diálogo, el primer párrafo habiendo sido iniciado con un raya.

INTRODUCCION

"Los cielos y la tierra pasarán, pero mi palabra no pasará", dijo nuestro Señor Jesucristo. Movidos por una profunda lealtad a él y por un gran respeto a su Santa Palabra, y con la convicción de que el ser humano necesita la Biblia, hombres de fe a través de los siglos se han esforzado en poner las Sagradas Escrituras en el lenguaje del pueblo.

Uno de ellos fue Casiodoro de Reina, quien publicara en 1569 la primera Biblia completa en castellano. En 1602, Cipriano de Valera publicó la primera revisión, por lo que vino a ser conocida como la versión Reina-Valera. En los cuatro siglos que median desde su primera publicación, han aparecido varias revisiones por la necesidad de mantener al día el lenguaje según ha ido evolucionando.

Ahora, con sincero agradecimiento al Autor de las Sagradas Escrituras, Editorial Mundo Hispano presenta el Nuevo Testamento en la versión Reina-Valera Actualizada. Esta obra constituye la etapa más reciente de una larga tradición que empezara con aquella primera publicación de la Biblia traducida por Casiodoro de Reina.[2]

La Biblia en la versión Reina-Valera Actualizada pretende ser la revisión más completa realizada hasta ahora. Abarca todos los aspectos de una nueva traducción, sin dejar de ser una revisión dentro de la gloriosa tradición de Reina y Valera. Es así que fue actualizada en cuatro sentidos: *texto, lenguaje, formato y material auxiliar.*

Texto. El primer deber al encarar la tarea de lograr una correcta interpretación bíblica es fijar el texto a traducir.[3] Reina y Valera usaron los mejores y más ampliamente aceptados textos griegos en su día. Pero con el transcurso del tiempo, han ido surgiendo nuevos recursos importantes que ahora están a disposición del traductor bíblico. No usarlos sería despreciar la mano providencial que los ha provisto.

El Nuevo Testamento de la versión Reina-Valera Actualizada se basa en los mejores textos griegos conocidos en la actualidad, tal como aparecen presentados en la tercera edición del Nuevo Testamento griego de Sociedades Bíblicas Unidas y en otras reconocidas autoridades. Comprender este hecho conducirá al lector inteligente de las Escrituras hasta el umbral de las ciencias bíblicas,[4] ya que no se ha seguido un solo manuscrito bíblico en particular, sino el testimonio de muchos, sobre todo el de los más antiguos.

A modo de aclaración, es importante recordar que ya no existen los escritos originales de la Biblia tal como brotaran de la pluma de los distintos autores bajo la inspiración del Espíritu Santo. Lo que sí existe es una abundancia de copias escritas a mano, muchos fragmentos bíblicos y citas de pasajes de la Palabra en escritos cristianos primitivos. De esta evidencia, se reconstruye el texto tratando de llegar al original siempre reconociendo que en ciertos detalles no concuerdan todas las autoridades en la materia.

Hasta donde ha sido posible averiguar, esta obra representa la primera actualización del texto griego de la Reina-Valera desde su primera publicación.

Lenguaje. Todos los idiomas cambian, de la misma manera como van cambiando los seres humanos a través de la vida. Por consiguiente, los textos clásicos de la Biblia, y entre ellos la obra de Reina y de Valera, requieren revisiones o nuevas traducciones para que su verdadero significado sea captado por las nuevas generaciones. Es así que una de las metas de la revisión ACTUALIZADA es presentar *La Biblia de siempre, en el lenguaje de hoy.*

Un texto en buen castellano, para un público internacional es otra manera de expresar la meta de los editores, en lo que a lenguaje se refiere.

El lector encontrará que la redacción es clara y precisa, usando un vocabulario contemporáneo, y que a la vez conserva la hermosura clásica que nos fuera legada a través de los siglos.

Formato. En la actualidad se subraya la importancia de la presentación gráfica de la página impresa, ya que de ella depende muchas veces el que el lector la lea o no. Por eso, se ha buscado diligentemente para la versión Reina-Valera Actualizada una presentación gráfica atractiva a la vista, que comunique a la mente y haga de su lectura un verdadero placer.

El texto fluye en párrafos, evitando así segmentar y aislar los pensamientos. Los números de los capítulos y de los versículos dentro del texto son fáciles de ubicar. El material citado, los discursos, diálogos y escenas dramáticas son presentados con comillas o rayas, según el mejor estilo del castellano moderno. El uso de letras itálicas en citas tomadas del Antiguo Testamento y la versificación en los pasajes poéticos son otros elementos que se suman a lo demás, para lograr un formato dinámico como lo requieren nuestros tiempos.

Material auxiliar. Los títulos que encabezan las secciones del texto constituyen el primer material auxiliar que notará el lector. Descubrirá en ellos una ayuda práctica y constante, pues señalan lo que el texto contiene.

Aunque quien lee la Biblia por primera vez puede pasar por alto las notas al pie de las páginas o dejarlas para otro momento, estas notas serán de interés especial para el estudiante experimentado de la Biblia. Aquí hallará el resultado de una comparación del texto de Reina y Valera con manuscritos antiguos descubiertos en tiempos más recientes. También verá reflejados nuevos conocimientos aportados por descubrimientos arqueológicos modernos. Además, encontrará equivalencias de medidas, referencias a pasajes paralelos, similares o afines, y otros datos de interés. En la página cuatro hay una lista de abreviaturas usadas en las notas con su correspondiente significado.

Todo el material auxiliar tiene el propósito de ofrecer ayudas para que, en un texto dado, se pueda captar con mayor claridad y precisión el mensaje de Dios.

En la realización del trabajo editorial que ha requerido esta revisión y sus materiales auxiliares, hemos contado con la cooperación eficaz de casi doscientos profesores y maestros de Biblia, pastores y otros dirigentes de diversas agrupaciones cristianas de muchos países de habla castellana. A Dios damos gracias por ellos. Y a ellos, llegue el agradecimiento público que su dedicada y abnegada labor merece.

Por último, y aparte del texto bíblico, esta edición del Nuevo Testamento, versión Reina-Valera Actualizada, ofrece en sus últimas páginas una sección de estudios bíblicos básicos bajo el tema "Venid a Mí". Aptos para uso individual o para grupos de estudio bíblico, presentan a personas que en tiempos bíblicos vinieron a Jesús y muestran cómo, aún hoy, Cristo invita y ruega: "Venid a mí." Al final de los estudios bíblicos, hay dos páginas de pasajes del Nuevo Testamento para ser cantados, con indicaciones sobre dónde conseguir la música.

Bienvenido al Nuevo Testamento, versión Reina-Valera Actualizada. Que el mismo Dios que inspiró su contenido le ilumine a usted al recorrer sus páginas, para que pueda captar el secreto de vivir la vida en toda su maravillosa plenitud.

Editorial Mundo Hispano

[1]Mateo 24:35

[2]Esta Biblia es conocida también como "la Biblia del Oso" por cuanto su portada llevaba el diseño de un oso comiendo de un panal.

[3]Ver Pablo Besson, *El Nuevo Testamento de Nuestro Señor Jesucristo*, tercera edición, Editorial Mundo Hispano, 1981, págs.430, 435, 436.

[4]Ver Moisés Chávez, "Las Ciencias Bíblicas", *La Biblia de Estudio Mundo Hispano*, segunda edición, Editorial Mundo Hispano, 1978, págs. 79-84.

El Evangelio según

Mateo

Genealogía de Jesucristo[a]

1 Libro de la genealogía[b] de Jesucristo,
hijo de David, hijo de Abraham.
2 Abraham engendró a Isaac;
Isaac engendró a Jacob;
Jacob engendró a Judá y a sus
hermanos;
3 Judá engendró de Tamar a Fares y a
Zéraj;
Fares engendró a Hesrón;
Hesrón engendró a Aram;
4 Aram engendró a Aminadab;
Aminadab engendró a Najsón;
Najsón engendró a Salmón;
5 Salmón engendró de Rajab a Boaz;
Boaz engendró de Rut a Obed;
Obed engendró a Isaí;
6 Isaí engendró al rey David.
David engendró a Salomón, de la que
fue mujer de Urías;
7 Salomón engendró a Roboam;
Roboam engendró a Abías;
Abías engendró a Asa;
8 Asa engendró a Josafat;
Josafat engendró a Joram;
Joram engendró a Uzías;
9 Uzías engendró a Jotam;
Jotam engendró a Acaz;
Acaz engendró a Ezequías;
10 Ezequías engendró a Manasés;
Manasés engendró a Amón;
Amón engendró a Josías;
11 Josías engendró a Jeconías[c] y a sus
hermanos en el tiempo de la
deportación a Babilonia.
12 Después de la deportación a Babilonia,
Jeconías[d] engendró a Salatiel;
Salatiel engendró a Zorobabel;
13 Zorobabel engendró a Abiud;
Abiud engendró a Eliaquim;
Eliaquim engendró a Azor;
14 Azor engendró a Sadoc;
Sadoc engendró a Aquim;
Aquim engendró a Eliud;
15 Eliud engendró a Eleazar;
Eleazar engendró a Matán;
Matán engendró a Jacob.
16 Jacob engendró a José, marido de María,
de la cual nació Jesús, llamado el Cristo.

17 De manera que todas las generaciones
desde Abraham hasta David son catorce generaciones, y desde David hasta la deportación
a Babilonia son catorce generaciones, y desde
la deportación a Babilonia hasta el Cristo son
catorce generaciones.

Nacimiento de Jesucristo[e]

18 El nacimiento de Jesucristo fue así: Su
madre María estaba desposada[f] con José; y
antes de que se unieran, se halló que ella
había concebido del Espíritu Santo. 19 José,
su marido,[g] como era justo y no quería difa-
marla, se propuso dejarla[h] secretamente.
20 Mientras él pensaba en esto, he aquí un
ángel del Señor se le apareció en sueños y le
dijo: "José, hijo de David, no temas recibir a
María tu mujer, porque lo que ha sido engendrado en ella es del Espíritu Santo. 21 Ella
dará a luz un hijo; y llamarás su nombre Jesús,[i] porque él salvará a su pueblo de sus
pecados."

22 Todo esto aconteció para que se cumpliese lo que habló el Señor por medio del
profeta, diciendo:

23 *He aquí, la virgen concebirá*
y dará a luz un hijo,
y llamarán su nombre Emanuel,[j]

que traducido quiere decir: *Dios con nosotros*.[k]

24 Cuando José despertó del sueño, hizo
como el ángel del Señor le había mandado,
y recibió a su mujer. 25 Pero no la conoció
hasta que ella dio a luz un hijo,[l] y llamó su
nombre Jesús.

La adoración de los magos

2 Jesús nació en Belén de Judea, en días
del rey Herodes. Y he aquí unos magos[m]

[a] *1t* Ver Luc. 3:23-38 [b] *1* O: *historia*; comp. Gén. 5:1 ss.; 10:1 ss.; 36:1 ss.; Núm. 1—3; 1 Crón. 1—9 [c] *11* O sea, *Joaquín*; ver 1 Crón. 3:16, 17; 2 Rey. 24:6 [d] *12* O sea, *Joaquín*; ver 1 Crón. 3:16, 17; 2 Rey. 24:8, 9 [e] *18t* Ver Luc. 2:1-7 [f] *18* O sea, *estaba comprometida a casarse*. Según la costumbre antigua, ya estaban casados con compromiso legal, pero sin consumar las relaciones del matrimonio. [g] *19* O sea, *novio*; ver nota sobre 1:18 [h] *19* O sea, *decidió disolver el contrato matrimonial* [i] *21* Quiere decir *salvación*. [j] *23* Isa. 7:14 (LXX) [k] *23* Isa. 8:8 (LXX) [l] *25* Algunos mss. antiguos dicen *a su hijo primogénito*. [m] *1* Término que los orientales usaban a veces para referirse a sabios, maestros, médicos u otros de alta estima

vinieron del oriente a Jerusalén, 2 pregun-
tando:
—¿Dónde está el rey de los judíos, que ha
nacido? Porque hemos visto su estrella en el
oriente y hemos venido para adorarle.
3 Cuando el rey Herodes oyó esto, se turbó,
y toda Jerusalén con él. 4 Y habiendo convo-
cado a todos los principales sacerdotes y a los
escribas del pueblo, les preguntó dónde había
de nacer el Cristo.[a] 5 Ellos le dijeron:
—En Belén de Judea, porque así está escrito por el profeta:

6 *Y tú, Belén*, en la tierra de Judá,
de ninguna manera *eres la más pequeña*
entre los gobernadores de Judá;
porque de ti saldrá un gobernante
que pastoreará a mi pueblo Israel.[b]

7 Entonces Herodes llamó en secreto a los
magos e indagó de ellos el tiempo de la aparición de la estrella. 8 Y enviándolos a Belén,
les dijo:
—Id y averiguad con cuidado acerca del
niño. Tan pronto le halléis, hacédmelo saber,
para que yo también vaya y le adore.
9 Ellos, después de oír al rey, se fueron. Y
he aquí la estrella que habían visto en el
oriente iba delante de ellos, hasta que llegó
y se detuvo sobre donde estaba el niño. 10 Al
ver la estrella, se regocijaron con gran alegría. 11 Cuando entraron en la casa, vieron
al niño con María su madre, y postrándose le
adoraron. Entonces abrieron sus tesoros y le
ofrecieron presentes de oro, incienso y mirra.
12 Pero advertidos por revelación en sueños
que no volviesen a Herodes, regresaron a su
país por otro camino.

La huida a Egipto

13 Después que ellos partieron, he aquí un
ángel del Señor apareció en sueños a José,
diciendo: "Levántate; toma al niño y a su madre, y huye a Egipto. Quédate allá hasta que
yo te diga, porque Herodes va a buscar al niño
para matarlo."
14 Entonces José se levantó, tomó de noche al niño y a su madre, y se fue a Egipto.
15 Y estuvo allí hasta la muerte de Herodes,
para que se cumpliese lo que habló el Señor
por medio del profeta, diciendo: *De Egipto*
llamé a mi hijo.[c]

La masacre de los niños

16 Entonces Herodes, al verse burlado por
los magos, se enojó sobremanera y mandó
matar a todos los niños varones en Belén y en
todos sus alrededores, de dos años de edad
para abajo, conforme al tiempo que había
averiguado de los magos. 17 Entonces se
cumplió lo dicho por medio del profeta Jeremías, diciendo:

18 *Voz fue oída en Ramá;*
grande llanto[d] *y lamentación.*
Raquel lloraba por sus hijos,
y no quería ser consolada,
porque perecieron.[e]

El regreso de Egipto

19 Cuando había muerto Herodes, he aquí
un ángel del Señor apareció en sueños a José
en Egipto, 20 diciendo: "Levántate, toma al
niño y a su madre, y vé a la tierra de Israel,
porque han muerto los que procuraban quitar la vida al niño."
21 Entonces él se levantó, tomó al niño y
a su madre, y entró en la tierra de Israel.
22 Pero, al oír que Arquelao reinaba en Judea
en lugar de su padre Herodes, tuvo miedo de
ir allá; y advertido por revelación en sueños,
fue a las regiones de Galilea. 23 Habiendo
llegado, habitó en la ciudad que se llama Nazaret. Así se cumplió lo dicho por medio de
los profetas, que había de ser llamado nazare-
no.[f]

Ministerio de Juan el Bautista[g]

3 En aquellos días apareció Juan el Bautista predicando en el desierto de Judea
2 y diciendo: "Arrepentíos, porque el reino de
los cielos se ha acercado."[h] 3 Pues éste es
aquel de quien fue dicho por medio del profeta Isaías:

Voz del que proclama en el desierto:
"*Preparad el camino del Señor*;
enderezad sus sendas."[i]

4 Juan mismo estaba vestido de pelo de camello y con un cinto de cuero a la cintura. Su
comida era langostas y miel silvestre. 5 Entonces salían a él Jerusalén y toda Judea y
toda la región del Jordán, 6 y confesando
sus pecados eran bautizados por él en el río
Jordán.
7 Pero cuando Juan vio que muchos de los
fariseos y de los saduceos venían a su bautismo, les decía: "¡Generación de víboras!
¿Quién os enseñó a huir de la ira venidera?

[a] *4* O sea, el *Mesías* o el *Ungido*, el libertador que los judíos esperaban de parte de Dios [b] *6* Miq. 5:2; 2 Sam. 5:2 [c] *15* Ose. 11:1 [d] *18* Algunos mss. antiguos dicen *duelo y grande llanto*. [e] *18* Jer. 31:15 [f] *23* No es cita profética directa. Quizás venga de la palabra hebrea *nétzer* (retoño) de Isa. 11:1 o de Jue. 13:5, 7. [g] *1t* Ver Mar. 1:2-8; Luc. 3:1-20; Juan 1:19-28 [h] *2* Otra trad., *está cerca* [i] *3* Isa. 40:3 (LXX)

8 Producid, pues, frutos dignos de arrepentimiento; 9 y no penséis decir dentro de vosotros: 'A Abraham tenemos por padre.' Porque
yo os digo que aun de estas piedras Dios puede levantar hijos a Abraham. 10 El hacha ya
está puesta a la raíz de los árboles. Por tanto,
todo árbol que no da buen fruto es cortado y
echado al fuego. 11 Yo, a la verdad, os bautizo en[a] agua para arrepentimiento; pero el
que viene después de mí, cuyo calzado no soy
digno de llevar, es más poderoso que yo. El
os bautizará en[a] el Espíritu Santo y fuego.
12 Su aventador está en su mano, y limpiará
su era. Recogerá su trigo en el granero y quemará la paja en el fuego que nunca se apagará."

El bautismo de Jesús[b]

13 Entonces Jesús vino de Galilea al Jordán, a Juan, para ser bautizado por él.
14 Pero Juan procuraba impedírselo diciendo:

—Yo necesito ser bautizado por ti, ¿y tú vienes a mí?

15 Pero Jesús le respondió:

—Permítelo por ahora, porque así nos conviene cumplir toda justicia.

Entonces se lo permitió. 16 Y cuando Jesús fue bautizado, en seguida subió del agua,
y he aquí los cielos le fueron abiertos, y vio
al Espíritu de Dios que descendía como paloma y venía sobre él. 17 Y he aquí, una voz
de los cielos decía: "Este es mi Hijo amado,
en quien tengo complacencia."[c]

La tentación de Jesús[d]

4 Entonces Jesús fue llevado por el Espíritu al desierto, para ser tentado por el
diablo. 2 Y después de haber ayunado cuarenta días y cuarenta noches, tuvo hambre.
3 El tentador se acercó y le dijo:

—Si eres Hijo de Dios, di que estas piedras se conviertan en pan.

4 Pero él respondió y dijo:

—Escrito está: *No sólo de pan vivirá el hombre, sino de toda palabra que sale de la boca de Dios.*[e]

5 Entonces el diablo le llevó a la santa ciudad, le puso de pie sobre el pináculo del templo, 6 y le dijo:

—Si eres Hijo de Dios, échate abajo, porque escrito está:

A sus ángeles mandará acerca de ti,
y en sus manos te llevarán,
de modo que nunca tropieces
con tu pie en piedra.[f]

7 Jesús le dijo:

—Además está escrito: *No pondrás a prueba al Señor tu Dios.*[g]

8 Otra vez el diablo le llevó a un monte
muy alto, y le mostró todos los reinos del
mundo y su gloria. 9 Y le dijo:

—Todo esto te daré, si postrado me adoras.

10 Entonces Jesús le dijo:

—Vete, Satanás, porque escrito está:

Al Señor tu Dios adorarás
y a él solo servirás.[h]

11 Entonces el diablo le dejó, y he aquí, los ángeles vinieron y le servían.

Jesús inicia su ministerio en Galilea[i]

12 Y cuando Jesús oyó que Juan había sido
encarcelado, regresó a Galilea. 13 Y habiendo dejado Nazaret, fue y habitó en Capernaúm, ciudad junto al mar en la región de Zabulón y Neftalí, 14 para que se cumpliese lo
dicho por medio del profeta Isaías, diciendo:

15 *Tierra de Zabulón y tierra de Neftalí,*
camino del mar, al otro lado del
Jordán,
Galilea de los gentiles.
16 *El pueblo que moraba en tinieblas*
vio una gran luz.
A los que moraban en región y sombra
de muerte,
la luz les amaneció.[j]

17 Desde entonces Jesús comenzó a predicar y a decir: "¡Arrepentíos, porque el reino
de los cielos se ha acercado!"[k]

Jesús llama a los primeros discípulos[l]

18 Mientras andaba junto al mar de Galilea,
Jesús vio a dos hermanos: a Simón, que es
llamado Pedro, y a su hermano Andrés. Estaban echando una red en el mar, porque eran
pescadores. 19 Y les dijo: "Venid en pos de
mí, y os haré pescadores de hombres." 20 Y
de inmediato ellos dejaron sus redes y le siguieron.

21 Y pasando más adelante, vio a otros dos
hermanos, Jacobo hijo de Zebedeo y Juan su
hermano, en la barca con su padre Zebedeo,
arreglando sus redes. Los llamó, 22 y en se-

[a] *11* Otra trad., *con* [b] *13t* Ver Mar. 1:9-11; Luc. 3:21, 22; comp. Juan 1:29-34 [c] *17* Ver Sal. 2:7; Isa. 42:1
[d] *1t* Ver Mar. 1:12, 13; Luc. 4:1-13 [e] *4* Deut. 8:3 [f] *6* Sal. 91:11, 12 [g] *7* Deut. 6:16 [h] *10* Deut. 6:13
[i] *12t* Ver Mar. 1:14, 15; Luc. 4:14, 15; Juan 4:1-3, 43-45 [j] *16* Isa. 9:1, 2 [k] *17* Otra trad., *está cerca* [l] *18t* Ver Mar. 1:16-20; comp. Luc. 5:1-11; Juan 1:35-51

guida ellos dejaron la barca y a su padre, y le siguieron.

Jesús predica en Galilea[a]

23 Jesús recorría toda Galilea enseñando en las sinagogas de ellos, predicando el evangelio del reino y sanando toda enfermedad y toda dolencia en el pueblo. 24 Su fama corrió por toda Siria, y le trajeron todos los que tenían males: los que padecían diversas enfermedades y dolores, los endemoniados, los lunáticos y los paralíticos. Y él los sanó. 25 Le siguieron grandes multitudes de Galilea, de Decápolis, de Jerusalén, de Judea y del otro lado del Jordán.

EL SERMON DEL MONTE

5 Cuando vio la multitud, subió al monte; y al sentarse él, se le acercaron sus discípulos. 2 Y abriendo su boca, les enseñaba diciendo:

Las bienaventuranzas[b]

3 "Bienaventurados los pobres en espíritu, porque de ellos es el reino de los cielos.

4 "Bienaventurados los que lloran, porque ellos serán consolados.

5 "Bienaventurados los mansos, porque ellos recibirán la tierra por heredad.

6 "Bienaventurados los que tienen hambre y sed de justicia, porque ellos serán saciados.

7 "Bienaventurados los misericordiosos, porque ellos recibirán misericordia.

8 "Bienaventurados los de limpio corazón, porque ellos verán a Dios.

9 "Bienaventurados los que hacen la paz, porque ellos serán llamados hijos de Dios.

10 "Bienaventurados los que son perseguidos por causa de la justicia, porque de ellos es el reino de los cielos.

11 "Bienaventurados sois cuando os vituperan y os persiguen, y dicen toda clase de mal contra vosotros por mi causa, mintiendo. 12 Gozaos y alegraos, porque vuestra recompensa es grande en los cielos; pues así persiguieron a los profetas que fueron antes de vosotros.

La sal de la tierra y la luz del mundo[c]

13 "Vosotros sois la sal de la tierra. Pero si la sal pierde su sabor, ¿con qué será salada? No vale más para nada, sino para ser echada fuera y pisoteada por los hombres.

14 "Vosotros sois la luz del mundo. Una ciudad asentada sobre un monte no puede ser escondida. 15 Tampoco se enciende una lámpara para ponerla debajo de un cajón,[d] sino sobre el candelero; y así alumbra a todos los que están en la casa. 16 Así alumbre vuestra luz delante de los hombres, de modo que vean vuestras buenas obras y glorifiquen a vuestro Padre que está en los cielos.

El verdadero cumplimiento de la ley

17 "No penséis que he venido para abrogar la Ley o los Profetas. No he venido para abrogar, sino para cumplir. 18 De cierto os digo que hasta que pasen el cielo y la tierra, ni siquiera una jota ni una tilde pasará de la ley hasta que todo haya sido cumplido.

19 "Por lo tanto, cualquiera que quebranta el más pequeño de estos mandamientos y así enseña a los hombres, será considerado el más pequeño en el reino de los cielos. Pero cualquiera que los cumple y los enseña, éste será considerado grande en el reino de los cielos. 20 Porque os digo que a menos que vuestra justicia sea mayor que la de los escribas y de los fariseos, jamás entraréis en el reino de los cielos.

Acerca de la ira[e]

21 "Habéis oído que fue dicho a los antiguos: *No cometerás homicidio*;[f] y cualquiera que comete homicidio será culpable en el juicio. 22 Pero yo os digo que todo el que se enoja con su hermano será culpable en el juicio. Cualquiera que le llama a su hermano 'necio' será culpable ante el Sanedrín;[g] y cualquiera que le llama[h] 'fatuo' será expuesto al infierno[i] de fuego.

23 "Por tanto, si has traído tu ofrenda al altar y allí te acuerdas de que tu hermano tiene algo contra ti, 24 deja tu ofrenda allí delante del altar, y vé, reconcíliate primero con tu hermano, y entonces vuelve y ofrece tu ofrenda.

25 "Reconcíliate pronto con tu adversario mientras estás con él en el camino; no sea que el adversario te entregue al juez, y el juez al guardia, y seas echado en la cárcel. 26 De cierto te digo que jamás saldrás de allí hasta que pagues el último cuadrante.[j]

[a] *23t* Ver Luc. 4:42-44; también Mar. 1:35-39; 3:7-12 y Luc. 6:17-19 [b] *3t* Ver Luc. 6:20-26 [c] *13t* Ver Mar. 9:49, 50; Luc. 14:34, 35; también Mar. 4:21; Luc. 8:16 [d] *15* O sea, *almud*; una vasija, canasta o caja que representaba una "medida" de casi nueve litros [e] *21t* Ver Luc. 12:57-59; Mat. 18:8, 9; Mar. 9:43-48 [f] *21* Exo. 20:13; Deut. 5:17 [g] *22* O sea, *la corte suprema* de los judíos [h] *22* Algunos mss. antiguos incluyen *a su hermano*. [i] *22* Gr., *Gehena* [j] *26* Otra trad., *el último centavo*. El *cuadrante* era una moneda de cobre, pequeña y de muy poco valor.

Acerca del adulterio[a]

27“Habéis oído que fue dicho: *No cometerás
rás adulterio.[b] 28Pero yo os digo que todo
el que mira a una mujer para codiciarla ya
adulteró con ella en su corazón. 29Por tanto, si tu ojo derecho te es ocasión de caer,
sácalo y échalo de ti. Porque es mejor para ti
que se pierda uno de tus miembros, y no que
todo tu cuerpo sea echado al infierno.[c] 30Y
si tu mano derecha te es ocasión de caer,
córtala y échala de ti. Porque es mejor para
ti que se pierda uno de tus miembros, y no
que todo tu cuerpo sea echado al infierno.[c]
31“También fue dicho: *Cualquiera que
despide a su mujer, déle carta de divorcio.*[d]
32Pero yo os digo que todo aquel que se divorcia de[e] su mujer, a no ser por causa de
adulterio, hace que ella cometa adulterio. Y
el que se casa con la mujer divorciada comete
adulterio.

Acerca de la mentira

33“Además, habéis oído que fue dicho a los
antiguos: *No jurarás falsamente*; sino que
cumplirás al Señor tus juramentos.[f]
34Pero yo os digo: No juréis en ninguna manera; ni por el cielo, porque es el trono de
Dios; 35ni por la tierra, porque es el estrado
de sus pies; ni por Jerusalén, porque es la
ciudad del Gran Rey. 36No jurarás ni por tu
cabeza, porque no puedes hacer que un cabello sea ni blanco ni negro. 37Pero sea vuestro hablar, ‘sí’, ‘sí’, y ‘no’, ‘no’. Porque lo que
va más allá de esto, procede del mal.[g]

Acerca de la venganza[h]

38“Habéis oído que fue dicho a los antiguos: *Ojo por ojo* y *diente por diente.*[i]
39Pero yo os digo: No resistáis al malo. Más
bien, a cualquiera que te golpea en la mejilla
derecha, vuélvele también la otra. 40Y al
que quiera llevarte a juicio y quitarte la túnica, déjale también el manto. 41A cualquiera
que te obligue a llevar carga por una milla,[j]
vé con él dos. 42Al que te pida, dale; y al que
quiera tomar de ti prestado, no se lo niegues.

Acerca del odio[k]

43“Habéis oído que fue dicho: *Amarás a tu
prójimo*[l] y aborrecerás a tu enemigo.
44Pero yo os digo: Amad a vuestros enemigos,[m] y orad por los que[n] os persiguen;
45de modo que seáis hijos de vuestro Padre
que está en los cielos, porque él hace salir su
sol sobre malos y buenos, y hace llover sobre
justos e injustos. 46Porque si amáis a los
que os aman, ¿qué recompensa tenéis? ¿No
hacen lo mismo también los publicanos?
47Y si saludáis solamente a vuestros hermanos, ¿qué hacéis de más? ¿No hacen eso mismo los gentiles? 48Sed, pues, vosotros perfectos, como vuestro Padre que está en los
cielos es perfecto.

Sobre las obras de misericordia

6 “Guardaos de hacer vuestra justicia delante de los hombres, para ser vistos por
ellos. De lo contrario, no tendréis recompensa de vuestro Padre que está en los cielos.
2Cuando, pues, hagas obras de misericordia,[o] no hagas tocar trompeta delante de ti,
como hacen los hipócritas en las sinagogas y
en las calles, para ser honrados por los hombres. De cierto os digo que ellos ya tienen su
recompensa. 3Pero cuando tú hagas obras
de misericordia,[o] no sepa tu izquierda lo que
hace tu derecha, 4de modo que tus obras de
misericordia[o] sean en secreto. Y tu Padre
que ve en secreto te recompensará.[p]

Sobre la oración: el Padre Nuestro[q]

5“Cuando oréis, no seáis[r] como los hipócritas, que aman orar de pie en las sinagogas
y en las esquinas de las calles, para ser vistos
por los hombres. De cierto os digo que ya
tienen su recompensa. 6Pero tú, cuando
ores, entra en tu habitación, cierra la puerta
y ora a tu Padre que está en secreto; y tu
Padre que ve en secreto te recompensará.[p]
7Y al orar, no uséis vanas repeticiones, como
los gentiles, que piensan que serán oídos por
su palabrería. 8Por tanto, no os hagáis semejantes a ellos, porque vuestro Padre sabe
de qué cosas tenéis necesidad antes que vosotros le pidáis. 9Vosotros, pues, orad así:

Padre nuestro que estás en los cielos:
Santificado sea tu nombre,
10venga tu reino,
sea hecha tu voluntad,
como en el cielo
así también en la tierra.
11El pan nuestro de cada día,

[a]*27t* Ver. Mat. 18:8, 9; 19:1-12; Mar. 9:43-48; 10:1-12 [b]*27* Exo. 20:14; Deut. 5:18 [c]*29,30* Gr., *Gehena* [d]*31* Deut. 24:1 [e]*32* Lit., *despide* o *repudia* [f]*33* Lev. 19:12; Núm. 30:2; Deut. 23:21 [g]*37* Otra trad., *del maligno* [h]*38t* Ver Luc. 6:29, 30 [i]*38* Exo. 21:24; Lev. 24:20; Deut. 19:21 [j]*41* Medida romana de aprox. 1,5 km. [k]*43t* Ver Luc. 6:27, 28, 32-36 [l]*43* Lev. 19:18. [m]*44* Algunos mss. antiguos incluyen *bendecid a los que os maldicen; haced bien a los que os odian.* [n]*44* Algunos mss. antiguos incluyen *os ultrajan y.* [o]*2,3,4* O: *limosnas* [p]*4,6* Algunos mss. antiguos incluyen *en público.* [q]*5t* Ver Luc. 11:1-4 [r]*5* Algunos mss. antiguos dicen *Cuando ores, no seas.*

dánoslo hoy.
12 Perdónanos nuestras deudas,
como también nosotros perdonamos
a nuestros deudores.
13 Y no nos metas en tentación,
mas líbranos del mal.
[Porque tuyo es el reino,
el poder y la gloria
por todos los siglos. Amén.][a]

14 Porque si perdonáis a los hombres sus
ofensas,[b] vuestro Padre celestial también os
perdonará a vosotros. 15 Pero si no perdonáis a los hombres,[c] tampoco vuestro Padre
os perdonará vuestras ofensas.

Sobre el ayuno

16 "Cuando ayunéis, no os hagáis los decaí-
dos, como los hipócritas, que descuidan su
apariencia[d] para mostrar a los hombres que
ayunan. De cierto os digo que ya tienen su
recompensa. 17 Pero tú, cuando ayunes,
unge tu cabeza y lávate la cara, 18 de modo
que no muestres a los hombres que ayunas,
sino a tu Padre que está en secreto. Y tu
Padre que ve en secreto te recompensará.[e]

Sobre las riquezas[f]

19 "No acumuléis para vosotros tesoros en
la tierra, donde la polilla y el óxido corrompen, y donde los ladrones se meten y roban.
20 Más bien, acumulad para vosotros tesoros
en el cielo, donde ni la polilla ni el óxido
corrompen, y donde los ladrones no se meten
ni roban. 21 Porque donde esté tu[g] tesoro,
allí también estará tu[g] corazón.

El ojo: lámpara del cuerpo[h]

22 "La lámpara del cuerpo es el ojo. Así
que, si tu ojo está sano, todo tu cuerpo estará
lleno de luz. 23 Pero si tu ojo es malo, todo
tu cuerpo estará en tinieblas. De modo que,
si la luz que hay en ti es oscuridad, ¡cuán
grande es esa oscuridad!

Las prioridades en la vida[i]

24 "Nadie puede servir a dos señores; porque aborrecerá al uno y amará al otro, o se
dedicará al uno y menospreciará al otro. No
podéis servir a Dios y a las riquezas.[j]
25 "Por tanto os digo: No os afanéis[k] por
vuestra vida, qué habéis de comer o qué habéis de beber; ni por vuestro cuerpo, qué habéis de vestir. ¿No es la vida más que el alimento, y el cuerpo más que el vestido?
26 Mirad las aves del cielo, que no siembran,
ni siegan, ni recogen en graneros; y vuestro
Padre celestial las alimenta. ¿No sois vosotros
de mucho más valor que ellas? 27 ¿Quién de
vosotros podrá, por más que se afane, añadir
a su estatura un codo?[l] 28 ¿Por qué os afa-
náis por el vestido? Mirad los lirios del campo, cómo crecen. Ellos no trabajan ni hilan;
29 pero os digo que ni aun Salomón, con toda
su gloria, fue vestido como uno de ellos.
30 Si Dios viste así la hierba del campo, que
hoy está y mañana es echada en el horno, ¿no
hará mucho más por vosotros, hombres de
poca fe?

31 "Por tanto, no os afanéis diciendo: '¿Qué
comeremos?' o '¿Qué beberemos?' o '¿Con
qué nos cubriremos?' 32 Porque los gentiles
buscan todas estas cosas, pero vuestro Padre
que está en los cielos sabe que tenéis necesidad de todas estas cosas. 33 Más bien, buscad primeramente el reino de Dios y su justicia, y todas estas cosas os serán añadidas.
34 Así que, no os afanéis por el día de mañana,
porque el día de mañana traerá su propio
afán. Basta a cada día su propio mal.[m]

El juzgar a los demás[n]

7 "No juzguéis, para que no seáis juzgados. 2 Porque con el juicio con que juzgáis seréis juzgados, y con la medida con que
medís se os medirá.

3 "¿Por qué miras la brizna de paja que está
en el ojo de tu hermano, y dejas de ver la viga
que está en tu propio ojo? 4 ¿Cómo dirás a
tu hermano: 'Deja que yo saque la brizna de
tu ojo', y he aquí la viga está en el tuyo?
5 ¡Hipócrita! Saca primero la viga de tu propio ojo, y entonces podrás ver para sacar la
brizna del ojo de tu hermano.

6 "No deis lo santo a los perros, ni echéis
vuestras perlas delante de los cerdos, no sea
que las pisoteen y después se vuelvan contra
vosotros y os despedacen.

La eficacia de la oración[o]

7 "Pedid, y se os dará. Buscad y hallaréis.
Llamad, y se os abrirá. 8 Porque todo el que
pide recibe, el que busca halla, y al que llama
se le abrirá. 9 ¿Qué hombre hay entre vosotros que, al hijo que le pide pan, le dará una

[a] *13* Los mss. más antiguos no incluyen la frase entre corchetes; comp. 1 Crón. 29:11-13. [b] *14* O: *transgresiones*
[c] *15* Algunos mss. antiguos incluyen *sus ofensas*. [d] *16* Otras trads., *se desfiguran la cara*; o, *se afean la cara*
[e] *18* Algunos mss. antiguos incluyen *en público*. [f] *19t* Ver Luc. 12:32-34 [g] *21* Algunos mss. antiguos dicen *vuestro*. [h] *22t* Ver Luc. 11:34-36 [i] *24t* Ver Luc. 16:13; también Luc. 12:22-31 [j] *24* Gr., *Mamón*
[k] *25* Otra trad., *os preocupéis* [l] *27* Una medida antigua desde el codo hasta la punta de los dedos; aprox. 45 a 50 cm.
[m] *34* O sea, *dificultades* o *problemas* [n] *1t* Ver Luc. 6:37-42; también Mar. 4:24, 25 [o] *7t* Ver Luc. 11:9-13

piedra? 10 ¿O al que le pide pescado, le dará
una serpiente? 11 Pues si vosotros, siendo
malos, sabéis dar cosas buenas a vuestros hijos, ¿cuánto más vuestro Padre que está en
los cielos dará cosas buenas a los que le piden?

La regla de oro[a]

12 "Así que, todo lo que queráis que los
hombres hagan por vosotros, así también haced por ellos, porque esto es la Ley y los Profetas.

La puerta y el camino de la vida[b]

13 "Entrad por la puerta estrecha; porque
ancha es la puerta, y espacioso el camino que
lleva a la perdición, y son muchos los que
entran por ella. 14 Pero ¡qué estrecha es la
puerta y qué angosto el camino que lleva a la
vida! Y son pocos los que la hallan.

Cómo reconocer a los falsos profetas[c]

15 "Guardaos de los falsos profetas, que
vienen a vosotros vestidos de ovejas, pero que
por dentro son lobos rapaces. 16 Por sus
frutos los conoceréis. ¿Acaso se recogen uvas
de los espinos o higos de los abrojos? 17 Así
también, todo árbol sano da buenos frutos,
pero el árbol podrido da malos frutos. 18 El
árbol sano no puede dar malos frutos, ni tampoco puede el árbol podrido dar buenos frutos. 19 Todo árbol que no lleva buen fruto
es cortado y echado en el fuego. 20 Así que,
por sus frutos los conoceréis.

Parábola de los dos cimientos[d]

21 "No todo el que me dice 'Señor, Señor'
entrará en el reino de los cielos, sino el que
hace la voluntad de mi Padre que está en los
cielos. 22 Muchos me dirán en aquel día:
'¡Señor, Señor! ¿No profetizamos en tu nombre? ¿En tu nombre no echamos demonios?
¿Y en tu nombre no hicimos muchas obras
poderosas?' 23 Entonces yo les declararé:
'Nunca os he conocido. ¡Apartaos de mí,
obradores de maldad!'

24 "Cualquiera, pues, que me oye estas palabras y las hace, será semejante[e] a un hombre prudente que edificó su casa sobre la peña. 25 Y cayó la lluvia, vinieron torrentes,
soplaron vientos y golpearon contra aquella
casa. Pero ella no se derrumbó, porque se
había fundado sobre la peña.

26 "Pero todo el que me oye estas palabras
y no las hace, será semejante[e] a un hombre
insensato que edificó su casa sobre la arena.
27 Cayó la lluvia, vinieron torrentes, y soplaron vientos, y azotaron contra aquella casa.
Y se derrumbó, y fue grande su ruina."

28 Y aconteció que cuando Jesús terminó
estas palabras, las multitudes estaban mara-
villadas de su enseñanza; 29 porque les enseñaba como quien tiene autoridad, y no como los escribas.

Jesús sana a un leproso[f]

8 Cuando descendió del monte, le siguió
mucha gente. 2 Y he aquí vino un leproso y se postró ante él diciendo:

—¡Señor, si quieres, puedes limpiarme!

3 Jesús extendió la mano y le tocó diciendo:

—Quiero. ¡Sé limpio!

Y al instante quedó limpio de la lepra.
4 Entonces Jesús le dijo:

—Mira, no lo digas a nadie; pero vé, muéstrate al sacerdote y ofrece la ofrenda que
mandó Moisés,[g] para testimonio a ellos.

Jesús sana al criado del centurión[h]

5 Cuando Jesús entró en Capernaúm, vino
a él un centurión y le rogó 6 diciendo:

—Señor, mi criado está postrado en casa,
paralítico, y sufre terribles dolores.

7 Y le dijo:[i]

—Yo iré y le sanaré.

8 Respondió el centurión y dijo:

—Señor, yo no soy digno de que entres
bajo mi techo. Solamente di la palabra, y mi
criado será sanado. 9 Porque yo también soy
un hombre bajo autoridad y tengo soldados
bajo mi mando. Si digo a éste: "Vé", él va; si
digo al otro: "Ven", él viene; y si digo a mi
siervo: "Haz esto", él lo hace.

10 Cuando Jesús oyó esto, se maravilló y
dijo a los que le seguían:

—De cierto os digo que no he hallado tanta fe en ninguno en Israel.[j] 11 Y os digo que
muchos vendrán del oriente y del occidente
y se sentarán con Abraham, Isaac y Jacob en
el reino de los cielos, 12 pero los hijos del
reino serán echados a las tinieblas de afuera.
Allí habrá llanto y crujir de dientes.

13 Entonces Jesús dijo al centurión:

—Vé, y como creíste te sea hecho.

Y su criado fue sanado en aquella hora.

Jesús sana a la suegra de Pedro[k]

14 Entró Jesús en la casa de Pedro, y vio

[a] *12t* Ver Luc. 6:31 [b] *13t* Ver Luc. 13:23, 24 [c] *15t* Ver Luc. 6:43-45 [d] *21t* Ver Luc. 6:46-49
[e] *24,26* Algunos mss. antiguos dicen *le compararé.* [f] *1t* Ver Mar. 1:40-45; Luc. 5:12-16 [g] *4* Ver Lev. 14:1-32; comp. Mar. 1:44; Luc. 5:14 [h] *5t* Ver Luc. 7:1-10 [i] *7* Algunos mss. antiguos dicen *Y Jesús le dijo.*
[j] *10* Algunos mss. antiguos dicen *ni aun en Israel.* [k] *14t* Ver Mar. 1:29-34; Luc. 4:38-41

que su suegra estaba postrada en cama con
fiebre. 15 El le tocó la mano, y la fiebre la
dejó. Luego ella se levantó y comenzó a ser-
virle.

16 Al atardecer, trajeron a él muchos endemoniados. Con su palabra echó fuera a los
espíritus y sanó a todos los enfermos, 17 de
modo que se cumpliese lo dicho por medio
del profeta Isaías, quien dijo:

El mismo tomó nuestras debilidades
y cargó con nuestras enfermedades.[a]

Lo que cuesta seguir a Jesús[b]

18 Cuando se vio rodeado de una multitud,[c] Jesús mandó que pasasen a la otra orilla. 19 Entonces se le acercó un escriba y le
dijo:

—Maestro, te seguiré a dondequiera que
tú vayas.

20 Jesús le dijo:

—Las zorras tienen cuevas, y las aves del
cielo tienen nidos, pero el Hijo del Hombre
no tiene dónde recostar la cabeza.

21 Otro de sus discípulos le dijo:

—Señor, permíteme que primero vaya y
entierre a mi padre.

22 Pero Jesús le dijo:

—Sígueme y deja que los muertos entierren a sus muertos.

Jesús calma la tempestad[d]

23 El entró en la barca, y sus discípulos le
siguieron. 24 Y de repente se levantó una
tempestad tan grande en el mar que las olas
cubrían la barca, pero él dormía. 25 Y acercándose,[e] le despertaron diciendo:

—¡Señor, sálvanos, que perecemos!

26 Y él les dijo:

—¿Por qué estáis miedosos, hombres de
poca fe?

Entonces se levantó y reprendió a los vientos y al mar, y se hizo grande bonanza.
27 Los hombres se maravillaron y decían:

—¿Qué clase de hombre es éste, que hasta
los vientos y el mar le obedecen?

Jesús sana a dos endemoniados[f]

28 Una vez llegado a la otra orilla, a la región de los gadarenos,[g] le vinieron al encuentro dos endemoniados que habían salido
de los sepulcros. Eran violentos en extremo,
tanto que nadie podía pasar por aquel camino. 29 Y he aquí, ellos lanzaron gritos diciendo:

—¿Qué tienes con nosotros, Hijo de
Dios?[h] ¿Has venido acá para atormentarnos
antes de tiempo?

30 Lejos de ellos estaba paciendo un gran
hato de cerdos, 31 y los demonios le rogaron
diciendo:

—Si nos echas fuera, envíanos a aquel hato de cerdos.

32 El les dijo:

—¡Id!

Ellos salieron y se fueron a los cerdos,[i] y
he aquí todo el hato de cerdos se lanzó al mar
por un despeñadero, y murieron en el agua.

33 Los que apacentaban los cerdos huyeron, se fueron a la ciudad y lo contaron todo,
aun lo que había pasado a los endemoniados.
34 Y he aquí, toda la ciudad salió al encuentro
de Jesús; y cuando le vieron, le rogaban que
se fuera de sus territorios.

Jesús sana a un paralítico[j]

9 Habiendo entrado en la barca, Jesús pasó
a la otra orilla y llegó a su propia ciudad.
2 Entonces le trajeron un paralítico tendido
sobre una camilla. Y viendo Jesús la fe de
ellos, dijo al paralítico:

—Ten ánimo, hijo; tus pecados te son perdonados.

3 He aquí, algunos de los escribas dijeron
entre sí:

—¡Este blasfema!

4 Y conociendo Jesús sus pensamientos, les
dijo:

—¿Por qué pensáis mal en vuestros corazones? 5 Porque, ¿qué es más fácil decir:
"Tus pecados te son perdonados" o decir: "Levántate y anda"? 6 Pero para que sepáis que
el Hijo del Hombre tiene autoridad para perdonar pecados en la tierra, —entonces dijo al
paralítico—: ¡Levántate; toma tu camilla y
vete a tu casa!

7 Y se levantó y se fue a su casa. 8 Cuando
las multitudes vieron esto, temieron[k] y glorificaron a Dios, quien había dado semejante
autoridad a los hombres.

El llamamiento de Mateo[l]

9 Pasando de allí más adelante, Jesús vio a
un hombre llamado Mateo, sentado en el lugar de los tributos públicos, y le dijo: "¡Sígueme!" Y él se levantó y le siguió.

[a] *17* Isa. 53:4 [b] *18t* Ver Luc. 9:57-62 [c] *18* Algunos mss. antiguos dicen *grandes multitudes.* [d] *23t* Ver Mar. 4:35-41; Luc. 8:22-25 [e] *25* Algunos mss. antiguos incluyen *sus discípulos.* [f] *28t* Ver Mar. 5:1-20; Luc. 8:26-39 [g] *28* Algunos mss. antiguos dicen *gergesenos.* [h] *29* Algunos mss. antiguos dicen *Jesús Hijo de Dios.* [i] *32* Algunos mss. antiguos dicen *aquel hato de cerdos.* [j] *1t* Ver Mar. 2:1-12; Luc. 5:17-26 [k] *8* Algunos mss. antiguos dicen *se maravillaron.* [l] *9t* Ver Mar. 2:13-17; Luc. 5:27-32

10 Sucedió que, estando Jesús sentado a la mesa en casa, he aquí muchos publicanos y pecadores que habían venido estaban sentados a la mesa con Jesús y sus discípulos. **11** Y cuando los fariseos le vieron, decían a sus discípulos:

—¿Por qué come vuestro maestro con los publicanos y pecadores?

12 Al oírlo, Jesús les dijo:

—Los sanos no tienen necesidad de médico, sino los que están enfermos. **13** Id, pues, y aprended qué significa: ***Misericordia quiero y no sacrificio.***[a] Porque yo no he venido para llamar a justos, sino a pecadores.[b]

Preguntas sobre el ayuno[c]

14 Entonces los discípulos de Juan fueron a Jesús y dijeron:

—¿Por qué nosotros y los fariseos ayunamos frecuentemente, pero tus discípulos no ayunan?

15 Jesús les dijo:

—¿Pueden tener luto los que están de bodas mientras el novio está con ellos? Pero vendrán días cuando el novio les será quitado, y entonces ayunarán. **16** Nadie pone parche de tela nueva en vestido viejo, porque el parche tira del vestido y la rotura se hace peor. **17** Tampoco echan vino nuevo en odres viejos, porque los odres se rompen, el vino se derrama, y los odres se echan a perder. Más bien, echan vino nuevo en odres nuevos, y ambos se conservan.

Jesús sana a una mujer[d]

18 Mientras él hablaba estas cosas, he aquí vino un hombre principal y se postró delante de él diciéndole:

—Mi hija acaba de morir. Pero ven y pon tu mano sobre ella, y vivirá.

19 Jesús se levantó y le siguió con sus discípulos. **20** Y he aquí una mujer que sufría de hemorragia desde hacía doce años, se le acercó por detrás y tocó el borde de su manto; **21** porque ella pensaba dentro de sí: "Si solamente toco su vestido, seré sanada." **22** Pero Jesús, volviéndose y mirándola, dijo:

—Ten ánimo, hija, tu fe te ha salvado.[e] Y la mujer fue sanada[f] desde aquella hora.

Jesús resucita a una niña[g]

23 Cuando Jesús llegó a la casa del principal y vio a los que tocaban las flautas y a la multitud que hacía bullicio, **24** les dijo:

—Apartaos, porque la muchacha no ha muerto, sino que duerme.

Y se burlaban de él. **25** Cuando habían sacado a la gente, él entró y la tomó de la mano; y la muchacha se levantó. **26** Y salió esta noticia por toda aquella tierra.

Jesús sana a dos ciegos[h]

27 Mientras Jesús pasaba de allí, le siguieron dos ciegos clamando a gritos y diciendo:

—¡Ten misericordia de nosotros, hijo de David!

28 Cuando él llegó a la casa, los ciegos vinieron a él. Y Jesús les dijo:

—¿Creéis que puedo hacer esto?

Ellos dijeron:

—Sí, Señor.

29 Entonces les tocó los ojos diciendo:

—Conforme a vuestra fe os sea hecho.

30 Y los ojos de ellos fueron abiertos. Entonces Jesús les encargó rigurosamente diciendo:

—Mirad que nadie lo sepa.

31 Pero ellos salieron y difundieron su fama por toda aquella tierra.

Jesús sana a un endemoniado mudo

32 Mientras aquéllos salían, he aquí le trajeron un hombre mudo endemoniado. **33** Y tan pronto fue echado fuera el demonio, el mudo habló. Y las multitudes se maravillaban diciendo:

—¡Nunca se ha visto semejante cosa en Israel!

34 Pero los fariseos decían:

—Por el príncipe de los demonios echa fuera los demonios.

Jesús se compadece de la gente

35 Jesús recorría todas las ciudades y las aldeas, enseñando en sus sinagogas, predicando el evangelio del reino y sanando toda enfermedad y toda dolencia.[i] **36** Y cuando vio las multitudes, tuvo compasión de ellas; porque estaban acosadas y desamparadas como ovejas que no tienen pastor. **37** Entonces dijo a sus discípulos: "A la verdad, la mies[j] es mucha, pero los obreros son pocos. **38** Rogad, pues, al Señor de la mies, que envíe obreros a su mies."

Jesús comisiona a los doce[k]

10 Entonces llamó a sus doce discípulos y les dio autoridad sobre los espíritus

[a] *13* Ose. 6:6 [b] *13* Algunos mss. antiguos incluyen *al arrepentimiento.* [c] *14t* Ver Mar. 2:18-22; Luc. 5:33-39 [d] *18t* Ver Mar. 5:21-34; Luc. 8:40-48 [e] *22* Otra trad., *te ha sanado* [f] *22* Otra trad., *fue salvada* [g] *23t* Ver Mar. 5:35-43; Luc. 8:49-56 [h] *27t* Comp. 20:29-34; Mar. 10:46-52; Luc. 18:35-43 [i] *35* Algunos mss. antiguos añaden *en el pueblo.* [j] *37* Otras trads., *campo sembrado de trigo; cosecha;* o, *siega* [k] *1t* Ver Mar. 3:13-19; Luc. 6:12-16

inmundos para echarlos fuera, y para sanar toda enfermedad y toda dolencia. **2** Los nombres de los doce apóstoles son éstos: primero Simón, llamado Pedro, y su hermano Andrés; también Jacobo hijo de Zebedeo, y su hermano Juan; **3** Felipe y Bartolomé; Tomás y Mateo el publicano; Jacobo hijo de Alfeo, y Tadeo;[a] **4** Simón el cananita y Judas Iscariote, quien le entregó.

La misión de los doce[b]

5 A estos doce los envió Jesús, dándoles instrucciones diciendo: "No vayáis por los caminos de los gentiles, ni entréis en las ciudades de los samaritanos. **6** Pero id, más bien, a las ovejas perdidas de la casa de Israel. **7** Y cuando vayáis, predicad diciendo: 'El reino de los cielos se ha acercado.'[c] **8** Sanad enfermos, resucitad muertos, limpiad leprosos, echad fuera demonios. De gracia[d] habéis recibido; dad de gracia.

9 "No os proveáis ni de oro, ni de plata, ni de cobre en vuestros cintos. **10** Tampoco llevéis bolsas para el camino, ni dos vestidos, ni zapatos, ni bastón; porque el obrero es digno de su alimento. **11** En cualquier ciudad o aldea donde entréis, averiguad quién en ella sea digno y quedaos allí hasta que salgáis. **12** Al entrar en la casa, saludadla. **13** Si la casa es digna, venga vuestra paz sobre ella. Pero si no es digna, vuelva vuestra paz a vosotros. **14** Y en caso de que no os reciban ni escuchen vuestras palabras, salid de aquella casa o ciudad y sacudid el polvo de vuestros pies. **15** De cierto os digo que en el día del juicio será más tolerable para los de la tierra de Sodoma y de Gomorra, que para aquella ciudad.

Las persecuciones venideras[e]

16 "He aquí, yo os envío como a ovejas en medio de lobos. Sed, pues, astutos como serpientes y sencillos como palomas. **17** Guardaos de los hombres, porque os entregarán a los tribunales y en sus sinagogas os azotarán. **18** Seréis llevados aun ante gobernadores y reyes por mi causa, para dar testimonio a ellos y a los gentiles. **19** Pero cuando os entreguen, no os preocupéis de cómo o qué hablaréis, porque os será dado en aquella hora lo que habéis de decir. **20** Pues no sois vosotros los que hablaréis, sino el Espíritu de vuestro Padre que hablará en vosotros.

21 "El hermano entregará a muerte a su hermano, y el padre a su hijo. Se levantarán los hijos contra sus padres y los harán morir. **22** Y seréis aborrecidos de todos por causa de mi nombre. Pero el que persevere hasta el fin, éste será salvo. **23** Y cuando os persigan en una ciudad, huid a la otra. Porque de cierto os digo que de ningún modo acabaréis de recorrer todas las ciudades de Israel antes que venga el Hijo del Hombre.

24 "El discípulo no es más que su maestro, ni el siervo más que su señor. **25** Bástale al discípulo ser como su maestro, y al siervo como su señor. Si al padre de familia le llamaron Beelzebul,[f] ¡cuánto más lo harán a los de su casa!

Jesús infunde valor a los suyos[g]

26 "Así que, no les temáis. Porque no hay nada encubierto que no será revelado, ni oculto que no será conocido. **27** Lo que os digo en privado, decidlo en público; y lo que oís al oído, proclamadlo desde las azoteas. **28** No temáis a los que matan el cuerpo pero no pueden matar al alma. Más bien, temed a aquel que puede destruir tanto el alma como el cuerpo en el infierno.[h] **29** ¿Acaso no se venden dos pajaritos por un cuarto?[i] Con todo, ni uno de ellos cae a tierra sin el consentimiento de vuestro Padre. **30** Pues aun vuestros cabellos están todos contados. **31** Así que, no temáis; más valéis vosotros que muchos pajaritos.

32 "Por tanto, a todo el que me confiese[j] delante de los hombres, yo también le confesaré delante de mi Padre que está en los cielos. **33** Y a cualquiera que me niegue delante de los hombres, yo también le negaré delante de mi Padre que está en los cielos.

Recompensas del discipulado[k]

34 "No penséis que he venido para traer paz a la tierra. No he venido para traer paz, sino espada. **35** Porque yo he venido para poner en disensión al hombre *contra su padre, a la hija contra su madre y a la nuera contra su suegra.* **36** Y *los enemigos de un hombre serán los de su propia casa.*[l]

37 "El que ama a padre o a madre más que a mí no es digno de mí, y el que ama a hijo o a hija más que a mí no es digno de mí. **38** El que no toma su cruz y sigue en pos de mí no es digno de mí. **39** El que halla su vida

[a] *3* Algunos mss. antiguos dicen *y Lebeo llamado Tadeo*. [b] *5t* Ver Mar. 6:7-13; Luc. 9:1-6 [c] *7* Otra trad., *está cerca* [d] *8* Otra trad., *gratuitamente* [e] *16t* Ver Mar. 13:9-13; Luc. 21:12-17 [f] *25* O sea, *Satanás*; comp. nota sobre 12:24 [g] *26t* Ver Luc. 12:2-9 [h] *28* Gr., *Gehena* [i] *29* Lit., *un asarion*; o sea, la cuarta parte de una moneda pequeña [j] *32* Otras trads., *se declare por mí*; *se identifique conmigo*; o, *me reconozca* [k] *34t* Ver Luc. 12:51-53; 14:26, 27 [l] *36* Miq. 7:6

la perderá, y el que pierde su vida por mi
causa la hallará.
40"El que os recibe a vosotros a mí me
recibe, y el que me recibe a mí recibe al que
me envió. 41 El que recibe a un profeta porque es profeta, recibirá recompensa de profeta; y el que recibe a un justo porque es justo,
recibirá recompensa de justo. 42 Cualquiera
que da a uno de estos pequeñitos un vaso de
agua fría solamente porque es mi discípulo,
de cierto os digo que jamás perderá su recompensa."

Los mensajeros de Juan el Bautista[a]

11 Aconteció que, cuando Jesús acabó
de dar instrucciones a sus doce discípulos, se fue de allí a enseñar y a predicar en
las ciudades de ellos.
2 Ahora bien, cuando oyó Juan en la cárcel
de los hechos de Cristo, envió a él por medio
de[b] sus discípulos, 3 y le dijo:
—¿Eres tú aquel que ha de venir, o esperaremos a otro?
4 Y respondiendo Jesús les dijo:
—Id y haced saber a Juan las cosas que oís
y veis: 5 Los ciegos ven, los cojos andan, los
leprosos son hechos limpios, los sordos oyen,
los muertos son resucitados, y a los pobres se
les anuncia el evangelio. 6 Y bienaventurado es el que no toma ofensa en mí.

Jesús testifica de Juan el Bautista[c]

7 Mientras ellos se iban, Jesús comenzó a
hablar de Juan a las multitudes: "¿Qué salisteis a ver en el desierto? ¿Una caña sacudida
por el viento? 8 Entonces, ¿qué salisteis a
ver? ¿Un hombre vestido de ropa delicada? He
aquí, los que se visten con ropa delicada están
en los palacios de los reyes. 9 Entonces,
¿qué salisteis a ver? ¿Un profeta? ¡Sí, os digo,
y más que profeta! 10 Este es aquel de quien
está escrito:

He aquí yo envío mi mensajero
delante de tu rostro,
quien preparará tu camino
delante de ti.[d]

11 De cierto os digo que no se ha levantado
entre los nacidos de mujer ningún otro mayor que Juan el Bautista. Sin embargo, el más
pequeño en el reino de los cielos es mayor
que él. 12 Desde los días de Juan el Bautista
hasta ahora, el reino de los cielos sufre violencia,[e] y los violentos se apoderan de él.
13 Porque todos los Profetas y la Ley profetizaron hasta Juan. 14 Y si lo queréis recibir,
él es el Elías que había de venir. 15 El que
tiene oídos,[f] oiga.
16 "Pero, ¿a qué compararé esta generación? Es semejante a los muchachos que se
sientan en las plazas y dan voces a sus compañeros, 17 diciendo:

'Os tocamos la flauta,
y no bailasteis;
entonamos canciones de duelo
y no lamentasteis.'

18 Porque vino Juan, que no comía ni bebía,
y dicen: 'Tiene demonio.' 19 Y vino el Hijo
del Hombre, que come y bebe, y dicen: 'He
aquí un hombre comilón y bebedor de vino,
amigo de publicanos y de pecadores.' Pero la
sabiduría es justificada por sus hechos."[g]

Ayes sobre las ciudades[h]

20 Entonces comenzó a reprender a las
ciudades en las cuales se realizaron muchos
de sus hechos poderosos, porque no se habían arrepentido: 21 "¡Ay de ti, Corazín! ¡Ay
de ti, Betsaida! Porque si se hubieran realizado en Tiro y en Sidón los hechos poderosos
que se realizaron en vosotras, ya hace tiempo
se habrían arrepentido en saco y ceniza.
22 Pero os digo que en el día del juicio el
castigo para Tiro y Sidón será más tolerable
que para vosotras.
23 "Y tú, Capernaúm, ¿serás exaltada hasta
el cielo? ¡Hasta el Hades[i] serás hundida!
Porque si entre los de Sodoma se hubieran
realizado los hechos poderosos que se realizaron en ti, habrían permanecido hasta hoy.
24 Pero os digo que en el día del juicio el
castigo será más tolerable para la tierra de
Sodoma, que para ti."

Jesús ofrece descanso para el alma[j]

25 En aquel tiempo Jesús respondió y dijo:
"Te alabo, oh Padre, Señor del cielo y de la
tierra, porque has escondido estas cosas de
los sabios y entendidos, y las has revelado a
los niños. 26 Sí, Padre, porque así te agradó.
27 "Todas las cosas me han sido entregadas
por mi Padre. Nadie conoce bien al Hijo, sino
el Padre. Nadie conoce bien al Padre, sino el
Hijo y aquel a quien el Hijo lo quiera revelar.
28 "Venid a mí, todos los que estáis fatigados y cargados, y yo os haré descansar.
29 Llevad mi yugo sobre vosotros, y aprended

[a] *11t* Ver Luc. 7:18-23 [b] *2* Algunos mss. antiguos incluyen *dos de*. [c] *7t* Ver Luc. 7:24-35; también Luc. 16:16, 17
[d] *10* Exo. 23:20; Mal. 3:1 [e] *12* Otras trads., *se entra en el reino de Dios con fuerza*; o, *el reino de Dios logra su avance violentamente* [f] *15* Algunos mss. antiguos aquí incluyen *para oír*. [g] *19* Algunos mss. antiguos dicen *por sus hijos*. [h] *20t* Ver Luc. 10:13-15 [i] *23* O sea, *la morada de los muertos* [j] *25t* Ver Luc. 10:21, 22

de mí, que soy manso y humilde de corazón;
y hallaréis descanso para vuestras almas.
30 Porque mi yugo es fácil, y ligera mi carga."

Jesús: Señor del sábado[a]

12 En ese tiempo, Jesús pasó por los
sembrados en sábado. Sus discípulos
tuvieron hambre y comenzaron a arrancar
espigas y a comer. 2 Y al verlo los fariseos,
le dijeron:

—Mira, tus discípulos hacen lo que no es
lícito hacer en el sábado.

3 El les dijo:

—¿No habéis leído qué hizo David[b] cuando tuvo hambre él y los que estaban con él;
4 cómo entró en la casa de Dios y comieron
los panes de la Presencia,[c] cosa que no les
era lícito comer ni a él ni a los que estaban
con él, sino sólo a los sacerdotes? 5 ¿Tampoco habéis leído en la ley que en los sábados
los sacerdotes en el templo profanan el sábado y quedan sin culpa?[d] 6 Pero os digo que
uno mayor que el templo está aquí. 7 Si hubierais conocido qué significa *Misericordia
quiero y no sacrificio*,[e] no habríais condenado a los que no tienen culpa. 8 Porque el
Hijo del Hombre es Señor del sábado.

El hombre de la mano paralizada[f]

9 Partió de allí y fue a la sinagoga de ellos.
10 Y he aquí había un hombre que tenía la
mano paralizada; y para acusar a Jesús, le
preguntaron diciendo:

—¿Es lícito sanar en sábado?

11 Pero él les dijo:

—¿Qué hombre hay entre vosotros que
tenga una oveja, que si ésta cae en un pozo
en sábado, no le echará mano y la sacará?
12 Pues, ¡cuánto más vale un hombre que una
oveja! De manera que es lícito hacer bien en
sábado.

13 Entonces dijo a aquel hombre:

—Extiende tu mano.

El la extendió, y su mano fue restaurada
sana como la otra. 14 Pero saliendo los fariseos, tomaron consejo contra él, cómo destruirlo.

Jesús: el Siervo del Señor[g]

15 Como Jesús lo supo, se apartó de allí. Le
siguió mucha gente, y a todos los sanó. 16 Y
les mandó rigurosamente que no lo dieran a
conocer, 17 para que se cumpliese lo dicho
por medio del profeta Isaías, que dijo:

18 *He aquí mi siervo,*
a quien he escogido;
mi amado,
en quien se complace mi alma.
Pondré mi Espíritu sobre él,
y anunciará juicio a las naciones.[h]
19 *No contenderá, ni dará voces;*
ni oirá nadie su voz en las plazas.
20 *La caña cascada*[i] *no quebrará,*
y la mecha que humea no apagará,
hasta que saque a triunfo el juicio.
21 *Y en su nombre las naciones*[h]
pondrán su esperanza.[j]

Por quién Jesús echa fuera demonios[k]

22 Entonces fue traído a él un endemoniado, ciego y mudo; y le sanó, de manera que
el mudo[l] hablaba y veía. 23 Toda la gente
estaba atónita y decía:

—¿Acaso será éste el Hijo de David?

24 Pero al oírlo, los fariseos dijeron:

—Este no echa fuera los demonios sino
por Beelzebul,[m] el príncipe de los demonios.

25 Pero como Jesús conocía sus pensamientos, les dijo:

—Todo reino dividido contra sí mismo está arruinado. Y ninguna ciudad o casa dividida contra sí misma permanecerá. 26 Y si
Satanás echa fuera a Satanás, contra sí mismo está dividido. ¿Cómo, pues, permanecerá
en pie su reino? 27 Y si yo echo fuera los
demonios por Beelzebul, ¿por quién los
echan fuera vuestros hijos? Por tanto, ellos
serán vuestros jueces. 28 Pero si por el Espíritu de Dios yo echo fuera los demonios, ciertamente ha llegado a vosotros el reino de
Dios. 29 Porque, ¿cómo puede alguien entrar en la casa de un hombre fuerte y saquear
sus bienes a menos que primero ate al hombre fuerte? Y entonces saqueará su casa.
30 El que no está conmigo, contra mí está; y
el que conmigo no recoge, desparrama.

31 »Por esto os digo que todo pecado y
blasfemia será perdonado a los hombres, pero
la blasfemia contra el Espíritu no será perdonada. 32 Y a cualquiera que diga palabra
contra el Hijo del Hombre le será perdonado;
pero a cualquiera que hable contra el Espíritu Santo no le será perdonado, ni en este
mundo,[n] ni en el venidero.

[a] *1t* Ver Mar. 2:23-28; Luc. 6:1-5 [b] *3* Ver 1 Sam. 21:6 [c] *4* Ver Lev. 24:5-9 [d] *5* Ver Núm. 28:9, 10 [e] *7* Ose. 6:6 [f] *9t* Ver Mar. 3:1-6; Luc. 6:6-11 [g] *15t* Ver Mar. 3:7-12; Luc. 6:17-19 [h] *18,21* O sea, *los gentiles* [i] *20* Otras trads., *dañada, fracturada, debilitada, frágil* [j] *21* Isa. 42:1-4 [k] *22t* Ver Mar. 3:20-30; Luc. 11:14-23; 12:10 [l] *22* Algunos mss. antiguos dicen *ciego y mudo*. [m] *24* De la Peshita y la Vulgata viene la ortografía

El árbol es conocido por su fruto[a]

33»O haced bueno el árbol y bueno su fruto, o haced malo el árbol y malo su fruto;
porque el árbol es conocido por su fruto.
34¡Generación de víboras! ¿Cómo podréis vosotros, siendo malos, hablar cosas buenas?
Porque de la abundancia del corazón habla la
boca. 35El hombre bueno del buen tesoro[b]
saca cosas buenas, y el hombre malo del mal
tesoro saca cosas malas. 36Pero yo os digo
que en el día del juicio los hombres darán
cuenta de toda palabra ociosa que hablen.
37Porque por tus palabras serás justificado,
y por tus palabras serás condenado.

Jesús se niega a hacer señales[c]

38Entonces le respondieron algunos de los
escribas y de los fariseos, diciendo:
—Maestro, deseamos ver de ti una señal.
39El respondió y les dijo:
—Una generación malvada y adúltera de-
manda señal, pero no le será dada ninguna
señal, sino la señal del profeta Jonás.
40Porque así como *Jonás estuvo tres días y*
tres noches en el vientre del gran pez,[d] así
estará el Hijo del Hombre en el corazón de la
tierra tres días y tres noches. 41Los hombres de Nínive se levantarán en el juicio contra esta generación y la condenarán, porque
ellos se arrepintieron ante la proclamación
de Jonás. ¡Y he aquí uno[e] mayor que Jonás
está en este lugar! 42La reina del Sur[f] se
levantará en el juicio contra esta generación
y la condenará, porque vino de los confines
de la tierra para oír la sabiduría de Salomón.
¡Y he aquí uno[e] mayor que Salomón está en
este lugar!

El espíritu inmundo que regresa[g]

43»Cuando el espíritu inmundo ha salido
del hombre, anda por lugares secos buscando
reposo, y no lo encuentra. 44Entonces dice:
"Volveré a mi casa de donde salí." Cuando
regresa, la halla desocupada, barrida y adornada. 45Entonces va y trae consigo otros
siete espíritus peores que él. Y después de
entrar, habitan allí; y el estado final de aquel
hombre llega a ser peor que el primero. Así
también sucederá a esta perversa generación.

La familia de Jesús[h]

46Mientras todavía hablaba a la gente, he
aquí su madre y sus hermanos[i] estaban
afuera, buscando hablar con él. 47Y alguien
le dijo:
—Mira, tu madre y tus hermanos están
afuera, buscando hablar contigo.[j]
48Pero Jesús respondió al que hablaba con
él y dijo:
—¿Quién es mi madre y quiénes son mis
hermanos?
49Entonces extendió su mano hacia sus
discípulos y dijo:
—¡He aquí mi madre y mis hermanos!
50Porque cualquiera que hace la voluntad de
mi Padre que está en los cielos, ése es mi
hermano, mi hermana y mi madre.

Parábola del sembrador[k]

13 Aquel día Jesús salió de la casa y se
sentó junto al mar. 2Y se le acercó
mucha gente, de manera que él entró en una
barca para sentarse, y toda la multitud estaba
de pie en la playa.
3Entonces les habló muchas cosas en parábolas, diciendo: "He aquí un sembrador salió a sembrar. 4Mientras él sembraba, parte
de la semilla cayó junto al camino; y vinieron
las aves y la devoraron. 5Y otra parte cayó
en pedregales, donde no había mucha tierra;
y brotó rápidamente, porque la tierra no era
profunda. 6Pero cuando salió el sol, se quemó; y porque no tenía raíz, se secó. 7Y otra
parte cayó entre los espinos. Los espinos crecieron y la ahogaron. 8Y otra parte cayó en
buena tierra y dio fruto, una a ciento, otra a
sesenta y otra a treinta por uno. 9El que
tiene oídos,[l] que oiga."

El propósito de las parábolas[m]

10Entonces se acercaron los discípulos y le
dijeron:
—¿Por qué les hablas por parábolas?
11Y él respondiendo les dijo:
—Porque a vosotros se os ha concedido
conocer los misterios del reino de los cielos,
pero a ellos no se les ha concedido. 12Por-
que al que tiene, le será dado, y tendrá más;
pero al que no tiene, aun lo que tiene le será
quitado. 13Por esto les hablo por parábolas;
porque viendo no ven, y oyendo no oyen, ni
tampoco entienden. 14Además, se cumple
en ellos la profecía de Isaías, que dice:

De oído oiréis, y nunca entenderéis;
y mirando miraréis, y nunca veréis.
15*Porque el corazón de este pueblo*

[a] *33t* Ver Luc. 6:43-45 [b] *35* Algunos mss. antiguos aquí incluyen *del corazón*. [c] *38t* Ver Luc. 11:29-32; también Mat. 16:1-4; Mar. 8:11-13 [d] *40* Jon. 1:17. Lit., *animal marino* [e] *41,42* Lit., *algo* [f] *42* Ver 1 Rey. 10:1 ss. [g] *43t* Ver Luc. 11:24-26 [h] *46t* Ver Mar. 3:31-35; Luc. 8:19-21 [i] *46* Ver 13:55; Juan 2:12; Hech. 1:14

se ha vuelto insensible,
y con los oídos han oído torpemente.
Han cerrado sus ojos
para que no vean con los ojos,
ni oigan con los oídos,
ni entiendan con el corazón,
ni se conviertan. Y yo los sanaré.[a]

16 Pero ¡bienaventurados vuestros ojos, porque ven; y vuestros oídos, porque oyen!
17 Porque de cierto os digo que muchos profetas y justos desearon ver lo que veis y no lo
vieron, y oír lo que oís y no lo oyeron.

La parábola del sembrador explicada[b]

18 »Vosotros, pues, oíd la parábola del
sembrador. 19 Cuando alguien oye la palabra del reino y no la entiende, viene el maligno y arrebata lo que fue sembrado en su corazón. Este es el que fue sembrado junto al
camino. 20 Y el que fue sembrado en pedregales es el que oye la palabra y en seguida la
recibe con gozo; 21 pero no tiene raíz en sí,
sino que es de poca duración, y cuando viene
la aflicción o la persecución por causa de la
palabra, en seguida tropieza. 22 Y el que fue
sembrado en espinos, éste es el que oye la
palabra, pero las preocupaciones de este
mundo[c] y el engaño de las riquezas ahogan
la palabra, y queda sin fruto. 23 Pero el que
fue sembrado en buena tierra, éste es el que
oye la palabra y la entiende, el que de veras
lleva fruto y produce, uno a ciento, otro a
sesenta, y otro a treinta por uno.

Parábola del trigo y la cizaña

24 Les presentó otra parábola diciendo: "El
reino de los cielos es semejante a un hombre
que sembró buena semilla en su campo.
25 Pero mientras dormían los hombres, vino
su enemigo y sembró cizaña[d] entre el trigo,
y se fue. 26 Cuando brotó la hierba y produjo fruto, entonces apareció también la cizaña.
27 Se acercaron los siervos al dueño del campo y le preguntaron: 'Señor, ¿no sembraste
buena semilla en tu campo? ¿De dónde, pues,
tiene cizaña?' 28 Y él les dijo: 'Un hombre
enemigo ha hecho esto.' Los siervos le dijeron: 'Entonces, ¿quieres que vayamos y la
recojamos?' 29 Pero él dijo: 'No; no sea que
al recoger la cizaña arranquéis con ella el
trigo. 30 Dejad crecer a ambos hasta la siega. Cuando llegue el tiempo de la siega, yo
diré a los segadores: Recoged primero la cizaña y atadla en manojos para quemarla. Pero
reunid el trigo en mi granero.' "

Parábola del grano de mostaza[e]

31 Les presentó otra parábola diciendo: "El
reino de los cielos es semejante al grano de
mostaza que un hombre tomó y sembró en
su campo. 32 Esta es la más pequeña de todas las semillas; pero cuando crece, es la más
grande de las hortalizas y se convierte en árbol, de modo que vienen las aves del cielo y
hacen nidos en sus ramas."

Parábola de la levadura[f]

33 Les dijo otra parábola: "El reino de los
cielos es semejante a la levadura que una mujer tomó y escondió en tres medidas[g] de harina, hasta que todo quedó leudado."

Las parábolas y las profecías[h]

34 Todo esto habló Jesús en parábolas a las
multitudes y sin parábolas no les hablaba,
35 de manera que se cumplió lo dicho por
medio del profeta diciendo:

Abriré mi boca con parábolas;
publicaré cosas que han estado ocultas
desde la fundación del mundo.[i]

La parábola de la cizaña explicada

36 Entonces, una vez despedida la multitud, volvió a casa. Y sus discípulos se acercaron a él diciendo:
—Explícanos la parábola de la cizaña del
campo.
37 Y respondiendo él dijo:
—El que siembra la buena semilla es el
Hijo del Hombre. 38 El campo es el mundo.
La buena semilla son los hijos del reino, y la
cizaña son los hijos del maligno. 39 El enemigo que la sembró es el diablo. La siega es
el fin del mundo,[j] y los segadores son los
ángeles. 40 De manera que como la cizaña
es recogida y quemada en el fuego, así será
el fin del mundo.[j] 41 El Hijo del Hombre
enviará a sus ángeles, y recogerán de su reino
a todos los que causan tropiezos y a los que
hacen maldad, 42 y los echarán en el horno
de fuego. Allí habrá llanto y crujir de dientes.
43 Entonces los justos resplandecerán como
el sol en el reino de su Padre. El que tiene
oídos,[k] que oiga.

[a] *15* Algunos mss. antiguos dicen *Y yo los sane*; la cita es de Isa. 6:9, 10 (LXX) [b] *18t* Ver Mar. 4:13-20; Luc. 8:11-15 [c] *22* Lit., *esta edad* [d] *25* Una mala hierba venenosa con aspecto parecido al trigo [e] *31t* Ver Mar. 4:30-32; Luc. 13:18, 19 [f] *33t* Ver Luc. 13:20, 21 [g] *33* Un total aprox. de 39 litros de harina; cada *saton*, o *medida*, contenía unos 13 litros. [h] *34t* Ver Mar. 4:33, 34 [i] *35* Sal. 78:2 [j] *39,40* Lit., *la edad* [k] *43* Algunos mss. incluyen *para oír*

Parábolas: el tesoro, la perla y la red

44»El reino de los cielos es semejante a un
tesoro escondido en el campo, que un hombre descubrió y luego escondió. Y con regocijo va, vende todo lo que tiene y compra aquel
campo.

45»Además, el reino de los cielos es semejante a un comerciante que buscaba perlas
finas. 46Y habiendo encontrado una perla
de gran valor, fue y vendió todo lo que tenía,
y la compró.

47»Asimismo, el reino de los cielos es semejante a una red que fue echada en el mar
y juntó toda clase de peces. 48Cuando estuvo llena, la sacaron a la playa. Y sentados
recogieron lo bueno en cestas y echaron fuera lo malo. 49Así será el fin del mundo:[a]
Saldrán los ángeles y apartarán a los malos de
entre los justos, 50y los echarán en el horno de fuego. Allí habrá llanto y crujir de dientes.

51»¿Habéis entendido todas estas cosas?
Ellos le dijeron:

—Sí.[b]

52El les dijo:

—Por eso, todo escriba instruido[c] en el
reino de los cielos es semejante a un padre de
familia que saca de su tesoro cosas nuevas y
viejas.

Jesús es rechazado en Nazaret[d]

53Aconteció que cuando Jesús terminó estas parábolas, partió de allí. 54Vino a su
tierra y les enseñaba en su sinagoga, de manera que ellos estaban atónitos y decían:

—¿De dónde tiene éste esta sabiduría y
estos milagros?[e] 55¿No es éste el hijo del
carpintero? ¿No se llama su madre María, y
sus hermanos Jacobo, José, Simón y Judas?
56¿No están todas sus hermanas con nosotros? ¿De dónde, pues, le vienen a éste todas
estas cosas?

57Se escandalizaban de él. Pero Jesús les
dijo:

—No hay profeta sin honra sino en su propia tierra y en su casa.

58Y no hizo allí muchos milagros[e] a causa
de la incredulidad de ellos.

La muerte de Juan el Bautista[f]

14 En aquel tiempo, Herodes el tetrarca
oyó la fama de Jesús 2y dijo a sus
criados: "¡Este es Juan el Bautista! El ha resucitado de los muertos; por esta razón operan
estos poderes en él."

3Porque Herodes había prendido a Juan, le
había atado con cadenas y puesto en la cárcel
por causa de Herodía, la mujer de su hermano Felipe. 4Porque Juan le decía: "No te es
lícito tenerla por mujer." 5Y aunque Herodes quería matarlo, temió al pueblo; porque
le tenían por profeta.

6Pero cuando se celebró el cumpleaños de
Herodes, la hija de Herodía danzó en medio
y agradó a Herodes, 7por lo cual él se com-
prometió bajo juramento a darle lo que ella
pidiera. 8Ella, instigada por su madre, dijo:
"Dame aquí en un plato la cabeza de Juan el
Bautista."

9Entonces el rey se entristeció; pero a causa del juramento y de los que estaban con él
a la mesa, mandó que se la diesen. 10Mandó
decapitar a Juan en la cárcel. 11Y su cabeza
fue traída en un plato y fue dada a la muchacha, y ella la presentó a su madre.

12Entonces llegaron sus discípulos, tomaron el cuerpo y lo enterraron. Luego fueron
y se lo contaron a Jesús.

Jesús alimenta a cinco mil[g]

13Al oírlo, Jesús se apartó de allí en una
barca a un lugar desierto y apartado. Cuando
las multitudes oyeron esto, le siguieron a pie
desde las ciudades. 14Cuando Jesús salió,
vio la gran multitud y tuvo compasión de
ellos, y sanó a los que entre ellos estaban
enfermos. 15Al atardecer, sus discípulos se
acercaron a él y le dijeron:

—El lugar es desierto, y la hora ya avanzada. Despide a la gente para que vayan a las
aldeas y compren para sí algo de comer.

16Pero Jesús les dijo:

—No tienen necesidad de irse. Dadles vosotros de comer.

17Entonces ellos dijeron:

—No tenemos aquí sino cinco panes y dos
pescados.

18El les dijo:

—Traédmelos acá.

19Luego mandó que la gente se recostara
sobre la hierba. Tomó los cinco panes y los
dos pescados, y alzando los ojos al cielo, los
bendijo. Después de partirlos, dio los panes a
sus discípulos, y ellos a la gente. 20Todos
comieron y se saciaron, y se recogieron doce
canastas llenas de lo que sobró de los pedazos. 21Los que comieron eran como cinco

[a] 49 Lit., *la edad* [b] 51 Algunos mss. antiguos dicen *Sí, Señor*. [c] 52 Otra trad., *hecho discípulo* [d] 53t Ver Mar. 6:1-6; comp. Luc. 4:16-30 [e] 54,58 O sea, *obras poderosas* [f] 1t Ver Mar. 6:14-32; Luc. 9:7-9 [g] 13t Ver Mar. 6:30-44; Luc. 9:10-17; Juan 6:1-13

mil hombres, sin contar las mujeres y los
niños.

Jesús camina sobre el agua[a]

22 Y en seguida Jesús obligó a sus discípulos a entrar en la barca e ir delante de él a la
otra orilla, mientras él despedía a las multitudes. 23 Una vez despedida la gente, subió
al monte para orar a solas; y cuando llegó la
noche, estaba allí solo. 24 La barca ya quedaba a gran distancia[b] de la tierra, azotada
por las olas, porque el viento era contrario.
25 Y a la cuarta vigilia[c] de la noche, Jesús fue
a ellos caminando sobre el mar. 26 Pero
cuando los discípulos le vieron caminando
sobre el mar, se turbaron diciendo:

—¡Un fantasma!

Y gritaron de miedo. 27 En seguida Jesús
les habló diciendo:

—¡Tened ánimo! ¡Yo soy! ¡No temáis!

28 Entonces le respondió Pedro y dijo:

—Señor, si eres tú, manda que yo vaya a
ti sobre las aguas.

29 Y él dijo:

—Ven.

Pedro descendió de la barca y caminó sobre las aguas, y fue[d] hacia Jesús. 30 Pero al
ver el viento fuerte, tuvo miedo y comenzó a
hundirse. Entonces gritó diciendo:

—¡Señor, sálvame!

31 De inmediato Jesús extendió la mano, le
sostuvo y le dijo:

—¡Oh hombre de poca fe! ¿Por qué dudas-
te?

32 Cuando ellos subieron a la barca, se calmó el viento. 33 Entonces los que estaban
en la barca le adoraron[e] diciendo:

—¡Verdaderamente eres Hijo de Dios!

Jesús sana a muchos en Genesaret[f]

34 Cuando cruzaron a la otra orilla, llegaron a la tierra de Genesaret. 35 Y cuando los
hombres de aquel lugar le reconocieron,
mandaron a decirlo por toda aquella región,
y trajeron a él todos los que estaban enfermos. 36 Y le rogaban que sólo pudiesen tocar el borde de su manto, y todos los que
tocaron quedaron sanos.

Lo que contamina al hombre[g]

15 Entonces se acercaron a Jesús unos
fariseos y escribas de Jerusalén, diciendo:

2 —¿Por qué quebrantan tus discípulos la
tradición de los ancianos? Pues no se lavan
las manos cuando comen pan.

3 El les respondió diciendo:

—¿Por qué también vosotros quebrantáis
el mandamiento de Dios por causa de vuestra
tradición? 4 Porque Dios dijo:[h] *Honra a tu
padre y a tu madre*,[i] y *El que maldiga a su
padre o a su madre muera irremisiblemente*.[j] 5 Pero vosotros decís que cualquiera que diga a su padre o a su madre:
"Aquello con que hubieras sido beneficiado[k]
es mi ofrenda a Dios", 6 no debe honrar a su
padre.[l]

»Así habéis invalidado la palabra de Dios
por causa de vuestra tradición. 7 ¡Hipócritas! Bien profetizó Isaías de vosotros diciendo:

8 *Este pueblo me honra de labios,*
pero su corazón está lejos de mí.
9 *Y en vano me rinden culto,*
enseñando como doctrina
los mandamientos de hombres.[m]

10 Entonces, llamando a sí a la multitud,
les dijo:

—¡Oíd y entended! 11 Lo que entra en la
boca no contamina al hombre; sino lo que
sale de la boca, esto contamina al hombre.

12 Entonces se acercaron los discípulos[n] y
le dijeron:

—¿Sabes que los fariseos se ofendieron al
oír esas palabras?

13 Pero él respondió y dijo:

—Toda planta que no plantó mi Padre celestial será desarraigada. 14 Dejadlos. Son
ciegos guías de ciegos. Pero si el ciego guía
al ciego, ambos caerán en el hoyo.

15 Respondió Pedro y le dijo:

—Explícanos esta parábola.

16 Jesús dijo:

—¿También vosotros carecéis de entendimiento? 17 ¿No entendéis que todo lo que
entra en la boca va al estómago y sale a la
letrina? 18 Pero lo que sale de la boca viene
del corazón, y eso contamina al hombre.
19 Porque del corazón salen los malos pensamientos, los homicidios, los adulterios, las

[a] *22t* Ver Mar. 6:45-52; Juan 6:16-21 [b] *24* Lit., *a muchos estadios*; el estadio equivalía aprox. a 180 m. [c] *25* O sea, entre las 3:00 y las 6:00 a.m., según la costumbre romana que dividía la noche en cuatro vigilias [d] *29* Algunos mss. antiguos dicen *para ir*. [e] *33* Algunos mss. antiguos dicen *vinieron y le adoraron*. [f] *34t* Ver Mar. 6:53-56 [g] *1t* Ver Mar. 7:1-23; también Luc. 11:37-41 [h] *4* Algunos mss. antiguos dicen *mandó diciendo*. [i] *4* Exo. 20:12; Deut. 5:16 [j] *4* Exo. 21:17 [k] *5* O sea, *yo pudiera ayudarte* [l] *6* Algunos mss. antiguos incluyen *o a su madre*. [m] *9* Isa. 29:13 (LXX) [n] *12* Algunos mss. antiguos dicen *sus discípulos*

inmoralidades sexuales, los robos, los falsos
testimonios y las blasfemias. 20 Estas cosas
son las que contaminan al hombre, pero el
comer sin lavarse las manos no contamina al
hombre.

La fe de una mujer extranjera[a]

21 Cuando Jesús salió de allí, se fue a las
regiones de Tiro y de Sidón. 22 Entonces
una mujer cananea que había salido de aquellas regiones, clamaba diciendo:
—¡Señor, Hijo de David, ten misericordia
de mí! Mi hija es gravemente atormentada
por un demonio.
23 Pero él no le respondía palabra. Entonces se acercaron sus discípulos y le rogaron
diciendo:
—Despídela, pues grita tras nosotros.
24 Y respondiendo dijo:
—Yo no he sido enviado sino a las ovejas
perdidas de la casa de Israel.
25 Entonces ella vino y se postró delante de
él diciéndole:
—¡Señor, socórreme!
26 El le respondió diciendo:
—No es bueno tomar el pan de los hijos y
echarlo a los perritos.
27 Y ella dijo:
—Sí, Señor. Pero aun los perritos comen
de las migajas que caen de la mesa de sus
dueños.
28 Entonces respondió Jesús y le dijo:
—¡Oh mujer, grande es tu fe! Sea hecho
contigo como quieres.
Y su hija fue sana desde aquella hora.

Otros milagros de Jesús[b]

29 Cuando Jesús partió de allí, fue junto al
mar de Galilea, y subiendo al monte se sentó
allí. 30 Entonces se acercaron a él grandes
multitudes que tenían consigo cojos, ciegos,
mancos, mudos y muchos otros enfermos.
Los pusieron a los pies de Jesús, y él los sanó;
31 de manera que la gente se maravillaba al
ver a los mudos hablar, a los mancos sanos,
a los cojos andar y a los ciegos ver. Y glorificaban al Dios de Israel.

Jesús alimenta a cuatro mil[c]

32 Jesús llamó a sus discípulos y dijo:
—Tengo compasión de la multitud, porque ya hace tres días que permanecen conmigo y no tienen qué comer. No quiero despe-
dirlos en ayunas, no sea que se desmayen en
el camino.
33 Entonces sus discípulos le dijeron:
—¿De dónde conseguiremos nosotros tantos panes en un lugar desierto, como para
saciar a una multitud tan grande?
34 Jesús les dijo:
—¿Cuántos panes tenéis?
Ellos dijeron:
—Siete, y unos pocos pescaditos.
35 Entonces él mandó a la multitud que se
recostase sobre la tierra. 36 Tomó los siete
panes y los pescaditos, y habiendo dado gracias los partió e iba dando a los discípulos,[d]
y los discípulos a las multitudes. 37 Todos
comieron y se saciaron, y recogieron siete
cestas llenas de lo que sobró de los pedazos.
38 Los que comían eran cuatro mil hombres,
sin contar las mujeres y los niños. 39 Entonces, una vez despedida la gente, subió en
la barca y se fue a las regiones de Magdala.

Los fariseos y saduceos piden señales[e]

16 Se acercaron los fariseos y los saduceos, y para probarle le pidieron que
les mostrase una señal del cielo. 2 Pero él
les respondió diciendo: "Al atardecer decís:
'Hará buen tiempo, porque el cielo está enrojecido'; 3 y al amanecer decís: 'Hoy habrá
tempestad, porque el cielo está enrojecido y
sombrío.' Sabéis[f] discernir el aspecto del
cielo, pero no podéis discernir las señales de
los tiempos.[g] 4 Una generación malvada y
adúltera pide señal, pero no le será dada ninguna señal, sino la señal de Jonás."[h]
Y dejándolos se fue.

Levadura de los fariseos y saduceos[i]

5 Cuando los discípulos[d] cruzaron a la
otra orilla, se olvidaron de tomar consigo
pan. 6 Entonces Jesús les dijo:
—Mirad, guardaos de la levadura de los
fariseos y de los saduceos.
7 Ellos discutían entre sí, diciendo:
—Es porque no trajimos pan.
8 Pero como Jesús lo entendió, les dijo:
—¿Por qué discutís entre vosotros que no
tenéis pan, hombres de poca fe? 9 ¿Todavía
no entendéis, ni os acordáis de los cinco panes para los cinco mil hombres, y cuántas
canastas recogisteis? 10 ¿Ni tampoco de los
siete panes para los cuatro mil y cuántas cestas recogisteis? 11 ¿Cómo es que no entendéis que no os hablé del pan? ¡Pero guardaos

[a] *21t* Ver Mar. 7:24-30 [b] *29t* Comp. Mar. 7:31-36 [c] *32t* Ver Mar. 8:1-10 [d] *36.5* Algunos mss. antiguos dicen *sus discípulos*. [e] *1t* Ver Mar. 8:11-13; Luc. 11:29-32; 12:54-56; Mat. 12:38-42 [f] *3* Algunos mss. antiguos tienen *¡Hipócritas! Sabéis . . .* [g] *3* Algunos mss. antiguos no incluyen vv. 2b, 3: *Al atardecer . . . tiempos.* [h] *4* Ver Jon. 2:1 ss.; algunos mss. antiguos dicen *del profeta Jonás*. [i] *5t* Ver Mar. 8:14-21; Luc. 12:1, 2

de la levadura de los fariseos y de los saduceos!
12 Entonces entendieron que no les habló
de guardarse de la levadura del pan, sino más
bien de la doctrina de los fariseos y de los
saduceos.

La confesión de Pedro[a]

13 Cuando llegó Jesús a las regiones de Cesarea de Filipo, preguntó a sus discípulos diciendo:

—¿Quién dicen los hombres que es el Hijo del Hombre?

14 Ellos dijeron:

—Unos, Juan el Bautista; otros, Elías; y otros, Jeremías o uno de los profetas.

15 Les dijo:

—Pero vosotros, ¿quién decís que soy yo?

16 Respondió Simón Pedro y dijo:

—¡Tú eres el Cristo, el Hijo del Dios viviente!

17 Entonces Jesús respondió y le dijo:
—Bienaventurado eres, Simón hijo de Jonás, porque no te lo reveló carne ni sangre,
sino mi Padre que está en los cielos. 18 Mas
yo también te digo que tú eres Pedro; y sobre
esta roca edificaré mi iglesia, y las puertas del
Hades[b] no prevalecerán contra ella. 19 A ti
te daré las llaves del reino de los cielos. Todo
lo que ates en la tierra habrá sido atado en el
cielo, y lo que desates en la tierra habrá sido
desatado en los cielos.

20 Entonces mandó a los discípulos[c] que no dijesen a nadie que él era el Cristo.

Jesús anuncia su muerte y victoria[d]

21 Desde entonces, Jesús comenzó a explicar a sus discípulos que le era preciso ir a
Jerusalén y padecer mucho de parte de los
ancianos, de los principales sacerdotes y de
los escribas, y ser muerto, y resucitar al tercer día. 22 Pedro le tomó aparte y comenzó
a reprenderle diciendo:

—Señor, ten compasión de ti mismo. ¡Jamás te suceda esto!

23 Entonces él volviéndose, dijo a Pedro:

—¡Quítate de delante de mí, Satanás![e] Me eres tropiezo, porque no piensas en las cosas de Dios, sino en las de los hombres.

Condiciones para seguir a Jesús[f]

24 Entonces Jesús dijo a sus discípulos:
—Si alguno quiere venir en pos de mí,
niéguese a sí mismo, tome su cruz y sígame.
25 Porque el que quiera salvar su vida la perderá, y el que pierda su vida por causa de mí
la hallará. 26 Pues, ¿de qué le sirve al hombre si gana el mundo entero y pierde su alma?
¿O qué dará el hombre en rescate por su alma? 27 Porque el Hijo del Hombre ha de
venir en la gloria de su Padre con sus ángeles,
y entonces recompensará a cada uno conforme a sus hechos.

28 »De cierto os digo que hay algunos que están aquí, que no probarán la muerte hasta que hayan visto al Hijo del Hombre viniendo en su reino.

La transfiguración[g]

17 Seis días después, Jesús tomó consigo a Pedro, a Jacobo y a Juan su hermano, y les hizo subir aparte a un monte alto.
2 Y fue transfigurado delante de ellos. Su cara
resplandeció como el sol, y sus vestiduras se
hicieron blancas como la luz. 3 Y he aquí les
aparecieron Moisés y Elías, hablando con él.

4 Entonces intervino Pedro y dijo a Jesús:

—Señor, bueno es que nosotros estemos aquí. Si quieres, yo levantaré[h] aquí tres enramadas:[i] una para ti, otra para Moisés y otra para Elías.

5 Mientras él aún hablaba, de pronto una nube brillante les hizo sombra, y he aquí salió una voz de la nube diciendo: "Este es mi Hijo amado, en quien tengo complacencia. A él oíd."

6 Al oír esto, los discípulos se postraron
sobre sus rostros y temieron en gran manera.
7 Entonces Jesús se acercó, los tocó y dijo:

—Levantaos y no temáis.

8 Y cuando ellos alzaron los ojos, no vieron a nadie sino a Jesús mismo, solo.

9 Mientras ellos descendían del monte, Jesús les mandó, diciendo:

—No mencionéis la visión a nadie, hasta que el Hijo del Hombre resucite de entre los muertos.

10 Entonces los discípulos[c] le preguntaron diciendo:

—¿Por qué dicen los escribas que es necesario que Elías venga primero?

11 Y respondiendo[j] dijo:
—A la verdad, Elías viene[k] y restaurará
todas las cosas. 12 Pero yo os digo que Elías
ya vino, y no le reconocieron; más bien, hicieron con él todo lo que quisieron. Así tam-

[a] *13t* Ver Mar. 8:27-30; Luc. 9:18-21 [b] *18* O sea, *la morada de los muertos* [c] *20,10* Algunos mss. antiguos dicen *sus discípulos*. [d] *21t* Ver Mar. 8:31-33; Luc. 9:22, 43-45; también Mat. 17:22, 23; 20:17-19 [e] *23* Otra trad., *¡Apártate! ¡Detrás de mí, Satanás!* [f] *24t* Ver Mar. 8:34—9:1; Luc. 9:23-27 [g] *1t* Ver Mar. 9:2-13; Luc. 9:28-36 [h] *4* Algunos mss. antiguos dicen *Levantemos*. [i] *4* O: *tabernáculos*. [j] *11* Algunos mss. antiguos incluyen *Jesús*. [k] *11* Algunos mss. antiguos incluyen *primero*.

bién el Hijo del Hombre ha de padecer de
ellos.
13 Entonces los discípulos entendieron
que les hablaba de Juan el Bautista.

Jesús sana a un muchacho[a]

14 Cuando llegaron a la multitud, vino a él
un hombre y se arrodilló delante de él,
15 diciendo:
—¡Señor, ten misericordia de mi hijo, que
es lunático y padece gravemente. Pues muchas veces cae en el fuego, y muchas veces en
el agua. 16 Lo traje a tus discípulos, y no le
pudieron sanar.
17 Jesús respondió y dijo:
—¡Oh generación incrédula y perversa!
¿Hasta cuándo estaré con vosotros? ¿Hasta
cuándo os soportaré? Traédmelo acá.
18 Jesús le reprendió, y el demonio salió de
él; y el niño fue sanado desde aquella hora.
19 Luego, los discípulos se acercaron en privado a Jesús y le dijeron:
—¿Por qué no pudimos nosotros echarlo
fuera?
20,21[b] Jesús les dijo:
—Por causa de vuestra poca fe.[c] Porque
de cierto os digo que si tenéis fe como un
grano de mostaza, diréis a este monte: "Pásate de aquí, allá"; y se pasará. Nada os será
imposible.

Jesús vuelve a anunciar su muerte[d]

22 Estando ellos reunidos en Galilea, Jesús
les dijo: "El Hijo del Hombre ha de ser entregado en manos de hombres, 23 y le matarán. Pero al tercer día resucitará." Y ellos se
entristecieron en gran manera.

Jesús paga el impuesto del templo

24 Cuando ellos llegaron a Capernaúm,
fueron a Pedro los que cobraban el impuesto
del templo[e] y dijeron:
—¿Vuestro maestro no paga el impuesto
del templo?
25 El dijo:
—Sí.
Al entrar en casa, Jesús le habló primero
diciendo:
—¿Qué te parece, Simón? Los reyes de la
tierra, ¿de quiénes cobran los tributos o los
impuestos? ¿De sus hijos o de otros?
26 Pedro[f] le dijo:
—De otros.
Jesús le dijo:
—Luego, los hijos están libres de obligación. 27 Pero, para que no los ofendamos, vé
al mar, echa el anzuelo, y el primer pez que
suba, tómalo. Cuando abras su boca, hallarás
un estatero.[g] Tómalo y dalo por mí y por ti.

Quién es el más importante[h]

18 En aquel tiempo los discípulos se
acercaron a Jesús diciendo:
—¿Quién es el más importante en el reino
de los cielos?
2 Jesús llamó a un niño, lo puso en medio
de ellos 3 y dijo:
—De cierto os digo que si no os volvéis y
os hacéis como los niños, jamás entraréis en
el reino de los cielos. 4 Así que, cualquiera
que se humille como este niño, ése es el más
importante en el reino de los cielos. 5 Y
cualquiera que en mi nombre reciba a un
niño como éste, a mí me recibe.

Ocasiones de caer[i]

6 »Y a cualquiera que haga tropezar a uno
de estos pequeños que creen en mí, mejor le
fuera que se le atase al cuello una gran piedra
de molino[j] y que se le hundiese en lo profundo del mar. 7 ¡Ay del mundo por los tropiezos! Es inevitable que haya tropiezos, pero
¡ay del hombre que los ocasione!
8 »Por tanto, si tu mano o tu pie te hace
tropezar, córtalo y échalo de ti. Mejor te es
entrar en la vida cojo o manco, que teniendo
dos manos o dos pies ser echado en el fuego
eterno. 9 Y si tu ojo te hace tropezar, sácalo
y échalo de ti. Mejor te es entrar en la vida
con un solo ojo, que teniendo dos ojos ser
echado en el infierno[k] de fuego.
10,11[l] »Mirad, no tengáis en poco a ninguno de estos pequeños, porque os digo que
sus ángeles en los cielos siempre ven el rostro
de mi Padre que está en los cielos.

Parábola de la oveja perdida[m]

12 »¿Qué os parece? Si algún hombre tiene
cien ovejas y se extravía una, ¿acaso no dejará

[a] *14t* Ver Mar. 9:14-29; Luc. 9:37-43 [b] *21* Algunos mss. antiguos incluyen: *21 Pero este género de demonio sale sólo con oración y ayuno*; texto similar a Mar. 9:29. [c] *20* Algunos mss. antiguos dicen *vuestra incredulidad*. [d] *22t* Ver Mar. 9:31, 32; Luc. 9:22, 43-45; también Mat. 16:21-23; 20:17-19 [e] *24* Lit., *las dos dracmas*. Sobre el impuesto del templo, ver Exo. 30:13-16; 38:26. Una *dracma* era igual a un *denario*; equivalía al salario de un día para un obrero.
[f] *26* Algunos mss. antiguos no incluyen *Pedro*. [g] *27* El estatero equivalía a cuatro dracmas. Aquí era el valor necesario para pagar el impuesto de dos personas. [h] *1t* Ver Mar. 9:33-37; Luc. 9:46-48; comp. Luc. 22:24-27 [i] *6t* Ver Mar. 9:42-48; Luc. 17:1, 2 [j] *6* Lit., *una piedra de molino que se mueve por medio de asno* [k] *9* Gr., *Gehena*
[l] *11* Algunos mss. antiguos incluyen: *11 Porque el Hijo del Hombre ha venido a salvar lo que se había perdido*; texto similar a Luc. 19:10. [m] *12t* Ver Luc. 15:3-7

las noventa y nueve en las montañas e irá a
buscar la descarriada? 13 Y si sucede que la
encuentra, de cierto os digo que se goza más
por aquélla que por las noventa y nueve que
no se extraviaron. 14 Así que, no es la voluntad de vuestro Padre que está en los cielos
que se pierda ni uno de estos pequeños.

Acerca del perdón al hermano[a]

15 »Por tanto, si tu hermano peca contra
ti, vé, amonéstale a solas entre tú y él. Si él
te escucha, has ganado a tu hermano. 16 Pero si no escucha, toma aún contigo uno o
dos, para que *todo asunto conste según la*
boca de dos o tres testigos.[b] 17 Y si él no les
hace caso a ellos, dilo a la iglesia; y si no hace
caso a la iglesia, tenlo por gentil y publicano.
18 De cierto os digo que todo lo que atéis en
la tierra habrá sido atado en el cielo, y todo
lo que desatéis en la tierra habrá sido desatado en el cielo.

19 »Otra vez os digo que, si dos de vosotros
se ponen de acuerdo en la tierra acerca de
cualquiera cosa que pidan, les será hecha por
mi Padre que está en los cielos. 20 Porque
donde dos o tres están congregados en mi
nombre, allí estoy yo en medio de ellos.

21 Entonces Pedro se acercó y le dijo:

—Señor, ¿cuántas veces pecará mi hermano contra mí y yo le perdonaré? ¿Hasta siete
veces?

22 Jesús le dijo:

—No te digo hasta siete, sino hasta setenta
veces siete.

Parábola del siervo malvado

23 »Por esto, el reino de los cielos es semejante a un hombre rey, que quiso hacer cuentas con sus siervos. 24 Y cuando él comenzó
a hacer cuentas, le fue traído uno que le debía
diez mil talentos.[c] 25 Puesto que él no podía pagar, su señor mandó venderlo a él, junto con su mujer, sus hijos y todo lo que tenía,
y que se le pagara. 26 Entonces el siervo
cayó y se postró delante de él diciendo:[d] "Ten
paciencia conmigo, y yo te lo pagaré todo."
27 El señor de aquel siervo, movido a compasión, le soltó y le perdonó la deuda.

28 »Pero al salir, aquel siervo halló a uno
de sus consiervos que le debía cien denarios,[e] y asiéndose de él, le ahogaba diciendo:
"Paga lo que debes."[f] 29 Entonces su consiervo, cayendo, le rogaba diciendo: "¡Ten paciencia conmigo, y yo te pagaré."[g] 30 Pero
él no quiso, sino que fue y lo echó en la cárcel
hasta que le pagara lo que le debía.

31 »Así que, cuando sus consiervos vieron
lo que había sucedido, se entristecieron mucho; y fueron y declararon a su señor todo lo
que había sucedido. 32 Entonces su señor le
llamó y le dijo: "¡Siervo malvado! Toda aquella deuda te perdoné, porque me rogaste.
33 ¿No debías tú también tener misericordia
de tu consiervo, así como también yo tuve
misericordia de ti?" 34 Y su señor, enojado,
le entregó a los verdugos hasta que le pagara
todo lo que le debía. 35 Así también hará
con vosotros mi Padre celestial, si no perdonáis de corazón cada uno a su hermano.[h]

Una pregunta acerca del divorcio[i]

19 Aconteció que, cuando Jesús acabó
estas palabras, partió de Galilea y fue
a las fronteras de Judea, al otro lado del Jordán. 2 Grandes multitudes le siguieron, y
los sanó allí. 3 Entonces los fariseos se acercaron a él para probarle, diciendo:

—¿Le es lícito al hombre divorciarse[j] de
su mujer por cualquier razón?

4 El respondió y dijo:

—¿No habéis leído que el que los creó en
el principio, *los hizo varón y mujer*?[k] 5 Y
dijo: "*Por esta causa el hombre dejará a su*
padre y a su madre, y se unirá a su mujer;
y serán los dos una sola carne."[l] 6 Así que
ya no son más dos, sino una sola carne. Por
tanto, lo que Dios ha unido, no lo separe el
hombre.

7 Le dijeron:

—¿Por qué, pues, mandó Moisés *darle car-*
ta de divorcio y despedirla?[m]

8 Les dijo:

—Ante vuestra dureza de corazón, Moisés
os permitió divorciaros de vuestras mujeres;
pero desde el principio no fue así. 9 Y os
digo que cualquiera que se divorcia de su
mujer, a no ser por causa de fornicación, y se
casa con otra, comete adulterio.

10 Le dijeron sus discípulos:

—Si así es el caso del hombre con su mujer, no conviene casarse.

11 Entonces él les dijo:

—No todos son capaces de aceptar esta
palabra, sino aquellos a quienes les está con-

[a] *15t* Ver Luc. 17:3, 4 [b] *16* Deut. 19:15 [c] *24* El talento equivalía aprox. a 34 kilos de plata o 6.000 dracmas. Aquí representa una cantidad enorme de dinero. [d] *26* Algunos mss. antiguos incluyen *Señor*, . . . [e] *28* Una suma que representaba el salario de unos 100 días de trabajo de un obrero [f] *28* Algunos mss. antiguos dicen *Págame lo que me debes*. [g] *29* Algunos mss. antiguos dicen *Yo te lo pagaré todo*. [h] *35* Algunos mss. antiguos incluyen *sus ofensas*. [i] *1t* Ver Mar. 10:1-12; Luc. 16:18; también Mat. 5:31, 32 [j] *3* Otra trad., *despedir* o *repudiar* [k] *4* Gén. 1:27 [l] *5* Gén. 2:24; comp. Ef. 5:31 [m] *7* Deut. 24:1; comp. Mat. 5:31

cedido. 12 Porque hay eunucos que nacieron así desde el vientre de la madre, hay eunucos que fueron hechos eunucos por los
hombres, y hay eunucos que a sí mismos se
hicieron eunucos por causa del reino de los
cielos. El que puede aceptar esto, que lo acep-
te.

Jesús bendice a los niños[a]

13 Entonces le fueron presentados unos niños, para que pusiese las manos sobre ellos
y orase. Pero los discípulos los reprendieron.
14 Entonces Jesús les dijo:
—Dejad a los niños y no les impidáis venir
a mí, porque de los tales es el reino de los
cielos.
15 Y habiendo puesto las manos sobre
ellos, partió de allí.

Jesús y el joven rico[b]

16 He aquí vino uno a él y le dijo:
—Maestro, ¿qué cosa buena haré para tener la vida eterna?
17 El le dijo:
—¿Por qué me preguntas acerca de lo bueno? Hay uno solo que es bueno.[c] Pero si
quieres entrar en la vida, guarda los mandamientos.
18 Le dijo:
—¿Cuáles?
Jesús respondió:
—*No cometerás homicidio, no cometerás*
adulterio, no robarás, no dirás falso testimo-
nio, 19 *honra a tu padre y a tu madre,*[d] y
amarás a tu prójimo como a ti mismo.[e]
20 El joven le dijo:
—Todo esto he guardado.[f] ¿Qué más me
falta?
21 Le dijo Jesús:
—Si quieres ser perfecto, anda, vende tus
bienes y dalo[g] a los pobres; y tendrás tesoro
en el cielo. Y ven; sígueme.
22 Pero cuando el joven oyó la palabra,[h] se
fue triste, porque tenía muchas posesiones.

El peligro de las riquezas[i]

23 Entonces Jesús dijo a sus discípulos:
—De cierto os digo, que difícilmente entrará el rico en el reino de los cielos. 24 Otra
vez os digo que le es más fácil a un camello
pasar por el ojo de una aguja, que a un rico
entrar en el reino de Dios.
25 Cuando los discípulos[j] lo oyeron, se
asombraron en gran manera diciendo:
—Entonces, ¿quién podrá ser salvo?
26 Jesús los miró y les dijo:
—Para los hombres esto es imposible, pero para Dios todo es posible.
27 Entonces respondió Pedro y le dijo:
—He aquí, nosotros lo hemos dejado todo
y te hemos seguido. ¿Qué hay, pues, para
nosotros?
28 Jesús les dijo:
—De cierto os digo que en el tiempo de la
regeneración,[k] cuando el Hijo del Hombre
se siente en el trono de su gloria, vosotros
que me habéis seguido os sentaréis también
sobre doce tronos para juzgar a las doce tribus de Israel. 29 Y todo aquel que deja casas,
o hermanos, o hermanas, o padre, o madre,
o mujer,[l] o hijos, o campos por causa de mi
nombre, recibirá cien veces más y heredará
la vida eterna. 30 Pero muchos primeros serán últimos, y muchos últimos serán primeros.

Parábola de los obreros de la viña

20 »Porque el reino de los cielos es semejante a un hombre, dueño de un
campo, que salió al amanecer a contratar
obreros para su viña. 2 Habiendo convenido
con los obreros en un denario[m] al día, los
envió a su viña. 3 Salió también como a la
tercera hora[n] y vio que otros estaban en la
plaza desocupados, 4 y les dijo: "Id también
vosotros a mi viña, y os daré lo que sea justo."
Y ellos fueron. 5 Salió otra vez como a la
sexta hora[o] y a la novena hora,[p] e hizo lo
mismo. 6 También alrededor de la undécima hora[q] salió y halló que otros estaban allí,
y les dijo: "¿Por qué estáis aquí todo el día
desocupados?" 7 Le dijeron: "Porque nadie
nos ha contratado." Les dijo: "Id también vosotros a la viña."[r]
8 »Al llegar la noche, dijo el señor[s] de la
viña a su mayordomo: "Llama a los obreros
y págales el jornal. Comienza desde los últimos hasta los primeros." 9 Entonces vinieron los que habían ido cerca de la undécima
hora[q] y recibieron cada uno un denario.
10 Y cuando vinieron, los primeros pensaron

[a] *13t* Ver Mar. 10:13-16; Luc. 18:15-17 [b] *16t* Ver Mar. 10:17-22; Luc. 18:18-23 [c] *17* Algunos mss. antiguos dicen *Sólo uno es bueno, Dios*; y otros, *No hay ninguno que sea bueno sino sólo Dios*. [d] *19* Exo. 20:12-16; comp. Deut. 5:16-20 [e] *19* Lev. 19:18; comp. Rom. 13:9 [f] *20* Algunos mss. antiguos incluyen *desde mi juventud*. [g] *21* Griego omite *-lo*. [h] *22* Algunos mss. antiguos dicen *esta palabra*. [i] *23t* Ver Mar. 10:23-31; Luc. 18:24-30 [j] *25* Algunos mss. antiguos dicen *sus discípulos*. [k] *28* Comp. Hech. 3:21 y Tito 3:5 [l] *29* Algunos mss. antiguos no incluyen *o mujer*; ver Luc. 18:29. [m] *2* El denario era una moneda romana que equivalía al salario de un día para un obrero. [n] *3* O sea, *como a las 9:00 a.m.* [o] *5* O sea, *como al mediodía* [p] *5* O sea, *como a las 3:00 p.m.* [q] *6,9* O sea, *como a las 5:00 p.m.* [r] *7* Algunos mss. antiguos añaden *y recibiréis lo que sea justo*. [s] *8* O: *dueño*

que recibirían más; pero ellos también recibieron un denario cada uno. 11 Al recibirlo,
murmuraban contra el dueño del campo,
12 diciendo: "Estos últimos trabajaron una
sola hora, y los has hecho iguales a nosotros,
que hemos soportado el peso y el calor del
día." 13 Pero él respondió y dijo a uno de
ellos: "Amigo, no te hago ninguna injusticia.
¿No conviniste conmigo en un denario?
14 Toma lo que es tuyo y vete. Pero quiero
darle a este último como a ti. 15 ¿No me es
lícito hacer lo que quiero con lo mío? ¿O
tienes envidia[a] porque soy bueno?" 16 Así,
los últimos serán primeros, y los primeros
últimos.[b]

Jesús anuncia su muerte y victoria[c]

17 Mientras Jesús subía a Jerusalén, tomó
a sus doce discípulos aparte y les dijo en el
camino:[d]

18 —He aquí, subimos a Jerusalén, y el Hijo del Hombre será entregado a los principales sacerdotes y a los escribas, y le condenarán a muerte. 19 Le entregarán a los gentiles para que se burlen de él, le azoten y le
crucifiquen; pero al tercer día resucitará.

Pedido de la madre de Jacobo y Juan[e]

20 Entonces se acercó a él la madre de los
hijos de Zebedeo con sus hijos, postrándose
ante él y pidiéndole algo. 21 El le dijo:

—¿Qué deseas?

Ella le dijo:

—Ordena que en tu reino estos dos hijos míos se sienten el uno a tu derecha y el otro a tu izquierda.

22 Entonces respondiendo Jesús dijo:

—No sabéis lo que pedís. ¿Podéis beber la copa que yo he de beber?[f]

Ellos le dijeron:

—Podemos.

23 Les dijo:

—A la verdad, beberéis de mi copa;[g] pero el sentarse a mi derecha o a mi izquierda no es mío concederlo, sino que es para quienes lo ha preparado mi Padre.

24 Cuando los diez oyeron esto, se enoja-
ron contra los dos hermanos. 25 Entonces
Jesús los llamó y les dijo:

—Sabéis que los gobernantes de los gentiles se enseñorean sobre ellos, y los que son
grandes ejercen autoridad sobre ellos.
26 Entre[h] vosotros no será así. Más bien,
cualquiera que anhele ser grande entre vosotros será vuestro servidor; 27 y el que anhele
ser el primero entre vosotros, será vuestro
siervo. 28 De la misma manera, el Hijo del
Hombre no vino para ser servido, sino para
servir y para dar su vida en rescate por muchos.

Jesús sana a dos ciegos en Jericó[i]

29 Saliendo ellos de Jericó, le siguió una
gran multitud. 30 Y he aquí dos ciegos estaban sentados junto al camino, y cuando oyeron que Jesús pasaba, clamaron diciendo:

—¡Señor, Hijo de David, ten misericordia de nosotros!

31 La gente les reprendía para que se calla-
sen, pero ellos gritaron aun más fuerte diciendo:

—¡Señor, Hijo de David, ten misericordia de nosotros!

32 Jesús se detuvo, los llamó y les dijo:

—¿Qué queréis que os haga?

33 Le dijeron:

—Señor, que sean abiertos nuestros ojos.

34 Entonces Jesús, conmovido dentro de
sí, les tocó los ojos; y de inmediato recobra-
ron la vista y le siguieron.

La entrada triunfal en Jerusalén[j]

21 Cuando se acercaron a Jerusalén y
llegaron a Betfagé, junto al monte de
los Olivos, entonces Jesús envió a dos discípulos, 2 diciéndoles:

—Id a la aldea que está frente a vosotros, y en seguida hallaréis una asna atada, y un borriquillo con ella. Desatadla y traédmelos.
3 Si alguien os dice algo, decidle: "El Señor[k]
los necesita, y luego los enviará."

4 Todo esto aconteció para cumplir lo dicho por el profeta, cuando dijo:

5 *Decid a la hija de Sion:*[l]
"He aquí tu Rey viene a ti,
manso y sentado sobre una asna
y sobre un borriquillo,
hijo de bestia de carga."[m]

6 Los discípulos fueron e hicieron como
Jesús les mandó. 7 Trajeron el asna y el borriquillo y pusieron sobre ellos sus mantos,
y él se sentó encima de ellos. 8 La mayor
parte de la multitud tendió sus mantos en el

[a]15 Lit., *es tu ojo maligno* [b]16 Algunos mss. antiguos incluyen *porque muchos son los llamados, pero pocos los escogidos*; ver 22:14. [c]17t Ver Mar. 10:32-34; Luc. 18:31-34; también Mat. 16:21-23; 17:22, 23 [d]17 Algunos mss. antiguos dicen *tomó a sus doce discípulos aparte en el camino y les dijo.* [e]20t Ver Mar. 10:35-45 [f]22 Algunos mss. antiguos incluyen . . . *y ser bautizados con el bautismo con que yo soy bautizado?* [g]23 Algunos mss. antiguos incluyen *y seréis bautizados con el bautismo con que yo soy bautizado.* [h]26 Algunos mss. antiguos dicen *Pero entre.* [i]29t Ver Mar. 10:46-52; Luc. 18:35-43 [j]1t Ver Mar. 11:1-11; Luc. 19:28-38; Juan 12:12-19 [k]3 Otra trad., *El Señor de ellos* [l]5 Isa. 62:11 [m]5 Zac. 9:9

camino, mientras otros cortaban ramas de los árboles y las tendían por el camino. 9 Las multitudes que iban delante de él y las que le seguían aclamaban diciendo:

—¡Hosanna[a] al Hijo de David! *¡Bendito el que viene en el nombre del Señor!*[b] ¡Hosanna en las alturas!

10 Cuando él entró en Jerusalén, toda la ciudad se conmovió diciendo:

—¿Quién es éste?

11 Y las multitudes decían:

—Este es Jesús el profeta, de Nazaret de Galilea.

Jesús purifica el templo[c]

12 Entró Jesús en el templo[d] y echó fuera a todos los que vendían y compraban en el templo. Volcó las mesas de los cambistas y las sillas de los que vendían palomas, 13 y les dijo:

—Escrito está: *Mi casa será llamada casa de oración,*[e] pero vosotros la habéis hecho cueva de ladrones.[f]

Los niños aclaman a Jesús

14 Entonces ciegos y cojos vinieron a él en el templo, y él los sanó. 15 Pero los principales sacerdotes y los escribas se indignaron cuando vieron las maravillas que él hizo, y a los muchachos que le aclamaban en el templo diciendo:

—¡Hosanna al Hijo de David!

16 Y le dijeron:

—¿Oyes lo que dicen éstos?

Jesús les dijo:

—Sí. ¿Nunca leísteis: *De la boca de los niños y de los que maman preparaste la alabanza?*[g]

17 Los dejó y salió fuera de la ciudad a Betania, y se alojó allí.

Jesús y la higuera sin fruto[h]

18 Volviendo a la ciudad por la mañana, él tuvo hambre. 19 Al ver una higuera en el camino, fue a ella; pero no encontró nada en ella sino sólo hojas, y le dijo:

—Nunca jamás brote fruto de ti.

Pronto se secó la higuera, 20 y los discípulos, al verlo, se maravillaron diciendo:

—¿Cómo se secó tan pronto la higuera?

21 Jesús respondió y les dijo:

—De cierto os digo que si tenéis fe y no dudáis, no sólo haréis esto de la higuera, sino que si decís a este monte: "Quítate y arrójate al mar", así será. 22 Todo lo que pidáis en oración, creyendo, lo recibiréis.

La autoridad de Jesús[i]

23 El llegó al templo, y mientras estaba enseñando, se acercaron a él los principales sacerdotes y los ancianos del pueblo, y le decían:

—¿Con qué autoridad haces estas cosas? ¿Quién te dio esta autoridad?

24 Entonces respondió Jesús y les dijo:

—Yo también os haré una pregunta; y si me respondéis, yo también os diré con qué autoridad hago estas cosas. 25 ¿De dónde era el bautismo de Juan? ¿Del cielo o de los hombres?

Entonces ellos razonaban entre sí, diciendo:

—Si decimos "del cielo", nos dirá: "¿Por qué, pues, no le creísteis?" 26 Y si decimos "de los hombres . . . ", tememos al pueblo, porque todos tienen a Juan por profeta.

27 Respondieron a Jesús y dijeron:

—No sabemos.

Y él les dijo:

—Tampoco yo os digo con qué autoridad hago estas cosas.

Parábola de los dos hijos

28 »¿Pero, qué os parece? Un hombre tenía dos hijos. Se acercó al primero y le dijo: "Hijo, vé hoy a trabajar en la viña." 29 El contestó y dijo: "No quiero." Pero después, cambió de parecer y fue. 30 Al acercarse al otro, le dijo lo mismo; y él respondió diciendo: "¡Sí, señor, yo voy!" Y no fue. 31 ¿Cuál de los dos hizo la voluntad de su padre?

Ellos dijeron:

—El primero.

Y Jesús les dijo:

—De cierto os digo que los publicanos y las prostitutas entran delante de vosotros en el reino de Dios. 32 Porque Juan vino a vosotros en el camino de justicia, y no le creísteis; pero los publicanos y las prostitutas le creyeron. Y aunque vosotros lo visteis, después no cambiasteis de parecer para creerle.

Parábola de los labradores malvados[j]

33 »Oíd otra parábola: Había un hombre, dueño de un campo, quien plantó una viña. La rodeó con una cerca, cavó en ella un lagar, edificó una torre,[k] la arrendó a unos labradores y se fue lejos. 34 Pero cuando se acer-

[a] *9* Adaptación de una voz hebrea que significa *salva por favor* [b] *9* Ver Sal. 118:25, 26 [c] *12t* Ver Mar. 11:15-19; Luc. 19:45-48; comp. Juan 2:13-22 [d] *12* Algunos mss. antiguos incluyen *de Dios*. [e] *13* Isa. 56:7 [f] *13* Ver Jer. 7:11 [g] *16* Sal. 8:2 (LXX) [h] *18t* Ver Mar. 11:12-14, 20-25 [i] *23t* Ver Mar. 11:27-33; Luc. 20:1-8 [j] *33t* Ver Mar. 12:1-12; Luc. 20:9-19 [k] *33* Ver Isa. 5:1, 2

có el tiempo de la cosecha, envió sus siervos
a los labradores para recibir sus frutos. 35 Y
los labradores, tomando a sus siervos, a uno
hirieron, a otro mataron y a otro apedrearon.
36 El envió de nuevo otros siervos, en mayor
número que los primeros, y les hicieron lo
mismo.

37 »Por último, les envió a su hijo, diciendo: "Tendrán respeto a mi hijo." 38 Pero al
ver al hijo, los labradores dijeron entre sí:
"Este es el heredero. Venid, matémosle y tomemos posesión de su herencia." 39 Le
prendieron, le echaron fuera de la viña y le
mataron. 40 Ahora bien, cuando venga el
señor[a] de la viña, ¿qué hará con aquellos
labradores?

41 Le dijeron:

—A los malvados los destruirá sin misericordia, y arrendará su viña a otros labradores, quienes le pagarán el fruto a su tiempo.

42 Jesús les dijo:

—¿Nunca habéis leído en las Escrituras?

La piedra que desecharon los
edificadores,
ésta fue hecha cabeza del ángulo.
De parte del Señor sucedió esto,
y es maravilloso en nuestros ojos.[b]

43 Por esta razón os digo que el reino de Dios
será quitado de vosotros y será dado a un
pueblo que producirá los frutos del reino.
44 El que caiga sobre esta piedra será quebrantado, y desmenuzará a cualquiera sobre
quien ella caiga.[c]

45 Al oír sus parábolas, los principales sacerdotes y los fariseos entendieron que él hablaba de ellos. 46 Pero buscando cómo
echarle mano, temieron al pueblo; porque le
tenía por profeta.

Parábola del banquete de bodas[d]

22 Jesús respondió y les volvió a hablar
en parábolas diciendo:

2 —El reino de los cielos es semejante a un
rey que celebró el banquete de bodas para su
hijo. 3 Envió a sus siervos para llamar a los
que habían sido invitados a las bodas, pero no
querían venir. 4 Volvió a enviar otros siervos, diciendo: "Decid a los invitados: 'He
aquí, he preparado mi comida; mis toros y
animales engordados han sido matados, y todo está preparado. Venid a las bodas.' " 5 Pero ellos no le hicieron caso y se fueron, uno
a su campo, otro a su negocio; 6 y los otros
tomaron a sus siervos, los afrentaron y los
mataron. 7 El rey[e] se enojó, y enviando sus
tropas mató a aquellos asesinos y prendió
fuego a su ciudad. 8 Entonces dijo a sus
siervos: "El banquete, a la verdad, está preparado, pero los invitados no eran dignos.
9 Id, pues, a las encrucijadas de los caminos
y llamad al banquete de bodas a cuantos halléis." 10 Aquellos siervos salieron por los
caminos y reunieron a todos los que hallaron, tanto buenos como malos; y el banquete
de bodas estuvo lleno de convidados.

11 »Pero cuando entró el rey para ver a los
convidados y vio allí a un hombre que no
llevaba ropa de bodas, 12 le dijo: "Amigo,
¿cómo entraste aquí, sin llevar ropa de bodas?" Pero él quedó mudo. 13 Entonces el
rey dijo a los que servían: "Atadle los pies y
las manos y echadle en las tinieblas de afuera." Allí habrá llanto y crujir de dientes;
14 porque muchos son los llamados, pero pocos los escogidos.

Pregunta sobre el tributo al César[f]

15 Entonces se fueron los fariseos y consultaron cómo podrían enredarle en alguna palabra. 16 Después enviaron a él discípulos
de ellos, junto con los herodianos, diciendo:

—Maestro, sabemos que eres hombre de
verdad, que enseñas el camino de Dios con
verdad y que no te cuidas de nadie; porque no
miras la apariencia de los hombres. 17 Dinos, pues, ¿qué te parece? ¿Es lícito dar tributo al César, o no?

18 Pero Jesús, entendiendo la malicia de
ellos, les dijo:

—¿Por qué me probáis, hipócritas?
19 Mostradme la moneda del tributo.

Ellos le presentaron un denario.[g] 20 Entonces él les dijo:

—¿De quién es esta imagen y esta inscripción?

21 Le dijeron:

—Del César.

Entonces él les dijo:

—Por tanto, dad al César lo que es del
César, y a Dios lo que es de Dios.

22 Al oír esto, se maravillaron; y dejándole,
se fueron.

Pregunta acerca de la resurrección[h]

23 Aquel día se le acercaron unos saduceos,
quienes dicen que no hay resurrección, y le
preguntaron diciendo:

[a] *40* Otra trad., *dueño* [b] *42* Sal. 118:22, 23 [c] *44* Algunos mss. antiguos no incluyen v. 44; comp. Luc. 20:18.
[d] *1t* Ver Luc. 14:15-24 [e] *7* Algunos mss. antiguos dicen *Aquel rey, al escucharlo, se enojó, y . . .* [f] *15t* Ver Mar. 12:13-17; Luc. 20:20-26 [g] *19* Una moneda acuñada por el emperador romano; equivalía al salario de un día para un obrero o soldado. [h] *23t* Ver Mar. 12:18-27; Luc. 20:27-40

24—Maestro, Moisés dijo: *Si alguno mue-*
re sin tener hijos, su hermano se casará con
su mujer y levantará descendencia a su her-
mano.[a] 25 Había, pues, siete hermanos entre nosotros. El primero tomó mujer y murió, y como no tenía descendencia, dejó su
mujer a su hermano. 26 De la misma manera sucedió también con el segundo y el tercero, hasta los siete. 27 Después de todos, murió también la mujer. 28 En la resurrección,
puesto que todos la tuvieron, ¿de cuál de los
siete será mujer?

29 Entonces respondió Jesús y les dijo:

—Erráis porque no conocéis las Escrituras, ni tampoco el poder de Dios; 30 porque
en la resurrección no se casan ni se dan en
casamiento, sino que son como los ángeles[b]
que están en el cielo. 31 Y acerca de la resurrección de los muertos, ¿no habéis leído lo
que os fue dicho por Dios? 32 *Yo soy el Dios*
de Abraham, el Dios de Isaac y el Dios de
Jacob.[c] Dios no es Dios de muertos, sino de
vivos.

33 Al oír esto, las multitudes estaban atóni-
tas de su doctrina.

El gran mandamiento[d]

34 Entonces los fariseos, al oír que había
hecho callar a los saduceos, se reunieron de
común acuerdo. 35 Uno de ellos, intérprete
de la ley, preguntó para probarle:

36—Maestro, ¿cuál es el gran mandamiento de la ley?

37 Jesús le dijo:

—*Amarás al Señor tu Dios con todo tu*
corazón y con toda tu alma y con toda tu
mente.[e] 38 Este es el grande y el primer[f]
mandamiento. 39 Y el segundo es semejante a él: *Amarás a tu prójimo como a ti mis-*
mo.[g] 40 De estos dos mandamientos de-
penden toda la Ley y los Profetas.

Jesús, hijo y Señor de David[h]

41 Habiéndose reunido los fariseos, Jesús
les preguntó 42 diciendo:

—¿Qué pensáis acerca del Cristo? ¿De
quién es hijo?

Le dijeron:

—De David.

43 El les dijo:

—Entonces, ¿cómo es que David, mediante el Espíritu, le llama Señor? Pues dice:

44 *Dijo el Señor a mi Señor:*
"Siéntate a mi diestra
hasta que ponga a tus enemigos
debajo de tus pies."[i]

45 Pues, si David le llama Señor, ¿cómo es su
hijo?

46 Nadie le podía responder palabra, ni nadie se atrevió desde aquel día a preguntarle
más.

Jesús denuncia a escribas y fariseos[j]

23 Entonces habló Jesús a la multitud y
a sus discípulos, 2 diciendo: "Los escribas y los fariseos están sentados en la cáte-
dra de Moisés. 3 Así que, todo lo que os digan[k] hacedlo y guardadlo; pero no hagáis
según sus obras, porque ellos dicen y no hacen. 4 Atan cargas pesadas y difíciles de llevar, y las ponen sobre los hombros de los
hombres; pero ellos mismos no las quieren
mover ni aun con el dedo. 5 Más bien, hacen
todas sus obras para ser vistos por los hombres. Ellos ensanchan sus filacterias[l] y alar-
gan los flecos de sus mantos. 6 Aman los
primeros asientos en los banquetes y las primeras sillas en las sinagogas, 7 las salutaciones en las plazas y el ser llamados por los
hombres: Rabí.[m]

8 "Pero vosotros, no seáis llamados Rabí;[m]
porque uno solo es vuestro Maestro,[n] y todos
vosotros sois hermanos. 9 Y no llaméis a
nadie vuestro Padre en la tierra, porque vuestro Padre que está en los cielos es uno solo.
10 Ni os llaméis Guía,[o] porque vuestro Guía
es uno solo, el Cristo. 11 Pero el que es mayor entre vosotros será vuestro siervo;
12 porque el que se enaltece será humillado,
y el que se humilla será enaltecido.

13 "¡Ay de vosotros, escribas y fariseos, hipócritas! Porque cerráis el reino de los cielos
delante de los hombres. Pues vosotros no en-
tráis, ni dejáis entrar a los que están entrando.

14 [p],15 "¡Ay de vosotros, escribas y fariseos,
hipócritas! Porque recorréis mar y tierra para
hacer un solo prosélito; y cuando lo lográis,
le hacéis un hijo del infierno[q] dos veces más
que vosotros.

[a] *24* Deut. 25:5 [b] *30* Algunos mss. antiguos dicen *ángeles de Dios*. [c] *32* Exo. 3:6, 15, 16 [d] *34t* Ver Mar. 12:28-34; Luc. 10:25-28 [e] *37* Deut. 6:5 [f] *38* Algunos mss. antiguos dicen *el primer y el gran mandamiento* [g] *39* Lev. 19:18 [h] *41t* Ver Mar. 12:35-37; Luc. 20:41-44 [i] *44* Sal. 110:1 [j] *1t* Ver Mar. 12:38-40; Luc. 11:37-52; 20:45-47 [k] *3* Algunos mss. antiguos incluyen *que guardéis*. [l] *5* Ver Exo. 13:9; Núm. 15:38-40; Deut. 6:8; 11:18 [m] *7,8* O: *Maestro* [n] *8* Algunos mss. antiguos incluyen *el Cristo*; comp. v. 10 [o] *10* Otras trads., *Maestro* o *Líder* [p] *14* Algunos mss. antiguos incluyen después del v. 12 o después del v. 13: 14 *"¡Ay de vosotros, escribas y fariseos, hipócritas! Porque devoráis las casas de viudas y como pretexto hacéis largas oraciones. ¡Por esto recibiréis mayor condenación!"*; texto similar a Mar. 12:40 y Luc. 20:47. [q] *15* Gr., *Gehena*

16"¡Ay de vosotros, guías ciegos! Pues decís: 'Si uno jura por el santuario, no significa
nada; pero si jura por el oro del santuario,
queda bajo obligación.' 17¡Necios y ciegos!
¿Cuál es más importante: el oro o el santuario que santifica al oro? 18O decís: 'Si uno
jura por el altar, no significa nada; pero si
jura por la ofrenda que está sobre el altar,
queda bajo obligación.' 19¡Ciegos![a] ¿Cuál
es más importante: la ofrenda o el altar que
santifica a la ofrenda? 20Por tanto, el que
jura por el altar, jura por el altar y por todo
lo que está sobre él. 21Y el que jura por el
santuario, jura por el santuario y por aquel
que habita en él. 22Y el que jura por el
cielo, jura por el trono de Dios y por aquel
que está sentado sobre él.

23"¡Ay de vosotros, escribas y fariseos, hipócritas! Porque entregáis el diezmo de la
menta, del eneldo y del comino; pero habéis
omitido lo más importante de la ley, a saber,
el juicio, la misericordia y la fe. Era necesario
hacer estas cosas sin omitir aquéllas.
24¡Guías ciegos, que coláis el mosquito pero
tragáis el camello!

25"¡Ay de vosotros, escribas y fariseos, hipócritas! Porque limpiáis lo de afuera del vaso o del plato, pero por dentro están llenos de
robo y de desenfreno. 26¡Fariseo ciego!
¡Limpia primero el interior del vaso[b] para
que también el exterior se haga limpio!

27"¡Ay de vosotros, escribas y fariseos, hipócritas! Porque sois semejantes a sepulcros
blanqueados que, a la verdad, se muestran
hermosos por fuera; pero por dentro están
llenos de huesos de muertos y de toda impureza. 28Así también vosotros, a la verdad,
por fuera os mostráis justos a los hombres;
pero por dentro estáis llenos de hipocresía e
iniquidad.

29"¡Ay de vosotros, escribas y fariseos, hipócritas! Porque edificáis los sepulcros de los
profetas y adornáis los monumentos de los
justos, 30y decís: 'Si hubiéramos vivido en
los días de nuestros padres, no habríamos
sido sus cómplices en la sangre de los profetas.' 31Así dais testimonio contra vosotros
mismos de que sois hijos de aquellos que mataron a los profetas. 32¡Colmad también vosotros la medida de vuestros padres!

33"¡Serpientes! ¡Generación de víboras!
¿Cómo os escaparéis de la condenación del
infierno?[c] 34Por tanto, mirad; yo os envío
profetas, sabios y escribas; y de ellos, a unos
mataréis y crucificaréis, y a otros azotaréis en
vuestras sinagogas y perseguiréis de ciudad
en ciudad, 35de manera que venga sobre
vosotros toda la sangre justa que se ha derramado sobre la tierra, desde la sangre del justo
Abel hasta la sangre de Zacarías hijo de Bere-
quías, a quien matasteis entre el santuario y
el altar. 36De cierto os digo, que todo esto
recaerá sobre esta generación.

Lamento de Jesús sobre Jerusalén[d]

37"¡Jerusalén, Jerusalén, que matas a los
profetas y apedreas a los que te son enviados!
¡Cuántas veces quise juntar a tus hijos, así
como la gallina junta sus pollitos debajo de
sus alas, y no quisiste! 38He aquí, vuestra
casa os es dejada desierta, 39porque os digo
que desde ahora no me veréis más hasta que
digáis: *¡Bendito el que viene en el nombre del*
Señor!"[e]

La inminente destrucción del templo[f]

24 Cuando Jesús salió y se iba del templo, se le acercaron sus discípulos para mostrarle los edificios del templo. 2Y él
respondiendo les dijo:

—¿No veis todo esto? De cierto os digo que
aquí no quedará piedra sobre piedra que no
sea derribada.

Señales que anticipan el fin[g]

3Estando él sentado en el monte de los
Olivos, sus discípulos se acercaron a él aparte, y le dijeron:

—Dinos, ¿cuándo sucederán estas cosas?
¿Y qué señal habrá de tu venida y del fin del
mundo?[h]

4Respondió Jesús y les dijo:

—Mirad que nadie os engañe; 5porque
muchos vendrán en mi nombre diciendo: "Yo
soy el Cristo", y engañarán a muchos. 6Oi-
réis de guerras y de rumores de guerras. Mirad que no os turbéis, porque es necesario
que esto acontezca; pero todavía no es el fin.
7Porque se levantará nación contra nación y
reino contra reino. Habrá hambre y terremotos por todas partes. 8Pues todas estas cosas son principio de dolores.

9»Entonces os entregarán a tribulación y
os matarán, y seréis aborrecidos por todas las
naciones por causa de mi nombre. 10En-
tonces muchos tropezarán; y se traicionarán
unos a otros, y se aborrecerán unos a otros.
11Muchos falsos profetas se levantarán y engañarán a muchos; 12y por haberse multi-
plicado la maldad, se enfriará el amor de mu-

[a] *19* Algunos mss. antiguos dicen *Necios y ciegos*. [b] *26* Algunos mss. antiguos incluyen *y del plato*; comp. v. 25.
[c] *33* Gr., *Gehena* [d] *37t* Ver Luc. 13:34, 35 [e] *39* Sal 118:26 [f] *1t* Ver Mar. 13:1, 2; Luc. 21:5, 6 [g] *3t* Ver
Mar. 13:3-13; Luc. 21:7-19 [h] *3* Lit., *de la edad*

chos. 13 Pero el que persevere hasta el fin
será salvo. 14 Y este evangelio del reino será
predicado en todo el mundo para testimonio
a todas las razas, y luego vendrá el fin.

La abominación desoladora[a]

15 »Por tanto, cuando veáis establecida en
el lugar santo la abominación desoladora,[b]
de la cual habló el profeta Daniel (el que lee,
entienda), 16 entonces los que estén en Judea huyan a los montes. 17 El que esté en
la azotea no descienda para sacar algo de su
casa, 18 y el que esté en el campo no vuelva
atrás a tomar su manto. 19 ¡Ay de las mujeres que estén encintas y de las que críen en
aquellos días! 20 Orad, pues, que vuestra
huida no sea en invierno ni en sábado;
21 porque entonces habrá gran tribulación
como no ha habido desde el principio del
mundo hasta ahora, ni habrá jamás. 22 Si
aquellos días no fuesen acortados, no se salvaría nadie;[c] pero por causa de los escogidos,
aquellos días serán acortados.

Falsos cristos y falsos profetas[d]

23 »Entonces, si alguien os dice: "Mirad,
aquí está el Cristo", o "Está acá", no le creáis.
24 Porque se levantarán falsos cristos y falsos
profetas, y darán grandes señales y maravillas
de tal manera que engañarán, de ser posible,
aun a los escogidos. 25 ¡Mirad! Os lo he dicho de antemano. 26 Así que, si os dicen:
"Mirad, está en el desierto", no salgáis; o "Mirad, está en las habitaciones interiores", no lo
creáis. 27 Porque así como el relámpago sale del oriente y se muestra hasta el occidente,
así será la venida del Hijo del Hombre.
28 Porque donde esté el cadáver, allí se juntarán los buitres.[e]

La venida del Hijo del Hombre[f]

29 »Pero inmediatamente después de la tribulación de aquellos días, el sol se oscurecerá, y la luna no dará su resplandor. Las estrellas caerán del cielo y los poderes de los cielos
serán sacudidos.[g] 30 Entonces se manifes-
tará la señal del Hijo del Hombre en el cielo,
y en ese tiempo harán duelo todas las tribus
de la tierra, y verán *al Hijo del Hombre viniendo sobre las nubes del cielo*[h] con poder
y gran gloria. 31 El enviará a sus ángeles
con un gran sonar de trompeta, y ellos reuni-
rán a los escogidos de él de los cuatro vientos,
desde un extremo del cielo hasta el otro.

32 »De la higuera aprended la analogía:
Cuando su rama ya está tierna y brotan sus
hojas, sabéis que el verano está cerca. 33 Así
también vosotros, cuando veáis todas estas
cosas, sabed que está cerca, a las puertas.
34 De cierto os digo que no pasará esta generación hasta que todas estas cosas sucedan.
35 El cielo y la tierra pasarán, pero mis palabras no pasarán.

36 »Pero acerca de aquel día y hora, nadie
sabe; ni siquiera los ángeles de los cielos, ni
aun el Hijo,[i] sino sólo el Padre. 37 Porque
como en los días de Noé, así será la venida del
Hijo del Hombre. 38 Pues como en aquellos[j] días antes del diluvio estaban comiendo
y bebiendo, casándose y dándose en casamiento hasta el día en que Noé entró en el
arca, 39 y no se dieron cuenta hasta que
vino el diluvio y se los llevó a todos, así será
también la venida del Hijo del Hombre.
40 En aquel entonces estarán dos en el campo; el uno será tomado, y el otro será dejado.
41 Dos mujeres estarán moliendo en un molino; la una será tomada, y la otra dejada.
42 Velad, pues, porque no sabéis en qué día
viene vuestro Señor. 43 Pero sabed esto: Si
el dueño de casa hubiera sabido a qué hora
habría de venir el ladrón, habría velado y no
habría dejado que forzaran la entrada a su
casa. 44 Por tanto, estad preparados también vosotros, porque a la hora que no pensáis, vendrá el Hijo del Hombre.

Parábola de los mayordomos[k]

45 »¿Quién, pues, es el siervo fiel y prudente, a quien su señor le puso sobre los criados
de su casa, para que les diera alimentos a su
debido tiempo? 46 Bienaventurado será
aquel siervo a quien, cuando su señor venga,
le encuentre haciéndolo así. 47 De cierto os
digo que le pondrá sobre todos sus bienes.
48 Pero si aquel siervo malvado dice en su
corazón: "Mi señor tarda"; 49 y si comienza
a golpear a sus consiervos, y si come y bebe
con los borrachos, 50 el señor de aquel siervo vendrá en el día que no espera y a la hora
que no sabe, 51 y le castigará duramente[l]
y le asignará lugar con los hipócritas. Allí
habrá llanto y crujir de dientes.

Parábola de las diez vírgenes

25 »Entonces, el reino de los cielos será
semejante a diez vírgenes que toma-
ron sus lámparas y salieron a recibir al novio.

[a] *15t* Ver Mar. 13:14-20; Luc. 21:20-24 [b] *15* Ver Dan. 9:27; 11:31; 12:11 [c] *22* Lit., *toda carne* [d] *23t* Ver Mar. 13:21-23; Luc. 17:22-37 [e] *28* Otra trad., *las águilas* [f] *29t* Ver Mar. 13:24-37; Luc. 21:25-36 [g] *29* Comp. Isa. 13:10 [h] *30* Ver Dan. 7:13, 14 [i] *36* Algunos mss. antiguos no incluyen *ni aun el Hijo*; comp. Mar. 13:32. [j] *38* Algunos mss. antiguos dicen *en los días*. [k] *45t* Ver Luc. 12:41-48 [l] *51* Otra trad., *le hará trizas*

2 Cinco de ellas eran insensatas, y cinco prudentes. 3 Cuando las insensatas tomaron
sus lámparas, no tomaron consigo aceite;
4 pero las prudentes tomaron aceite en sus
vasijas, juntamente con sus lámparas. 5 Y
como tardaba el novio, todas cabecearon y se
quedaron dormidas. 6 A la media noche se
oyó gritar: "¡He aquí el novio! ¡Salid a recibirle!" 7 Entonces, todas aquellas vírgenes se
levantaron y alistaron sus lámparas. 8 Y las
insensatas dijeron a las prudentes: "Dadnos
de vuestro aceite, porque nuestras lámparas
se apagan." 9 Pero las prudentes respondieron diciendo: "No, no sea que nos falte a no-
sotras y a vosotras; id, más bien, a los vende-
dores y comprad para vosotras mismas."
10 Mientras ellas iban para comprar, llegó el
novio; y las preparadas entraron con él a la
boda, y se cerró la puerta. 11 Después vinieron también las otras vírgenes diciendo: "¡Señor, señor, ábrenos!" 12 Pero él respondiendo dijo: "De cierto os digo que no os conozco." 13 Velad, pues, porque no sabéis ni el
día ni la hora.[a]

Parábola de los talentos[b]

14 »Porque el reino de los cielos[c] será semejante a un hombre que al emprender un
viaje largo, llamó a sus siervos y les entregó
sus bienes. 15 A uno dio cinco talentos,[d] a
otro dos, y a otro, uno. A cada uno dio conforme a su capacidad y se fue lejos. 16 Inmediatamente,[e] el que había recibido cinco talentos se fue, negoció con ellos y ganó otros
cinco talentos. 17 De la misma manera, el
que había recibido dos ganó también otros
dos. 18 Pero el que había recibido uno fue
y cavó en la tierra, y escondió el dinero de su
señor.

19 »Después de mucho tiempo, vino el señor de aquellos siervos y arregló cuentas con
ellos. 20 Cuando se presentó el que había
recibido cinco talentos, trajo otros cinco talentos y dijo: "Señor, me entregaste cinco
talentos; he aquí he ganado[f] otros cinco talentos." 21 Su señor le dijo: "Bien, siervo
bueno y fiel. Sobre poco has sido fiel, sobre
mucho te pondré. Entra en el gozo de tu
señor." 22 Y cuando se presentó el que había
recibido dos talentos, dijo: "Señor, me entregaste dos talentos; he aquí he ganado[f] otros
dos talentos." 23 Su señor le dijo: "Bien,
siervo bueno y fiel. Sobre poco has sido fiel,
sobre mucho te pondré. Entra en el gozo de
tu señor." 24 Pero cuando se presentó el que
había recibido un talento, dijo: "Señor, yo te
conozco que eres un hombre duro, que cosechas donde no sembraste y recoges donde no
esparciste. 25 Y como tuve miedo, fui y es-
condí tu talento en la tierra. Aquí tienes lo
que es tuyo." 26 Su señor respondió y le
dijo: "¡Siervo malo y perezoso! ¿Sabías que
cosecho donde no sembré y recojo donde no
esparcí? 27 Por lo tanto, debías haber entregado mi dinero a los banqueros, y al venir yo,
habría recibido lo que es mío con los intereses. 28 Por tanto, quitadle el talento y dadlo
al que tiene diez talentos. 29 Porque a todo
el que tiene le será dado, y tendrá en abundancia; pero al que no tiene, aun lo que tiene
le será quitado. 30 Al siervo inútil echadlo
en las tinieblas de afuera." Allí habrá llanto
y crujir de dientes.

El juicio de las naciones

31 »Cuando el Hijo del Hombre venga en
su gloria y todos los ángeles[g] con él, entonces se sentará sobre el trono de su gloria;
32 y todas las naciones serán reunidas delante
de él. El separará los unos de los otros, como
cuando el pastor separa las ovejas de los cabritos; 33 y pondrá las ovejas a su derecha,
y los cabritos a su izquierda.

34 »Entonces el Rey dirá a los de su derecha: "¡Venid, benditos de mi Padre! Heredad
el reino que ha sido preparado para vosotros
desde la fundación del mundo. 35 Porque
tuve hambre, y me disteis de comer; tuve sed,
y me disteis de beber; fui forastero, y me recibisteis; 36 estuve desnudo, y me vestisteis;
enfermo, y me visitasteis; estuve en la cárcel,
y vinisteis a mí." 37 Entonces los justos le
responderán diciendo: "Señor, ¿cuándo te vimos hambriento y te sustentamos, o sediento
y te dimos de beber? 38 ¿Cuándo te vimos
forastero y te recibimos, o desnudo y te vestimos? 39 ¿Cuándo te vimos enfermo, o en la
cárcel, y fuimos a ti?" 40 Y respondiendo el
Rey les dirá: "De cierto os digo que en cuanto
lo hicisteis a uno de estos mis hermanos más
pequeños, a mí me lo hicisteis."

41 »Entonces dirá también a los de su izquierda: "Apartaos de mí, malditos, al fuego
eterno preparado para el diablo y sus ángeles.
42 Porque tuve hambre, y no me disteis de
comer; tuve sed, y no me disteis de beber;

[a] *13* Algunos mss. tardíos añaden *en que el Hijo del Hombre ha de venir*. [b] *14t* Comp. Luc. 19:11-27 [c] *14* Como sujeto de verbo, esta frase se sobrentiende de v. 1. [d] *15* El talento equivalía aprox. a 34 kilos de plata y representaba 6.000 dracmas; aquí, una cantidad enorme de dinero. [e] *16* Algunos mss. antiguos reubican la palabra *inmediatamente* para decir *e inmediatamente se fue lejos. El que había recibido ...* [f] *20,22* Algunos mss. antiguos incluyen *sobre ellos*. [g] *31* Algunos mss. antiguos dicen *los santos ángeles*.

43 fui forastero, y no me recibisteis; estuve
desnudo, y no me vestisteis; enfermo y en la
cárcel, y no me visitasteis." 44 Entonces le
responderán: "Señor, ¿cuándo te vimos hambriento, o sediento, o forastero, o desnudo, o
enfermo, o en la cárcel, y no te servimos?"
45 Entonces les responderá diciendo: "De
cierto os digo, que en cuanto no lo hicisteis
a uno de estos más pequeños, tampoco lo
hicisteis a mí." 46 Entonces irán éstos al
tormento eterno, y los justos a la vida eterna.

Acuerdo para matar a Jesús[a]

26 Aconteció que, cuando Jesús terminó
todas estas palabras, dijo a sus discípulos: 2 "Sabéis que después de dos días se
celebra la Pascua, y el Hijo del Hombre va a
ser entregado para ser crucificado."

3 Entonces los principales sacerdotes[b] y
los ancianos del pueblo se reunieron en el
palacio del sumo sacerdote, que se llamaba
Caifás, 4 y consultaron entre sí para prender
a Jesús por engaño y matarle. 5 Pero decían:
"No lo hagamos en la fiesta, para que no se
haga alboroto en el pueblo."

Jesús es ungido en Betania[c]

6 Estando Jesús en Betania, en casa de Simón el leproso, 7 vino a él una mujer trayendo un frasco de alabastro con perfume de
gran precio, y lo derramó sobre la cabeza de
Jesús mientras estaba sentado a la mesa.
8 Al verlo, sus discípulos se indignaron y dijeron:

—¿Para qué este desperdicio? 9 Porque
esto podría haberse vendido a un gran precio
y haberse dado a los pobres.

10 Como Jesús se dio cuenta, les dijo:

—¿Por qué molestáis a la mujer? Pues ha
hecho una buena obra conmigo. 11 Porque
siempre tenéis a los pobres con vosotros, pero a mí no siempre me tenéis. 12 Porque al
derramar este perfume sobre mi cuerpo, ella
lo hizo para prepararme para la sepultura.
13 De cierto os digo que dondequiera que este
evangelio sea predicado en todo el mundo,
también será contado lo que esta mujer ha
hecho, para memoria de ella.

Judas ofrece traicionar a Jesús[d]

14 Entonces, uno de los doce, que se llamaba Judas Iscariote, fue a los principales sacerdotes 15 y les dijo:

—¿Qué me queréis dar? Y yo os lo entrega-
ré.

Ellos le asignaron treinta piezas de plata;[e]
16 y desde entonces él buscaba la oportunidad
para entregarle.

Preparativos para la Pascua[f]

17 El primer día de la fiesta de los panes sin
levadura, los discípulos se acercaron a Jesús
diciendo:

—¿Dónde quieres que te hagamos los preparativos para comer la Pascua?

18 El dijo:

—Id a la ciudad, a cierto hombre, y decidle: "El Maestro dice: 'Mi tiempo está cerca; en
tu casa voy a celebrar la Pascua con mis discípulos.' "

19 Los discípulos hicieron como Jesús les
mandó y prepararon la Pascua.

Jesús anuncia la traición de Judas[g]

20 Al atardecer, él estaba sentado a la mesa
con los doce, 21 y mientras comían, dijo:

—De cierto os digo que uno de vosotros
me va a entregar.

22 Entristecidos en gran manera, comenzaron a preguntarle, uno por uno:

—¿Acaso seré yo, Señor?

23 Entonces respondiendo él dijo:

—El que mete la mano conmigo en el plato, éste me entregará. 24 A la verdad, el Hijo
del Hombre va, tal como está escrito de él.[h]
Pero ¡ay de aquel hombre por quien es entregado el Hijo del Hombre! Bueno le fuera a
aquel hombre no haber nacido.

25 Y respondiendo Judas, el que le entregaba, dijo:

—¿Acaso seré yo, Maestro?

Le dijo:

—Tú lo has dicho.

La Cena del Señor[i]

26 Mientras ellos comían, Jesús tomó pan
y lo bendijo; lo partió y lo dio a sus discípulos,
y dijo:

—Tomad; comed. Esto es mi cuerpo.

27 Tomando la copa, y habiendo dado gracias, les dio diciendo:

—Bebed de ella todos; 28 porque esto es
mi sangre del pacto,[j] la cual es derramada

[a] *1t* Ver Mar. 14:1, 2; Luc. 22:1, 2; comp. Juan 11:45-57 [b] *3* Algunos mss. antiguos incluyen *y los escribas*. [c] *6t* Ver Mar. 14:3-9; Juan 12:1-8 [d] *14t* Ver Mar. 14:10, 11; Luc. 22:3-6 [e] *15* Ver Exo. 21:32; Zac. 11:12. Posiblemente se refiere al siclo de plata para uso en el templo; comp. Jer. 32:9, 10. [f] *17t* Ver Mar. 14:12-16; Luc. 22:7-13; sobre la Pascua, ver Exo. 12:18 ss. [g] *20t* Ver Mar. 14:17-21; Luc. 22:21-23; Juan 13:21-26 [h] *24* P. ej., en Sal. 41:9 [i] *26t* Ver Mar. 14:22-26; Luc. 22:15-20; 1 Cor. 11:23-26 [j] *28* Algunos mss. antiguos dicen *del nuevo pacto*.

para el perdón de pecados para muchos.
29 Pero os digo que desde ahora no beberé
más de este fruto de la vid, hasta aquel día
cuando lo beba nuevo[a] con vosotros en el
reino de mi Padre.
30 Y después de cantar un himno, salieron
al monte de los Olivos.

Jesús predice la negación de Pedro[b]

31 Entonces Jesús les dijo:
—Todos vosotros os escandalizaréis de mí
esta noche, porque está escrito: *Heriré al
Pastor, y las ovejas del rebaño serán dispersadas.*[c] 32 Pero después de haber resucitado, iré delante de vosotros a Galilea.
33 Respondiéndole Pedro dijo:
—Aunque todos se escandalicen de ti, yo
nunca me escandalizaré.
34 Jesús le dijo:
—De cierto te digo que esta noche, antes
que el gallo cante, tú me negarás tres veces.
35 Pedro le dijo:
—Aunque me sea necesario morir contigo, jamás te negaré.
Y todos los discípulos dijeron lo mismo.

Angustia de Jesús en Getsemaní[d]

36 Entonces llegó Jesús con ellos a un lugar que se llama Getsemaní, y dijo a los discípulos:
—Sentaos aquí, hasta que yo vaya allá y
ore.
37 Tomó consigo a Pedro y a los dos hijos
de Zebedeo, y comenzó a entristecerse y a
angustiarse. 38 Entonces les dijo:
—Mi alma está muy triste, hasta la muerte. Quedaos aquí y velad conmigo.
39 Pasando un poco más adelante, se postró sobre su rostro, orando y diciendo:
—Padre mío, de ser posible, pase de mí
esta copa. Pero, no sea como yo quiero, sino
como tú.
40 Volvió a sus discípulos y los halló durmiendo, y dijo a Pedro:
—¿Así que no habéis podido velar ni una
sola hora conmigo? 41 Velad y orad, para
que no entréis en tentación. El espíritu, a la
verdad, está dispuesto; pero la carne es débil.
42 Por segunda vez se apartó y oró diciendo:
—Padre mío, si no puede pasar de mí esta
copa sin que yo la beba, hágase tu voluntad.
43 Cuando volvió otra vez, los halló durmiendo, porque los ojos de ellos estaban cargados de sueño. 44 Dejándolos, se apartó de
nuevo y oró por tercera vez, repitiendo las
mismas palabras. 45 Entonces volvió a sus
discípulos y les dijo:
—¿Todavía estáis durmiendo y descansan-
do?[e] He aquí la hora está cerca, y el Hijo del
Hombre va a ser entregado en manos de pecadores. 46 ¡Levantaos, vamos! He aquí está
cerca el que me entrega.

Jesús es arrestado[f]

47 Mientras él aún hablaba, vino Judas, que
era uno de los doce, y con él mucha gente con
espadas y palos, de parte de los principales
sacerdotes y de los ancianos del pueblo.
48 El que le entregaba les había dado señal
diciendo: "Al que yo bese, ése es. Prendedle."
49 De inmediato se acercó a Jesús y dijo:
—¡Te saludo, Rabí![g]
Y le besó. 50 Pero Jesús le dijo:
—Amigo, haz lo que viniste a hacer.[h]
Entonces ellos se acercaron, echaron mano a Jesús y le prendieron. 51 Y he aquí uno
de los que estaban con Jesús extendió su mano, sacó su espada, y golpeando a un siervo
del sumo sacerdote le cortó la oreja. 52 Entonces Jesús le dijo:
—Vuelve tu espada a su lugar, porque todos los que toman espada, a espada perecerán. 53 ¿O piensas que no puedo invocar a
mi Padre y que él no me daría ahora mismo[i]
más de doce legiones de ángeles? 54 Entonces, ¿cómo se cumplirían las Escrituras[j] de
que es necesario que suceda de esta manera?
55 En ese momento Jesús dijo a la multitud:
—¿Como contra un asaltante habéis salido
con espadas y palos para prenderme? Cada
día me sentaba[k] enseñando en el templo, y
no me prendisteis. 56 Pero todo esto ha ocurrido para que se cumplan las Escrituras de
los profetas.
Entonces todos los discípulos le abandonaron y huyeron.

Jesús ante el Sanedrín[l]

57 Los que habían prendido a Jesús le llevaron ante Caifás, el sumo sacerdote, donde los
escribas y los ancianos se habían reunido.
58 Y Pedro le seguía de lejos hasta el patio de

[a]*29* Adjetivo; aparentemente se refiere al *fruto de la vid*, o sea, al *vino nuevo*. [b]*31t* Ver Mar. 14:27-31; Luc. 22:31-34; Juan 13:36-38 [c]*31* Zac. 13:7 [d]*36t* Ver Mar. 14:32-42; Luc. 22:39-46; Juan 18:1 [e]*45* Otra trad., *Dormid ya y descansad el tiempo que queda.* [f]*47t* Ver Mar. 14:43-52; Luc. 22:47-53; Juan 18:2-12 [g]*49* O: *Maestro* [h]*50* Otras trads., *¿A qué vienes?* o *¡A lo que has llegado!* [i]*53* Algunos mss. antiguos reubican la expresión *ahora mismo* para decir, *O piensas que no puedo rogar ahora mismo a mi Padre . . .* [j]*54* P. ej., Sal. 22 e Isa. 53. [k]*55* Algunos mss. antiguos incluyen *ante vosotros*. [l]*57t* Ver Mar. 14:53-65; Luc. 22:54, 55, 63-71; Juan 18:13, 14, 19-24

la casa del sumo sacerdote. Habiéndose metido adentro, estaba sentado con los guardias
para ver cómo terminaba aquello.

59 Los principales sacerdotes, los ancianos
y todo el Sanedrín[a] buscaban falso testimonio contra Jesús, para que le entregaran a
muerte. 60 Pero no lo hallaron, a pesar de
que se presentaron muchos testigos falsos.
Por fin se presentaron dos,[b] 61 y dijeron:

—Este dijo: "Puedo derribar el templo de
Dios y edificarlo en tres días."[c]

62 Se levantó el sumo sacerdote y le dijo:

—¿No respondes nada? ¿Qué testifican éstos contra ti?

63 Pero Jesús callaba. Y el sumo sacerdote
le dijo:

—¡Te conjuro por el Dios viviente que nos
digas si tú eres el Cristo, el Hijo de Dios!

64 Jesús le dijo:

—Tú lo has dicho. Además os digo: De
aquí en adelante ***veréis al Hijo del Hombre
sentado a la diestra del Poder***, y ***viniendo en
las nubes del cielo***.[d]

65 Entonces el sumo sacerdote rasgó su
vestidura diciendo:

—¡Ha blasfemado! ¿Qué más necesidad tenemos de testigos? He aquí, ahora mismo,
vosotros habéis oído la blasfemia. 66 ¿Qué
os parece?

Y ellos respondiendo dijeron:

—¡Es reo de muerte!

67 Entonces le escupieron en la cara y le
dieron de puñetazos, y otros le dieron bofetadas, 68 diciendo:

—¡Profetízanos, Cristo! ¿Quién es el que te
golpeó?

Pedro niega a Jesús[e]

69 Pedro estaba sentado afuera en el patio,
y se le acercó una criada diciendo:

—¡Tú también estabas con Jesús el galileo!

70 Pero él negó delante de todos diciendo:

—No sé lo que dices.

71 Pero cuando él salió a la puerta, otra
criada le vio y dijo a los que estaban allí:

—Este estaba con Jesús de Nazaret.

72 Y otra vez negó con juramento:

—Yo no conozco al hombre.

73 Y poco después se acercaron los que estaban por allí y dijeron a Pedro:

—Verdaderamente, tú también eres de
ellos, porque aun tu modo de hablar te descubre.

74 Entonces comenzó a maldecir y a jurar:

—¡No conozco al hombre!

En seguida cantó el gallo, 75 y Pedro se
acordó de las palabras de Jesús que había dicho: "Antes que cante el gallo, tú me negarás
tres veces."[f] Y saliendo fuera, lloró amargamente.

Jesús es llevado ante Pilato[g]

27 Al amanecer, todos los principales sacerdotes y los ancianos del pueblo tomaron consejo contra Jesús para entregarle
a muerte. 2 Y después de atarlo, le llevaron
y le entregaron al procurador Pilato.

La muerte de Judas[h]

3 Entonces Judas, el que le había entregado, al ver que era condenado, sintió remordimiento y devolvió las treinta piezas de plata[i]
a los principales sacerdotes y a los ancianos,
4 diciendo:

—Yo he pecado entregando sangre inocente.

Pero ellos dijeron:

—¿Qué nos importa a nosotros? ¡Es asunto tuyo!

5 Entonces él, arrojando las piezas de plata
dentro del santuario, se apartó, se fue y se
ahorcó. 6 Los principales sacerdotes, tomando las piezas de plata, dijeron:

—No es lícito ponerlas en el tesoro de las
ofrendas, porque es precio de sangre.

7 Y habiendo tomado acuerdo, compraron
con ellas el campo del Alfarero, para sepultura de los extranjeros. 8 Por eso aquel campo
se llama Campo de Sangre, hasta el día de
hoy. 9 Entonces se cumplió lo que fue dicho
por el profeta Jeremías, cuando dijo: *Y tomaron las treinta piezas de plata, precio del
apreciado, según el precio fijado por los hijos
de Israel*; 10 *y las dieron para el campo del
Alfarero, como me ordenó el Señor.*[j]

Pilato interroga a Jesús[k]

11 Jesús estuvo de pie en presencia del procurador, y el procurador le preguntó diciendo:

—¿Eres tú el rey de los judíos?

Jesús le dijo:

—Tú lo dices.

12 Y siendo acusado por los principales sacerdotes y por los ancianos, no respondió nada. 13 Entonces Pilato le dijo:

[a] *59* O sea, *la corte suprema* de los judíos [b] *60* Algunos mss. antiguos dicen *dos testigos falsos*. [c] *61* Comp. Juan 2:19 [d] *64* Sal. 110:1; Dan. 7:13 [e] *69t* Ver Mar. 14:66-72; Luc. 22:56-62; Juan 18:15-18, 25-27 [f] *75* Ver v. 34 [g] *1t* Ver Mar. 15:1; Luc. 23:1; Juan 18:28-32 [h] *3t* Comp. Hech. 1:16-20 [i] *3* Ver Exo. 21:32; Zac. 11:12. Posiblemente se refiere al siclo de plata para uso en el templo; comp. Jer. 32:9, 10. [j] *10* Zac. 11:12, 13; Jer. 32:6-9; 18:2, 3 [k] *11t* Ver Mar. 15:1-15; Luc. 23:1-25; Juan 18:33—19:15

—¿No oyes cuántas cosas testifican contra
ti?

14 El no le respondió ni una palabra, de
manera que el procurador se maravillaba
mucho.

15 En la fiesta, el procurador acostumbraba soltar al pueblo un preso, el que quisieran.
16 Tenían en aquel entonces un preso famoso
que se llamaba Barrabás.[a] 17 Estando ellos
reunidos, Pilato les dijo:

—¿A cuál queréis que os suelte? ¿A Barrabás[a] o a Jesús, llamado el Cristo?

18 Porque sabía que por envidia le habían
entregado. 19 Mientras él estaba sentado en
el tribunal, su esposa le mandó a decir: "No
tengas nada que ver con ese justo, porque
hoy he sufrido muchas cosas en sueños por
causa de él."

20 Entonces los principales sacerdotes y
los ancianos persuadieron a las multitudes
que pidieran a Barrabás y que dieran muerte
a Jesús. 21 Y respondiendo el procurador les
dijo:

—¿A cuál de los dos queréis que os suelte?

Ellos dijeron:

—¡A Barrabás!

22 Pilato les dijo:

—¿Qué, pues, haré con Jesús, llamado el
Cristo?

Todos dijeron:

—¡Sea crucificado!

23 Y el procurador les dijo:

—Pues, ¿qué mal ha hecho?

Pero ellos gritaban aun más fuerte diciendo:

—¡Sea crucificado!

24 Y cuando Pilato se dio cuenta de que no
se lograba nada, sino que sólo se hacía más
alboroto, tomó agua y se lavó las manos delante de la multitud, diciendo:

—¡Yo soy inocente de la sangre de éste![b]
¡Será asunto vuestro!

25 Respondió todo el pueblo y dijo:

—¡Su sangre sea sobre nosotros y sobre
nuestros hijos!

26 Entonces les soltó a Barrabás; y después
de haber azotado a Jesús, le entregó para que
fuese crucificado.

Los soldados se burlan de Jesús[c]

27 Entonces los soldados del procurador
llevaron a Jesús al Pretorio y reunieron a toda
la compañía alrededor de él. 28 Después de
desnudarle, le echaron encima un manto de
escarlata.[d] 29 Habiendo entretejido una corona de espinas, se la pusieron sobre su cabeza, y en su mano derecha pusieron una caña.
Se arrodillaron delante de él y se burlaron de
él, diciendo:

—¡Viva, rey de los judíos!

30 Y escupiendo en él, tomaron la caña y le
golpeaban la cabeza.

La crucifixión de Jesús[e]

31 Y cuando se habían burlado de él, le quitaron el manto, le pusieron sus propios vestidos y le llevaron para crucificarle. 32 Mientras salían, hallaron a un hombre de Cirene
llamado Simón. A éste le obligaron a cargar
la cruz de Jesús. 33 Cuando llegaron al lugar que se llama Gólgota, que significa lugar
de la Calavera, 34 le dieron a beber vino
mezclado con ajenjo; pero cuando lo probó,
no lo quiso beber. 35 Después de crucificarle, repartieron sus vestidos,[f] echando suertes.[g] 36 Y sentados, le guardaban allí.

37 Pusieron sobre su cabeza su acusación
escrita: ESTE ES JESUS, EL REY DE LOS
JUDIOS. 38 Entonces crucificaron con él a
dos ladrones, uno a la derecha y otro a la
izquierda. 39 Los que pasaban le insultaban,
meneando sus cabezas 40 y diciendo:

—Tú que derribas el templo y en tres días
lo edificas, ¡sálvate a ti mismo, si eres Hijo de
Dios, y desciende de la cruz!

41 De igual manera, aun los principales sacerdotes junto con los escribas y los ancianos
se burlaban de él, y decían:

42 —A otros salvó; a sí mismo no se puede
salvar. ¿Es rey de Israel?[h] ¡Que descienda
ahora de la cruz, y creeremos en él! 43 Ha
confiado en Dios. Que lo libre ahora si le
quiere, porque dijo: "Soy Hijo de Dios."

44 También los ladrones que estaban crucificados con él le injuriaban de la misma manera.

La muerte de Jesús[i]

45 Desde la sexta hora[j] descendió oscuridad sobre toda la tierra hasta la hora novena.[k] 46 Como a la hora novena[k] Jesús exclamó a gran voz diciendo:

—*¡Elí, Elí! ¿Lama sabactani?* —que sig-

[a] *16,17* Algunos mss. antiguos dicen *Jesús Barrabás*. [b] *24* Algunos mss. antiguos dicen *de este justo*. [c] *27t* Ver Mar. 15:16-20; Juan 19:2, 3 [d] *28* Es decir, con ropa que simboliza realeza [e] *31t* Ver Mar. 15:21-32; Luc. 23:26-43; Juan 19:16-27 [f] *35* Ver Sal. 22:18 [g] *35* Algunos mss. antiguos incluyen *para cumplir lo que fue dicho por el profeta: "Repartieron mis vestidos entre sí y echaron suertes sobre mi ropa"*; comp. Juan 19:24. [h] *42* Algunos mss. antiguos dicen *Si es rey de Israel, que descienda ahora de la cruz . . .* [i] *45t* Ver Mar. 15:33-41; Luc. 23:44-49; Juan 19:28-37 [j] *45* O sea, *como al mediodía* [k] *45,46* O sea, *como a las 3:00 p.m.*

nifica: *Dios mío, Dios mío, ¿por qué me has desamparado?*[a]—

47 Cuando algunos de los que estaban allí
le oyeron, decían:

—Este hombre llama a Elías.

48 Y de inmediato uno de ellos corrió, tomó una esponja, la llenó de vinagre, y poniéndola en una caña, le daba de beber.
49 Pero otros decían:

—Deja, veamos si viene Elías a salvarlo.

50 Pero Jesús clamó otra vez a gran voz y
entregó el espíritu.

51 Y he aquí, el velo del templo se rasgó en
dos, de arriba abajo. La tierra tembló, y las
rocas se partieron. 52 Se abrieron los sepulcros, y muchos cuerpos de hombres santos
que habían muerto se levantaron; 53 y sali-
dos de los sepulcros después de la resurrección de él, fueron a la santa ciudad y aparecieron a muchos.

54 Y cuando el centurión y los que con él
guardaban a Jesús vieron el terremoto y las
cosas que habían sucedido, temieron en gran
manera y dijeron:

—¡Verdaderamente éste era Hijo de Dios!

55 Estaban allí muchas mujeres mirando
desde lejos. Ellas habían seguido a Jesús desde Galilea, sirviéndole. 56 Entre ellas se encontraban María Magdalena, María la madre
de Jacobo y de José, y la madre de los hijos
de Zebedeo.

Jesús es sepultado[b]

57 Al atardecer, vino un hombre rico de
Arimatea llamado José, quien también había
sido discípulo de Jesús. 58 Este se presentó
a Pilato y pidió el cuerpo de Jesús. Entonces
Pilato mandó que se le diese.[c] 59 José tomó
el cuerpo, lo envolvió en una sábana limpia
60 y lo puso en su sepulcro nuevo, que había
labrado en la peña. Luego hizo rodar una
gran piedra a la entrada del sepulcro, y se fue.
61 Estaban allí María Magdalena y la otra María, sentadas delante del sepulcro.

La guardia puesta ante el sepulcro

62 Al día siguiente, esto es, después de la
Preparación, los principales sacerdotes y los
fariseos se reunieron ante Pilato, 63 diciendo:

—Señor, nos acordamos que mientras aún
vivía, aquel engañador dijo: "Después de tres
días resucitaré." 64 Manda, pues, que se
asegure el sepulcro hasta el tercer día, no sea
que sus discípulos vengan[d] y roben el cadáver, y digan al pueblo: "Ha resucitado de los
muertos." Y el último fraude será peor que el
primero.

65 Pilato les dijo:

—Tenéis tropas de guardia. Id y asegurad-
lo como sabéis hacerlo.

66 Ellos fueron, y habiendo sellado la piedra, aseguraron el sepulcro con la guardia.

La resurrección de Jesús[e]

28 Después del sábado, al amanecer del
primer día de la semana, vinieron
María Magdalena y la otra María para ver el
sepulcro. 2 Y he aquí, hubo un gran terremoto; porque el ángel del Señor descendió
del cielo, y al llegar removió la piedra y se
sentó sobre ella. 3 Su aspecto era como un
relámpago, y su vestidura era blanca como la
nieve. 4 Los guardias temblaron por miedo
de él y quedaron como muertos. 5 Y respondiendo el ángel dijo a las mujeres:

—No temáis vosotras, porque sé que buscáis a Jesús, quien fue crucificado. 6 No está
aquí, porque ha resucitado, así como dijo.
Venid, ved el lugar donde estaba puesto.[f]
7 E id de prisa y decid a sus discípulos que ha
resucitado de entre los muertos. He aquí va
delante de vosotros a Galilea. Allí le veréis.
He aquí os lo he dicho.

8 Entonces ellas salieron a toda prisa del
sepulcro con temor y gran gozo, y corrieron
a dar las nuevas a sus discípulos.[g] 9 Y he
aquí, Jesús les salió al encuentro, diciendo:

—¡Os saludo!

Y acercándose ellas, abrazaron sus pies y le
adoraron. 10 Entonces Jesús les dijo:

—No temáis. Id, dad las nuevas a mis hermanos, para que vayan a Galilea. Allí me verán.

El soborno de la guardia

11 Entre tanto que ellas iban, he aquí algunos de la guardia fueron a la ciudad y dieron
aviso a los principales sacerdotes de todas las
cosas que habían acontecido. 12 Ellos se
reunieron en consejo con los ancianos, y tomando mucho dinero se lo dieron a los soldados, 13 diciendo: "Decid: 'Sus discípulos vinieron de noche y lo robaron mientras nosotros dormíamos.' 14 Y si esto llega a oídos
del procurador, nosotros le persuadiremos y
os evitaremos problemas."

15 Ellos tomaron el dinero e hicieron como

[a] *46* Sal. 22:1 [b] *57t* Ver Mar. 15:42-47; Luc. 23:50-56; Juan 19:38-42 [c] *58* Algunos mss. antiguos incluyen *el cuerpo.* [d] *64* Algunos mss. antiguos incluyen *de noche.* [e] *1t* Ver Mar. 16:1-8; Luc. 23:55—24:12; Juan 20:1-10
[f] *6* Algunos mss. antiguos incluyen *el Señor.* [g] *8* Algunos mss. antiguos incluyen *Y mientras iban para contárselo a sus discípulos, he aquí, Jesús . . .*

habían sido instruidos. Y este dicho se ha
divulgado entre los judíos hasta el día de
hoy.

La gran comisión

16 Pero los once discípulos se fueron a Galilea, al monte donde Jesús les había mandado. 17 Cuando le vieron, le adoraron; pero
algunos dudaron.
18 Jesús se acercó a ellos y les habló diciendo: "Toda autoridad[a] me ha sido dada en el
cielo y en la tierra. 19 Por tanto, id[b] y haced
discípulos a todas las naciones, bautizándo-
les[c] en el nombre del Padre, del Hijo y del
Espíritu Santo, 20 y enseñándoles[d] que
guarden todas las cosas que os he mandado.
Y he aquí, yo estoy con vosotros todos los
días, hasta el fin del mundo."[e]

El Evangelio según

Marcos

1 El principio del evangelio de Jesucristo,
el Hijo de Dios.

Ministerio de Juan el Bautista[f]

2 Como está escrito en el profeta Isaías:

He aquí envío mi mensajero delante de
ti,[g]
quien preparará tu camino.[h]
3 *Voz del que proclama en el desierto:*
"Preparad el camino del Señor;
enderezad sus sendas."[i]

4 Así Juan el Bautista apareció en el desierto
predicando el bautismo del arrepentimiento
para perdón de pecados. 5 Y salía a él toda
la provincia de Judea y todos los de Jerusalén;
y[j] eran bautizados por él en el río Jordán,
confesando sus pecados. 6 Juan estaba vestido de pelo de camello y con un cinto de cuero
a la cintura, y comía langostas y miel silvestre. 7 Y predicaba diciendo: "Viene tras mí
el que es más poderoso que yo, a quien no soy
digno de desatar, agachado, la correa de su
calzado. 8 Yo os he bautizado en[k] agua, pero él os bautizará en[k] el Espíritu Santo."

El bautismo de Jesús[l]

9 Aconteció en aquellos días que Jesús vino
de Nazaret de Galilea y fue bautizado por
Juan en el Jordán. 10 Y en seguida, mientras
subía del agua, vio que los cielos se abrían y
que el Espíritu descendía sobre él como paloma. 11 Y vino una voz desde el cielo: "Tú
eres mi Hijo amado; en ti tengo complacencia."[m]

La tentación de Jesús[n]

12 En seguida, el Espíritu le impulsó al desierto, 13 y estuvo en el desierto cuarenta
días, siendo tentado por Satanás. Estaba con
las fieras, y los ángeles le servían.

Jesús comienza su ministerio[o]

14 Después que Juan fue encarcelado, Jesús vino a Galilea predicando el evangelio de
Dios,[p] 15 y diciendo: "El tiempo se ha cumplido, y el reino de Dios se ha acercado.[q]
¡Arrepentíos y creed en el evangelio!"

Jesús llama a los primeros discípulos[r]

16 Y pasando junto al mar de Galilea, vio a
Simón y a Andrés hermano de Simón, echando la red en el mar; porque eran pescadores.
17 Jesús les dijo: "Venid en pos de mí, y os
haré pescadores de hombres." 18 De inmediato dejaron sus redes y le siguieron.
19 Al ir un poco más adelante, vio a Jacobo
hijo de Zebedeo y a su hermano Juan. Ellos
estaban en su barca arreglando las redes.
20 En seguida les llamó; y ellos, dejando a su
padre Zebedeo en la barca junto con los jornaleros, se fueron en pos de él.

El endemoniado de Capernaúm[s]

21 Entraron en Capernaúm. Y en seguida,
entrando él en la sinagoga los sábados, enseñaba. 22 Y se asombraban de su enseñanza,
porque les enseñaba como quien tiene autoridad y no como los escribas.
23 Y en ese momento un hombre con espí-

[a] *18* Otra trad., *potestad*. [b] *19* Otra trad., *yendo* [c] *19* Otra trad., *bautizadles* [d] *20* Otra trad., *enseñadles* [e] *20* Lit., *la edad*; algunos mss. antiguos añaden *Amén*. [f] *2t* Ver Mat. 3:1-12; Luc. 3:1-20; Juan 1:19-28 [g] *2* Lit., *tu rostro* [h] *2* Algunos mss. antiguos añaden *delante de ti*; las citas son de Exo. 23:20; Mal. 3:1; comp. Mat. 11:10; Luc. 1:76; 7:27 [i] *3* Isa. 40:3 (LXX) [j] *5* Algunos mss. antiguos aquí incluyen *todos*, sin incluirlo antes de *los de Jerusalén*. [k] *8* Otra trad., *con* [l] *9t* Ver Mat. 3:13-17; Luc. 3:21, 22; comp. Juan 1:29-34 [m] *11* Ver Sal. 2:7; Isa. 42:1 [n] *12t* Ver Mat. 4:1-11; Luc. 4:1-13 [o] *14t* Ver Mat. 4:12-17; Luc. 4:14, 15; Juan 4:1-3, 43-45 [p] *14* Algunos mss. antiguos tienen *el evangelio del reino de Dios*. [q] *15* Otra trad., *está cerca* [r] *16t* Ver Mat. 4:18-22; comp. Juan 1:35-51; Luc. 5:1-11 [s] *21t* Ver Luc. 4:31-37

ritu inmundo estaba en la sinagoga de ellos,
y exclamó 24 diciendo:
—¿Qué tienes con nosotros, Jesús de Nazaret? ¿Has venido para destruirnos? Sé quién eres: ¡el Santo de Dios!

25 Jesús le reprendió diciendo:

—¡Cállate y sal de él!

26 Y el espíritu inmundo lo sacudió con
violencia, clamó a gran voz y salió de él.
27 Todos se maravillaron, de modo que discutían entre sí diciendo:

—¿Qué es esto? ¡Una nueva doctrina con autoridad! Aun a los espíritus inmundos él manda, y le obedecen.

28 Y pronto se extendió su fama por todas partes, en toda la región alrededor de Galilea.

Jesús sana a la suegra de Pedro[a]

29 En seguida, cuando salieron de la sinagoga, fueron con Jacobo y Juan a la casa de
Simón y Andrés. 30 La suegra de Simón estaba en cama con fiebre; y de inmediato le
hablaron de ella. 31 El se acercó a ella, la
tomó de la mano y la levantó. Y le dejó la fiebre, y ella comenzó a servirles.

32 Al atardecer, cuando se puso el sol, le traían todos los enfermos y los endemoniados. 33 Toda la ciudad estaba reunida a la
puerta. 34 Y él sanó a muchos que padecían
de diversas enfermedades y echó fuera muchos demonios. Y no permitía a los demonios hablar, porque le conocían.

Jesús predica en Galilea[b]

35 Habiéndose levantado muy de madrugada, todavía de noche, Jesús salió y se fue a un
lugar desierto y allí oraba. 36 Simón y sus
compañeros fueron en busca de él. 37 Le
encontraron y le dijeron:

—Todos te buscan.

38 El les respondió:

—Vamos a otra parte, a los pueblos vecinos, para que predique también allí; porque para esto he venido.

39 Y fue predicando en las sinagogas de ellos en toda Galilea, y echando fuera los demonios.

Jesús sana a un leproso[c]

40 Y vino a él un leproso implorándole, y de rodillas le dijo:

—Si quieres, puedes limpiarme.

41 Jesús, movido a compasión, extendió la mano, le tocó y le dijo:

—Quiero; sé limpio.

42 Y[d] al instante desapareció la lepra de él,
y quedó limpio. 43 En seguida, le despidió
después de amonestarle 44 y le dijo:

—Mira, no digas nada a nadie. Más bien vé, muéstrate al sacerdote y ofrece lo que mandó Moisés en cuanto a tu purificación,[e] para testimonio a ellos.

45 Pero cuando salió, él comenzó a proclamar y a difundir mucho el hecho, de modo que Jesús ya no podía entrar abiertamente en ninguna ciudad, sino que se quedaba afuera en lugares despoblados. Y venían a él de todas partes.

Jesús sana a un paralítico[f]

2 Cuando él entró otra vez en Capernaúm
después de algunos días, se oyó que estaba en casa. 2 Muchos acudieron a él, de manera que ya no cabían ni ante la puerta; y él les hablaba la palabra.

3 Entonces vinieron a él trayendo a un paralítico cargado por cuatro. 4 Y como no
podían acercarlo a él debido al gentío, destaparon el techo donde Jesús estaba, y después de hacer una abertura bajaron la camilla en
que el paralítico estaba recostado. 5 Y viendo Jesús la fe de ellos, dijo al paralítico:

—Hijo, tus pecados te son perdonados.

6 Algunos de los escribas estaban sentados allí y razonaban en sus corazones:

7 —¿Por qué habla éste así? ¡Blasfema! ¿Quién puede perdonar pecados, sino uno solo, Dios?

8 De inmediato Jesús, dándose cuenta en su espíritu de que razonaban así dentro de sí mismos, les dijo:

—¿Por qué razonáis así en vuestros cora-
zones? 9 ¿Qué es más fácil, decir al paralítico: "Tus pecados te son perdonados"; o decirle: "Levántate, toma tu camilla y anda"?
10 Pero para que sepáis que el Hijo del Hombre tiene autoridad para perdonar pecados en
la tierra[g] —dijo al paralítico—: 11 A ti te
digo, ¡levántate, toma tu camilla y vete a tu casa!

12 Y se levantó, y en seguida tomó su camilla y salió en presencia de todos, de modo que todos se asombraron y glorificaron a Dios, diciendo:

—¡Jamás hemos visto cosa semejante!

El llamamiento de Leví[h]

13 Jesús salió otra vez junto al mar, y toda
la gente venía a él, y él les enseñaba. 14 Y

[a] *29t* Ver Mat. 8:14-17; Luc. 4:38-41 [b] *35t* Ver Mat. 4:23-25; Luc. 4:42-44 [c] *40t* Ver Mat. 8:1-4; Luc. 5:12-16
[d] *42* Algunos mss. antiguos incluyen *una vez que le habló*. [e] *44* Ver Lev. 14:1-32 [f] *1t* Ver Mat. 9:1-8; Luc. 5:17-26
[g] *10* Algunos mss. antiguos varían la posición de la frase *en la tierra*. [h] *13t* Ver Mat. 9:9-13; Luc. 5:27-32

pasando, vio a Leví[a] hijo de Alfeo, sentado en
el lugar de los tributos públicos, y le dijo:
"Sígueme." Y levantándose, le siguió.
15 Sucedió que, estando Jesús sentado a la
mesa en casa de Leví, muchos publicanos y
pecadores estaban también sentados a la mesa con Jesús y sus discípulos, porque eran
muchos y le habían seguido. 16 Y cuando
los escribas de los fariseos[b] le vieron comer
con los pecadores y publicanos, decían a sus
discípulos:

—¿Por qué come[c] con los publicanos y
pecadores?[d]

17 Al oírlo, Jesús les dijo:

—Los sanos no tienen necesidad de médico, sino los que están enfermos. No he venido
para llamar a justos, sino a pecadores.

Preguntas sobre el ayuno[e]

18 Los discípulos de Juan y los fariseos estaban ayunando. Fueron a Jesús y le dijeron:

—¿Por qué ayunan los discípulos de Juan
y los discípulos de los fariseos, pero tus discípulos no ayunan?

19 Jesús les dijo:

—¿Acaso pueden ayunar los que están de
bodas mientras el novio está con ellos? En-
tretanto que tienen al novio con ellos, no
pueden ayunar. 20 Pero vendrán días cuando el novio les será quitado. Entonces, en
aquel día ayunarán. 21 Nadie pone parche
de tela nueva en vestido viejo. De otra manera, el parche nuevo tira del viejo, y la rotura
se hace peor. 22 Ni nadie echa vino nuevo
en odres viejos. De otra manera, el vino rompe los odres, y se pierde el vino, y también los
odres.[f] Más bien, el vino nuevo se echa en
odres nuevos.

Jesús: Señor del sábado[g]

23 Aconteció que Jesús pasaba por los sembrados en sábado, y sus discípulos se pusieron a caminar arrancando espigas. 24 Los
fariseos le decían:

—Mira, ¿por qué hacen en los sábados lo
que no es lícito?

25 Y él les dijo:

—¿Nunca habéis leído qué hizo David[h]
cuando tuvo necesidad y pasó hambre él y los
que estaban con él; 26 cómo entró en la casa
de Dios, siendo Abiatar sumo sacerdote, y
comió los panes de la Presencia,[i] y aun dio
a los que estaban con él; cosa que no es lícito
comer, salvo a los sacerdotes? 27 —
También les dijo—: El sábado fue hecho para
el hombre, y no el hombre para el sábado.
28 Así que el Hijo del Hombre es Señor también del sábado.

El hombre de la mano paralizada[j]

3 Entró otra vez en la sinagoga, y estaba
allí un hombre que tenía la mano paralizada. 2 Y estaban al acecho a ver si le sanaría
en sábado, a fin de acusarle. 3 Entonces dijo
al hombre que tenía la mano paralizada:

—¡Ponte de pie en medio!

4 Y a ellos les dijo:

—¿Es lícito en sábado hacer bien o hacer
mal? ¿Salvar la vida o matar?

Pero ellos callaban. 5 Y mirándolos en derredor con enojo, dolorido por la dureza de
sus corazones, dijo al hombre:

—Extiende tu mano.

Y la extendió, y su mano le fue restaurada.
6 Los fariseos salieron en seguida, junto con
los herodianos, y tomaron consejo contra él,
cómo destruirlo.

Las multitudes siguen a Jesús[k]

7 Jesús se apartó con sus discípulos al mar,
y le siguió una gran multitud de gente procedente de Galilea. Y de Judea, 8 de Jerusalén,
de Idumea, del otro lado del Jordán, y de los
alrededores de Tiro y Sidón una gran multitud vino a él, porque habían oído de las grandes cosas que hacía.
9 Y Jesús dijo a sus discípulos que siempre
tuviesen lista una barca a causa del gentío,
para que no lo apretujaran; 10 porque había
sanado a muchos, de modo que le caían encima todos cuantos tenían plagas, para tocarlo.
11 Y los espíritus inmundos, siempre que le
veían, se postraban delante de él y gritaban
diciendo: "¡Tú eres el Hijo de Dios!" 12 Pero
él les reprendía mucho para que no le dieran
a conocer.

Elección de los doce apóstoles[l]

13 Entonces subió al monte y llamó a sí a
los que él quiso, y fueron a él. 14 Constituyó
a doce, a quienes nombró apóstoles,[m] para
que estuvieran con él, y para enviarlos a predicar 15 y tener autoridad para[n] echar fuera
los demonios.

[a] *14* O sea, *Mateo*; comp. Mat. 9:9; Luc. 5:27 [b] *16* Algunos mss. antiguos dicen *los escribas y los fariseos.* [c] *16* Algunos mss. antiguos incluyen *y bebe.* [d] *16* Otra trad., *¡Come y bebe con publicanos y pecadores!* [e] *18t* Ver Mat. 9:14-17; Luc. 5:33-39 [f] *22* Algunos mss. antiguos dicen *y se derrama el vino, y los odres se pierden.* [g] *23t* Ver Mat. 12:1-8; Luc. 6:1-5 [h] *25* Ver 1 Sam. 21:1-6 [i] *26* Ver Lev. 24:5-9 [j] *1t* Ver Mat. 12:9-14; Luc. 6:6-11 [k] *7t* Ver Mat. 4:24, 25; 12:15-21; Luc. 6:17-19 [l] *13t* Ver Mat. 10:1-4; Luc. 6:12-16 [m] *14* Algunos mss. antiguos no incluyen *a quienes nombró apóstoles.* [n] *15* Algunos textos tardíos tienen *para sanar a los enfermos y . . .*

16 Y constituyó a los doce:[a] a Simón (a quien le puso por nombre Pedro), 17 a Jacobo hijo de Zebedeo, y a Juan el hermano de Jacobo (a ellos les puso por nombre Boanerges, es decir, hijos del trueno), 18 a Andrés, a Felipe, a Bartolomé, a Mateo, a Tomás, a Jacobo hijo de Alfeo, a Tadeo, a Simón el cananita 19 y a Judas Iscariote (el que le entregó).

Por quién Jesús echa fuera demonios[b]

El volvió a casa,[c] 20 y otra vez se reunió la multitud, de modo que ellos no podían ni siquiera comer pan. 21 Cuando los suyos lo oyeron, fueron para prenderle, porque decían que estaba fuera de sí.

22 Los escribas que habían descendido de Jerusalén decían que estaba poseído por Beelzebul[d] y que mediante el príncipe de los demonios echaba fuera los demonios. 23 Y habiéndolos llamado a su lado, les hablaba en parábolas: "¿Cómo puede Satanás echar fuera a Satanás? 24 Si un reino se divide contra sí, ese reino no puede permanecer. 25 Si una casa se divide contra sí, esa casa no podrá permanecer. 26 Y si Satanás se levanta contra sí mismo y está dividido, no puede permanecer, sino que su fin ha llegado. 27 Al contrario, nadie puede entrar en la casa de un hombre fuerte y saquear sus bienes a menos que primero ate al hombre fuerte. Y entonces saqueará su casa. 28 De cierto os digo que a los hijos de los hombres les serán perdonados todos los pecados y blasfemias, cualesquiera que sean. 29 Pero cualquiera que blasfeme contra el Espíritu Santo no tendrá perdón jamás, sino que es culpable de pecado[e] eterno." 30 Dijo esto porque decían: "Tiene espíritu inmundo."

La familia de Jesús[f]

31 Entonces fueron su madre y sus hermanos, y quedándose fuera enviaron a llamarle. 32 Mucha gente estaba sentada alrededor de él, y le dijeron:

—Mira, tu madre, tus hermanos y tus hermanas[g] te buscan afuera.

33 El respondiendo les dijo:

—¿Quién es mi madre y mis hermanos?

34 Y mirando a los que estaban sentados alrededor de él, dijo:

—He aquí mi madre y mis hermanos. 35 Porque cualquiera que hace la voluntad de Dios, éste es mi hermano, mi hermana y mi madre.

Parábola del sembrador[h]

4 Otra vez comenzó a enseñar junto al mar, y se reunió ante él una multitud muy grande; de manera que él entró en una barca mar adentro y se sentó allí, y toda la multitud estaba en la playa, frente al mar. 2 Y les enseñaba muchas cosas en parábolas. Les decía en su enseñanza: 3 "¡Oíd! He aquí un sembrador salió a sembrar. 4 Y mientras sembraba, aconteció que parte de la semilla cayó junto al camino; y vinieron las aves y la devoraron. 5 Otra parte cayó en pedregales, donde no había mucha tierra, y en seguida brotó; porque la tierra no era profunda. 6 Y cuando salió el sol se quemó, y porque no tenía raíces se secó. 7 Otra parte cayó entre los espinos. Y los espinos crecieron y la ahogaron, y no dio fruto. 8 Y otras semillas cayeron en buena tierra y creciendo y aumentando dieron fruto. Y llevaban fruto a treinta, sesenta y ciento por uno." 9 Y decía: "El que tiene oído para oír, oiga."

La parábola del sembrador explicada[i]

10 Cuando estuvo solo, los que estaban alrededor de él junto con los doce le preguntaban en cuanto a las parábolas. 11 Y él les decía: "A vosotros se os ha dado[j] el misterio del reino de Dios; pero para los que están fuera, todas las cosas están en parábolas, 12 para que *viendo vean y no perciban, y oyendo oigan y no entiendan; de modo que no se conviertan y les sea perdonado*."[k]

13 Luego les dijo: "¿No comprendéis esta parábola? ¿Cómo, pues, entenderéis todas las parábolas? 14 El sembrador siembra la palabra. 15 Primero están estos que caen junto al camino donde se siembra la palabra. Y cuando la oyen, en seguida viene Satanás y quita la palabra que había sido sembrada en ellos.[l] 16 También los que son sembrados en pedregales son aquellos que, cuando oyen la palabra, en seguida la reciben con gozo; 17 pero no tienen raíz en sí, sino que son de poca duración. Entonces, cuando viene la tribulación o la persecución por causa de la palabra, en seguida tropiezan. 18 Y otros son los que son sembrados entre espinos. Ellos

[a] *16* Algunos mss. antiguos no incluyen *Y constituyó a los doce*. [b] *20t* Ver Mat. 12:22-32; Luc. 11:14-23; 12:10 [c] *19* Algunos mss. antiguos dicen *y volvieron a casa*; otros tardíos no incluyen la frase. [d] *22* De la Peshita y la Vulgata viene la ortografía *Beelzebub*; gr., *Beelzebul*. [e] *29* Algunos mss. antiguos dicen *juicio*. [f] *31t* Ver Mat. 12:46-50; Luc. 8:19-21 [g] *32* Algunos mss. antiguos no incluyen *y tus hermanas*. [h] *1t* Ver Mat. 13:1-9; Luc. 8:4-8 [i] *10t* Ver Mat. 13:10-23; Luc. 8:9-15 [j] *11* Algunos mss. tardíos tienen *dado a conocer*. [k] *12* Algunos mss. antiguos dicen *perdonados los pecados*; la cita es de Isa. 6:9, 10 (LXX) [l] *15* Algunos mss. antiguos dicen *en sus corazones*.

son los que oyen la palabra. 19 pero las
preocupaciones de este mundo,[a] el engaño
de las riquezas y la codicia de otras cosas se
entrometen y ahogan la palabra, y queda sin
fruto. 20 Y aquellos que fueron sembrados
en buena tierra son los que oyen la palabra,
la reciben y producen fruto a treinta, a sesenta y a ciento por uno."

Parábolas: la lámpara y la medida[b]

21 También les dijo: "¿Acaso se trae una
lámpara para que sea puesta debajo de un
cajón[c] o debajo de la cama? ¿No es para que
sea puesta sobre el candelero? 22 Porque no
hay nada oculto que no haya de ser manifestado; ni nada escondido, sino para que salga
en claro. 23 Si alguno tiene oídos para oír,
oiga."

24 Les dijo también: "Considerad lo que
oís: Con la medida con que medís, será medi-
do para vosotros y os será añadido. 25 Porque al que tiene le será dado, y al que no tiene
aun lo que tiene le será quitado."

Parábola del crecimiento de la semilla

26 También decía: "Así es el reino de Dios,
como cuando un hombre echa semilla en la
tierra. 27 El duerme de noche y se levanta
de día, y la semilla brota y crece sin que él
sepa cómo. 28 Porque de por sí la tierra da
fruto: primero el tallito, luego las espigas y
después el grano lleno en la espiga. 29 Y
cuando el fruto se ha producido, en seguida
él mete la hoz, porque la siega ha llegado."

Parábola del grano de mostaza[d]

30 También decía: "¿A qué haremos semejante el reino de Dios? ¿Con qué parábola lo
compararemos? 31 Es como un grano de
mostaza que, cuando es sembrado en la tierra, es la más pequeña de todas las semillas
de la tierra. 32 Pero una vez sembrado, crece y se convierte en la más grande de todas
las hortalizas, y echa ramas muy grandes, de
modo que las aves del cielo pueden anidar
bajo su sombra."

33 Con muchas parábolas semejantes les
hablaba la palabra, conforme a lo que podían
oír. 34 No les hablaba sin parábolas, pero en
privado les explicaba todo a sus discípulos.

Jesús calma la tempestad[e]

35 Aquel día, al anochecer, les dijo:

—Pasemos al otro lado.

36 Y después de despedir a la multitud, le
recibieron en la barca, tal como estaba. Y
había otras barcas con él. 37 Entonces se
levantó una gran tempestad de viento que
arrojaba las olas a la barca, de modo que la
barca ya se anegaba. 38 Y él estaba en la
popa, durmiendo sobre el cabezal; pero le
despertaron diciendo:

—¡Maestro! ¿No te importa que perecemos?

39 Y despertándose, reprendió al viento y
dijo al mar:

—¡Calla! ¡Enmudece!

Y el viento cesó y se hizo grande bonanza.
40 Y les dijo:

—¿Por qué estáis miedosos? ¿Todavía no
tenéis fe?

41 Ellos temieron con gran temor y se decían el uno al otro:

—Entonces, ¿quién es éste, que hasta el
viento y el mar le obedecen?

Jesús sana a un endemoniado[f]

5 Fueron a la otra orilla del mar a la región
de los gadarenos.[g] 2 Apenas salido él de
la barca, de repente le salió al encuentro, de
entre los sepulcros, un hombre con espíritu
inmundo. 3 Este tenía su morada entre los
sepulcros. Y nadie podía atarle ni siquiera
con cadenas, 4 ya que muchas veces había
sido atado con grillos y cadenas, pero él había
hecho pedazos las cadenas y desmenuzado
los grillos. Y nadie lo podía dominar. 5 Continuamente, de día y de noche, andaba entre
los sepulcros y por las montañas, gritando e
hiriéndose con piedras.

6 Cuando vio a Jesús desde lejos, corrió y
le adoró. 7 Y clamando a gran voz dijo:

—¿Qué tienes conmigo, Jesús, Hijo del
Dios Altísimo? Te conjuro por Dios que no
me atormentes.

8 Pues Jesús le decía:

—Sal de este hombre, espíritu inmundo.

9 Y le preguntó:

—¿Cómo te llamas?

Y le dijo:

—Me llamo Legión, porque somos muchos.

10 Y le rogaba mucho que no los enviase
fuera de aquella región.

11 Allí cerca de la montaña estaba paciendo
un gran hato de cerdos. 12 Y le rogaron[h]
diciendo:

[a] *19* Lit., *esta edad* [b] *21t* Ver Luc. 8:16-18 [c] *21* O sea, *almud*; una vasija, canasta o caja que representaba una "medida" de casi 9 litros [d] *30t* Ver Mat. 13:31, 32; Luc. 13:18, 19 [e] *35t* Ver Mat. 8:23-27; Luc. 8:22-25 [f] *1t* Ver. Mat. 8:28-34; Luc. 8:26-39 [g] *1* Algunos mss. antiguos dicen *gerasenos*; otros, *gergesenos*. [h] *12* Algunos mss. antiguos incluyen *todos los demonios*.

—Envíanos a los cerdos, para que entremos en ellos.
13 Jesús les dio permiso. Y los espíritus inmundos salieron y entraron en los cerdos, y
el hato se lanzó al mar por un despeñadero,
como dos mil cerdos, y se ahogaron en el
mar.
14 Los que apacentaban los cerdos huyeron
y dieron aviso en la ciudad y por los campos.
Y fueron para ver qué era lo que había acontecido. 15 Llegaron a Jesús y vieron al endemoniado que había tenido la legión, sentado,
vestido y en su juicio cabal; y tuvieron miedo.
16 Los que lo habían visto les contaron qué
había acontecido al endemoniado y lo de los
cerdos, 17 y ellos comenzaron a implorar a
Jesús que saliera de sus territorios.
18 Y mientras él entraba en la barca, el que
había sido poseído por el demonio le rogaba
que le dejase estar con él. 19 Pero Jesús no
se lo permitió, sino que le dijo:
—Vete a tu casa, a los tuyos, y cuéntales
cuán grandes cosas ha hecho el Señor por ti,
y cómo tuvo misericordia de ti.
20 El se fue y comenzó a proclamar en Decápolis cuán grandes cosas Jesús había hecho
por él, y todos se maravillaban.

Jesús sana a una mujer[a]

21 Cuando Jesús había cruzado de nuevo
en la barca a la otra orilla, se congregó alrededor de él una gran multitud. Y él estaba
junto al mar. 22 Y vino uno de los principales de la sinagoga, llamado Jairo. Cuando le
vio, se postró a sus pies 23 y le imploró mucho diciendo:
—Mi hijita está agonizando. ¡Ven! Pon las
manos sobre ella para que sea salva, y viva.
24 Jesús fue con él. Y le seguía una gran
multitud, y le apretujaban.
25 Había una mujer que sufría de hemorragia desde hacía doce años. 26 Había sufrido
mucho de muchos médicos y había gastado
todo lo que tenía, y de nada le había aprove-
chado; más bien, iba de mal en peor.
27 Cuando oyó hablar de Jesús, vino por detrás de él entre la multitud y tocó su manto,
28 porque ella pensaba: "Si sólo toco su manto, seré sanada." 29 Al instante, se secó la
fuente de su sangre y sintió en su cuerpo que
ya estaba sana de aquel azote. 30 De pronto
Jesús, reconociendo dentro de sí que había
salido poder de él, volviéndose a la multitud
dijo:
—¿Quién me ha tocado el manto?
31 Sus discípulos le dijeron:
—Ves la multitud que te apretuja, y preguntas: "¿Quién me tocó?"
32 El miraba alrededor para ver a la que
había hecho esto. 33 Entonces la mujer, temiendo y temblando, sabiendo lo que en ella
había sido hecho, fue y se postró delante de
él, y le dijo toda la verdad.
34 El le dijo:
—Hija, tu fe te ha salvado.[b] Vete en paz
y queda sanada de tu azote.

Jesús resucita a la hija de Jairo[c]

35 Mientras él aún hablaba, vinieron de la
casa del principal de la sinagoga, diciendo:
—Tu hija ha muerto. ¿Para qué molestas
más al Maestro?
36 Pero Jesús, sin hacer caso a esta palabra[d] que se decía, dijo al principal de la sinagoga:
—No temas; sólo cree.
37 Y no permitió que nadie le acompañara,
sino Pedro, Jacobo y Juan, el hermano de
Jacobo. 38 Llegaron[e] a la casa del principal
de la sinagoga, y él vio el alboroto y los que
lloraban y lamentaban mucho. 39 Y al entrar, les dijo:
—¿Por qué hacéis alboroto y lloráis? La
niña no ha muerto, sino que duerme.
40 Ellos se burlaban de él. Pero él los sacó
a todos y tomó al padre y a la madre de la niña
y a los que estaban con él, y entró a donde
estaba la niña. 41 Tomó la mano de la niña
y le dijo:
—Talita, cumi[f] —que traducido es: Niña,
a ti te digo, levántate—.
42 Y en seguida la niña se levantó y andaba,
pues tenía doce años. Y quedaron atónitos.
43 El les mandó estrictamente que nadie lo
supiese y ordenó que le diesen a ella de comer.

Jesús es rechazado en Nazaret[g]

6 Salió de allí y fue a su tierra, y sus discípulos le siguieron. 2 Y cuando llegó el
sábado, él comenzó a enseñar en la sinagoga;
y muchos quedaban atónitos cuando le oían,
y decían:
—¿De dónde le vienen a éste estas cosas?
¿Qué sabiduría es ésta que le ha sido dada?
¡Cuántas obras poderosas son hechas por sus

[a] 21t Ver Mat. 9:18-22; Luc. 8:40-48 [b] 34 Otra trad., *te ha sanado* [c] 35t Ver Mat. 9:23-26; Luc. 8:49-56 [d] 36 Algunos mss. antiguos dicen *cuando oyó esta palabra.* [e] 38 Algunos textos tardíos dicen *llegó.* [f] 41 Frase en arameo, el idioma que Jesús más usaba; en los mss. más antiguos falta la *i* final. [g] 1t Ver Mat. 13:53-58; comp. Luc. 4:16-30

manos![a] 3 ¿No es éste el carpintero, hijo de
María y hermano de Jacobo, de José, de Judas
y de Simón? ¿No están también sus hermanas
aquí con nosotros?

Y se escandalizaban de él. 4 Pero Jesús les
decía:

—No hay profeta sin honra sino en su propia tierra, entre sus familiares y en su casa.
5 Y no pudo hacer allí ningún hecho poderoso, sino que sanó a unos pocos enfermos,
poniendo sobre ellos las manos. 6 Estaba
asombrado a causa de la incredulidad de
ellos. Y recorría las aldeas de alrededor, enseñando.

La misión de los doce[b]

7 Entonces llamó a los doce y comenzó a
enviarlos de dos en dos. Les daba autoridad
sobre los espíritus inmundos. 8 Les mandó
que no llevasen nada para el camino: ni pan,
ni bolsa, ni dinero en el cinto, sino solamente
un bastón; 9 pero que calzasen sandalias y
que no vistiesen dos túnicas. 10 Y les decía:
"Dondequiera que entréis en una casa, posad
en ella hasta que salgáis de aquel lugar.
11 Cualquier lugar que no os reciba ni os oiga,[c] saliendo de allí, sacudid el polvo que
está debajo de vuestros pies, para testimonio
contra ellos."

12 Entonces ellos salieron y predicaron
que la gente se arrepintiese. 13 Echaban
fuera muchos demonios, y ungían con aceite
a muchos enfermos, y los sanaban.

La muerte de Juan el Bautista[d]

14 El rey Herodes oyó de Jesús, porque su
nombre había llegado a ser muy conocido.
Unos decían: "Juan el Bautista ha resucitado
de los muertos, y por esta razón operan estos
poderes en él." 15 Otros decían: "Es Elías."
Mientras otros decían: "Es profeta como uno
de los profetas." 16 Pero cuando Herodes
oyó esto, dijo: "¡Juan, a quien yo decapité, ha
resucitado!"[e] 17 Porque Herodes mismo
había mandado prender a Juan y lo había encadenado en la cárcel por causa de Herodía,
la mujer de su hermano Felipe; porque se
había casado con ella. 18 Pues Juan le decía
a Herodes: "No te es lícito tener la mujer de
tu hermano."

19 Pero Herodía le acechaba y deseaba matarle, aunque no podía; 20 porque Herodes
temía a Juan, sabiendo que era hombre justo
y santo, y le protegía. Y al escucharle quedaba
muy perplejo,[f] pero le oía de buena gana.
21 Llegó un día oportuno cuando Herodes,
en la fiesta de su cumpleaños, dio una cena
para sus altos oficiales, los tribunos y las personas principales de Galilea. 22 Entonces la
hija de Herodía entró y danzó, y agradó a
Herodes y a los que estaban con él a la mesa;
y el rey le dijo a la muchacha:

—Pídeme lo que quieras, y yo te lo daré.
23 Y le juró mucho:[g]

—Todo lo que me pidas te daré, hasta la
mitad de mi reino.

24 Ella salió y dijo a su madre:

—¿Qué pediré?

Y ésta dijo:

—La cabeza de Juan el Bautista.

25 En seguida ella entró con prisa al rey y
le pidió diciendo:

—Quiero que ahora mismo me des en un
plato la cabeza de Juan el Bautista.

26 El rey se entristeció mucho, pero a causa del juramento y de los que estaban a la
mesa, no quiso rechazarla. 27 Inmediatamente el rey envió a uno de la guardia y mandó que fuese traída su cabeza. Este fue, le
decapitó en la cárcel 28 y llevó su cabeza en
un plato; la dio a la muchacha, y la muchacha
se la dio a su madre.

29 Cuando sus discípulos oyeron esto, fueron y tomaron su cuerpo, y lo pusieron en un
sepulcro.

Jesús alimenta a cinco mil[h]

30 Los apóstoles se reunieron con Jesús, y
le contaron todo lo que habían hecho y lo que
habían enseñado. 31 El les dijo:

—Venid vosotros aparte a un lugar desierto, y descansad un poco.

Porque eran muchos los que iban y venían,
y ni siquiera tenían oportunidad para comer.
32 Y se fueron solos en la barca a un lugar
desierto. 33 Pero muchos les vieron ir y les
reconocieron. Y corrieron allá a pie de todas
las ciudades y llegaron antes que ellos.[i]
34 Cuando Jesús salió, vio una gran multitud
y tuvo compasión de ellos, porque eran como
ovejas que no tenían pastor. Entonces comenzó a enseñarles muchas cosas.

35 Como la hora era ya muy avanzada, sus
discípulos se acercaron a él y le dijeron:

[a]*2* Algunos mss. antiguos dicen *¿Qué sabiduría es ésta que le ha sido dada a fin de que tales obras poderosas sean hechas por sus manos?* [b]*7t* Ver Mat. 10:1, 5-15; Luc. 9:1-6 [c]*11* Algunos mss. antiguos dicen *Y si en algún lugar no os recibieran ni os oyeran.* [d]*14t* Ver Mat. 14:1-12; Luc. 9:7-9 [e]*16* Algunos mss. antiguos agregan *de entre los muertos.* [f]*20* Algunos mss. antiguos dicen *Y oyéndole, hacía muchas cosas, y le escuchaba . . .* [g]*23* Algunos mss. antiguos no incluyen *mucho.* [h]*30t* Ver Mat. 14:13-21; Luc. 9:10-17; Juan 6:1-15 [i]*33* Algunos mss. añaden *y se juntaron a él*

—El lugar es desierto, y la hora avanzada.
36 Despídelos para que vayan a los campos y
aldeas de alrededor y compren para sí algo
que comer.[a]

37 El les respondió y dijo:
—Dadles vosotros de comer.
Le dijeron:
—¿Que vayamos y compremos pan por
doscientos denarios,[b] y les demos de comer?

38 El les dijo:
—¿Cuántos panes tenéis? Id y vedlo.
Al enterarse, le dijeron:
—Cinco, y dos pescados.

39 El les mandó que hiciesen recostar a todos por grupos sobre la hierba verde. 40 Se
recostaron por grupos, de cien en cien y de
cincuenta en cincuenta. 41 Y él tomó los
cinco panes y los dos pescados, y alzando los
ojos al cielo, bendijo y partió los panes. Luego iba dando a sus discípulos para que los
pusiesen delante de los hombres, y también
repartió los dos pescados entre todos.

42 Todos comieron y se saciaron, 43 y
recogieron doce canastas llenas de los pedazos de pan y de los pescados. 44 Y los que
comieron los panes eran como cinco mil
hombres.

Jesús camina sobre el agua[c]

45 En seguida obligó a sus discípulos a subir en la barca para ir delante de él a Betsaida,
en la otra orilla, mientras él despedía a la
multitud. 46 Y habiéndose despedido de
ellos, se fue al monte a orar. 47 Al caer la
noche, la barca estaba en medio del mar, y él
solo en tierra. 48 Viendo que ellos se fatiga-
ban remando, porque el viento les era contrario, a eso de la cuarta vigilia[d] de la noche, él
fue a ellos caminando sobre el mar, y quería
pasarlos de largo. 49 Pero cuando ellos vieron que él caminaba sobre el mar, pensaron
que era un fantasma y clamaron a gritos;
50 porque todos le vieron y se turbaron. Pero
en seguida habló con ellos y les dijo: "¡Tened
ánimo! ¡Yo soy! ¡No temáis!"

51 Y subió a ellos en la barca, y se calmó el
viento. Ellos estaban sumamente perplejos,[e]
52 pues aún no habían comprendido lo de los
panes; más bien, sus corazones estaban endurecidos.

Jesús sana a muchos en Genesaret[f]

53 Y cuando cruzaron a la otra orilla, llegaron a la tierra de Genesaret y amarraron la
barca. 54 Pero cuando ellos salieron de la
barca, en seguida le reconocieron. 55 Reco-
rrieron toda aquella región, y comenzaron a
traer en camillas a los que estaban enfermos
a donde oían que él estaba. 56 Dondequiera
que entraba, ya sea en aldeas o ciudades o
campos, ponían en las plazas a los que estaban enfermos, y le rogaban que sólo pudiesen
tocar el borde de su manto. Y todos los que
le tocaban quedaban sanos.

Lo que contamina al hombre[g]

7 Se juntaron a Jesús los fariseos y algunos
de los escribas que habían venido de Jerusalén. 2 Ellos vieron que algunos discípulos de él estaban comiendo pan con las manos
impuras, es decir, sin lavar.[h] 3 Pues los fariseos y todos los judíos, si no se lavan las
manos hasta la muñeca, no comen, porque se
aferran a la tradición de los ancianos.
4 Cuando vuelven del mercado, si no se lavan,
no comen. Y hay muchas otras cosas que
aceptaron para guardar, como los lavamientos de las copas, de los jarros y de los utensilios de bronce y de los divanes.[i]

5 Le preguntaron los fariseos y los escribas:
—¿Por qué no andan tus discípulos de
acuerdo con la tradición de los ancianos, sino
que comen pan con las manos impuras?

6 Y les respondió diciendo:
—Bien profetizó Isaías acerca de vosotros,
hipócritas, como está escrito:

Este pueblo me honra de labios,
pero su corazón está lejos de mí.
7 *Y en vano me rinden culto,*
enseñando como doctrina
los mandamientos de hombres.[j]

8 Porque dejando los mandamientos de Dios,
os aferráis a la tradición de los hombres.[k]

9 Les decía también:
—¡Bien desecháis el mandamiento de Dios
para establecer vuestra tradición! 10 Porque
Moisés dijo: *Honra tu padre y a tu madre,*[l]
y: *El que maldice a su padre o a su madre*
muera irremisiblemente.[m] 11 Pero vosotros decís que si alguien dice a su padre o
madre: "Aquello con que hubieras sido bene-

[a]36 Algunos textos tardíos dicen *compren pan, pues no tienen qué comer.* [b]37 El denario era una moneda romana que equivalía al salario de un día para un obrero o soldado; ver Mat. 20:2. [c]45t Ver Mat. 14:22-33; Juan 6:16-21 [d]48 O sea, de 3:00 a 6:00 a.m., según la costumbre romana que dividía la noche en cuatro vigilias [e]51 Algunos mss. antiguos incluyen *y se asombraron.* [f]53t Ver Mat. 14:34-36 [g]1t Ver Mat. 15:1-20; también Luc. 11:37-41 [h]2 Algunos mss. antiguos incluyen *y los censuraban.* [i]4 Es decir, muebles antiguos para recostarse a comer; algunos mss. antiguos no incluyen *y de los divanes.* [j]7 Isa. 29:13 (LXX) [k]8 Algunos mss. antiguos añaden: *como la de los lavamientos de los jarros y de las copas; y hacéis otras muchas cosas semejantes*; comp. v. 4. [l]10 Exo. 20:12; Deut. 5:16 [m]10 Exo. 21:17; Lev. 20:9

ficiado de parte mía[a] es Corbán" —es decir,
una ofrenda a Dios—, 12 ya no le permitís
hacer nada por su padre o su madre. 13 Así
invalidáis la palabra de Dios mediante vuestra
tradición que habéis trasmitido, y hacéis muchas cosas semejantes a éstas.

14 Llamando a sí otra vez a toda la multitud, les decía:

—Oídme todos y entended. 15,16[b] No
hay nada fuera del hombre que por entrar en
él le pueda contaminar. Pero lo que sale del
hombre es lo que contamina al hombre.

17 Cuando entró en casa, aparte de la multitud, sus discípulos le preguntaron acerca de
la parábola. 18 Y les dijo:

—¿Así que también vosotros carecéis de
entendimiento? ¿No comprendéis que nada
de lo que entra en el hombre desde fuera le
puede contaminar? 19 Porque no entra en
su corazón sino en su estómago, y sale a la
letrina.

Así declaró limpias todas las comidas.
20 Y decía:

—Lo que del hombre sale, eso contamina
al hombre. 21 Porque desde adentro, del corazón del hombre, salen los malos pensamientos, las inmoralidades sexuales, los robos, los homicidios, 22 los adulterios, las
avaricias, las maldades, el engaño, la sensualidad, la envidia, la blasfemia, la insolencia y
la insensatez. 23 Todas estas maldades salen
de adentro y contaminan al hombre.

La fe de una mujer extranjera[c]

24 Y levantándose, partió de allí para los
territorios de Tiro y de Sidón. Y entró en una
casa y no quería que nadie lo supiese, pero no
pudo esconderse. 25 Más bien, en seguida
oyó de él una mujer cuya hija tenía un espíritu inmundo, y vino y cayó a sus pies. 26 La
mujer era griega, de nacionalidad sirofenicia,
y le rogaba que echase el demonio fuera de
su hija.

27 Pero Jesús le dijo:

—Deja primero que se sacien los hijos,
porque no es bueno tomar el pan de los hijos
y echarlo a los perritos.

28 Ella respondió y le dijo:

—Sí,[d] Señor; también los perritos debajo
de la mesa comen de las migajas de los hijos.

29 Entonces él le dijo:

—Por causa de lo que has dicho, vé; el
demonio ha salido de tu hija.

30 Y cuando ella se fue a su casa, halló a su
hija acostada en la cama y que el demonio
había salido.

Jesús sana a un sordo y tartamudo[e]

31 Al salir de nuevo de los territorios de
Tiro, fue por Sidón al mar de Galilea, atravesando el territorio de Decápolis. 32 Entonces le trajeron un sordo y tartamudo, y le
rogaron que le pusiera la mano encima.

33 Y tomándole aparte de la multitud, metió los dedos en sus orejas, escupió y tocó su
lengua. 34 Luego mirando al cielo, suspiró
y le dijo:

—¡Efata! —que quiere decir: Sé abierto—.

35 Y de inmediato fueron abiertos sus oídos
y desatada la ligadura de su lengua, y hablaba
bien. 36 El les mandó que no lo dijeran a
nadie; pero cuanto más les mandaba, tanto
más lo proclamaban. 37 Se maravillaban sin
medida, diciendo:

—¡Todo lo ha hecho bien! Aun a los sordos
hace oír, y a los mudos hablar.

Jesús alimenta a cuatro mil[f]

8 En aquellos días, ya que otra vez había
una gran multitud y no tenían qué comer, Jesús llamó a sus discípulos y les dijo:

2 —Tengo compasión de la multitud, porque ya hace tres días que permanecen conmigo y no tienen qué comer. 3 Si les despido
a sus casas en ayunas, se desmayarán en el
camino; y algunos de ellos han venido de lejos.

4 Sus discípulos le respondieron:

—¿De dónde podrá alguien saciar a éstos
de pan, aquí en el desierto?

5 Y les preguntó:

—¿Cuántos panes tenéis?

Ellos dijeron:

—Siete.

6 Entonces él mandó a la multitud recostarse en tierra. Tomó los siete panes, y habiendo dado gracias, los partió y daba a sus
discípulos para que ellos los sirviesen. Y ellos
los sirvieron a la multitud.

7 También tenían unos pocos pescaditos. Y
después de bendecirlos, él mandó que también los sirviesen. 8 Comieron y se saciaron,
y recogieron siete cestas de los pedazos que
habían sobrado. 9 Y eran[g] como cuatro mil.
El los despidió; 10 y luego, entrando en la
barca con sus discípulos, se fue a la región de
Dalmanuta.

[a]11 O sea, *con lo que yo pudiera ayudarte* [b]16 Algunos mss. antiguos incluyen: [16]*Si alguno tiene oídos para oír, oiga*; texto similar a 4:9, 23. [c]24t Ver Mat. 15:21-28 [d]28 Algunos mss. antiguos no incluyen *Sí*. [e]31t Comp. Mat. 15:29-31 [f]1t Ver Mat. 15:32-39 [g]9 Algunos mss. antiguos tienen *y los que comieron eran . . .*

Los fariseos piden una señal[a]

11 Salieron los fariseos y comenzaron a
discutir con él, pidiéndole una señal del cielo, para probarle. 12 El suspiró profunda-
mente en su espíritu y dijo: "¿Por qué pide
esta generación una señal? De cierto os digo
que a esta generación no se le dará ninguna
señal."

13 Y dejándolos, volvió a entrar en la barca
y cruzó a la otra orilla.

La levadura de los fariseos[b]

14 Se habían olvidado de llevar pan, y no
tenían consigo en la barca sino un solo pan.
15 Y él les mandó, diciendo:

—Mirad; guardaos de la levadura de los
fariseos y de la levadura de Herodes.

16 Ellos discutían los unos con los otros,
porque no tenían pan.[c] 17 Como Jesús lo
entendió, les dijo:

—¿Por qué discutís? ¿Porque no tenéis
pan? ¿Todavía no entendéis ni comprendéis?
¿Tenéis[d] endurecido vuestro corazón?
18 Teniendo ojos, ¿no veis? Teniendo oídos,
¿no oís? ¿No os acordáis? 19 Cuando partí
los cinco panes entre cinco mil, ¿cuántas canastas llenas de pedazos recogisteis?

Ellos dijeron:

—Doce.

20 —Y cuando repartí los siete panes entre
los cuatro mil, ¿cuántas cestas llenas de pedazos recogisteis?

Ellos dijeron:

—Siete.

21 El les preguntó:

—¿Todavía no comprendéis?

Jesús sana a un ciego en Betsaida

22 Jesús fue a Betsaida, y le trajeron un
ciego y le rogaban que lo tocase. 23 Entonces tomando al ciego de la mano, le sacó fuera de la aldea. Después de mojarle los ojos
con saliva e imponerle las manos, le preguntó:

—¿Ves algo?

24 Al mirar, él decía:

—Veo a los hombres, pero los veo como
árboles que andan.

25 Luego puso otra vez las manos sobre sus
ojos, y miró intensamente. Y fue restaurada
su vista, y veía todo de lejos y claramente.
26 Entonces Jesús le envió a su casa, diciéndole:

—No entres en la aldea.[e]

La confesión de Pedro[f]

27 Salieron Jesús y sus discípulos por las
aldeas de Cesarea de Filipo, y en el camino les
preguntó a sus discípulos diciendo:

—¿Quién dice la gente que soy yo?

28 Ellos respondieron:

—Unos, Juan el Bautista; otros, Elías;
otros, uno de los profetas.

29 Entonces él les preguntó:

—Pero vosotros, ¿quién decís que soy yo?

Respondiendo Pedro le dijo:

—¡Tú eres el Cristo!

30 El les mandó enérgicamente que no hablasen a nadie acerca de él.

Jesús anuncia su muerte y victoria[g]

31 Luego comenzó a enseñarles que era necesario que el Hijo del Hombre padeciese
mucho, que fuese desechado por los ancianos, los principales sacerdotes y los escribas,
y que fuese muerto y resucitado después de
tres días. 32 Les decía esto claramente. Entonces Pedro le tomó aparte y comenzó a
reprenderle. 33 Pero él se dio vuelta, y mirando a sus discípulos reprendió a Pedro diciéndole:

—¡Quítate de delante de mí,[h] Satanás!
Porque no piensas en las cosas de Dios, sino
en las de los hombres.

Condiciones para seguir a Jesús[i]

34 Y llamó a sí a la gente, juntamente con
sus discípulos, y les dijo:

—Si alguno quiere venir en pos de mí,
niéguese a sí mismo, tome su cruz y sígame.
35 Porque el que quiera salvar su vida, la perderá; pero el que pierda su vida por causa de
mí y del evangelio, la salvará. 36 Pues, ¿de
qué le sirve al hombre ganar el mundo entero
y perder su alma? 37 Porque, ¿qué dará el
hombre en rescate por su alma? 38 Pues el
que se avergüence de mí y de mis palabras en
esta generación adúltera y pecadora, el Hijo
del Hombre se avergonzará también de él
cuando venga en la gloria de su Padre con los
santos ángeles.

9 También les dijo:
—De cierto os digo que hay algunos de
los que están aquí presentes que no gustarán
la muerte hasta que hayan visto que el reino
de Dios ha venido con poder.

[a] *11t* Ver. Mat. 16:1-4, también Mat. 12:38-42; Luc. 11:29-32
[b] *14t* Ver Mat. 16:5-12; también Luc. 12:1, 2
[c] *16* Algunos mss. antiguos dicen *diciendo: No tenemos pan.*
[d] *17* Algunos mss. antiguos incluyen *aún*.
[e] *26* Algunos mss. antiguos incluyen *ni lo digas a nadie en la aldea.*
[f] *27t* Ver Mat. 16:13-20; Luc. 9:18-21
[g] *31t* Ver Mat. 16:21-23; Luc. 9:22; también Mar. 9:30-32; 10:32-34
[h] *33* Otra trad., *¡Apártate! ¡Detrás de mí, Satanás!*
[i] *34t* Ver Mat. 16:24-28; Luc. 9:23-27

La transfiguración[a]

2 Seis días después, Jesús tomó consigo a Pedro, a Jacobo y a Juan, y les hizo subir aparte, a solas, a un monte alto, y fue transfigurado delante de ellos. 3 Sus vestiduras se hicieron resplandecientes, muy blancas,[b] tanto que ningún lavandero en la tierra las puede dejar tan blancas. 4 Y les apareció Elías con Moisés, y estaban hablando con Jesús. 5 Entonces intervino Pedro y dijo a Jesús:

—Rabí,[c] es bueno que nosotros estemos aquí. Levantemos, pues, tres enramadas:[d] una para ti, otra para Moisés y otra para Elías.

6 Pues él no sabía qué decir, porque tuvieron miedo. 7 Vino una nube haciéndoles sombra, y desde la nube una voz decía: "Este es mi hijo amado; a él oíd."

8 Y de inmediato, mirando alrededor, ya no vieron a nadie más con ellos, sino sólo a Jesús.

9 Mientras descendían ellos del monte, Jesús les ordenó que no contaran a nadie lo que habían visto, sino cuando el Hijo del Hombre resucitara de entre los muertos. 10 Y ellos guardaron la palabra entre sí, discutiendo qué significaría aquello de resucitar de entre los muertos. 11 Le preguntaron diciendo:

—¿Por qué dicen los escribas que es necesario que Elías venga primero?

12 El les dijo:

—A la verdad, Elías viene primero y restaura todas las cosas. Y, ¿cómo está escrito acerca del Hijo del Hombre, que padezca mucho y sea menospreciado? 13 Sin embargo, os digo que Elías[e] ya ha venido; e hicieron con él todo lo que quisieron, tal como está escrito de él.

Jesús sana a un muchacho[f]

14 Cuando llegaron a los discípulos, vieron[g] una gran multitud alrededor de ellos, y a unos escribas que disputaban con ellos. 15 En seguida, cuando toda la gente le vio, se sorprendió, y corriendo hacia él le saludaron. 16 Y les preguntó:

—¿Qué disputáis con ellos?

17 Le respondió uno de la multitud:

—Maestro, traje a ti mi hijo porque tiene un espíritu mudo, 18 y dondequiera que se apodera de él, lo derriba. Echa espumarajos y cruje los dientes, y se va desgastando. Dije a tus discípulos que lo echasen fuera, pero no pudieron.

19 Y respondiendo les dijo:

—¡Oh generación incrédula! ¿Hasta cuándo estaré con vosotros? ¿Hasta cuándo os soportaré? ¡Traédmelo!

20 Se lo trajeron; y cuando el espíritu le vio, de inmediato sacudió al muchacho, quien cayó en tierra y se revolcaba, echando espumarajos. 21 Jesús preguntó a su padre:

—¿Cuánto tiempo hace que le sucede esto?

El dijo:

—Desde niño. 22 Muchas veces le echa en el fuego o en el agua para matarlo; pero si puedes hacer algo, ¡ten misericordia de nosotros y ayúdanos!

23 Jesús le dijo:

—¿"Si puedes . . ."?[h] ¡Al que cree todo le es posible!

24 Inmediatamente el padre del muchacho clamó diciendo:

—¡Creo! ¡Ayuda mi incredulidad!

25 Pero cuando Jesús vio que la multitud se agolpaba, reprendió al espíritu inmundo diciéndole:

—Espíritu mudo y sordo, yo te mando, ¡sal de él y nunca más entres en él!

26 Entonces, clamando y desgarrándole con violencia, el espíritu salió; y el muchacho quedó como muerto, de modo que muchos decían:

—¡Está muerto!

27 Pero Jesús le tomó de la mano y le enderezó, y él se levantó.

28 Cuando él entró en casa, sus discípulos le preguntaron en privado:

—¿Por qué no pudimos echarlo fuera nosotros?

29 El les dijo:

—Este género con nada puede salir, sino con oración.[i]

Jesús vuelve a anunciar su muerte[j]

30 Habiendo salido de allí, caminaban por Galilea. El no quería que nadie lo supiese, 31 porque iba enseñando a sus discípulos, y les decía: "El Hijo del Hombre ha de ser entregado en manos de hombres, y le matarán. Y una vez muerto, resucitará después de tres días." 32 Pero ellos no entendían esta palabra y tenían miedo de preguntarle.

[a] *2t* Ver Mat. 17:1-13; Luc. 9:28-36 [b] *3* Algunos mss. antiguos incluyen *como la nieve*. [c] *5* O: *Maestro* [d] *5* O: *tabernáculos* [e] *13* Ver 1 Rey. 19:1, 10. Aquí Jesús se refiere a Juan el Bautista. [f] *14t* Ver Mat. 17:14-20; Luc. 9:37-43 [g] *14* Algunos mss. antiguos dicen *vio*. [h] *23* Algunos mss. antiguos dicen *Si puedes creer, . . .* [i] *29* Algunos mss. antiguos incluyen *y ayuno*. [j] *30t* Ver Mat. 17:22, 23; Luc. 9:43-45; también Mar. 8:31-33; 10:32-34

Quién es el más importante[a]

33 Llegó a Capernaúm. Y cuando estuvo en
casa, Jesús les preguntó:
—¿Qué disputabais entre vosotros en el
camino?
34 Pero ellos callaron, porque lo que habían disputado los unos con los otros en el
camino era sobre quién era el más importante. 35 Entonces se sentó, llamó a los doce y
les dijo:
—Si alguno quiere ser el primero, deberá
ser el último de todos y el siervo de todos.
36 Y tomó a un niño y lo puso en medio de
ellos; y tomándole en sus brazos, les dijo:
37 —El que en mi nombre recibe a alguien
como este niño, a mí me recibe; y el que a mí
me recibe no me recibe a mí, sino al que me
envió.

Quién está de nuestra parte[b]

38 Juan le dijo:
—Maestro, vimos a alguien que echaba
fuera demonios en tu nombre,[c] y se lo prohi-
bimos, porque no nos seguía.
39 Pero Jesús dijo:
—No se lo prohibáis, porque nadie que
haga milagros en mi nombre podrá después
hablar mal de mí. 40 Porque el que no es
contra nosotros, por nosotros es. 41 Cualquiera que os dé un vaso de agua en mi nombre, porque sois de Cristo, de cierto os digo
que jamás perderá su recompensa.

Ocasiones de caer[d]

42 »Y a cualquiera que haga tropezar a uno
de estos pequeños que creen en mí, mejor le
fuera que se le atase una gran piedra de molino[e] al cuello y que fuese echado al mar.
43 »Si tu mano te hace tropezar, córtala.
Mejor te es entrar manco a la vida que teniendo dos manos, ir al infierno,[f] al fuego inex-
tinguible. 44[g],45 Si tu pie te hace tropezar,
córtalo. Mejor te es entrar cojo a la vida que
teniendo dos pies, ser echado al infierno.[h] 46[g],47 Y si tu ojo te hace tropezar, sácalo. Mejor te es entrar con un solo ojo al reino
de Dios que, teniendo dos ojos, ser echado al
infierno,[f] 48 *donde su gusano no muere, y
el fuego nunca se apaga.*[i]
49 »Porque todo será salado con fuego.[j]
50 Buena es la sal; pero si la sal se vuelve
insípida, ¿con qué será salada? Tened sal en
vosotros y vivid en paz los unos con los otros.

Una pregunta acerca del divorcio[k]

10 Y levantándose de allí, fue a las regiones de Judea y de más allá del Jordán.
Las multitudes volvieron a acudir a él, y de
nuevo les enseñaba como él acostumbraba.
2 Entonces se acercaron unos fariseos para
probarle, y le preguntaron si era lícito al marido divorciarse de su mujer. 3 Pero él respondió y les dijo:
—¿Qué os mandó Moisés?
4 Ellos dijeron:
—Moisés permitió *escribir carta de divorcio y despedirla.*[l]
5 Pero Jesús les dijo:
—Ante vuestra dureza de corazón, os escribió este mandamiento. 6 Pero desde el
principio de la creación, *Dios los hizo varón
y mujer.*[m] 7 *Por esta causa el hombre dejará a su padre y a su madre, y se unirá a su
mujer;* 8 *y serán los dos una sola carne.*[n]
Así que, ya no son más dos, sino una sola
carne. 9 Por tanto, lo que Dios ha unido,[o]
no lo separe el hombre.
10 En casa sus discípulos volvieron a preguntarle acerca de esto. 11 El les dijo:
—Cualquiera que se divorcia de su mujer
y se casa con otra, comete adulterio contra
ella. 12 Y si la mujer se divorcia de su marido y se casa con otro, comete adulterio.

Jesús bendice a los niños[p]

13 Y le presentaban niños para que los tocase, pero los discípulos los reprendieron.[q]
14 Al verlo, Jesús se indignó y les dijo: "Dejad
a los niños venir a mí, y no les impidáis;
porque de los tales es el reino de Dios. 15 De
cierto os digo que cualquiera que no reciba
el reino de Dios como un niño, jamás entrará
en él." 16 Entonces tomándolos en los brazos, puso las manos sobre ellos y los bendijo.

Jesús y el joven rico[r]

17 Cuando salía para continuar su camino,
un hombre vino corriendo, se puso de rodillas delante de él y le preguntó:
—Maestro bueno, ¿qué haré para obtener
la vida eterna?
18 Pero Jesús le dijo:

[a] *33t* Ver Mat. 18:1-5; Luc. 9:46-48 [b] *38t* Ver Luc. 9:49, 50; también Mat. 10:42 [c] *38* Algunos mss. antiguos incluyen *que no nos sigue.* [d] *42t* Ver Mat. 18:6-10; Luc. 17:1, 2; también Mat. 5:29, 30 [e] *42* Lit., *una piedra de molino que se mueve mediante un asno* [f] *43,47* Gr., *Gehena* [g] *44,46* Algunos mss. antiguos repiten como vv. 44 y 46 la frase que aparece en v. 48: *donde su gusano no muere, y el fuego nunca se apaga.* [h] *45* Gr., *Gehena*; algunos mss. antiguos también incluyen *de fuego.* [i] *48* Isa. 66:24 [j] *49* Algunos mss. antiguos incluyen *y todo sacrificio será salado con sal.* [k] *1t* Ver Mat. 19:1-12; también Mat. 5:27, 28 [l] *4* Deut. 24:1, 3 [m] *6* Gén. 1:27 [n] *8* Gén. 2:24 [o] *9* Lit., *juntó en yugo* [p] *13t* Ver Mat. 19:13-15; Luc. 18:15-17 [q] *13* Algunos mss. antiguos incluyen *a los que los presentaban.* [r] *17t* Ver Mat. 19:16-22; Luc. 18:18-23

—¿Por qué me llamas "bueno"? Ninguno
es bueno, sino sólo uno, Dios. 19 Tú conoces los mandamientos: *No cometas homicidio, no cometas adulterio, no robes, no des
falso testimonio*, no defraudes, *honra a tu
padre y a tu madre*.[a]
20 Pero él le dijo:[b]
—Maestro, todo esto he guardado desde
mi juventud.
21 Entonces al mirarlo Jesús, le amó y le
dijo:
—Una cosa te falta: Anda, vende todo lo
que tienes y dalo[c] a los pobres; y tendrás
tesoro en el cielo. Y ven; sígueme.[d]
22 Pero él, abatido por esta palabra, se fue
triste, porque tenía muchas posesiones.

El peligro de las riquezas[e]

23 Entonces Jesús, mirando alrededor, dijo
a sus discípulos:
—¡Cuán difícilmente entrarán en el reino
de Dios los que tienen riquezas!
24 Los discípulos se asombraron por sus
palabras; pero Jesús, respondiendo de nuevo,
les dijo:
—Hijitos, ¡cuán difícil es entrar en el reino
de Dios![f] 25 Más fácil le es a un camello
pasar por el ojo de una aguja, que a un rico
entrar en el reino de Dios.
26 Pero ellos quedaron aun más atónitos
diciendo entre sí:
—¿Y quién podrá ser salvo?
27 Entonces Jesús, mirándolos, les dijo:
—Para los hombres es imposible; pero no
para Dios. Porque para Dios todas las cosas
son posibles.
28 Pedro comenzó a decirle:
—He aquí, nosotros hemos dejado todo y
te hemos seguido.
29 Jesús[g] le dijo:
—De cierto os digo que no hay nadie que
haya dejado casa, o hermanos, o hermanas,
o madre, o padre,[h] o hijos, o campos, por
causa de mí y del evangelio, 30 que no reciba cien veces más ahora en este tiempo: casas, hermanos, hermanas, madres, hijos y
campos, con persecuciones; y en la edad venidera, la vida eterna. 31 Pero muchos primeros serán los últimos, y los últimos, primeros.

Jesús anuncia su muerte y victoria[i]

32 Iban por el camino subiendo a Jerusalén, y Jesús iba delante de ellos. Estaban
asombrados, y los que le seguían tenían miedo. Entonces, volviendo a tomar a los doce
aparte, les comenzó a declarar las cosas que
le estaban por acontecer:
33 —He aquí subimos a Jerusalén, y el Hijo
del Hombre será entregado a los principales
sacerdotes y a los escribas. Le condenarán a
muerte y le entregarán a los gentiles. 34 Se
burlarán de él, le escupirán, le azotarán y le
matarán; y después de tres días[j] resucitará.

Petición de los hijos de Zebedeo[k]

35 Entonces Jacobo y Juan, hijos de Zebedeo, se acercaron a él y le dijeron:
—Maestro, queremos que nos concedas lo
que pidamos.
36 El les dijo:
—¿Qué queréis que haga por vosotros?
37 Ellos dijeron:
—Concédenos que en tu gloria nos sente-
mos el uno a tu derecha y el otro a tu izquierda.
38 Entonces Jesús les dijo:
—No sabéis lo que pedís. ¿Podéis beber la
copa que yo bebo, o ser bautizados con el
bautismo con que yo soy bautizado?
39 Ellos dijeron:
—Podemos.
Y Jesús les dijo:
—Beberéis la copa que yo bebo, y seréis
bautizados con el bautismo con que yo soy
bautizado. 40 Pero el sentarse a mi derecha
o a mi izquierda no es mío concederlo, sino
que es para quienes está preparado.
41 Cuando lo oyeron los diez, comenzaron
a enojarse con Jacobo y Juan. 42 Pero Jesús
los llamó y les dijo:
—Sabéis que los que son tenidos por príncipes de los gentiles se enseñorean de ellos,
y sus grandes ejercen autoridad sobre ellos.
43 Pero no es[l] así entre vosotros. Más bien,
cualquiera que anhele hacerse grande entre
vosotros será vuestro servidor, 44 y cualquiera que anhele ser el primero entre vosotros será siervo de todos. 45 Porque el Hijo
del Hombre tampoco vino para ser servido,
sino para servir y para dar su vida en rescate
por muchos.

[a] *19* Exo. 20:12-16; Deut. 5:16-20 [b] *20* Algunos mss. antiguos dicen *Entonces respondiendo le dijo*. [c] *21* Griego omite *-lo*. [d] *21* Algunos mss. antiguos incluyen *tomando tu cruz*. [e] *23t* Ver Mat. 19:23-30; Luc. 18:24-30
[f] *24* Algunos mss. antiguos incluyen *para los que confían en las riquezas*. [g] *29* Algunos mss. incluyen *respondiendo*.
[h] *29* Algunos mss. incluyen *o mujer*. [i] *32t* Ver Mat. 20:17-19; Luc. 18:31-34, también Mar. 8:31-33; 9:30-32
[j] *34* Algunos mss. antiguos dicen *en el tercer día*. [k] *35t* Ver Mat. 20:20-28 [l] *43* Algunos mss. antiguos dicen *será*.

Jesús sana al ciego Bartimeo[a]

46 Entonces llegaron a Jericó. Y cuando él
iba saliendo de Jericó junto con sus discípulos y una gran multitud, el ciego Bartimeo,
hijo de Timeo, estaba sentado junto al camino mendigando. 47 Y cuando oyó que era
Jesús de Nazaret, comenzó a gritar diciendo:
—¡Jesús, hijo de David, ten misericordia
de mí!
48 Muchos le regañaban para que se calla-
ra, pero él gritaba aun más fuerte:
—¡Hijo de David, ten misericordia de mí!
49 Entonces Jesús se detuvo y mandó llamarle. Llamaron al ciego diciéndole:
—Ten confianza. Levántate. El te llama.
50 Entonces él, tirando su manto, se levantó y fue a Jesús. 51 Y Jesús le respondió
diciendo:
—¿Qué quieres que te haga?
El ciego le dijo:
—Rabí,[b] que yo recobre la vista.
52 Jesús le dijo:
—Vete. Tu fe te ha salvado.[c]
Al instante recobró la vista, y seguía a Jesús en el camino.

La entrada triunfal en Jerusalén[d]

11 Cuando llegaron cerca de Jerusalén,
junto a Betfagé y Betania, frente al
monte de los Olivos, Jesús envió a dos de sus
discípulos 2 y les dijo:
—Id a la aldea que está frente a vosotros,
y cuando hayáis entrado allí, en seguida hallaréis atado un borriquillo sobre el cual ningún hombre ha montado. Desatadlo y traedlo. 3 Y si alguien os dice: "¿Por qué hacéis
eso?", decidle: "El Señor lo necesita, y luego
lo enviará aquí otra vez."
4 Ellos fueron y hallaron el borriquillo atado a la puerta, afuera, en la esquina de dos
calles; y lo desataron. 5 Algunos de los que
estaban allí les dijeron:
—¿Qué hacéis desatando al borriquillo?
6 Ellos les dijeron tal como Jesús les había
dicho, y les dejaron ir.
7 Trajeron el borriquillo a Jesús y echaron
sobre él sus mantos, y se sentó sobre él.
8 Muchos tendieron sus mantos por el camino, y otros cortaban ramas de los árboles.[e]
9 Los que iban delante y los que le seguían
aclamaban:
—*¡Hosanna!*[f] *¡Bendito el que viene en el*
nombre del Señor![g] 10 ¡Bendito el reino venidero de nuestro padre David! ¡Hosanna en
las alturas!
11 Entró Jesús en Jerusalén, en el templo,
y habiendo mirado todo en derredor, como la
hora ya era tarde, salió para Betania con los
doce.

Jesús y la higuera sin fruto[h]

12 Al día siguiente, cuando salieron de Betania, tuvo hambre. 13 Y viendo desde lejos
una higuera que tenía hojas, se acercó para
ver si hallara en ella algo. Cuando vino a ella,
no encontró nada sino hojas, porque no era
tiempo de higos. 14 Entonces Jesús dijo a la
higuera: "¡Nunca jamás coma nadie de tu fruto!" Y lo oyeron sus discípulos.

Jesús purifica el templo[i]

15 Llegaron a Jerusalén, y Jesús entró en el
templo. Y comenzó a echar fuera a los que
vendían y a los que compraban en el templo.
Volcó las mesas de los cambistas y las sillas
de los que vendían palomas, 16 y no consentía que nadie cruzase por el templo llevando
utensilio alguno. 17 Y enseñaba diciendo:
"¿No está escrito que *mi casa será llamada*
casa de oración para todas las naciones?[j]
Pero vosotros la habéis hecho cueva de ladrones."[k]
18 Lo oyeron los principales sacerdotes y
los escribas, y buscaban cómo matarle; porque le tenían miedo, pues todo el pueblo estaba maravillado de su doctrina. 19 Y al llegar
la noche, Jesús y los suyos salieron[l] de la
ciudad.

Lección de la higuera seca[h]

20 Por la mañana, pasando por allí vieron
que la higuera se había secado desde las raíces. 21 Entonces Pedro, acordándose, le dijo:
—Rabí,[b] he aquí la higuera que maldijiste
se ha secado.
22 Respondiendo Jesús les dijo:
—Tened[m] fe en Dios. 23 De cierto os digo
que cualquiera que diga a este monte: "Quítate y arrójate al mar", y que no dude en su
corazón, sino que crea que será hecho lo que
dice, le será hecho. 24 Por esta razón os
digo que todo por lo cual oráis y pedís, creed
que lo habéis recibido,[n] y os será hecho.

[a] *46t* Ver Mat. 20:29-34; Luc. 18:35-43 [b] *51,21* O: *Maestro* [c] *52* Otra trad., *te ha sanado* [d] *1t* Ver Mat. 21:1-11; Luc. 19:28-38; Juan 12:12-19 [e] *8* Algunos mss. antiguos incluyen *y los tendían por el camino*.
[f] *9* Adaptación de una voz hebrea que significa *salva por favor* [g] *9* Sal. 118:25, 26 [h] *12t,20t* Ver Mat. 21:18-22
[i] *15t* Ver Mat. 21:12, 13; Luc. 19:45-48; comp. Juan 2:13-22 [j] *17* Isa. 56:7 [k] *17* Ver Jer. 7:11 [l] *19* Lit., *salían*; algunos mss. antiguos tienen el verbo en singular; la frase se traduciría *El* (Jesús) *salió*. [m] *22* Algunos mss. antiguos dicen *Si tenéis fe*. [n] *24* Algunos mss. antiguos dicen *recibís;* otros, *recibiréis*.

25,26[a] Y cuando os pongáis de pie para orar,
si tenéis algo contra alguien, perdonadle, para que vuestro Padre que está en los cielos
también os perdone a vosotros vuestras ofensas.

La autoridad de Jesús[b]

27 Volvieron a Jerusalén. Luego, mientras
él andaba por el templo, vinieron a él los
principales sacerdotes, los escribas y los ancianos, 28 y le decían:
—¿Con qué autoridad haces estas cosas?
¿O quién te dio la autoridad para hacer estas
cosas?
29 Entonces Jesús les dijo:
—Yo os haré una pregunta. Respondedme,
y yo os diré con qué autoridad hago estas
cosas: 30 El bautismo de Juan, ¿era del cielo
o de los hombres? Respondedme.
31 Entonces ellos razonaban entre sí diciendo:
—Si decimos "del cielo", dirá: "¿Por qué,
pues, no le creísteis?" 32 Pero si decimos
"de los hombres . . ."
Temían al pueblo, porque todos consideraban que verdaderamente Juan era profeta.
33 Entonces respondiendo a Jesús dijeron:
—No sabemos.
Y Jesús[c] les dijo:
—Tampoco yo os digo con qué autoridad
hago estas cosas.

Parábola de los labradores malvados[d]

12 Entonces comenzó a hablarles en parábolas:
—Un hombre plantó una viña. La rodeó
con una cerca, cavó un lagar, edificó una torre,[e] la arrendó a unos labradores y se fue
lejos. 2 A su debido tiempo envió un siervo
a los labradores, para recibir de los labradores una parte del fruto de la viña. 3 Pero
ellos lo tomaron, lo hirieron y le enviaron
con las manos vacías. 4 Volvió a enviarles
otro siervo, pero a ése le hirieron en la cabeza
y le afrentaron. 5 Y envió otro, y a éste lo
mataron. Envió a muchos otros, pero ellos
herían a unos y mataban a otros.
6 »Teniendo todavía un hijo suyo amado,
por último, también lo envió a ellos diciendo:
"Tendrán respeto a mi hijo." 7 Pero aquellos
labradores dijeron entre sí: "Este es el heredero. Venid, matémosle, y la heredad será
nuestra." 8 Y le prendieron, lo mataron y le
echaron fuera de la viña.
9 »¿Qué, pues, hará el señor[f] de la viña?
Vendrá, destruirá a los labradores y dará la
viña a otros. 10 ¿No habéis leído esta Escritura:

La piedra que desecharon los
edificadores,
ésta fue hecha cabeza del ángulo;
11 *de parte del Señor sucedió esto,*
y es maravilloso en nuestros ojos?[g]

12 Ellos procuraban prenderle, pero temían a la multitud, porque sabían que en
aquella parábola se había referido a ellos. Y
dejándole, se fueron.

Pregunta sobre el tributo al César[h]

13 Entonces enviaron a él algunos de los
fariseos y de los herodianos para que le sor-
prendiesen en alguna palabra. 14 Y viniendo
le dijeron:
—Maestro, sabemos que eres hombre de
verdad y que no te cuidas de nadie; porque no
miras la apariencia de los hombres, sino que
con verdad enseñas el camino de Dios. ¿Es
lícito dar tributo al César, o no? ¿Daremos o
no daremos?
15 Entonces él, como entendió la hipocresía de ellos, les dijo:
—¿Por qué me probáis? Traedme un denario[i] para que lo vea.
16 Se lo trajeron, y él les dijo:
—¿De quién es esta imagen y esta inscripción?
Le dijeron:
—Del César.
17 Entonces Jesús les dijo:
—Dad al César lo que es del César, y a Dios
lo que es de Dios.
Y se maravillaban de él.

Pregunta acerca de la resurrección[j]

18 Entonces vinieron a él unos saduceos,
quienes dicen que no hay resurrección, y le
preguntaron diciendo:
19 —Maestro, Moisés nos escribió que *si el*
hermano de alguno muere y deja mujer *y no*
deja hijos, su hermano tome la mujer y le-
vante descendencia a su hermano.[k] 20 Había siete hermanos. El primero tomó mujer,
y murió sin dejar descendencia. 21 La tomó

[a]26 Algunos mss. antiguos incluyen: [26]*Porque si vosotros no perdonáis, tampoco vuestro Padre que está en los cielos os perdonará vuestras ofensas*; texto similar a Mat. 6:15. [b]27t Ver Mat. 21:23-27; Luc. 20:1-8 [c]33 Algunos mss. antiguos dicen *Y respondiendo Jesús les . . .* [d]1t Ver Mat. 21:33-46; Luc. 20:9-19 [e]1 Ver Isa. 5:1, 2 [f]9 Otra trad., *dueño* [g]11 Sal. 118:22, 23 [h]13t Ver Mat. 22:15-22; Luc. 20:20-26 [i]15 Una moneda acuñada por el emperador romano; equivalía al salario de un día para un obrero o soldado. [j]18t Ver Mat. 22:23-33; Luc. 20:27-40 [k]19 Gén. 38:8; Deut. 25:5

el segundo y murió sin dejar descendencia.
El tercero, de la misma manera. 22 Así los
siete no dejaron descendencia.[a] Después de
todos, murió también la mujer. 23 En la resurrección, cuando resuciten, puesto que los
siete la tuvieron por mujer, ¿de cuál de ellos
será mujer?
24 Entonces Jesús les dijo:[b]
—¿No es por esto que erráis, porque no
conocéis las Escrituras ni tampoco el poder
de Dios? 25 Porque cuando resuciten de entre los muertos, no se casarán ni se darán en
casamiento, sino que son como los ángeles
que están en los cielos. 26 Y con respecto a
si resucitan los muertos, ¿no habéis leído en
el libro de Moisés, cómo le habló Dios desde
la zarza diciendo: *Yo soy el Dios de Abraham,
el Dios de Isaac y el Dios de Jacob*?[c] 27 Dios
no es Dios de muertos, sino de vivos. Vosotros erráis mucho.

El gran mandamiento[d]

28 Se le acercó uno de los escribas al oírles
discutir; y dándose cuenta de que Jesús había
respondido bien, le preguntó:
—¿Cuál es el primer mandamiento de todos?
29 Jesús le respondió:
—El primero es: *Escucha, Israel: El Señor
nuestro Dios, el Señor uno es.* 30 *Y amarás
al Señor tu Dios con todo tu corazón, con
toda tu alma*, con toda tu mente *y con todas
tus fuerzas*.[e] 31 El segundo es éste: *Amarás
a tu prójimo como a ti mismo*.[f] No hay otro
mandamiento mayor que estos dos.
32 Entonces el escriba le dijo:
—Bien, Maestro. Has dicho la verdad: *Dios
es uno, y no hay otro aparte de él*;[g] 33 y
*amarle con todo el corazón, con todo el en-
tendimiento*,[h] *y con todas las fuerzas*,[i] y
amar al prójimo como a sí mismo,[f] vale más
que todos los holocaustos y sacrificios.
34 Y viendo Jesús que había respondido sabiamente, le dijo:
—No estás lejos del reino de Dios.
Ya nadie se atrevía a hacerle más preguntas.

Jesús, hijo y Señor de David[j]

35 Mientras estaba enseñando en el templo, Jesús respondiendo decía:
—¿Cómo es que dicen los escribas que el
Cristo es hijo de David? 36 David mismo dijo
mediante el Espíritu Santo:

Dijo el Señor a mi Señor:
"Siéntate a mi diestra,
hasta que ponga a tus enemigos
debajo de tus pies."[k]

37 David mismo le llama "Señor"; ¿cómo es,
pues, su hijo?
Y la gran multitud le escuchaba con gusto.

Jesús denuncia a los escribas[l]

38 Y en su enseñanza decía:
—Guardaos de los escribas, a quienes les
gusta pasearse con ropas largas y aman las
salutaciones en las plazas, 39 las primeras
sillas en las sinagogas y los primeros asientos
en los banquetes. 40 Estos, que devoran las
casas de las viudas y como pretexto hacen
largas oraciones, recibirán mayor condenación.

La ofrenda de la viuda pobre[m]

41 Estando Jesús sentado frente al arca del
tesoro, observaba cómo el pueblo echaba dinero en el arca. Muchos ricos echaban mucho, 42 y una viuda pobre vino y echó dos
blancas, que equivalen a un cuadrante.[n]
43 El llamó a sus discípulos y les dijo:
—De cierto os digo que esta viuda pobre
echó más que todos los que echaron en el
arca. 44 Porque todos han echado de su
abundancia; pero ésta, de su pobreza, echó
todo lo que tenía, todo su sustento.

La inminente destrucción del templo[o]

13 Cuando él salía del templo, uno de
sus discípulos dijo:
—Maestro, ¡mira qué piedras y qué edificios!
2 Y Jesús le dijo:[b]
—¿Veis estos grandes edificios? Aquí no
quedará piedra sobre piedra que no sea derribada.

Señales que anticipan el fin[p]

3 Estando él sentado en el monte de los
Olivos frente al templo, Pedro, Jacobo, Juan
y Andrés le preguntaban aparte:
4 —Dinos, ¿cuándo sucederán estas cosas?
¿Y qué señal habrá cuando todas estas cosas
estén por cumplirse?

[a] *22* Algunos mss. antiguos tienen *Así la tomaron los siete y no dejaron* . . . [b] *24,2* Algunos mss. antiguos dicen *Y respondiendo Jesús les dijo*. [c] *26* Exo. 3:2, 6 [d] *28t* Ver Mat. 22:34-40; Luc. 10:25-28 [e] *30* Algunos mss. antiguos añaden *éste es el principal mandamiento*; la cita es de Deut. 6:4, 5. [f] *31,33* Lev. 19:18 [g] *32* Deut. 4:35; Isa. 45:21 [h] *33* Algunos mss. antiguos incluyen *y toda el alma*. [i] *33* Deut. 6:4, 5 [j] *35t* Ver Mat. 22:41-46; Luc. 20:41-44 [k] *36* Sal. 110:1 [l] *38t* Ver Mat. 23:1-36; Luc. 11:37-54; 20:45-47 [m] *41t* Ver Luc. 21:1-4 [n] *42* *Blancas* y *cuadrantes* eran monedas pequeñas de cobre de valor mínimo. [o] *1t* Ver Mat. 24:1, 2; Luc. 21:5, 6 [p] *3t* Ver Mat. 24:3-14; Luc. 21:7-19; también Mat. 10:16-25

5 Jesús comenzó a decirles:
—Mirad que nadie os engañe. 6 Muchos
vendrán en mi nombre diciendo: “Yo soy”, y
engañarán a muchos. 7 Pero cuando oigáis
de guerras y de rumores de guerras, no os
turbéis. Es necesario que así suceda, pero
todavía no es el fin. 8 Porque se levantará
nación contra nación y reino contra reino.
Habrá terremotos por todas partes. Habrá
hambres.[a] Estos son principio de dolores.
9 »Pero vosotros, mirad por vosotros mismos. Porque os entregarán en los concilios,
y seréis azotados en las sinagogas. Por mi
causa seréis llevados delante de gobernadores
y de reyes, para testimonio a ellos. 10 Es
necesario que primero el evangelio sea predicado a todas las naciones. 11 Cuando os lleven para entregaros, no os preocupéis por lo
que hayáis de decir.[b] Más bien, hablad lo que
os sea dado en aquella hora; porque no sois
vosotros los que habláis, sino el Espíritu Santo. 12 El hermano entregará a muerte a su
hermano, y el padre a su hijo. Se levantarán
los hijos contra sus padres y los harán morir.
13 Y seréis aborrecidos de todos, por causa de
mi nombre. Pero el que persevere hasta el
fin, éste será salvo.

La abominación desoladora[c]

14 »Pero cuando veáis que la abominación
desoladora[d] se ha establecido donde no debe
estar (el que lee, entienda), entonces los que
estén en Judea huyan a los montes. 15 El
que esté en la azotea no descienda ni entre
para sacar algo de su casa, 16 y el que esté
en el campo no vuelva atrás para tomar su
manto. 17 ¡Ay de las que estén encintas y de
las que críen en aquellos días! 18 Orad,
pues, que[e] no acontezca en invierno.
19 Porque aquellos días serán de tribulación
como nunca ha habido desde el principio de
la creación que Dios creó, hasta ahora, ni
habrá jamás. 20 Si el Señor no hubiese acortado aquellos días, no se salvaría nadie;[f] pero por causa de los escogidos que él eligió, él
ha acortado aquellos días.

Falsos cristos y falsos profetas[g]

21 »Entonces, si alguien os dice: “He aquí,
aquí está el Cristo”, o “He allí, allí está”, no
le creáis. 22 Porque se levantarán falsos
cristos y falsos profetas, y harán señales y
maravillas para engañar, de ser posible, a los
escogidos. 23 Pero vosotros, ¡mirad! Os lo
he dicho todo de antemano.

La venida del Hijo del Hombre[h]

24 »Entonces en aquellos días, después de
aquella tribulación, el sol se oscurecerá, y la
luna no dará su resplandor. 25 Las estrellas
caerán del cielo, y los poderes que están en
los cielos serán sacudidos.[i] 26 Entonces
verán *al Hijo del Hombre viniendo en las
nubes*[j] con gran poder y gloria. 27 Después
enviará a sus ángeles y reunirá a sus escogidos de los cuatro vientos, desde el extremo de
la tierra hasta el extremo del cielo.
28 »De la higuera aprended la parábola:
Cuando su rama ya está tierna y brotan sus
hojas, sabéis que el verano está cerca. 29 Así
también vosotros, cuando veáis que suceden
estas cosas, sabed que está cerca, a las puertas. 30 De cierto os digo que no pasará esta
generación[k] hasta que todas estas cosas sucedan. 31 El cielo y la tierra pasarán, pero
mis palabras no pasarán.
32 »Pero acerca de aquel día o de la hora,
nadie sabe; ni siquiera los ángeles en el cielo,
ni aun el Hijo, sino sólo el Padre. 33 Mirad
y velad,[l] porque no sabéis cuándo será el
tiempo. 34 Será como el hombre que al salir
de viaje dejó su casa y dio autoridad a sus
siervos, a cada uno su obra, y al portero mandó que velase. 35 Velad, pues, porque no sabéis cuándo vendrá el Señor de la casa, sea a
la tarde, a la medianoche, al canto del gallo
o a la mañana; 36 no sea que cuando vuelva
de repente os halle durmiendo. 37 Lo que a
vosotros digo, a todos digo: ¡Velad!

Acuerdo para matar a Jesús[m]

14 Dos días después era la Pascua y la
fiesta de los panes sin levadura. Y los
principales sacerdotes y los escribas estaban
buscando cómo prenderle por engaño y matarle, 2 pues decían: “No en la fiesta, de modo que no se haga alboroto en el pueblo.”

Jesús es ungido en Betania[n]

3 Estando él en Betania sentado a la mesa
en casa de Simón el leproso, vino una mujer
que tenía un frasco de alabastro con perfume
de nardo puro de gran precio. Y quebrando
el frasco de alabastro, lo derramó sobre la

[a] *8* Algunos mss. antiguos dicen *y alborotos.* [b] *11* Algunos mss. antiguos dicen *ni lo penséis.* [c] *14t* Ver Mat. 24:15-22; Luc. 21:20-24 [d] *14* Algunos mss. antiguos incluyen *de que habló el profeta Daniel*; comp. Dan. 9:27; 11:31; 12:11 y Mat. 24:15. [e] *18* Algunos mss. antiguos añaden *vuestra ida.* [f] *20* Lit., *no se hubiera salvado ninguna carne* [g] *21t* Ver Mat. 24:23-28 [h] *24t* Ver Mat. 24:29-44; Luc. 21:25-28 [i] *25* Comp. Isa. 13:10; 34:4; Eze. 32:7, 8; Joel 2:10, 31; 3:15 [j] *26* Dan. 7:13, 14 [k] *30* Otra trad., *esta raza* [l] *33* Algunos mss. antiguos incluyen *y orad.* [m] *1t* Ver Mat. 26:1-5; Luc. 22:1-6; comp. Juan 11:45-57 [n] *3t* Ver Mat. 26:6-13; Juan 12:1-11

cabeza de Jesús. 4 Pero había allí algunos
que se indignaron entre sí y dijeron:[a]

—¿Para qué se ha hecho este desperdicio
de perfume? 5 Porque podría haberse vendido este perfume por más de trescientos denarios[b] y haberse dado a los pobres.

Y murmuraban contra ella, 6 pero Jesús
dijo:

—Dejadla. ¿Por qué la molestáis? Ella ha
hecho una buena obra conmigo. 7 Porque
siempre tenéis a los pobres con vosotros, y
cuando queréis les podéis hacer bien; pero a
mí no siempre me tenéis. 8 Ella ha hecho lo
que podía, porque se ha anticipado a ungir mi
cuerpo para la sepultura. 9 De cierto os digo
que dondequiera que sea predicado este evangelio en todo el mundo, también lo que ésta
ha hecho será contado para memoria de ella.

Judas ofrece traicionar a Jesús[c]

10 Entonces Judas Iscariote, uno de los doce, fue a los principales sacerdotes para en-
tregárselo. 11 Ellos, al oírlo, se alegraron y
prometieron darle dinero. Y él buscaba cómo
entregarle en un momento oportuno.

Preparativos para la Pascua[d]

12 El primer día de la fiesta de los panes sin
levadura, cuando sacrificaban el cordero de la
Pascua, sus discípulos le dijeron:

—¿Dónde quieres que vayamos y hagamos
los preparativos para que comas la Pascua?

13 El envió a dos de sus discípulos y les
dijo:

—Id a la ciudad, y os saldrá al encuentro
un hombre llevando un cántaro de agua. Seguidle; 14 y donde entre, decid al dueño de
casa: "El Maestro dice: '¿Dónde está mi habitación donde he de comer la Pascua con mis
discípulos?' " 15 Y él os mostrará un gran
aposento alto[e] ya dispuesto y preparado. Preparad allí para nosotros.

16 Salieron sus discípulos, entraron en la
ciudad, hallaron como les había dicho y prepararon la Pascua.

Jesús anuncia la traición de Judas[f]

17 Al atardecer fue con los doce; 18 y
cuando estaban sentados a la mesa comiendo, Jesús dijo:

—De cierto os digo que uno de vosotros,
el que come conmigo, me va a entregar.

19 Entonces comenzaron a entristecerse y
a decirle uno tras otro:

—¿Acaso seré yo?[g]

20 El les dijo:[h]

—Es uno de los doce, el que moja el pan
conmigo en el plato. 21 A la verdad, el Hijo
del Hombre va, tal como está escrito de él.
Pero ¡ay de aquel hombre por quien es entregado el Hijo del Hombre! Bueno le fuera a
aquel hombre no haber nacido.

La Cena del Señor[i]

22 Mientras ellos comían, Jesús tomó pan
y lo bendijo; lo partió, les dio y dijo:

—Tomad; esto es mi cuerpo.

23 Tomando la copa, y habiendo dado gracias, les dio; y bebieron todos de ella. 24 Y
él les dijo:

—Esto es mi sangre del pacto,[j] la cual es
derramada a favor de muchos. 25 De cierto
os digo que no beberé más del fruto de la vid,
hasta aquel día cuando lo beba nuevo[k] en el
reino de Dios.

26 Y después de cantar un himno,[l] salieron al monte de los Olivos.

Jesús predice la negación de Pedro[m]

27 Entonces Jesús les dijo:

—Todos os escandalizaréis de mí;[n] porque escrito está: *Heriré al pastor, y serán*
dispersadas las ovejas.[o] 28 Pero después de
haber resucitado, iré delante de vosotros a
Galilea.

29 Entonces Pedro le dijo:

—Aunque todos sean escandalizados, yo
no.

30 Jesús le dijo:

—De cierto te digo que hoy, en esta noche,
antes que el gallo haya cantado dos veces, tú
me negarás tres veces.

31 Pero él decía con mayor insistencia:

—Aunque me sea necesario morir contigo, jamás te negaré.

También todos decían lo mismo.

Angustia de Jesús en Getsemaní[p]

32 Llegaron al lugar que se llama Getsemaní, y dijo a sus discípulos:

[a] 4 Algunos mss. antiguos no incluyen *y dijeron*. [b] 5 El denario era una moneda romana que equivalía al salario de un día para un obrero; aquí un total equivalente al salario de un año. [c] 10t Ver Mat. 26:14-16; Luc. 22:3-6 [d] 12t Ver Mat. 26:17-19; Luc. 22:7-13; sobre la Pascua, ver Exo. 12:18 ss. [e] 15 O sea, *una sala grande del piso superior* [f] 17t Ver Mat. 26:20-25; Luc. 22:21-23; Juan 13:21-30 [g] 19 Algunos mss. antiguos añaden *Y el otro, ¿Acaso seré yo?* [h] 20 Algunos mss. antiguos dicen *Y respondiendo les dijo*. [i] 22t Ver Mat. 26:26-30; Luc. 22:14-20; 1 Cor. 11:23-26 [j] 24 Algunos mss. antiguos dicen *mi sangre del nuevo pacto*. [k] 25 Adjetivo; aparentemente se refiere a *fruto de la vid*, o sea, a *vino nuevo*. [l] 26 Según las costumbres de la Pascua, de cantar uno o más de los Salmos 113-118 [m] 27t Ver Mat. 26:31-35; Luc. 22:31-34; Juan 13:36-38 [n] 27 Algunos mss. antiguos incluyen *esta noche*. [o] 27 Zac. 13:7 [p] 32t Ver Mat. 26:36-46; Luc. 22:39-46; Juan 18:1

—Sentaos aquí, mientras yo oro.
33 Tomó consigo a Pedro, a Jacobo y a
Juan, y comenzó a entristecerse y a angustiarse. 34 Y les dijo:
—Mi alma está muy triste, hasta la muerte. Quedaos aquí y velad.
35 Pasando un poco adelante, se postraba
en tierra y oraba que de ser posible, pasase de
él aquella hora. 36 Decía:
—¡Abba, Padre, todo es posible para ti!
¡Aparta de mí esta copa! Pero no lo que yo
quiero, sino lo que tú quieres.
37 Volvió y los halló durmiendo, y le dijo a
Pedro:
—Simón, ¿duermes? ¿No has podido velar
una sola hora? 38 Velad y orad, para que no
entréis en tentación. El espíritu a la verdad
está dispuesto, pero la carne es débil.
39 De nuevo se apartó y oró diciendo las
mismas palabras. 40 Cuando volvió otra
vez, los halló durmiendo, porque sus ojos
estaban cargados de sueño. Y no sabían qué
responderle.
41 Volvió por tercera vez y les dijo:
—¿Todavía estáis durmiendo y descansan-
do?[a] Basta ya. La hora ha venido. He aquí,
el Hijo del Hombre es entregado en manos de
los pecadores. 42 ¡Levantaos, vamos! He
aquí, está cerca el que me entrega.

Jesús es arrestado[b]

43 En seguida, mientras él aún hablaba,
llegó Judas, uno de los doce, y con él una
multitud con espadas y palos, de parte de los
principales sacerdotes, de los escribas y de los
ancianos. 44 El que le entregaba les había
dado señal diciendo: "Al que yo bese, ése es.
Prendedle y llevadle con seguridad."
45 Cuando llegó, de inmediato se acercó a él
y dijo:
—¡Rabí![c]
Y le besó. 46 Entonces ellos le echaron
mano y le prendieron; 47 pero uno de los
que estaban allí, sacando su espada, hirió al
siervo del sumo sacerdote y le cortó la oreja.
48 Jesús respondió y les dijo:
—¿Como contra un asaltante habéis salido
con espadas y palos para prenderme? 49 Cada día yo estaba delante de vosotros enseñando en el templo, y no me prendisteis. Pero así
es, para que se cumplan las Escrituras.
50 Entonces todos los suyos le abandonaron y huyeron. 51 Pero cierto joven, habiendo cubierto su cuerpo desnudo con una sábana, le seguía; y le prendieron. 52 Pero él,
dejando la sábana, huyó[d] desnudo.

Jesús ante el Sanedrín[e]

53 Llevaron a Jesús ante el sumo sacerdote;
y se reunieron con él todos los principales
sacerdotes, los ancianos y los escribas. 54 Y
Pedro le siguió de lejos hasta dentro del patio
del sumo sacerdote, y estaba sentado con los
guardias y se calentaba ante el fuego.
55 Los principales sacerdotes y todo el Sanedrín buscaban testimonio contra Jesús, para entregarle a muerte; pero no lo hallaban.
56 Porque muchos daban falso testimonio
contra Jesús, pero sus testimonios no con-
cordaban. 57 Entonces se levantaron unos,
y dieron falso testimonio contra él diciendo:
58 —Nosotros le oímos decir: "Yo derribaré este templo que ha sido hecho con manos,
y en tres días edificaré otro hecho sin manos."
59 Pero ni aun así concordaba el testimonio de ellos. 60 Entonces el sumo sacerdote
se levantó en medio y preguntó a Jesús diciendo:
—¿No respondes nada? ¿Qué testifican éstos contra ti?
61 Pero él callaba y no respondió nada.
Otra vez el sumo sacerdote le preguntó y le
dijo:
—¿Eres tú el Cristo, el Hijo del Bendito?
62 Jesús le dijo:
—Yo soy. Y además, ***veréis al Hijo del***
Hombre sentado a la diestra del Poder[f] ***y***
viniendo con las nubes del cielo.[g]
63 Entonces el sumo sacerdote rasgó su
vestidura y dijo:
—¿Qué más necesidad tenemos de testigos? 64 Vosotros habéis oído la blasfemia.
¿Qué os parece?
Y todos ellos le condenaron como reo de
muerte. 65 Algunos comenzaron a escupir-
le, a cubrirle la cara y a darle de bofetadas,
diciendo:
—¡Profetiza!
También los guardias le recibieron a bofetadas.

Pedro niega a Jesús[h]

66 Estando Pedro abajo en el patio, vino
una de las criadas del sumo sacerdote.
67 Cuando vio a Pedro calentándose, se fijó en
él y le dijo:

[a]*41* Otra trad., *Dormid ya y descansad el tiempo que queda* [b]*43t* Ver Mat. 26:47-56; Luc. 22:47-53; Juan 18:1-14 [c]*45* O: *Maestro*; algunos mss. antiguos dicen *Rabí, Rabí*. [d]*52* Algunos mss. antiguos incluyen *de ellos*. [e]*53t* Ver Mat. 26:57-68; Luc. 22:54, 63-71; Juan 18:19-24 [f]*62* Algunos mss. antiguos dicen *la diestra del poder de Dios*; comp. Sal. 110:1. [g]*62* Dan. 7:13 [h]*66t* Ver Mat. 26:69-75; Luc. 22:54-66; Juan 18:15-18, 25-27

—Tú también estabas con Jesús de Nazaret.
68 Pero él negó diciendo:
—No lo conozco, ni sé lo que dices.
Y salió afuera a la entrada, y el gallo cantó.[a] 69 Cuando la criada le vio, comenzó
otra vez a decir a los que estaban allí:
—Este es uno de ellos.
70 Pero él negó otra vez.
Poco después, los que estaban allí decían otra vez a Pedro:
—Verdaderamente tú eres uno de ellos, porque eres galileo.[b]
71 Pero él comenzó a maldecir y a jurar:
—¡No conozco a este hombre de quien habláis!
72 Y en seguida cantó el gallo por segunda
vez,[c] y Pedro se acordó de la palabra, como Jesús le había dicho: "Antes que cante el gallo dos veces, tú me negarás tres veces." Y pensando en esto,[d] lloraba.

Jesús ante Pilato[e]

15 Y luego, muy de mañana, cuando los principales sacerdotes ya habían consultado con los ancianos, con los escribas y con todo el Sanedrín, después de atar a Jesús, le llevaron y le entregaron a Pilato.
2 Y Pilato le preguntó:
—¿Eres tú el rey de los judíos?
Y respondiendo le dijo:
—Tú lo dices.
3 Los principales sacerdotes le acusaban de
muchas cosas. 4 Pero Pilato le preguntaba
de nuevo diciendo:
—¿No respondes nada? Mira de cuántas cosas te acusan.
5 Pero Jesús aun con eso no respondió nada, de modo que Pilato se maravillaba.
6 En la fiesta Pilato solía soltarles un preso,
el que pidiesen. 7 Y había uno que se llama-
ba Barrabás, preso con los rebeldes que habían cometido homicidio en la insurrección.
8 La multitud se levantó y comenzó a pedir que les hiciese como acostumbraba.
9 Entonces Pilato les respondió diciendo:
—¿Queréis que yo os suelte al rey de los judíos?
10 Porque sabía que por envidia le habían
entregado los principales sacerdotes. 11 Pe-
ro los principales sacerdotes incitaron a la multitud para que les soltase más bien a Barrabás. 12 De nuevo intervino Pilato y les
decía:
—¿Qué, pues, queréis que haga con el que llamáis "el rey de los judíos"?
13 De nuevo gritaron:
—¡Crucifícale!
14 Entonces Pilato les dijo:
—¿Pues, qué mal ha hecho?
Pero lanzaron gritos aun más fuertes:
—¡Crucifícale!
15 Entonces Pilato, queriendo satisfacer al pueblo, les soltó a Barrabás y entregó a Jesús, después de azotarle, para que fuese crucificado.

Los soldados se burlan de Jesús[f]

16 Entonces los soldados le llevaron dentro
del atrio, que es el Pretorio, y convocaron a
toda la compañía. 17 Le vistieron de púrpura;[g] y habiendo entretejido una corona de
espinas, se la pusieron 18 y comenzaron a
aclamarle:
—¡Viva, rey de los judíos!
19 También le golpeaban la cabeza con una caña, le escupían y puestos de rodillas le rendían homenaje.
20 Cuando se hubieron burlado de él, le quitaron el manto de púrpura y le pusieron su propia ropa. Entonces le sacaron para crucificarle.

La crucifixión de Jesús[h]

21 Obligaron a uno que pasaba viniendo del
campo, a un cierto Simón de Cirene, padre
de Alejandro y de Rufo, a que cargara la cruz
de Jesús. 22 Y le llevaron al lugar llamado
Gólgota, que traducido es lugar de la Calavera. 23 Le dieron[i] vino mezclado con mirra,
pero él no lo tomó. 24 Y le crucificaron, y
repartieron sus vestiduras, echando suertes
sobre ellas para ver qué se llevaría cada uno.
25 Era la hora tercera[j] cuando le crucificaron. 26 El título de su acusación estaba escrito: EL REY DE LOS JUDIOS. 27 Y con él
crucificaron a dos ladrones, uno a su derecha
y otro a su izquierda. 28[k],29 Y los que pasaban le insultaban, meneando sus cabezas y
diciendo:
—¡Ah! Tú que derribas el templo y lo edificas en tres días, 30 ¡sálvate a ti mismo y
desciende de la cruz!
31 De igual manera, burlándose de él entre

[a] 68 Algunos mss. antiguos no incluyen *y el gallo cantó*; comp. Mat. 26:71 y Luc. 22:57. [b] 70 Algunos mss. antiguos incluyen *y tu manera de hablar es semejante a la de ellos.* [c] 72 Algunos mss. antiguos no incluyen *por segunda vez*: comp. Mat. 26:74; Luc. 22:60. [d] 72 Otra trad., *Y tirándose, comenzó a llorar*; ver 14:30 [e] 1t Ver. Mat. 27:1, 2, 11-26; Luc. 23:1-5, 13-25; Juan 18:28-38 [f] 16t Ver Mat. 27:27-30 [g] 17 Es decir, ropa que simboliza realeza [h] 21t Ver Mat. 27:31-44; Luc. 23:26-43; Juan 19:16-27 [i] 23 Algunos mss. antiguos dicen *dieron a beber.* [j] 25 O sea, *como a las 9:00 a.m.* [k] 28 Algunos mss. antiguos incluyen: [28] *Y se cumplió la Escritura que dice: Y fue contado con los inicuos;* texto similar a Mat. 27:38; Luc. 23:33; Isa. 53:12 (LXX).

ellos mismos, los principales sacerdotes junto con los escribas decían:
—A otros salvó; a sí mismo no se puede
salvar. 32 ¡Que el Cristo, el rey de Israel,
descienda ahora de la cruz para que veamos
y creamos!
También los que estaban crucificados con
él le injuriaban.

La muerte de Jesús[a]

33 Cuando llegó la hora sexta,[b] descendió
oscuridad sobre toda la tierra, hasta la hora
novena.[c] 34 Y en la hora novena Jesús exclamó a gran voz, diciendo:
—*¡Eloi, Eloi! ¿Lama sabactani?*[d] —que
traducido quiere decir: *Dios mío, Dios mío,
¿por qué me has desamparado?*—.
35 Al oírle, algunos de los que estaban allí
decían:
—He aquí, llama a Elías.
36 Corrió uno y empapó una esponja en
vinagre, la puso en una caña y le dio a beber,
diciendo:
—Dejad, veamos si viene Elías a bajarle.
37 Pero Jesús, dando un fuerte grito, expiró. 38 Y el velo del templo se rasgó en dos,
de arriba abajo.
39 El centurión que estaba de pie delante
de él, cuando vio que había muerto[e] de esta
manera, dijo:
—¡Verdaderamente este hombre era Hijo
de Dios!
40 También estaban allí algunas mujeres,
mirando desde lejos. Entre ellas se encontraban María Magdalena, María la madre de Jacobo el Menor y de José, y Salomé. 41 Cuando Jesús estaba en Galilea, éstas le seguían y
le servían. También había muchas otras que
habían subido con él a Jerusalén.

Jesús es sepultado[f]

42 Cuando ya atardecía, siendo el día de la
Preparación, es decir, la víspera del sábado,
43 llegó José de Arimatea, miembro ilustre
del concilio, quien también esperaba el reino
de Dios, y entró osadamente a Pilato y le pidió
el cuerpo de Jesús.
44 Pilato se sorprendió de que ya hubiese
muerto. Y llamando al centurión, le preguntó si ya había muerto.[g] 45 Una vez informado por el centurión, concedió el cuerpo a
José. 46 Comprando una sábana y bajándole
de la cruz, José lo envolvió en la sábana y lo
puso en un sepulcro que había sido cavado en
una peña. Luego hizo rodar una piedra a la
entrada del sepulcro.
47 María Magdalena y María la madre de
José miraban dónde le ponían.

La resurrección de Jesús[h]

16 Cuando pasó el sábado, María Magdalena, María madre de Jacobo, y Salomé compraron especias aromáticas para ir a
ungirle. 2 Muy de mañana, el primer día de
la semana, fueron al sepulcro apenas salido el
sol, 3 y decían una a otra:
—¿Quién nos removerá la piedra de la entrada del sepulcro?
4 Pero cuando miraron, vieron que la piedra ya había sido removida, a pesar de que era
muy grande. 5 Y cuando entraron en el sepulcro, vieron a un joven sentado al lado derecho, vestido de una larga ropa blanca, y se
asustaron. 6 Pero él les dijo:
—No os asustéis. Buscáis a Jesús de Nazaret, quien fue crucificado. ¡Ha resucitado! No
está aquí. He aquí el lugar donde le pusieron.
7 Pero id, decid a sus discípulos, y a Pedro,
que él va delante de vosotros a Galilea. Allí le
veréis, como os dijo.
8 Ellas salieron y huyeron del sepulcro,
porque temblaban y estaban presas de espan-
to. Y no dijeron nada a nadie, porque tenían
miedo.[i]

Una conclusión del Evangelio

9 [Una vez resucitado Jesús, muy de mañana en el primer día de la semana, apareció
primeramente a María Magdalena, de la cual
había echado siete demonios. 10 Ella fue y
lo anunció a los que habían estado con él, que
estaban tristes y lloraban. 11 Pero cuando
ellos oyeron que estaba vivo y que había sido
visto por ella, no lo creyeron.
12 Después apareció en otra forma a dos de
ellos que iban caminando hacia el campo.
13 Ellos fueron y lo anunciaron a los demás,
pero tampoco a ellos les creyeron.
14 Luego, apareció a los once cuando estaban sentados a la mesa, y les reprendió por
su incredulidad y dureza de corazón, porque
no habían creído a los que le habían visto
resucitado.
15 Y les dijo: "Id por todo el mundo y predicad el evangelio a toda criatura. 16 El que
cree y es bautizado será salvo; pero el que no
cree será condenado. 17 Estas señales se-

[a] *33t* Ver Mat. 27:45-56; Luc. 23:44-49; Juan 19:28-37 [b] *33* O sea, *mediodía* [c] *33* O sea, *como a las 3:00 p.m.* [d] *34* Sal. 22:1 [e] *39* Lit., *había expirado* [f] *42t* Ver Mat. 27:57-61; Luc. 23:50-54; Juan 19:38-42 [g] *44* Algunos mss. antiguos dicen *si hacía mucho tiempo que se había muerto.* [h] *1t* Ver Mat. 28:1-10; Luc. 23:55—24:12; Juan 20:1-10 [i] *8* Los mss. más antiguos terminan el Evangelio aquí.

guirán a los que creen: En mi nombre echarán fuera demonios, hablarán nuevas lenguas, 18 tomarán serpientes en las manos,[a]
y si llegan a beber cosa venenosa, no les dañará. Sobre los enfermos pondrán sus manos,
y sanarán."

19 Después que les habló, el Señor Jesús
fue recibido arriba en el cielo y se sentó a la
diestra de Dios. 20 Y ellos salieron y predicaron en todas partes, actuando con ellos el
Señor y confirmando la palabra con las señales que seguían.[b]][c]

El Evangelio según

Lucas

Prólogo: Dedicatoria a Teófilo[d]

1 Puesto que muchos han intentado poner
en orden un relato acerca de las cosas
que han sido ciertísimas[e] entre nosotros,
2 así como nos las transmitieron los que desde el principio fueron testigos oculares y ministros de la palabra, 3 me ha parecido bien
también a mí, después de haberlo investigado
todo con diligencia desde el comienzo, escri-
bírtelas en orden, oh excelentísimo Teófilo,
4 para que conozcas bien la verdad de las cosas[f] en las cuales has sido instruido.

Anuncio del nacimiento de Juan

5 En los días de Herodes, rey de Judea, había un sacerdote llamado Zacarías, de la clase
de Abías. Su esposa era de las hijas de Aarón
y se llamaba Elisabet. 6 Ambos eran justos
delante de Dios y vivían irreprensiblemente
en todos los mandamientos y ordenanzas del
Señor. 7 No tenían hijo, porque Elisabet era
estéril, y ambos eran de edad avanzada.

8 Aconteció que, cuando Zacarías ejercía el
sacerdocio delante de Dios, en el turno de su
clase,[g] 9 conforme a la costumbre del sacerdocio, le tocó por sorteo entrar en el templo[h] del Señor para quemar el incienso.
10 Toda la multitud del pueblo estaba fuera,
orando a la hora del incienso.

11 Entonces el ángel del Señor se le apareció, puesto de pie a la derecha del altar del
incienso. 12 Zacarías se turbó cuando le vio,
y el temor se apoderó de él. 13 Pero el ángel
le dijo:

—¡No temas, Zacarías! Porque tu oración
ha sido atendida. Tu esposa Elisabet te dará
a luz un hijo, y llamarás su nombre Juan.
14 Tendrás gozo y alegría, y muchos se goza-
rán de su nacimiento, 15 porque él será
grande delante del Señor.[i] Nunca beberá vino ni licor, y será lleno del Espíritu Santo
aun desde el vientre de su madre. 16 Y hará
que muchos de los hijos de Israel vuelvan al
Señor su Dios. 17 El mismo irá delante del
Señor con el espíritu y el poder de Elías, para
hacer volver los corazones de los padres a los
hijos y los desobedientes a la prudencia de los
justos, para preparar al Señor un pueblo
apercibido.

18 Y Zacarías dijo al ángel:

—¿Cómo podré estar seguro de esto?[j]
Pues yo soy viejo, y mi esposa es de edad
avanzada.

19 Respondió el ángel y le dijo:

—Yo soy Gabriel, que estoy delante de
Dios, y he sido enviado para hablarte y anun-
ciarte estas buenas nuevas. 20 He aquí, quedarás mudo e incapaz de hablar hasta el día
en que se realice esto, por cuanto no has
creído a mis palabras, las cuales se cumplirán
a su debido tiempo.

21 El pueblo estaba esperando a Zacarías, y
se extrañaba de que él pasara tanto tiempo en
el templo.[h] 22 Cuando salió, no les podía
hablar; y se dieron cuenta de que había visto
una visión en el templo.[h] El se comunicaba
con ellos por señas y quedaba mudo.

23 Sucedió que, cuando se cumplieron los
días de este ministerio, él se fue a su casa.
24 Y después de aquellos días su mujer Elisabet concibió y se recluyó por cinco meses,
diciendo:

25 —Así ha hecho conmigo el Señor en los
días en que se dignó mirarme para quitar mi
afrenta entre los hombres.

[a] *18* Algunos mss. antiguos no incluyen *en las manos*. [b] *20* Algunos mss. antiguos añaden *Amén*. [c] *20* Algunos mss. antiguos no incluyen vv. 9-20. Además, algunos mss. antiguos incluyen, ya sea en adición a los vv. 9-20 o junto al texto en v. 9: *Pero sin demora ellas anunciaron a Pedro y a sus compañeros todos estos mandatos. Y después de esto Jesús mismo envió por medio de ellos desde el este hasta el oeste el santo e incorruptible mensaje de la salvación eterna. Amén.* [d] *1t* Ver Hech. 1:1-5 [e] *1* Otra trad., *que han acontecido* [f] *4* Lit., *palabras*; o sea, *enseñanzas* [g] *8* Ver 1 Crón. 24:19; 2 Crón. 23:8 [h] *9,21,22* Otra trad., *santuario* [i] *15* Algunos mss. antiguos dicen *delante de Dios*. [j] *18* Lit., *¿En qué conoceré esto?*

Anuncio del nacimiento de Jesús

26 En el sexto mes, el ángel Gabriel fue
enviado por Dios a una ciudad de Galilea llamada Nazaret, 27 a una virgen desposada
con un hombre llamado José, de la casa de
David. El nombre de la virgen era María.
28 Cuando entró a donde ella estaba, dijo:
—¡Te saludo,[a] muy favorecida! El Señor
está contigo.[b]
29 Pero ella[c] se turbó por sus palabras y se
preguntaba qué clase de salutación sería ésta.
30 Entonces el ángel le dijo:
—¡No temas, María! Porque has hallado
gracia ante Dios. 31 He aquí concebirás en
tu vientre y darás a luz un hijo, y llamarás su
nombre Jesús.[d] 32 Este será grande, y será
llamado Hijo del Altísimo; y el Señor Dios le
dará el trono de su padre David. 33 Reinará
sobre la casa de Jacob para siempre, y de su
reino no habrá fin.
34 Entonces María dijo al ángel:
—¿Cómo será esto? Porque yo no conozco
varón.
35 Respondió el ángel y le dijo:
—El Espíritu Santo vendrá sobre ti, y el
poder del Altísimo te cubrirá con su sombra,
por lo cual también el santo Ser[e] que nacerá
será llamado Hijo de Dios. 36 He aquí, también tu parienta Elisabet ha concebido un
hijo en su vejez. Este es el sexto mes para ella
que era llamada estéril. 37 Porque ninguna
cosa será imposible para Dios.
38 Entonces María dijo:
—He aquí la sierva del Señor; hágase conmigo conforme a tu palabra.
Y el ángel se fue de ella.

María visita a Elisabet

39 En esos días se levantó María y fue de
prisa a una ciudad en la región montañosa de
Judá. 40 Entró en casa de Zacarías y saludó
a Elisabet. 41 Aconteció que, cuando Elisabet oyó la salutación de María, la criatura
saltó en su vientre. Y Elisabet fue llena del
Espíritu Santo, 42 y exclamó a gran voz y
dijo:
—¡Bendita tú entre las mujeres, y bendito
el fruto de tu vientre! 43 ¿De dónde se me
concede esto, que la madre de mi Señor venga a mí? 44 Porque he aquí, cuando llegó a
mis oídos la voz de tu salutación, la criatura
saltó de alegría en mi vientre. 45 Bienaventurada la que creyó, porque se cumplirá lo
que le ha sido dicho de parte del Señor.

El cántico de María

46 Y María[f] dijo:

—Engrandece mi alma al Señor;
47 y mi espíritu se alegra
en Dios, mi Salvador,
48 porque ha mirado
la bajeza de su sierva.
He aquí, pues, desde ahora
me tendrán por bienaventurada
todas las generaciones,
49 porque el Poderoso ha hecho
grandes cosas conmigo.
Su nombre es santo,
50 y su misericordia es
de generación en generación,
para con los que le temen.
51 Hizo proezas con su brazo;
esparció a los soberbios
en el pensamiento de sus corazones.
52 Quitó a los poderosos de sus tronos
y levantó a los humildes.
53 A los hambrientos sació de bienes
y a los ricos los despidió vacíos.
54 Ayudó a Israel su siervo,
para acordarse de la misericordia,
55 tal como habló a nuestros padres;
a Abraham y a su descendencia para
siempre.

56 Y María se quedó con ella como tres meses, y regresó a su casa.

El nacimiento de Juan el Bautista

57 Se cumplió para Elisabet el tiempo de su
alumbramiento, y dio a luz un hijo. 58 Los
vecinos y los parientes oyeron que Dios había
engrandecido su misericordia hacia ella y se
regocijaron con ella. 59 Aconteció que al octavo día vinieron para circuncidar al niño, y
le llamaban con el nombre de su padre, Zacarías. 60 Y su madre respondiendo dijo:
—¡No! Más bien será llamado Juan.
61 Y le dijeron:
—No hay nadie en tu familia que se llame
con este nombre.
62 Preguntaban por señas a su padre, cómo
quería llamarle. 63 Y pidiendo una tablilla
escribió diciendo: "Juan es su nombre."[g] Y
todos se maravillaron. 64 Al instante su boca fue abierta, y se le soltó la lengua, y comenzó a hablar bendiciendo a Dios. 65 Cayó
temor sobre todos sus vecinos, y por toda la
región montañosa de Judá se divulgaban to-

[a] 28 Otra trad., *Salve*; saludo griego, parecido al "paz" de los hebreos [b] 28 Algunos mss. antiguos incluyen *Bendita eres tú entre las mujeres*; ver 1:42. [c] 29 Algunos mss. antiguos dicen *Pero cuando ella lo vio, . . .* [d] 31 Quiere decir *salvación*. [e] 35 Otra trad., *el que nacerá será llamado Santo, Hijo de Dios* [f] 46 Comp. 1 Sam. 2:1-10 [g] 63 Ver v. 13

das estas cosas. 66 Y todos los que las oían
las guardaban en sus corazones, diciendo:
—Pues, ¿quién será este niño?
Porque ciertamente la mano del Señor estaba con él.

El cántico de Zacarías

67 Zacarías, su padre, fue lleno del Espíritu
Santo y profetizó diciendo:

68 —Bendito sea el Señor, Dios de Israel,
porque ha visitado y redimido a su
pueblo.
69 Ha levantado para nosotros un cuerno[a]
de salvación
en la casa de su siervo David,
70 tal como habló por boca de sus santos
profetas
que fueron desde antiguo:
71 Salvación de nuestros enemigos
y de la mano de todos los que nos
aborrecen,
72 para hacer misericordia con nuestros
padres
y para acordarse de su santo pacto.
73 Este es el juramento
que juró a Abraham nuestro padre,
para concedernos que,
74 una vez rescatados de las manos de los
enemigos,[b]
le sirvamos sin temor,
75 en santidad y en justicia
delante de él todos nuestros días.
76 Y tú, niño, serás llamado profeta del
Altísimo;
porque irás delante del Señor
para preparar sus caminos;
77 para dar a su pueblo conocimiento de
salvación
en el perdón de sus pecados;
78 a causa de la entrañable misericordia de
nuestro Dios,
con que la luz de la aurora nos visitará[c]
de lo alto;
79 para alumbrar a los que habitan
en tinieblas y en sombra de muerte;
para encaminar nuestros pies por
caminos de paz.

80 Y el niño crecía y se fortalecía en espíritu, y estaba en el desierto hasta el día de su
manifestación a Israel.

El nacimiento de Jesús[d]

2 Aconteció en aquellos días que salió un
edicto de parte de César Augusto, para
levantar un censo de todo el mundo habitado. 2 Este primer censo se realizó mientras
Cirenio era gobernador de Siria. 3 Todos
iban para inscribirse en el censo, cada uno a
su ciudad. 4 Entonces José también subió
desde Galilea, de la ciudad de Nazaret, a Judea, a la ciudad de David que se llama Belén,
porque él era de la casa y de la familia de
David, 5 para inscribirse con María, su esposa, quien estaba encinta.
6 Aconteció que, mientras ellos estaban
allí, se cumplieron los días de su alumbramiento, 7 y dio a luz a su hijo primogénito.
Le envolvió en pañales, y le acostó en un
pesebre, porque no había lugar para ellos en
el mesón.

Anuncio de los ángeles a los pastores

8 Había pastores en aquella región, que ve-
laban y guardaban las vigilias de la noche
sobre su rebaño. 9 Y[e] un ángel del Señor se
presentó ante ellos, y la gloria del Señor los
rodeó de resplandor; y temieron con gran
temor. 10 Pero el ángel les dijo:
—No temáis, porque he aquí os doy buenas nuevas de gran gozo, que será para todo
el pueblo: 11 que hoy, en la ciudad de David,
os ha nacido un Salvador, que es Cristo el
Señor. 12 Y esto os servirá de señal: Hallaréis al niño envuelto en pañales y acostado en
un pesebre.
13 De repente apareció con el ángel una
multitud de las huestes celestiales, que alaba-
ban a Dios y decían:

14 —¡Gloria a Dios en las alturas,
y en la tierra paz
entre los hombres de buena voluntad![f]

15 Aconteció que, cuando los ángeles se
fueron de ellos al cielo, los pastores se decían
unos a otros:
—Pasemos ahora mismo hasta Belén y
veamos esto que ha sucedido, y que el Señor
nos ha dado a conocer.
16 Fueron de prisa y hallaron a María y a
José, y al niño acostado en el pesebre. 17 Al
verle, dieron a conocer lo que les había sido
dicho acerca de este niño. 18 Todos los que
oyeron se maravillaron de lo que los pastores
les dijeron; 19 pero María guardaba todas
estas cosas, meditándolas en su corazón.
20 Los pastores se volvieron, glorificando y
alabando a Dios por todo lo que habían oído
y visto, tal como les había sido dicho.

[a] 69 O sea, *un Salvador poderoso* [b] 74 Algunos mss. antiguos dicen *nuestros enemigos*. [c] 78 Algunos mss. antiguos dicen *nos visitó*. [d] 1t Ver Mat. 1:18-25 [e] 9 Algunos mss. antiguos incluyen *he aquí*. [f] 14 Algunos mss. antiguos dicen *paz, y buena voluntad para con los hombres*.

Presentación de Jesús en el templo

21 Cuando se cumplieron los ocho días para circuncidar al niño, llamaron su nombre Jesús, nombre que le fue puesto por el ángel antes que él fuese concebido en el vientre.

22 Cuando se cumplieron los días de la purificación de ellos[a] conforme a la ley de Moisés, llevaron al niño a Jerusalén para presentarle al Señor 23 (así como está escrito en la ley del Señor: *Todo varón que abre la matriz será llamado santo al Señor*[b]) 24 y para dar la ofrenda conforme a lo dicho en la ley del Señor: *un par de tórtolas o dos pichones de paloma*.[c]

El cántico de Simeón

25 He aquí, había en Jerusalén un hombre llamado Simeón, y este hombre era justo y piadoso; esperaba la consolación de Israel, y el Espíritu Santo estaba sobre él. 26 A él le había sido revelado por el Espíritu Santo que no vería la muerte antes que viera al Cristo[d] del Señor. 27 Movido por el Espíritu, entró en el templo; y cuando los padres trajeron al niño Jesús para hacer con él conforme a la costumbre de la ley, 28 Simeón le tomó en sus brazos y bendijo a Dios diciendo:

29 —Ahora, Soberano Señor,
despide a tu siervo en paz
conforme a tu palabra;
30 porque mis ojos han visto tu salvación
31 que has preparado en presencia de todos
los pueblos:
32 luz para revelación de las naciones
y gloria de tu pueblo Israel.

33 Su padre[e] y su madre se maravillaban de las cosas que se decían de él. 34 Y Simeón los bendijo y dijo a María su madre:

—He aquí, éste es puesto para caída y para levantamiento de muchos en Israel y para señal que será contradicha, 35 para que sean descubiertos los pensamientos de muchos corazones. Y una espada traspasará tu misma alma.

El testimonio de Ana

36 También estaba allí la profetisa Ana, hija de Fanuel, de la tribu de Aser. Ella era de edad avanzada, pues había vivido con su marido siete años desde su matrimonio;[f] 37 y había quedado como viuda hasta ochenta y cuatro años. No se apartaba del templo, sirviendo[g] con ayunos y oraciones de noche y de día. 38 En la misma hora acudió al templo y daba gracias a Dios, y hablaba del niño a todos los que esperaban la redención en Jerusalén.

Niñez de Jesús en Nazaret

39 Cuando cumplieron con todos los requisitos de la ley del Señor, volvieron a Galilea, a su ciudad de Nazaret. 40 El niño crecía y se fortalecía, y se llenaba de sabiduría; y la gracia de Dios estaba sobre él.

El niño Jesús entre los maestros

41 Iban sus padres todos los años a Jerusalén, para la fiesta de la Pascua. 42 Cuando cumplió doce años, subieron ellos a Jerusalén conforme a la costumbre de la fiesta. 43 Una vez acabados los días de la fiesta, mientras ellos volvían, el niño Jesús se quedó en Jerusalén; y sus padres[h] no lo supieron. 44 Suponiendo que él estaba en la caravana, fueron un día de camino y le buscaban entre los parientes y los conocidos. 45 Como no le encontraron, volvieron a Jerusalén buscándole.

46 Aconteció que después de tres días, le encontraron en el templo, sentado en medio de los maestros, escuchándoles y haciéndoles preguntas. 47 Todos los que le oían se asombraban de su entendimiento y de sus respuestas. 48 Cuando le vieron, se maravillaron, y su madre le dijo:

—Hijo, ¿por qué has hecho así con nosotros? He aquí, tu padre y yo te buscábamos con angustia.

49 Entonces él les dijo:

—¿Por qué me buscabais? ¿No sabíais que en los asuntos de mi Padre me es necesario estar?[i]

50 Pero ellos no entendieron el dicho que les habló. 51 Descendió con ellos y fue a Nazaret, y estaba sujeto a ellos. Y su madre guardaba todas estas cosas en su corazón. 52 Y Jesús crecía en sabiduría, en estatura[j] y en gracia para con Dios y los hombres.

Ministerio de Juan el Bautista[k]

3 En el año quince del gobierno de Tiberio César, siendo Poncio Pilato procurador de Judea, Herodes tetrarca de Galilea, su hermano Felipe tetrarca de las regiones de Iturea y de Traconite, y Lisanias tetrarca de Abi-

[a] *22* Es decir, de los judíos [b] *23* Exo. 13:2, 12, 15 [c] *24* Lev. 12:8 [d] *26* Otras trads., *Ungido*; o, *Mesías*
[e] *33* Algunos mss. antiguos dicen *José*. [f] *36* Lit., *virginidad*; es decir, desde el tiempo en que era soltera (virgen), antes de casarse [g] *37* Otras trads., *adorando, haciendo culto*; o, *ministrando en el templo* [h] *43* Algunos mss. antiguos dicen *José y su madre*. [i] *49* Otra trad., . . . *que debía ocuparme de los negocios de . . .* [j] *52* Otra trad., *edad*
[k] *1t* Ver Mat. 3:1-12; Mar. 1:2-8; Juan 1:19-28

linia; 2 en tiempo de los sumos sacerdotes
Anás y Caifás, vino palabra de Dios a Juan hijo
de Zacarías, en el desierto. 3 Entonces él
anduvo por toda la región alrededor del Jordán, predicando el bautismo del arrepentimiento para perdón de pecados, 4 como está
escrito en el libro de las palabras del profeta
Isaías, que dice:

Voz del que proclama en el desierto:
"Preparad el camino del Señor;
enderezad sus sendas.
5 *Todo valle será rellenado,*
y toda montaña y colina serán
rebajadas.
Los senderos torcidos serán
enderezados;
y los caminos ásperos, allanados;
6 *y toda carne*[a] *verá la salvación de*
Dios."[b]

7 Juan, pues, decía a las multitudes que
salían para ser bautizadas por él:
—¡Generación de víboras! ¿Quién os enseñó a huir de la ira venidera? 8 Producid,
pues, fruto digno de arrepentimiento y no
comencéis a decir dentro de vosotros mismos: "A Abraham tenemos por padre." Porque os digo que aun de estas piedras Dios
puede levantar hijos a Abraham. 9 También
el hacha ya está puesta a la raíz de los árboles.
Por lo tanto, todo árbol que no da buen fruto
es cortado y echado al fuego.
10 Las multitudes le preguntaban diciendo:
—Pues, ¿qué haremos?
11 Respondiendo les decía:
—El que tiene dos túnicas dé al que no
tiene, y el que tiene comida haga lo mismo.
12 También fueron unos publicanos para
ser bautizados y le preguntaron:
—Maestro, ¿qué haremos?
13 El les decía:
—No cobréis más de lo que os está ordenado.
14 También unos soldados le preguntaban
diciendo:
—Y nosotros, ¿qué haremos?
El les dijo:
—No hagáis extorsión ni denunciéis falsamente a nadie, y contentaos con vuestros sa-
larios.
15 Como el pueblo estaba a la expectativa,
y todos especulaban en sus corazones si acaso
Juan sería el Cristo,[c] 16 Juan respondió a
todos, diciendo:
—Yo, a la verdad, os bautizo en[d] agua.
Pero viene el que es más poderoso que yo, de
quien no soy digno de desatar la correa de su
calzado. El os bautizará en[d] el Espíritu Santo y fuego. 17 Su aventador está en su mano
para limpiar su era y juntar el trigo en su
granero, pero quemará la paja en el fuego que
nunca se apagará.
18 Así que, exhortando con estas y otras
muchas cosas, anunciaba las buenas nuevas
al pueblo.
19 Pero el tetrarca Herodes, cuando fue reprendido por Juan respecto de Herodía, la
mujer de su hermano,[e] y de todas las maldades que Herodes había hecho, 20 añadió a
todo también esto: Encerró a Juan en la cárcel.

El bautismo de Jesús[f]

21 Aconteció que, en el tiempo en que todo
el pueblo era bautizado, también Jesús fue
bautizado. Y mientras oraba, el cielo fue
abierto, 22 y el Espíritu Santo descendió sobre él en forma corporal, como paloma. Luego vino una voz del cielo: "Tú eres mi Hijo
amado; en ti tengo complacencia."[g]

Genealogía de Jesús[h]

23 Al comenzar su ministerio, Jesús tenía
como treinta años. El era (según se creía)
hijo de José,
24[i] hijo de Elí, hijo de Matat,
hijo de Leví, hijo de Melqui,
hijo de Jana, hijo de José,
25 hijo de Matatías, hijo de Amós,
hijo de Nahum, hijo de Esli,
26 hijo de Nagai, hijo de Maat,
hijo de Matatías, hijo de Semei,
hijo de José, hijo de Judá,
27 hijo de Joanán, hijo de Resa,
hijo de Zorobabel, hijo de Salatiel,
28 hijo de Neri, hijo de Melqui,
hijo de Adi, hijo de Cosam,
hijo de Elmodam, hijo de Er,
29 hijo de Josué, hijo de Eliezer,
hijo de Jorim, hijo de Matat,
30 hijo de Leví, hijo de Simeón,
hijo de Judá, hijo de José,
hijo de Jonán, hijo de Eliaquim,
31 hijo de Melea, hijo de Mainán,
hijo de Matata, hijo de Natán,
32 hijo de David, hijo de Isaí,
hijo de Obed, hijo de Boaz,

[a] *6* O: *todo hombre* [b] *6* Isa. 40:3-5 (LXX) [c] *15* O: *el Mesías* [d] *16* Otra trad., *con* [e] *19* Algunos mss. antiguos incluyen *Felipe.* [f] *21t* Ver Mat. 3:13-17; Mar. 1:9-11; comp. Juan 1:29-34 [g] *22* Ver Sal. 2:7; Isa. 42:1 [h] *23t* Ver Mat. 1:1-17 [i] *24* En esta lista genealógica los vv. 24, 28, 30, 32, 35 y 37 comienzan a la mitad del renglón.

hijo de Salá,[a] hijo de Najsón,
33 hijo de Aminadab, hijo de Admín,[b]
hijo de Arní,[c] hijo de Hesrón,
hijo de Fares, hijo de Judá,
34 hijo de Jacob, hijo de Isaac,
hijo de Abraham, hijo de Taré,
35 hijo de Nacor, hijo de Serug,
hijo de Ragau, hijo de Peleg,
hijo de Heber, hijo de Sélaj,
36 hijo de Cainán, hijo de Arfaxad,
hijo de Sem, hijo de Noé,
37 hijo de Lamec, hijo de Matusalén,
hijo de Enoc, hijo de Jared,
hijo de Mahalaleel, hijo de Cainán,
38 hijo de Enós, hijo de Set,
hijo de Adán, hijo de Dios.

La tentación de Jesús[d]

4 Entonces Jesús, lleno del Espíritu Santo,
volvió del Jordán y fue llevado por el Espíritu al desierto, 2 por cuarenta días, y era
tentado por el diablo. No comió nada en
aquellos días; y cuando fueron cumplidos, tuvo hambre. 3 Entonces el diablo le dijo:
—Si eres Hijo de Dios, di a esta piedra que
se haga pan.

4 Jesús le respondió:

—Escrito está: *No sólo de pan vivirá el hombre.*[e]

5 Al llevarle[f] a una altura,[g] le mostró todos los reinos de la tierra en un momento.
6 Y el diablo le dijo:
—A ti te daré toda autoridad,[h] y la gloria
de ellos; porque a mí me ha sido entregada,
y la doy a quien yo quiero. 7 Por esto, si tú
me adoras, todo será tuyo.

8 Respondiendo Jesús, le dijo:

—Escrito está: *Al Señor tu Dios adorarás, y a él solo servirás.*[i]

9 Y le llevó a Jerusalén y le puso de pie
sobre el pináculo del templo, y le dijo:
—Si eres Hijo de Dios, échate de aquí abajo. 10 Porque escrito está:

A sus ángeles dará órdenes
acerca de ti
para que te guarden,
11 *y en sus manos te llevarán,*
de modo que nunca tropieces
con tu pie en piedra.[j]

12 Respondiendo Jesús le dijo:

—Dicho está: *No pondrás a prueba al Señor tu Dios.*[k]

13 Cuando el diablo acabó toda tentación, se apartó de él por algún tiempo.

Jesús comienza su ministerio[l]

14 Entonces Jesús volvió en el poder del
Espíritu a Galilea, y su fama se difundió por
toda la tierra de alrededor. 15 El enseñaba
en las sinagogas de ellos, y era glorificado por
todos.

Jesús en la sinagoga de Nazaret[m]

16 Fue a Nazaret, donde se había criado, y
conforme a su costumbre, el día sábado entró
en la sinagoga, y se levantó para leer. 17 Se
le entregó el rollo del profeta Isaías; y cuando
abrió el rollo, encontró el lugar donde estaba
escrito:

18 *El Espíritu del Señor*
está sobre mí,
porque me ha ungido para anunciar
buenas nuevas a los pobres;
me ha enviado para[n] *proclamar*
libertad a los cautivos
y vista a los ciegos,
para poner en libertad
a los oprimidos
19 *y para proclamar*
el año agradable del Señor.[o]

20 Después de enrollar el libro y devolverlo
al ayudante, se sentó. Y los ojos de todos en
la sinagoga estaban fijos en él. 21 Entonces
comenzó a decirles:
—Hoy se ha cumplido esta Escritura en
vuestros oídos.

22 Todos daban testimonio de él y estaban
maravillados de las palabras de gracia que
salían de su boca, y decían:
—¿No es éste el hijo de José?

23 Entonces él les dijo:

—Sin duda, me diréis este refrán: "Médico, sánate a ti mismo. Hemos oído que sucedieron tantas cosas en Capernaúm; haz lo
mismo también aquí en tu tierra." 24 —Y
añadió—: De cierto os digo, que ningún profeta es aceptado en su tierra. 25 Pero en verdad os digo que había muchas viudas en Israel en los días de Elías, cuando el cielo fue
cerrado por tres años y seis meses, y hubo
una gran hambre en toda la tierra; 26 pero

[a] *32* Algunos mss. antiguos dicen *Salmón.* [b] *33* Algunos mss. antiguos tienen *Aram.* [c] *33* Algunos mss. antiguos omiten *Arní.* [d] *1t* Ver Mat. 4:1-11; Mar. 1:12, 13 [e] *4* Algunos mss. antiguos incluyen *sino de toda palabra de Dios*; ver Deut. 8:3. [f] *5* Algunos mss. antiguos tienen *Al llevarle el diablo a . . .* [g] *5* Algunos mss. antiguos tienen *un monte alto.* [h] *6* Otra trad., *este poder* [i] *8* Deut. 6:13 [j] *11* Sal. 91:11, 12 [k] *12* Deut. 6:16 [l] *14t* Ver Mat. 4:12-17; Mar. 1:14, 15; Juan 4:1-3, 43-46 [m] *16t* Comp. Mat. 13:53-58; Mar. 6:1-6 [n] *18* Algunos mss. antiguos tienen *para sanar a los quebrantados de corazón, para proclamar . . .* [o] *19* Isa. 61:1, 2; 58:6 (LXX)

a ninguna de ellas fue enviado Elías, sino a
una mujer viuda en Sarepta de Sidón.[a]
27 También había muchos leprosos en Israel
en el tiempo del profeta Eliseo, pero ninguno
de ellos fue sanado, sino el sirio Naamán.[b]
28 Al oír estas cosas, todos en la sinagoga
se llenaron de ira, 29 y se levantaron y le
echaron fuera de la ciudad. Luego le llevaron
hasta un precipicio del monte sobre el cual
estaba edificada su ciudad, para despeñarle.
30 Pero él pasó por en medio de ellos y se fue.

El endemoniado de Capernaúm[c]

31 Entonces descendió a Capernaúm, ciudad de Galilea, y les enseñaba los sábados.
32 Y se asombraban de su enseñanza, porque
su palabra era con autoridad.
33 Estaba en la sinagoga un hombre que
tenía un espíritu de demonio inmundo, y él
exclamó a gran voz:
34 —¡Ah![d] ¿Qué tienes con nosotros, Jesús
de Nazaret? ¿Has venido para destruirnos? Yo
sé quién eres: ¡el Santo de Dios!
35 Jesús le reprendió, diciendo:
—¡Cállate y sal de él!
Entonces el demonio salió de él, derribán-
dole allí en medio de todos, pero sin hacerle
ningún daño. 36 Todos quedaron asombrados y hablaban entre sí diciendo:
—¿Qué palabra es ésta, que con autoridad
y poder manda a los espíritus inmundos, y
salen?
37 Y su fama se divulgaba por todos los
lugares de la región.

Jesús sana a la suegra de Pedro[e]

38 Levantándose Jesús, se apartó de la sinagoga y entró en casa de Simón. Y la suegra
de Simón estaba postrada con una fuerte fiebre, y le rogaron por ella. 39 El se inclinó
hacia ella y reprendió a la fiebre, y la fiebre
la dejó; y en seguida ella se levantó y comenzó a servirles.
40 Al ponerse el sol, todos los que tenían
enfermos de diversas dolencias los trajeron a
él. Y él, al poner las manos sobre cada uno de
ellos, los sanaba. 41 Y también de muchos
salían demonios, dando gritos y diciendo:
"¡Tú eres el Hijo de Dios!" Pero él los reprendía y no les dejaba hablar, porque ellos sabían
que él era el Cristo.

Jesús predica en Galilea[f]

42 Siendo ya de día, salió y se fue a un lugar
desierto, y las multitudes le buscaban. Acudieron a él y le detenían para que no se apartara de ellos. 43 Pero él les dijo: "Me es necesario anunciar el evangelio del reino de Dios
a otras ciudades también, porque para esto
he sido enviado." 44 E iba predicando por
las sinagogas de Galilea.[g]

La pesca milagrosa[h]

5 Aconteció que, mientras las multitudes
se agolpaban sobre él y escuchaban la
palabra de Dios, Jesús estaba de pie junto al
lago de Genesaret,[i] 2 y vio dos barcas que
estaban a la orilla del lago. Los pescadores
habían salido de ellas y estaban lavando sus
redes. 3 Al entrar él en una de las barcas, la
cual pertenecía a Simón, pidió a éste que la
apartase de tierra un poco. Luego se sentó y
enseñaba a las multitudes desde la barca.
4 Cuando acabó de hablarles, dijo a Simón:
—Boga mar adentro,[j] y echad vuestras
redes para pescar.
5 Simón le respondió y dijo:
—Maestro, toda la noche hemos trabajado
duro y no hemos pescado nada. Pero por tu
palabra echaré la red.
6 Cuando lo hicieron, atraparon una gran
cantidad de peces, y sus redes se rompían.
7 Hicieron señas a sus compañeros que estaban en la otra barca, para que viniesen a ayudarles. Ellos vinieron y llenaron ambas barcas, de manera que se hundían. 8 Y Simón
Pedro, al verlo, cayó de rodillas ante Jesús
exclamando:
—¡Apártate de mí, Señor, porque soy
hombre pecador!
9 Por la pesca que habían logrado, el temor
se apoderó de Pedro y de todos los que estaban con él, 10 y de igual manera de Jacobo
y Juan, hijos de Zebedeo, que eran socios de
Simón. Entonces Jesús dijo a Simón:
—No temas; de aquí en adelante estarás
pescando hombres.
11 Después de sacar las barcas a tierra, lo
dejaron todo y le siguieron.

Jesús sana a un leproso[k]

12 Aconteció que, estando Jesús en una de
las ciudades, he aquí había un hombre lleno
de lepra. El vio a Jesús, y postrándose sobre
su rostro, le rogó diciendo:
—Señor, si quieres, puedes limpiarme.
13 Entonces extendió la mano y le tocó diciendo:

[a] *26* Ver 1 Rey. 17:9 [b] *27* Ver 2 Rey. 5:14 [c] *31t* Ver Mar. 1:21-28 [d] *34* Algunos mss., uno antiguo, dicen *Déjanos. ¿Qué . . .* [e] *38t* Ver Mat. 8:14-17; Mar. 1:29-34 [f] *42t* Ver Mat. 4:23-25; Mar. 1:35-39 [g] *44* Los mss. más antiguos tienen *Judea*. [h] *1t* Comp. Mat. 4:18-22; Mar. 1:16-20 [i] *1* Es decir, el mar de Galilea [j] *4* Lit., *a donde esté hondo* [k] *12t* Ver Mat. 8:1-4; Mar. 1:40-45

—Quiero. ¡Sé limpio!
Al instante la lepra desapareció de él. 14 Y
Jesús le mandó que no se lo dijera a nadie;
más bien, le dijo:
—Vé y muéstrate al sacerdote y da por tu
purificación la ofrenda que mandó Moisés,
para testimonio a ellos.
15 Sin embargo, su fama se extendía cada
vez más, y se juntaban a él muchas multitudes para oírle y para ser sanadas de sus enfermedades. 16 Pero él se apartaba a los lugares desiertos y oraba.

Jesús sana a un paralítico[a]

17 Y aconteció en uno de esos días que Jesús estaba enseñando, y estaban sentados allí
unos fariseos y maestros de la ley que habían
venido de todas las aldeas de Galilea, de Judea
y Jerusalén. El poder del Señor estaba con él
para sanar. 18 Y he aquí, unos hombres
traían sobre una camilla a un hombre que era
paralítico, y procuraban llevarlo adentro y
ponerlo delante de Jesús. 19 Al no encontrar
cómo hacerlo a causa de la multitud, subieron encima de la casa y juntamente con la
camilla, le bajaron por el tejado en medio,
delante de Jesús. 20 Al ver la fe de ellos,
Jesús le dijo:
—Hombre, tus pecados te son perdonados.
21 Entonces los escribas y los fariseos comenzaron a razonar diciendo:
—¿Quién es éste, que habla blasfemias?
¿Quién puede perdonar pecados, sino sólo
Dios?
22 Pero Jesús, dándose cuenta de los razonamientos de ellos, respondió y les dijo:
—¿Qué razonáis en vuestros corazones?
23 ¿Qué es más fácil? ¿Decir: "Tus pecados te
son perdonados", o decir: "Levántate y anda"?
24 Pero para que sepáis que el Hijo del Hombre tiene autoridad en la tierra para perdonar
pecados, —dijo al paralítico—: A ti te digo:
¡Levántate, toma tu camilla y vete a tu casa!
25 De inmediato se levantó en presencia de
ellos, tomó la camilla en que estaba recostado y se fue a su casa glorificando a Dios.
26 El asombro se apoderó de todos, y glorificaban a Dios. Fueron llenos de temor y decían:
—¡Hoy hemos visto maravillas!

El llamamiento de Leví[b]

27 Después de esto, Jesús salió y vio a un
publicano llamado Leví, sentado en el lugar
de los tributos públicos. Y le dijo:
—¡Sígueme!
28 El, dejándolo todo, se levantó y le siguió.
29 Entonces Leví le hizo un gran banquete
en su casa, y había un gran número de publicanos y otros que estaban a la mesa con ellos.
30 Los fariseos y sus escribas murmuraban
contra los discípulos de él, diciendo:
—¿Por qué coméis y bebéis con los publicanos y pecadores?
31 Respondiendo Jesús les dijo:
—Los sanos no tienen necesidad de médico, sino los que están enfermos. 32 No he
venido a llamar a justos, sino a pecadores al
arrepentimiento.

Preguntas sobre el ayuno[c]

33 Entonces ellos le dijeron:
—Los[d] discípulos de Juan ayunan muchas
veces y hacen oraciones, igual que los de los
fariseos, pero los tuyos comen y beben.
34 Jesús les dijo:
—¿Acaso podéis hacer que los que están de
bodas ayunen mientras el novio está con
ellos? 35 Pero vendrán días cuando el novio
les será quitado. Entonces, en aquellos días
ayunarán.
36 Les decía también una parábola:
—Nadie corta un parche de un vestido
nuevo para remendar un vestido viejo. De
otra manera, el vestido nuevo se rompe, y el
parche tomado del nuevo no armoniza con lo
viejo. 37 Ni nadie echa vino nuevo en odres
viejos. De otra manera, el vino nuevo rompe-
rá los odres; el vino se derramará, y los odres
se perderán. 38 Pero el vino nuevo debe ser
echado en odres nuevos.[e] 39 Y ninguno que
bebe lo añejo quiere el nuevo, porque dice:
"Lo añejo es lo mejor."[f]

Jesús: Señor del sábado[g]

6 Aconteció que Jesús pasaba por los sembrados en sábado,[h] y sus discípulos
arrancaban espigas y las comían, restregán-
dolas con las manos. 2 Y algunos de los fariseos dijeron:
—¿Por qué hacéis lo que no es lícito hacer
en los sábados?
3 Respondiéndoles, Jesús dijo:

[a] *17t* Ver Mat. 9:1-8; Mar. 2:1-12 [b] *27t* Ver Mat. 9:9-13; Mar. 2:13-17 [c] *33t* Ver Mat. 9:14-17; Mar. 2:18-22
[d] *33* Algunos mss. antiguos tienen la frase como pregunta y dicen *¿Por qué los discípulos de Juan ayunan . . . , pero los tuyos comen y beben?* [e] *38* Algunos mss. antiguos incluyen *Y ambos se conservan.* [f] *39* Algunos mss. antiguos dicen *Lo añejo es bueno.* [g] *1t* Ver Mat. 12:1-8; Mar. 2:23-28 [h] *1* Algunos mss. antiguos tienen *el segundo sábado del primer* (mes).

—¿No habéis leído qué hizo David cuando tuvo hambre él y también los que estaban con él?[a] **4** Entró en la casa de Dios, tomó los panes de la Presencia,[b] que no es lícito comer, sino sólo a los sacerdotes, y comió y dio también a los que estaban con él. **5** —También les decía—: El Hijo del Hombre es Señor del sábado.[c]

El hombre de la mano paralizada[d]

6 Aconteció en otro sábado que él entró en la sinagoga y enseñaba. Y estaba allí un hombre cuya mano derecha estaba paralizada. **7** Los escribas y los fariseos le acechaban para ver si le sanaría en sábado, para hallar de qué acusarle. **8** Pero él, conociendo los razonamientos de ellos, dijo al hombre que tenía la mano paralizada:

—Levántate y ponte en medio.

El se levantó y se puso en medio. **9** Entonces Jesús les dijo:

—Yo os pregunto: ¿Es lícito en el sábado hacer bien o hacer mal? ¿Salvar la vida o quitarla?

10 Y mirándolos a todos en derredor, dijo al hombre:

—Extiende tu mano.

El lo hizo, y su mano le fue restaurada. **11** Entonces ellos se llenaron de enojo y discutían los unos con los otros qué podrían hacer con Jesús.

Elección de los doce apóstoles[e]

12 Aconteció en aquellos días que Jesús salió al monte para orar, y pasó toda la noche en oración a Dios. **13** Cuando se hizo de día, llamó a sus discípulos y de ellos escogió a doce, a quienes también llamó apóstoles: **14** a Simón al cual también llamó Pedro, y a su hermano Andrés; a Jacobo y a Juan; a Felipe y a Bartolomé; **15** a Mateo y a Tomás; a Jacobo hijo de Alfeo, y a Simón llamado el Zelote; **16** a Judas hijo de Jacobo,[f] y a Judas Iscariote, que también llegó a ser el traidor.

Las multitudes siguen a Jesús[g]

17 Descendió con ellos y se detuvo en una llanura, junto con una multitud de sus discípulos y un gran número de personas de toda Judea, de Jerusalén, y de las costas de Tiro y de Sidón, que habían venido para oírle y para ser sanados de sus enfermedades. **18** Los que eran atormentados por espíritus inmundos eran sanados, **19** y toda la gente procuraba tocarle; porque salía poder de él, y sanaba a todos.

Bienaventuranzas y ayes[h]

20 Y alzando él los ojos hacia sus discípulos, decía:

"Bienaventurados vosotros los pobres, porque vuestro es el reino de Dios.

21 "Bienaventurados los que ahora tenéis hambre, porque seréis saciados.

"Bienaventurados los que ahora lloráis, porque reiréis.

22 "Bienaventurados sois cuando los hombres os aborrecen, cuando os apartan de sí y os vituperan, y desechan vuestro nombre como si fuera malo, por causa del Hijo del Hombre. **23** Gozaos en aquel día y saltad de alegría, porque he aquí vuestro galardón es grande en el cielo; pues así hacían sus padres a los profetas.

24 "Pero ¡ay de vosotros los ricos! Porque estáis recibiendo vuestro consuelo.

25 "¡Ay de vosotros, los que ahora estáis saciados! Porque tendréis hambre.

"¡Ay de vosotros, los que ahora os reís! Porque lamentaréis y lloraréis.

26 "¡Ay de vosotros, cuando todos los hombres hablan bien de vosotros! Porque así hacían sus padres con los falsos profetas.

El amor al enemigo: la regla de oro[i]

27 "Pero a vosotros los que oís, os digo: Amad a vuestros enemigos y haced bien a los que os aborrecen; **28** bendecid a los que os maldicen y orad por los que os maltratan. **29** Al que te hiera en la mejilla, preséntale también la otra; y al que te quite el manto, no le niegues la túnica. **30** A cualquiera que te pida, dale; y al que tome lo que es tuyo, no se lo vuelvas a pedir.

31 "Y como queréis que hagan los hombres con vosotros, así también haced vosotros con ellos. **32** Porque si amáis a los que os aman, ¿qué mérito tenéis? Pues también los pecadores aman a los que los aman. **33** Y si hacéis bien a los que os hacen bien, ¿qué mérito tenéis? También los pecadores hacen lo mismo. **34** Y si dais prestado a aquellos de quienes esperáis recibir, ¿qué mérito tenéis? Pues también los pecadores dan prestado a los pecadores para recibir otro tanto.

35 "Más bien, amad a vuestros enemigos y haced bien y dad prestado sin esperar ningún provecho. Entonces vuestra recompensa será grande, y seréis hijos del Altísimo; porque él

[a] 3 Ver 1 Sam. 21:1-6 [b] 4 Ver Exo. 25:23-30; Lev. 24:5-8 [c] 5 Algunos mss. antiguos dicen *aun del sábado*.
[d] 6t Ver Mat. 12:9-14; Mar. 3:1-6 [e] 12t Ver Mat. 10:1-4; Mar. 3:13-19 [f] 16 Lit., *Judas de Jacobo*; otra trad., *Judas, hermano de Jacobo* [g] 17t Ver Mat. 4:23—5:2; Mar. 3:7-12 [h] 20t Ver Mat. 5:3-12 [i] 27t Ver Mat. 5:38-48; 7:12

es benigno para con los ingratos y los perversos. 36 Sed misericordiosos, como también
vuestro Padre es misericordioso.

El juzgar a los demás[a]

37 "No juzguéis, y no seréis juzgados. No
condenéis, y no seréis condenados. Perdo-
nad, y seréis perdonados. 38 Dad, y se os
dará; medida buena, apretada, sacudida y re-
bosante se os dará en vuestro regazo. Porque
con la medida con que medís, se os volverá
a medir."

39 Entonces les dijo una parábola: "¿Acaso
puede un ciego guiar a otro ciego? ¿No caerán ambos en el hoyo? 40 El discípulo no es
superior a su maestro, pero cualquiera que es
plenamente instruido será como su maestro.
41 ¿Por qué miras la brizna de paja que está
en el ojo de tu hermano pero dejas de ver la
viga que está en tu propio ojo? 42 ¿Cómo
puedes decir a tu hermano: 'Hermano, deja
que yo saque la brizna de tu ojo', sin que
mires la viga que está en tu ojo? ¡Hipócrita!
Saca primero la viga de tu ojo, y entonces
verás bien para sacar la brizna que está en el
ojo de tu hermano.

43 "No es buen árbol el que da malos frutos, ni es árbol malo el que da buen fruto.
44 Porque cada árbol es conocido por su fruto; pues no se recogen higos de los espinos,
ni tampoco se vendimian uvas de una zarza.
45 El hombre bueno, del buen tesoro de su
corazón, presenta lo bueno; y el hombre
malo, del mal tesoro de su corazón, presenta
lo malo. Porque de la abundancia del corazón
habla la boca.

Parábola de los dos cimientos[b]

46 "¿Por qué me llamáis: 'Señor, Señor', y
no hacéis lo que digo? 47 Yo os mostraré a
qué es semejante todo aquel que viene a mí
y oye mis palabras, y las hace. 48 Es semejante a un hombre que al edificar una casa
cavó profundo y puso los cimientos sobre la
roca. Y cuando vino una inundación, el torrente golpeó con ímpetu contra aquella casa, y no la pudo mover, porque había sido
bien construida.[c] 49 Pero el que oye y no
hace es semejante a un hombre que edificó
su casa sobre tierra, sin cimientos. El torrente golpeó con ímpetu contra ella; en seguida
cayó, y fue grande la ruina de aquella casa."

Jesús sana al siervo del centurión[d]

7 Una vez concluidas todas sus palabras al
pueblo que le escuchaba, Jesús entró en
Capernaúm. 2 Y el siervo de cierto centurión, a quien él tenía en mucha estima, estaba enfermo y a punto de morir. 3 Cuando
oyó hablar de Jesús, le envió ancianos de los
judíos para rogarle que fuera y sanara a su
siervo. 4 Ellos fueron a Jesús y le rogaban
con insistencia, diciéndole:

—El es digno de que le concedas esto;
5 porque ama a nuestra nación y él mismo
nos edificó la sinagoga.

6 Jesús fue con ellos. Y cuando ya no estaban muy lejos de su casa, el centurión le envió unos amigos para decirle:

—Señor, no te molestes, porque no soy
digno de que entres bajo mi techo. 7 Por
eso, no me tuve por digno de ir a ti. Más bien,
di la palabra, y mi criado será sanado.[e]
8 Porque yo también soy hombre puesto bajo
autoridad y tengo soldados bajo mi mando. Y
digo a éste: "Vé", y él va; digo al otro: "Ven",
y él viene; y digo a mi siervo: "Haz esto", y
él lo hace.

9 Cuando Jesús oyó esto, se maravilló de él;
y dándose vuelta, dijo a la gente que le seguía:

—¡Os digo que ni aun en Israel he hallado
tanta fe!

10 Cuando volvieron a casa los que habían
sido enviados, hallaron sano al siervo.[f]

Jesús resucita al hijo de una viuda

11 Aconteció que poco después él fue a la
ciudad que se llama Naín. Sus discípulos[g] y
una gran multitud le acompañaban.
12 Cuando llegó cerca de la puerta de la ciudad, he aquí que llevaban a enterrar un
muerto, el único hijo de su madre, la cual era
viuda. Bastante gente de la ciudad la acompañaba. 13 Y cuando el Señor la vio, se compa-
deció de ella y le dijo:

—No llores.

14 Luego se acercó y tocó el féretro, y los
que lo llevaban se detuvieron. Entonces le
dijo:

—Joven, a ti te digo: ¡Levántate!

15 Entonces el que había muerto se sentó
y comenzó a hablar. Y Jesús lo entregó a su
madre. 16 El temor se apoderó de todos, y
glorificaban a Dios diciendo:

—¡Un gran profeta se ha levantado entre
nosotros! ¡Dios ha visitado a su pueblo!

17 Y esto que se decía de él se difundió por

[a] *37t* Ver Mat. 7:1-6, 16-20; 12:33-35; Mar. 4:24, 25 [b] *46t* Ver Mat. 7:21-27 [c] *48* Algunos mss. antiguos dicen *porque estaba fundada sobre la roca*. [d] *1t* Ver Mat. 8:5-13 [e] *7* Algunos mss. antiguos tienen *sea sanado*. [f] *10* Algunos mss. antiguos incluyen *que había estado enfermo*. [g] *11* Algunos mss. antiguos dicen *muchos de sus discípulos*.

toda Judea y por toda la tierra de alrededor.

Los mensajeros de Juan el Bautista[a]

18A Juan le informaron sus discípulos
acerca de todas estas cosas. Entonces Juan
llamó a dos de sus discípulos 19y los envió
al Señor,[b] para preguntarle: "¿Eres tú aquel
que ha de venir, o esperaremos a otro?"
20Cuando los hombres vinieron a Jesús, le
dijeron:

—Juan el Bautista nos ha enviado a ti, diciendo: "¿Eres tú aquel que ha de venir, o esperaremos a otro?"

21En aquella hora Jesús sanó a muchos de
enfermedades, de plagas y de espíritus malos;
y a muchos ciegos les dio la vista. 22Y respondiendo les dijo:

—Id y haced saber a Juan lo que habéis
visto y oído: Los ciegos ven, los cojos andan,
los leprosos son hechos limpios, los sordos
oyen, los muertos son resucitados, y a los
pobres se les anuncia el evangelio. 23Bienaventurado es el que no toma ofensa en mí.

Jesús testifica de Juan el Bautista[c]

24Cuando se fueron los mensajeros de
Juan, Jesús comenzó a hablar de Juan a las
multitudes:

—¿Qué salisteis a ver en el desierto? ¿Una
caña sacudida por el viento? 25Entonces,
¿qué salisteis a ver? ¿Un hombre vestido de
ropa delicada? He aquí, los que llevan ropas
lujosas y viven en placeres están en los palacios reales. 26Entonces, ¿qué salisteis a
ver? ¿Un profeta? ¡Sí, os digo, y más que profeta! 27El es aquel de quien está escrito:

He aquí envío mi mensajero
delante de tu rostro,
quien preparará tu camino
delante de ti.[d]

28Os digo[e] que entre los nacidos de mujer,
no hay ninguno mayor que Juan.[f] Sin embargo, el más pequeño en el reino de Dios es
mayor que él.

29Al oírle, todo el pueblo y los publicanos
justificaron a Dios, siendo bautizados con el
bautismo de Juan. 30Pero los fariseos y los
intérpretes de la ley rechazaron el propósito
de Dios para ellos, no siendo bautizados por
él.

31—¿A qué, pues, compararé a los hombres de esta generación? ¿A qué son semejantes? 32Son semejantes a los muchachos
que se sientan en la plaza, y gritan los unos
a los otros, diciendo:

"Os tocamos la flauta,
y no bailasteis;
entonamos canciones de duelo,
y no llorasteis."

33Porque ha venido Juan el Bautista, que no
come pan ni bebe vino, y decís: "¡Demonio
tiene!" 34Ha venido el Hijo del Hombre que
come y bebe, y decís: "¡He allí un hombre
comilón y bebedor de vino, amigo de publicanos y de pecadores!" 35Pero la sabiduría es
justificada por todos sus hijos.

Una mujer pecadora recibe perdón

36Uno de los fariseos le pidió que comiera
con él; y cuando entró en la casa del fariseo,
se sentó[g] a la mesa. 37Y he aquí, cuando
supo que Jesús estaba a la mesa en casa del
fariseo, una mujer que era pecadora en la
ciudad llevó un frasco de alabastro con perfume. 38Y estando detrás de Jesús, a sus pies,
llorando, comenzó a mojar los pies de él con
sus lágrimas; y los secaba con los cabellos de
su cabeza. Y le besaba los pies y los ungía con
el perfume. 39Al ver esto el fariseo que le
había invitado a comer, se dijo a sí mismo:

—Si éste fuera profeta, conocería quién y
qué clase de mujer es la que le está tocando,
porque es una pecadora.

40Entonces, respondiendo Jesús le dijo:

—Simón, tengo algo que decirte.

El dijo:

—Di, Maestro.

41—Cierto acreedor tenía dos deudores:
Uno le debía quinientos denarios,[h] y el otro,
cincuenta. 42Como ellos no tenían con qué
pagar, perdonó a ambos. Entonces,[i] ¿cuál de
éstos le amará más?

43Respondiendo Simón dijo:

—Supongo que aquel a quien perdonó
más.

Y él le dijo:

—Has juzgado correctamente.

44Y vuelto hacia la mujer, dijo a Simón:

—¿Ves esta mujer? Yo entré en tu casa, y
no me diste agua para mis pies; pero ésta ha
mojado mis pies con lágrimas y los ha secado
con sus cabellos. 45Tú no me diste un beso,
pero desde que entré, ésta no ha cesado de
besar mis pies. 46Tú no ungiste mi cabeza
con aceite, pero ésta ha ungido mis pies con
perfume. 47Por lo cual, te digo que sus mu-

[a] *18t* Ver Mat. 11:1-6 [b] *19* Algunos mss. antiguos dicen *a Jesús*. [c] *24t* Ver Mat. 11:7-19 [d] *27* Mal. 3:1; Exo. 23:20 [e] *28* Algunos mss. antiguos dicen *Porque os digo* o *De cierto os digo*. [f] *28* Algunos mss. antiguos dicen *no hay mayor profeta que Juan el Bautista*. [g] *36* Lit., *se reclinó ante . . .* [h] *41* Una moneda romana, que equivalía al salario de un día para un obrero [i] *42* Algunos mss. antiguos dicen *Dime, pues*.

chos pecados son perdonados, puesto que
amó mucho. Pero al que se le perdona poco,
poco ama. 48—Y a ella le dijo—: Tus pecados te son perdonados.
49 Los que estaban con él a la mesa comenzaron a decir entre sí:
—¿Quién es éste, que hasta perdona pecados?
50 Entonces Jesús dijo a la mujer:
—Tu fe te ha salvado; vete en paz.

Mujeres que siguen a Jesús

8 Aconteció después, que él andaba de ciudad en ciudad y de aldea en aldea, predicando y anunciando el evangelio del reino de
Dios. Los doce iban con él, 2 y también algunas mujeres que habían sido sanadas de
espíritus malignos y de enfermedades: María,
llamada Magdalena, de la cual habían salido
siete demonios; 3 Juana, la mujer de Cuza,
administrador de Herodes; Susana, y muchas
otras. Ellas les[a] servían con sus bienes.

Parábola del sembrador[b]

4 Juntándose una gran multitud y los que
de cada ciudad acudían a él, les habló por
medio de una parábola: 5 "Un sembrador
salió a sembrar su semilla. Mientras sembraba, una parte cayó junto al camino y fue pisoteada; y las aves del cielo la comieron.
6 Otra parte cayó sobre la roca, y cuando creció, se secó, porque no tenía humedad.
7 Otra parte cayó entre los espinos, y los espinos crecieron al mismo tiempo y la ahogaron. 8 Y otra parte cayó en buena tierra, y
cuando creció, llevó fruto a ciento por uno."
Hablando de estas cosas, exclamó: "El que
tiene oídos para oír, oiga."

La parábola del sembrador explicada[c]

9 Sus discípulos le preguntaron qué significaba esta parábola. 10 Y él dijo: "A vosotros
se os ha concedido conocer los misterios del
reino de Dios; pero a los demás, en parábolas,
para que *viendo no vean, y oyendo no entiendan*.[d]
11 "Esta es, pues, la parábola: La semilla es
la palabra de Dios. 12 Los de junto al camino son los que oyen, pero luego viene el diablo y quita la palabra de sus corazones, para
que no crean y sean salvos. 13 Los de sobre
la roca son los que, cuando oyen, reciben la
palabra con gozo. Pero éstos no tienen raíz;
por un tiempo creen y en el tiempo de la
prueba se apartan. 14 En cuanto a la parte
que cayó entre los espinos, éstos son los que
oyeron; pero mientras siguen su camino, son
ahogados por las preocupaciones, las riquezas y los placeres de la vida, y no llegan a la
madurez. 15 Pero en cuanto a la parte que
cayó en buena tierra, éstos son los que, al oír
con corazón bueno y recto, retienen la palabra oída; y llevan fruto con perseverancia.

Parábola de la lámpara[e]

16 "Ninguno que enciende una lámpara la
cubre con una vasija, o la pone debajo de la
cama, sino que la pone sobre un candelero,
para que los que entren vean la luz. 17 Porque no hay nada oculto que no haya de ser
manifestado, ni nada escondido que no haya
de ser conocido y salir en claro.
18 "Mirad, pues, cómo oís; porque a cualquiera que tenga, le será dado, y a cualquiera
que no tenga, aun lo que piense tener le será
quitado."

La familia de Jesús[f]

19 Vinieron hacia él su madre y sus hermanos, pero no podían llegar a él a causa de la
multitud. 20 Entonces se le avisó:
—Tu madre y tus hermanos están fuera,
deseando verte.
21 Pero él respondiendo les dijo:
—Mi madre y mis hermanos son aquellos
que oyen la palabra de Dios y la hacen.

Jesús calma la tempestad[g]

22 Aconteció en uno de aquellos días, que
él entró en una barca, y también sus discípulos. Y les dijo:
—Pasemos a la otra orilla del lago.
Y zarparon. 23 Pero mientras ellos nave-
gaban, él se durmió. Entonces se desencade-
nó una tempestad de viento en el lago, y ellos
se anegaban y peligraban. 24 Acercándose a
él, le despertaron diciendo:
—¡Maestro, Maestro! ¡Perecemos!
Y despertándose, reprendió al viento y al
oleaje del agua; y cesaron, y se hizo bonanza.
25 Entonces les dijo:
—¿Dónde está vuestra fe?
Atemorizados, se maravillaron diciéndose
los unos a los otros:
—¿Quién es éste, que manda aun a los
vientos y al agua, y le obedecen?

Jesús sana a un endemoniado[h]

26 Navegaron a la tierra de los gadarenos,[i]
que está frente a Galilea. 27 Al bajarse él a

[a] *3* Algunos mss. antiguos dicen *le servían*. [b] *4t* Ver Mat. 13:1-9; Mar. 4:1-9 [c] *9t* Ver Mat. 13:10-23; Mar. 4:10-20
[d] *10* Isa. 6:9, 10 (LXX) [e] *16t* Ver Mar. 4:21-25 [f] *19t* Ver Mat. 12:46-50; Mar. 3:31-35 [g] *22t* Ver Mat. 8:23-27; Mar. 4:35-41 [h] *26t* Ver Mat. 8:28-34; Mar. 5:1-20 [i] *26* Algunos mss. antiguos dicen *geresenos*; otros, *gergesenos*.

tierra, le salió al encuentro un hombre de la
ciudad, el cual tenía demonios. Desde hacía
mucho tiempo no había llevado ropa,[a] ni vivía en una casa, sino entre los sepulcros.
28 Pero cuando vio a Jesús, exclamó, se postró delante de él y dijo a gran voz:

—¿Qué tienes conmigo, Jesús, Hijo del
Dios Altísimo? ¡Te ruego que no me atormentes!

29 Porque Jesús había mandado al espíritu
inmundo que saliera del hombre, pues se había apoderado de él desde hacía mucho tiempo. Para guardarlo, lo ataban con cadenas y
con grillos, pero rompiendo las ataduras era
impelido por el demonio a los desiertos.
30 Jesús le preguntó, diciendo:

—¿Cómo te llamas?

Y él dijo:

—Legión.

Porque muchos demonios habían entrado
en él; 31 y le rogaban que no los mandase
al abismo. 32 Había allí un hato de muchos
cerdos que pacía en la montaña; y le rogaron
que les dejase entrar en aquéllos, y él les dio
permiso. 33 Cuando los demonios salieron
del hombre, entraron en los cerdos; y el hato
se precipitó por un despeñadero al lago, y se
ahogó.

34 Los que apacentaban los cerdos, al ver lo
que había acontecido, huyeron y dieron aviso
en la ciudad y por los campos. 35 Y salieron
a ver lo que había acontecido. Fueron a Jesús
y hallaron al hombre de quien habían salido
los demonios, sentado a los pies de Jesús,
vestido y en su juicio cabal; y tuvieron miedo.
36 Los que lo habían visto les contaron cómo
había sido salvado aquel endemoniado.
37 Entonces toda la multitud de la región de
los gadarenos[b] le rogó que se apartara de
ellos, porque tenían mucho temor. Jesús subió a la barca y regresó. 38 El hombre de
quien habían salido los demonios le rogaba
que le dejase estar con él. Pero Jesús le respondió diciendo:

39 —Vuelve a tu casa y cuenta cuán grandes cosas ha hecho Dios por ti.

Y él se fue, proclamando por toda la ciudad
cuán grandes cosas Jesús había hecho por él.

Jesús sana a una mujer[c]

40 Al regresar Jesús, toda la gente le recibió
gozosa, porque todos le esperaban. 41 Y he
aquí vino un hombre llamado Jairo, que era
principal de la sinagoga. Se postró a los pies
de Jesús y le imploró que fuese a su casa,
42 porque tenía una hija única, de unos doce
años, que se estaba muriendo. Mientras él
iba, las multitudes le apretujaban.

43 Y una mujer, que padecía de hemorragia
desde hacía doce años (la cual, aunque había
gastado todo su patrimonio en médicos,[d] no
pudo ser sanada por nadie), 44 se le acercó
por detrás y tocó el borde del manto de Jesús.
De inmediato se detuvo su hemorragia.
45 Entonces dijo Jesús:

—¿Quién es el que me ha tocado?

Y como todos negaban, Pedro le dijo:[e]

—Maestro, las multitudes te aprietan y
presionan.[f]

46 Jesús dijo:

—Alguien me ha tocado, porque yo sé que
ha salido poder de mí.

47 Entonces, cuando la mujer vio que no
había pasado inadvertida, fue temblando; y
postrándose delante de él, declaró ante todo
el pueblo por qué causa le había tocado, y
cómo había sido sanada al instante. 48 El le
dijo:

—Hija, tu fe te ha salvado.[g] Vete en paz.

Jesús resucita a la hija de Jairo[h]

49 Mientras él aún hablaba, vino uno de la
casa del principal de la sinagoga para decirle:

—Tu hija ha muerto. No molestes más al
Maestro.

50 Al oír esto, Jesús le respondió:

—No temas; sólo cree, y ella será salva.

51 Cuando llegó a la casa, no dejó entrar
consigo a nadie, sino sólo a Pedro, a Juan, a
Jacobo, y al padre y a la madre de la niña.
52 Todos lloraban y lamentaban por ella. Pero
él dijo:

—No lloréis. Ella no ha muerto, sino que
duerme.

53 Ellos se burlaban de él, sabiendo que
ella había muerto. 54 Pero él la tomó de la
mano, y habló a gran voz diciendo:

—Niña, levántate.

55 Entonces su espíritu volvió a ella, y al
instante se levantó. Y él ordenó que le diesen
de comer. 56 Sus padres quedaron atónitos,
y él les mandó que a nadie dijesen lo que
había sucedido.

[a] 27 Algunos mss. antiguos dicen *que tenía demonios desde hacía mucho tiempo, y que no llevaba ropa.*
[b] 37 Algunos mss. antiguos dicen *geresenos*; otros, *gergesenos*. [c] 40t Ver Mat. 9:18-22; Mar. 5:21-34 [d] 43 Algunos mss. antiguos no incluyen *la cual, aunque había gastado todo su patrimonio en médicos.* [e] 45 Algunos mss. antiguos dicen *Pedro y los que estaban con él le dijeron . . .* [f] 45 Algunos mss. antiguos agregan *y dices: ¿Quién es el que me ha tocado?* [g] 48 Otra trad., *sanado* [h] 49t Ver Mat. 9:23-26; Mar. 5:35-43

La misión de los doce[a]

9 Reuniendo a los doce,[b] les dio poder y autoridad sobre todos los demonios y para sanar enfermedades. 2 Los envió a predicar el reino de Dios y a sanar a los enfermos. 3 Y les dijo:

—No toméis nada para el camino, ni bastón, ni bolsa, ni pan, ni dinero; ni tengáis dos túnicas.[c] 4 En cualquier casa en que entréis, permaneced allí, y de allí salid. 5 Y dondequiera que no os reciban, al salir de aquella ciudad, sacudid el polvo de vuestros pies como testimonio contra ellos.

6 Y saliendo, pasaban de aldea en aldea, anunciando el evangelio y sanando por todas partes.

La muerte de Juan el Bautista[d]

7 El tetrarca Herodes oyó de todo lo que estaba pasando;[e] y estaba perplejo, porque algunos decían que Juan había resucitado de los muertos. 8 Otros decían que Elías había aparecido, y otros que alguno de los antiguos profetas había resucitado. 9 Pero Herodes dijo: "A Juan yo lo decapité. ¿Quién, pues, es éste de quien escucho tales cosas?" Y procuraba verle.

Jesús alimenta a cinco mil[f]

10 Cuando los apóstoles regresaron, contaron a Jesús todo lo que habían hecho. Y él los tomó consigo y se retiró aparte[g] a la ciudad llamada Betsaida. 11 Pero al saberlo las multitudes, le siguieron; y él los recibió y les hablaba del reino de Dios y sanaba a los que tenían necesidad de ser sanados.

12 El día comenzó a declinar, y los doce se acercaron a él y le dijeron:

—Despide a la gente para que vayan a las aldeas y a los campos de alrededor, y se alojen y hallen comida, porque aquí estamos en un lugar desierto.

13 Él les dijo:

—Dadles vosotros de comer.

Pero ellos dijeron:

—No tenemos más que cinco panes y dos pescados, a no ser que vayamos nosotros y compremos comida para todo este pueblo.

14 Porque eran como cinco mil hombres. Entonces dijo a sus discípulos:

—Haced que se sienten en grupos de unos cincuenta cada uno.

15 Y así lo hicieron, haciendo que todos se sentaran. 16 Entonces Jesús tomó los cinco panes y los dos pescados, y alzando los ojos al cielo, los bendijo. Luego los partió e iba dando a sus discípulos para que los pusiesen delante de la gente. 17 Todos comieron y se saciaron, y de lo que sobró recogieron doce canastas de pedazos.

La confesión de Pedro[h]

18 Aconteció que, mientras él estaba orando aparte, sus discípulos estaban con él, y les preguntó diciendo:

—¿Quién dice la gente que soy yo?

19 Respondiendo ellos dijeron:

—Unos, que Juan el Bautista; otros, que Elías; y otros, que alguno de los antiguos profetas ha resucitado.

20 Y les dijo:

—Y vosotros, ¿quién decís que soy yo?

Entonces Pedro respondiendo dijo:

—El Cristo de Dios.

21 Pero él les mandó enérgicamente que no dijeran esto a nadie. 22 Y les dijo:

—Es necesario que el Hijo del Hombre padezca muchas cosas, y que sea desechado por los ancianos, por los principales sacerdotes y por los escribas, y que sea muerto y que resucite al tercer día.

Condiciones para seguir a Jesús[i]

23 Decía entonces a todos:

—Si alguno quiere venir en pos de mí, niéguese a sí mismo, tome su cruz cada día y sígame. 24 Porque el que quiera salvar su vida, la perderá; pero el que pierda su vida por causa de mí, la salvará. 25 Pues, ¿de qué le sirve al hombre si gana el mundo entero y se destruye o se pierde a sí mismo? 26 Pues el que se avergüence de mí y de mis palabras, de éste se avergonzará el Hijo del Hombre cuando venga en su gloria y la del Padre y la de los santos ángeles. 27 Y os digo, en verdad, que hay algunos de los que están aquí presentes que no gustarán la muerte hasta que hayan visto el reino de Dios.

La transfiguración[j]

28 Aconteció, como ocho días después de estas palabras, que tomó consigo a Pedro, a Juan y a Jacobo, y subió al monte a orar. 29 Y mientras oraba, la apariencia de su rostro se hizo otra, y sus vestiduras se hicieron blancas y resplandecientes. 30 Y he aquí,

[a] *1t* Ver Mat. 10:5-15; Mar. 6:7-13 [b] *1* Algunos mss. antiguos dicen *los doce apóstoles*; otros, *los doce discípulos*. [c] *3* Algunos mss. antiguos tienen *túnicas cada uno*. [d] *7t* Ver Mat. 14:1-12; Mar. 6:14-29 [e] *7* Algunos mss. antiguos dicen *lo que él estaba haciendo*. [f] *10t* Ver Mat. 14:13-21; Mar. 6:30-44; Juan 6:1-15 [g] *10* Algunos mss. antiguos dicen *aparte a un lugar desierto de una ciudad . . .* [h] *18t* Ver Mat. 16:13-20; Mar. 8:27-33 [i] *23t* Ver Mat. 16:24-28; Mar. 8:34—9:1 [j] *28t* Ver Mat. 17:1-9; Mar. 9:2-10

dos hombres hablaban con él. Eran Moisés y
Elías, **31** quienes aparecieron en gloria y hablaban de su partida,[a] que él iba a cumplir
en Jerusalén. **32** Pedro y los otros con él
estaban cargados de sueño; pero se mantu-
vieron vigilando y[b] vieron su gloria y a dos
hombres que estaban con él. **33** Aconteció
que, mientras aquéllos se apartaban de él,
Pedro dijo a Jesús, sin saber lo que decía:

—Maestro, nos es bueno estar aquí. Levantemos, pues, tres enramadas:[c] una para
ti, otra para Moisés y otra para Elías.

34 Mientras él estaba diciendo esto, vino
una nube y les hizo sombra. Y ellos tuvieron
temor cuando entraron en la nube. **35** Entonces de la nube salió una voz que decía:
"Este es mi Hijo, el Escogido.[d] A él oíd."

36 Cuando cesó la voz, Jesús fue hallado
solo. Y ellos callaron, y en aquellos días no
dijeron a nadie nada de lo que habían visto.

Jesús sana a un muchacho[e]

37 Aconteció al día siguiente, cuando habían bajado del monte, que una gran multitud le salió al encuentro. **38** Y he aquí, un
hombre de la multitud clamó diciendo:

—Maestro, te ruego que veas a mi hijo,
que es el único que tengo. **39** He aquí un
espíritu le toma, y de repente grita y le con-
vulsiona con espumarajos; le hace pedazos y
difícilmente se aparta de él. **40** Yo rogué a
tus discípulos que le echasen fuera, pero no
pudieron.

41 Respondiendo Jesús, dijo:

—¡Oh generación incrédula y perversa!
¿Hasta cuándo estaré con vosotros y os soportaré? Trae a tu hijo acá.

42 Y mientras aún se acercaba, el demonio
le derribó y le convulsionó. Pero Jesús reprendió al espíritu inmundo y sanó al muchacho, y se lo entregó a su padre. **43** Y
todos se maravillaban de la grandeza de Dios.

Jesús anuncia su humillación[f]

Como todos se maravillaban de todas las
cosas que hacía, dijo a sus discípulos:

44 —Poned en vuestros oídos estas palabras, porque el Hijo del Hombre ha de ser
entregado en manos de hombres.

45 Pero ellos no entendían este dicho, pues
les estaba encubierto para que no lo percibie-
ran. Y temían preguntarle acerca de este dicho.

Quién es el más importante[g]

46 Entonces hubo una discusión entre los
discípulos: cuál de ellos sería el más importante. **47** Pero Jesús, percibiendo los razonamientos de sus corazones, tomó a un niño
y lo puso a su lado, **48** y les dijo:

—Cualquiera que reciba a este niño en mi
nombre me recibe a mí; y cualquiera que me
reciba a mí recibe al que me envió. Porque el
que es más pequeño entre todos vosotros,
éste es el más importante.

Quién está de vuestra parte[h]

49 Entonces respondiendo Juan dijo:

—Maestro, vimos a cierto hombre echando fuera demonios en tu nombre, y se lo pro-
hibimos, porque no sigue con nosotros.

50 Jesús le dijo:

—No se lo prohibáis. Porque el que no es
contra vosotros,[i] por vosotros[i] es.

El viaje decisivo a Jerusalén[j]

51 Aconteció que, cuando se cumplía el
tiempo en que había de ser recibido arriba, él
afirmó su rostro para ir a Jerusalén.

52 Envió mensajeros delante de sí, los cuales fueron y entraron en una aldea de los
samaritanos para hacerle preparativos,
53 pero no le recibieron porque vieron en su
cara que iba a Jerusalén. **54** Al ver esto sus
discípulos Jacobo y Juan, le dijeron:

—Señor, ¿quieres que mandemos que descienda fuego del cielo y los consuma?[k]

55 El se dio vuelta y los reprendió,[l] **56** y
fueron a otra aldea.

Lo que cuesta seguir a Jesús[m]

57 Mientras ellos iban por el camino, cierto
hombre le dijo:

—¡Te seguiré[n] a dondequiera que vayas!

58 Jesús le dijo:

—Las zorras tienen cuevas, y las aves del
cielo tienen nidos; pero el Hijo del Hombre
no tiene dónde recostar la cabeza.

59 Dijo a otro:

—Sígueme.

Pero él dijo:

—Señor, permíteme ir primero a enterrar
a mi padre.

[a]31 Lit., *éxodo* [b]32 Otra trad., *pero una vez bien despiertos, vieron . . .* [c]33 O: *tabernáculos* [d]35 Algunos mss. antiguos dicen *el Amado.* [e]37t Ver Mat. 17:14-20; Mar. 9:14-29 [f]44t Ver Mat. 17:22, 23; Mar. 9:30-32; también Luc. 9:22 [g]46t Ver Mat. 18:1-5; Mar. 9:33-37; también Luc. 22:24-27 [h]49t Ver Mar. 9:38-41 [i]50 Algunos mss. antiguos dicen *nosotros.* [j]51t Ver. Mat. 19:1, 2; Mar. 10:1 [k]54 Algunos mss. antiguos añaden *como también lo hizo Elías.* [l]55 Algunos mss. antiguos incluyen *y dijo: Vosotros no sabéis de qué espíritu sois;* 56 *porque el Hijo del Hombre no ha venido para perder las almas, sino para salvarlas;* comp. 19:10. [m]57t Ver Mat. 8:18-22 [n]57 Algunos mss. antiguos tienen *¡Señor, te seguiré a donde . . .*

60 Y Jesús le dijo:
—Deja que los muertos entierren a sus
muertos; pero tú, ¡vé y anuncia el reino de
Dios!
61 Entonces también dijo otro:
—Te seguiré, Señor, pero primero permite que me despida de los que están en mi
casa.
62 Pero Jesús le dijo:
—Ninguno que ha puesto su mano en el
arado y sigue mirando atrás, es apto para el
reino de Dios.

La misión de los setenta[a]

10 Después de estas cosas, el Señor de-
signó a otros setenta,[b] a los cuales
envió delante de sí de dos en dos, a toda ciudad y lugar a donde él había de ir. 2 Y les
decía: "A la verdad, la mies es mucha, pero los
obreros son pocos. Rogad, pues, al Señor de
la mies, que envíe obreros a su mies. 3 ¡Id!
He aquí yo os envío como corderos en medio
de lobos. 4 No llevéis bolsa, ni alforjas, ni
calzado; ni saludéis a nadie por el camino.
5 "En cualquier casa donde entréis, primeramente decid: 'Paz sea a esta casa.' 6 Si hay
allí un hijo de paz, vuestra paz reposará sobre
él; pero si no, volverá a vosotros. 7 Posad en
aquella misma casa, comiendo y bebiendo lo
que os den; porque el obrero es digno de su
salario. No andéis de casa en casa. 8 En
cualquier ciudad donde entréis y os reciban,
comed lo que os pongan delante. 9 Sanad a
los enfermos que haya allí y decidles: 'El reino de Dios se ha acercado[c] a vosotros.'
10 "Pero en cualquier ciudad donde entréis
y no os reciban, salid a sus calles y decid:
11 'Aun el polvo de vuestra ciudad que se ha
pegado a nuestros pies, lo sacudimos contra
vosotros. Pero sabed esto: que el reino de
Dios se ha acercado.'[d] 12 Os digo que en
aquel día será más tolerable para Sodoma que
para aquella ciudad.
13 "¡Ay de ti, Corazín! ¡Ay de ti, Betsaida!
Porque si se hubieran realizado en Tiro y en
Sidón los hechos poderosos que han sido rea-
lizados en vosotras, desde hace tiempo se habrían arrepentido sentados en saco y ceniza.
14 Por lo tanto, en el juicio será más tolerable
para Tiro y Sidón que para vosotras. 15 Y tú,
Capernaúm, ¿serás exaltada hasta el cielo?
¡Hasta el Hades[e] serás hundida![f]
16 "El que os escucha me escucha a mí; el
que os rechaza me rechaza a mí; y el que me
rechaza, rechaza al que me envió."

El regreso de los setenta

17 Los setenta[b] volvieron con gozo, diciendo:
—Señor, ¡aun los demonios se nos sujetan
en tu nombre!
18 El les dijo:
—Yo veía a Satanás caer del cielo como un
rayo. 19 He aquí, os doy autoridad[g] de pisar
serpientes, escorpiones, y sobre todo el poder
del enemigo; y nada os dañará. 20 Sin embargo, no os regocijéis de esto, de que los
espíritus se os sujeten; sino regocijaos de que
vuestros nombres están inscritos en los cielos.

Jesús se regocija por los suyos[h]

21 En aquella misma hora Jesús se regocijó
en el Espíritu Santo[i] y dijo: "Yo te alabo, oh
Padre, Señor del cielo y de la tierra, porque
has escondido estas cosas de los sabios y entendidos y las has revelado a los niños. Sí,
Padre, porque así te agradó.
22 "Todas las cosas me han sido entregadas
por mi Padre. Nadie conoce quién es el Hijo,
sino el Padre; ni quién es el Padre, sino el
Hijo y aquel a quien el Hijo lo quiera revelar."
23 Volviéndose a los discípulos les dijo
aparte:
—Bienaventurados los ojos que ven lo que
vosotros veis. 24 Porque os digo que muchos profetas y reyes desearon ver lo que vosotros veis, y no lo vieron; y oír lo que oís,
y no lo oyeron.

Parábola del buen samaritano[j]

25 Y he aquí, cierto maestro de la ley se
levantó para probarle, diciendo:
—Maestro, ¿haciendo qué cosa poseeré la
vida eterna?
26 Y él le dijo:
—¿Qué está escrito en la ley? ¿Cómo lees?
27 El le respondió diciendo:
—*Amarás al Señor tu Dios con todo tu
corazón, con toda tu alma, con todas tus
fuerzas* y con toda tu mente; y *a tu prójimo
como a ti mismo.*[k]
28 Le dijo:
—Has respondido bien. Haz esto y vivirás.
29 Pero él, queriendo justificarse, preguntó a Jesús:
—¿Y quién es mi prójimo?

[a] *1t* Ver Mat. 9:37, 38; 10:5-42; Juan 13:20 [b] *1,17* Algunos mss. antiguos dicen *setenta y dos*. [c] *9* Otra trad., *está cerca* [d] *11* Algunos mss. antiguos añaden *a vosotros*. [e] *15* O sea, la morada de los muertos [f] *15* Ver Isa. 14:13, 15 [g] *19* Otra trad., *potestad* [h] *21t* Ver Mat. 11:25-27; 13:16, 17 [i] *21* Algunos mss. antiguos dicen *en espíritu*. [j] *25t* Ver Mat. 22:34-40; Mar. 12:28-34 [k] *27* Deut. 6:5; Lev. 19:18

30 Respondiendo Jesús dijo:
—Cierto hombre descendía de Jerusalén a
Jericó y cayó en manos de ladrones, quienes
le despojaron de su ropa, le hirieron y se fueron, dejándole medio muerto. 31 Por casua-
lidad, descendía cierto sacerdote por aquel
camino; y al verle, pasó de largo. 32 De igual
manera, un levita también llegó al lugar; y al
ir y verle, pasó de largo. 33 Pero cierto samaritano, que iba de viaje, llegó cerca de él;
y al verle, fue movido a misericordia.
34 Acercándose a él, vendó sus heridas,
echándoles aceite y vino. Y poniéndole sobre
su propia cabalgadura, le llevó a un mesón y
cuidó de él. 35 Al día siguiente, sacó dos
denarios[a] y los dio al mesonero diciéndole:
"Cuídamelo, y todo lo que gastes de más, yo
te lo pagaré cuando vuelva." 36 ¿Cuál de estos tres te parece haber sido el prójimo de
aquel que cayó en manos de ladrones?
37 El dijo:
—El que hizo misericordia con él.
Entonces Jesús le dijo:
—Vé y haz tú lo mismo.

Jesús en casa de Marta y María

38 Prosiguiendo[b] ellos su camino, él entró
en una aldea; y una mujer llamada Marta le
recibió en su casa.[c] 39 Esta tenía una hermana que se llamaba María, la cual se sentó
a los pies del Señor[d] y escuchaba su palabra.
40 Pero Marta estaba preocupada con muchos
quehaceres, y acercándose dijo:
—Señor, ¿no te importa que mi hermana
me haya dejado servir sola? Dile, pues, que
me ayude.
41 Pero respondiendo el Señor[d] le dijo:
—Marta, Marta, te afanas y te preocupas
por muchas cosas. 42 Pero una sola cosa es
necesaria.[e] Pues María ha escogido la buena
parte, la cual no le será quitada.

Sobre la oración: el Padre Nuestro[f]

11 Aconteció que, estando Jesús orando
en cierto lugar, cuando terminó, uno
de sus discípulos le dijo:
—Señor, enséñanos a orar, como también
Juan enseñó a sus discípulos.
2 El les dijo:
—Cuando oréis, decid:

"Padre [nuestro
que estás en los cielos]:[g]
Santificado sea tu nombre;
venga tu reino;
[sea hecha tu voluntad,
como en el cielo,
así también en la tierra.][g]
3 el pan nuestro de cada día,
dánoslo hoy;[h]
4 y perdónanos nuestros pecados
porque también nosotros perdonamos
a todos los que nos deben.
Y no nos metas en tentación,
[mas líbranos del mal.]"[g]

5 Les dijo también:
—Supongamos que uno de vosotros[i] tiene un amigo y va a él a la medianoche y le
dice: "Amigo, préstame tres panes, 6 porque
ha llegado a mí un amigo de viaje, y no tengo
nada que poner delante de él." 7 ¿Le responderá aquél desde adentro: "No me molestes;
ya está cerrada la puerta, y mis niños están
conmigo en la cama; no puedo levantarme
para dártelos"? 8 Os digo que, aunque no se
levante a dárselos por ser su amigo, ciertamente por la insistencia de aquél se levantará
y le dará todo lo que necesite.
9 »Y yo os digo: Pedid, y se os dará; buscad
y hallaréis; llamad, y se os abrirá. 10 Porque
todo aquel que pide recibe, y el que busca
halla, y al que llama se le abrirá.
11 »¿Qué padre de entre vosotros, si su hijo
le pide[j] pescado, en lugar de pescado le dará
una serpiente? 12 O si le pide un huevo, ¿le
dará un escorpión? 13 Pues si vosotros,
siendo malos, sabéis dar buenos regalos a
vuestros hijos, ¿cuánto más vuestro Padre celestial dará el Espíritu Santo a los que le pidan?

Por quién Jesús echa fuera demonios[k]

14 Jesús estaba echando fuera un demonio
que era mudo. Y aconteció que, cuando salió
el demonio, el mudo habló. Las muchedum-
bres se asombraron, 15 pero algunos de
ellos dijeron:
—Por Beelzebul,[l] el príncipe de los demonios, echa fuera a los demonios.
16 Otros, para probarle, pedían de él una
señal del cielo. 17 Pero como conocía los
razonamientos de ellos, les dijo:
—Todo reino dividido contra sí mismo es-

[a] *35* Una moneda romana: equivalía al salario de un día para un obrero. [b] *38* Algunos mss. antiguos tienen *aconteció que, prosiguiendo . . .* [c] *38* Algunos mss. antiguos no incluyen *en su casa.* [d] *39,41* Algunos mss. antiguos tienen *Jesús.* [e] *42* Algunos mss. antiguos tienen *Pero pocas cosas son necesarias, o sólo una.* [f] *1t* Ver Mat. 6:9-13; 7:7-11 [g] *2,4* Los mss. más antiguos omiten la frase entre corchetes; comp. Mat. 6:9, 10. [h] *3* Otra trad., *continúa dándonos cada día nuestro pan diario* [i] *5* Lit., *¿Quién de vosotros que . . . él"?* [j] *11* Algunos mss. antiguos tienen *. . . le pide pan, ¿le dará una piedra? O si le pide . . .* [k] *14t* Ver Mat. 12:22-30; Mar. 3:20-27 [l] *15* O sea, *Satanás*; de la Peshita y la Vulgata viene la ortografía *Beelzebub*; gr., *Beelzebul*

tá arruinado, y cae casa sobre casa. 18 Y si Satanás está dividido contra sí mismo, ¿cómo permanecerá en pie su reino? Pues decís que por Beelzebul[a] yo echo fuera los demonios. 19 Y si yo echo fuera los demonios por Beelzebul,[a] ¿por quién los echan fuera vuestros hijos? Por tanto, ellos serán vuestros jueces. 20 Pero si por el dedo de Dios yo echo fuera los demonios, ciertamente ha llegado a vosotros el reino de Dios. 21 Cuando el hombre fuerte y armado guarda su propia casa, sus posesiones están en paz. 22 Pero si viene uno más fuerte que él y le vence, le toma todas sus armas en que confiaba y reparte sus despojos. 23 El que no está conmigo, contra mí está; y el que conmigo no recoge, desparrama.

El espíritu inmundo que regresa[b]

24 »Cuando el espíritu inmundo ha salido de un hombre, anda por lugares secos buscando reposo, y al no hallarlo, dice: "Volveré a mi casa de donde salí." 25 Y cuando regresa, la halla barrida y adornada. 26 Entonces va y trae otros siete espíritus peores que él. Y después de entrar, habitan allí; y el estado final de aquel hombre llega a ser peor que el primero.

La verdadera bienaventuranza

27 Mientras él decía estas cosas, aconteció que una mujer de entre la multitud levantó la voz y le dijo:

—¡Bienaventurado el vientre que te llevó y los pechos que mamaste!

28 Y él dijo:

—Más bien, bienaventurados son los que oyen la palabra de Dios y la guardan.

Jesús se niega a hacer señales[c]

29 Y apiñándose las multitudes, él comenzó a decir: "Esta generación es una generación malvada. Pide señal, y no le será dada ninguna señal, sino la señal de Jonás.[d] 30 Porque como Jonás fue señal para los habitantes de Nínive, así también lo será el Hijo del Hombre para esta generación. 31 La reina del Sur[e] se levantará en el juicio contra los hombres de esta generación y los condenará, porque vino de los confines de la tierra para oír la sabiduría de Salomón. ¡Y he aquí uno[f] mayor que Salomón está en este lugar! 32 Los hombres de Nínive se levantarán en el juicio contra esta generación y la condenarán, porque ellos se arrepintieron ante la predicación de Jonás. ¡Y he aquí uno[f] mayor que Jonás está en este lugar!

El ojo: lámpara del cuerpo[g]

33 "Al encender una lámpara nadie la pone en oculto, ni debajo de un cajón,[h] sino sobre un candelero para que todos los que entren vean la luz. 34 La lámpara de tu cuerpo es tu ojo. Cuando tu ojo está sano, también todo tu cuerpo está lleno de luz. Pero cuando es malo, también tu cuerpo está en tinieblas. 35 Mira, pues, no sea que la luz que hay en ti sea tinieblas. 36 Así que, si todo tu cuerpo está lleno de luz y no tiene ninguna parte oscura, estará todo lleno de luz como cuando una lámpara te alumbra con su resplandor."

Jesús denuncia a escribas y fariseos[i]

37 Cuando Jesús acabó de hablar, un fariseo le rogó que comiese con él; y habiendo entrado Jesús en su casa, se sentó a la mesa. 38 Y el fariseo se asombró al ver que no se lavó antes de comer. 39 Entonces el Señor le dijo:

—Vosotros los fariseos limpiáis el exterior de la copa o del plato, pero vuestro interior está lleno de rapiña y de maldad. 40 Necios, ¿el que hizo lo de fuera no hizo también lo de dentro? 41 Pero dad con misericordia[j] de las cosas que están dentro, y he aquí, todas las cosas os serán limpias.

42 »¡Ay de vosotros, fariseos! Porque diezmáis la menta, la ruda y toda hortaliza, pero pasáis por alto el juicio y el amor de Dios. Es necesario hacer estas cosas, sin pasar por alto aquéllas.

43 »¡Ay de vosotros, fariseos! Porque amáis los primeros asientos en las sinagogas y las salutaciones en las plazas.

44 »¡Ay de vosotros![k] Porque sois como sepulcros ocultos, y los hombres que andan por encima no lo saben.

45 Respondió uno de los maestros de la ley y le dijo:

—Maestro, cuando dices esto, también nos afrentas a nosotros.

46 Y él le dijo:

—¡Ay de vosotros también, maestros de la ley! Porque imponéis a los hombres cargas que no pueden llevar, pero vosotros mismos

[a] *18,19* O sea, *Satanás*; de la Peshita y la Vulgata viene la ortografía *Beelzebub*; gr., *Beelzebul* [b] *24t* Ver Mat. 12:43-45 [c] *29t* Ver Mat. 12:38-42 [d] *29* Ver Jon. 1:17 [e] *31* Ver 1 Rey. 10:1-10 [f] *31,32* Lit., *algo* [g] *33t* Ver Mat. 5:15; 6:22, 23; Mar. 4:21 [h] *33* O sea, *almud*; una vasija, canasta, o caja que representaba una "medida" de casi nueve litros [i] *37t* Ver Mat. 23:1-36; Mar. 12:38-40; Luc. 20:45-47; comp. Mat. 15:1-9 [j] *41* O: *dad limosna* [k] *44* Algunos mss. antiguos añaden *escribas y fariseos, hipócritas*; comp. Mat. 23:29.

no las tocáis ni aun con uno de vuestros dedos.
47»¡Ay de vosotros! Porque edificáis los sepulcros de los profetas, pero vuestros padres
los mataron. 48Con eso, sois testigos y con-
sentís en los hechos de vuestros padres; porque a la verdad ellos los mataron, pero vosotros edificáis sus sepulcros.[a] 49Por esto, la
sabiduría de Dios también dijo: "Les enviaré
profetas y apóstoles; y de ellos, a unos matarán y a otros perseguirán;"[b] 50para que de
esta generación sea demandada la sangre de
todos los profetas que ha sido derramada desde la fundación del mundo; 51desde la sangre de Abel hasta la sangre de Zacarías,[c]
quien pereció entre el altar y el santuario.[d]
Así os digo, la sangre de ellos será demandada
de esta generación.
52»¡Ay de vosotros, maestros de la ley!
Porque habéis quitado la llave del conocimiento. Vosotros mismos no entrasteis, y a
los que entraban se lo habéis impedido.
53Cuando salió de allí,[e] los escribas y los
fariseos comenzaron a presionarle mucho y
a provocarle a que hablase de muchas cosas,
54acechándole para cazar algo de su boca.[f]

Jesús infunde valor a los suyos[g]

12 En esto, habiéndose juntado una
multitud de miles y miles, tanto que
se pisoteaban unos a otros, él comenzó a decir primeramente a sus discípulos: "Guardaos de la levadura de los fariseos, que es la
hipocresía. 2Porque no hay nada encubierto que no haya de ser revelado, ni oculto que
no haya de ser conocido. 3Más bien, las
cosas que habéis dicho en las tinieblas serán
oídas en la luz, y lo que habéis hablado al oído
en las habitaciones será pregonado en las
azoteas.
4"Y os digo a vosotros mis amigos: No temáis a los que matan el cuerpo, y después no
tienen nada peor que hacer. 5Pero yo os
enseñaré a quién debéis temer: Temed a
aquel que, después de haber dado muerte,
tiene poder[h] de echar en el infierno.[i] Sí, os
digo: A éste temed. 6¿No se venden cinco
pajaritos por dos cuartos?[j] Pues ni uno de
ellos está olvidado delante de Dios. 7Pero
aun los cabellos de vuestra cabeza están todos contados. No temáis; más valéis vosotros
que muchos pajaritos.
8"Os digo que todo aquel que me confiese[k] delante de los hombres, también el Hijo
del Hombre le confesará delante de los ángeles de Dios; 9pero el que me niegue delante
de los hombres será negado delante de los
ángeles de Dios. 10A todo aquel que diga
palabra en contra del Hijo del Hombre, le
será perdonado; pero al que blasfeme contra
el Espíritu Santo, no le será perdonado.
11"Cuando os lleven a las sinagogas y a los
magistrados y autoridades, no estéis preocu-
pados de cómo o qué responderéis, o qué habréis de decir. 12Porque el Espíritu Santo
os enseñará en aquella hora lo que se debe
decir."

Parábola del rico insensato

13Le dijo uno de la multitud:
—Maestro, dile a mi hermano que reparta
conmigo la herencia.
14Y él le dijo:
—Hombre, ¿quién me ha puesto como
juez o repartidor sobre vosotros?
15Y les dijo:
—Mirad, guardaos de toda codicia, porque
la vida de uno no consiste en la abundancia
de los bienes que posee.
16Entonces les refirió una parábola, diciendo:
—Las tierras de un hombre rico habían
producido mucho. 17Y él razonaba dentro
de sí, diciendo: "¿Qué haré? Porque ya no
tengo dónde juntar mis productos." 18En-
tonces dijo: "¡Esto haré! Derribaré mis graneros y edificaré otros más grandes. Allí juntaré
todo mi grano y mis bienes, 19y diré a mi
alma: Alma, muchos bienes tienes almacena-
dos para muchos años. Descansa, come, bebe, alégrate." 20Pero Dios le dijo: "¡Necio!
Esta noche vienen a pedir tu alma; y lo que
has provisto, ¿para quién será?" 21Así es el
que hace tesoro para sí y no es rico para con
Dios.

Dios cuida de los suyos[l]

22Dijo a sus discípulos:
—Por tanto, os digo: No os afanéis por
vuestra vida, qué habéis de comer; ni por
vuestro cuerpo, qué habéis de vestir. 23La
vida es más que el alimento, y el cuerpo es
más que el vestido. 24Considerad los cuer-
vos, que ni siembran, ni siegan, ni tienen

[a]48 Algunos mss. antiguos no incluyen *sus sepulcros*. [b]49 Ver 2 Crón. 24:19-21; comp. 2 Crón. 36:15, 16 [c]51 Ver Gén. 4:10 y 2 Crón. 24:20-22 [d]51 Lit., *casa*; o sea, *templo* [e]53 Algunos mss. antiguos tienen *Y diciéndoles estas cosas, los escribas . . .* [f]54 Algunos mss. antiguos añaden *para acusarle*. [g]1t Ver Mat. 10:19, 20, 26-33; 12:31, 32; 16:5, 6; Mar. 3:28-30; 8:14, 15; 13:11 [h]5 O: *autoridad* [i]5 Gr., *Gehena* [j]6 Lit., *dos asariones*, monedas de muy poco valor [k]8 Otras trads., *se declare por mí*; *se identifique conmigo*; o, *me reconozca* [l]22t Comp. Mat. 6:19-34

almacenes ni graneros; y Dios los alimenta.
¡Cuánto más valéis vosotros que las aves!
25 ¿Quién de vosotros podrá, con afanarse,
añadir un codo[a] a su estatura? 26 Pues si no
podéis lo que es menos, ¿por qué estáis afanosos de lo demás? 27 Considerad los lirios,
cómo crecen. No trabajan, ni hilan; y os digo
que ni aun Salomón, con toda su gloria, fue
vestido como uno de ellos. 28 Si Dios viste
así la hierba, que hoy está en el campo y
mañana es echada en el horno, ¡cuánto más
hará por vosotros, hombres de poca fe!
29 »Vosotros, pues, no busquéis qué habéis
de comer o qué habéis de beber, ni estéis
ansiosos. 30 Porque todas estas cosas busca
la gente del mundo; pero vuestro Padre sabe
que necesitáis estas cosas. 31 Más bien, buscad su reino,[b] y estas cosas[c] os serán añadidas. 32 No temáis, manada pequeña, porque
a vuestro Padre le ha placido daros el reino.
33 »Vended vuestros bienes y dad ofrendas
de misericordia.[d] Haceos bolsas que no se
envejecen, un tesoro inagotable en los cielos,
donde no se acerca el ladrón, ni la polilla
destruye. 34 Porque donde esté vuestro tesoro, allí también estará vuestro corazón.

Llamado a la vigilancia[e]

35 »Estén ceñidos vuestros lomos y encen-
didas vuestras lámparas. 36 Y sed vosotros
semejantes a los siervos que esperan a su señor cuando ha de volver de las bodas, para
que le abran al instante en que llegue y llame.
37 Bienaventurados aquellos siervos a quienes el señor les encuentre velando cuando
llegue. De cierto os digo que se ceñirá y hará
que se sienten a la mesa, y viniendo les servirá. 38 Aunque venga a la segunda vigilia,[f]
y aunque venga a la tercera vigilia,[g] si los
halla así, ¡bienaventurados aquellos siervos!
39 »Sabed que si el dueño de casa hubiera
sabido a qué hora habría de venir el ladrón,[h]
no habría permitido que forzara la entrada a
su casa. 40 Vosotros también estad preparados, porque a la hora que no penséis, vendrá
el Hijo del Hombre.

Parábola de los mayordomos[i]

41 Entonces Pedro le dijo:
—Señor, ¿dices esta parábola para nosotros, o también para todos?
42 Y dijo el Señor:
—¿Quién es, pues, el mayordomo fiel y
prudente, a quien el señor pondrá sobre los
de su casa para que les dé sus raciones a su
debido tiempo? 43 Bienaventurado será
aquel siervo a quien, cuando su señor venga,
le encuentre haciéndolo así. 44 En verdad
os digo que le pondrá sobre todos sus bienes.
45 Pero si aquel siervo dice en su corazón:
"Mi señor tarda en venir" y comienza a golpear a los siervos y a las siervas, y a comer y
a beber y a embriagarse, 46 vendrá el señor
de aquel siervo en el día que no espera y a la
hora que no sabe, y le castigará duramente[j]
y pondrá su parte con los incrédulos.
47 Porque aquel siervo que entendió la voluntad de su señor y no se preparó ni hizo conforme a su voluntad, recibirá muchos azotes.
48 Pero el que no entendió, aunque hizo cosas dignas de azotes, recibirá pocos azotes.
Porque de todo aquel a quien le ha sido dado
mucho, mucho se demandará de él; y de
aquel a quien confiaron mucho, se le pedirá
más.

Jesús, motivo de división[k]

49 »He venido a echar fuego en la tierra. ¡Y
cómo quisiera que ya estuviese encendido![l]
50 Tengo un bautismo con que ser bautizado,
¡y cómo me angustio hasta que se cumpla!
51 ¿Pensáis que he venido a dar paz en la tierra? ¡Os digo que no, sino a causar división!
52 Porque de aquí en adelante cinco en una
casa estarán divididos: tres contra dos y dos
contra tres. 53 El padre estará dividido contra el hijo, y el hijo contra el padre; la madre
contra la hija, y la hija contra la madre; la
suegra contra su nuera, y la nuera contra su
suegra.

Las señales de los tiempos[m]

54 Decía también a las multitudes:
—Cuando veis la nube que sale del ponien-
te, luego decís: "Va a llover." Y así sucede.
55 Cuando sopla el viento del sur, decís: "Hará calor." Y lo hace. 56 ¡Hipócritas! Sabéis
interpretar el aspecto del cielo y de la tierra,
¿y cómo no sabéis interpretar este tiempo?
57 »¿Por qué no juzgáis vosotros mismos
lo que es justo? 58 Pues cuando vayas al
magistrado con tu adversario, procura con
diligencia arreglarte con él en el camino, no
sea que te arrastre al juez y el juez te entre-

[a]*25* Una medida antigua, desde el codo hasta la punta de los dedos; aprox. 45 a 50 cm. [b]*31* Algunos mss. antiguos tienen *el reino de Dios*. [c]*31* Algunos mss. antiguos tienen *todas estas cosas*. [d]*33* O: *limosnas* [e]*35t* Ver Mat. 24:42-44 [f]*38* O sea, *entre las 9:00 p.m. y medianoche*, según la costumbre romana que dividía la noche entre cuatro vigilias [g]*38* O sea, *entre la medianoche y las 3:00 a.m.* [h]*39* Varios mss. antiguos incluyen *habría velado y*. [i]*41t* Ver Mat. 24:45-51 [j]*46* Otra trad., *le hará trizas* [k]*49t* Ver Mat. 10:34-36 [l]*49* Otra trad., *¿Y qué quiero, si ya está encendido?* [m]*54t* Ver Mat. 5:25, 26; también Mat. 16:2, 3

gue al policía, y el policía te meta en la cárcel.
59 Te digo que no saldrás de allí hasta que
hayas pagado la última blanca.[a]

Llamado al arrepentimiento

13 En aquella misma ocasión, algunos
estaban allí contándole de ciertos galileos cuya sangre Pilato había mezclado con
la sangre de sus sacrificios. 2 Respondiendo
Jesús les dijo: "¿Pensáis que estos galileos,
porque padecieron estas cosas, habrán sido
más pecadores que todos los galileos? 3 Os
digo que no; más bien, si no os arrepentís,
todos pereceréis igualmente. 4 O aquellos
dieciocho sobre los cuales cayó la torre de
Siloé y los mató, ¿pensáis que ellos habrán
sido más culpables que todos los hombres
que viven en Jerusalén? 5 Os digo que no;
más bien, si no os arrepentís, todos pereceréis de la misma manera."

Parábola de la higuera estéril

6 Entonces dijo esta parábola: "Cierto
hombre tenía una higuera plantada en su viña, y fue a buscar fruto en ella y no lo halló.
7 Entonces dijo al viñador: 'He aquí, ya son
tres años que vengo buscando fruto en esta
higuera y no lo hallo. Por tanto, córtala. ¿Por
qué ha de inutilizar también la tierra?' 8 Entonces él le respondió diciendo: 'Señor, déjala aún este año, hasta que yo cave alrededor
de ella y la abone. 9 Si da fruto en el futuro,
bien; y si no, la cortarás.' "

Jesús sana a una mujer encorvada

10 Jesús enseñaba en una de las sinagogas
en el sábado. 11 Y he aquí una mujer que
tenía espíritu de enfermedad desde hacía dieciocho años; andaba encorvada y de ninguna
manera se podía enderezar. 12 Cuando Jesús la vio, la llamó y le dijo:

—Mujer, quedas libre de tu enfermedad.

13 Puso las manos sobre ella, y al instante
se enderezó y glorificaba a Dios. 14 Y respondiendo el principal de la sinagoga, enojado de que Jesús hubiese sanado en sábado,
decía a la gente:

—Seis días hay en la semana en los cuales
se debe trabajar. Venid, pues, en estos días y
sed sanados, y no en el día de sábado.

15 Entonces el Señor le respondió diciendo:

—¡Hipócrita! ¿No desata cada uno de vosotros en sábado su buey o su asno del pesebre
y lo lleva a beber? 16 Y a ésta, siendo hija de
Abraham, a quien Satanás ha tenido atada
por dieciocho años, ¿no debía ser librada de
esta atadura en el día de sábado?

17 Cuando él decía estas cosas, todos sus
adversarios se avergonzaban. Y todo el pueblo se regocijaba por todas las cosas gloriosas
que él hacía.

Parábola del grano de mostaza[b]

18 Por lo tanto, él decía:

—¿A qué es semejante el reino de Dios? ¿A
qué lo compararé? 19 Es semejante a un
grano de mostaza que un hombre tomó y
sembró en su huerto; y creció y se convirtió
en un árbol, y las aves del cielo hicieron nidos
en sus ramas.

Parábola de la levadura[c]

20 Otra vez dijo:

—¿A qué compararé el reino de Dios?
21 Es semejante a la levadura que una mujer
tomó y escondió en tres medidas[d] de harina,
hasta que todo quedó leudado.

La puerta estrecha de la salvación[e]

22 Jesús pasaba por las ciudades y aldeas,
enseñando y caminando hacia Jerusalén.
23 Entonces alguien le dijo:

—Señor, ¿son pocos los que se salvan?

Y él les dijo:

24 —Esforzaos a entrar por la puerta an-
gosta, porque os digo que muchos procura-
rán entrar, y no podrán. 25 Después que el
dueño de casa se levante y cierre la puerta,
vosotros, afuera, comenzaréis a llamar a la
puerta diciendo: "¡Señor,[f] ábrenos!" Pero
respondiendo él os dirá: "No os conozco de
dónde sois." 26 Entonces comenzaréis a decir: "Delante de ti hemos comido y bebido, y
en nuestras plazas enseñaste." 27 Pero os
hablará diciendo: "No os conozco de dónde
sois. ¡Apartaos de mí todos los que hacéis
iniquidad!" 28 Allí habrá llanto y crujir de
dientes, cuando veáis a Abraham, a Isaac, a
Jacob y a todos los profetas en el reino de
Dios, y a vosotros echados fuera. 29 Vendrán del oriente y del occidente, del norte y
del sur; y se sentarán a la mesa en el reino
de Dios. 30 He aquí, hay últimos que serán
primeros, y hay primeros que serán últimos.

[a] *59* Gr., *lepton*; otra trad., *hasta el último centavo* [b] *18t* Ver Mat. 13:31, 32; Mar. 4:30-32 [c] *20t* Ver Mat. 13:33 [d] *21* Gr., *saton*; un total de aprox. 39 litros de harina, ya que esta "medida" antigua contenía unos 13 litros [e] *22t* Ver Mat. 7:13, 14, 22, 23; Mar. 10:31 [f] *25* Algunos mss. antiguos repiten la palabra *Señor*.

Lamento de Jesús sobre Jerusalén[a]

31 En la misma hora[b] llegaron ciertos fariseos y le dijeron:
—Sal y vete de aquí, porque Herodes te
quiere matar.
32 El les dijo:
—Id y decid a ese zorro: "He aquí echo
fuera demonios y realizo sanidades hoy y mañana, y al tercer día termino." 33 Sin embargo, es necesario que yo siga mi camino
hoy, mañana y pasado mañana; porque no es
posible que un profeta muera fuera de Jerusalén.
34 »¡Jerusalén, Jerusalén, que matas a los
profetas y apedreas a los que te son enviados!
¡Cuántas veces quise juntar a tus hijos, así
como la gallina junta sus pollitos debajo de
sus alas, y no quisiste! 35 He aquí vuestra
casa[c] os es dejada desierta. Os digo que no
me veréis más, hasta que venga el día cuando
digáis: "*¡Bendito el que viene en el nombre
del Señor!*"[d]

Jesús sana a un hidrópico

14 Aconteció un sábado, cuando él entró
en casa de uno de los principales de
los fariseos para comer pan, que ellos le ob-
servaban cuidadosamente. 2 Y he aquí un
hombre hidrópico estaba delante de él.
3 Entonces respondiendo Jesús, habló a los
maestros de la ley y a los fariseos, diciendo:
—¿Es lícito sanar en sábado, o no?[e]
4 Pero ellos callaron. Entonces él le tomó,
le sanó y le despidió. 5 Y dijo a ellos:
—¿Cuál de vosotros, si su hijo[f] o su buey
cae en un pozo, no lo sacará de inmediato en
el día de sábado?
6 Y no le podían responder a estas cosas.

Lecciones acerca de la humildad

7 Observando a los invitados, cómo escogían los primeros asientos a la mesa, refirió
una parábola diciéndoles:
8 —Cuando seas invitado por alguien a
una fiesta de bodas, no te sientes en el primer
lugar; no sea que otro más distinguido que tú
haya sido invitado por él, 9 y que viniendo
el que os invitó a ti y al otro, te diga: "Da
lugar a éste", y luego comiences con vergüenza a ocupar el último lugar. 10 Más
bien, cuando seas invitado, vé y siéntate en
el último lugar; para que cuando venga el que
te invitó, diga: "Amigo, sube más arriba." Entonces tendrás gloria delante de los que se
sientan contigo a la mesa. 11 Porque cualquiera que se enaltece será humillado, y el
que se humilla será enaltecido.
12 Dijo también al que le había invitado:
—Cuando hagas comida o cena, no invites
a tus amigos, ni a tus hermanos, ni a tus
parientes, ni a tus vecinos ricos; no sea que
ellos te vuelvan a invitar a ti, y te sea hecha
compensación. 13 Pero cuando hagas banquete, llama a los pobres, a los mancos, a los
cojos y a los ciegos. 14 Y serás bienaventurado, porque ellos no te pueden retribuir, pero
te será recompensado en la resurrección de
los justos.

Parábola del gran banquete[g]

15 Al oír esto, uno de los que estaban sentados juntos a la mesa le dijo:
—¡Bienaventurado el que coma pan en el
reino de Dios!
16 Pero él le dijo:
—Un hombre hizo un gran banquete e invitó a muchos. 17 A la hora del banquete
envió a su siervo para decir a los invitados:
"Venid, porque ya está[h] preparado." 18 Pero todos a una comenzaron a disculparse. El
primero dijo: "He comprado un campo y necesito salir para verlo; te ruego que me disculpes." 19 El otro dijo: "He comprado cinco yuntas de bueyes y voy a probarlos. Te
ruego que me disculpes." 20 El otro dijo:
"Acabo de casarme y por tanto no puedo ir."
21 Cuando volvió el siervo, hizo saber estas
cosas a su señor. Entonces se enojó el dueño
de casa y dijo a su siervo: "Vé pronto a las
plazas y a las calles de la ciudad y trae acá a
los pobres, a los mancos, a los ciegos y a los
cojos." 22 Luego dijo el siervo: "Señor, se ha
hecho lo que mandaste, y aún queda lugar."
23 El señor dijo al siervo: "Vé por los caminos
y por los callejones, y exígeles a que entren
para que mi casa se llene. 24 Pues os digo
que ninguno de aquellos hombres que fueron
invitados gustará de mi banquete."

Condiciones del discipulado[i]

25 Grandes multitudes iban con él, y él se
volvió y les dijo: 26 "Si alguno viene a mí y
no aborrece a su padre, madre, mujer, hijos,
hermanos, hermanas y aun su propia vida, no
puede ser mi discípulo. 27 Y cualquiera que
no toma su propia cruz y viene en pos de mí,
no puede ser mi discípulo. 28 Porque ¿cuál
de vosotros, queriendo edificar una torre, no

[a] *31t* Ver Mat. 23:37-39 [b] *31* Algunos mss. antiguos dicen *En el mismo día.* [c] *35* Comp. Miq. 3:12 [d] *35* Sal. 118:26 [e] *3* Algunos mss. antiguos no incluyen *o no.* [f] *5* Algunos mss. antiguos tienen *asno.* [g] *15t* Ver Mat. 22:1-14 [h] *17* Algunos mss. antiguos tienen *porque todo ya está preparado.* [i] *25t* Ver Mat. 10:37, 38; 5:13; Mar. 9:49, 50

se sienta primero y calcula los gastos, a ver si tiene lo que necesita para acabarla? 29 No sea que después de haber puesto los cimientos y al no poderla terminar, todos los que la vean comiencen a burlarse de él, 30 diciendo: 'Este hombre comenzó a edificar, y no pudo acabar.' 31 ¿O qué rey, que sale a hacer guerra contra otro rey, no se sienta primero y consulta si puede salir con diez mil al encuentro del que viene con veinte mil? 32 De otra manera, cuando el otro rey está todavía lejos, le envía una embajada y pide condiciones de paz. 33 Así, pues, cualquiera de vosotros que no renuncia a todas las cosas que posee, no puede ser mi discípulo.

34 "Buena es la sal; pero si la sal se vuelve insípida, ¿con qué será sazonada? 35 No es buena ni para la tierra ni para abono; por eso la arrojan fuera. Quien tiene oídos para oír, oiga."

Parábola de la oveja perdida[a]

15 Se acercaban a él todos los publicanos y pecadores para oírle, 2 y los fariseos y los escribas murmuraban diciendo:

—Este recibe a los pecadores y come con ellos.

3 Entonces él les refirió esta parábola, diciendo:

4 —¿Qué hombre de vosotros, si tiene cien ovejas, y pierde una de ellas, no deja las noventa y nueve en el desierto y va tras la que se ha perdido, hasta hallarla? 5 Y al hallarla, la pone sobre sus hombros gozoso, 6 y cuando llega a casa reúne a sus amigos y vecinos, y les dice: "Gozaos conmigo, porque he hallado mi oveja que se había perdido." 7 Os digo que del mismo modo habrá más gozo en el cielo por un pecador que se arrepiente, que por noventa y nueve justos que no necesitan de arrepentimiento.

Parábola de la moneda perdida

8 »¿O qué mujer que tiene diez dracmas,[b] si pierde una dracma, no enciende una lámpara, barre la casa y busca con empeño hasta hallarla? 9 Cuando la halla, reúne a sus amigas y vecinas, y les dice: "Gozaos conmigo, porque he hallado la dracma que estaba perdida." 10 Os digo que del mismo modo hay gozo delante de los ángeles de Dios por un pecador que se arrepiente.

Parábola del hijo perdido

11 Dijo además:

—Un hombre tenía dos hijos. 12 El menor de ellos dijo a su padre: "Padre, dame la parte de la herencia que me corresponde." Y él les repartió los bienes. 13 No muchos días después, habiendo juntado todo, el hijo menor se fue a una región lejana, y allí desperdició sus bienes viviendo perdidamente.

14 »Cuando lo hubo malgastado todo, vino una gran hambre en aquella región, y él comenzó a pasar necesidad. 15 Entonces fue y se allegó a uno de los ciudadanos de aquella región, el cual le envió a su campo para apacentar los cerdos. 16 Y él deseaba saciarse[c] con las algarrobas que comían los cerdos, y nadie se las daba. 17 Entonces volviendo en sí, dijo: "¡Cuántos jornaleros en la casa de mi padre tienen abundancia de pan, y yo aquí perezco de hambre! 18 Me levantaré, iré a mi padre y le diré: 'Padre, he pecado contra el cielo y ante ti. 19 Ya no soy digno de ser llamado tu hijo; hazme como a uno de tus jornaleros.' "

20 »Se levantó y fue a su padre. Cuando todavía estaba lejos, su padre le vio y tuvo compasión. Corrió y se echó sobre su cuello, y le besó. 21 El hijo le dijo: "Padre, he pecado contra el cielo y ante ti, y ya no soy digno de ser llamado tu hijo." 22 Pero su padre dijo a sus siervos: "Sacad de inmediato el mejor vestido y vestidle, y poned un anillo en su mano y calzado en sus pies. 23 Traed el ternero engordado y matadlo. Comamos y regocijémonos, 24 porque este mi hijo estaba muerto y ha vuelto a vivir; estaba perdido y ha sido hallado." Y comenzaron a regocijarse.

25 »Su hijo mayor estaba en el campo. Cuando vino, se acercó a la casa y oyó la música y las danzas. 26 Después de llamar a uno de los criados, le preguntó qué era aquello. 27 Este le dijo: "Tu hermano ha venido, y tu padre ha mandado matar el ternero engordado, por haberle recibido sano y salvo." 28 Entonces él se enojó y no quería entrar.

»Salió, pues, su padre y le rogaba que entrase. 29 Pero respondiendo él dijo a su padre: "He aquí, tantos años te sirvo, y jamás he desobedecido tu mandamiento; y nunca me has dado un cabrito para regocijarme con mis amigos. 30 Pero cuando vino éste tu hijo que ha consumido tus bienes con prostitutas, has matado para él el ternero engordado." 31 Entonces su padre le dijo: "Hijo, tú siempre estás conmigo, y todas mis cosas son tuyas. 32 Pero era necesario alegrarnos y re-

[a] *1* Ver Mat. 18:12-14

[b] *8* Una moneda de origen griego del mismo valor que un denario, que equivalía al salario de un día para un obrero

[c] *16* Algunos mss. antiguos dicen *llenar su estómago*

gocijarnos, porque este tu hermano estaba
muerto y ha vuelto a vivir; estaba perdido y
ha sido hallado."

Parábola del mayordomo injusto

16 Dijo también a sus discípulos: "Había
cierto hombre rico, el cual tenía un
mayordomo; y éste fue acusado delante de él
como derrochador de sus bienes. 2 Su señor
le llamó y le dijo: '¿Qué es esto que oigo de
ti? Da cuenta de tu mayordomía, porque ya
no podrás ser mayordomo.' 3 Entonces el
mayordomo se dijo a sí mismo: '¿Qué haré?
Porque mi señor me quita la mayordomía.
Cavar, no puedo; mendigar, me da vergüenza. 4 ¡Ya sé lo que haré para que cuando sea
destituido de la mayordomía, me reciban en
sus casas!'

5 "Entonces llamó a cada uno de los deudores de su señor, y dijo al primero: '¿Cuánto
debes a mi señor?' 6 Él dijo: 'Cien barriles[a]
de aceite.' Y le dijo: 'Toma tu recibo, siéntate
y de inmediato escribe: cincuenta.' 7 Después dijo a otro: 'Y tú, ¿cuánto debes?' Y él
le dijo: 'Cien medidas[b] de trigo.' El le dijo:
'Toma tu recibo y escribe: ochenta.'

8 "Y el señor elogió al mayordomo injusto
porque actuó sagazmente, pues los hijos de
este mundo[c] son en su generación más saga-
ces que los hijos de luz.

9 "Y yo os digo: Con las riquezas injustas
ganaos amigos para que cuando éstas lleguen
a faltar, ellos os reciban en las moradas eternas.

10 "El que es fiel en lo muy poco también
es fiel en lo mucho, y el que en lo muy poco
es injusto también es injusto en lo mucho.
11 Así que, si con las riquezas injustas no
fuisteis fieles, ¿quién os confiará lo verdadero? 12 Y si en lo ajeno no fuisteis fieles,
¿quién os dará lo que es vuestro? 13 Ningún
siervo puede servir a dos señores; porque
aborrecerá al uno y amará al otro, o se dedicará al uno y menospreciará al otro. No podéis servir a Dios y a las riquezas."[d]

14 Los fariseos, que eran avaros, oían todas
estas cosas y se burlaban de él. 15 Y él les
dijo: "Vosotros sois los que os justificáis a
vosotros mismos delante de los hombres. Pero Dios conoce vuestros corazones; porque lo
que entre los hombres es sublime, delante de
Dios es abominación.

La ley y el reino de Dios[e]

16 "La Ley y los Profetas fueron hasta Juan.
A partir de entonces son anunciadas las buenas nuevas del reino de Dios, y todos se es-
fuerzan por entrar en él.[f] 17 Pero más fácil
es que pasen el cielo y la tierra, que se caiga
una tilde de la ley.

Acerca del divorcio[g]

18 "Cualquiera que se divorcia de su mujer
y se casa con otra comete adulterio. Y el que
se casa con la divorciada por su marido comete adulterio.

El rico y Lázaro

19 "Cierto hombre era rico, se vestía de
púrpura y de lino fino, y hacía cada día banquete con esplendidez. 20 Y cierto pobre,
llamado Lázaro, estaba echado a su puerta,
lleno de llagas, 21 y deseaba saciarse con
lo[h] que caía de la mesa del rico. Aun los
perros venían y le lamían las llagas.

22 "Aconteció que murió el pobre y fue llevado por los ángeles al seno de Abraham. Murió también el rico, y fue sepultado. 23 Y en
el Hades,[i] estando en tormentos, alzó sus
ojos y vio de lejos a Abraham, y a Lázaro en
su seno. 24 Entonces él, dando voces, dijo:
'Padre Abraham, ten misericordia de mí y
envía a Lázaro para que moje la punta de su
dedo en agua y refresque mi lengua; porque
estoy atormentado en esta llama.'

25 "Y Abraham dijo: 'Hijo, acuérdate que
durante tu vida recibiste tus bienes; y de
igual manera Lázaro, males. Pero ahora él es
consolado aquí, y tú eres atormentado.
26 Además de todo esto, un gran abismo existe entre nosotros y vosotros, para que los que
quieran pasar de aquí a vosotros no puedan,
ni de allá puedan cruzar para acá.'

27 "Y él dijo: 'Entonces te ruego, padre,
que le envíes a la casa de mi padre 28 (pues
tengo cinco hermanos), de manera que les
advierta a ellos, para que no vengan también
a este lugar de tormento.' 29 Pero Abraham
dijo: 'Tienen a Moisés y a los Profetas. Que les
escuchen a ellos.' 30 Entonces él dijo: 'No,
padre Abraham. Más bien, si alguno va a ellos
de entre los muertos, se arrepentirán.'
31 Pero Abraham le dijo: 'Si no escuchan a
Moisés y a los Profetas, tampoco se persuadi-
rán si alguno se levanta de entre los muertos.' "

[a] *6* Gr., *bato*; una medida de capacidad líquida que equivalía aprox. de 37 a 39 litros [b] *7* Gr., *coro*; una medida de capacidad para granos, equivalente a unos 375 litros [c] *8* Lit., *esta edad* [d] *13* Gr., *Mamón*; ver Mat. 6:24 [e] *16t* Ver Mat. 11:12, 13; 5:18 [f] *16* Otra trad., *y todos entran en él con violencia.* [g] *18t* Ver Mat. 19:9; Mar. 10:11, 12 [h] *21* Algunos mss. antiguos tienen *con las migajas que caían . . .* [i] *23* O sea, la morada de los muertos

1	2	3	4	5	6	7	8	9	10
11	12	13	14	15	16	17	18	19	20
21	22	23	24	25	26	27	28	29	30
31	32	33	34	35	36	37	38	39	40
41	42	43	44	45	46	47	48	49	50
51	52	53	54	55	56	57	58	59	60
61	62	63	64	65	66	67	68	69	70
71	72	73	74	75	76	77	78	79	80
81	82	83	84	85	86	87	88	89	90
91	92	93	94	95	96	97	98	99	100

Acerca de las ofensas y del perdón[a]

17 Dijo a sus discípulos:
—Es imposible que no vengan tropiezos; pero, ¡ay de aquel que los ocasione!
2 Mejor le fuera que se le atase una piedra de
molino al cuello y que fuese lanzado al mar,
que hacer tropezar a uno de estos pequeñitos.
3 »Mirad por vosotros mismos: Si tu hermano peca,[b] repréndele; y si se arrepiente,
perdónale. 4 Si siete veces al día peca contra
ti, y siete veces al día vuelve a ti diciendo: "Me
arrepiento", perdónale.

El poder de la fe[c]

5 Los apóstoles dijeron al Señor:
—Auméntanos la fe.
6 Entonces el Señor dijo:
—Si tuvieseis fe como un grano de mostaza, diríais a este sicómoro: "¡Desarráigate y
plántate en el mar!" Y el árbol os obedecería.

El deber del siervo

7 »¿Y quién de vosotros, teniendo un siervo
que ara o apacienta, al volver éste del campo,
le dirá: "Pasa, siéntate a la mesa"? 8 Más
bien, le dirá: "Prepara para que yo cene. Cíñete y sírveme hasta que yo haya comido y bebido. Después de eso, come y bebe tú." 9 ¿Da
gracias al siervo porque hizo lo que le había
sido mandado?[d] 10 Así también vosotros,
cuando hayáis hecho todo lo que se os ha
mandado, decid: "Siervos inútiles somos;
porque sólo hicimos lo que debíamos hacer."

Jesús sana a diez leprosos

11 Aconteció que yendo a Jerusalén, pasaba
por[e] Samaria y Galilea. 12 Cuando entró en
una aldea, salieron a su encuentro diez hombres leprosos, los cuales se pararon de lejos
13 y alzaron la voz diciendo:
—¡Jesús, Maestro, ten misericordia de nosotros!
14 Cuando él los vio, les dijo:
—Id, mostraos a los sacerdotes.
Aconteció que mientras iban, fueron limpiados. 15 Entonces uno de ellos, al ver que
había sido sanado, volvió glorificando a Dios
en alta voz. 16 Y se postró sobre su rostro
a los pies de Jesús, dándole gracias. Y éste era
samaritano. 17 Y respondiendo Jesús dijo:
—¿No eran diez los que fueron limpiados?
Y los nueve, ¿dónde están? 18 ¿No hubo
quién volviese y diese gloria a Dios, sino este
extranjero? 19 —Y le dijo—: Levántate, vete; tu fe te ha salvado.[f]

El reino de Dios es actual

20 Y cuando los fariseos le preguntaron
acerca de cuándo había de venir el reino de
Dios, les respondió diciendo:
—El reino de Dios no vendrá con advertencia. 21 No dirán: "¡Mirad, aquí está!" o
"¡Allí está!" Porque el reino de Dios está en
medio de vosotros.

La manifestación del Hijo del Hombre[g]

22 Dijo a sus discípulos:
—Vendrá el tiempo cuando desearéis ver
uno de los días del Hijo del Hombre y no lo
veréis. 23 Os dirán: "¡Mirad, aquí está!" o
"¡Mirad, allí está!" Pero no vayáis ni les sigáis.
24 Porque como el relámpago que resplandece ilumina el cielo de un extremo al otro, así
también será el Hijo del Hombre en su día.
25 Pero primero es necesario que él padezca
mucho y sea rechazado por esta generación.
26 »Como pasó en los días de Noé,[h] así
también será en los días del Hijo del Hombre:
27 Ellos comían y bebían; se casaban y se daban en casamiento, hasta el día en que Noé
entró en el arca, y vino el diluvio y los destruyó a todos.
28 »Asimismo, también será como pasó en
los días de Lot:[i] Comían, bebían, compraban, vendían, plantaban y edificaban; 29 pero el día en que Lot salió de Sodoma, llovió
del cielo fuego y azufre, y los destruyó a todos. 30 Así será en el día en que se manifieste el Hijo del Hombre.
31 »En aquel día, el que esté en la azotea
y sus cosas estén en la casa, no descienda para
tomarlas. Asimismo, el que esté en el campo,
no vuelva atrás. 32 Acordaos de la mujer de
Lot. 33 Cualquiera que procure salvar su vida, la perderá; y cualquiera que la pierda, la
conservará. 34 Os digo que en aquella noche
estarán dos en una cama; el uno será tomado,
y el otro será dejado. 35,36[j] Dos mujeres
estarán moliendo juntas; la una será tomada,
y la otra dejada.
37 Respondiendo le preguntaron:
—¿Dónde, Señor?
Y él dijo:

[a] *1t* Ver Mat. 18:6, 7, 15; Mar. 9:42 [b] *3* Unos pocos mss. antiguos añaden *contra ti.* [c] *5t* Ver Mat. 17:19-21; Mar. 9:28, 29 [d] *9* Algunos mss. antiguos añaden *Pienso que no.* [e] *11* Lit., *por en medio de* [f] *19* Otra trad., *te ha sanado* [g] *22t* Ver Mat 24:15-41; Mar. 13:14-23 [h] *26* Ver Gén. 6:11 [i] *28* Ver Gén. 19:24 [j] *36* Algunos mss. antiguos incluyen la frase que aparece en Mat. 24:40: [36] *Estarán dos en el campo; el uno será tomado, y el otro dejado.*

—Donde esté el cadáver, allí se juntarán
los buitres.[a]

Parábola del juez y la viuda

18 Les refirió también una parábola
acerca de la necesidad de orar siempre y no desmayar. 2 Les dijo: "En cierta ciudad había un juez que ni temía a Dios ni
respetaba al hombre. 3 Había también en
aquella ciudad una viuda, la cual venía a él
diciendo: 'Hazme justicia contra mi adversario.' 4 El no quiso por algún tiempo, pero
después se dijo a sí mismo: 'Aunque ni temo
a Dios ni respeto al hombre, 5 le haré justicia a esta viuda, porque no me deja de moles-
tar; para que no venga continuamente a can-
sarme.' "
6 Entonces dijo el Señor: "Oíd lo que dice
el juez injusto. 7 ¿Y Dios no hará justicia a
sus escogidos que claman a él de día y de
noche? ¿Les hará esperar? 8 Os digo que los
defenderá pronto. Sin embargo, cuando venga el Hijo del Hombre, ¿hallará fe en la tierra?"

Parábola del fariseo y el publicano

9 Dijo también esta parábola a unos que
confiaban en sí mismos como que eran justos
y menospreciaban a los demás: 10 "Dos
hombres subieron al templo a orar. Uno era
fariseo; y el otro, publicano. 11 El fariseo, de
pie, oraba consigo mismo de esta manera:
'Dios, te doy gracias que no soy como los
demás hombres: ladrones, injustos, adúlteros, ni aun como este publicano. 12 Ayuno
dos veces a la semana, doy diezmos de todo
lo que poseo.' 13 Pero el publicano, de pie
a cierta distancia, no quería ni alzar los ojos
al cielo, sino que se golpeaba el pecho, diciendo: 'Dios, sé propicio a mí,[b] que soy pecador.' 14 Os digo que éste descendió a casa
justificado en lugar del primero. Porque
cualquiera que se enaltece será humillado, y
el que se humilla será enaltecido."

Jesús bendice a los niños[c]

15 También le presentaban los niños pequeños para que los tocase. Y los discípulos,
al ver esto, les reprendían. 16 Pero Jesús los
llamó diciendo: "Dejad a los niños venir a mí
y no les impidáis, porque de los tales es el
reino de Dios. 17 De cierto os digo que cualquiera que no reciba el reino de Dios como
un niño, jamás entrará en él."

Jesús y el joven rico[d]

18 Le preguntó cierto hombre principal,
diciendo:
—Maestro bueno, ¿qué haré para obtener
la vida eterna?
19 Y Jesús le dijo:
—¿Por qué me llamas "bueno"? Ninguno
es bueno, sino sólo uno, Dios. 20 Tú conoces los mandamientos: *No cometas adulterio, no cometas homicidio, no robes, no digas falso testimonio, honra a tu padre y a tu
madre.*[e]
21 Entonces él dijo:
—Todo esto lo he guardado desde mi juventud.
22 Jesús, al oírlo, le dijo:
—Aún te falta una cosa: Vende todo lo que
tienes y repártelo[f] a los pobres, y tendrás
tesoro en el cielo; y ven, sígueme.
23 Entonces él, al oír estas cosas, se entristeció mucho, porque era muy rico.

El peligro de las riquezas[g]

24 Jesús, al ver que se había entristecido
mucho, dijo:
—¡Cuán difícilmente entrarán en el reino
de Dios los que tienen riquezas! 25 Porque
más fácil le es a un camello pasar por el ojo
de una aguja, que a un rico entrar en el reino
de Dios.
26 Los que oyeron esto dijeron:
—¿Y quién podrá ser salvo?
27 El les dijo:
—Lo que es imposible para los hombres es
posible para Dios.
28 Entonces Pedro dijo:
—He aquí, nosotros hemos dejado lo
nuestro y te hemos seguido.
29 Y él les dijo:
—De cierto os digo que no hay nadie que
haya dejado casa, mujer, hermanos, padres o
hijos por causa del reino de Dios, 30 que no
haya de recibir muchísimo más en este tiempo, y en la edad venidera, la vida eterna.

Jesús anuncia su muerte y victoria[h]

31 Jesús, tomando a los doce, les dijo:
—He aquí subimos a Jerusalén, y se cumplirán todas las cosas que fueron escritas por
los profetas acerca del Hijo del Hombre.
32 Porque será entregado a los gentiles, y será
escarnecido, injuriado y escupido. 33 Después que le hayan azotado, le matarán; pero
al tercer día resucitará.

[a] *37* Otra trad., *las águilas* [b] *13* Otra trad., *ten misericordia de mí* [c] *15t* Ver Mat. 19:13-15; Mar. 10:13-16 [d] *18t* Ver Mat. 19:16-22; Mar. 10:17-22 [e] *20* Exo. 20:12-16; Deut. 5:16-20 [f] *22* Gr. omite *-lo*. [g] *24t* Ver Mat. 19:23-30; Mar. 10:23-31 [h] *31t* Ver Mat. 20:17-19; Mar. 10:32-34

34 Sin embargo, ellos no entendían nada de esto. Esta palabra les estaba encubierta, y no entendían lo que se les decía.

Jesús sana a un ciego en Jericó[a]

35 Aconteció, al acercarse Jesús a Jericó, que un ciego estaba sentado junto al camino, mendigando. 36 Este, como oyó pasar a la multitud, preguntó qué era aquello. 37 Y le dijeron que pasaba Jesús de Nazaret. 38 Entonces él gritó diciendo:

—¡Jesús, Hijo de David, ten misericordia de mí!

39 Los que iban delante le reprendían para que se callase, pero él clamaba con mayor insistencia:

—¡Hijo de David, ten misericordia de mí!

40 Entonces Jesús se detuvo, mandó que se lo trajesen; y cuando llegó, le preguntó 41 diciendo:

—¿Qué quieres que te haga?

Y él dijo:

—Señor, que yo recobre la vista.

42 Jesús le dijo:

—Recobra la vista; tu fe te ha salvado.[b]

43 Inmediatamente recobró la vista y le seguía, glorificando a Dios. Y todo el pueblo al ver esto dio alabanza a Dios.

Jesús y Zaqueo

19 Habiendo entrado Jesús en Jericó, pasaba por la ciudad. 2 Y he aquí, un hombre llamado Zaqueo, que era un principal de los publicanos y era rico, 3 procuraba ver quién era Jesús; pero no podía a causa de la multitud, porque era pequeño de estatura. 4 Entonces corrió delante y subió a un árbol sicómoro para verle, pues había de pasar por allí. 5 Cuando Jesús llegó a aquel lugar, alzando la vista le vio y le dijo:

—Zaqueo, date prisa, desciende; porque hoy es necesario que me quede en tu casa.

6 Entonces él descendió aprisa y le recibió gozoso. 7 Al ver esto, todos murmuraban diciendo que había entrado a alojarse en la casa de un hombre pecador. 8 Entonces Zaqueo, puesto en pie, dijo al Señor:

—He aquí, Señor, la mitad de mis bienes doy a los pobres; y si en algo he defraudado a alguno, se lo devuelvo cuadruplicado.

9 Jesús le dijo:

—Hoy ha venido la salvación a esta casa, por cuanto él también es hijo de Abraham. 10 Porque el Hijo del Hombre ha venido a buscar y a salvar lo que se había perdido.

Parábola de las diez minas[c]

11 Oyendo ellos estas cosas, prosiguió Jesús y dijo una parábola, por cuanto estaba cerca de Jerusalén y porque ellos pensaban que inmediatamente habría de ser manifestado el reino de Dios. 12 Dijo, pues: "Cierto hombre de noble estirpe partió a un país lejano para recibir un reino y volver. 13 Entonces llamó a diez siervos suyos y les dio diez minas,[d] diciéndoles: 'Negociad hasta que yo venga.'

14 "Pero sus ciudadanos le aborrecían, y enviaron tras él una embajada, diciendo: 'No queremos que éste reine sobre nosotros.'

15 "Aconteció que cuando él volvió después de haber tomado el reino, mandó llamar ante sí a aquellos siervos a los cuales había dado el dinero, para saber lo que habían negociado.[e] 16 Vino el primero y dijo: 'Señor, tu mina ha producido diez minas.' 17 Y él le dijo: 'Muy bien, buen siervo; puesto que en lo poco has sido fiel, tendrás autoridad sobre diez ciudades.' 18 Vino el segundo y dijo: 'Señor, tu mina ha hecho cinco minas.' 19 También a éste le dijo: 'Tú también estarás sobre cinco ciudades.' 20 Y vino otro y dijo: 'Señor, he aquí tu mina, la cual he guardado en un pañuelo. 21 Porque tuve miedo de ti, que eres hombre severo, que tomas lo que no pusiste y cosechas lo que no sembraste.' 22 Entonces él le dijo: '¡Mal siervo, por tu boca te juzgo! Sabías que yo soy hombre severo, que tomo lo que no puse y cosecho lo que no sembré. 23 ¿Por qué, pues, no pusiste mi dinero en el banco, para que al venir yo lo cobrara junto con los intereses?' 24 Y dijo a los que estaban presentes: 'Quitadle la mina y dadla al que tiene diez minas.' 25 Ellos le dijeron: 'Señor, él ya tiene diez minas.' 26 El respondió:[f] 'Pues yo os digo que a todo el que tiene, le será dado; pero al que no tiene, aun lo que tiene le será quitado. 27 Pero, en cuanto a aquellos enemigos míos que no querían que yo reinara sobre ellos, traedlos acá y degolladlos en mi presencia.' "

La entrada triunfal en Jerusalén[g]

28 Después de decir esto, iba delante subiendo a Jerusalén. 29 Y aconteció que llegando cerca de Betfagé y Betania, al monte

[a] *35t* Ver Mat. 20:29-34; Mar. 10:46-52; comp. Mat. 9:27-31 [b] *42* Otra trad., *te ha sanado* [c] *11t* Comp. Mat. 25:14-30 [d] *13* La mina era una moneda de oro que equivalía a 100 denarios; el denario representaba el salario de un día para un obrero o soldado. [e] *15* Algunos mss. antiguos tienen *lo que cada uno había negociado*. [f] *26* Casi todos los mss. antiguos omiten *El respondió*, pero se sobrentiende. [g] *28t* Ver Mat. 21:1-11; Mar. 11:1-10; Juan 12:12-19

que se llama de los Olivos, envió a dos de sus
discípulos, 30 diciendo:
—Id a la aldea de enfrente, y cuando entréis en ella, hallaréis atado un borriquillo,
en el cual ningún hombre ha montado jamás.
Desatadlo y traedlo. 31 Si alguien os pregunta: "¿Por qué lo desatáis?", le responderéis así: "Porque el Señor lo necesita."
32 Los que habían sido enviados fueron y
hallaron como había dicho. 33 Cuando de-
sataban el borriquillo, sus dueños les dijeron:
—¿Por qué desatáis el borriquillo?
34 Y ellos dijeron:
—Porque el Señor lo necesita.
35 Trajeron el borriquillo a Jesús, y echando sobre él sus mantos, hicieron que Jesús
montara encima. 36 Y mientras él avanza-
ba, tendían sus mantos por el camino.
37 Cuando ya llegaba él cerca de la bajada
del monte de los Olivos, toda la multitud de
los discípulos, gozándose, comenzó a alabar
a Dios a gran voz por todas las maravillas que
habían visto. 38 Ellos decían:
—*¡Bendito el* rey *que viene en el nombre
del Señor!*[a] ¡Paz en el cielo, y gloria en las
alturas!
39 Entonces, algunos de los fariseos de entre la multitud le dijeron:
—Maestro, reprende a tus discípulos.
40 El respondió diciéndoles:
—Os digo que si éstos callan, las piedras
gritarán.[b]
41 Cuando llegó cerca, al ver la ciudad, lloró por ella 42 diciendo:
—¡Oh, si conocieses tú también, por lo
menos en éste tu día, lo que conduce a tu paz!
Pero ahora está encubierto a tus ojos.
43 Porque vendrán sobre ti días en que tus
enemigos te rodearán con baluarte y te pondrán sitio, y por todos lados te apretarán.
44 Te derribarán a tierra, y a tus hijos dentro
de ti. No dejarán en ti piedra sobre piedra, por
cuanto no conociste el tiempo de tu visitación.

Jesús purifica el templo

45 Cuando entró en el templo, comenzó a
echar fuera a los que vendían,[d] 46 diciéndoles:
—Escrito está: *¡Mi casa es casa de oración,*[e] pero vosotros la habéis hecho cueva
de ladrones![f]
47 Enseñaba cada día en el templo, pero los
principales sacerdotes y los escribas y los
principales del pueblo procuraban matarle.
48 Pero no hallaban manera de hacerle algo,
porque el pueblo le escuchaba con mucha
atención.

La autoridad de Jesús

20 Aconteció un día que estando Jesús
enseñando al pueblo en el templo y
anunciando el evangelio, se le acercaron los
principales sacerdotes y los escribas con los
ancianos, 2 y le hablaron diciendo:
—Dinos, ¿con qué autoridad haces estas
cosas? ¿O quién es el que te dio esta autoridad?
3 Entonces respondió y les dijo:
—Yo os haré también una pregunta. Respondedme: 4 El bautismo de Juan, ¿era del
cielo o de los hombres?
5 Ellos razonaban entre sí diciendo:
—Si decimos "del cielo", dirá: "¿Por qué,
pues, no le creísteis?" 6 Y si decimos "de los
hombres", todo el pueblo nos apedreará, porque están convencidos de que Juan era profeta.
7 Respondieron, pues, que no sabían de
dónde era. 8 Entonces Jesús les dijo:
—Tampoco yo os digo con qué autoridad
hago estas cosas.

Parábola de los labradores malvados[h]

9 Entonces comenzó a decir al pueblo esta
parábola:
—Cierto hombre plantó una viña, la
arrendó a unos labradores y se fue lejos por
mucho tiempo. 10 A su debido tiempo envió
un siervo a los labradores para que le diesen
del fruto de la viña. Pero los labradores le
golpearon y le enviaron con las manos vacías.
11 Y volvió a enviar otro siervo, pero también
a éste, golpeándole y afrentándole, le enviaron con las manos vacías. 12 Volvió a enviar
un tercer siervo, pero también a éste echaron, herido.
13 »Entonces el señor[i] de la viña dijo:
"¿Qué haré? Enviaré a mi hijo amado; quizás[j] a éste le tendrán respeto." 14 Pero los
labradores, al verle, razonaron entre sí diciendo: "Este es el heredero. Matémosle,[k]
para que la heredad sea nuestra." 15 Y
echándole fuera de la viña, le mataron.
»¿Qué, pues, les hará el señor[i] de la viña?
16 Vendrá y destruirá a estos labradores y dará su viña a otros.
Cuando ellos lo oyeron, dijeron:

[a] *38* Sal. 118:26 [b] *40* Comp. Hab. 2:11 [c] *45t* Ver Mat. 21:12, 13; Mar. 11:15-18; comp. Juan 2:13-17
[d] *45* Algunos mss. antiguos añaden *y compraban en él.* [e] *46* Isa. 56:7 [f] *46* Ver Jer. 7:11 [g] *1t* Ver Mat. 21:23-27; Mar. 11:27-33 [h] *9t* Ver Mat. 21:33-46; Mar. 12:1-12 [i] *13,15* O: *dueño* [j] *13* Algunos mss. antiguos tienen *quizás cuando vean a . . .* [k] *14* Algunos mss. antiguos tienen *venid, matémosle.*

—¡Nunca suceda tal cosa!
17 Pero él, mirándolos, les dijo:
—¿Qué, pues, es esto que está escrito:

La piedra que desecharon
los edificadores,
ésta fue hecha
cabeza del ángulo?[a]

18 Cualquiera que caiga sobre aquella piedra
será quebrantado, y desmenuzará a cualquiera sobre quien ella caiga.
19 En aquella hora los principales sacerdotes y los escribas procuraban echarle mano,
porque entendieron que contra ellos había
dicho esta parábola; pero temieron al pueblo.

Pregunta sobre el tributo al César[b]

20 Entonces acechándole, enviaron espías
que simulasen ser justos, a fin de sorprenderle en sus palabras, y así entregarle al poder
y autoridad del procurador. 21 Estos le preguntaron diciendo:
—Maestro, sabemos que dices y enseñas
bien, y que no haces distinción entre personas, sino que enseñas el camino de Dios con
verdad. 22 ¿Nos es lícito dar tributo al César, o no?
23 Pero él, entendiendo la astucia de ellos,
les dijo:[c]
24 —Mostradme un denario.[d] ¿De quién
es la imagen y la inscripción que tiene?
Y ellos dijeron:
—Del César.
25 Entonces les dijo:
—Pues dad al César lo que es del César y
a Dios lo que es de Dios.
26 Y no pudieron sorprenderle en ninguna
palabra delante del pueblo. Más bien callaron, maravillados de su respuesta.

Pregunta acerca de la resurrección[e]

27 Se acercaron algunos de los saduceos,
que niegan que haya resurrección, y le preguntaron 28 diciendo:
—Maestro, Moisés nos escribió: *Si el hermano de alguno muere* dejando mujer, *y él
no deja hijos, su hermano tome la mujer y
levante descendencia a su hermano.*[f]
29 Había, pues, siete hermanos. El primero
tomó mujer, y murió sin dejar hijos.
30 También el segundo.[g] 31 Y la tomó el
tercero, y de la misma manera también todos
los siete, y murieron sin tener hijos. 32 Por
último, murió también la mujer. 33 En la
resurrección, puesto que los siete la tuvieron
por mujer, ¿de cuál de ellos será mujer?
34 Entonces respondiendo Jesús les dijo:
—Los hijos de este mundo se casan y se
dan en casamiento. 35 Pero los que son tenidos por dignos de alcanzar aquel mundo
venidero y la resurrección de los muertos no
se casan, ni se dan en casamiento. 36 Porque ya no pueden morir, pues son como los
ángeles, y son también hijos de Dios, siendo
hijos de la resurrección.[h] 37 Y con respecto
a que los muertos han de resucitar, también
Moisés lo mostró en el relato de la zarza,
cuando llama *al Señor, Dios de Abraham,
Dios de Isaac y Dios de Jacob.*[i] 38 Pues
Dios no es Dios de muertos, sino de vivos;
porque para él todos viven.
39 Le respondieron algunos de los escribas,
diciendo:
—Maestro, bien has dicho.
40 Y no se atrevieron a preguntarle más.

Jesús, hijo y Señor de David[j]

41 El les dijo:
—¿Cómo dicen que el Cristo es hijo de
David? 42 Porque el mismo David dice en el
libro de los Salmos:

Dijo el Señor a mi Señor:
"Siéntate a mi diestra,
43 *hasta que ponga a tus enemigos*
por estrado de tus pies."[k]

44 Así que David le llama "Señor"; ¿cómo es,
pues, su hijo?

Jesús denuncia a los escribas[l]

45 Cuando todo el pueblo le escuchaba, dijo a sus discípulos:
46 —Guardaos de los escribas, a quienes
les gusta andar con ropas largas, que aman
las salutaciones en las plazas, las primeras
sillas en las sinagogas y los primeros asientos
en los banquetes. 47 Estos, que devoran las
casas de las viudas y como pretexto hacen
largas oraciones, recibirán mayor condenación.

La ofrenda de la viuda pobre[m]

21 Alzando la mirada, Jesús vio a los ricos que echaban sus ofrendas en el
arca del tesoro. 2 Vio también a una viuda

[a] *17* Sal. 118:22 [b] *20t* Ver Mat. 22:15-22; Mar. 12:13-17 [c] *23* Algunos mss. antiguos tienen . . . *dijo: ¿Por qué me probáis? 24 Mostradme . . .* [d] *24* Una moneda acuñada por el emperador romano; equivalía al salario de un día para un obrero o soldado. [e] *27t* Ver Mat. 22:23-33; Mar. 12:18-27 [f] *28* Deut. 25:5; comp. Gén. 38:8 [g] *30* Algunos mss. tienen *la tomó, y éste también murió sin dejar hijos.* [h] *36* Es decir, por haber participado de la resurrección [i] *37* Exo. 3:2, 6, 15, 16 [j] *41t* Ver Mat. 22:41-46; Mar. 12:35-37 [k] *43* Sal. 110:1 [l] *45t* Ver Mat. 23:1-36; Mar. 12:38-40 [m] *1t* Ver Mar. 12:41-44

pobre que echaba allí dos blancas.[a] 3 Entonces dijo:
—De cierto os digo que esta viuda pobre
echó más que todos. 4 Porque todos éstos de
su abundancia echaron a las ofrendas;[b] pero
ésta, de su pobreza, echó todo el sustento que
tenía.

La inminente destrucción del templo[c]

5 Hablando algunos acerca del templo decían que estaba adornado con hermosas piedras y con ofrendas votivas,[d] él dijo:
6 —En cuanto a estas cosas que veis, vendrán días cuando no quedará piedra sobre
piedra que no sea derribada.

Señales que anticipan el fin[e]

7 Entonces le preguntaron diciendo:
—Maestro, ¿cuándo será esto? ¿Qué señal
habrá cuando estas cosas estén por suceder?
8 Entonces él dijo:
—Mirad que no seáis engañados, porque
vendrán muchos en mi nombre, diciendo:
"Yo soy", y "El tiempo está cerca."[f] No vayáis
en pos de ellos. 9 Y cuando oigáis de guerras
y de revoluciones, no os atemoricéis. Porque
es necesario que estas cosas acontezcan primero, pero el fin no será de inmediato.
10 —Entonces dijo—: Se levantará nación
contra nación y reino contra reino. 11 Habrá grandes terremotos, hambres y pestilen-
cias en varios lugares. Habrá terror y grandes
señales del cielo. 12 Pero antes de estas cosas os echarán mano y os perseguirán. Os
entregarán a las sinagogas y os meterán en
las cárceles, y seréis llevados delante de los
reyes y gobernantes por causa de mi nombre.
13 Esto os servirá para dar testimonio.
14 Decidid, pues, en vuestros corazones no
pensar de antemano cómo habéis de responder. 15 Porque yo os daré boca y sabiduría,
a la cual no podrán resistir ni contradecir
todos los que se os opongan. 16 Y seréis entregados aun por vuestros padres, hermanos,
parientes y amigos; y harán morir a algunos
de vosotros. 17 Seréis aborrecidos por todos
a causa de mi nombre, 18 pero ni un solo
cabello de vuestra cabeza perecerá. 19 Por
vuestra perseverancia[g] ganaréis vuestras almas.

La destrucción de Jerusalén

20 »Cuando veáis a Jerusalén sitiada por
ejércitos, sabed entonces que ha llegado su
destrucción. 21 Entonces, los que estén en
Judea, huyan a los montes; los que estén en
medio de la ciudad,[i] salgan; y los que estén
en los campos, no entren en ella. 22 Porque
éstos son días de venganza, para que se cumplan todas las cosas que están escritas.
23 »¡Ay de las que estén encintas y de las
que críen en aquellos días! Porque habrá
grande calamidad sobre la tierra e ira sobre
este pueblo. 24 Caerán a filo de espada y
serán llevados cautivos a todas las naciones.
Jerusalén será pisoteada por los gentiles[j]
hasta que se cumplan los tiempos de los gentiles.[j]

La venida del Hijo del Hombre[k]

25 »Entonces habrá señales en el sol, en la
luna y en las estrellas. Y en la tierra habrá
angustia de las naciones por la confusión ante el rugido del mar y del oleaje. 26 Los
hombres se desmayarán a causa del terror y
de la expectación de las cosas que sobreven-
drán al mundo habitado, porque los poderes
de los cielos serán sacudidos.
27 »Entonces verán *al Hijo del Hombre viniendo en una nube*,[l] con poder y gran gloria. 28 Cuando estas cosas comiencen a suceder, mirad y levantad vuestras cabezas;
porque vuestra redención está cerca.

Parábola de la higuera[m]

29 Y les dijo una parábola:
—Mirad la higuera y todos los árboles.
30 Cuando veis que ya brotan, vosotros entendéis que el verano ya está cerca. 31 Así
también vosotros, cuando veáis que suceden
estas cosas, sabed que el reino de Dios está
cerca. 32 De cierto os digo que no pasará
esta generación hasta que todo suceda.
33 El cielo y la tierra pasarán, pero mis palabras no pasarán.
34 »Mirad por vosotros, que vuestros corazones no estén cargados de glotonería, de
embriaguez y de las preocupaciones de esta
vida, y que aquel día venga sobre vosotros de
repente como una trampa; 35 porque vendrá sobre todos los que habitan sobre la su-
perficie de toda la tierra. 36 Velad, pues, en
todo tiempo, orando que tengáis fuerzas[n] pa-

[a] 2 *Blancas* y *cuadrantes* eran monedas pequeñas de cobre con valor mínimo. [b] 4 Algunos mss. antiguos añaden *de Dios*. [c] 5t Ver Mat. 24:1, 2; Mar. 13:1, 2 [d] 5 Lit., *anatema*; o sea, *separado*, a veces por consagración, a veces por condenación; aquí equivale a *consagrado* [e] 7t Ver Mat. 24:3-14; Mar. 13:3-13 [f] 8 Otra trad., *ha llegado* [g] 19 O: *paciencia* [h] 20t Ver Mat. 24:15-22; Mar. 13:14-20 [i] 21 Lit., *en medio de ella* [j] 24 O: *las naciones* [k] 25t Ver Mat. 24:29-31; Mar. 13:24-27 [l] 27 Dan. 7:13; comp. Mat. 26:64 y Apoc. 1:7 [m] 29t Ver Mat. 24:32-42; Mar. 13:28-37 [n] 36 Algunos mss. antiguos tienen *seáis tenidos por dignos de escapar* . . .

ra escapar de todas estas cosas que han de
suceder, y de estar en pie delante del Hijo del
Hombre.
37 Pasaba los diás enseñando en el templo,
y saliendo al anochecer permanecía en el
monte que se llama de los Olivos. 38 Y todo
el pueblo venía a él desde temprano para oírle
en el templo.

Acuerdo para matar a Jesús[a]

22 Estaba próximo el día de la fiesta de
los panes sin levadura, que se llama
la Pascua. 2 Los principales sacerdotes y los
escribas estaban buscando cómo eliminarle,
pues temían al pueblo. 3 Entonces Satanás
entró en Judas, llamado Iscariote, el cual era
uno del número de los doce. 4 El fue y habló
con los principales sacerdotes y con los magistrados acerca de cómo entregarle. 5 Estos se alegraron y acordaron darle dinero.
6 El estuvo de acuerdo y buscaba la oportunidad para entregarle sin que la gente lo advir-
tiera.

Preparativos para la Pascua[b]

7 Llegó el día de los panes sin levadura, en
el cual era necesario sacrificar la víctima pascual. 8 Jesús envió a Pedro y a Juan, diciendo:
—Id, preparadnos la Pascua para que comamos.
9 Ellos le preguntaron:
—¿Dónde quieres que la preparemos?
10 El les dijo:
—He aquí, cuando entréis en la ciudad, os
saldrá al encuentro un hombre llevando un
cántaro de agua. Seguidle hasta la casa a donde entre. 11 Decidle al dueño de la casa: "El
Maestro te dice: '¿Dónde está la habitación en
la que he de comer la Pascua con mis discípulos?' " 12 Y él os mostrará un gran aposento
alto,[c] ya dispuesto. Preparad allí.
13 Fueron, pues, y hallaron como les había
dicho; y prepararon la Pascua.

La Cena del Señor[d]

14 Cuando llegó la hora, se sentó a la mesa,
y con él los apóstoles. 15 Y les dijo:
—¡Cuánto he deseado comer con vosotros
esta Pascua antes de padecer! 16 Porque os
digo que no comeré más de ella hasta que se
cumpla en el reino de Dios.
17 Luego tomó una copa, y habiendo dado
gracias, dijo:
—Tomad esto y repartidlo entre vosotros,
18 porque os digo que desde ahora[e] no beberé más del fruto de la vid hasta que venga el
reino de Dios.
19 Entonces tomó pan, y habiendo dado
gracias, lo partió y les dio diciendo:
—Esto es mi cuerpo[f] que por vosotros es
dado. Haced esto en memoria de mí.
20 Asimismo, después de haber cenado, tomó también la copa y dijo:
—Esta copa es el nuevo pacto en mi sangre, que por vosotros se derrama.

Jesús anuncia la traición de Judas[g]

21 »No obstante, he aquí la mano del que
me entrega está conmigo en la mesa. 22 A
la verdad, el Hijo del Hombre va según lo que
está determinado, pero ¡ay de aquel hombre
por quien es entregado!
23 Entonces ellos comenzaron a pregun-
tarse entre sí cuál de ellos sería el que habría
de hacer esto.

Sobre la primacía y el servicio[h]

24 Hubo entre ellos una disputa acerca de
quién de ellos parecía ser el más importante.
25 Entonces él les dijo:
—Los reyes de las naciones se enseñorean
de ellas, y los que tienen autoridad sobre ellas
son llamados bienhechores. 26 Pero entre
vosotros no será así. Más bien, el que entre
vosotros sea el importante, sea como el más
nuevo; y el que es dirigente, como el que
sirve. 27 Porque, ¿cuál es el más importante: el que se sienta a la mesa, o el que sirve?
¿No es el que se sienta a la mesa? Sin embargo, yo estoy en medio de vosotros como el
que sirve.
28 »Y vosotros sois los que habéis permanecido conmigo en mis pruebas. 29 Yo,
pues, dispongo para vosotros un reino, como
mi Padre lo dispuso para mí; 30 para que
comáis y bebáis en mi mesa en mi reino, y os
sentéis sobre tronos para juzgar a las doce
tribus de Israel.

Jesús predice la negación de Pedro[i]

31 »Simón, Simón,[j] he aquí Satanás os ha
pedido para zarandearos como a trigo.
32 Pero yo he rogado por ti, que tu fe no falle.

[a] *1t* Ver Mat. 26:1-5, 14-16; Mar. 14:1, 2, 10, 11 [b] *7t* Ver Mat. 26:17-19; Mar. 14:12-16; sobre la Pascua, ver Exo. 12:18 ss. [c] *12* O sea, *una sala grande del piso superior* [d] *14t* Ver Mat. 26:26-30; Mar. 14:22-26; 1 Cor. 11:23-26 [e] *18* Algunos mss. antiguos omiten *desde ahora.* [f] *19* Algunos mss. antiguos no incluyen desde aquí hasta el final del v. 20. [g] *21t* Ver Mat. 26:20-25; Mar. 14:17-21; Juan 13:21-30 [h] *24t* Comp. 9:46-48 [i] *31t* Ver Mat. 26:31-35; Mar. 14:27-31; Juan 13:36-38 [j] *31* Algunos mss. antiguos tienen *Dijo también el Señor: Simón, Simón, . . .*

Y tú, cuando hayas vuelto, confirma a tus
hermanos.
33 El le dijo:
—Señor, estoy listo para ir contigo aun a
la cárcel y a la muerte.
34 Pero él dijo:
—Pedro, te digo que el gallo no cantará
hoy antes que tú hayas negado tres veces que
me conoces.

La hora del conflicto espiritual

35 Y les dijo a ellos:
—Cuando os envié sin bolsa, sin alforja y
sin calzado,[a] ¿os faltó algo?
Ellos dijeron:
—Nada.
36 Entonces les dijo:
—Pues ahora, el que tiene bolsa, tómela;
y también la alforja. Y el que no tiene espada,
venda su manto y compre una. 37 Porque os
digo que es necesario que se cumpla en mí
aquello que está escrito: *Y fue contado con
los malhechores.*[b] Porque lo que está escrito
de mí tiene cumplimiento.
38 Entonces ellos dijeron:
—Señor, he aquí dos espadas.
Y él dijo:
—Basta.

Angustia de Jesús en Getsemaní[c]

39 Después de salir, se fue, como solía, al
monte de los Olivos; y sus discípulos también
le siguieron. 40 Cuando llegó al lugar, les
dijo:
—Orad que no entréis en tentación.
41 Y él se apartó de ellos a una distancia
como de un tiro de piedra, y puesto de rodillas oraba 42 diciendo:
—Padre, si quieres, aparta de mí esta copa;
pero no se haga mi voluntad, sino la tuya.
[43 Entonces le apareció un ángel del cielo
para fortalecerle. 44 Y angustiado, oraba
con mayor intensidad, de modo que su sudor
era como grandes gotas de sangre que caían
hasta la tierra.][d]
45 Cuando se levantó de orar y volvió a sus
discípulos, los halló dormidos por causa de la
tristeza. 46 Y les dijo:
—¿Por qué dormís? Levantaos y orad, para
que no entréis en tentación.

Jesús es arrestado[e]

47 Mientras él aún hablaba, he aquí vino
una multitud. El que se llamaba Judas, uno
de los doce, venía delante de ellos y se acercó
a Jesús para besarle. 48 Entonces Jesús le
dijo:
—Judas, ¿con un beso entregas al Hijo del
Hombre?
49 Al ver los que estaban con él lo que había
de ocurrir, le dijeron:
—Señor, ¿heriremos a espada?
50 Y uno de ellos hirió a un siervo del sumo
sacerdote y le cortó la oreja derecha. 51 Entonces respondiendo Jesús dijo:
—¡Basta de esto!
Y tocando su oreja, le sanó. 52 Entonces
Jesús dijo a los principales sacerdotes, los
magistrados del templo y los ancianos que
habían venido contra él:
—¿Como a ladrón habéis salido con espadas y palos? 53 Habiendo estado con vosotros cada día en el templo, no extendisteis la
mano contra mí. Pero ésta es vuestra hora y
la del poder de las tinieblas.

Pedro niega a Jesús[f]

54 Le prendieron, le llevaron y le hicieron
entrar en la casa del sumo sacerdote. Y Pedro
le seguía de lejos. 55 Cuando encendieron
fuego en medio del patio y se sentaron alrededor, Pedro también se sentó entre ellos.
56 Entonces una criada, al verle sentado junto a la lumbre, le miró fijamente y dijo:
—¡Este estaba con él!
57 Pero él negó diciendo:
—Mujer, no le conozco.
58 Un poco después, al verle otro, le dijo:
—¡Tú también eres de ellos!
Y Pedro dijo:
—Hombre, no lo soy.
59 Como una hora después, otro insistía
diciendo:
—Verdaderamente, también éste estaba
con él, porque es galileo.
60 Y Pedro dijo:
—¡Hombre, no sé lo que dices!
Y de inmediato, estando él aún hablando,
el gallo cantó. 61 Entonces el Señor se volvió y miró a Pedro, y Pedro se acordó de la
palabra del Señor como le había dicho: "Antes que el gallo cante hoy, me negarás tres
veces."[g] 62 Y saliendo fuera, Pedro lloró
amargamente.

Jesús ante el Sanedrín[h]

63 Los hombres que tenían bajo custodia a

[a] *35* Comp. 9:3; 10:4; Mar. 6:8, 9 [b] *37* Isa. 53:12; comp. Luc. 12:50 [c] *39t* Ver Mat. 26:30, 36-46; Mar. 14:26, 32-42; Juan 18:1 [d] *44* Muchos mss. antiguos omiten los vv. 43 y 44; en otros aparecen después de Mat. 26:39. [e] *47t* Ver Mat. 26:47-56; Mar. 14:43-52; Juan 18:2-11 [f] *54t* Ver Mat. 26:57, 58, 69-75; Mar. 14:53, 54, 66-72; Juan 18:15-17 [g] *61* Comp. 22:34 [h] *63t* Ver Mat. 26:57—27:1; Mar. 14:53—15:1

Jesús se burlaban de él y le golpeaban. **64**Y
cubriéndole[a] le preguntaban diciendo:
—¡Profetiza! ¿Quién es el que te golpeó?
65Y le decían otras muchas cosas, inju-
riándole.
66Cuando amaneció, se juntaron los ancianos del pueblo, los principales sacerdotes
y los escribas, y le llevaron al Sanedrín de
ellos. **67**Y le dijeron:
—Si tú eres el Cristo, ¡dínoslo!
Pero él les dijo:
—Si os lo dijera, no lo creeríais. **68**Además, si yo os preguntara, no me responderí-
ais.[b] **69**Pero de ahora en adelante, *el Hijo
del Hombre estará sentado a la diestra del
poder de Dios.*[c]
70Le dijeron todos:
—Entonces, ¿eres tú Hijo de Dios?
Y él les dijo:
—Vosotros decís que yo soy.
71Entonces ellos dijeron:
—¿Qué más necesidad tenemos de testimonio? Porque nosotros mismos lo hemos
oído de su boca.

Jesús ante Pilato[d]

23 Entonces, levantándose toda la multitud de ellos, le llevaron a Pilato.
2Y comenzaron a acusarle diciendo:
—Hemos hallado a éste que agita a nuestra nación, prohíbe dar tributo al César y dice
que él es el Cristo, un rey.
3Entonces Pilato le preguntó diciendo:
—¿Eres tú el rey de los judíos?
Respondiendo le dijo:
—Tú lo dices.
4Pilato dijo a los principales sacerdotes y
a la multitud:
—No hallo ningún delito[e] en este hombre.
5Pero ellos insistían diciendo:
—Alborota al pueblo, enseñando por toda
Judea, comenzando desde Galilea, hasta
aquí.

Jesús ante Herodes Antipas

6Entonces Pilato, al oírlo,[f] preguntó si el
hombre era galileo. **7**Y al saber que era de
la jurisdicción de Herodes, lo remitió a Herodes, quien también estaba en Jerusalén en
aquellos días. **8**Herodes, viendo a Jesús, se
alegró mucho; porque hacía mucho tiempo
que deseaba verle, pues había oído muchas
cosas de él y tenía esperanzas de que le vería
hacer algún milagro.[g] **9**Herodes le preguntaba con muchas palabras, pero Jesús no le
respondió nada. **10**Estaban allí los principales sacerdotes y los escribas, acusándole
con vehemencia. **11**Pero Herodes y su corte, después de menospreciarle y burlarse de
él, le vistieron con ropa espléndida. Y volvió
a enviarle a Pilato. **12**Aquel mismo día se
hicieron amigos Pilato y Herodes, porque antes habían estado enemistados.

Jesús de nuevo ante Pilato[h]

13Entonces Pilato convocó a los principales sacerdotes, a los magistrados y al pueblo,
14y les dijo:
—Me habéis presentado a éste como persona que desvía al pueblo. He aquí, yo le he
interrogado delante de vosotros, y no he hallado ningún delito[e] en este hombre, de todo
aquello que le acusáis. **15**Tampoco Herodes, porque él nos lo remitió;[i] y he aquí no
ha hecho ninguna cosa digna de muerte.
16Así que, le soltaré después de castigarle.
17[j],**18**Pero toda la multitud dio voces a
una, diciendo:
—¡Fuera con éste! ¡Suéltanos a Barrabás!
19Este había sido echado en la cárcel por
sedición en la ciudad y por un homicidio.
20Entonces Pilato les habló otra vez, queriendo soltar a Jesús. **21**Pero ellos volvieron
a dar voces, diciendo:
—¡Crucifícale! ¡Crucifícale!
22El les dijo por tercera vez:
—¿Pues qué mal ha hecho éste? Ningún
delito de muerte he hallado en él. Le castiga-
ré entonces, y le soltaré.
23Pero ellos insistían a grandes voces, pidiendo que fuese crucificado. Y sus voces[k]
prevalecieron.

Pilato cede ante el pueblo[l]

24Entonces Pilato juzgó que se hiciese lo
que ellos pedían. **25**Les soltó a aquel que
había sido echado en la cárcel por sedición y
homicidio, a quien ellos habían pedido, y entregó a Jesús a la voluntad de ellos.

Camino al Calvario[m]

26Y ellos, al llevarle, tomaron a un tal Simón de Cirene, que venía del campo, y le

[a] *64* Algunos mss. antiguos incluyen *le golpeaban en la cara y . . .* [b] *68* Algunos mss. antiguos añaden *ni me soltaríais.* [c] *69* Sal. 110:1; comp. Hech. 7:56 [d] *1t* Ver Mat. 27:2, 11-14; Mar. 15:1-5; Juan 18:28-38 [e] *4,14* O sea, *delito digno de muerte* [f] *6* Algunos mss. antiguos tienen *al oír que era de Galilea.* [g] *8* O: *alguna señal* [h] *13t* Ver Mat. 27:15-31; Mar. 15:6-15; Juan 18:38—19:16 [i] *15* Algunos mss. antiguos tienen *porque os remití a él.* [j] *17* Algunos mss. antiguos incluyen: [17]*Pues tenía necesidad de soltarles uno en cada fiesta*; texto similar a Mat. 27:15 y Mar. 15:6. [k] *23* Algunos mss. antiguos dicen *las voces de ellos y de los principales sacerdotes.* [l] *24t* Ver Mat. 27:26; Mar. 15:15 [m] *26t* Ver Mat. 27:31, 32; Mar. 15:21, 22

pusieron encima la cruz para que la llevase
tras Jesús. 27 Le seguía una gran multitud
del pueblo y de mujeres, las cuales lloraban
y se lamentaban por él. 28 Pero Jesús, volviéndose hacia ellas, les dijo:
—Hijas de Jerusalén, no lloréis por mí,
sino llorad por vosotras mismas y por vuestros hijos. 29 Porque he aquí vendrán días
en que dirán: "Bienaventuradas las estériles,
los vientres que no concibieron y los pechos
que no criaron." 30 Entonces comenzarán *a
decir a las montañas: "¡Caed sobre nosotros!" y a las colinas: "¡Cubridnos!"*[a]
31 Porque si con el árbol verde hacen estas
cosas, ¿qué se hará con el seco?
32 Llevaban también a otros dos, que eran
malhechores, para ser ejecutados con él.

La crucifixión de Jesús[b]

33 Cuando llegaron al lugar que se llama de
la Calavera, le crucificaron allí, y a los malhechores: el uno a la derecha y el otro a la
izquierda. 34 Y Jesús decía:
—Padre, perdónalos, porque no saben lo
que hacen.[c]
Y partiendo sus vestidos, echaron suertes.[d]
35 El pueblo estaba de pie mirando, y aun
los gobernantes se burlaban de él, diciendo:
—A otros salvó. Sálvese a sí mismo, si es
el Cristo, el escogido de Dios.
36 También los soldados le escarnecían,
acercándose, ofreciéndole vinagre 37 y diciéndole:
—Si tú eres el rey de los judíos, sálvate a
ti mismo.
38 Había también sobre él un título escrito[e] que decía: ESTE ES EL REY DE LOS
JUDIOS.

Jesús y los malhechores[f]

39 Uno de los malhechores que estaban
colgados le injuriaba diciendo:
—¿No eres tú el Cristo?[g] ¡Sálvate a ti mismo y a nosotros!
40 Respondiendo el otro, le reprendió diciendo:
—¿Ni siquiera temes tú a Dios, estando en
la misma condenación? 41 Nosotros, a la
verdad, padecemos con razón, porque estamos recibiendo lo que merecieron nuestros
hechos; pero éste no hizo ningún mal.
42 Y le dijo:
—Jesús,[h] acuérdate de mí cuando vengas
en tu reino.
43 Entonces Jesús le dijo:
—De cierto te digo que hoy estarás conmigo en el paraíso.

La muerte de Jesús[i]

44 Cuando era como la hora sexta,[j] descendió oscuridad sobre la tierra hasta la hora
novena.[k] 45 El sol se oscureció, y el velo del
templo se rasgó por en medio. 46 Entonces
Jesús, gritando a gran voz, dijo:
—*¡Padre, en tus manos encomiendo mi
espíritu!*[l]
Y habiendo dicho esto, expiró.
47 Y cuando el centurión vio lo que había
acontecido, dio gloria a Dios, diciendo:
—¡Verdaderamente, este hombre era justo!
48 Y toda la multitud que estaba presente
en este espectáculo, al ver lo que había acontecido, volvía golpeándose el pecho. 49 Pero
todos sus conocidos, y las mujeres que le habían seguido desde Galilea, se quedaron lejos,
mirando estas cosas.

Jesús es sepultado[m]

50 He aquí, había un hombre llamado José,
el cual era miembro del concilio, y un hombre bueno y justo. 51 Este no había consen-
tido con el consejo ni con los hechos de ellos.
El era de Arimatea, ciudad de los judíos, y
también esperaba el reino de Dios. 52 Este
se acercó a Pilato y le pidió el cuerpo de Jesús. 53 Después de bajarle de la cruz, le envolvió en una sábana de lino y le puso en un
sepulcro cavado en una peña, en el cual nadie
había sido puesto todavía. 54 Era el día de la
Preparación, y estaba por comenzar el sábado.

La resurrección de Jesús[n]

55 Las mujeres que habían venido con él de
Galilea, también le siguieron y vieron el sepulcro y cómo fue puesto el cuerpo. 56 Entonces regresaron y prepararon especias aromáticas y perfumes, y reposaron el sábado,
conforme al mandamiento.[o]

24 Y el primer día de la semana, muy de
mañana, fueron al sepulcro llevando
las especias aromáticas que habían prepara-

[a] *30* Ose. 10:8; comp. Apoc. 6:16 [b] *33t* Ver Mat. 27:33-44; Mar. 15:21-32; Juan 19:17-27 [c] *34* Comp. Isa. 53:12; varios mss. antiguos no incluyen esta parte del v. 34. [d] *34* Ver Sal. 22:18 [e] *38* Algunos mss. antiguos añaden *con letras griegas, latinas y hebreas*; comp. Juan 19:20. [f] *39t* Ver Mat. 27:44; Mar. 15:32 [g] *39* Algunos mss. antiguos tienen *Si tú eres el Cristo, . . .* [h] *42* Algunos mss. antiguos dicen *Y dijo a Jesús: Acuérdate . . .* [i] *44t* Ver Mat. 27:45-56; Mar. 15:33-41; Juan 19:28-37 [j] *44* O sea, *como a mediodía* [k] *44* O sea, *como las 3:00 p.m.* [l] *46* Sal. 31:5; comp. Hech. 7:59 [m] *50t* Ver Mat. 27:57-61; Mar. 15:42-47; Juan 19:38-42 [n] *55t* Ver Mat. 28:1-10; Mar. 15:47—16:11; Juan 20:1-18 [o] *56* Ver Exo. 20:10

do.[a] 2 Y hallaron removida la piedra del sepulcro; 3 pero al entrar, no hallaron el cuerpo de Jesús.
4 Aconteció que estando perplejas por esto,
he aquí se pusieron de pie junto a ellas dos
hombres con vestiduras resplandecientes.
5 Como ellas les tuvieron temor y bajaron la
cara a tierra, ellos les dijeron:
—¿Por qué buscáis entre los muertos al
que vive? 6 No está aquí; más bien, ha resucitado. Acordaos de lo que os habló cuando
estaba aún en Galilea, 7 como dijo: "Es necesario que el Hijo del Hombre sea entregado
en manos de hombres pecadores, y que sea
crucificado y resucite al tercer día."[b]
8 Entonces ellas se acordaron de sus palabras, 9 y volviendo del sepulcro, anunciaron
todas estas cosas a los once y a todos los
demás.
10 Las que dijeron estas cosas a los apóstoles eran María Magdalena, Juana, María madre de Jacobo, y las demás mujeres que estaban con ellas. 11 Pero sus palabras les pare-
cían a ellos locura, y no las creyeron.
12 Sin embargo, Pedro se levantó y corrió
al sepulcro. Cuando miró adentro, vio los
lienzos solos[c] y se fue a casa, asombrado de
lo que había sucedido.

Jesús en el camino a Emaús[d]

13 He aquí, el mismo día dos de ellos iban
a una aldea llamada Emaús, que estaba a sesenta estadios[e] de Jerusalén. 14 Iban hablando entre sí de todas aquellas cosas que
habían acontecido. 15 Sucedió que, mientras iban conversando y discutiendo el uno
con el otro, el mismo Jesús se acercó e iba
con ellos. 16 Pero sus ojos estaban velados,
de manera que no le reconocieron. 17 Entonces les dijo:
—¿Qué son estas cosas de que estáis conversando entre vosotros mientras camináis?
Se detuvieron con semblante triste.[f]
18 Y respondiendo uno de ellos, que se llamaba Cleofas, le dijo:
—¿Eres tú el único forastero en Jerusalén
que no sabes las cosas que han acontecido en
estos días?
19 Entonces él dijo:
—¿Qué cosas?
Y ellos dijeron:
—De Jesús de Nazaret, que era un hombre
profeta, poderoso en obras y en palabra delante de Dios y de todo el pueblo; 20 y de
cómo le entregaron los principales sacerdotes y nuestros dirigentes para ser condenado
a muerte, y de cómo le crucificaron. 21 Nosotros esperábamos que él era el que habría
de redimir a Israel. Ahora, a todo esto se añade el hecho de que hoy es el tercer día desde
que esto aconteció. 22 Además, unas mujeres de los nuestros nos han asombrado: Fueron muy temprano al sepulcro, 23 y al no
hallar su cuerpo, regresaron diciendo que habían visto visión de ángeles, los cuales les
dijeron que él está vivo. 24 Algunos de los
nuestros fueron al sepulcro y hallaron como
las mujeres habían dicho, pero a él no le vieron.
25 Entonces él les dijo:
—¡Oh insensatos y tardos de corazón para
creer todo lo que los profetas han dicho!
26 ¿No era necesario que el Cristo padeciese
estas cosas y que entrara en su gloria?
27 Y comenzando desde Moisés y todos los
Profetas, les interpretaba en todas las Escrituras lo que decían de él. 28 Así llegaron a
la aldea a donde iban, y él hizo como que iba
más adelante. 29 Pero ellos le insistieron diciendo:
—Quédate con nosotros, porque es tarde,
y el día ya ha declinado.
Entró, pues, para quedarse con ellos. 30 Y
aconteció que estando sentado con ellos a la
mesa, tomó el pan, lo bendijo y les dio.
31 Entonces fueron abiertos los ojos de ellos,
y le reconocieron. Pero él desapareció de su
vista. 32 Y se decían el uno al otro:
—¿No ardía nuestro corazón en nosotros
cuando nos hablaba en el camino y nos abría
las Escrituras?
33 En la misma hora se levantaron y se
volvieron a Jerusalén. Hallaron reunidos a
los once y a los que estaban con ellos,
34 quienes decían:
—¡Verdaderamente el Señor ha resucitado
y ha aparecido a Simón!
35 Entonces ellos contaron las cosas que
les habían acontecido en el camino, y cómo
se había dado a conocer a ellos al partir el
pan.

Jesús se aparece a los apóstoles[g]

36 Mientras hablaban estas cosas, Jesús se
puso en medio de ellos y les dijo:
—Paz a vosotros.[h]
37 Entonces ellos, aterrorizados y asom-

[a] *1* Algunos mss. antiguos añaden *y algunas otras mujeres fueron con ellas.* [b] *7* Comp. 9:22 [c] *12* Algunos mss. antiguos tienen *lienzos puestos solos.* [d] *13t* Ver Mar. 16:12, 13 [e] *13* O sea, como 11 km., teniendo cada estadio aprox. 180 m. [f] *17* Algunos mss. antiguos tienen *y estáis tan tristes*; puede ser parte de la pregunta o una afirmación aparte. [g] *36t* Ver Mar. 16:14; Juan 20:19-29; Hech. 1:3-8 [h] *36* Trad. lit. del saludo hebreo

brados, pensaban que veían un espíritu.
38 Pero él les dijo:

—¿Por qué estáis turbados, y por qué suben tales pensamientos a vuestros corazones? 39 Mirad mis manos y mis pies, que yo
mismo soy. Palpad y ved, pues un espíritu no
tiene carne ni huesos como veis que yo tengo.

40 Al decir esto, les mostró las manos y los
pies. 41 Y como ellos aún no lo creían por
el gozo que tenían y porque estaban asombrados, les dijo:

—¿Tenéis aquí algo de comer?

42 Entonces le dieron un pedazo de pescado asado.[a] 43 Lo tomó y comió delante de
ellos. 44 Y les dijo:

—Estas son las palabras que os hablé, estando aún con vosotros: que era necesario
que se cumpliesen todas estas cosas que están escritas de mí en la Ley de Moisés, en los
Profetas y en los Salmos.[b]

45 Entonces les abrió el entendimiento para que comprendiesen las Escrituras, 46 y
les dijo:

—Así está escrito, y así fue necesario[c] que
el Cristo padeciese y resucitase de los muertos al tercer día; 47 y que en su nombre se
predicase el arrepentimiento y[d] la remisión
de pecados en todas las naciones, comenzando desde Jerusalén. 48 Y vosotros sois testigos de estas cosas. 49 He aquí yo enviaré el
cumplimiento de la promesa de mi Padre sobre vosotros. Pero quedaos vosotros en la
ciudad[e] hasta que seáis investidos del poder
de lo alto.

Jesús asciende al cielo[f]

50 Entonces él los llevó fuera hasta Betania, y alzando sus manos les bendijo.
51 Aconteció que al bendecirlos, se fue de
ellos, y era llevado arriba al cielo. 52 Después de haberle adorado, ellos regresaron a
Jerusalén con gran gozo; 53 y se hallaban
continuamente en el templo, bendiciendo[g] a
Dios.[h]

El Evangelio según

Juan

El Verbo se hizo carne

1 En el principio era el Verbo,[i] y el Verbo
era con Dios, y el Verbo era Dios. 2 El
era en el principio con Dios. 3 Todas las cosas fueron hechas por medio de él, y sin él no
fue hecho nada de lo que ha sido hecho.[j]
4 En él estaba la vida, y la vida era la luz de
los hombres. 5 La luz resplandece en las tinieblas, y las tinieblas no la vencieron.

6 Hubo un hombre, enviado por Dios, que
se llamaba Juan. 7 El vino como testimonio,
a fin de dar testimonio de la luz, para que
todos creyesen por medio de él. 8 No era él
la luz, sino que vino para dar testimonio de
la luz. 9 Aquél era la luz verdadera que
alumbra a todo hombre que viene al mundo.
10 En el mundo estaba, y el mundo fue hecho
por medio de él, pero el mundo no le conoció.
11 A lo suyo vino, pero los suyos no le recibieron. 12 Pero a todos los que le recibieron, a
los que creen en su nombre, les dio derecho
de ser hechos[k] hijos de Dios, 13 los cuales
nacieron[l] no de sangre, ni de la voluntad de
la carne, ni de la voluntad de varón, sino de
Dios.

14 Y el Verbo se hizo carne y habitó entre
nosotros, y contemplamos su gloria, como la
gloria del unigénito[m] del Padre, lleno de gracia y de verdad. 15 Juan dio testimonio de él
y proclamó diciendo: "Este es aquel de quien
dije: El que viene después de mí ha llegado
a ser antes de mí, porque era primero que
yo." 16 Porque de su plenitud todos nosotros recibimos, y gracia sobre gracia. 17 La
ley fue dada por medio de Moisés, pero la
gracia y la verdad nos han llegado por medio
de Jesucristo. 18 A Dios nadie le ha visto
jamás; el Dios[n] único[o] que está en el seno
del Padre, él le ha dado a conocer.

[a] 42 Algunos mss. antiguos añaden *y miel de panal.* [b] 44 Alusión a la Biblia hebrea (nuestro Antiguo Testamento) en sus tres partes [c] 46 Varios mss. antiguos omiten *fue necesario.* [d] 47 Varios mss. antiguos tienen *para.* [e] 49 Algunos mss. antiguos incluyen *de Jerusalén.* [f] 50f Ver Mar. 16:19, 20; Hech. 1:9-12 [g] 53 Algunos mss. antiguos dicen *alabando y bendiciendo.* [h] 53 Algunos mss. antiguos añaden *Amén.* [i] 1 O: *la Palabra* [j] 3 Otra trad., *y sin él no fue hecho nada. Lo que ha sido hecho* [4] *en él era vida, y la vida era . . .* [k] 12 Otra trad., *poder de llegar a ser* [l] 13 Otra trad., *quienes fueron engendrados* [m] 14 Otra trad., *único,* en el sentido de *único en su género* [n] 18 Algunos mss. antiguos dicen *Hijo.* [o] 18 Otra trad., *unigénito*

Testimonio de Juan el Bautista[a]

19 Este es el testimonio de Juan cuando los
judíos le enviaron de Jerusalén unos sacerdotes y levitas para preguntarle:
—¿Quién eres tú?
20 El confesó y no negó, sino que confesó:
—Yo no soy el Cristo.[b]
21 Y le preguntaron:
—¿Qué, pues? ¿Eres tú Elías?
Y dijo:
—No lo soy.
—¿Eres tú el profeta?[c]
Y respondió:
—No.
22 Le dijeron entonces:
—¿Quién eres?, para que demos respuesta
a los que nos han enviado. ¿Qué dices en
cuanto a ti mismo?
23 Dijo:
—Yo soy la *voz de uno que proclama en
el desierto: "Enderezad el camino del Señor"*[d] como dijo el profeta Isaías.
24 Y los que habían sido enviados eran de
los fariseos. 25 Le preguntaron y le dijeron:
—¿Entonces, por qué bautizas, si tú no
eres el Cristo, ni Elías, ni el profeta?
26 Juan les respondió diciendo:
—Yo bautizo en[e] agua, pero en medio de
vosotros está uno a quien vosotros no conocéis. 27 El es el que viene después de mí,[f]
de quien yo no soy digno de desatar la correa
del calzado.
28 Estas cosas acontecieron en Betania,[g]
al otro lado del Jordán, donde Juan estaba
bautizando.

Juan el Bautista testifica de Jesús

29 Al día siguiente, Juan vio a Jesús que
venía hacia él y dijo:
—¡He aquí el Cordero de Dios que quita el
pecado del mundo! 30 Este es aquel de
quien dije: "Después de mí viene un hombre
que ha llegado a ser antes de mí, porque era
primero que yo." 31 Yo no le conocía; pero
para que él fuese manifestado a Israel, por eso
vine yo bautizando en[e] agua.
32 Juan dio testimonio diciendo:
—He visto al Espíritu que descendía del
cielo como paloma, y posó sobre él. 33 Yo
no le conocía, pero el que me envió a bautizar
en[e] agua me dijo: "Aquel sobre quien veas
descender el Espíritu y posar sobre él, éste es
el que bautiza en[e] el Espíritu Santo." 34 Yo
le he visto y he dado testimonio de que éste
es el Hijo de Dios.

Los primeros discípulos

35 Al día siguiente, de nuevo estaba Juan
con dos de sus discípulos. 36 Al ver a Jesús
que andaba por allí, dijo:
—¡He aquí el Cordero de Dios!
37 Los dos discípulos le oyeron hablar y
siguieron a Jesús. 38 Jesús, al dar vuelta y
ver que le seguían, les dijo:
—¿Qué buscáis?
Y ellos le dijeron:
—Rabí —que significa maestro—, ¿dónde
moras?
39 Les dijo:
—Venid y ved.
Por lo tanto, fueron y vieron dónde moraba y se quedaron con él aquel día, porque era
como la hora décima.[h]
40 Andrés, el hermano de Simón Pedro, era
uno de los dos que habían oído a Juan y habían seguido a Jesús. 41 Este encontró primero a su hermano Simón y le dijo:
—Hemos encontrado al Mesías —que significa Cristo—.[i]
42 El lo llevó a Jesús, y al verlo Jesús le dijo:
—Tú eres Simón hijo de Jónas. Tú serás
llamado Cefas[j] —que significa piedra—.
43 Al día siguiente, Jesús quiso salir para
Galilea y encontró a Felipe. Y Jesús le dijo:
—Sígueme.
44 Felipe era de Betsaida, la ciudad de Andrés y de Pedro. 45 Felipe encontró a Natanael y le dijo:
—Hemos encontrado a aquel de quien
Moisés escribió en la Ley, y también los Profetas: a Jesús de Nazaret, el hijo de José.
46 Y le dijo Natanael:
—¿De Nazaret puede haber algo de bueno?
Le dijo Felipe:
—Ven y ve.
47 Jesús vio que Natanael venía hacia él y
dijo de él:
—¡He aquí un verdadero israelita, en
quien no hay engaño!
48 Le dijo Natanael:
—¿De dónde me conoces?
Respondió Jesús y le dijo:
—Antes que Felipe te llamara, cuando estabas debajo de la higuera, te vi.
49 Le respondió Natanael:

[a] *19t* Comp. Mat. 3:1-12; Mar. 1:2-8; Lùc. 3:15-17 [b] *20* O: *el Mesías* [c] *21* Ver Deut. 18:15, 18 [d] *23* Isa. 40:3 (LXX) [e] *26,31,33* Otra trad., *con* [f] *27* Algunos mss. tardíos agregan *el cual es antes de mí*; comp. vv. 15 y 30. [g] *28* Algunos mss. antiguos dicen *Betábara*. [h] *39* O sea, *como a las 4:00 p.m.* (si el cálculo es según el sistema judío); *como a las 10:00 a.m.* (si es según el sistema romano) [i] *41* O sea, *Ungido* [j] *42* *Cefas* viene del arameo *kefa*, como *Pedro* del griego *petros*; ambas palabras significan *piedra*.

—Rabí,[a] ¡tú eres el Hijo de Dios! ¡Tú eres
el rey de Israel!
50 Respondió Jesús y le dijo:
—¿Crees porque te dije: "Te vi debajo de
la higuera"? ¡Cosas mayores que éstas verás!
51 Y les dijo:
—De cierto, de cierto os digo que veréis[b]
el cielo abierto y a los ángeles de Dios que
suben y descienden sobre el Hijo del Hombre.

Jesús en la boda de Caná

2 Al tercer día se celebró una boda en Caná
de Galilea, y estaba allí la madre de Jesús. 2 Fue invitado también Jesús con sus
discípulos a la boda. 3 Y como faltó el vino,
la madre de Jesús le dijo:
—No tienen vino.
4 Jesús le dijo:
—¿Qué tiene que ver eso conmigo y contigo, mujer?[c] Todavía no ha llegado mi hora.
5 Su madre dijo a los que servían:
—Haced todo lo que él os diga.
6 Había allí seis tinajas de piedra para agua,
de acuerdo con los ritos de los judíos para la
purificación. En cada una de ellas cabían dos
o tres medidas.[d] 7 Jesús les dijo:
—Llenad de agua las tinajas.
Y las llenaron hasta el borde. 8 Luego les
dijo:
—Sacad ahora y llevadlo al encargado del
banquete.
Se lo llevaron; 9 y cuando el encargado
del banquete probó el agua ya hecha vino, y
no sabía de dónde venía (aunque los sirvien-
tes que habían sacado el agua sí lo sabían),
llamó al novio 10 y le dijo:
—Todo hombre sirve primero el buen vino; y cuando ya han tomado bastante, entonces saca el inferior. Pero tú has guardado el
buen vino hasta ahora.
11 Este principio de señales[e] hizo Jesús en
Caná de Galilea, y manifestó su gloria; y sus
discípulos creyeron en él. 12 Después de esto, él descendió a Capernaúm con su madre,
sus hermanos y sus discípulos; y se quedaron
allí no muchos días.

Jesús purifica el templo[f]

13 Estaba próxima la Pascua de los judíos,
y Jesús subió a Jerusalén. 14 Halló en el
templo a los que vendían vacunos, ovejas y
palomas, y a los cambistas sentados. 15 Y
después de hacer un látigo de cuerdas, los
echó a todos del templo, junto con las ovejas
y los vacunos. Desparramó el dinero de los
cambistas y volcó las mesas. 16 A los que
vendían palomas les dijo:
—¡Quitad de aquí estas cosas y no hagáis
más de la casa de mi Padre casa de mercado!
17 Entonces se acordaron sus discípulos
que estaba escrito: *El celo por tu casa me
consumirá.*[g]
18 Los judíos respondieron y le dijeron:
—Ya que haces estas cosas, ¿qué señal nos
muestras?
19 Respondió Jesús y les dijo:
—Destruid este templo, y en tres días lo
levantaré.
20 Por tanto los judíos dijeron:
—Durante cuarenta y seis años se constru-
yó este templo, ¿y tú lo levantarás en tres
días?
21 Pero él hablaba del templo de su cuerpo.
22 Por esto, cuando fue resucitado de entre
los muertos, sus discípulos se acordaron de
que había dicho esto y creyeron la Escritura[h]
y las palabras que Jesús había dicho.
23 Mientras él estaba en Jerusalén en la
fiesta de la Pascua, muchos creyeron en su
nombre al observar las señales que hacía.
24 Pero Jesús mismo no confiaba en ellos,
porque los conocía a todos, 25 y porque no
tenía necesidad de que nadie le diese testimonio acerca de los hombres, pues él conocía lo
que había en el hombre.

Jesús y Nicodemo

3 Y había un hombre de los fariseos que se
llamaba Nicodemo, un gobernante de los
judíos. 2 Este vino a Jesús de noche y le dijo:
—Rabí,[a] sabemos que has venido de Dios
como maestro; porque nadie puede hacer estas señales que tú haces, a menos que Dios
esté con él.
3 Respondió Jesús y le dijo:
—De cierto, de cierto te digo que a menos
que uno nazca de nuevo[i] no puede ver el
reino de Dios.
4 Nicodemo le dijo:
—¿Cómo puede nacer un hombre si ya es
viejo? ¿Puede acaso entrar por segunda vez
en el vientre de su madre y nacer?
5 Respondió Jesús:
—De cierto, de cierto te digo que a menos
que uno nazca de agua y del Espíritu, no
puede entrar en el reino de Dios. 6 Lo que
ha nacido de la carne, carne es; y lo que ha

[a] *49,2* O: *Maestro* [b] *51* Algunos textos tardíos aquí incluyen *de aquí en adelante*. [c] *4* Un apelativo respetuoso en el tiempo de Jesús; comp. 4:21; 8:10; 19:26; 20:13, 15 [d] *6* O sea, aprox. de 40 a 75 litros por tinaja, ya que esta clase de *medida* tenía entre 20 y 25 litros [e] *11* Ver 4:46-54; 5:1-9; 6:1-13; 6:16-21; 9:1-41; 11:1-44 [f] *13t* Comp. Mat. 21:12, 13; Mar. 11:15-17; Luc. 19:45, 46 [g] *17* Sal. 69:9 [h] *22* Sal. 16:10 [i] *3* Otra trad., *de arriba*

nacido del Espíritu, espíritu es. 7 No te ma-
ravilles de que te dije: "Os es necesario nacer
de nuevo."[a] 8 El viento sopla de donde
quiere, y oyes su sonido; pero no sabes ni de
dónde viene ni a dónde va. Así es todo aquel
que ha nacido del Espíritu.
9 Respondió Nicodemo y le dijo:
—¿Cómo puede suceder eso?
10 Respondió Jesús y le dijo:
—Tú eres el maestro de Israel, ¿y no sabes
esto? 11 De cierto, de cierto te digo que hablamos de lo que sabemos; y testificamos de
lo que hemos visto. Pero no recibís nuestro
testimonio. 12 Si os hablé de cosas terrenales y no creéis, ¿cómo creeréis si os hablo de
las celestiales? 13 Nadie ha subido al cielo,
sino el que descendió del cielo, el Hijo del
Hombre.[b] 14 Y como Moisés levantó la serpiente en el desierto,[c] así es necesario que el
Hijo del Hombre sea levantado, 15 para que
todo aquel que cree en él[d] tenga vida eterna.[e]
16 »Porque de tal manera amó Dios al
mundo, que ha dado a su Hijo unigénito,[f]
para que todo aquel que en él cree no se
pierda, mas tenga vida eterna. 17 Porque
Dios no envió a su Hijo al mundo para condenar al mundo, sino para que el mundo sea
salvo por él. 18 El que cree en él no es condenado; pero el que no cree ya ha sido condenado, porque no ha creído en el nombre del
unigénito[f] Hijo de Dios. 19 Y ésta es la condenación: que la luz ha venido al mundo, y
los hombres amaron más las tinieblas que la
luz, porque sus obras eran malas. 20 Porque
todo aquel que practica lo malo aborrece la
luz, y no viene a la luz, para que sus obras no
sean censuradas. 21 Pero el que hace la verdad viene a la luz para que sus obras sean
manifiestas, que son hechas en Dios.

Otro testimonio de Juan el Bautista

22 Después de esto, Jesús fue con sus discípulos a la tierra de Judea; y pasaba allí un
tiempo con ellos y bautizaba. 23 Juan también estaba bautizando en Enón, junto a Salim, porque allí había mucha agua; y muchos
venían y eran bautizados, 24 ya que Juan
todavía no había sido puesto en la cárcel.
25 Entonces surgió una discusión entre los
discípulos de Juan y un judío[g] acerca de la
purificación. 26 Fueron a Juan y le dijeron:
—Rabí,[h] el que estaba contigo al otro lado
del Jordán, de quien tú has dado testimonio,
¡he aquí él está bautizando, y todos van a él!
27 Respondió Juan y dijo:
—Ningún hombre puede recibir nada a
menos que le haya sido dado del cielo.
28 Vosotros mismos me sois testigos de que
dije: "Yo no soy el Cristo", sino que "he sido
enviado delante de él". 29 El que tiene a la
novia es el novio; pero el amigo del novio,
que ha estado de pie y le escucha, se alegra
mucho a causa de la voz del novio. Así, pues,
este mi gozo ha sido cumplido. 30 A él le es
preciso crecer, pero a mí menguar.
31 El que viene de arriba está por encima
de todos. El que procede de la tierra es terrenal, y su habla procede de la tierra. El que
viene del cielo está por encima de todos.[i]
32 Testifica de lo que ha visto y oído, y nadie
recibe su testimonio. 33 El que recibe su
testimonio atestigua que Dios es veraz.
34 Porque el que Dios envió habla las palabras
de Dios, pues Dios no da el Espíritu por medida. 35 El Padre ama al Hijo y ha puesto todas las cosas en su mano. 36 El que cree en
el Hijo tiene vida eterna; pero el que desobe-
dece al Hijo no verá la vida, sino que la ira
de Dios permanece sobre él.

Jesús y la mujer samaritana

4 Cuando Jesús se enteró de que los fariseos habían oído que Jesús hacía y bautizaba más discípulos que Juan 2 (aunque Jesús mismo no bautizaba, sino sus discípulos),
3 dejó Judea y se fue otra vez a Galilea. 4 Le
era necesario pasar por Samaria; 5 así que
llegó a una ciudad de Samaria llamada Sicar,
cerca del campo que Jacob había dado a su
hijo José.[j] 6 Estaba allí el pozo de Jacob.
Entonces Jesús, cansado del camino, estaba
sentado junto al pozo. Era como la hora sexta.[k] 7 Vino una mujer de Samaria para sacar agua, y Jesús le dijo:
—Dame de beber.
8 Pues los discípulos habían ido a la ciudad
a comprar de comer. 9 Entonces la mujer
samaritana le dijo:
—¿Cómo es que tú, siendo judío, me pides
de beber a mí, siendo yo una mujer samaritana? —porque los judíos no se tratan con los
samaritanos—.[l]
10 Respondió Jesús y le dijo:

[a] 7 Otra trad., *de arriba* [b] 13 Algunos mss. antiguos incluyen *que está en el cielo.* [c] 14 Ver Núm. 21:9
[d] 15 Algunos mss. tardíos aquí incluyen *no perezca, sino que . . .* [e] 15 Algunas versiones terminan el parlamento aquí, o bien al final del v. 12. [f] 16,18 Otra trad., *único*, en el sentido de *único en su género* [g] 25 Algunos mss. antiguos dicen *los judíos.* [h] 26 O: *Maestro.* [i] 31 Algunos mss. antiguos no incluyen *está por encima de todos*, de manera que se entiende *El que viene del cielo testifica de lo que ha visto y . . .* [j] 5 Ver Jos. 24:32 y Gén. 33:19
[k] 6 O sea, *como a las 12:00 horas de mediodía* (si es según el sistema judío); o, *como a las 6:00 p.m.* (si es según el sistema romano) [l] 9 Algunos mss. antiguos omiten *porque los judíos no se tratan con los samaritanos.*

—Si conocieras el don de Dios, y quién es
el que te dice: "Dame de beber", tú le hubieras pedido a él, y él te habría dado agua viva.
11 La mujer le dijo:
—Señor, no tienes con qué sacar, y el pozo
es hondo. ¿De dónde, pues, tienes el agua
viva? 12 ¿Acaso eres tú mayor que nuestro
padre Jacob quien nos dio este pozo y quien
bebió de él, y también sus hijos y su ganado?
13 Respondió Jesús y le dijo:
—Todo el que bebe de esta agua volverá a
tener sed. 14 Pero cualquiera que beba del
agua que yo le daré, nunca más tendrá sed,
sino que el agua que yo le daré será en él una
fuente de agua que salte para vida eterna.
15 La mujer le dijo:
—Señor, dame esta agua, para que no tenga sed, ni venga más acá a sacarla.
16 Jesús le dijo:
—Vé, llama a tu marido y ven acá.
17 Respondió la mujer y le dijo:
—No tengo marido.
Le dijo Jesús:
—Bien has dicho: "No tengo marido";
18 porque cinco maridos has tenido, y el que
tienes ahora no es tu marido. Esto has dicho
con verdad.
19 Le dijo la mujer:
—Señor, veo que tú eres profeta.
20 Nuestros padres adoraron en este monte,[a]
y vosotros decís que en Jerusalén está el lugar
donde se debe adorar.
21 Jesús le dijo:
—Créeme, mujer, que la hora viene cuando ni en este monte ni en Jerusalén adoraréis
al Padre. 22 Vosotros adoráis lo que no sabéis; nosotros adoramos lo que sabemos, porque la salvación procede de los judíos.
23 Pero la hora viene, y ahora es, cuando los
verdaderos adoradores adorarán al Padre en
espíritu y en verdad; porque también el Padre
busca a tales que le adoren. 24 Dios es espíritu; y es necesario que los que le adoran, le
adoren en espíritu y en verdad.
25 Le dijo la mujer:
—Sé que viene el Mesías —que es llamado
el Cristo—. Cuando él venga, nos declarará
todas las cosas.
26 Jesús le dijo:
—Yo soy, el que habla contigo.
27 En este momento llegaron sus discípulos y se asombraban de que hablara con una
mujer; no obstante, ninguno dijo: "¿Qué buscas?" o "¿Qué hablas con ella?" 28 Entonces
la mujer dejó su cántaro, se fue a la ciudad
y dijo a los hombres:
29 —¡Venid! Ved un hombre que me ha
dicho todo lo que he hecho. ¿Será posible que
éste sea el Cristo?
30 Entonces salieron de la ciudad y fueron
hacia él.

Campos blancos para la siega

31 Mientras tanto, los discípulos le rogaban diciendo:
—Rabí,[b] come.
32 Pero les dijo:
—Yo tengo una comida para comer que
vosotros no sabéis.
33 Entonces sus discípulos se decían el uno
al otro:
—¿Acaso alguien le habrá traído algo de
comer?
34 Jesús les dijo:
—Mi comida es que yo haga la voluntad
del que me envió y que acabe su obra.
35 ¿No decís vosotros: "Todavía faltan cuatro
meses para que llegue la siega"? He aquí os
digo: ¡Alzad vuestros ojos y mirad los campos, que ya están blancos para la siega! 36 El
que siega recibe salario y recoge fruto para
vida eterna, para que el que siembra y el que
siega se gocen juntos. 37 Porque en esto es
verdadero el dicho: "Uno es el que siembra,
y otro es el que siega." 38 Yo os he enviado
a segar lo que vosotros no habéis labrado.
Otros han labrado, y vosotros habéis entrado
en sus labores.
39 Muchos de los samaritanos de aquella
ciudad creyeron en él a causa de la palabra de
la mujer que daba testimonio diciendo: "Me
dijo todo lo que he hecho." 40 Entonces,
cuando los samaritanos vinieron a él, rogándole que se quedase con ellos, se quedó allí
dos días. 41 Y muchos más creyeron a causa
de su palabra. 42 Ellos decían a la mujer:
—Ya no creemos a causa de la palabra tuya, porque nosotros mismos hemos oído y
sabemos que verdaderamente éste es el Salvador del mundo.[c]

Jesús sana al hijo de un oficial[d]

43 Pasados los dos días, salió de allí para
Galilea, 44 porque Jesús mismo dio testimonio de que un profeta no tiene honra en
su propia tierra. 45 Luego, cuando entró en
Galilea, los galileos le recibieron, ya que habían visto cuántas cosas había hecho en Jeru-

[a] *20* El monte Gerizim donde antes tenían su centro de culto los samaritanos [b] *31* O: *Maestro* [c] *42* Algunos mss. tardíos tienen *Salvador del mundo, el Cristo.* [d] *43t* Comp. Mat. 8:5-13; Luc. 7:1-10

salén en la fiesta; porque ellos también habían ido a la fiesta.
46 Vino, pues, Jesús otra vez a Caná de Galilea donde había convertido el agua en vino.[a] Había un oficial del rey cuyo hijo estaba
enfermo en Capernaúm. 47 Cuando éste
oyó que Jesús había salido de Judea y estaba
presente en Galilea, fue a él y le rogaba que
descendiese y sanase a su hijo, porque estaba
a punto de morir. 48 Entonces Jesús le dijo:
—A menos que veáis señales y prodigios,
jamás creeréis.
49 El oficial del rey le dijo:
—Señor, desciende antes que muera mi
hijo.
50 Jesús le dijo:
—Vé, tu hijo vive.
El hombre creyó la palabra que Jesús le
dijo y se puso en camino. 51 Mientras todavía descendía, sus siervos salieron a recibirle
diciendo que su hijo vivía.[b] 52 Entonces él
les preguntó la hora en que comenzó a mejo-
rarse, y le dijeron:
—Ayer, a la hora séptima[c] le dejó la fiebre.
53 El padre entonces entendió que era
aquella hora cuando Jesús le había dicho: "Tu
hijo vive." Y creyó él con toda su casa.
54 También hizo Jesús esta segunda señal
cuando vino de Judea a Galilea.

Jesús sana al paralítico en Betesda

5 Después de esto había una fiesta de los
judíos, y Jesús subió a Jerusalén. 2 En
Jerusalén, junto a la puerta de las Ovejas, hay
un estanque con cinco pórticos que en hebreo se llama Betesda.[d] 3,4[e] En ellos yacía
una multitud de enfermos, ciegos, cojos y
paralíticos.
5 Se encontraba allí cierto hombre que había estado enfermo durante treinta y ocho
años. 6 Cuando Jesús lo vio tendido y supo
que ya había pasado tanto tiempo así, le preguntó:
—¿Quieres ser sano?
7 Le respondió el enfermo:
—Señor, no tengo a nadie que me meta en
el estanque cuando el agua es agitada; y
mientras me muevo yo, otro desciende antes
que yo.
8 Jesús le dijo:
—Levántate, toma tu cama y anda.
9 Y en seguida el hombre fue sanado, tomó
su cama y anduvo. Y aquel día era sábado.
10 Entonces los judíos le decían a aquel
que había sido sanado:
—Es sábado, y no te es lícito llevar tu cama.
11 Pero él les respondió:
—El que me sanó, él mismo me dijo: "Toma tu cama y anda."
12 Entonces le preguntaron:
—¿Quién es el hombre que te dijo: "Toma
tu cama y anda"?
13 Pero el que había sido sanado no sabía
quién había sido, porque Jesús se había apartado, pues había mucha gente en el lugar.
14 Después Jesús le halló en el templo y le
dijo:
—He aquí, has sido sanado; no peques
más, para que no te ocurra algo peor.
15 El hombre se fue y declaró a los judíos
que Jesús era el que le había sanado. 16 Por
esta causa los judíos perseguían a Jesús,[f]
porque hacía estas cosas en sábado. 17 Pero
Jesús les respondió:
—Mi Padre hasta ahora trabaja; también
yo trabajo.
18 Por esta razón los judíos aún más procuraban matarle, porque no sólo quebrantaba el
sábado, sino que también llamaba a Dios su
propio Padre, haciéndose igual a Dios.

Jesús habla de su autoridad

19 Por esto, respondió Jesús y les decía:
—De cierto, de cierto os digo que el Hijo
no puede hacer nada de sí mismo, sino lo que
ve hacer al Padre. Porque todo lo que él hace,
esto también lo hace el Hijo de igual manera.
20 Porque el Padre ama al Hijo y le muestra
todas las cosas que él mismo hace. Y mayores
obras que éstas le mostrará, de modo que
vosotros os asombréis. 21 Porque así como
el Padre resucita a los muertos y les da vida,
así también el Hijo da vida a los que quiere.
22 Porque el Padre no juzga a nadie, sino que
todo el juicio lo dio al Hijo, 23 para que
todos honren al Hijo como honran al Padre.
El que no honra al Hijo, no honra al Padre
que le envió.
24 »De cierto, de cierto os digo que el que
oye mi palabra y cree al que me envió tiene
vida eterna. El tal no viene a condenación,[g]

[a] *46* Ver 2:1 ss. [b] *51* Algunos mss. tienen . . . *a recibirle diciendo: Tu hijo vive*. [c] *52* O sea, *la 1:00 p.m.* (si se calcula con el sistema judío) o, *las 7:00 p.m.* (si se calcula con el sistema romano) [d] *2* Algunos mss. antiguos tienen *Betzata* o *Betsaida* en vez de *Betesda*. [e] *4* Algunos mss. antiguos incluyen, aunque con variantes: *paralíticos que esperaban el movimiento del agua. [4] Porque un ángel del Señor descendía en ciertos tiempos en el estanque y agitaba el agua. Por tanto, el primero que entró después del movimiento del agua fue sanado de cualquier enfermedad que tuviera.* [f] *16* Algunos mss. antiguos incluyen *para matarlo*. [g] *24* Otra trad., *juicio*

sino que ha pasado de muerte a vida. 25 De
cierto, de cierto os digo que viene la hora y
ahora es, cuando los muertos oirán la voz del
Hijo de Dios, y los que oyen vivirán. 26 Porque así como el Padre tiene vida en sí mismo,
así también dio al Hijo el tener vida en sí
mismo. 27 Y también le dio autoridad para
hacer juicio, porque él es el Hijo del Hombre.
28 No os asombréis de esto, porque vendrá la
hora cuando todos los que están en los sepulcros oirán su voz 29 y saldrán, los que hicieron el bien para la resurrección de vida, pero
los que practicaron el mal para la resurrección de condenación. 30 Yo no puedo hacer
nada de mí mismo. Como oigo, juzgo; y mi
juicio es justo, porque no busco la voluntad
mía, sino la voluntad del[a] que me envió.

Testimonio acerca de Jesús

31 »Si yo doy testimonio de mí mismo, mi
testimonio no es verdadero. 32 El que da
testimonio de mí es otro, y sé que el testimonio que da de mí es verdadero. 33 Vosotros
enviasteis mensajeros a Juan, y él ha dado
testimonio de la verdad. 34 Pero yo no recibo el testimonio de parte del hombre; más
bien, digo esto para que vosotros seáis salvos.
35 Él era antorcha que ardía y alumbraba, y
vosotros quisisteis regocijaros por un poco
en su luz.

36 »Pero yo tengo un testimonio mayor
que el de Juan; porque las obras que el Padre
me ha dado para cumplirlas, las mismas
obras que hago dan testimonio de mí, de que
el Padre me ha enviado.

37 »Y el Padre que me envió ha dado testimonio de mí. Pero nunca habéis oído su voz,
ni habéis visto su apariencia, 38 ni tenéis su
palabra permaneciendo en vosotros; porque
vosotros no creéis a quien él envió. 39 Escu-
driñad[b] las Escrituras, porque os parece que
en ellas tenéis vida eterna, y ellas son las que
dan testimonio de mí. 40 Y vosotros no queréis venir a mí para que tengáis vida.

41 »No recibo gloria de parte de los hombres. 42 Al contrario, yo os conozco que no
tenéis el amor de Dios en vosotros. 43 Yo he
venido en nombre de mi Padre, y no me recibís. Si otro viene en su propio nombre, a
aquél recibiréis. 44 ¿Cómo podéis vosotros
creer? Pues recibiendo la gloria los unos de
los otros, no buscáis la gloria que viene de
parte del único Dios.

45 »No penséis que yo os acusaré delante
del Padre. Hay quien os acusa: Moisés, en
quien habéis puesto la esperanza. 46 Porque
si vosotros creyeseis a Moisés, me creeríais a
mí; pues él escribió de mí. 47 Pero si no
creéis a sus escritos, ¿cómo creeréis a mis
palabras?

Jesús alimenta a cinco mil[c]

6 Después de esto fue Jesús a la otra orilla
del mar de Galilea, o sea de Tiberias, 2 y
le seguía una gran multitud, porque veían las
señales que hacía en los enfermos. 3 Jesús
subió a un monte y se sentó allí con sus discípulos. 4 Estaba cerca la Pascua, la fiesta de
los judíos.

5 Cuando Jesús alzó los ojos y vio que se le
acercaba una gran multitud, dijo a Felipe:

—¿De dónde compraremos pan para que
coman éstos?

6 Pero decía esto para probarle, porque Jesús sabía lo que iba a hacer. 7 Felipe le respondió:

—Doscientos denarios[d] de pan no bastan,
para que cada uno de ellos reciba un poco.

8 Uno de sus discípulos, Andrés, el hermano de Simón Pedro, le dijo:

9 —Aquí hay un muchacho que tiene cinco
panes de cebada y dos pescaditos. Pero, ¿qué
es esto para tantos?

10 Entonces Jesús dijo:

—Haced recostar a la gente.

Había mucha hierba en aquel lugar. Se recostaron, pues, como cinco mil hombres.
11 Entonces Jesús tomó los panes, y habiendo
dado gracias, los repartió entre los que estaban recostados. De igual manera repartió de
los pescados, cuanto querían. 12 Cuando
fueron saciados, dijo a sus discípulos:

—Recoged los pedazos que han quedado,
para que no se pierda nada.

13 Recogieron, pues, y llenaron doce canastas de pedazos de los cinco panes de cebada que sobraron a los que habían comido.
14 Entonces, cuando los hombres vieron la
señal que Jesús había hecho, decían:

—¡Verdaderamente, éste es el profeta[e]
que ha de venir al mundo!

15 Como Jesús entendió que iban a venir
para tomarle por la fuerza y hacerle rey, se
retiró de nuevo al monte, él solo.

Jesús camina sobre el agua[f]

16 Cuando anochecía, sus discípulos descendieron al mar, 17 y entrando en una barca iban cruzando el mar hacia Capernaúm.
Ya había oscurecido, y Jesús todavía no había

[a] *30* Algunos mss. antiguos incluyen *Padre*. [b] *39* Otra trad., *Escudriñáis* [c] *1t* Comp. Mat. 14:13-21; Mar. 6:30-44; Luc. 9:10-17 [d] *7* El denario era una moneda romana que equivalía al salario de un día para un obrero; ver Mat. 20:2. [e] *14* Ver Deut. 18:15, 18 [f] *16t* Comp. Mat. 14:22-33; Mar. 6:45-52

venido a ellos. 18 Y se agitaba el mar porque
soplaba un gran viento. 19 Entonces, cuando habían remado como veinticinco o treinta
estadios,[a] vieron a Jesús caminando sobre el
mar y acercándose a la barca, y tuvieron miedo. 20 Pero él les dijo:

—¡Yo soy; no temáis!

21 Entonces ellos quisieron recibirle en la
barca, y de inmediato la barca llegó a la tierra
a donde iban.

Jesús: el pan de vida

22 Al día siguiente, la multitud que había
estado al otro lado del mar se dio cuenta de
que no había habido allí sino una sola barca,
y que Jesús no había entrado en la barca con
sus discípulos, sino que éstos se habían ido
solos. 23 (Sin embargo, de Tiberias habían
llegado otras barcas cerca del lugar donde
habían comido el pan después que el Señor
había dado gracias.) 24 Entonces, cuando la
multitud vio que Jesús no estaba allí ni tampoco sus discípulos, ellos entraron en las barcas y fueron a Capernaúm buscando a Jesús.
25 Cuando le hallaron al otro lado del mar, le
preguntaron:

—Rabí,[b] ¿cuándo llegaste acá?

26 Jesús les respondió diciendo:

—De cierto, de cierto os digo que me buscáis, no porque habéis visto las señales, sino
porque comisteis de los panes y os saciasteis.
27 Trabajad, no por la comida que perece, sino por la comida que permanece para vida
eterna, que el Hijo del Hombre os dará; porque en éste, Dios el Padre ha puesto su sello.

28 Entonces le dijeron:

—¿Qué haremos para realizar las obras de
Dios?

29 Respondió Jesús y les dijo:

—Esta es la obra de Dios: que creáis en
aquel que él ha enviado.

30 Entonces le dijeron:

—¿Qué señal, pues, haces tú, para que
veamos y creamos en ti? ¿Qué obra haces?
31 Nuestros padres comieron el maná en el
desierto, como está escrito: *Pan del cielo les
dio a comer.*[c]

32 Por tanto Jesús les dijo:

—De cierto, de cierto os digo que no os ha
dado Moisés el pan del cielo, sino mi Padre
os da el verdadero pan del cielo. 33 Porque
el pan de Dios es aquel que desciende del
cielo y da vida al mundo.

34 Le dijeron:

—Señor, danos siempre este pan.

35 Jesús les dijo:

—Yo soy el pan de vida. El que a mí viene
nunca tendrá hambre, y el que en mí cree no
tendrá sed jamás. 36 Pero os he dicho que
me habéis visto, y no creéis. 37 Todo lo que
el Padre me da vendrá a mí; y al que a mí
viene, jamás lo echaré fuera. 38 Porque yo
he descendido del cielo, no para hacer la voluntad mía, sino la voluntad del que me envió. 39 Y ésta es la voluntad del[d] que me
envió: que yo no pierda nada de todo lo que
me ha dado, sino que lo resucite en el día
final. 40 Esta es la voluntad de mi Padre:
que todo aquel que mira al Hijo y cree en él
tenga vida eterna, y que yo lo resucite en el
día final.

41 Entonces los judíos murmuraban de él
porque había dicho: "Yo soy el pan que descendió del cielo." 42 Y decían:

—¿No es éste Jesús, el hijo de José? ¿No
conocemos a su padre y a su madre? ¿Cómo
es que ahora dice: "He descendido del cielo"?

43 Jesús respondió y les dijo:

—No murmuréis más entre vosotros.
44 Nadie puede venir a mí, a menos que el
Padre que me envió lo traiga; y yo lo resucitaré en el día final. 45 Está escrito en los Profetas: *Y serán todos enseñados por Dios.*[e] Así
que, todo aquel que oye y aprende del Padre
viene a mí. 46 No es que alguien haya visto
al Padre, sino que aquel que proviene de
Dios, éste ha visto al Padre. 47 De cierto, de
cierto os digo: El que cree[f] tiene vida eterna.
48 Yo soy el pan de vida. 49 Vuestros padres
comieron el maná en el desierto y murieron.
50 Este es el pan que desciende del cielo, para
que el que coma de él no muera. 51 Yo soy
el pan vivo que descendió del cielo; si alguno
come de este pan, vivirá para siempre. El pan
que yo daré por la vida del mundo es mi carne.

52 Entonces los judíos contendían entre sí,
diciendo:

—¿Cómo puede éste darnos a comer su
carne?

53 Y Jesús les dijo:

—De cierto, de cierto os digo que si no
coméis la carne del Hijo del Hombre y bebéis
su sangre, no tenéis vida en vosotros. 54 El
que come mi carne y bebe mi sangre tiene
vida eterna, y yo lo resucitaré en el día final.
55 Porque mi carne es verdadera comida, y mi
sangre es verdadera bebida. 56 El que come
mi carne y bebe mi sangre permanece en mí,
y yo en él. 57 Así como me envió el Padre

[a] *19* Un total de 5 o 6 km., ya que el *estadio* equivalía aprox. a 180 m. [b] *25* O: *Maestro* [c] *31* Ver Exo. 16:4 y Sal. 78:24 [d] *39* Algunos mss. tardíos incluyen *Padre.* [e] *45* Isa. 54:13 [f] *47* Algunos mss. antiguos incluyen *en mí.*

viviente, y yo vivo por el Padre, de la misma
manera el que me come también vivirá por
mí. 58 Este es el pan que descendió del cielo. No como los padres que comieron[a] y murieron, el que come de este pan vivirá para
siempre.
59 Estas cosas dijo en la sinagoga, cuando
enseñaba en Capernaúm.

Palabras de vida eterna

60 Entonces, al oírlo, muchos de sus discípulos dijeron:
—Dura es esta palabra; ¿quién la puede
oír?
61 Sabiendo Jesús en sí mismo que sus discípulos murmuraban de esto, les dijo:
—¿Esto os escandaliza? 62 ¿Y si vierais al
Hijo del Hombre subir a donde estaba primero? 63 El Espíritu es el que da vida; la carne
no aprovecha para nada. Las palabras que yo
os he hablado son espíritu y son vida. 64 Pero hay entre vosotros algunos que no creen.
Pues desde el principio Jesús sabía quiénes
eran los que no creían y quién le había de
entregar, 65 y decía:
—Por esta razón os he dicho que nadie
puede venir a mí, a menos que le haya sido
concedido por el Padre.
66 Desde entonces, muchos de sus discípulos volvieron atrás, y ya no andaban con él.
67 Entonces Jesús dijo a los doce:
—¿Queréis acaso iros vosotros también?
68 Le respondió Simón Pedro:
—Señor, ¿a quién iremos? Tú tienes palabras de vida eterna. 69 Y nosotros hemos
creído y conocido que tú eres el Santo de
Dios.[b]
70 Jesús les respondió:
—¿No os escogí yo a vosotros doce, y uno
de vosotros es diablo?
71 Hablaba de Judas hijo de Simón Iscariote;[c] porque éste, siendo uno de los doce, estaba por entregarlo.

Jesús en la fiesta de los Tabernáculos

7 Después de esto, andaba Jesús por Galilea. No quería andar por Judea, porque
los judíos le buscaban para matarlo. 2 Estaba próxima la fiesta de los Tabernáculos de
los judíos. 3 Por tanto, le dijeron sus hermanos:
—Sal de aquí y vete a Judea, para que también tus discípulos vean las obras que haces.
4 Porque nadie que procura darse a conocer
hace algo en oculto. Puesto que haces estas
cosas, manifiéstate al mundo.
5 Pues ni aun sus hermanos creían en él.
6 Entonces Jesús les dijo:
—Mi tiempo no ha llegado todavía, pero
vuestro tiempo siempre está a la mano. 7 El
mundo no puede aborreceros a vosotros; pero a mí me aborrece porque yo doy testimonio de él, que sus obras son malas. 8 Subid
vosotros a la fiesta. Yo no subo todavía[d] a
esta fiesta, porque mi tiempo aún no se ha
cumplido.
9 Habiendo[e] dicho esto, él se quedó en Galilea. 10 Pero cuando sus hermanos habían
subido a la fiesta, entonces él también subió,
no abiertamente sino en secreto. 11 Los judíos le buscaban en la fiesta y decían:
—¿Dónde está aquél?
12 Había una gran murmuración acerca de
él entre las multitudes. Unos decían: "Es bueno." Pero otros decían: "No, sino que engaña
a la gente." 13 Sin embargo, nadie hablaba
abiertamente de él, por miedo de los judíos.
14 Cuando ya había pasado la mitad de la
fiesta, subió Jesús al templo y enseñaba.
15 Entonces los judíos se asombraban diciendo:
—¿Cómo sabe éste de letras, sin haber estudiado?
16 Por tanto, Jesús les respondió y dijo:
—Mi doctrina no es mía, sino de aquel que
me envió. 17 Si alguien quiere hacer su voluntad, conocerá si mi doctrina proviene de
Dios o si yo hablo por mi propia cuenta.
18 El que habla de sí mismo busca su propia
gloria; pero el que busca la gloria del que le
envió, éste es verdadero, y en él no hay injusticia. 19 ¿No os dio Moisés la Ley? Y ninguno de vosotros la cumple. ¿Por qué buscáis
matarme?
20 La multitud respondió:
—Demonio tienes. ¿Quién busca matarte?
21 Jesús respondió y les dijo:
—Una sola obra hice, y todos os asom-
bráis. 22 Por esto Moisés os dio la circuncisión (no porque sea de Moisés, sino de los
padres), y en sábado circuncidáis al hombre.
23 Si el hombre recibe la circuncisión en sábado, a fin de que la ley de Moisés no sea
quebrantada, ¿os enojáis conmigo porque en
sábado sané a un hombre por completo?
24 No juzguéis según las apariencias, sino
juzgad con justo juicio.

[a]58 Algunos mss. tardíos incluyen *el maná*. [b]69 Algunos mss. antiguos dicen *tú eres el Cristo, el Santo de Dios* o *tú eres el Cristo, el Hijo del Dios viviente;* comp. Mat. 16:16. [c]71 Algunos mss. antiguos dicen *Judas Iscariote, hijo de Simón*. [d]8 Algunos mss. antiguos no incluyen *todavía*. [e]9 Algunos mss. antiguos dicen *habiéndoles dicho*.

¿Es Jesús el Cristo?

25 Decían entonces algunos de Jerusalén:
—¿No es éste a quien buscan para matarle? 26 ¡He aquí, habla públicamente, y no le
dicen nada! ¿Será que los principales realmente han reconocido que él es el Cristo?
27 Pero éste, sabemos de dónde es; pero cuando venga el Cristo, nadie sabrá de dónde sea.
28 Entonces Jesús alzó la voz en el templo,
enseñando y diciendo:
—A mí me conocéis y sabéis de dónde soy.
Y yo no he venido por mí mismo; más bien,
el que me envió, a quien vosotros no conocéis, es verdadero. 29 Yo le conozco, porque
de él provengo, y él me envió.
30 Entonces procuraban prenderle, pero
nadie puso su mano sobre él, porque todavía
no había llegado su hora. 31 Muchos del
pueblo creyeron en él y decían: "Cuando venga el Cristo, ¿hará más señales que las que
hizo éste?"
32 Los fariseos oyeron que la multitud
murmuraba estas cosas acerca de él, y los
principales sacerdotes y los fariseos enviaron
guardias para tomarlo preso. 33 Entonces
dijo Jesús:
—Todavía estaré con vosotros un poco de
tiempo; luego iré al que me envió. 34 Me
buscaréis y no me hallaréis, y a donde yo
estaré vosotros no podréis ir.
35 Entonces los judíos se decían entre sí:
—¿A dónde se ha de ir éste, que nosotros
no le hallemos? ¿Acaso ha de ir a la dispersión
entre los griegos para enseñar a los griegos?
36 ¿Qué significa este dicho que dijo: "Me
buscaréis y no me hallaréis, y no podréis ir
a donde yo estaré"?
37 Pero en el último y gran día de la fiesta,
Jesús se puso de pie y alzó la voz diciendo:
—Si alguno tiene sed, venga a mí y beba.[a]
38 El que cree en mí, como dice la Escritura,
ríos de agua viva correrán de su interior.
39 Esto dijo acerca del Espíritu que habían
de recibir los que creyeran en él, pues todavía
no había sido dado[b] el Espíritu,[c] porque Jesús aún no había sido glorificado.
40 Entonces, cuando algunos de la multitud oyeron estas palabras, decían: "¡Verdaderamente, éste es el profeta!"[d] 41 Otros
decían: "Este es el Cristo." Pero otros decían:
"¿De Galilea habrá de venir el Cristo? 42 ¿No
dice la Escritura que el Cristo vendrá de la
descendencia de David y de la aldea de Belén,
de donde era David?"[e] 43 Así que había disensión entre la gente por causa de él. 44 Algunos de ellos querían tomarlo preso, pero
ninguno le echó mano.

Las autoridades se oponen a Jesús

45 Luego los guardias regresaron a los
principales sacerdotes y a los fariseos, y ellos
les dijeron:
—¿Por qué no le trajisteis?
46 Los guardias respondieron:
—¡Nunca habló hombre alguno así![f]
47 Entonces los fariseos les respondieron:
—¿Será posible que vosotros también hayáis sido engañados? 48 ¿Habrá creído en él
alguno de los principales o de los fariseos?
49 Pero esta gente que no conoce la ley es
maldita.
50 Nicodemo, el que fue a Jesús al principio[g] y que era uno de ellos, les dijo:
51 —¿Juzga nuestra ley a un hombre si primero no se le oye y se entiende qué hace?
52 Le respondieron y dijeron:
—¿Eres tú también de Galilea? Escudriña
y ve que de Galilea no se levanta ningún profeta.

La mujer sorprendida en adulterio

8 53 [h] [Y se fue cada uno a su casa. 1 Pero Jesús se fue al monte de los Olivos,
2 y muy de mañana volvió al templo. Todo el
pueblo venía a él, y sentado les enseñaba.
3 Entonces los escribas y los fariseos le trajeron una mujer sorprendida en adulterio; y
poniéndola en medio, 4 le dijeron:
—Maestro, esta mujer ha sido sorprendida
en el mismo acto de adulterio. 5 Ahora bien,
en la ley Moisés nos mandó apedrear a las
tales.[i] Tú, pues, ¿qué dices?
6 Esto decían para probarle, para tener de
qué acusarle. Pero Jesús, inclinado hacia el
suelo, escribía en la tierra con el dedo. 7 Pero como insistieron en preguntarle, se enderezó y les dijo:
—El de vosotros que esté sin pecado sea el
primero en arrojar la piedra contra ella.
8 Al inclinarse hacia abajo otra vez, escribía en tierra. 9 Pero cuando lo oyeron[j], salían uno por uno, comenzando por los más
viejos.[k] Sólo quedaron Jesús y la mujer, que

[a] *37* Ver Isa. 55:1 [b] *39* Los mss. más antiguos dicen solamente *era* (o sea, *se daba* o *venía*) en lugar de *había sido dado*. [c] *39* Algunos mss. antiguos dicen *Espíritu Santo*. [d] *40* Ver Deut. 18:15, 18 [e] *42* Ver Miq. 5:2
[f] *46* Algunos mss. antiguos incluyen *como habla este hombre*. [g] *50* Algunos mss. antiguos tienen *fue a Jesús de noche y . . .*; ver 3:1 ss. [h] *53* Algunos mss. antiguos no incluyen los vv. entre corchetes (7:53—8:11); en otros, el pasaje aparece después de Luc. 21:38 o 24:53 o después de Juan 8:36. [i] *5* Ver Lev. 20:10; Deut. 22:22 [j] *9* Algunos mss. antiguos incluyen *censurados por sus conciencias*. [k] *9* Algunos mss. antiguos incluyen *hasta los últimos*.

estaba en medio. 10 Entonces Jesús se enderezó y[a] le preguntó:
—Mujer, ¿dónde están?[b] ¿Ninguno te ha
condenado?
11 Y ella dijo:
—Ninguno, Señor.
Entonces Jesús le dijo:
—Ni yo te condeno. Vete y desde ahora no
peques más.]

Testimonio de Jesús sobre sí mismo

12 Jesús les habló otra vez a los fariseos
diciendo:
—Yo soy la luz del mundo. El que me sigue nunca andará en tinieblas, sino que tendrá la luz de la vida.
13 Entonces los fariseos le dijeron:
—Tú das testimonio de ti mismo; tu testimonio no es verdadero.
14 Jesús respondió y les dijo:
—Aun si yo doy testimonio de mí mismo,
mi testimonio es verdadero, porque sé de
dónde vine y a dónde voy. Pero vosotros no
sabéis de dónde vengo ni a dónde voy.
15 Vosotros juzgáis según la carne, pero yo no
juzgo a nadie. 16 Y aun si yo juzgo, mi juicio
es verdadero; porque no soy yo solo, sino yo
y el Padre que me envió. 17 En vuestra ley
está escrito que el testimonio de dos hombres
es verdadero. 18 Yo soy el que doy testimonio de mí mismo, y el Padre que me envió
también da testimonio de mí.
19 Entonces le decían:
—¿Dónde está tu Padre?
Respondió Jesús:
—Ni a mí me conocéis, ni a mi Padre. Si
a mí me hubierais conocido, a mi Padre también habríais conocido.
20 Estas palabras habló Jesús enseñando
en el templo en el lugar de las ofrendas; y
nadie le prendió, porque todavía no había llegado su hora.
21 Luego Jesús les dijo otra vez:
—Yo me voy, y me buscaréis; pero en
vuestro pecado moriréis. A donde yo voy, vosotros no podéis ir.
22 Entonces los judíos decían:
—¿Será posible que se habrá de matar a sí
mismo? Pues dice: "A donde yo voy, vosotros
no podéis ir."
23 El les decía:
—Vosotros sois de abajo; yo soy de arriba.
Vosotros sois de este mundo; yo no soy de
este mundo. 24 Por esto os dije que moriréis
en vuestros pecados; porque a menos que
creáis que yo soy, en vuestros pecados moriréis.
25 Así que le decían:
—Tú, ¿quién eres?
Entonces Jesús les dijo:
—Lo mismo que os vengo diciendo desde
el principio. 26 Muchas cosas tengo que decir y juzgar de vosotros. Pero el que me envió
es verdadero; y yo, lo que he oído de parte de
él, esto hablo al mundo.
27 Pero no entendieron que les hablaba del
Padre. 28 Entonces Jesús les dijo:
—Cuando hayáis levantado al Hijo del
Hombre, entonces entenderéis que yo soy, y
que nada hago de mí mismo; sino que estas
cosas hablo, así como el Padre me enseñó.
29 Porque el que me envió, conmigo está. El
Padre no me ha dejado solo, porque yo hago
siempre lo que le agrada a él.
30 Mientras él decía estas cosas, muchos
creyeron en él.

La verdad os hará libres

31 Por tanto, Jesús decía a los judíos que
habían creído en él:
—Si vosotros permanecéis en mi palabra,
seréis verdaderamente mis discípulos; 32 y
conoceréis la verdad, y la verdad os hará libres.
33 Le respondieron:
—Somos descendientes de Abraham y jamás hemos sido esclavos de nadie. ¿Cómo
dices tú: "Llegaréis a ser libres"?
34 Jesús les respondió:
—De cierto, de cierto os digo que todo
aquel que practica el pecado es esclavo del
pecado. 35 El esclavo no permanece en la
casa para siempre; el Hijo sí queda para siempre. 36 Así que, si el Hijo os hace libres,
seréis verdaderamente libres. 37 Sé que sois
descendientes de Abraham; no obstante, pro-
curáis matarme, porque mi palabra no tiene
cabida en vosotros. 38 Yo hablo de lo que he
visto estando con el Padre,[c] y vosotros hacéis lo que habéis oído de parte de vuestro[d]
padre.

Los verdaderos hijos de Dios

39 Respondieron y le dijeron:
—Nuestro padre es Abraham.
Jesús les dijo:
—Puesto que sois hijos de Abraham, haced
las obras de Abraham.[e] 40 Pero ahora pro-
curáis matarme, hombre que os he hablado
la verdad que oí de parte de Dios. ¡Esto no lo

[a] *10* Algunos mss. antiguos tienen *y cuando no vio a nadie más que la mujer, . . .* [b] *10* Algunos mss. antiguos incluyen . . . *los que te acusaban?* [c] *38* Algunos mss. antiguos dicen *mi Padre.* [d] *38* Algunos mss. antiguos no incluyen *vuestro.* [e] *39* Algunos mss. antiguos dicen *Si fuerais hijos de Abraham, haríais las obras de Abraham.*

hizo Abraham! 41 Vosotros hacéis las obras
de vuestro padre.
Entonces le dijeron:
—Nosotros no hemos nacido de fornicación. Tenemos un solo padre, Dios.
42 Entonces Jesús les dijo:
—Si Dios fuera vuestro padre, me ama-
ríais; porque yo he salido y he venido de Dios.
Yo no he venido por mí mismo, sino que él
me envió. 43 ¿Por qué no comprendéis lo
que digo? Porque no podéis oír mi palabra.
44 Vosotros sois de vuestro padre el diablo, y
queréis satisfacer los deseos de vuestro padre.
El era homicida desde el principio y no se
basaba[a] en la verdad, porque no hay verdad
en él. Cuando habla mentira, de lo suyo propio habla, porque es mentiroso y padre de
mentira. 45 Pero a mí, porque os digo la
verdad, no me creéis. 46 ¿Quién de vosotros
me halla culpable de pecado? Y si digo la verdad, ¿por qué vosotros no me creéis? 47 El
que es de Dios escucha las palabras de Dios.
Por esta razón vosotros no las escucháis, porque no sois de Dios.

Cristo y Abraham

48 Respondieron los judíos y le dijeron:
—¿No decimos bien nosotros que tú eres
samaritano y que tienes demonio?
49 Respondió Jesús:
—Yo no tengo demonio. Más bien, honro
a mi Padre, pero vosotros me deshonráis.
50 Yo no busco mi gloria; hay quien la busca
y juzga. 51 De cierto, de cierto os digo que
si alguno guarda mi palabra, nunca verá la
muerte para siempre.
52 Entonces los judíos le dijeron:
—¡Ahora sabemos que tienes demonio!
Abraham murió, y también los profetas; y tú
dices: "Si alguno guarda mi palabra, nunca
gustará muerte para siempre." 53 ¿Eres tú
acaso mayor que nuestro padre Abraham
quien murió, o los profetas quienes también
murieron? ¿Quién pretendes ser?
54 Respondió Jesús:
—Si yo me glorifico a mí mismo, mi gloria
no es nada. El que me glorifica es mi Padre,
de quien vosotros decís: "Es nuestro[b] Dios."
55 Y vosotros no le conocéis. Pero yo sí le
conozco. Si digo que no le conozco, seré
mentiroso como vosotros. Pero le conozco y
guardo su palabra. 56 Abraham, vuestro padre, se regocijó de ver mi día. El lo vio y se
gozó.
57 Entonces le dijeron los judíos:
—Aún no tienes ni cincuenta años, ¿y has
visto a Abraham?
58 Les dijo Jesús:
—De cierto, de cierto os digo que antes
que Abraham existiera, Yo Soy.[c]
59 Entonces tomaron piedras para arrojár-
selas, pero Jesús se ocultó y salió del templo.[d]

Jesús sana a un ciego de nacimiento

9 Mientras pasaba Jesús, vio a un hombre
ciego de nacimiento, 2 y sus discípulos
le preguntaron diciendo:
—Rabí,[e] ¿quién pecó, éste o sus padres,
para que naciera ciego?
3 Respondió Jesús:
—No es que éste pecó, ni tampoco sus padres. Al contrario, fue para que las obras de
Dios se manifestaran en él. 4 Me[f] es preciso
hacer las obras del que me[f] envió, mientras
dure el día. La noche viene cuando nadie puede trabajar. 5 Mientras yo esté en el mundo,
luz soy del mundo.
6 Dicho esto, escupió en tierra, hizo lodo
con la saliva y con el lodo untó los ojos del
ciego. 7 Y le dijo:
—Vé, lávate en el estanque de Siloé —que
significa enviado—.
Por tanto fue, se lavó y regresó viendo.
8 Entonces los vecinos y los que antes le habían visto que era mendigo[g] decían:
—¿No es éste el que se sentaba para mendigar?
9 Unos decían:
—Este es.
Y otros:
—No.[h] Pero se parece a él.
El decía:
—Yo soy.
10 Entonces le decían:
—¿Cómo te fueron abiertos los ojos?
11 El respondió:
—El hombre que se llama Jesús hizo lodo,
me untó los ojos y me dijo: "Vé a Siloé y
lávate." Entonces cuando fui y me lavé, recibí
la vista.
12 Y le dijeron:
—¿Dónde está él?
El dijo:
—No sé.

Los fariseos interrogan al sanado

13 Llevaron ante los fariseos al que antes
era ciego, 14 porque el día en que Jesús hizo
lodo y le abrió los ojos era sábado. 15 Enton-

[a] 44 O: *no se mantuvo en* [b] 54 Algunos mss. antiguos dicen *vuestro*. [c] 58 Ver Exo. 3:14 [d] 59 Algunos mss. antiguos incluyen *Y atravesando por medio de ellos, se fue*; comp. Luc. 4:30. [e] 2 O: *Maestro* [f] 4 Algunos mss. antiguos dicen *nos*. [g] 8 Algunos mss. antiguos dicen *ciego*. [h] 9 Algunos mss. antiguos no incluyen *No*.

ces, los fariseos le volvieron a preguntar de
qué manera había recibido la vista, y les dijo:
—El me puso lodo sobre los ojos; me lavé
y veo.
16 Entonces algunos de los fariseos decían:
—Este hombre no es de Dios, porque no
guarda el sábado.
Pero otros decían:
—¿Cómo puede un hombre pecador hacer
tales señales?
Había una división entre ellos. 17 Entonces volvieron a hablar al ciego:
—Tú, ¿qué dices de él, puesto que te abrió
los ojos?
Y él dijo:
—Que es profeta.
18 Los judíos, pues, no creían que él había
sido ciego y que había recibido la vista, hasta
que llamaron a los padres del que había recibido la vista, 19 y les preguntaron diciendo:
—¿Es éste vuestro hijo, el que vosotros
decís que nació ciego? ¿Cómo, pues, ve ahora?
20 Respondieron sus padres y dijeron:
—Sabemos que éste es nuestro hijo y que
nació ciego. 21 Pero cómo ve ahora, no sabemos; o quién le haya abierto los ojos, nosotros tampoco lo sabemos. Edad tiene; preguntadle a él, y él hablará por su cuenta.
22 Sus padres dijeron esto porque tenían
miedo de los judíos, porque ya los judíos habían acordado que si alguno confesara que
Jesús era el Cristo, fuera expulsado de la sinagoga. 23 Por esta razón dijeron sus padres:
"Edad tiene; preguntadle a él." 24 Así que
por segunda vez llamaron al hombre que había sido ciego y le dijeron:
—¡Da gloria a Dios! Nosotros sabemos que
este hombre es pecador.
25 Entonces él respondió:
—Si es pecador, no lo sé. Una cosa sé: que
habiendo sido ciego, ahora veo.
26 Luego le dijeron:
—¿Qué te hizo? ¿Cómo te abrió los ojos?
27 Les contestó:
—Ya os dije, y no escuchasteis. ¿Por qué
lo queréis oír otra vez? ¿Acaso queréis también vosotros haceros sus discípulos?
28 Entonces le ultrajaron y dijeron:
—¡Tú eres discípulo de él! ¡Pero nosotros
somos discípulos de Moisés! 29 Nosotros sabemos que Dios ha hablado por Moisés, pero
éste, no sabemos de dónde sea.
30 Respondió el hombre y les dijo:
—¡Pues en esto sí tenemos una cosa maravillosa! Que vosotros no sepáis de dónde es,
y a mí me abrió los ojos. 31 Sabemos que
Dios no oye a los pecadores; pero si alguien
es temeroso de Dios y hace su voluntad, a ése
oye. 32 Desde la eternidad nunca se oyó que
alguien abriese los ojos de uno que había nacido ciego. 33 Si éste no procediera de Dios,
no podría hacer nada.
34 Le contestaron diciendo:
—Tú naciste sumido en pecado, ¿y tú
quieres enseñarnos a nosotros?
Y lo echaron fuera.

El ciego sanado cree en Jesús

35 Jesús oyó que lo habían echado fuera; y
cuando lo halló, le dijo:
—¿Crees tú en el Hijo del Hombre?[a]
36 El respondió y dijo:
—Señor, ¿quién es, para que yo crea en él?
37 Jesús le dijo:
—Le has visto, y el que habla contigo, él
es.
38 Y dijo:
—¡Creo, Señor!
Y le adoró.
39 Y dijo Jesús:
—Para juicio yo he venido a este mundo;
para que vean los que no ven, y los que ven
sean hechos ciegos.
40 Al oír esto, algunos de los fariseos que
estaban con él le dijeron:
—¿Acaso somos nosotros también ciegos?
41 Les dijo Jesús:
—Si fuerais ciegos, no tendríais pecado;
pero ahora porque decís: "Vemos", vuestro
pecado permanece.

Jesús: el buen pastor

10 "De cierto, de cierto os digo que el
que no entra al redil de las ovejas por
la puerta, sino que sube por otra parte, ése es
ladrón y asaltante. 2 Pero el que entra por
la puerta es el pastor de las ovejas. 3 A él le
abre el portero, y las ovejas oyen su voz. A sus
ovejas las llama por nombre y las conduce
afuera. 4 Y cuando saca fuera a todas las
suyas, va delante de ellas; y las ovejas le siguen, porque conocen su voz. 5 Pero al ex-
traño jamás seguirán; más bien, huirán de él,
porque no conocen la voz de los extraños."
6 Jesús les dijo esta figura, pero ellos no
entendieron qué era lo que les decía. 7 Entonces Jesús les habló de nuevo: "De cierto,
de cierto os digo que yo soy la puerta de las
ovejas. 8 Todos los que vinieron antes de mí
eran ladrones y asaltantes, pero las ovejas no
les oyeron. 9 Yo soy la puerta. Si alguien

[a] 35 Algunos mss. antiguos dicen *Hijo de Dios*.

entra por mí, será salvo; entrará, saldrá y hallará pastos. 10 El ladrón no viene sino para robar, matar y destruir. Yo he venido para que tengan vida, y para que la tengan en abundancia. 11 Yo soy el buen pastor; el buen pastor pone[a] su vida por las ovejas. 12 Pero el asalariado, que no es el pastor, y a quien no le pertenecen las ovejas, ve que viene el lobo, abandona las ovejas y huye; y el lobo arrebata y esparce las ovejas. 13 Huye[b] porque es asalariado, y a él no le importan las ovejas. 14 Yo soy el buen pastor y conozco mis ovejas, y las mías me conocen. 15 Como el Padre me conoce, yo también conozco al Padre; y pongo mi vida por las ovejas.

16 "También tengo otras ovejas que no son de este redil. A ellas también me es necesario traer, y oirán mi voz. Así habrá un solo rebaño y un solo pastor. 17 Por esto me ama el Padre, porque yo pongo mi vida, para volverla a tomar. 18 Nadie me la quita, sino que yo la pongo de mí mismo. Tengo poder[c] para ponerla, y tengo poder[c] para volverla a tomar. Este mandamiento recibí de mi Padre."

19 Hubo división otra vez entre los judíos a causa de estas palabras, 20 y muchos de ellos decían:

—Demonio tiene y está fuera de sí. ¿Por qué le escucháis?

21 Otros decían:

—Estas palabras no son las de un endemoniado. ¿Podrá un demonio abrir los ojos de los ciegos?

Jesús declara ser Hijo de Dios

22 Se celebraba entonces la fiesta de la Dedicación[d] en Jerusalén. Era invierno, 23 y Jesús andaba en el templo por el pórtico de Salomón. 24 Entonces le rodearon los judíos y le dijeron:

—¿Hasta cuándo nos tendrás en suspenso? Si tú eres el Cristo, dínoslo abiertamente.

25 Jesús les contestó:

—Os lo he dicho, y no creéis. Las obras que yo hago en nombre de mi Padre, éstas dan testimonio de mí. 26 Pero vosotros no creéis, porque no sois de mis ovejas.[e] 27 Mis ovejas oyen mi voz, y yo las conozco, y me siguen. 28 Yo les doy vida eterna, y no perecerán jamás, y nadie las arrebatará de mi mano. 29 Mi Padre que me las ha dado,[f] es mayor que todos; y nadie las puede arrebatar de las manos del Padre.[g] 30 Yo y el Padre una cosa somos.

Los judíos rechazan a Jesús

31 Los judíos volvieron a tomar piedras para apedrearle. 32 Jesús les respondió:

—Muchas buenas obras os he mostrado de parte del Padre[g]. ¿Por cuál de estas obras me apedreáis?

33 Los judíos le respondieron:

—No te apedreamos por obra buena, sino por blasfemia y porque tú, siendo hombre, te haces Dios.

34 Jesús les respondió:

—¿No está escrito en vuestra ley, *"Yo dije: Sois dioses"*?[h] 35 Si dijo "dioses" a aquellos a quienes fue dirigida la palabra de Dios (y la Escritura no puede ser anulada), 36 ¿decís vosotros: "Tú blasfemas" a quien el Padre santificó y envió al mundo, porque dije: "Soy Hijo de Dios"? 37 Si no hago las obras de mi Padre, no me creáis. 38 Pero si las hago, aunque a mí no me creáis, creed a las obras; para que conozcáis y creáis[i] que el Padre está en mí, y yo en el Padre.

39 Procuraban otra vez tomarle preso, pero él se salió de las manos de ellos. 40 Y volvió al otro lado del Jordán al lugar donde al principio Juan había estado bautizando, y se quedó allí. 41 Y muchos fueron a él y decían: "Juan, a la verdad, ninguna señal hizo; pero todo lo que Juan dijo de éste era verdad." 42 Y muchos creyeron en él allí.

La muerte de Lázaro

11 Estaba entonces enfermo un hombre llamado Lázaro, de Betania, la aldea de María y de su hermana Marta. 2 María era la que ungió al Señor con perfume y secó sus pies con sus cabellos. Y Lázaro, que estaba enfermo, era su hermano. 3 Entonces sus hermanas enviaron para decir a Jesús: "Señor, he aquí el que amas[j] está enfermo." 4 Al oírlo, Jesús dijo:

—Esta enfermedad no es para muerte, sino para la gloria de Dios; para que el Hijo de Dios sea glorificado por ella.

5 Jesús amaba a Marta, a su hermana y a Lázaro. 6 Cuando oyó, pues, que estaba enfermo, se quedó aún dos días más en el lugar donde estaba; 7 y luego, después de esto, dijo a sus discípulos:

—Vamos a Judea otra vez.

[a] *11* Algunos mss. antiguos dicen *da*. [b] *13* Algunos mss. antiguos tienen *El asalariado huye . . .* [c] *18* Otra trad., *autoridad* [d] *22* Fiesta anual originada en el período intertestamentario; cae en diciembre. [e] *26* Algunos mss. antiguos incluyen *como os he dicho*. [f] *29* Algunos mss. antiguos dicen *Lo que mi Padre me ha dado es mayor . . .* [g] *29,32* Algunos mss. antiguos dicen *de mi Padre*. [h] *34* Sal. 82:6 [i] *38* Algunos mss. muy antiguos dicen *comprendáis*. [j] *3* Otra trad., *el que quieres*

8 Le dijeron sus discípulos:
—Rabí,[a] hace poco los judíos procuraban
apedrearte, ¿y otra vez vas allá?
9 Respondió Jesús:
—¿No tiene el día doce horas? Si uno camina de día, no tropieza, porque ve la luz de
este mundo. 10 Pero si uno camina de noche, tropieza porque no hay luz en él.
11 Habiendo dicho estas cosas después les
dijo:
—Nuestro amigo Lázaro duerme, pero voy
para despertarlo.
12 Entonces dijeron sus discípulos:
—Señor, si duerme, se sanará.
13 Sin embargo, Jesús había dicho esto de
la muerte de Lázaro, pero ellos pensaron que
hablaba del reposo del sueño. 14 Así que,
luego Jesús les dijo claramente:
—Lázaro ha muerto; 15 y a causa de vosotros me alegro de que yo no haya estado
allá, para que creáis. Pero vayamos a él.
16 Entonces Tomás, que se llamaba Dídimo,[b] dijo a sus condiscípulos:
—Vamos también nosotros, para que muramos con él.

Jesús: la resurrección y la vida

17 Cuando llegó Jesús, halló que hacía ya
cuatro días que Lázaro estaba en el sepulcro.
18 Betania estaba cerca de Jerusalén, como a
quince estadios,[c] 19 y muchos de los judíos
habían venido a Marta y a María para conso-
larlas por su hermano. 20 Entonces cuando
oyó que Jesús venía, Marta salió a encontrar-
le, pero María se quedó sentada en casa.
21 Marta dijo a Jesús:
—Señor, si hubieses estado aquí, mi hermano no habría muerto. 22 Pero ahora también sé que todo lo que pidas a Dios, Dios te
lo dará.
23 Jesús le dijo:
—Tu hermano resucitará.
24 Marta le dijo:
—Yo sé que resucitará en la resurrección
en el día final.
25 Jesús le dijo:
—Yo soy la resurrección y la vida. El que
cree en mí, aunque muera, vivirá. 26 Y todo
aquel que vive y cree en mí no morirá para
siempre. ¿Crees esto?
27 Le dijo:
—Sí, Señor; yo he creído que tú eres el
Cristo, el Hijo de Dios, el que había de venir
al mundo.
28 Y cuando hubo dicho esto, fue y llamó
en secreto a su hermana María, diciendo:
—El Maestro está aquí y te llama.
29 Ella, cuando lo oyó, se levantó de prisa
y fue a donde él estaba; 30 pues Jesús todavía no había llegado a la aldea, sino que estaba en el lugar donde Marta le había encontrado. 31 Entonces, los judíos que estaban en
la casa con ella y la consolaban, cuando vieron que María se levantó de prisa y salió, la
siguieron, porque pensaban[d] que iba al sepulcro a llorar allí.
32 Luego, cuando María llegó al lugar donde estaba Jesús y le vio, se postró a sus pies
diciéndole:
—Señor, si hubieras estado aquí, no habría muerto mi hermano.
33 Entonces Jesús, al verla llorando y al ver
a los judíos que habían venido junto con ella
también llorando, se conmovió en espíritu y
se turbó. 34 Y dijo:
—¿Dónde le habéis puesto?
Le dijeron:
—Señor, ven y ve.
35 Jesús lloró. 36 Entonces dijeron los judíos:
—Mirad cómo le amaba.[e]
37 Pero algunos de ellos dijeron:
—¿No podía éste, que abrió los ojos al ciego, hacer también que Lázaro no muriese?

Lázaro es resucitado

38 Jesús, conmovido otra vez dentro de sí,
fue al sepulcro. Era una cueva y tenía puesta
una piedra contra la entrada. 39 Jesús dijo:
—Quitad la piedra.
Marta, la hermana del que había muerto,
le dijo:
—Señor, hiede ya, porque tiene cuatro
días.
40 Jesús le dijo:
—¿No te dije que si crees verás la gloria de
Dios?
41 Luego quitaron la piedra, y Jesús alzó
los ojos arriba y dijo:
—Padre, te doy gracias porque me oíste.
42 Yo sabía que siempre me oyes; pero lo dije
por causa de la gente que está alrededor, para
que crean que tú me has enviado.
43 Habiendo dicho esto, llamó a gran voz:
—¡Lázaro, ven fuera!
44 Y el que había estado muerto salió, atados los pies y las manos con vendas y su cara
envuelta en un sudario. Jesús les dijo:
—Desatadle y dejadle ir.

a8 O: *Maestro* b16 O sea, *Mellizo* c18 O sea, aprox. 3 km., ya que el *estadio* equivalía aprox. a 180 m.
d31 Algunos mss. antiguos dicen *cuando . . . salió, la siguieron diciendo que . . .* e36 Otra trad., *le quería*

Acuerdo para matar a Jesús[a]

45 Muchos de los judíos que habían venido
a María y habían visto lo que había hecho
Jesús, creyeron en él. 46 Pero algunos de
ellos fueron a los fariseos y les dijeron lo que
Jesús había hecho.
47 Entonces los principales sacerdotes y
los fariseos reunieron al Sanedrín y decían:
—¿Qué hacemos? Pues este hombre hace
muchas señales. 48 Si le dejamos seguir así,
todos creerán en él; y vendrán los romanos
y destruirán nuestro lugar y nuestra nación.
49 Entonces uno de ellos, Caifás, que era
sumo sacerdote en aquel año, les dijo:
—Vosotros no sabéis nada; 50 ni conside-
ráis que os[b] conviene que un solo hombre
muera por el pueblo, y no que perezca toda
la nación.
51 Pero esto no lo dijo de sí mismo; sino
que, como era el sumo sacerdote de aquel
año, profetizó que Jesús había de morir por
la nación; 52 y no solamente por la nación,
sino también para reunir en uno a los hijos
de Dios que estaban esparcidos. 53 Así que,
desde aquel día resolvieron matarle. 54 Por
lo tanto, Jesús ya no andaba abiertamente
entre los judíos, sino que se fue de allí a la
región que está junto al desierto, a una ciudad que se llama Efraín; y estaba allí con sus
discípulos.
55 Ya estaba próxima la Pascua de los judíos, y muchos subieron de esa región a Jerusalén antes de la Pascua para purificarse.
56 Buscaban a Jesús y se decían unos a otros,
estando en el templo:
—¿Qué os parece? ¿Que tal vez ni venga a
la fiesta?
57 Los principales sacerdotes y los fariseos
habían dado órdenes de que si alguno supiese
dónde estaba, lo informara para que le toma-
ran preso.

Jesús es ungido en Betania[c]

12 Seis días antes de la Pascua, llegó Jesús a Betania, donde estaba Lázaro,[d]
a quien Jesús resucitó de entre los muertos.
2 Le hicieron allí una cena. Marta servía, y
Lázaro era uno de los que estaban sentados
a la mesa con él.
3 Entonces María, habiendo traído una libra[e] de perfume de nardo puro de mucho
valor, ungió los pies de Jesús y los limpió con
sus cabellos. Y la casa se llenó con el olor del
perfume. 4 Pero uno de sus discípulos, Judas Iscariote,[f] el que estaba por entregarle,
dijo:
5 —¿Por qué no fue vendido este perfume
por trescientos denarios[g] y dado a los pobres?
6 Pero dijo esto, no porque le importaban
los pobres, sino porque era ladrón, y teniendo la bolsa a su cargo sustraía de lo que se
echaba en ella. 7 Entonces Jesús dijo:
—Déjala. Para el día de mi sepultura ha
guardado esto. 8 Porque a los pobres siempre los tenéis con vosotros, pero a mí, no
siempre me tendréis.
9 Entonces mucha gente de los judíos se
enteró de que él estaba allí; y fueron, no sólo
por causa de Jesús, sino también para ver a
Lázaro, a quien él había resucitado de entre
los muertos. 10 Pero los principales sacerdotes resolvieron matar también a Lázaro,
11 porque por causa de él muchos de los judíos se apartaban y creían en Jesús.

La entrada triunfal en Jerusalén[h]

12 Al día siguiente, cuando oyeron que Jesús venía a Jerusalén, la gran multitud que
había venido a la fiesta 13 tomó ramas de
palmera y salió a recibirle, y le aclamaban a
gritos: "*¡Hosanna! ¡Bendito el que viene en
el nombre del Señor,* el Rey de Israel!"[i]
14 Habiendo encontrado Jesús un borriquillo, montó sobre él, como está escrito:

15 *No temas, hija de Sion.*
¡He aquí tu Rey viene,
sentado sobre una cría de asna![j]

16 Sus discípulos no entendieron estas cosas
al principio. Pero cuando Jesús fue glorificado, entonces se acordaron de que estas cosas
estaban escritas acerca de él, y que estas cosas le hicieron a él.
17 La gente que estaba con él daba testimonio de cuando llamó a Lázaro del sepulcro y
le resucitó de entre los muertos. 18 Por esto
también la multitud salió a recibirle, porque
oyeron que él había hecho esta señal. 19 Entonces los fariseos dijeron entre sí:
—Ved que nada ganáis. ¡He aquí, el mundo se va tras él!

Ciertos griegos buscan a Jesús

20 Había ciertos griegos entre los que habían subido a adorar en la fiesta. 21 Ellos se

[a] *45t* Comp. Mat. 26:1-5; Mar. 14:1, 2; Luc. 22:1, 2 [b] *50* Algunos mss. antiguos dicen *nos*. [c] *1t* Ver Mat. 26:6-13; Mar. 14:3-9 [d] *1* Algunos mss. antiguos incluyen *quien había estado muerto*. [e] *3* La libra romana de 12 onzas equivalía aprox. a 340 gramos. [f] *4* Algunos mss. antiguos incluyen *hijo de Simón*. [g] *5* El denario era una moneda romana que equivalía al salario de un día para un obrero; ver Mat. 20:2. [h] *12t* Comp. Mat. 21:1-11; Mar. 11:1-11; Luc. 19:28-40 [i] *13* Sal. 118:25, 26 [j] *15* Zac. 9:9

acercaron a Felipe, que era de Betsaida de Galilea, y le rogaban diciendo:

—Señor, quisiéramos ver a Jesús.

22 Felipe fue y se lo dijo a Andrés. Andrés y Felipe se lo dijeron a Jesús. 23 Y Jesús les respondió diciendo:

—Ha llegado la hora para que el Hijo del Hombre sea glorificado. 24 De cierto, de cierto os digo que a menos que el grano de trigo caiga en la tierra y muera, queda solo; pero si muere, lleva mucho fruto. 25 El que ama su vida, la pierde; pero el que odia su vida en este mundo, para vida eterna la guardará. 26 Si alguno me sirve, sígame; y donde yo estoy, allí también estará mi servidor. Si alguno me sirve, el Padre le honrará.

El Hijo del Hombre será levantado

27 »Ahora está turbada mi alma. ¿Qué diré: "Padre, sálvame de esta hora"? ¡Al contrario, para esto he llegado a esta hora! 28 Padre, glorifica tu nombre.

Entonces vino una voz del cielo: "¡Ya lo he glorificado y lo glorificaré otra vez!"

29 La multitud que estaba presente y escuchó, decía que había sido un trueno. Otros decían:

—¡Un ángel le ha hablado!

30 Jesús respondió y dijo:

—No ha venido esta voz por causa mía, sino por causa vuestra. 31 Ahora es el juicio de este mundo. Ahora será echado fuera el príncipe de este mundo. 32 Y yo, cuando sea levantado[a] de la tierra, atraeré a todos a mí mismo.

33 Esto decía dando a entender[b] de qué muerte había de morir. 34 Entonces la gente le respondió:

—Nosotros hemos oído que, según la ley, el Cristo permanece para siempre. ¿Y cómo es que tú dices: "Es necesario que el Hijo del Hombre sea levantado"? ¿Quién es este Hijo del Hombre?

35 Entonces Jesús les dijo:

—Aún por un poco de tiempo está la luz entre vosotros. Andad mientras tenéis la luz, para que no os sorprendan las tinieblas. Porque el que anda en tinieblas no sabe a dónde va. 36 Mientras tenéis la luz, creed en la luz, para que seáis hijos de luz.

Estas cosas habló Jesús, y al apartarse, se escondió de ellos.

Jesús confronta la incredulidad

37 Pero a pesar de haber hecho tantas señales delante de ellos, no creían en él; 38 para que se cumpliese la palabra del profeta Isaías que dijo: *Señor, ¿quién ha creído a nuestro mensaje? ¿A quién se ha revelado el brazo del Señor?*[c] 39 Por eso no podían creer, porque Isaías dijo en otra ocasión:

40 *El ha cegado los ojos de ellos*
y endureció su corazón,
para que no vean con los ojos
ni entiendan con el corazón,
ni se conviertan, y yo los sane.[d]

41 Estas cosas dijo Isaías porque vio su gloria y habló acerca de él.

42 No obstante, aun de entre los dirigentes, muchos creyeron en él, pero por causa de los fariseos no lo confesaban, para no ser expulsados de la sinagoga. 43 Porque amaron la gloria de los hombres más que la gloria de Dios.

44 Pero Jesús alzó la voz y dijo: "El que cree en mí, no cree en mí, sino en el que me envió; 45 y el que me ve a mí, ve al que me envió. 46 Yo he venido al mundo como luz, para que todo aquel que cree en mí no permanezca en las tinieblas. 47 Si alguien oye mis palabras y no las guarda, yo no le juzgo; porque yo no vine para juzgar al mundo, sino para salvar al mundo. 48 El que me desecha y no recibe mis palabras tiene quien le juzgue: La palabra que he hablado le juzgará en el día final. 49 Porque yo no hablé por mí mismo; sino que el Padre que me envió, él me ha dado mandamiento de qué he de decir y de qué he de hablar. 50 Y sé que su mandamiento es vida eterna. Así que, lo que yo hablo, lo hablo tal y como el Padre me ha hablado."

Jesús lava los pies a sus discípulos

13 Antes de la fiesta de la Pascua, sabiendo Jesús que había llegado su hora para pasar de este mundo al Padre, como había amado a los suyos que estaban en el mundo, los amó hasta el fin.

2 Durante la cena, como el diablo ya había puesto en el corazón de Judas hijo de Simón Iscariote que le entregase, 3 y sabiendo Jesús que el Padre había puesto todas las cosas en sus manos y que él había salido de Dios y a Dios iba, 4 se levantó de la cena; se quitó el manto, y tomando una toalla, se ciñó con ella. 5 Luego echó agua en una vasija y comenzó a lavar los pies de los discípulos y a secarlos con la toalla con que estaba ceñido. 6 Entonces llegó a Simón Pedro, y éste le dijo:

[a] *32* O: *si soy levantado*; ver 3:14 [b] *33* O: *decía señalando* [c] *38* Isa. 53:1 (LXX); comp. también Rom. 10:16
[d] *40* Los mss. más antiguos dicen *y los sanaré*; ver Isa. 6:10 (LXX)

—Señor, ¿tú me lavas los pies a mí?
7 Respondió Jesús y le dijo:
—Lo que yo hago, tú no lo entiendes ahora, pero lo comprenderás después.
8 Pedro le dijo:
—¡Jamás me lavarás los pies!
Jesús le respondió:
—Si no te lavo, no tienes parte conmigo.
9 Le dijo Simón Pedro:
—Señor, entonces, no sólo mis pies, sino también las manos y la cabeza.
10 Le dijo Jesús:
—El que se ha lavado no tiene necesidad de lavarse más que los pies, pues está todo limpio. Ya vosotros estáis limpios, aunque no todos.
11 Porque sabía quién le entregaba, por eso
dijo: "No todos estáis limpios." 12 Así que,
después de haberles lavado los pies, tomó su
manto, se volvió a sentar a la mesa y les dijo:
—¿Entendéis lo que os he hecho? 13 Vosotros me llamáis Maestro y Señor; y decís
bien, porque lo soy. 14 Pues bien, si yo, el
Señor y el Maestro, lavé vuestros pies, también vosotros debéis lavaros los pies los unos
a los otros. 15 Porque ejemplo os he dado,
para que así como yo os hice, vosotros también hagáis. 16 De cierto, de cierto os digo
que el siervo no es mayor que su señor, ni
tampoco el apóstol[a] es mayor que el que le
envió. 17 Si sabéis estas cosas, bienaventurados sois si las hacéis. 18 No hablo así de
todos vosotros. Yo sé a quiénes he elegido;
pero para que se cumpla la Escritura: *El que
come pan conmigo*[b] *levantó contra mí su
talón*.[c] 19 Desde ahora os lo digo, antes de
que suceda, para que cuando suceda, creáis
que Yo Soy. 20 De cierto, de cierto os digo
que el que recibe al que yo envío, a mí me
recibe; y el que a mí me recibe, recibe al que
me envió.

Jesús anuncia la traición de Judas[d]

21 Después de haber dicho esto, Jesús se conmovió en espíritu y testificó diciendo:
—De cierto, de cierto os digo que uno de vosotros me ha de entregar.
22 Entonces los discípulos se miraban
unos a otros, dudando de quién hablaba.
23 Uno de sus discípulos, a quien Jesús amaba, estaba a la mesa recostado junto a Jesús.
24 A él Simón Pedro le hizo señas para que
preguntase quién era aquel de quien hablaba.
25 Entonces él, recostándose sobre el pecho de Jesús, le dijo:
—Señor, ¿quién es?
26 Jesús contestó:
—Es aquel para quien yo mojo el bocado y se lo doy.[e]
Y mojando el bocado, lo tomó y[f] se lo dio
a Judas hijo de Simón Iscariote. 27 Después
del bocado, Satanás entró en él. Entonces le
dijo Jesús:
—Lo que estás haciendo, hazlo pronto.
28 Ninguno de los que estaban a la mesa
entendió para qué le dijo esto; 29 porque
algunos pensaban, puesto que Judas tenía la
bolsa, que Jesús le decía: "Compra lo que
necesitamos para la fiesta", o que diese algo
a los pobres.
30 Cuando tomó el bocado, él salió en seguida; y ya era de noche.

El mandamiento de amor

31 Cuando Judas había salido, dijo Jesús:
—Ahora es glorificado el Hijo del Hombre,
y Dios es glorificado en él. 32 Si Dios es
glorificado en él, también Dios le glorificará
en sí mismo. Y pronto le glorificará. 33 Hijitos, todavía sigo un poco con vosotros. Me
buscaréis, pero como dije a los judíos: "A
donde yo voy vosotros no podéis ir",[g] así os
digo a vosotros ahora.
34 »Un mandamiento nuevo os doy: que os
améis los unos a los otros. Como os he amado, amaos también vosotros los unos a los
otros. 35 En esto conocerán todos que sois
mis discípulos, si tenéis amor los unos por
los otros.

Jesús predice la negación de Pedro[h]

36 Simón Pedro le dijo:
—Señor, ¿a dónde vas?
Le respondió Jesús:
—A donde yo voy, no me puedes seguir ahora; pero me seguirás más tarde.
37 Le dijo Pedro:
—Señor, ¿por qué no te puedo seguir ahora? ¡Mi vida pondré por ti!
38 Jesús le respondió:
—¿Tu vida pondrás por mí? De cierto, de cierto te digo que no cantará el gallo antes que me hayas negado tres veces.

Jesús: el camino, la verdad y la vida

14 »No se turbe vuestro corazón. Creéis
en Dios; creed también en mí. 2 En

[a]*16* Otra trad., *enviado* [b]*18* Algunos mss. antiguos dicen *come mi pan*. [c]*18* Sal. 41:9 [d]*21t* Comp. Mat. 26:20-25; Mar. 14:17-21; Luc. 22:21-23 [e]*26* Algunos mss. antiguos dicen *Es aquel a quien, cuando yo moje el pan, se lo doy*. [f]*26* Algunos mss. antiguos no incluyen *lo tomó y*. [g]*33* Ver 7:34 [h]*36t* Comp. Mat. 26:31-35; Mar. 14:27-31; Luc. 22:31-34

la casa de mi Padre muchas moradas hay. De
otra manera, os lo hubiera dicho. Voy, pues,
a preparar lugar para vosotros.[a] 3Y si voy
y os preparo lugar, vendré otra vez y os toma-
ré conmigo; para que donde yo esté, vosotros
también estéis. 4Y sabéis a dónde voy, y
sabéis el camino.[b]
5Le dijo Tomás:
—Señor, no sabemos a dónde vas; ¿cómo
podemos saber el camino?
6Jesús le dijo:
—Yo soy el camino, la verdad y la vida;
nadie viene al Padre, sino por mí. 7Si me
habéis conocido a mí, también conoceréis a
mi Padre;[c] y desde ahora le conocéis y le
habéis visto.
8Le dijo Felipe:
—Señor, muéstranos el Padre, y nos basta.
9Jesús le dijo:
—Tanto tiempo he estado con vosotros,
Felipe, ¿y no me has conocido? El que me ha
visto, ha visto al Padre. ¿Cómo, pues, dices
tú: "Muéstranos el Padre"? 10¿No crees que
yo soy en el Padre y el Padre en mí? Las
palabras que yo os hablo, no las hablo de mí
mismo; sino que el Padre que mora en mí
hace sus obras. 11Creedme que yo soy en el
Padre, y el Padre en mí; de otra manera,
creed[d] por las mismas obras.
12»De cierto, de cierto os digo que el que
cree en mí, él también hará las obras que yo
hago. Y mayores que éstas hará, porque yo
voy al Padre. 13Y todo lo que pidáis[e] en mi
nombre, eso haré, para que el Padre sea glorificado en el Hijo. 14Si me[f] pedís alguna
cosa en mi nombre, yo la haré.

Jesús promete enviar el Espíritu

15»Si me amáis, guardaréis[g] mis mandamientos. 16Y yo rogaré al Padre y os dará
otro Consolador,[h] para que esté con vosotros
para siempre. 17Este es el Espíritu de verdad, a quien el mundo no puede recibir, porque no lo ve ni lo conoce. Vosotros lo conocéis, porque permanece con vosotros y está
en vosotros. 18No os dejaré huérfanos; volveré a vosotros. 19Todavía un poquito, y el
mundo no me verá más; pero vosotros me
veréis. Porque yo vivo, también vosotros vivi-
réis. 20En aquel día vosotros conoceréis
que yo soy en mi Padre, y vosotros en mí, y
yo en vosotros. 21El que tiene mis mandamientos y los guarda, él es quien me ama. Y
el que me ama será amado por mi Padre, y yo
lo amaré y me manifestaré a él.
22Le dijo Judas, no el Iscariote:
—Señor, ¿cómo es que te has de manifestar a nosotros y no al mundo?
23Respondió Jesús y le dijo:
—Si alguno me ama, mi palabra guardará.
Y mi Padre lo amará, y vendremos a él y
haremos nuestra morada con él. 24El que
no me ama no guarda mis palabras. Y la palabra que escucháis no es mía, sino del Padre
que me envió.
25»Estas cosas os he hablado mientras todavía estoy con vosotros. 26Pero el Consolador, el Espíritu Santo, que el Padre enviará
en mi nombre, él os enseñará todas las cosas
y os hará recordar todo lo que yo os he dicho.
27»La paz os dejo, mi paz os doy. No como
el mundo la da, yo os la doy. No se turbe
vuestro corazón, ni tenga miedo. 28Oísteis
que yo os dije: "Voy y vuelvo a vosotros." Si
me amarais, os gozaríais de que voy al Padre,
porque el Padre es mayor que yo.
29»Ahora os lo he dicho antes que suceda,
para que cuando suceda, creáis. 30Ya no
hablaré mucho con vosotros, porque viene el
príncipe de este mundo y él no tiene nada en
mí. 31Pero para que el mundo conozca que
yo amo al Padre y como el Padre me mandó,
así hago.
»Levantaos. ¡Vamos de aquí!

Jesús: la vid verdadera

15 "Yo soy la vid verdadera, y mi Padre
es el labrador. 2Toda rama que en
mí no está llevando fruto, la quita; y toda
rama que está llevando fruto, la limpia para
que lleve más fruto. 3Ya vosotros estáis
limpios por la palabra que os he hablado.
4"Permaneced en mí, y yo en vosotros. Como la rama no puede llevar fruto por sí sola,
si no permanece en la vid, así tampoco vosotros, si no permanecéis en mí. 5Yo soy la
vid, vosotros las ramas. El que permanece en
mí y yo en él, éste lleva mucho fruto. Pero
separados de mí, nada podéis hacer. 6Si alguien no permanece en mí, es echado fuera
como rama, y se seca. Y las recogen y las
echan en el fuego, y son quemadas.
7"Si permanecéis en mí, y mis palabras
permanecen en vosotros, pedid lo que que-

[a]2 Otra trad., *Si así no fuera, ¿os habría dicho que voy para preparar lugar para vosotros?* [b]4 Los mss. más antiguos dicen *Ya sabéis el camino a dónde voy.* [c]7 Algunos mss. antiguos dicen *Si me hubiérais conocido a mí, también habríais conocido a mi Padre.* [d]11 Algunos mss. antiguos dicen *creedme.* [e]13 Algunos textos tardíos incluyen *al Padre.* [f]14 Algunos mss. antiguos no incluyen *me.* [g]15 Algunos mss. antiguos dicen *guardad.* [h]16 Lit., *Paracleto*; o sea, el que es llamado para estar al lado de uno para ayudar. Otras trads.: *Ayudador, Consejero, Abogado Defensor, Auxiliador, Intercesor* o *Confortador*

ráis, y os será hecho. 8 En esto es glorificado
mi Padre: en que llevéis mucho fruto y seáis
mis discípulos. 9 Como el Padre me amó,
también yo os he amado; permaneced en mi
amor. 10 Si guardáis mis mandamientos,
permaneceréis en mi amor; como yo también
he guardado los mandamientos de mi Padre
y permanezco en su amor.

11 "Estas cosas os he hablado para que mi
gozo esté en vosotros y vuestro gozo sea completo. 12 Este es mi mandamiento: que os
améis los unos a los otros, como yo os he
amado. 13 Nadie tiene mayor amor que éste, que uno ponga su vida por sus amigos.
14 Vosotros sois mis amigos, si hacéis lo que
yo os mando. 15 Ya no os llamo más siervos,
porque el siervo no sabe lo que hace su señor.
Pero os he llamado amigos, porque os he dado a conocer todas las cosas que oí de mi
Padre.

16 "Vosotros no me elegisteis a mí; más
bien, yo os elegí a vosotros, y os he puesto
para que vayáis y llevéis fruto, y para que
vuestro fruto permanezca; a fin de que todo
lo que pidáis al Padre en mi nombre él os lo
dé. 17 Esto os mando: que os améis unos a
otros.

Los discípulos en el mundo hostil

18 "Si el mundo os aborrece, sabed que a
mí me ha aborrecido antes que a vosotros.
19 Si fuerais del mundo, el mundo amaría lo
suyo. Pero ya no sois del mundo, sino que yo
os elegí del mundo; por eso el mundo os aborrece. 20 Acordaos de la palabra que yo os he
dicho: 'El siervo no es mayor que su señor.'[a]
Si a mí me han perseguido, también a vosotros os perseguirán. Si han guardado mi palabra, también guardarán la vuestra. 21 Pero
todo esto os harán por causa de mi nombre,
porque no conocen al que me envió. 22 Si
yo no hubiera venido ni les hubiera hablado,
no tendrían pecado; pero ahora no tienen excusa por su pecado. 23 El que me aborrece,
también aborrece a mi Padre. 24 Si yo no
hubiese hecho entre ellos obras como ningún
otro ha hecho, no tendrían pecado. Y ahora
las han visto, y también han aborrecido tanto
a mí como a mi Padre. 25 Pero esto sucedió
para cumplir la palabra que está escrita en la
ley de ellos: *Sin causa me aborrecieron.*[b]

26 "Pero cuando venga el Consolador,[c] el
Espíritu de verdad que yo os enviaré de parte
del Padre, el cual procede del Padre, él dará
testimonio de mí. 27 Además, vosotros también testificaréis, porque habéis estado conmigo desde el principio.

16 "Os he dicho esto para que no os es-
candalicéis. 2 Os expulsarán de las
sinagogas, y aun viene la hora cuando cualquiera que os mate pensará que rinde servicio a Dios. 3 Esto harán,[d] porque no conocen ni al Padre ni a mí. 4 Sin embargo, os
he dicho estas cosas, para que cuando venga
su hora, os acordéis de ellas,[e] que yo os las
dije.

El ministerio del Espíritu Santo

"Sin embargo, no os dije esto al principio,
porque yo estaba con vosotros. 5 Pero ahora
voy al que me envió, y ninguno de vosotros
me pregunta: '¿A dónde vas?' 6 Más bien,
porque os he dicho esto, vuestro corazón se
ha llenado de tristeza. 7 Pero yo os digo la
verdad: Os conviene que yo me vaya; porque
si no me voy, el Consolador[c] no vendrá a
vosotros. Y si yo voy, os lo enviaré.

8 "Cuando él venga, convencerá al mundo
de pecado, de justicia y de juicio. 9 En cuanto a pecado, porque no creen en mí; 10 en
cuanto a justicia, porque me voy al Padre, y
no me veréis más; 11 y en cuanto a juicio,
porque el príncipe de este mundo ha sido
juzgado.

12 "Todavía tengo que deciros muchas cosas, pero ahora no las podéis sobrellevar.
13 Y cuando venga el Espíritu de verdad, él os
guiará a toda la verdad; pues no hablará por
sí solo, sino que hablará todo lo que oiga y os
hará saber las cosas que han de venir. 14 El
me glorificará, porque recibirá de lo mío y os
lo hará saber. 15 Todo lo que tiene el Padre
es mío. Por esta razón dije que recibirá de lo
mío y os lo hará saber.

Jesús: vencedor del mundo

16 "Un poquito, y no me veréis; de nuevo
un poquito, y me veréis."[f]

17 Entonces algunos de sus discípulos se
dijeron unos a otros:

—¿Qué significa esto que nos dice: "Un
poquito, y no me veréis; de nuevo un poquito, y me veréis" y "porque voy al Padre"?
18 —Decían, pues—: ¿Qué significa esto que
dice: "un poquito"? No entendemos lo que
está diciendo.

19 Jesús comprendió que le querían preguntar y les dijo:

—¿Preguntáis entre vosotros de esto que
dije: "Un poquito, y no me veréis; y de nuevo

[a]20 Ver 13:16 [b]25 Sal. 35:19; 69:4 [c]26,7 Lit., *Paracleto*; ver nota sobre 14:16 [d]3 Algunos mss. antiguos tienen *os harán*. [e]4 Algunos mss. antiguos dicen *para que cuando venga la hora, os acordéis que yo os dije.*
[f]16 Algunos mss. añaden *porque yo voy al Padre*, como en vv. 10 y 17.

un poquito, y me veréis"? **20** De cierto, de
cierto os digo que vosotros lloraréis y lamentaréis; pero el mundo se alegrará. Vosotros
tendréis angustia, pero vuestra angustia se
convertirá en gozo. **21** La mujer, cuando da
a luz, tiene angustia, porque ha llegado su
hora. Pero después que ha dado a luz un niño, ya no se acuerda del dolor, por el gozo de
que ha nacido un hombre en el mundo.
22 También vosotros, por cierto, tenéis angustia ahora; pero yo os veré otra vez. Se
gozará mucho vuestro corazón, y nadie os
quitará vuestro gozo. **23** En aquel día no me
preguntaréis nada. De cierto, de cierto os digo que todo cuanto pidáis al Padre en mi
nombre, él os lo dará. **24** Hasta ahora no
habéis pedido nada en mi nombre. Pedid y
recibiréis, para que vuestro gozo sea completo.

25 »Os he hablado de estas cosas en figuras;
pero viene la hora cuando ya no os hablaré
más en figuras, sino claramente os anunciaré
acerca del Padre. **26** En aquel día pediréis en
mi nombre, y no os digo que yo rogaré al
Padre por vosotros, **27** pues el Padre mismo
os ama, porque vosotros me habéis amado y
habéis creído que yo he salido de la presencia
de Dios. **28** Yo salí de la presencia del Padre
y he venido al mundo; otra vez dejo el mundo
y voy al Padre.

29 Le dijeron sus discípulos:

—He aquí, ahora hablas claramente y no
hablas en ninguna figura. **30** Ahora entendemos que sabes todas las cosas, y no necesitas que nadie te pregunte. En esto creemos
que has salido de Dios.

31 Jesús les respondió:

—¿Ahora creéis? **32** He aquí la hora viene, y ha llegado ya, en que seréis esparcidos
cada uno por su lado y me dejaréis solo. Pero
no estoy solo, porque el Padre está conmigo.
33 Os he hablado de estas cosas para que en
mí tengáis paz. En el mundo tendréis aflicción, pero ¡tened valor; yo he vencido al
mundo!

Oración de Jesús por sus discípulos

17 Jesús habló de estas cosas, y levantando los ojos al cielo, dijo: "Padre, la
hora ha llegado. Glorifica a tu Hijo para que
el Hijo[a] te glorifique a ti, **2** así como le diste
autoridad sobre todo hombre,[b] para que[c] dé
vida eterna a todos los que le has dado. **3** Y
ésta es la vida eterna: que te conozcan a ti,
el único Dios verdadero, y a Jesucristo a
quien tú has enviado. **4** Yo te he glorificado
en la tierra, habiendo acabado la obra que me
has dado que hiciera. **5** Ahora pues, Padre,
glorifícame tú en tu misma presencia, con la
gloria que yo tenía en tu presencia antes que
existiera el mundo.

6 "He manifestado tu nombre a los hombres que del mundo me diste. Tuyos eran, y
me los diste; y han guardado tu palabra.
7 Ahora han conocido que todo lo que me has
dado procede de ti; **8** porque les he dado las
palabras que me diste, y ellos las recibieron;
y conocieron verdaderamente que provengo
de ti, y creyeron que tú me enviaste.

9 "Yo ruego por ellos. No ruego por el
mundo, sino por los que me has dado; porque
tuyos son. **10** Todo lo mío es tuyo, y todo lo
tuyo es mío; y he sido glorificado en ellos.
11 Ya no estoy más en el mundo; pero ellos
están en el mundo, y yo voy a ti. Padre santo,
guárdalos en tu nombre que me has dado,[d]
para que sean una cosa, así como nosotros lo
somos. **12** Cuando yo estaba con ellos,[e] yo
los guardaba en tu nombre que me has dado.[f] Y los cuidé, y ninguno de ellos se perdió
excepto el hijo de perdición, para que se cumpliese la Escritura.[g] **13** Pero ahora voy a ti
y hablo esto en el mundo, para que tengan mi
gozo completo en sí mismos.

14 "Yo les he dado tu palabra, y el mundo
los aborreció; porque no son del mundo, como tampoco yo soy del mundo. **15** No ruego
que los quites del mundo, sino que los guardes del maligno. **16** No son del mundo, como tampoco yo soy del mundo. **17** Santifí-
calos en la verdad; tu palabra es verdad.
18 Así como tú me enviaste al mundo, también yo los he enviado al mundo. **19** Por
ellos yo me santifico a mí mismo, para que
ellos también sean santificados en la verdad.

20 "Pero no ruego solamente por éstos, sino también por los que han de creer en mí
por medio de la palabra de ellos; **21** para que
todos sean una cosa, así como tú, oh Padre,
en mí y yo en ti, que también ellos lo sean[h]
en nosotros; para que el mundo crea que tú
me enviaste. **22** Yo les he dado la gloria que
tú me has dado, para que sean una cosa, así
como también nosotros somos una cosa.
23 Yo en ellos y tú en mí, para que sean perfectamente unidos;[i] para que el mundo co-

[a] *1* Algunos mss. antiguos tienen *tu Hijo*. [b] *2* Lit., *carne* [c] *2* Algunos mss. antiguos incluyen *tu Hijo*. [d] *11* Algunos mss. antiguos dicen *Padre santo, a los que me has dado, guárdalos en tu nombre*. [e] *12* Algunos mss. antiguos incluyen *en el mundo*. [f] *12* Algunos mss. antiguos dicen *ellos, a los que me has dado, yo los guardaba en tu nombre*. [g] *12* Comp. Sal. 41:9; 109:4, 5, 7, 8 [h] *21* Algunos mss. antiguos tienen *ellos sean una cosa en . . .* [i] *23* Lit., *sean perfeccionados hasta ser una sola cosa*

nozca que tú me has enviado y que los has
amado, como también a mí me has amado.
24 "Padre, quiero que donde yo esté, también estén conmigo aquellos que me has dado, para que vean mi gloria que me has dado,
porque me has amado desde antes de la fundación del mundo. 25 Padre justo, el mundo
no te ha conocido, pero yo te he conocido, y
éstos han conocido que tú me enviaste.
26 Yo les he dado a conocer tu nombre y se
lo daré a conocer todavía, para que el amor
con que me has amado esté en ellos, y yo en
ellos."

Jesús es arrestado[a]

18 Habiendo dicho estas cosas, Jesús salió con sus discípulos para el otro lado del arroyo de Quedron,[b] donde había un
huerto en el cual entró Jesús con sus discípulos. 2 También Judas, el que le entregaba,
conocía aquel lugar, porque Jesús solía reunirse allí con sus discípulos. 3 Entonces Judas, tomando una compañía de soldados romanos y guardias de los principales sacerdotes y de los fariseos, fue allí con antorchas,
lámparas y armas. 4 Pero Jesús, sabiendo
todas las cosas que le habían de acontecer, se
adelantó y les dijo:
—¿A quién buscáis?
5 Le contestaron:
—A Jesús de Nazaret.
Les dijo Jesús:
—Yo soy.
Estaba también con ellos Judas, el que le
entregaba. 6 Cuando les dijo, "Yo soy", volvieron atrás y cayeron a tierra. 7 Les preguntó, pues, de nuevo:
—¿A quién buscáis?
Ellos dijeron:
—A Jesús de Nazaret.
8 Jesús respondió:
—Os dije que yo soy. Pues si a mí me buscáis, dejad ir a éstos.
9 Esto hizo para que se cumpliese la palabra que él dijo: "De los que me diste, ninguno
de ellos perdí."[c]
10 Entonces Simón Pedro, que tenía una
espada, la sacó, hirió al siervo del sumo sacerdote y le cortó la oreja derecha. Y el siervo
se llamaba Malco. 11 Entonces Jesús dijo a
Pedro:
—Mete tu espada en la vaina. ¿No he de
beber la copa que el Padre me ha dado?
12 Entonces la compañía de soldados, el
comandante y los guardias de los judíos prendieron a Jesús y le ataron. 13 Luego le llevaron primero ante Anás, porque era el suegro
de Caifás, el sumo sacerdote de aquel año.
14 Caifás era el que había dado consejo a los
judíos de que convenía que un hombre muriese por el pueblo.[d]

Pedro niega a Jesús[e]

15 Simón Pedro y otro discípulo seguían a
Jesús. Este discípulo era conocido del sumo
sacerdote y entró con Jesús al patio del sumo
sacerdote; 16 pero Pedro se quedó fuera, a
la puerta. Y salió el otro discípulo que era
conocido del sumo sacerdote, habló a la portera y llevó a Pedro adentro. 17 Entonces la
criada portera dijo a Pedro:
—¿Tú no serás también de los discípulos
de ese hombre?
El dijo:
—No lo soy.
18 Y los siervos y los guardias estaban de
pie, pues habían encendido unas brasas porque hacía frío; y se calentaban. Pedro también estaba de pie con ellos, calentándose.

Jesús ante Anás y Caifás[f]

19 El sumo sacerdote preguntó a Jesús
acerca de sus discípulos y de su doctrina.
20 Jesús le respondió:
—Yo he hablado abiertamente al mundo.
Siempre he enseñado en la sinagoga y en el
templo, donde se reúnen todos los judíos.
Nada he hablado en secreto. 21 ¿Por qué me
preguntas a mí? Pregúntales a los que han
oído lo que yo les he hablado. He aquí, ellos
saben lo que yo dije.
22 Cuando dijo esto, uno de los guardias
que estaba allí le dio una bofetada a Jesús,
diciéndole:
—¿Así respondes al sumo sacerdote?
23 Jesús le contestó:
—Si he hablado mal, da testimonio del
mal; pero si bien, ¿por qué me golpeas?
24 Entonces Anás le envió atado a Caifás, el
sumo sacerdote.

Pedro niega de nuevo a Jesús[g]

25 Estaba, pues, Pedro de pie calentándose,
y le dijeron:
—¿Tú no serás también de sus discípulos?
El negó y dijo:
—No lo soy.
26 Uno de los siervos del sumo sacerdote,
pariente de aquel a quien Pedro le había cortado la oreja, le dijo:

[a] *1t* Comp. Mat. 26:47-56; Mar. 14:43-50; Luc. 22:47-53
[b] *1* O: *Cedrón*
[c] *9* Ver 17:12
[d] *14* Ver 11:50
[e] *15t* Comp. Mat. 26:69, 70; Mar. 14:66-68; Luc. 22:54-57
[f] *19t* Comp. Mat. 26:59-66; Mar. 14:55-65; Luc. 22:66-71
[g] *25t* Comp. Mat. 26:71-75; Mar. 14:69-72; Luc. 22:58-62

—¿No te vi yo en el huerto con él?
27 Pedro negó otra vez, y en seguida cantó
el gallo.

Jesús ante Pilato[a]

28 Llevaron a Jesús de Caifás al Pretorio.
Era al amanecer. Pero ellos no entraron al
Pretorio para no contaminarse y para así poder comer la Pascua. 29 Por tanto, Pilato
salió fuera a ellos y dijo:
—¿Qué acusación traéis contra este hombre?
30 Le respondieron y dijeron:
—Si éste no fuera malhechor, no te lo habríamos entregado.
31 Entonces Pilato les dijo:
—Tomadle vosotros y juzgadle según
vuestra ley.
Los judíos le dijeron:
—A nosotros no nos es lícito dar muerte
a nadie.
32 Así sucedió para que se cumpliera la palabra de Jesús, que dijo señalando con qué
clase de muerte había de morir.[b] 33 Entonces Pilato entró otra vez al Pretorio, llamó a
Jesús y le dijo:
—¿Eres tú el rey de los judíos?
34 Jesús le respondió:
—¿Preguntas tú esto de ti mismo, o porque otros te lo han dicho de mí?
35 Pilato respondió:
—¿Acaso soy yo judío? Tu propia nación y
los principales sacerdotes te entregaron a mí.
¿Qué has hecho?
36 Contestó Jesús:
—Mi reino no es de este mundo. Si mi
reino fuera de este mundo, mis servidores
pelearían para que yo no fuera entregado a
los judíos. Ahora, pues, mi reino no es de
aquí.
37 Entonces Pilato le dijo:
—¿Así que tú eres rey?
Jesús respondió:
—Tú dices que soy rey. Para esto yo he
nacido y para esto he venido al mundo: para
dar testimonio a la verdad. Todo aquel que es
de la verdad oye mi voz.
38 Le dijo Pilato:
—¿Qué es la verdad?

Pilato entrega a Jesús[c]

Habiendo dicho esto, salió de nuevo a los
judíos y les dijo:
—Yo no hallo ningún delito[d] en él.
39 Pero vosotros tenéis la costumbre de que
os suelte un preso en la Pascua. ¿Queréis,
pues, que os suelte al rey de los judíos?
40 Entonces todos gritaron de nuevo diciendo:
—¡No a éste, sino a Barrabás!
Y Barrabás era un asaltante.

19 Entonces Pilato tomó a Jesús y le
azotó. 2 Los soldados entretejieron
una corona de espinas y se la pusieron sobre
la cabeza. Le vistieron con un manto de púrpura, 3 y venían hacia él[e] y le decían:
—¡Viva el rey de los judíos!
Y le daban de bofetadas. 4 Pilato salió otra
vez y les dijo:
—He aquí, os lo traigo fuera, para que sepáis que no hallo ningún delito[d] en él.
5 Entonces Jesús salió llevando la corona
de espinas y el manto de púrpura. Y Pilato les
dijo:
—¡He aquí el hombre!
6 Cuando le vieron los principales sacerdotes y los guardias, gritaron diciendo:
—¡Crucifícale! ¡Crucifícale!
Les dijo Pilato:
—Tomadlo vosotros y crucificadle, porque
yo no hallo ningún delito[d] en él.
7 Los judíos le respondieron:
—Nosotros tenemos una ley, y según
nuestra ley él debe morir, porque se hizo a sí
mismo Hijo de Dios.
8 Cuando Pilato oyó esta palabra, tuvo aun
más miedo. 9 Entró en el Pretorio otra vez
y dijo a Jesús:
—¿De dónde eres tú?
Pero Jesús no le dio respuesta. 10 Entonces le dijo Pilato:
—¿A mí no me hablas? ¿No sabes que tengo autoridad para soltarte y tengo autoridad
para crucificarte?
11 Respondió Jesús:
—No tendrías ninguna autoridad contra
mí, si no te fuera dada de arriba. Por esto, el
que me entregó a ti tiene mayor pecado.
12 Desde entonces Pilato procuraba soltar-
le. Pero los judíos gritaron diciendo:
—Si sueltas a éste, no eres amigo del César. Todo aquel que se hace rey se opone al
César.
13 Cuando Pilato oyó estas palabras, llevó
a Jesús afuera y se sentó en el tribunal, en el
lugar llamado El Enlosado, y en hebreo Ga-
bata. 14 Era el día de la Preparación de la

[a] *28t* Comp. Mat. 27:1, 2, 11-14; Mar. 15:1-5; Luc. 23:1-5 [b] *32* Ver 12:32, 33 [c] *39t* Comp. Mat. 27:15-31; Mar. 15:6-20; Luc. 23:13-25 [d] *38,4,6* O sea, *delito digno de muerte* [e] *3* Algunos mss. tardíos no incluyen *y venían hacia él.*

Pascua, y como la hora sexta.[a] Entonces dijo
a los judíos:

—He aquí vuestro rey.

15 Pero ellos gritaron diciendo:

—¡Fuera! ¡Fuera! ¡Crucifícale!

Pilato les dijo:

—¿He de crucificar a vuestro rey?

Respondieron los principales sacerdotes:

—¡No tenemos más rey que el César!

16 Y con esto entonces lo entregó a ellos
para que fuese crucificado.

La crucifixión de Jesús[b]

Tomaron pues a Jesús,[c]
17 y él salió llevando su cruz hacia el lugar que se llama de
la Calavera, y en hebreo Gólgota.
18 Allí le
crucificaron, y con él a otros dos, uno a cada
lado, y Jesús estaba en medio.
19 Pilato escribió y puso sobre la cruz un letrero en el
cual fue escrito: JESUS DE NAZARET, REY
DE LOS JUDIOS.
20 Entonces muchos de
los judíos leyeron este letrero, porque el lugar donde Jesús fue crucificado estaba cerca
de la ciudad, y el letrero estaba escrito en
hebreo, en latín y en griego.
21 Los principales sacerdotes de los judíos le decían a Pilato:

—No escribas: "Rey de los judíos", sino:
"Este dijo: 'Soy rey de los judíos.' "

22 Pilato respondió:

—Lo que he escrito, he escrito.

23 Cuando los soldados crucificaron a Jesús, tomaron los vestidos de él e hicieron
cuatro partes, una para cada soldado. Además, tomaron la túnica, pero la túnica no
tenía costura; era tejida entera de arriba abajo.
24 Por esto dijeron uno a otro:

—No la partamos; más bien echemos suertes sobre ella, para ver de quién será.

Esto sucedió para que se cumpliera la Escritura que dice:

Partieron entre sí mis vestidos
y sobre mis vestiduras echaron
suertes.[d]

Y así lo hicieron los soldados.

25 Junto a la cruz de Jesús estaban su madre, la hermana de su madre, María esposa de
Cleofas y María Magdalena.
26 Cuando Jesús vio a su madre y al discípulo a quien
amaba, de pie junto a ella, dijo a su madre:

—Mujer, he ahí tu hijo.

27 Después dijo al discípulo:

—He ahí tu madre.

Y desde aquella hora el discípulo la recibió
en su casa.

La muerte de Jesús[e]

28 Después de esto, sabiendo Jesús que ya
todo se había consumado, para que se cumpliera la Escritura, dijo:

—Tengo sed.[f]

29 Había allí una vasija llena de vinagre.
Entonces pusieron en un hisopo una esponja
empapada en vinagre y se la acercaron a la
boca.
30 Cuando Jesús recibió el vinagre,
dijo:

—¡Consumado es!

Y habiendo inclinado la cabeza, entregó el
espíritu.

31 Entonces los judíos, por cuanto era el
día de la Preparación, y para que los cuerpos
no quedasen en la cruz en el sábado (pues era
el Gran Sábado), rogaron a Pilato que se les
quebrasen las piernas y fuesen quitados.
32 Luego los soldados fueron y quebraron las
piernas al primero, y después al otro que había sido crucificado con él.
33 Pero cuando
llegaron a Jesús, como le vieron ya muerto,
no le quebraron las piernas;
34 pero uno de
los soldados le abrió el costado con una lanza,
y salió al instante sangre y agua.

35 El que lo ha visto ha dado testimonio, y
su testimonio es verdadero. El sabe que dice
la verdad, para que vosotros también creáis.
36 Porque estas cosas sucedieron así para que
se cumpliese la Escritura que dice: *Ninguno
de sus huesos será quebrado.*[g]
37 También
otra Escritura dice: *Mirarán al que traspasaron.*[h]

Jesús es sepultado[i]

38 Después de esto, José de Arimatea, que
era discípulo de Jesús, aunque en secreto por
miedo a los judíos, pidió a Pilato que le permitiese quitar el cuerpo de Jesús. Pilato se lo
permitió. Por tanto, él fue y llevó su cuerpo.[j]
39 También Nicodemo, que al principio había
venido a Jesús de noche, fue llevando un
compuesto de mirra y áloes, como cien libras.[k]
40 Tomaron, pues, el cuerpo de Jesús y lo envolvieron en lienzos con las especias, de acuerdo con la costumbre judía de
sepultar.

[a] *14* O sea, *como a las 12:00 horas de mediodía* (si es según el sistema de tiempo judío); o, *como a las 6:00 a.m.* (si es según el sistema romano) [b] *17t* Comp. Mat. 27:31-44; Mar. 15:21-32; Luc. 23:26-43 [c] *16* Algunos mss. antiguos añaden *y le llevaron*. [d] *24* Sal. 22:18 [e] *28t* Comp. Mat. 27:45-56; Mar. 15:33-41; Luc. 23:44-49 [f] *28* Ver Sal. 22:15; 69:21 [g] *36* Exo. 12:46; Núm. 9:12; Sal. 34:20 [h] *37* Zac. 12:10 [i] *38t* Comp. Mat. 27:57-61; Mar. 15:42-47; Luc. 23:50-56 [j] *38* Algunos mss. antiguos dicen *el cuerpo de Jesús*. [k] *39* O sea, aprox. 34 kilos, ya que la libra romana de 12 onzas equivalía aprox. a 340 gramos

41 En el lugar donde había sido crucificado
había un huerto, y en el huerto había un
sepulcro nuevo, en el cual todavía no se había
puesto a nadie. 42 Allí, pues, por causa del
día de la Preparación de los judíos y porque
aquel sepulcro estaba cerca, pusieron a Jesús.

La resurrección de Jesús[a]

20 El primer día de la semana, muy de
madrugada, siendo aún oscuro, María Magdalena fue al sepulcro y vio que la
piedra había sido quitada del sepulcro.
2 Entonces corrió y fue a Simón Pedro y al
otro discípulo a quien amaba Jesús, y les dijo:

—Han sacado al Señor del sepulcro, y no sabemos dónde le han puesto.

3 Salieron, pues, Pedro y el otro discípulo
e iban al sepulcro. 4 Y los dos corrían juntos, pero el otro discípulo corrió más rápidamente que Pedro y llegó primero al sepulcro.
5 Y cuando se inclinó, vio que los lienzos habían quedado allí; sin embargo, no entró.
6 Entonces llegó Simón Pedro siguiéndole,
y entró en el sepulcro. Y vio los lienzos que
habían quedado, 7 y el sudario que había
estado sobre su cabeza, no puesto con los
lienzos, sino doblado en un lugar aparte.
8 Entonces entró también el otro discípulo
que había llegado primero al sepulcro, y vio
y creyó. 9 Pues aún no entendían la Escritura, que le era necesario resucitar de entre los
muertos. 10 Entonces los discípulos volvieron a los suyos.

Jesús aparece a María Magdalena[b]

11 Pero María Magdalena estaba llorando
fuera del sepulcro. Mientras lloraba, se inclinó para mirar dentro del sepulcro 12 y vio
a dos ángeles con vestiduras blancas que estaban sentados, el uno a la cabecera y el otro
a los pies, donde había sido puesto el cuerpo
de Jesús. 13 Y ellos le dijeron:

—Mujer, ¿por qué lloras?

Les dijo:

—Porque se han llevado a mi Señor, y no sé dónde le han puesto.

14 Habiendo dicho esto, se volvió hacia atrás y vio a Jesús de pie; pero no se daba cuenta de que era Jesús.

15 Jesús le dijo:

—Mujer, ¿por qué lloras? ¿A quién buscas?

Ella, pensando que él era el jardinero, le dijo:

—Señor, si tú lo has llevado, dime dónde lo has puesto, y yo lo llevaré.

16 Jesús le dijo:

—María . . .

Volviéndose ella, le dijo en hebreo:

—¡Raboni! —que quiere decir Maestro—

17 Jesús le dijo:

—Suéltame,[c] porque aún no he subido al Padre.[d] Pero vé a mis hermanos y diles: "Yo subo a mi Padre y a vuestro Padre, a mi Dios y a vuestro Dios."

18 María Magdalena fue a dar las nuevas a los discípulos:

—¡He visto al Señor![e]

También les contó que él le había dicho estas cosas.

Jesús aparece a sus discípulos[f]

19 Al anochecer de aquel día, el primero de
la semana, y estando las puertas cerradas en
el lugar donde los discípulos se reunían por
miedo a los judíos, Jesús entró, se puso en
medio de ellos y les dijo: "¡Paz a vosotros!"[g]
20 Habiendo dicho esto, les mostró las manos
y el costado. Los discípulos se regocijaron
cuando vieron al Señor. 21 Entonces Jesús
les dijo otra vez: "¡Paz a vosotros! Como me
ha enviado el Padre, así también yo os envío
a vosotros."

22 Habiendo dicho esto, sopló y les dijo:
"Recibid el Espíritu Santo. 23 A los que re-
mitáis los pecados, les han sido remitidos; y
a quienes se los retengáis, les han sido retenidos."[h]

Jesús convence a Tomás

24 Pero Tomás, llamado Dídimo,[i] uno de
los doce, no estaba con ellos cuando vino
Jesús. 25 Entonces los otros discípulos le
decían:

—¡Hemos visto al Señor!

Pero él les dijo:

—Si yo no veo en sus manos la marca de los clavos, y si no meto mi dedo en la marca de los clavos y si no meto mi mano en su costado, no creeré jamás.

26 Ocho días después sus discípulos estaban adentro otra vez, y Tomás estaba con ellos. Y aunque las puertas estaban cerradas, Jesús entró, se puso en medio y dijo:

[a] *1t* Comp. Mat. 28:1-10; Mar. 16:1-8; Luc. 24:1-12 [b] *11t* Ver Mar. 16:9-11 [c] *17* Lit., *Deja de asirte de mí*; otra trad., *no me toques* [d] *17* Algunos mss. dicen *a mi Padre.* [e] *18* Algunos mss. antiguos dicen *de que había visto al Señor.* [f] *19t* Comp. Mat. 28:16-20; Mar. 16:14-18; Luc. 24:36-49 [g] *19* Traducción de un saludo corriente en hebreo; p. ej., en Gén. 43:23 [h] *23* Otra trad., *A los que perdonéis los pecados, les son perdonados; y a quienes se los retengáis, les son retenidos.* [i] *24* O sea, *Mellizo*

—¡Paz a vosotros![a]
27 Luego dijo a Tomás:
—Pon tu dedo aquí y mira mis manos; pon
acá tu mano y métela en mi costado; y no seas
incrédulo sino creyente.
28 Entonces Tomás respondió y le dijo:
—¡Señor mío, y Dios mío!
29 Jesús le dijo:
—¿Porque me has visto, has creído?[b]
¡Bienaventurados los que no ven y creen!

El propósito de este libro

30 Por cierto Jesús hizo muchas otras señales en presencia de sus discípulos, las cuales no están escritas en este libro. 31 Pero
estas cosas han sido escritas para que creáis
que Jesús es el Cristo, el Hijo de Dios, y para
que creyendo tengáis vida en su nombre.

Jesús aparece a los suyos en Galilea

21 Después de esto, Jesús se manifestó
otra vez a sus discípulos en el mar de
Tiberias. Se manifestó de esta manera: 2 Es-
taban juntos Simón Pedro, Tomás llamado
Dídimo,[c] Natanael que era de Caná de Gali-
lea, los hijos de Zebedeo y otros dos de sus
discípulos. 3 Simón Pedro les dijo:
—Voy a pescar.
Le dijeron:
—Vamos nosotros también contigo.
Salieron y entraron en la barca, pero aque-
lla noche no consiguieron nada. 4 Al ama-
necer, Jesús se presentó en la playa, aunque
los discípulos no se daban cuenta de que era
Jesús. 5 Entonces Jesús les dijo:
—Hijitos, ¿no tenéis nada de comer?
Le contestaron:
—No.
6 El les dijo:
—Echad la red al lado derecho de la barca,
y hallaréis.
La echaron, pues, y ya no podían sacarla
por la gran cantidad de peces. 7 Entonces
aquel discípulo a quien Jesús amaba dijo a
Pedro:
—¡Es el Señor!
Cuando Simón Pedro oyó que era el Señor,
se ciñó el manto, pues se lo había quitado, y
se tiró al mar. 8 Los otros discípulos llegaron con la barca, arrastrando la red con los
peces; porque no estaban lejos de tierra, sino
como a doscientos codos.[d] 9 Cuando bajaron a tierra, vieron brasas puestas, con pescado encima, y pan.
10 Jesús les dijo:
—Traed de los pescados que ahora habéis
pescado.
11 Entonces Simón Pedro subió y sacó a
tierra la red llena de grandes pescados, 153
de ellos; y aunque eran tantos, la red no se
rompió. 12 Jesús les dijo:
—Venid, comed.
Ninguno de los discípulos osaba preguntarle: "Tú, ¿quién eres?", pues sabían que era
el Señor. 13 Vino, entonces, Jesús y tomó el
pan y les dio; y también hizo lo mismo con
el pescado. 14 Esta era ya la tercera vez que
Jesús se manifestaba a sus discípulos después
de haber resucitado de entre los muertos.

Jesús y Pedro

15 Cuando habían comido, Jesús dijo a Si-
món Pedro:
—Simón hijo de Jonás, ¿me amas tú más
que éstos?
Le dijo:
—Sí, Señor; tú sabes que te amo.[e]
Jesús le dijo:
—Apacienta mis corderos.
16 Le volvió a decir por segunda vez:
—Simón hijo de Jonás, ¿me amas?
Le contestó:
—Sí, Señor; tú sabes que te amo.[e]
Jesús le dijo:
—Pastorea mis ovejas.
17 Le dijo por tercera vez:
—Simón hijo de Jonás, ¿me amas?[f]
Pedro se entristeció de que le dijera por
tercera vez: "¿Me amas?"[f] Y le dijo:
—Señor, tú conoces todas las cosas. Tú
sabes que te amo.[e]
Jesús le dijo:
—Apacienta mis ovejas. 18 De cierto, de
cierto te digo que cuando eras más joven, tú
te ceñías e ibas a donde querías; pero cuando
seas viejo, extenderás las manos, y te ceñirá
otro y te llevará a donde no quieras.
19 Esto dijo señalando con qué muerte Pedro había de glorificar a Dios. Después de
haber dicho esto le dijo:
—Sígueme.

Jesús y el discípulo amado

20 Pedro dio vuelta y vio que les seguía el
discípulo a quien Jesús amaba. Fue el mismo
que se recostó sobre su pecho en la cena y le
dijo: "Señor, ¿quién es el que te ha de entregar?"[g] 21 Así que al verlo, Pedro le dijo a
Jesús:
—Señor, ¿y qué de éste?

[a] *26* Traducción de un saludo corriente en hebreo; p. ej., Gén. 43:23 [b] *29* Algunos mss. tardíos incluyen *Tomás*.
[c] *2* O sea, *Mellizo* [d] *8* O sea, casi 100 m., ya que el codo medía de 45 a 50 cm. [e] *15,16,17* Otra trad., *quiero*
[f] *17* Otra trad., *quieres* [g] *20* Ver 13:25

22 Jesús le dijo:
—Si yo quiero que él quede hasta que yo
venga, ¿qué tiene esto que ver contigo? Tú,
sígueme.
23 Así que el dicho se difundió entre los
hermanos de que aquel discípulo no habría
de morir. Pero Jesús no le dijo que no mori-
ría, sino: "Si yo quiero que él quede hasta que
yo venga, ¿qué tiene que ver eso contigo?"
24 Este es el discípulo que da testimonio de
estas cosas y las escribió. Y sabemos que su
testimonio es verdadero.
25 Hay también muchas otras cosas que hizo Jesús que, si se escribieran una por una,
pienso que no cabrían ni aun en el mundo los
libros que se habrían de escribir.[a]

Los Hechos de los Apóstoles

Los Hechos

Promesa acerca del Espíritu Santo

1 En el primer relato[b] escribí, oh Teófilo,[c] acerca de todas las cosas que Jesús
comenzó a hacer y a enseñar, 2 hasta el día
en que fue recibido arriba, después de haber
dado mandamientos por el Espíritu Santo a
los apóstoles que había escogido. 3 A éstos
también se presentó vivo, después de haber
padecido, con muchas pruebas convincentes.
Durante cuarenta días se hacía visible a ellos
y les hablaba acerca del reino de Dios. 4 Y
estando juntos, les mandó que no se fuesen
de Jerusalén, sino que esperasen el cumplimiento de la promesa[d] del Padre, "de la cual
me oísteis hablar; 5 porque Juan, a la verdad, bautizó en[e] agua,[f] pero vosotros seréis
bautizados en[e] el Espíritu Santo después de
no muchos días."

Jesús asciende al cielo[g]

6 Por tanto, los que estaban reunidos le
preguntaban diciendo:
—Señor, ¿restituirás el reino a Israel en
este tiempo?
7 El les respondió:
—A vosotros no os toca saber ni los tiempos ni las ocasiones que el Padre dispuso por
su propia autoridad. 8 Pero recibiréis poder
cuando el Espíritu Santo haya venido sobre
vosotros, y me seréis testigos en Jerusalén,
en toda Judea, en Samaria y hasta lo último
de la tierra.
9 Después de decir esto, y mientras ellos le
veían, él fue elevado; y una nube le recibió
ocultándole de sus ojos. 10 Y como ellos estaban fijando la vista en el cielo mientras él
se iba, he aquí dos hombres vestidos de blanco se presentaron junto a ellos, 11 y les dijeron:
—Hombres galileos, ¿por qué os quedáis
de pie mirando al cielo? Este Jesús, quien fue
tomado de vosotros arriba al cielo, vendrá de
la misma manera como le habéis visto ir al
cielo.
12 Entonces volvieron a Jerusalén desde el
monte que se llama de los Olivos, el cual está
cerca de Jerusalén, camino de un sábado.[h]
13 Y cuando entraron, subieron al aposento
alto[i] donde se alojaban Pedro, Juan, Jacobo
y Andrés, Felipe y Tomás, Bartolomé y Mateo, Jacobo hijo de Alfeo y Simón el Zelote y
Judas hijo de Jacobo.[j] 14 Todos éstos perseveraban unánimes en oración[k] junto con
las mujeres y con María la madre de Jesús y
con los hermanos de él.

Matías es nombrado entre los doce

15 En aquellos días se levantó Pedro en medio de los hermanos, que reunidos eran como
ciento veinte personas, y dijo: 16 "Hermanos,[l] era necesario que se cumpliesen las
Escrituras,[m] en las cuales el Espíritu Santo
habló de antemano por boca de David acerca
de Judas, que fue guía de los que prendieron
a Jesús; 17 porque era contado con nosotros
y tuvo parte en este ministerio." 18 (Este,
pues, adquirió un campo con el pago de su
iniquidad, y cayendo de cabeza, se reventó
por en medio, y todas sus entrañas se derramaron. 19 Y esto llegó a ser conocido por
todos los habitantes de Jerusalén, de tal manera que aquel campo fue llamado en su lengua Acéldama, que quiere decir Campo de
Sangre.)[n] 20 "Porque está escrito en el libro de los Salmos:

[a] *25* Algunos mss. incluyen *Amén.* [b] *1* Ver Luc. 1:1-4 [c] *1* Comp. Luc. 1:3 [d] *4* P. ej., en Joel 2:28, 29; ver Juan 14:16, 26; 15:26 [e] *5* Otra trad., *con* [f] *5* Ver Luc. 3:16 [g] *6t* Ver Mar. 16:19, 20; Luc. 24:50-53 [h] *12* O sea, *como un kilómetro de distancia* (lo permitido para caminar en sábado) [i] *13* O sea, *una sala grande del piso superior* [j] *13* Lit., *Judas de Jacobo*; otra trad., *Judas hermano de Jacobo* [k] *14* Algunos mss. incluyen *y ruego.* [l] *16* Lit., *varones hermanos* [m] *16* P. ej., en Sal. 41:9 [n] *19* Ver Mat. 27:3-10

Sea hecha desierta su morada,
y no haya quien habite en ella.[a]
Y *otro ocupe su cargo.*[b]

21 Por tanto, de estos hombres que han estado junto con nosotros todo el tiempo que el
Señor Jesús entraba y salía entre nosotros,
22 comenzando desde el bautismo de Juan
hasta el día en que fue tomado de nosotros y
recibido arriba, es preciso que[c] uno sea con
nosotros testigo de su resurrección."
23 Propusieron a dos: a José que era llamado Barsabás, el cual tenía por sobrenombre,
Justo; y a Matías. 24 Entonces orando dijeron: "Tú, Señor, que conoces el corazón de
todos, muestra de estos dos cuál has escogido
25 para tomar el lugar de este ministerio y
apostolado del cual Judas se extravió para irse
a su propio lugar."
26 Echaron suertes sobre ellos, y la suerte
cayó sobre Matías, quien fue contado con los
once apóstoles.

La venida del Espíritu en Pentecostés

2 Al llegar[d] el día de Pentecostés,[e] estaban todos reunidos en un mismo lugar.[f]
2 Y de repente vino un estruendo del cielo,
como si soplara un viento violento, y llenó
toda la casa donde estaban sentados. 3 Entonces aparecieron, repartidas entre ellos,
lenguas como de fuego, y se asentaron sobre
cada uno de ellos. 4 Todos fueron llenos del
Espíritu Santo y comenzaron a hablar en dis-
tintas lenguas, como el Espíritu les daba que
hablasen.
5 En Jerusalén habitaban judíos, hombres
piadosos de todas las naciones debajo del cielo. 6 Cuando se produjo este estruendo, se
juntó la multitud; y estaban confundidos,
porque cada uno les oía hablar en su propio
idioma. 7 Estaban atónitos y asombrados, y
decían:
—Mirad, ¿no son galileos todos estos que
hablan? 8 ¿Cómo, pues, oímos nosotros cada uno en nuestro idioma en que nacimos?
9 Partos, medos, elamitas; habitantes de Mesopotamia, de Judea y de Capadocia, del Ponto y de Asia, 10 de Frigia y de Panfilia, de
Egipto y de las regiones de Libia más allá de
Cirene; forasteros romanos, tanto judíos como prosélitos; 11 cretenses y árabes, les oímos hablar en nuestros propios idiomas los
grandes hechos de Dios.
12 Todos estaban atónitos y perplejos, y se
decían unos a otros:
—¿Qué quiere decir esto?
13 Pero otros, burlándose, decían:
—Están llenos de vino nuevo.

Discurso de Pedro en Pentecostés

14 Entonces Pedro se puso de pie con los
once, levantó la voz y les declaró:
—Hombres de Judea y todos los habitantes
de Jerusalén, sea conocido esto a vosotros, y
prestad atención a mis palabras. 15 Porque
éstos no están embriagados, como pensáis,
pues es solamente la tercera hora[g] del día.
16 Más bien, esto es lo que fue dicho por medio del profeta Joel:

17 *Sucederá* en los últimos días,
dice Dios,
que derramaré de mi Espíritu
sobre toda carne.
Vuestros hijos y vuestras hijas
profetizarán,
vuestros jóvenes verán visiones,
y vuestros ancianos soñarán sueños.
18 *De cierto, sobre mis siervos*
y mis siervas
en aquellos días derramaré
de mi Espíritu, y profetizarán.
19 *Daré prodigios en el cielo* arriba,
y señales *en la tierra* abajo:
sangre, fuego y vapor de humo.
20 *El sol se convertirá en tinieblas,*
y la luna en sangre,
antes que venga el día del Señor,
grande y glorioso.
21 *Y sucederá que todo aquel*
que invoque el nombre del Señor
será salvo.[h]

22 »Hombres de Israel, oíd estas palabras:
Jesús de Nazaret fue hombre acreditado por
Dios ante vosotros con hechos poderosos,
maravillas y señales que Dios hizo por medio
de él entre vosotros, como vosotros mismos
sabéis. 23 A éste, que fue entregado por el
predeterminado consejo y el previo conocimiento de Dios, vosotros matasteis[i] clavan-
dole en una cruz por manos de inicuos. 24 A
él, Dios le resucitó, habiendo desatado los
dolores de la muerte; puesto que era imposible que él quedara detenido bajo su dominio.
25 Porque David dice de él:

Veía al Señor siempre delante de mí,

a20 Sal. 69:25 b20 Sal. 109:8; gr., *episcopos*; o sea, *oficio*, *supervisión* u *obispado* c22 En griego, esta frase está en v. 21. d1 Otra trad., *Al cumplirse plenamente* e1 Ver Lev. 23:15 ss. f1 Algunos mss. antiguos añaden *unánimes*. g15 O sea, *como a las 9:00 a.m.* h21 Joel 2:28-32 (LXX) i23 Algunos mss. antiguos tienen *prendisteis y matasteis*.

porque está a mi derecha,
para que yo no sea sacudido.
26 *Por tanto, se alegró mi corazón,*
y se gozó mi lengua;
y aun mi cuerpo[a]
descansará en esperanza.
27 *Porque no dejarás mi alma*
en el Hades,[b]
ni permitirás que tu Santo
vea corrupción.
28 *Me has hecho conocer*
los caminos de la vida
y me llenarás de alegría
con tu presencia.[c]

29 »Hermanos,[d] os puedo decir confiadamente[e] que nuestro padre David murió y fue
sepultado, y su sepulcro está entre nosotros
hasta el día de hoy. 30 Siendo, pues, profeta
y sabiendo que Dios *le había jurado con jura-*
mento que se sentaría sobre su trono[f] *uno*
de su descendencia,[g] 31 y viéndolo de antemano, habló de la resurrección de Cristo:

que *no fue abandonado*[h] *en el Hades,*[b]
ni su cuerpo[i] *vio corrupción.*[j]

32 ¡A este Jesús lo resucitó Dios, de lo cual
todos nosotros somos testigos!
33 »Así que, exaltado por[k] la diestra de
Dios y habiendo recibido del Padre la promesa del Espíritu Santo, ha derramado esto que
vosotros veis y oís. 34 Porque David no subió a los cielos, pero él mismo dice:

El Señor dijo a mi Señor:
"Siéntate a mi diestra,
35 *hasta que ponga a tus enemigos*
por estrado de tus pies."[l]

36 Sepa, pues, con certidumbre toda la casa
de Israel, que a este mismo Jesús a quien
vosotros crucificasteis, Dios le ha hecho Señor y Cristo.
37 Entonces, cuando oyeron esto, se afli-
gieron de corazón y dijeron a Pedro y a los
otros apóstoles:
—Hermanos,[d] ¿qué haremos?
38 Pedro les dijo:
—Arrepentíos y sea bautizado cada uno de
vosotros en el nombre de Jesucristo[m] para[n]
perdón de vuestros pecados, y recibiréis el
don del Espíritu Santo. 39 Porque la promesa es para vosotros, para vuestros hijos y para
todos los que están lejos, para todos cuantos
el Señor nuestro Dios llame.
40 Y con otras muchas palabras testificaba
y les exhortaba diciendo:
—¡Sed salvos de esta perversa generación!
41 Así que los que recibieron su palabra
fueron bautizados, y fueron añadidas en
aquel día como tres mil personas. 42 Y perseveraban en la doctrina de los apóstoles, en
la comunión, en el partimiento del pan y en
las oraciones.

La vida diaria entre los creyentes

43 Entonces caía temor sobre toda persona, pues se hacían muchos milagros y señales
por medio de los apóstoles. 44 Y todos los
que creían se reunían y tenían todas las cosas
en común. 45 Vendían sus posesiones y bienes, y los repartían a todos, a cada uno según
tenía necesidad. 46 Ellos perseveraban unánimes en el templo día tras día, y partiendo
el pan casa por casa, participaban de la comida con alegría y con sencillez de corazón,
47 alabando a Dios y teniendo el favor de todo
el pueblo. Y el Señor añadía diariamente a su
número[o] los que habían de ser salvos.

Pedro sana a un cojo en el templo

3 Pedro y Juan subían al templo a la hora
de la oración, la hora novena.[p] 2 Y era
traído cierto hombre que era cojo desde el
vientre de su madre. Cada día le ponían a la
puerta del templo que se llama Hermosa, para pedir limosna de los que entraban en el
templo. 3 Este, al ver a Pedro y a Juan que
iban a entrar en el templo, les rogaba para
recibir una limosna. 4 Entonces Pedro, juntamente con Juan, se fijó en él y le dijo:
—Míranos.
5 El les prestaba atención, porque esperaba
recibir algo de ellos. 6 Pero Pedro le dijo:
—No tengo ni plata ni oro, pero lo que
tengo te doy. En el nombre de Jesucristo de
Nazaret, ¡levántate y anda!
7 Le tomó de la mano derecha y le levantó.
De inmediato fueron afirmados sus pies y to-
billos, 8 y de un salto se puso de pie y empe-
zó a caminar. Y entró con ellos en el templo,
caminando, saltando y alabando a Dios.
9 Todo el pueblo le vio caminando y alabando a Dios. 10 Reconocían que él era el
mismo que se sentaba para pedir limosna en

[a] 26 Lit., *mi carne* [b] 27,31 O sea, la morada de los muertos [c] 28 Sal. 16:8-11 (LXX) [d] 29,37 Lit., *varones hermanos* [e] 29 Lit., *es lícito deciros* [f] 30 Algunos mss. antiguos incluyen *a Cristo.* [g] 30 Algunos mss. antiguos añaden *en cuanto a la carne*; la cita es de Sal. 132:11 y 2 Sam. 7:12, 13. [h] 31 Algunos mss. antiguos tienen *no fue abandonada su alma en . . .* [i] 31 Lit., *su carne* [j] 31 Sal. 16:10 [k] 33 Otra trad., *enaltecido a* [l] 35 Sal. 110:1; ver Mar. 12:36 [m] 38 Otra trad., *Jesús el Cristo* [n] 38 Otras trads., *por*; *a causa del*; o, *sobre la base del* [o] 47 Algunos mss. antiguos dicen *a la iglesia.* [p] 1 O sea, *como a las 3:00 p.m.*

la puerta Hermosa del templo, y se llenaron
de asombro y de admiración por lo que le
había acontecido.

Discurso de Pedro en el templo

11 Como él se asió de Pedro y de Juan, toda
la gente, atónita, concurrió apresuradamen-
te a ellos en el pórtico llamado de Salomón.
12 Pedro, al ver esto, respondió al pueblo:
—Hombres de Israel, ¿por qué os maravi-
lláis de esto? ¿Por qué nos miráis a nosotros
como si con nuestro poder o piedad hubiésemos hecho andar a este hombre? 13 *El Dios
de Abraham, de Isaac y de Jacob, el Dios de
nuestros padres*[a] ha glorificado a su Siervo[b]
Jesús, al cual vosotros entregasteis y negasteis ante Pilato, a pesar de que él había re-
suelto soltarlo. 14 Pero vosotros negasteis
al Santo y Justo; pedisteis que se os diese un
hombre asesino, 15 y matasteis al Autor de
la vida, al cual Dios ha resucitado de los
muertos. De esto nosotros somos testigos.
16 »Y el nombre de Jesús hizo fuerte, por
la fe en su nombre, a este hombre que vosotros veis y conocéis. Y la fe que es despertada
por Jesús le ha dado esta completa sanidad en
la presencia de todos vosotros. 17 Ahora
bien, hermanos, sé que por ignorancia lo hicisteis, como también vuestros gobernantes.
18 Pero Dios cumplió así lo que había anunciado de antemano por boca de todos los profetas, de que su Cristo había de padecer.[c]
19 »Por tanto, arrepentíos y convertíos para que sean borrados vuestros pecados; de
modo que de la presencia del Señor vengan
tiempos de refrigerio 20 y que él envíe al
Cristo, a Jesús, quien os fue previamente designado. 21 A él, además, el cielo le debía
recibir hasta los tiempos de la restauración
de todas las cosas, de las cuales habló Dios
por boca de sus santos profetas desde tiempos
antiguos. 22 Porque ciertamente Moisés dijo: *El Señor vuestro Dios os levantará, de
entre vuestros hermanos, un profeta como
yo. A él escucharéis en todas las cosas que
os hable.* 23 *Y sucederá que cualquier persona que no escuche a aquel profeta será
desarraigada del pueblo.*[d] 24 Y todos los
profetas, de Samuel en adelante, todos los
que hablaron, también anunciaron estos
días.
25 »Vosotros sois los hijos de los profetas y
del pacto que Dios concertó con vuestros[e]
padres, diciendo a Abraham: *En tu descendencia serán benditas todas las familias de la
tierra.*[f] 26 Y después de levantar a su Siervo,[b] Dios lo envió primero a vosotros, para
bendeciros al convertirse cada uno de su maldad.

Pedro y Juan son encarcelados

4 Mientras ellos estaban hablando al pueblo, llegaron los sacerdotes, el capitán de
la guardia del templo y los saduceos, 2 re-
sentidos de que enseñasen al pueblo y anun-
ciasen en Jesús la resurrección de entre los
muertos. 3 Les echaron mano y los pusieron en la cárcel hasta el día siguiente, porque
ya era tarde. 4 Pero muchos de los que habían oído la palabra creyeron, y el número de
los hombres llegó a ser como cinco mil.

Pedro y Juan ante el Sanedrín

5 Al día siguiente, aconteció que se reunieron en Jerusalén los gobernantes de ellos, los
ancianos y los escribas; 6 y estaban el sumo
sacerdote Anás, Caifás, Juan, Alejandro y todos los del linaje del sumo sacerdote. 7 Y
poniéndolos en medio, les interrogaron:
—¿Con qué poder, o en qué nombre habéis hecho vosotros esto?
8 Entonces Pedro, lleno del Espíritu Santo,
les dijo:
—Gobernantes del pueblo y ancianos:[g]
9 Si hoy somos investigados acerca del bien
hecho a un hombre enfermo, de qué manera
éste ha sido sanado, 10 sea conocido a todos
vosotros y a todo el pueblo de Israel, que ha
sido en el nombre de Jesucristo de Nazaret,
a quien vosotros crucificasteis y a quien Dios
resucitó de entre los muertos. Por Jesús este
hombre está de pie sano en vuestra presencia. 11 El es *la piedra rechazada por* vosotros *los edificadores, la cual ha llegado a ser
cabeza del ángulo.*[h] 12 Y en ningún otro
hay salvación, porque no hay otro nombre
debajo del cielo, dado a los hombres, en que
podamos ser salvos.
13 Y viendo la valentía de Pedro y de Juan,
y teniendo en cuenta que eran hombres sin
letras e indoctos,[i] se asombraban y reconocían que habían estado con Jesús. 14 Pero,
ya que veían de pie con ellos al hombre que
había sido sanado, no tenían nada que decir
en contra. 15 Entonces les mandaron que
saliesen fuera del Sanedrín[j] y deliberaban
entre sí, 16 diciendo:
—¿Qué hemos de hacer con estos hom-

[a] *13* Exo. 3:6, 15; comp. Mar. 12:26 [b] *13,26* Otras trads., *Niño*; o, *Hijo* [c] *18* P. ej., en Isa. 53:1-10; comp. Hech. 8:32, 33 [d] *23* Deut. 18:15, 16, 19 [e] *25* Algunos mss. antiguos dicen *nuestros*. [f] *25* Gén. 22:18 [g] *8* Algunos mss. antiguos incluyen *de Israel*. [h] *11* Sal. 118:22 [i] *13* Es decir, no habían estudiado formalmente la ley de los judíos. [j] *15* O sea, *la corte suprema* de los judíos

bres? Porque de cierto, es evidente a todos los
que habitan en Jerusalén que una señal notable ha sido hecha por medio de ellos, y no lo
podemos negar. 17 Pero para que no se di-
vulgue cada vez más entre el pueblo, amena-
cémosles para que de aquí en adelante no
hablen a ninguna persona en este nombre.
18 Entonces los llamaron y les ordenaron
terminantemente que no hablaran ni enseña-
ran en el nombre de Jesús. 19 Pero respondiendo Pedro y Juan, les dijeron:
—Juzgad vosotros si es justo delante de
Dios obedecer a vosotros antes que a Dios.
20 Porque nosotros no podemos dejar de decir lo que hemos visto y oído.
21 Y después de amenazarles más, ellos les
soltaron, pues por causa del pueblo no hallaban ningún modo de castigarles; porque todos glorificaban a Dios por lo que había acontecido, 22 pues el hombre en quien había
sido hecho este milagro[a] de sanidad tenía
más de cuarenta años.

Oración de los discípulos amenazados

23 Una vez sueltos, fueron a los suyos y les
contaron todo lo que los principales sacerdotes y los ancianos les habían dicho. 24 Cuando ellos lo oyeron, de un solo ánimo alzaron
sus voces a Dios y dijeron: "Soberano,[b] tú
eres el que hiciste el cielo y la tierra, el mar
y todo lo que en ellos hay, 25 y que mediante
el Espíritu Santo[c] por boca de nuestro padre
David, tu siervo,[d] dijiste:

¿Por qué se amotinaron las naciones
y los pueblos tramaron cosas vanas?
26 *Se levantaron los reyes de la tierra*
y sus gobernantes consultaron unidos
contra el Señor y contra su Ungido.[e]

27 Porque verdaderamente, tanto Herodes
como Poncio Pilato con los gentiles y el pueblo de Israel se reunieron en esta ciudad contra tu santo Siervo[f] Jesús, al cual ungiste,
28 para llevar a cabo lo que tu mano y tu
consejo habían determinado de antemano
que había de ser hecho. 29 Y ahora,[g] Señor,
mira sus amenazas y concede a tus siervos
que hablen tu palabra con toda valentía.
30 Extiende tu mano para que sean hechas
sanidades, señales y prodigios en el nombre
de tu santo Siervo[f] Jesús."
31 Cuando acabaron de orar, el lugar en
donde estaban reunidos tembló, y todos fueron llenos del Espíritu Santo y hablaban la
palabra de Dios con valentía.

La vida en común entre los fieles

32 La multitud de los que habían creído era
de un solo corazón y una sola alma. Ninguno
decía ser suyo propio nada de lo que poseía,
sino que todas las cosas les eran comunes.
33 Con gran poder los apóstoles daban testimonio de la resurrección del Señor Jesús, y
abundante gracia había sobre todos ellos.
34 No había, pues, ningún necesitado entre
ellos, porque todos los que eran propietarios
de terrenos o casas los vendían, traían el precio de lo vendido 35 y lo ponían a los pies de
los apóstoles. Y era repartido a cada uno según tenía necesidad.
36 Entonces José, quien por los apóstoles
era llamado Bernabé (que significa hijo de
consolación[h]) y quien era levita, natural de
Chipre, 37 como tenía un campo, lo vendió,
trajo el dinero y lo puso a los pies de los
apóstoles.

Ananías y Safira

5 Pero cierto hombre llamado Ananías,
juntamente con Safira su mujer, vendió
una posesión. 2 Con el conocimiento de su
mujer, sustrajo del precio; y llevando una
parte, la puso a los pies de los apóstoles.
3 Y Pedro dijo:
—Ananías, ¿por qué llenó Satanás tu corazón para mentir al Espíritu Santo y sustraer
del precio del campo? 4 Reteniéndolo, ¿acaso no seguía siendo tuyo? Y una vez vendido,
¿no estaba bajo tu autoridad? ¿Por qué pro-
pusiste en tu corazón hacer esto? No has
mentido a los hombres, sino a Dios.
5 Entonces Ananías, oyendo estas palabras,
cayó y expiró. Y gran temor sobrevino a todos
los que lo oían. 6 Luego se levantaron los
jóvenes y le envolvieron. Y sacándole fuera,
lo sepultaron.
7 Después de un intervalo de unas tres horas, sucedió que entró su mujer, sin saber lo
que había acontecido. 8 Entonces Pedro le
preguntó:
—Dime, ¿vendisteis en tanto el campo?
Ella dijo:
—Sí, en tanto.
9 Y Pedro le dijo:
—¿Por qué os pusisteis de acuerdo para
tentar al Espíritu del Señor? He aquí los pies

[a]22 Lit., *señal* [b]24 Algunos mss. antiguos dicen *Soberano Señor*; otros, *Soberano Dios*. [c]25 Algunos mss. omiten *mediante el Espíritu Santo*. [d]25 Otras trads., *niño*; o, *hijo* [e]26 Sal. 2:1, 2 (LXX); *Ungido* es la misma voz que *Cristo*. [f]27,30 Otras trads., *Niño*; o, *Hijo* [g]29 Otra trad., *Dada la situación presente* [h]36 Otras trads., *exhortación*; o, *estímulo*

de los que han sepultado a tu marido están
a la puerta, y te sacarán a ti.
10 De inmediato, ella cayó a los pies de él
y expiró. Cuando los jóvenes entraron, la hallaron muerta; la sacaron y la sepultaron junto a su marido. 11 Y gran temor sobrevino
a la iglesia entera y a todos los que oían de
estas cosas.

Los apóstoles hacen sanidades

12 Por las manos de los apóstoles se hacían
muchos milagros[a] y prodigios entre el pueblo, y estaban todos de un solo ánimo en el
pórtico de Salomón. 13 Pero ninguno de los
demás se atrevía a juntarse con ellos, aunque
el pueblo les tenía en gran estima.
14 Los que creían en el Señor aumentaban
cada vez más, gran número así de hombres
como de mujeres; 15 de modo que hasta sa-
caban los enfermos a las calles y los ponían
en camillas y colchonetas, para que cuando
Pedro pasara, por lo menos su sombra cayese
sobre alguno de ellos. 16 También de las
ciudades vecinas a Jerusalén, concurría una
multitud trayendo enfermos y atormentados
por espíritus impuros; y todos eran sanados.

Los apóstoles son perseguidos

17 Entonces se levantó el sumo sacerdote
y todos los que estaban con él, esto es, la
secta de los saduceos, y se llenaron de celos.
18 Echaron mano a los apóstoles y los pusieron en la cárcel pública. 19 Pero un ángel
del Señor abrió de noche las puertas de la
cárcel y al conducirlos fuera dijo: 20 "Id, y
de pie en el templo, hablad al pueblo todas las
palabras de esta vida."
21 Habiendo oído esto, entraron en el templo al amanecer y enseñaban. Mientras tanto,
el sumo sacerdote y los que estaban con él
fueron y convocaron al Sanedrín[b] con todos
los ancianos de los hijos de Israel. Luego enviaron a la cárcel para que fuesen traídos.
22 Cuando los oficiales llegaron y no los
hallaron en la cárcel, regresaron y dieron las
noticias 23 diciendo:
—Hallamos la cárcel cerrada con toda seguridad, y a los guardias de pie a las puertas.
Pero cuando abrimos, no hallamos a nadie
dentro.
24 Como oyeron estas palabras, el capitán
de la guardia del templo y los principales sacerdotes quedaron perplejos en cuanto a ellos
y en qué vendría a parar esto.[c] 25 Pero vino
alguien y les dio esta noticia:
—He aquí los hombres que echasteis en la
cárcel están de pie en el templo, enseñando
al pueblo.
26 Entonces fue el capitán de la guardia del
templo con los oficiales; y los llevaron, pero
sin violencia, porque temían ser apedreados
por el pueblo. 27 Cuando los trajeron, los
presentaron al Sanedrín, y el sumo sacerdote
les preguntó 28 diciendo:
—¿No os mandamos estrictamente que no
enseñaseis en este nombre? ¡Y he aquí habéis
llenado a Jerusalén con vuestra doctrina y
queréis echar sobre nosotros la sangre de este hombre!
29 Pero respondiendo Pedro y los apóstoles, dijeron:
—Es necesario obedecer a Dios antes que
a los hombres. 30 El Dios de nuestros padres levantó a Jesús, a quien vosotros matasteis colgándole en un madero. 31 A éste, lo
ha enaltecido Dios con[d] su diestra como
Príncipe y Salvador, para dar a Israel arrepentimiento y perdón de pecados. 32 Nosotros somos testigos[e] de estas cosas, y también el Espíritu Santo que Dios ha dado a los
que le obedecen.

El consejo de Gamaliel

33 Los que escuchaban se enfurecían y deseaban matarles. 34 Entonces se levantó en
el Sanedrín[b] cierto fariseo llamado Gamaliel, maestro de la ley, honrado por todo el
pueblo, y mandó que sacasen a los hombres
por un momento. 35 Entonces les dijo:
—Hombres de Israel, cuidaos vosotros de
lo que vais a hacer a estos hombres. 36 Porque antes de estos días se levantó Teudas,
diciendo que él era alguien. A éste se unieron
como cuatrocientos hombres. Pero él fue
muerto, y todos los que le seguían fueron
dispersados y reducidos a la nada. 37 Después de éste, se levantó Judas el galileo en los
días del censo, y arrastró gente[f] tras sí.
Aquél también pereció, y todos los que le seguían fueron dispersados. 38 En el presente
caso, os digo: Apartaos de estos hombres y
dejadles ir. Porque si este consejo o esta obra
es de los hombres, será destruida. 39 Pero si
es de Dios, no podréis destruirles.[g] ¡No sea
que os encontréis luchando contra Dios!
40 Fueron persuadidos por Gamaliel. Y llamaron a los apóstoles, y después de azotarles
les prohibieron hablar en el nombre de Jesús,
y los dejaron libres. 41 Por lo tanto, ellos
partieron de la presencia del Sanedrín, rego-

[a] *12* Lit., *señales* [b] *21,34* O sea, *la corte suprema* de los judíos [c] *24* Otra trad., *de qué significaría esto* [d] *31* Otra trad., *a su diestra* [e] *32* Algunos mss. antiguos incluyen *suyos*. [f] *37* Algunos mss. antiguos dicen *a mucha gente*. [g] *39* Algunos mss., uno antiguo, tienen *destruirla*.

cijándose porque habían sido considerados
dignos de padecer afrenta por causa del Nombre.
42 Y todos los días, en el templo y de
casa en casa, no cesaban de enseñar y anunciar la buena nueva de que Jesús es el Cristo.[a]

Elección de los siete

6 En aquellos días, como crecía el número
de los discípulos, se suscitó una murmuración de parte de los helenistas[b] contra los
hebreos, de que sus viudas eran desatendidas
en la distribución diaria.
2 Así que, los doce
convocaron a la multitud de los discípulos y
dijeron:

—No conviene que nosotros descuidemos
la palabra de Dios para servir a las mesas.
3 Escoged, pues, hermanos, de entre vosotros
a siete hombres que sean de buen testimonio,
llenos del Espíritu[c] y de sabiduría, a quienes
pondremos sobre esta tarea.
4 Y nosotros
continuaremos en la oración y en el ministerio de la palabra.

5 Esta propuesta agradó a toda la multitud;
y eligieron a Esteban, hombre lleno de fe y
del Espíritu Santo, a Felipe, a Prócoro, a Nicanor, a Timón, a Parmenas y a Nicolás, un
prosélito de Antioquía.
6 Presentaron a éstos delante de los apóstoles; y después de
orar, les impusieron las manos.

7 Y la palabra de Dios crecía, y el número
de los discípulos se multiplicaba en gran manera en Jerusalén; inclusive un gran número
de sacerdotes obedecía a la fe.

Esteban es tomado preso

8 Esteban, lleno de gracia y de poder, hacía
grandes prodigios y milagros[d] en el pueblo.
9 Y se levantaron algunos de la sinagoga llamada de los Libertos, de los cireneos y los
alejandrinos, y de los de Cilicia y de Asia,
discutiendo con Esteban.
10 Y no podían resistir la sabiduría y el espíritu con que hablaba.
11 Entonces sobornaron a unos hombres para que dijesen: "Le hemos oído hablar
palabras blasfemas contra Moisés y contra
Dios."
12 Ellos incitaron al pueblo, a los ancianos y a los escribas. Y se levantaron contra
él, le arrebataron y le llevaron al Sanedrín.[e]
13 Luego presentaron testigos falsos que decían:

—Este hombre no deja de hablar palabras
contra este santo lugar y contra la ley.
14 Porque le hemos oído decir que ese Jesús
de Nazaret destruirá este lugar y cambiará las
costumbres que Moisés nos dejó.

15 Entonces, todos los que estaban sentados en el Sanedrín, cuando fijaron los ojos en
él, vieron su cara como si fuera la cara de un
ángel.

Discurso de Esteban

7 Entonces el sumo sacerdote preguntó:
—¿Es esto así?

2 Y él respondió:

—Hermanos[f] y padres, oíd. El Dios de la
gloria apareció a nuestro padre Abraham
cuando estaba en Mesopotamia, antes que
habitase en Harán,
3 *y le dijo*: "*Sal de tu tierra y de tu parentela y vete a la tierra que te mostraré.*"[g]
4 Entonces salió de la tierra
de los caldeos y habitó en Harán. Después
que murió su padre, Dios le trasladó de allá
a esta tierra en la cual vosotros habitáis ahora.[h]
5 Pero no le dio heredad en ella, ni
siquiera para asentar su pie; aunque prometió *darla en posesión a él y a su descendencia después de él*,[i] aun cuando él no tenía hijo.
6 Así Dios le dijo que *su descendencia sería extranjera en tierra ajena y que los reducirían a esclavitud y los maltratarían por cuatrocientos años*.[j]
7 "*Pero yo juzgaré a la nación a la cual sirvan*", dijo Dios, "*y después de esto saldrán y me rendirán culto en este lugar.*"[k]
8 Dios le dio el pacto de la
circuncisión; y así Abraham engendró a Isaac
y le circuncidó al octavo día.[l] Lo mismo hizo Isaac a Jacob, y Jacob a los doce patriarcas.

9 »Los patriarcas, movidos por envidia,
vendieron a José para Egipto.[m] Pero Dios estaba con él;
10 le libró de todas sus tribulaciones y le dio gracia y sabiduría en la presencia del Faraón, rey de Egipto, quien le puso
por gobernador sobre Egipto y sobre toda su
casa.[n]
11 Entonces vino hambre y gran tribulación en toda la tierra de Egipto y en Canaán, y nuestros padres no hallaban alimentos.
12 Pero al oír Jacob que había trigo en
Egipto, envió a nuestros padres la primera
vez.[o]
13 La segunda vez, José se dio a conocer a sus hermanos.[p] Así el linaje de José fue
dado a conocer al Faraón.
14 Y José envió e
hizo venir a su padre Jacob y a toda su familia, que eran 75 personas.[q]
15 Así descendió
Jacob a Egipto, donde él y nuestros padres

[a] 42 Otra trad., *predicar a Cristo Jesús* [b] 1 O sea, *los judíos de cultura griega* [c] 3 Algunos mss. antiguos dicen *Espíritu Santo*. [d] 8 Lit., *señales* [e] 12 O sea, *la corte suprema* de los judíos [f] 2 Lit., *Varones hermanos* [g] 3 Gén. 12:1 [h] 4 Ver Gén. 11:31; 12:4, 5 [i] 5 Deut. 2:5; comp. Gén. 12:7; 13:15; 15:18; 17:8; 24:7 [j] 6 Gén. 15:13, 14 [k] 7 Exo. 3:12 [l] 8 Ver Gén. 17:9-12 [m] 9 Ver Gén. 37:4, 11, 28 [n] 10 Ver Gén. 41:37, 40; 42:6 [o] 12 Ver Gén. 42:1-3 [p] 13 Ver Gén. 45:3, 16 [q] 14 Ver Gén. 45:9, 27; 46:26, 27

terminaron su vida. 16 Y fueron llevados a
Siquem y puestos en el sepulcro que Abra-
ham compró a precio de plata, de los hijos de
Hamor en Siquem.[a]

17 »Como se acercaba el tiempo de la promesa, la cual Dios había asegurado[b] a Abraham, el pueblo creció y se multiplicó en
Egipto 18 hasta que *se levantó en Egipto
otro rey que no conocía a José.*[c] 19 Con
astucia este rey se aprovechó de nuestro pueblo y maltrató a nuestros padres, haciéndoles
exponer a la muerte a sus bebés para que no
sobreviviesen.[d] 20 En aquel tiempo nació
Moisés[e] y era agradable a Dios. El fue criado
tres meses en la casa de su padre; 21 pero
cuando fue expuesto a la muerte, la hija del
faraón le recogió y lo crió como a hijo suyo.[f]
22 Moisés fue instruido en toda la sabiduría
de los egipcios y era poderoso en sus palabras
y hechos.

23 »Cuando cumplió cuarenta años, le vino
al corazón el visitar a sus hermanos, los hijos
de Israel. 24 Al ver que uno era maltratado
le defendió, y matando al egipcio, vengó al
oprimido. 25 Pensaba que sus hermanos en-
tenderían que Dios les daría liberación[g] por
su mano, pero ellos no lo entendieron. 26 Al
día siguiente, él se presentó a unos que estaban peleando y trataba de ponerlos en paz
diciendo: "¡Hombres, sois hermanos! ¿Por
qué os maltratáis el uno al otro?" 27 Entonces, el que maltrataba a su prójimo le rechazó
diciendo: *¿Quién te ha puesto por gobernador y juez sobre nosotros?* 28 *¿Acaso quieres tú matarme como mataste ayer al egipcio?*[h] 29 Al oír esta palabra, Moisés huyó y
vivió exiliado en la tierra de Madián, donde
engendró dos hijos.[i]

30 »Cuarenta años después, *un ángel le
apareció en el desierto del monte* Sinaí, *en la
llama de fuego de una zarza.*[j] 31 Cuando
Moisés le vio, se asombró de la visión; pero
al acercarse para mirar, le vino la voz del
Señor: 32 *"Yo soy el Dios de tus padres, el
Dios de Abraham, de Isaac y de Jacob."*[k]
Pero Moisés, temblando, no se atrevía a mirar. 33 *Le dijo el Señor: "Quita las sandalias de tus pies, porque el lugar donde estás
es tierra santa.* 34 *He mirado atentamente
la aflicción de mi pueblo en Egipto. He oído
el gemido de ellos y he descendido para li-
brarlos. Ahora, pues, ven, y te enviaré a
Egipto."*[l]

35 »A este mismo Moisés, al cual habían
rechazado diciendo: *¿Quién te ha puesto por
gobernador y juez?*,[m] Dios le envió por gobernador y redentor, por mano del ángel que
le apareció en la zarza. 36 El los sacó, haciendo prodigios y señales en Egipto, en el
mar Rojo y en el desierto por cuarenta años.[n]
37 Este es el mismo Moisés que dijo a los hijos
de Israel: *Dios os levantará un profeta como
yo de entre vuestros hermanos.*[o] 38 Este es
aquel que estuvo en la congregación en el
desierto con el ángel que le hablaba en el
monte Sinaí, y con nuestros padres, y el que
recibió palabras de vida para darnos.
39 Nuestros padres no quisieron serle obedientes; más bien, le rechazaron y en sus corazones se volvieron atrás a Egipto, 40 diciendo a Aarón: *Haz para nosotros dioses que
vayan delante de nosotros; porque a este
Moisés que nos sacó de la tierra de Egipto,
no sabemos qué le habrá acontecido.*[p]
41 Entonces, en aquellos días hicieron un becerro y ofrecieron sacrificio al ídolo, y se regocijaban en las obras de sus manos. 42 Pero Dios se apartó de ellos y los entregó a que
rindiesen culto al ejército del cielo, como está escrito en el libro de los Profetas: *¿Acaso
me ofrecisteis víctimas y sacrificios en el desierto por cuarenta años, oh casa de Israel?*
43 *Más bien, llevasteis el tabernáculo de Mo-
loc y la estrella de vuestro dios Renfán, las
imágenes que hicisteis* para adorarlas. *Por
tanto, os transportaré más allá* de Babilonia.[q]

44 »En el desierto, nuestros padres tenían
el tabernáculo del testimonio, como lo había
ordenado Dios, quien ordenaba a Moisés que
lo hiciese según el modelo que había visto.[r]
45 Habiendo recibido el tabernáculo, nuestros padres, junto con Josué, lo introdujeron
en la posesión de las naciones que Dios expulsó de la presencia de nuestros padres, hasta
los días de David. 46 Este halló gracia delante de Dios y pidió proveer[s] un tabernáculo
para el Dios de Jacob.[t] 47 Pero Salomón le
edificó casa.

48 »No obstante, el Altísimo no habita en
casas hechas por mano,[u] como dice el profeta:

[a] *16* Ver Gén. 50:24, 25; Exo. 13:19; Jos. 24:32; comp. Gén. 23:16-20; 33:18, 19; 50:12, 13 [b] *17* Lit., *confesó*; algunos mss. antiguos dicen *se juró*; o sea, *prometió*. [c] *18* Exo. 1:7, 8 [d] *19* Ver Exo. 1:15, 16 [e] *20* Ver Exo. 2:2 [f] *21* Ver Exo. 2:10 [g] *25* Otra trad., *salvación* [h] *28* Exo. 2:13, 14 [i] *29* Ver Exo. 2:11-15 [j] *30* Exo. 3:2, 3 [k] *32* Algunos mss. antiguos dicen . . . *Abraham, el Dios de Isaac y el Dios de Jacob*. [l] *34* Ver Exo. 3:1-10 [m] *35* Exo. 2:14 [n] *36* Ver Exo. 7—11; 14:21 ss. [o] *37* Algunos mss. antiguos añaden *a él oiréis*; la cita es de Deut. 18:15. [p] *40* Exo. 32:1, 23 [q] *43* Amós 5:25-27 (LXX) [r] *44* Ver Núm. 17:7; Exo. 25:40 [s] *46* Lit., *hallar*; o sea, *encontrar la gracia de poder construir el templo* [t] *46* Algunos mss. antiguos dicen *la casa de Jacob*; comp. Sal. 132:5. [u] *48* Comp. 2 Crón. 6:18

49 *El cielo es mi trono,*
y la tierra es el estrado de mis pies.
¿Qué casa me edificaréis?
dice el Señor.
¿Cuál será el lugar de mi reposo?
50 *¿No hizo mi mano todas estas cosas?*[a]

51 »¡Duros de cerviz e incircuncisos de corazón y de oídos! Vosotros resistís siempre al
Espíritu Santo. Como vuestros padres, así
también vosotros. 52 ¿A cuál de los profetas
no persiguieron vuestros padres? Y mataron
a los que de antemano anunciaron la venida
del Justo. Y ahora habéis venido a ser sus
traidores y asesinos. 53 ¡Vosotros que habéis recibido la ley por disposición de los ángeles, y no la guardasteis!

Esteban es apedreado

54 Escuchando estas cosas, se enfurecían[b]
en sus corazones y crujían los dientes contra
él. 55 Pero Esteban, lleno del Espíritu Santo
y puestos los ojos en el cielo, vio la gloria de
Dios, y a Jesús que estaba de pie a la diestra
de Dios. 56 Y dijo:

—¡He aquí, veo los cielos abiertos y al Hijo
del Hombre de pie a la diestra de Dios!

57 Entonces gritaron a gran voz, se taparon los oídos y a una se precipitaron sobre él.
58 Le echaron fuera de la ciudad y le apedrearon. Los testigos dejaron sus vestidos a los
pies de un joven que se llamaba Saulo. 59 Y
apedreaban a Esteban, mientras él invocaba
diciendo:

—¡Señor Jesús, recibe mi espíritu!

60 Y puesto de rodillas clamó a gran voz:

—¡Señor, no les tomes en cuenta este pecado!

Y habiendo dicho esto, durmió.

8 Y Saulo consentía en su muerte.

Saulo persigue a la iglesia

En aquel día se desató una gran persecución contra la iglesia que estaba en Jerusalén,
y todos fueron esparcidos por las regiones de
Judea y de Samaria, con excepción de los
apóstoles.

2 Unos hombres piadosos sepultaron a Esteban, e hicieron gran lamentación por él.
3 Entonces Saulo asolaba a la iglesia. Entrando de casa en casa, arrastraba tanto a hombres como a mujeres y los entregaba a la cárcel.

Felipe en Samaria

4 Entonces, los que fueron esparcidos anduvieron anunciando la palabra. 5 Y Felipe
descendió a la ciudad de Samaria y les predicaba a Cristo. 6 Cuando la gente oía y veía
las señales que hacía, escuchaba atentamente
y de común acuerdo lo que Felipe decía.
7 Porque de muchas personas salían espíritus
inmundos, dando grandes gritos, y muchos
paralíticos y cojos eran sanados; 8 de modo
que había gran regocijo en aquella ciudad.

Pedro y Simón el mago

9 Hacía tiempo había en la ciudad cierto
hombre llamado Simón, que practicaba la
magia y engañaba a la gente de Samaria, diciendo ser alguien grande. 10 Todos estaban
atentos[c] a él, desde el más pequeño hasta el
más grande, diciendo: "¡Este sí que es el Poder de Dios, llamado Grande!" 11 Le presta-
ban atención,[c] porque con sus artes mágicas
les había asombrado por mucho tiempo.
12 Pero cuando creyeron a Felipe mientras
anunciaba el evangelio del reino de Dios y el
nombre de Jesucristo, se bautizaban hombres y mujeres. 13 Aun Simón mismo creyó,
y una vez bautizado él acompañaba a Felipe;
y viendo las señales y grandes maravillas que
se hacían, estaba atónito.

14 Los apóstoles que estaban en Jerusalén,
al oír que Samaria había recibido la palabra
de Dios, les enviaron a Pedro y a Juan, 15 los
cuales descendieron y oraron por los samaritanos para que recibieran el Espíritu Santo.
16 Porque aún no había descendido sobre
ninguno de ellos el Espíritu Santo; solamente habían sido bautizados en el nombre de
Jesús. 17 Entonces les impusieron las manos, y recibieron el Espíritu Santo.

18 Cuando Simón vio que por medio de la
imposición de las manos de los apóstoles se
daba el Espíritu Santo,[d] les ofreció dinero,
19 diciendo:

—Dadme también a mí este poder,[e] para
que cualquiera a quien yo imponga las manos
reciba el Espíritu Santo.

20 Entonces Pedro le dijo:

—¡Tu dinero perezca contigo,[f] porque
has pensado obtener por dinero el don de
Dios! 21 Tú no tienes parte ni suerte en este
asunto, porque tu corazón no es recto delante de Dios. 22 Arrepiéntete, pues, de esta tu
maldad y ruega a Dios, si quizás te sea perdonado el pensamiento de tu corazón; 23 porque veo que estás destinado a hiel de amargura y a cadenas de maldad.

24 Entonces respondiendo Simón dijo:

[a] *50* Isa. 66:1, 2 [b] *54* Otra trad., *se sentían heridos* [c] *10,11* Otra trad., *le daban atenciones* [d] *18* Algunos mss. antiguos aquí no incluyen *Santo.* [e] *19* O: *autoridad* [f] *20* Lit., *¡Tu plata vaya contigo a la perdición . . .*

—Rogad vosotros por mí ante el Señor,
para que ninguna cosa de las que habéis dicho venga sobre mí.
25 Ellos, después de haber testificado y hablado la palabra de Dios, regresaron a Jerusalén y anunciaban el evangelio en muchos
pueblos de los samaritanos.

Felipe evangeliza al etíope

26 Un ángel del Señor habló a Felipe diciendo: "Levántate y vé hacia el sur por el
camino que desciende de Jerusalén a Gaza, el
cual es desierto." 27 El se levantó y fue. Y he
aquí un eunuco etíope, un alto funcionario
de Candace, la reina de Etiopía, quien estaba
a cargo de todos sus tesoros y que había venido a Jerusalén para adorar, 28 regresaba
sentado en su carro leyendo el profeta Isaías.
29 El Espíritu dijo a Felipe: "Acércate y júnta-
te a ese carro." 30 Y Felipe corriendo le alcanzó y le oyó que leía el profeta Isaías. Entonces le dijo:
—¿Acaso entiendes lo que lees?
31 Y él le dijo:
—¿Pues cómo podré yo, a menos que alguien me guíe?
Y rogó a Felipe que subiese y se sentase
junto a él. 32 La porción de las Escrituras
que leía era ésta:

Como oveja, al matadero fue llevado,
y como cordero mudo
delante del que lo trasquila,
así no abrió su boca.
33 *En su humillación,*
se le negó justicia;
pero su generación,
¿quién la contará?
Porque su vida es quitada de la tierra.[a]

34 Respondió el eunuco a Felipe y dijo:
—Te ruego, ¿de quién dice esto el profeta?
¿Lo dice de sí mismo o de algún otro?
35 Entonces Felipe abrió su boca, y comenzando desde esta Escritura, le anunció el
evangelio de Jesús. 36 Mientras iban por el
camino, llegaron a donde había agua, y el
eunuco dijo:
—He aquí hay agua. ¿Qué impide que yo
sea bautizado?
37[b],38 Y mandó parar el carro. Felipe y el
eunuco descendieron ambos al agua, y él le
bautizó. 39 Cuando subieron del agua, el
Espíritu del Señor arrebató a Felipe. Y el eunuco no le vio más, pues seguía su camino
gozoso.
40 Pero Felipe se encontró en Azoto,[c] y
pasando por allí, anunciaba el evangelio en
todas las ciudades, hasta que llegó a Cesarea.

La conversión de Saulo[d]

9 Entonces Saulo, respirando aún amenazas y homicidio contra los discípulos del
Señor, se presentó al sumo sacerdote 2 y le
pidió cartas para las sinagogas en Damasco,
con el fin de llevar preso a Jerusalén a cualquiera que hallase del Camino,[e] fuera hombre o mujer.
3 Mientras iba de viaje, llegando cerca de
Damasco, aconteció de repente que le rodeó
un resplandor de luz desde el cielo. 4 El cayó en tierra y oyó una voz que le decía:
—Saulo, Saulo, ¿por qué me persigues?
5 Y él dijo:
—¿Quién eres, Señor?
Y él respondió:
—Yo soy Jesús, a quien tú persigues.[f]
6 Pero levántate, entra en la ciudad, y se te
dirá lo que te es preciso hacer.
7 Los hombres que iban con Saulo habían
quedado de pie, enmudecidos. A la verdad,
oían la voz,[g] pero no veían a nadie. 8 Entonces Saulo fue levantado del suelo, y aun
con los ojos abiertos no veía nada. Así que,
guiándole de la mano, le condujeron a Damasco. 9 Por tres días estuvo sin ver, y no
comió ni bebió.
10 Había cierto discípulo en Damasco llamado Ananías, y el Señor le dijo en visión:
—Ananías.
El respondió:
—Heme aquí, Señor.
11 El Señor le dijo:
—Levántate, vé a la calle que se llama La
Derecha y busca en casa de Judas a uno llamado Saulo de Tarso; porque he aquí él está
orando, 12 y en una visión[h] ha visto a un
hombre llamado Ananías que entra y le pone
las manos encima para que recobre la vista.
13 Entonces Ananías respondió:
—Señor, he oído a muchos hablar acerca
de este hombre, y de cuántos males ha hecho
a tus santos en Jerusalén. 14 Aun aquí tiene
autoridad de parte de los principales sacerdo-

[a] *33* Isa. 53:7, 8 (LXX) [b] *37* Algunos mss. antiguos también incluyen, aunque con variantes, v. 37 *Felipe dijo: "Si crees con todo tu corazón, es posible." Y respondiendo, dijo: "Creo que Jesús, el Cristo, es el Hijo de Dios."* [c] *40* La antigua ciudad de Asdod de los filisteos; (comp. Jos. 11:22; 13:1-3; 1 Sam. 5:1-8), ya reconstruida por los romanos
[d] *1t* Comp. 22:6-16 y 26:12-18 [e] *2* Nombre primitivo para referirse al movimiento cristiano; comp. 18:26; 19:9, 23; 22:4; 24:14, 22 [f] *5* Algunos mss. antiguos incluyen aquí (o en v. 4) estas palabras: *dura cosa te es dar coces contra el aguijón. 6 El, temblando y temeroso, dijo: Señor, ¿qué quieres que haga? Y el Señor le dice: Levántate . . .*; comp. 26:14
[g] *7* Es decir, el sonido sin entender; comp. 22:9 [h] *12* Algunos mss. antiguos omiten *en una visión*.

tes para tomar presos a todos los que invocan
tu nombre.
15 Y le dijo el Señor:
—Vé, porque este hombre me es un instrumento escogido para llevar mi nombre ante los gentiles, los reyes y los hijos de Israel.
16 Porque yo le mostraré cuánto le es necesario padecer por mi nombre.
17 Entonces Ananías fue y entró en la casa;
le puso las manos encima y dijo:
—Saulo, hermano, el Señor Jesús, que te
apareció en el camino por donde venías, me
ha enviado para que recuperes la vista y seas
lleno del Espíritu Santo.
18 De inmediato le cayó de los ojos algo
como escamas, y volvió a ver. Se levantó y fue
bautizado; 19 y habiendo comido, recuperó
las fuerzas.

Saulo predica en Damasco

Saulo estuvo por algunos días con los discípulos que estaban en Damasco. 20 Y en
seguida predicaba a Jesús[a] en las sinagogas,
diciendo:
—Este es el Hijo de Dios.
21 Todos los que le oían estaban atónitos y
decían:
—¿No es éste el que asolaba en Jerusalén
a los que invocaban este nombre? ¿Y no ha
venido acá para eso mismo, para llevarles
presos ante los principales sacerdotes?
22 Pero Saulo se fortalecía aun más y con-
fundía a los judíos que habitaban en Damasco, demostrando que Jesús era el Cristo.
23 Pasados muchos días, los judíos consultaron entre sí para matarle; 24 pero sus asechanzas fueron conocidas por Saulo. Y guardaban aun las puertas de la ciudad de día y de
noche para matarle. 25 Entonces sus discípulos tomaron a Saulo de noche y le bajaron
por el muro en una canasta.

Saulo y los hermanos en Jerusalén

26 Cuando fue a Jerusalén, intentaba juntarse con los discípulos; y todos le tenían
miedo, porque no creían que fuera discípulo.
27 Pero Bernabé le recibió y le llevó a los
apóstoles. Les contó cómo había visto al Señor en el camino, y que había hablado con él,
y cómo en Damasco había predicado con valentía en el nombre de Jesús. 28 Así entraba
y salía con ellos en Jerusalén, 29 predicando
con valentía en el nombre del Señor. Hablaba
y discutía con los helenistas,[b] pero ellos procuraban matarle. 30 Luego, cuando los hermanos lo supieron, le acompañaron hasta
Cesarea y le enviaron a Tarso.
31 Entonces por toda Judea, Galilea y Samaria la iglesia[c] tenía paz. Iba edificándose
y vivía en el temor del Señor, y con el consuelo[d] del Espíritu Santo se multiplicaba.

Pedro sana a Eneas

32 Aconteció que mientras Pedro recorría
por todas partes, fue también a visitar a los
santos que habitaban en Lida. 33 Allí encontró a cierto hombre llamado Eneas, que estaba postrado en cama desde hacía ocho años,
pues era paralítico.
34 Pedro le dijo: "Eneas, ¡Jesucristo te sana! Levántate y arregla tu cama." De inmediato se levantó, 35 y le vieron todos los que
habitaban en Lida y en Sarón, los cuales se
convirtieron al Señor.

Pedro resucita a Dorcas

36 Entonces había en Jope cierta discípula
llamada Tabita, que traducido es Dorcas.[e]
Ella estaba llena de buenas obras y de actos
de misericordia[f] que hacía. 37 Aconteció
en aquellos días que ella se enfermó y murió.
Después de lavarla, la pusieron en una sala
del piso superior. 38 Como Lida estaba cerca de Jope, los discípulos, al oír que Pedro
estaba allí, le enviaron dos hombres para que
le rogaran: "No tardes en venir hasta nosotros."
39 Entonces Pedro se levantó y fue con
ellos. Cuando llegó, le llevaron a la sala y le
rodearon todas las viudas, llorando y mos-
trándole las túnicas y los vestidos que Dorcas
hacía cuando estaba con ellas. 40 Después
de sacar fuera a todos, Pedro se puso de rodillas y oró; y vuelto hacia el cuerpo, dijo: "¡Tabita, levántate!" Ella abrió los ojos, y al ver a
Pedro se sentó. 41 El le dio la mano y la
levantó. Entonces llamó a los santos y a las
viudas, y la presentó viva.
42 Esto fue conocido en todo Jope, y muchos creyeron en el Señor. 43 Pedro se quedó muchos días en Jope, en casa de un tal
Simón, curtidor.

Visión de Cornelio en Cesarea

10 Había en Cesarea cierto hombre llamado Cornelio, que era centurión de
la compañía llamada la Italiana. 2 Era piadoso y temeroso de Dios,[g] junto con toda su

[a] *20* Algunos mss. dicen *a Cristo*. [b] *29* O sea, *los judíos de cultura griega* [c] *31* Algunos mss. antiguos dicen *las iglesias*. [d] *31* Otras trads., *estímulo*; o, *exhortación* [e] *36* Gr. para *gacela* [f] *36* Otras trads., *y de limosnas*; u, *obras de caridad* [g] *2* Es decir, gentiles simpatizantes del judaísmo.

casa. Hacía muchas obras de misericordia[a]
para el pueblo y oraba a Dios constantemen-
te. 3 Como a la hora novena[b] del día, él vio
claramente en visión a un ángel de Dios que
entró hacia él y le dijo:
—Cornelio.
4 Con los ojos puestos en el ángel y espan-
tado, él dijo:
—¿Qué hay, Señor?
Y le dijo:
—Tus oraciones y tus obras de misericordia[a] han subido como memorial ante la presencia de Dios. 5 Ahora, pues, envía hombres a Jope y haz venir a cierto Simón, que
tiene por sobrenombre Pedro. 6 Este se hos-
peda con un tal Simón, curtidor, quien tiene
su casa junto al mar.
7 En cuanto se fue el ángel que hablaba con
él, Cornelio llamó a dos de sus criados y a un
soldado piadoso de entre sus asistentes, 8 y
después de haberles contado todo esto, los
envió a Jope.

La visión de Pedro en Jope

9 Al día siguiente, mientras ellos iban via-
jando por el camino y llegaban cerca de la
ciudad, Pedro subió a la azotea para orar,
como a la sexta hora.[c] 10 Sintió mucha
hambre y deseaba comer; pero mientras preparaban la comida, le sobrevino un éxtasis.
11 Vio el cielo abierto y un objeto que descendía como un gran lienzo, bajado por sus cuatro extremos a la tierra.[d] 12 En el lienzo
había toda clase de cuadrúpedos y reptiles de
la tierra y aves del cielo. 13 Y le vino una
voz:
—Levántate, Pedro; mata y come.
14 Entonces Pedro dijo:
—¡De ninguna manera, Señor! Porque
ninguna cosa común o inmunda he comido
jamás.
15 La voz volvió a él por segunda vez:
—Lo que Dios ha purificado, no lo tengas
tú por común.
16 Esto ocurrió tres veces, y de repente el
objeto fue elevado al cielo.[e]

Pedro y los enviados de Cornelio

17 Mientras Pedro estaba perplejo dentro
de sí acerca de lo que pudiera ser la visión que
había visto, he aquí los hombres enviados por
Cornelio, habiendo preguntado por la casa de
Simón, llegaron a la puerta. 18 Entonces
llamaron y preguntaron si un Simón que tenía por sobrenombre Pedro se hospedaba allí.
19 Como Pedro seguía meditando en la visión, el Espíritu le dijo: "He aquí, tres hombres te buscan. 20 Levántate, pues, y baja.
No dudes de ir con ellos, porque yo los he
enviado."
21 Entonces Pedro bajó para recibir a los
hombres[f] y dijo:
—Heme aquí. Yo soy el que buscáis. ¿Cuál
es la causa por la que habéis venido?
22 Ellos dijeron:
—Cornelio, un centurión, hombre justo y
temeroso de Dios,[g] como bien lo testifica
toda la nación de los judíos, ha recibido instrucciones en una revelación por medio de
un santo ángel, para hacerte venir a su casa
y oír tus palabras.
23 Entonces les hizo entrar y los alojó. Al
día siguiente, se levantó y fue con ellos. También le acompañaron algunos de los hermanos de Jope.

Pedro predica en casa de Cornelio

24 Al día siguiente, entraron[h] en Cesarea.
Cornelio los estaba esperando, habiendo invitado a sus parientes y a sus amigos más ínti-
mos. 25 Cuando Pedro iba a entrar, Cornelio salió para recibirle, se postró a sus pies
y le adoró. 26 Pero Pedro le levantó diciendo:
—¡Levántate! Yo mismo también soy
hombre.
27 Mientras hablaba con él, entró y halló
que muchos se habían reunido. 28 Y les dijo:
—Vosotros sabéis cuán indebido le es a un
hombre judío juntarse o acercarse a un extranjero, pero Dios me ha mostrado que a
ningún hombre llame común o inmundo.
29 Por esto, al ser llamado, vine sin poner
objeciones. Así que pregunto: ¿Por qué razón
mandasteis por mí?
30 Entonces dijo Cornelio:
—Hace cuatro días como a esta hora, la
hora novena,[b] yo estaba orando[i] en mi casa.
Y he aquí, un hombre en vestiduras resplandecientes se puso de pie delante de mí 31 y
dijo: "Cornelio, tu oración ha sido atendida,
y tus obras de misericordia[a] han sido recor-

[a] 2,4,31 Otras trads., *limosnas*; u, *obras de caridad* [b] 3,30 O sea, *como las 3:00 p.m.* [c] 9 O sea, *como a mediodía* [d] 11 Algunos mss. antiguos dicen *atado por sus cuatro extremos y siendo bajado a la tierra*. [e] 16 Algunos mss. antiguos añaden *otra vez*. [f] 21 Algunos mss. antiguos incluyen *que fueron enviados a él por Cornelio*. [g] 22 Es decir, gentil simpatizante del judaísmo [h] 24 Algunos mss. antiguos dicen *entró*. [i] 30 Algunos mss. antiguos dicen *yo estaba ayunando y orando*.

dadas ante la presencia de Dios. 32 Envía,
por tanto, a Jope y haz venir a Simón, que
tiene por sobrenombre Pedro. El está alojado
en casa de Simón el curtidor, junto al mar."[a]
33 Así que, inmediatamente envié a ti; y tú
has hecho bien en venir. Ahora, pues, todos
nosotros estamos aquí en la presencia de
Dios, para oír todo lo que el Señor[b] te ha
mandado.

34 Entonces Pedro, abriendo su boca, dijo:

—De veras, me doy cuenta de que Dios no
hace distinción de personas, 35 sino que en
toda nación le es acepto el que le teme y obra
justicia. 36 Dios ha enviado un mensaje a
los hijos de Israel, anunciando las buenas
nuevas de la paz por medio de Jesucristo. El
es el Señor de todos. 37 Vosotros sabéis el
mensaje que ha sido divulgado por toda Judea, comenzando desde Galilea, después del
bautismo que predicó Juan. 38 Me refiero a
Jesús de Nazaret, y a cómo Dios le ungió con
el Espíritu Santo y con poder. El anduvo haciendo el bien y sanando a todos los oprimidos por el diablo, porque Dios estaba con él.
39 Y nosotros somos testigos de todas las cosas que él hizo, tanto en la región de Judea
como en Jerusalén. A él le mataron colgándole sobre un madero, 40 pero Dios le levantó
al tercer día e hizo que apareciera,[c] 41 no
a todo el pueblo, sino a los testigos que Dios
había escogido de antemano, a nosotros que
comimos y bebimos con él después que resucitó de entre los muertos. 42 El nos ha mandado a predicar al pueblo y a testificar que él
es el que Dios ha puesto como Juez de los
vivos y de los muertos. 43 Todos los profetas
dan testimonio de él, y de que todo aquel que
cree en él recibirá perdón de pecados por su
nombre.

44 Mientras Pedro todavía hablaba estas
palabras, el Espíritu Santo cayó sobre todos
los que oían la palabra. 45 Y los creyentes de
la circuncisión que habían venido con Pedro
quedaron asombrados, porque el don del Espíritu Santo fue derramado también sobre los
gentiles; 46 pues les oían hablar en lenguas
y glorificar a Dios. 47 Entonces Pedro respondió:

—¿Acaso puede alguno negar el agua, para
que no sean bautizados estos que han recibido el Espíritu Santo, igual que nosotros?

48 Y les mandó que fueran bautizados en el
nombre de Jesucristo.[d] Entonces le rogaron
que se quedara por algunos días.

Pedro relata la conversión de Cornelio

11 Los apóstoles y los hermanos que estaban en Judea oyeron que también
los gentiles habían recibido la palabra de
Dios. 2 Y cuando Pedro subió a Jerusalén,
contendían contra él los que eran de la circuncisión, 3 diciendo:

—¡Entraste en casa de hombres incircuncisos y comiste con ellos!

4 Entonces Pedro comenzó a contarles en
orden, diciendo:

5 —Yo estaba orando en la ciudad de Jope,
y vi en éxtasis una visión: un objeto que descendía como un gran lienzo, bajado del cielo
por sus cuatro extremos, y llegó a donde yo
estaba. 6 Cuando fijé la vista en él, observé
y vi cuadrúpedos de la tierra, fieras y reptiles,
y aves del cielo. 7 Luego oí también una voz
que me decía: "Levántate, Pedro; mata y come." 8 Pero yo dije: "¡De ninguna manera,
Señor! Porque jamás ha entrado en mi boca
ninguna cosa común o inmunda." 9 Entonces respondió[e] la voz del cielo por segunda
vez: "Lo que Dios ha purificado no lo tengas
tú por común." 10 Esto ocurrió tres veces,
y todo volvió a ser retirado al cielo. 11 Y he
aquí llegaron en seguida tres hombres a la
casa donde estábamos, enviados a mí desde
Cesarea; 12 y el Espíritu me dijo que fuese
con ellos sin dudar. Fueron también conmigo estos seis hermanos, y entramos en casa
del hombre. 13 El nos contó cómo había
visto en su casa un ángel que se puso de pie
y le dijo: "Envía a Jope y haz venir a Simón,
que tiene por sobrenombre Pedro. 14 El te
hablará palabras por las cuales serás salvo tú,
y toda tu casa." 15 Cuando comencé a hablar, el Espíritu Santo cayó sobre ellos también, como sobre nosotros al principio.
16 Entonces me acordé del dicho del Señor,
cuando decía: "Juan ciertamente bautizó en[f]
agua, pero vosotros seréis bautizados en[f] el
Espíritu Santo."[g] 17 Así que, si Dios les dio
el mismo don también a ellos, como a nosotros que hemos creído en el Señor Jesucristo,
¿quién era yo para poder resistir a Dios?

18 Al oír estas cosas, se calmaron y glorificaron a Dios diciendo:

—¡Así que también a los gentiles Dios ha
dado arrepentimiento para vida!

La iglesia en Antioquía de Siria

19 Entre tanto, los que habían sido esparcidos a causa de la tribulación que sobrevino en

[a] *32* Algunos mss. antiguos añaden *quien al venir te hablará.*" [b] *33* Algunos mss. antiguos dicen *Dios.* [c] *40* Otra trad., *le concedió que se hiciera visible* [d] *48* Otra trad., *Jesús, el Cristo.* Algunos mss. antiguos dicen *el Señor Jesús*; otros, *el Señor Jesús, (el) Cristo.* [e] *9* Algunos mss. antiguos dicen *me respondió.* [f] *16* Otra trad., *con*
[g] *16* Ver 1:5

tiempos de Esteban[a] fueron hasta Fenicia,
Chipre y Antioquía, sin comunicar la palabra
a nadie, excepto sólo a los judíos. 20 Pero
entre ellos había unos hombres de Chipre y
de Cirene, quienes entraron en Antioquía y
hablaron a los griegos[b] anunciándoles las
buenas nuevas de que Jesús es el Señor.[c]
21 La mano del Señor estaba con ellos, y un
gran número que creyó se convirtió al Señor.

22 Llegaron noticias de estas cosas a oídos
de la iglesia que estaba en Jerusalén, y enviaron a Bernabé para que fuese hasta Antioquía.
23 Cuando él llegó y vio la gracia de
Dios, se regocijó y exhortó a todos a que con
corazón firme permaneciesen en el Señor;
24 porque Bernabé era hombre bueno y estaba lleno del Espíritu Santo y de fe. Y mucha
gente fue agregada al Señor.

25 Después partió Bernabé a Tarso para
buscar a Saulo, y cuando le encontró, le llevó
a Antioquía. 26 Y sucedió que se reunieron
todo un año con la iglesia y enseñaron a mucha gente.

Y los discípulos fueron llamados cristianos
por primera vez en Antioquía.

27 En aquellos días descendieron unos profetas de Jerusalén a Antioquía. 28 Y se levantó uno de ellos, que se llamaba Agabo, y dio
a entender por el Espíritu que iba a ocurrir
una gran hambre en toda la tierra habitada.
(Esto sucedió en tiempos de Claudio.[d])

29 Entonces los discípulos, cada uno conforme a lo que tenía, determinaron enviar
una ofrenda para ministrar a los hermanos
que habitaban en Judea. 30 Y lo hicieron,
enviándolo a los ancianos por mano de Bernabé y de Saulo.

Jacobo ejecutado, Pedro encarcelado

12 Entonces, por aquel tiempo, el rey
Herodes echó mano de algunos de la
iglesia para maltratarlos. 2 Y a Jacobo, el
hermano de Juan, lo hizo matar a espada.

3 Al ver que esto había agradado a los judíos, procedió a prender también a Pedro.
Eran entonces los días de los panes sin levadura.[e] 4 Cuando le tomó preso, le puso en
la cárcel, entregándole a la custodia de cuatro escuadras de cuatro soldados cada una,
con la intención de sacarle al pueblo después
de la Pascua. 5 Así que Pedro estaba bajo
guardia en la cárcel, pero la iglesia sin cesar[f]
hacía oración a Dios por él.

Pedro es librado de la cárcel

6 Cuando Herodes iba a sacarlo, aquella
misma noche Pedro estaba durmiendo entre
dos soldados, atado con dos cadenas, y los
guardias delante de la puerta vigilaban la cárcel. 7 Y he aquí se presentó un ángel del
Señor, y una luz resplandeció en la celda.
Despertó a Pedro dándole un golpe en el costado y le dijo:

—¡Levántate pronto!

Y las cadenas se le cayeron de las manos.
8 Entonces le dijo el ángel:

—Cíñete y ata tus sandalias.

Y así lo hizo. Luego le dijo:

—Envuélvete en tu manto y sígueme.

9 Y habiendo salido, le seguía y no comprendía que lo que hacía el ángel era realidad.
Más bien, le parecía que veía una visión.
10 Cuando habían pasado la primera y la segunda guardia, llegaron a la puerta de hierro
que daba a la ciudad, la cual se les abrió por
sí misma. Cuando habían salido, avanzaron
por una calle, y de repente el ángel se apartó
de él. 11 Entonces Pedro, al volver en sí,
dijo: "Ahora entiendo realmente que el Señor
ha enviado su ángel y me ha librado de la
mano de Herodes y de toda la expectación del
pueblo judío."

12 Cuando se dio cuenta de esto, fue a la
casa de María, la madre de Juan que tenía por
sobrenombre Marcos, donde muchos estaban
congregados y orando. 13 Cuando Pedro tocó a la puerta de la entrada, una muchacha
llamada Rode salió para responder.
14 Cuando ella reconoció la voz de Pedro, de
puro gozo no abrió la puerta, sino que corrió
adentro y anunció que Pedro estaba ante la
puerta. 15 Ellos le dijeron:

—¡Estás loca!

Pero ella insistía en que así era. Entonces
ellos decían:

—¡Es su ángel!

16 Mientras tanto, Pedro persistía en tocar;
y cuando abrieron, le vieron y se asombraron. 17 Con la mano Pedro les hizo señal de
guardar silencio y les contó cómo el Señor le
había sacado de la cárcel. Luego dijo:

—Haced saber esto a Jacobo[g] y a los hermanos.

Y saliendo se fue a otro lugar.

18 Cuando se hizo de día, hubo un alboroto
no pequeño entre los soldados sobre qué habría pasado con Pedro. 19 Pero Herodes, como le buscó y no le halló, después de interro-

[a] 19 Ver 8:2, 4 [b] 20 Algunos mss. antiguos dicen *a los helenistas.* [c] 20 Otra trad., *las buenas nuevas del Señor Jesús* [d] 28 Emperador de Roma, 41-54 d. de J.C. [e] 3 O sea, *la Pascua* [f] 5 Otra trad., *con fervor*
[g] 17 O: *Santiago*; comp. Gál. 1:19 y Stg. 1:1

gar a los guardias, les mandó ejecutar.[a] Después descendió de Judea a Cesarea y se quedó
allí.

La muerte de Herodes Agripa I

20 Herodes estaba furioso con los de Tiro y
de Sidón. Pero ellos se presentaron a él de
común acuerdo; y habiendo persuadido a
Blasto, el camarero mayor del rey, pedían la
paz, porque su región era abastecida por la
del rey.
21 En un día señalado, Herodes, vestido de
sus vestiduras reales, se sentó en el tribunal
y les arengaba. 22 Y el pueblo aclamaba diciendo: "¡Voz de un dios, y no de un hombre!"
23 De repente le hirió un ángel del Señor,
por cuanto no dio la gloria a Dios. Y murió
comido de gusanos.
24 Pero la palabra de Dios[b] crecía y se multiplicaba. 25 Bernabé y Saulo volvieron de[c]
Jerusalén, una vez cumplido su encargo,[d]
tomando también consigo a Juan que tenía
por sobrenombre Marcos.

Bernabé y Saulo para la obra misionera

13 Había entonces en la iglesia que estaba en Antioquía, unos profetas y
maestros: Bernabé, Simón llamado Níger,
Lucio de Cirene, Manaén,[e] que había sido
criado con el tetrarca Herodes, y Saulo.
2 Mientras ellos ministraban al Señor y ayu-
naban, el Espíritu Santo dijo: "Apartadme a
Bernabé y a Saulo para la obra a la que los he
llamado." 3 Entonces, habiendo ayunado y
orado, les impusieron las manos y los despi-
dieron.

Bernabé y Saulo en Chipre

4 Por lo tanto, siendo enviados por el Espíritu Santo, ellos descendieron a Seleucia, y
de allí navegaron a Chipre. 5 Después de
llegar a Salamina, anunciaban la palabra de
Dios en las sinagogas de los judíos. También
tenían a Juan como ayudante.
6 Habiendo atravesado toda la isla hasta
Pafos, hallaron a un mago, falso profeta judío, llamado Barjesús. 7 El estaba con el
procónsul Sergio Paulo, un hombre prudente. Este, mandando llamar a Bernabé y a Saulo, deseaba oír la palabra de Dios. 8 Pero el
mago Elimas (pues así se traduce su nombre)
les resistía, intentando apartar al procónsul
de la fe.
9 Entonces Saulo, que también es Pablo,
lleno del Espíritu Santo, fijó los ojos en él
10 y dijo:
—¡Oh tú, lleno de todo engaño y de toda
malicia, hijo del diablo, enemigo de toda justicia! ¿No cesarás de pervertir los caminos
rectos del Señor? 11 Y ahora, ¡he aquí la
mano del Señor está contra ti! Quedarás ciego por un tiempo sin ver el sol.
De repente cayeron sobre él niebla y tinieblas, y andando a tientas, buscaba quien le
condujese de la mano. 12 Entonces, al ver lo
que había sucedido, el procónsul creyó, maravillado de la doctrina del Señor.

Pablo en Antioquía de Pisidia

13 Habiendo zarpado de Pafos, Pablo y sus
compañeros arribaron a Perge de Panfilia;
pero Juan se separó de ellos y se volvió a
Jerusalén. 14 Pasando de Perge, ellos llegaron a Antioquía de Pisidia. Y en el día sábado,
habiendo entrado en la sinagoga, se sentaron.
15 Después de la lectura de la Ley y de los
Profetas, los principales de la sinagoga mandaron a decirles:
—Hermanos,[f] si tenéis alguna palabra de
exhortación para el pueblo, hablad.
16 Entonces Pablo se levantó, y haciendo
una señal con la mano, dijo:
—Hombres de Israel y los que teméis a
Dios,[g] oíd. 17 El Dios de este pueblo de Israel escogió a nuestros padres. Enalteció al
pueblo, siendo ellos extranjeros en la tierra
de Egipto, y con brazo levantado los sacó de
allí. 18 Por un tiempo como de cuarenta
años los soportó[h] en el desierto. 19 Luego
destruyó siete naciones en la tierra de Canaán, y les hizo heredar la tierra de ellas;
20 como unos 450 años.
»Después de eso,[i] les dio jueces hasta el
profeta Samuel. 21 Y a partir de entonces
pidieron rey, y Dios les dio por cuarenta años
a Saúl hijo de Quis, hombre de la tribu de
Benjamín.[j]
22 »Después de quitarlo, les levantó por rey
a David, de quien dio testimonio diciendo:
"*He hallado a David* hijo de Isaí, *hombre conforme a mi corazón*,[k] quien hará toda mi
voluntad." 23 De la descendencia de David,

[a] 19 Otra trad., *mandó llevar a la muerte* [b] 24 Algunos mss. antiguos dicen *del Señor*. [c] 25 Algunos mss. antiguos dicen *a Jerusalén*. [d] 25 Gr., *diaconía*; o sea, *ministerio* o *servicio* [e] 1 En hebreo *Menajem* [f] 15 Lit., *Varones hermanos*. [g] 16 Otra trad: *los temerosos de Dios*; es decir, gentiles simpatizantes del judaísmo [h] 18 O sea, *aguantó su comportamiento*; algunos mss. antiguos dicen *los llevó en sus brazos como una nodriza*.
[i] 20 Algunos mss. antiguos tienen . . . *ellas*. 20 *Después de eso, por 450 años les dio* . . .; sobre las alusiones históricas, ver Deut. 1:31; 7:1; Jos. 12:7, 8. [j] 21 Ver 1 Sam. 8:5; 10:1 [k] 22 1 Sam. 13:14; ver también 1 Sam. 16:12, 13 y Sal. 89:20

conforme a la promesa, Dios trajo para Israel
un Salvador, Jesús. 24 Antes de presenciar
su venida,[a] Juan predicó el bautismo de
arrepentimiento a todo el pueblo de Israel.
25 Entonces, cuando Juan terminaba su carrera, decía: "¿Quién pensáis que yo soy? Yo
no lo soy. Más bien, he aquí viene tras mí uno
de quien yo no soy digno de desatar el calzado
de sus pies."[b]

26 »Hermanos,[c] hijos del linaje de Abraham, y los que entre vosotros temen a Dios:
A nosotros[d] nos ha sido enviado el mensaje[e]
de esta salvación. 27 Porque los habitantes
de Jerusalén y sus gobernantes, por no reconocer a Jesús ni hacer caso a las palabras[f] de
los profetas que se leen todos los sábados, las
cumplieron al condenarlo. 28 Sin hallar en
él ninguna causa digna de muerte, pidieron
a Pilato que le matase. 29 Y como habían
cumplido todas las cosas escritas acerca de él,
lo bajaron del madero y lo pusieron en el
sepulcro. 30 Pero Dios le levantó de entre
los muertos. 31 Y él apareció por muchos
días a los que habían subido con él de Galilea
a Jerusalén, los cuales ahora son sus testigos
ante el pueblo.

32 »Nosotros también os anunciamos las
buenas nuevas de que la promesa que fue
hecha a los padres, 33 ésta la ha cumplido
Dios para nosotros sus hijos,[g] cuando resucitó a Jesús; como también está escrito en el
Salmo segundo:

Mi hijo eres tú;
yo te he engendrado hoy.[h]

34 »Y acerca de que le levantó de los muertos para no volver más a la corrupción, ha
dicho así: *Os daré las santas y fieles bendicio-*
nes prometidas a David.[i] 35 Por eso dice
también en otro lugar: *No permitirás que tu*
Santo vea corrupción.[j] 36 Porque, después
de haber servido en su propia generación a la
voluntad de Dios, David murió, fue reunido
con sus padres y vio corrupción. 37 En cambio, aquel a quien Dios levantó no vio corrupción.

38 »Por lo tanto, hermanos,[c] sea conocido
de vosotros que por medio de él se os anuncia
el perdón de pecados. 39 Y de todo lo que
por la ley de Moisés no pudisteis ser justificados, en él es justificado todo aquel que cree.
40 Mirad, pues, que no sobrevenga lo que está
dicho en los Profetas:

41 *Mirad, burladores, asombraos y*
pereced.
Porque yo hago una gran obra
en vuestros días:
una obra *que jamás la creeréis,*
aunque alguien os la cuente.[k]

42 Cuando ellos salían, les rogaron que el
sábado siguiente les hablasen de estos temas.
43 Entonces una vez despedida la congregación, muchos de los judíos y de los prosélitos
piadosos siguieron a Pablo y a Bernabé, quienes les hablaban y les persuadían a perseverar
fieles en la gracia de Dios.

44 El sábado siguiente se reunió casi toda
la ciudad para oír la palabra de Dios. 45 Y
cuando los judíos vieron las multitudes, se
llenaron de celos, y blasfemando contradecían lo que Pablo decía. 46 Entonces Pablo
y Bernabé, hablando con valentía, dijeron:

—Era necesario que se os hablase a vosotros primero la palabra de Dios; pero ya que
la habéis desechado y no os juzgáis dignos de
la vida eterna, he aquí, nos volvemos a los
gentiles. 47 Porque así nos ha mandado el
Señor:

Te he puesto por luz
a los gentiles,[l]
a fin de que seas para salvación
hasta lo último de la tierra.[m]

48 Al oír esto, los gentiles[l] se regocijaban
y glorificaban la palabra del Señor, y creyeron cuantos estaban designados para la vida
eterna. 49 Y la palabra del Señor se difundía
por toda la región.

50 Pero los judíos instigaron a unas mujeres piadosas y distinguidas y a los principales
de la ciudad, y provocaron una persecución
contra Pablo y Bernabé, y los echaron de sus
territorios. 51 Entonces sacudieron el polvo
de sus pies contra ellos, y se fueron a Iconio.
52 Y los discípulos estaban llenos de gozo y
del Espíritu Santo.

Pablo y Bernabé en Iconio

14 Aconteció en Iconio que entraron
juntos en la sinagoga de los judíos y
hablaron de tal manera que creyó un gran
número, tanto de judíos como de griegos.
2 Pero los judíos que no creyeron incitaron y
malearon el ánimo de los gentiles en contra
de los hermanos. 3 Con todo eso, ellos con-
tinuaron mucho tiempo hablando con valen-

[a] 24 O sea, *antes del comienzo de su ministerio* [b] 25 Ver Juan. 1:20, 27; Luc. 3:16 [c] 26,38 Lit., *varones hermanos* [d] 26 Algunos mss. antiguos dicen *A vosotros os ha sido enviado el mensaje . . .* [e] 26 Lit., *palabra* [f] 27 Lit., *voces* [g] 33 Algunos mss. antiguos dicen *para nuestros hijos.* [h] 33 Sal. 2:7 [i] 34 Isa 55:3 (LXX) [j] 35 Sal. 16:10 (LXX) [k] 41 Hab. 1:5 (LXX) [l] 47,48 Otra trad., *las naciones* [m] 47 Isa. 49:6

tía, confiados en el Señor, quien daba testimonio a la palabra de su gracia concediendo
que se hiciesen señales y prodigios por medio
de las manos de ellos.
4 La gente de la ciudad estaba dividida:
Unos estaban con los judíos, otros con los
apóstoles. 5 Como surgió un intento de parte de los gentiles y los judíos, junto con sus
gobernantes, para afrentarlos y apedrearlos,
6 se enteraron y huyeron a Listra y a Derbe,
ciudades de Licaonia, y por toda la región de
alrededor. 7 Y allí anunciaban el evangelio.

Pablo y Bernabé en Listra

8 En Listra se hallaba sentado cierto hombre imposibilitado de los pies, cojo desde el
vientre de su madre, que jamás había cami-
nado. 9 Este oyó hablar a Pablo, quien fijó
la vista en él y vio que tenía fe para ser sanado. 10 Y dijo a gran voz:
—¡Levántate derecho sobre tus pies!
Y él saltó y caminaba. 11 Entonces, cuando la gente vio lo que Pablo había hecho, alzó
su voz diciendo en lengua licaónica:
—¡Los dioses han descendido a nosotros
en forma de hombres!
12 A Bernabé le llamaban Zeus y a Pablo,
Hermes,[a] porque era el que llevaba la palabra. 13 Entonces el sacerdote del templo de
Zeus, que quedaba a la entrada de la ciudad,
llevó toros y guirnaldas delante de las puertas
de la ciudad, y juntamente con el pueblo quería ofrecerles sacrificios. 14 Cuando los
apóstoles Bernabé y Pablo oyeron esto, rasga-
ron sus ropas y se lanzaron a la multitud
dando voces 15 y diciendo:
—Hombres, ¿por qué hacéis estas cosas?
Nosotros también somos hombres de la misma naturaleza que vosotros, y os anunciamos
las buenas nuevas para que os convirtáis de
estas vanidades al Dios vivo que hizo el cielo,
la tierra, el mar y todo lo que hay en ellos.
16 En las generaciones pasadas Dios permitió
que todas las naciones anduvieran en sus
propios caminos; 17 aunque jamás dejó de
dar testimonio de sí mismo haciendo el bien,
dándoos lluvias del cielo y estaciones fructífe-
ras, llenando vuestros[b] corazones de sustento y de alegría.
18 Aun diciendo estas cosas, apenas logra-
ron impedir que el pueblo les ofreciese sacrificios.
19 Entonces de Antioquía y de Iconio vinieron unos judíos, y habiendo persuadido a la
multitud, apedrearon a Pablo y le arrastraron
fuera de la ciudad, suponiendo que estaba
muerto. 20 Pero los discípulos le rodearon,
y él se levantó y entró en la ciudad. Al día
siguiente partió con Bernabé para Derbe.

El regreso a Antioquía de Siria

21 Después de anunciar el evangelio y de
hacer muchos discípulos en aquella ciudad,
volvieron a Listra, a Iconio y a Antioquía,
22 fortaleciendo el ánimo de los discípulos y
exhortándoles a perseverar fieles en la fe. Les
decían: "Es preciso que a través de muchas
tribulaciones entremos en el reino de Dios."
23 Y después de haber constituido ancianos
para ellos en cada iglesia y de haber orado con
ayunos, los encomendaron al Señor en quien
habían creído.
24 Luego de atravesar Pisidia, llegaron a
Panfilia; 25 y después de predicar la palabra
en Perge, descendieron a Atalia. 26 De allí
navegaron a Antioquía, donde habían sido
encomendados a la gracia de Dios para la
obra que habían acabado.
27 Después de llegar y reunir la iglesia, se
pusieron a contarles cuántas cosas había hecho Dios con ellos, y cómo él había abierto
a los gentiles la puerta de la fe. 28 Y se quedaron allí por mucho tiempo con los discípulos.

El problema con los judaizantes

15 Entonces algunos que vinieron de Judea enseñaban a los hermanos: "Si no
os circuncidáis de acuerdo con el rito de Moisés, no podéis ser salvos." 2 Puesto que surgió una contienda y discusión no pequeña
por parte de Pablo y Bernabé contra ellos, los
hermanos determinaron que Pablo, Bernabé
y algunos otros de ellos subieran a Jerusalén
a los apóstoles y ancianos para tratar esta
cuestión.[c]
3 Entonces los que habían sido enviados
por la iglesia pasaban por Fenicia y Samaria,
contando de la conversión de los gentiles; y
daban gran gozo a todos los hermanos.

Las deliberaciones en Jerusalén

4 Una vez llegados a Jerusalén, fueron reci-
bidos por la iglesia y por los apóstoles, y les
refirieron todas las cosas que Dios había hecho con ellos. 5 Pero algunos de la secta de
los fariseos que habían creído se levantaron
diciendo:
—Es necesario circuncidarlos y mandarles
que guarden la ley de Moisés.

[a] *12* Entre griegos y romanos, Zeus (Júpiter) era el principal de los dioses, y Hermes (Mercurio) era su portavoz.
[b] *17* Algunos mss. tardíos dicen *nuestros*. [c] *2* Ver Gál. 2:1

6 Entonces se reunieron los apóstoles y los
ancianos para considerar este asunto. 7 Como se produjo una grande contienda, se levantó Pedro y les dijo:
—Hermanos,[a] vosotros sabéis como, desde los primeros días, Dios escogió entre vosotros[b] que los gentiles oyesen por mi boca la
palabra del evangelio y creyesen. 8 Y Dios,
que conoce los corazones, dio testimonio a
favor de ellos al darles el Espíritu Santo igual
que a nosotros, 9 y no hizo ninguna diferencia entre nosotros y ellos, ya que purificó por
la fe sus corazones. 10 Ahora pues, ¿por qué
ponéis a prueba a Dios, colocando sobre el
cuello de los discípulos un yugo que ni nuestros padres ni nosotros hemos podido llevar?
11 Más bien, nosotros creemos que somos
salvos por la gracia del Señor Jesús, del mismo modo que ellos.
12 Entonces toda la asamblea guardó silencio. Y escuchaban a Bernabé y a Pablo, mientras contaban cuántas señales y maravillas
Dios había hecho por medio de ellos entre los
gentiles. 13 Cuando terminaron de hablar,
Jacobo respondió diciendo:
—Hermanos,[a] oídme: 14 Simón[c] ha
contado cómo Dios visitó por primera vez a
los gentiles para tomar de entre ellos un pueblo para su nombre. 15 Con esto concuerdan las palabras de los profetas, como está
escrito: 16 *"Después de esto volveré y reconstruiré el tabernáculo de David, que está
caído. Reconstruiré sus ruinas y lo volveré a
levantar,* 17 *para que el resto de los hombres busque al Señor, y todos los gentiles,
sobre los cuales es invocado mi nombre,"*
18 *dice el Señor que hace*[d] *estas cosas,*[e] que
son conocidas desde la eternidad.[f] 19 Por
lo cual yo juzgo que no hay que inquietar a
los gentiles que se convierten a Dios, 20 sino que se les escriba que se aparten de las
contaminaciones de los ídolos, de fornicación, de lo estrangulado y de sangre. 21 Porque desde tiempos antiguos Moisés tiene en
cada ciudad quienes le prediquen en las sinagogas, donde es leído cada sábado.

La carta a los creyentes gentiles

22 Entonces pareció bien a los apóstoles y
a los ancianos con toda la iglesia que envia-
ran a unos hombres elegidos[g] de entre ellos,
a Antioquía con Pablo y Bernabé: a Judas que
tenía por sobrenombre Barsabás, y a Silas,
quienes eran hombres prominentes entre los
hermanos. 23 Por medio de ellos escribieron:

Los apóstoles, los ancianos y los hermanos, a los hermanos gentiles que están en Antioquía, Siria y Cilicia. Saludos.

24 Por cuanto hemos oído que algunos que han salido de nosotros, a los
cuales no dimos instrucciones, os han
molestado con palabras, trastornando
vuestras almas, 25 de común acuerdo
nos ha parecido bien elegir unos hombres y enviarlos a vosotros con nuestros
amados Bernabé y Pablo, 26 hombres
que han arriesgado sus vidas por el
nombre de nuestro Señor Jesucristo.
27 Así que hemos enviado a Judas y a
Silas, los cuales también os confirmarán
de palabra el mismo informe.

28 Porque ha parecido bien al Espíritu
Santo y a nosotros no imponeros ninguna carga más que estas cosas necesarias:
29 que os abstengáis de cosas sacrifica-
das a los ídolos, de sangre, de lo estrangulado y de fornicación.[h] Si os guardáis
de tales cosas, haréis bien. Que os vaya
bien.

30 Entonces, una vez despedidos, ellos descendieron a Antioquía; y cuando habían reunido a la asamblea, entregaron la carta.
31 Al leerla, se regocijaron a causa de esta
palabra alentadora.[i] 32 Judas y Silas, como
también eran profetas, exhortaron a los hermanos con abundancia de palabras y los for-
talecieron. 33 Después de pasar allí algún
tiempo, fueron despedidos en paz por los hermanos para volver a los que los habían enviado.[j] 35 Pero Pablo y Bernabé se quedaron
en Antioquía, enseñando la palabra del Señor
y anunciando el evangelio con muchos otros.

Comienzo del segundo viaje misionero

36 Después de algunos días, Pablo dijo a
Bernabé: "Volvamos ya a visitar a los hermanos en todas las ciudades en las cuales hemos
anunciado la palabra del Señor, para ver cómo están."

[a] *7,13* Lit., *Varones hermanos* [b] *7* Algunos mss. antiguos no incluyen *de entre vosotros*; otros dicen *de entre nosotros*. [c] *14* Lit., *Simeón*, una de las formas del nombre arameo del apóstol Simón Pedro; comp. 2 Ped. 1:1 [d] *18* Algunos mss. añaden *todas*. [e] *18* Amós 9:11, 12 [f] *18* Otra trad., *dice el Señor que desde la eternidad hace conocer estas cosas*. Algunos mss. antiguos dicen *A Dios son conocidas todas sus obras desde la eternidad*. [g] *22* Otra trad: *Entonces les pareció bien . . . elegir a unos hombres de entre ellos y enviarlos a Antioquía . . .* [h] *29* Sobre estas instrucciones, comp. 1 Cor. 6:18; 8:1, 4, 7, 10, 11; 10:28; Lev. 19:4; 26:1; Eze. 20:18; Ose. 4:11 [i] *31* Otras trads., *este estímulo*; *este consuelo*; o, *esta exhortación* [j] *33* Algunos mss. antiguos tienen . . . *enviado.* [34] *Pero a Silas le pareció bien quedarse allí*.

37 Bernabé quería llevar consigo a Juan,
llamado Marcos; 38 pero a Pablo le parecía
bien no llevar consigo a quien se había apartado de ellos desde Panfilia y que no había ido
con ellos a la obra. 39 Surgió tal desacuerdo
entre ellos que se separaron el uno del otro.
Bernabé tomó a Marcos y navegó a Chipre;
40 y Pablo escogió a Silas y salió encomenda-
do por los hermanos a la gracia del Señor.
41 Luego recorría Siria y Cilicia, fortaleciendo a las iglesias.

Timoteo acompaña a Pablo

16 Llegó a Derbe y Listra, y he aquí había allí cierto discípulo llamado Timoteo,[a] hijo de una mujer judía creyente,
pero de padre griego. 2 El era de buen testimonio entre los hermanos en Listra y en Iconio. 3 Pablo quiso que éste fuera con él, y
tomándole lo circuncidó por causa de los judíos que estaban en aquellos lugares, porque
todos sabían que su padre era griego.
4 Cuando pasaban por las ciudades, les en-
tregaban las decisiones tomadas por los apóstoles y los ancianos que estaban en Jerusalén,
para que las observaran. 5 Así las iglesias
eran fortalecidas en la fe, y su número au-
mentaba cada día.

Pablo pasa a Macedonia

6 Atravesaron la región de Frigia y de Galacia, porque les fue prohibido por el Espíritu
Santo hablar la palabra en Asia. 7 Cuando
llegaron a la frontera de Misia, procuraban
entrar en Bitinia, pero el Espíritu de Jesús[b]
no se lo permitió. 8 Entonces, después de
pasar junto a Misia, descendieron a Troas.
9 Y por la noche se le mostró a Pablo una
visión en la que un hombre de Macedonia
estaba de pie rogándole y diciendo: "¡Pasa a
Macedonia y ayúdanos!"
10 En cuanto vio la visión, de inmediato
procuramos salir para Macedonia, teniendo
por seguro que Dios nos había llamado para
anunciarles el evangelio. 11 Zarpamos,
pues, de Troas y fuimos con rumbo directo a
Samotracia, y al día siguiente a Neápolis;
12 y de allí a Filipos, que es una ciudad principal de la provincia de Macedonia, y una colonia.[c] Pasamos algunos días en aquella ciudad.

La conversión de Lidia

13 Y el día sábado salimos fuera de la puerta de la ciudad, junto al río, donde pensába-
mos que habría un lugar de oración.[d] Nos
sentamos allí y hablábamos a las mujeres que
se habían reunido. 14 Entonces escuchaba
cierta mujer llamada Lidia, cuyo corazón
abrió el Señor para que estuviese atenta a lo
que Pablo decía. Era vendedora de púrpura
de la ciudad de Tiatira, y temerosa de Dios.[e]
15 Como ella y su familia fueron bautizadas,
nos rogó diciendo: "Ya que habéis juzgado
que soy fiel al Señor, entrad en mi casa y
quedaos." Y nos obligó a hacerlo.

Pablo y Silas en la cárcel de Filipos

16 Aconteció que, mientras íbamos al lugar
de oración, nos salió al encuentro una joven
esclava que tenía espíritu de adivinación, la
cual producía gran ganancia a sus amos, adi-
vinando. 17 Esta, siguiendo a Pablo y a nosotros, gritaba diciendo:
—¡Estos hombres son siervos del Dios Altísimo, quienes os anuncian el camino de salvación!
18 Hacía esto por muchos días. Y Pablo, ya
fastidiado, se dio vuelta y dijo al espíritu:
—¡Te mando en el nombre de Jesucristo
que salgas de ella!
Y salió en el mismo momento.
19 Pero cuando sus amos vieron que se les
había esfumado su esperanza de ganancia,
prendieron a Pablo y a Silas y los arrastraron
a la plaza,[f] ante las autoridades. 20 Al pre-
sentarlos ante los magistrados, dijeron:
—¡Estos hombres, siendo judíos, alboro-
tan nuestra ciudad! 21 ¡Predican costumbres que no nos es lícito recibir ni practicar,
pues somos romanos!
22 Entonces el pueblo se levantó a una contra ellos. Y los magistrados les despojaron de
sus ropas con violencia y mandaron azotarles
con varas. 23 Después de golpearles con
muchos azotes, los echaron en la cárcel y
ordenaron al carcelero que los guardara con
mucha seguridad. 24 Cuando éste recibió
semejante orden, los metió en el calabozo de
más adentro y sujetó sus pies en el cepo.

Conversión del carcelero de Filipos

25 Como a la medianoche, Pablo y Silas
estaban orando y cantando himnos a Dios, y
los presos les escuchaban. 26 Entonces, de
repente sobrevino un fuerte terremoto, de
manera que los cimientos de la cárcel fueron
sacudidos. Al instante, todas las puertas se
abrieron, y las cadenas de todos se soltaron.
27 Cuando el carcelero despertó y vio abiertas

[a] *1* Ver 2 Tim. 1:5 [b] *7* Algunos mss. omiten *de Jesús*. [c] *12* Es decir, una colonia romana [d] *13* Algunos mss. antiguos dicen *donde se hacía oración*. [e] *14* Es decir, gentil simpatizante del judaísmo [f] *19* Gr., *ágora*; es decir, el mercado o plaza central

las puertas de la cárcel, sacó su espada y estaba a punto de matarse, porque pensaba que
los presos se habían escapado. 28 Pero Pablo
gritó a gran voz, diciendo:
—¡No te hagas ningún mal, pues todos
estamos aquí!
29 Entonces él pidió luz y se lanzó adentro,
y se postró temblando ante Pablo y Silas.
30 Sacándolos afuera, les dijo:
—Señores, ¿qué debo hacer para ser salvo?
31 Ellos dijeron:
—Cree en el Señor Jesús[a] y serás salvo, tú
y tu casa.
32 Y le hablaron la palabra del Señor a él,
y a todos los que estaban en su casa. 33 En
aquella hora de la noche, los tomó consigo y
les lavó las heridas de los azotes. Y él fue
bautizado en seguida, con todos los suyos.
34 Les hizo entrar en su casa, les puso la mesa
y se regocijó de que con toda su casa había
creído en Dios.
35 Cuando se hizo de día, los magistrados
enviaron a los oficiales a decirle:
—Suelta a esos hombres.
36 El carcelero comunicó a Pablo estas palabras:
—Los magistrados han enviado orden de
que seáis puestos en libertad; ahora, pues,
salid e id en paz.
37 Pero Pablo les dijo:
—Después de azotarnos públicamente sin
ser condenados, siendo nosotros ciudadanos
romanos, nos echaron en la cárcel; y ahora,
¿nos echan fuera a escondidas? ¡Pues no!
¡Que vengan ellos mismos a sacarnos!
38 Los oficiales informaron de estas palabras a los magistrados, quienes tuvieron miedo al oír que eran romanos. 39 Y fueron a
ellos y les pidieron disculpas. Después de sacarlos, les rogaron que se fueran de la ciudad.
40 Entonces, después de salir de la cárcel, entraron en casa de Lidia; y habiendo visto a los
hermanos, les exhortaron y luego partieron.

Pablo y Silas en Tesalónica

17 Atravesaron por Anfípolis y Apolonia
y llegaron a Tesalónica, donde había
una sinagoga de los judíos. 2 Y de acuerdo
con su costumbre, Pablo entró a reunirse con
ellos, y por tres sábados discutió con ellos
basándose en las Escrituras, 3 explicando y
demostrando que era necesario que el Cristo
padeciese y resucitase de entre los muertos.
El decía: "Este Jesús, a quien yo os anuncio,
es el Cristo." 4 Y algunos de ellos se conven-
cieron y se juntaron con Pablo y Silas: un
gran número de los griegos piadosos[b] y no
pocas de las mujeres principales.
5 Entonces los judíos se pusieron celosos y
tomaron de la calle[c] a algunos hombres perversos, y formando una turba alborotaron la
ciudad. Asaltando la casa de Jasón, procuraban sacarlos al pueblo. 6 Como no los encontraron, arrastraron a Jasón y a algunos
hermanos ante los gobernadores de la ciudad, gritando: "¡Estos que trastornan al mundo entero también han venido acá! 7 Y Jasón
les ha recibido. Todos éstos actúan en contra
de los decretos del César, diciendo que hay
otro rey, Jesús." 8 El pueblo y los gobernadores se perturbaron al oír estas cosas; 9 pero después de obtener fianza de Jasón y de los
demás, los soltaron.

Pablo y Silas en Berea

10 Entonces, sin demora, los hermanos enviaron a Pablo y Silas de noche a Berea; y al
llegar ellos allí, entraron a la sinagoga de los
judíos. 11 Estos eran más nobles que los de
Tesalónica, pues recibieron la palabra ávida-
mente, escudriñando cada día las Escrituras
para verificar si estas cosas eran así. 12 En
consecuencia, creyeron muchos de ellos; y
también de las mujeres griegas distinguidas
y de los hombres, no pocos. 13 Pero cuando
supieron los judíos de Tesalónica que la palabra de Dios era anunciada por Pablo también
en Berea, fueron allá para incitar y perturbar[d] a las multitudes. 14 Entonces los hermanos hicieron salir inmediatamente a Pablo
para que se fuese hasta el mar, mientras Silas
y Timoteo se quedaron allí. 15 Los que con-
ducían a Pablo le llevaron hasta Atenas; y
después de recibir órdenes para Silas y Timoteo de que fuesen a reunirse con él lo más
pronto posible, partieron de regreso.

Discurso de Pablo en Atenas

16 Mientras Pablo los esperaba en Atenas,
su espíritu se enardecía dentro de él al ver
que la ciudad estaba entregada a la idolatría.
17 Por lo tanto, discutía en la sinagoga con
los judíos y los piadosos,[b] y todos los días en
la plaza mayor,[c] con los que concurrían allí.
18 Y algunos de los filósofos epicúreos y
estoicos disputaban con él. Unos decían:
—¿Qué querrá decir este palabrero?
Otros decían:
—Parece ser predicador de divinidades extranjeras.

[a] *31* Algunos mss. antiguos dicen *el Señor Jesucristo*. [b] *4,17* Otra trad., *temerosos de Dios*; es decir, gentiles simpatizantes del judaísmo [c] *5,17* Gr., *ágora*; es decir, el mercado o plaza central [d] *13* Algunos mss. antiguos omiten *y perturbar*.

Pues les anunciaba las buenas nuevas de
Jesús y la resurrección.
19 Ellos le tomaron y le llevaron al Areópago[a] diciendo:
—¿Podemos saber qué es esta nueva doctrina de la cual hablas? 20 Pues traes a nuestros oídos algunas cosas extrañas; por tanto,
queremos saber qué significa esto.
21 Todos los atenienses y los forasteros que
vivían allí no pasaban el tiempo en otra cosa
que en decir o en oír la última novedad.
22 Entonces Pablo se puso de pie en medio
del Areópago y dijo:
—Hombres de Atenas: Observo que sois de
lo más religiosos en todas las cosas. 23 Pues,
mientras pasaba y miraba vuestros monumentos sagrados, hallé también un altar en
el cual estaba esta inscripción: AL DIOS NO
CONOCIDO. A aquel, pues, que vosotros
honráis sin conocerle, a éste yo os anuncio.
24 Este es el Dios que hizo el mundo y todas
las cosas que hay en él. Y como es Señor del
cielo y de la tierra, él no habita en templos
hechos de manos, 25 ni es servido por manos humanas como si necesitase algo, porque
él es quien da a todos vida y aliento y todas
las cosas. 26 De uno solo[b] ha hecho toda
raza de los hombres, para que habiten sobre
toda la faz de la tierra. El ha determinado de
antemano el orden de los tiempos y los límites de su habitación, 27 para que busquen a
Dios, si de alguna manera, aun a tientas, pal-
pasen y le hallasen. Aunque, a la verdad, él no
está lejos de ninguno de nosotros; 28 porque "en él vivimos, nos movemos y somos".[c]
Como también han dicho algunos de vuestros poetas: "Porque también somos linaje de
él."[d]
29 »Siendo, pues, linaje de Dios, no debemos pensar que la Divinidad sea semejante a
oro, o plata, o piedra, escultura de arte e ima-
ginación de hombres. 30 Por eso, aunque
antes Dios pasó por alto los tiempos de la
ignorancia, en este tiempo manda[e] a todos
los hombres, en todos los lugares, que se
arrepientan; 31 por cuanto ha establecido
un día en el que ha de juzgar al mundo con
justicia por medio del Hombre a quien ha
designado, dando fe de ello a todos, al resuci-
tarle de entre los muertos.
32 Cuando le oyeron mencionar la resurrección de los muertos, unos se burlaban,
pero otros decían:
—Te oiremos acerca de esto en otra ocasión.
33 Así fue que Pablo salió de en medio de
ellos, 34 pero algunos hombres se juntaron
con él y creyeron. Entre ellos estaba Dioni-
sio, quien era miembro del Areópago, y una
mujer llamada Dámaris, y otros con ellos.

Pablo en Corinto

18 Después de esto, Pablo partió de Atenas y fue a Corinto. 2 Y habiendo
hallado a un judío llamado Aquilas, natural
de Ponto, recién llegado de Italia con Priscila
su mujer (porque Claudio[f] había mandado
que todos los judíos fueran expulsados de Roma), Pablo acudió a ellos. 3 Como eran del
mismo oficio, permaneció con ellos y trabaja-
ba, pues su oficio era hacer tiendas. 4 Y discutía en la sinagoga todos los sábados y per-
suadía a judíos y a griegos.
5 Cuando Silas y Timoteo llegaron de Macedonia, Pablo se dedicaba exclusivamente a
la exposición de la palabra,[g] testificando a
los judíos que Jesús era el Cristo. 6 Pero
como ellos le contradecían y blasfemaban,
sacudió sus vestidos y les dijo: "¡Vuestra sangre sea sobre vuestra cabeza! ¡Yo soy limpio!
De aquí en adelante iré a los gentiles."
7 Se trasladó de allí y entró en la casa de un
hombre llamado Tito Justo,[h] quien era temeroso de Dios,[i] y cuya casa estaba junto a
la sinagoga. 8 Crispo, el principal de la sinagoga, creyó en el Señor con toda su casa. Y
muchos de los corintios que oían, creían y
eran bautizados. 9 Entonces el Señor dijo a
Pablo de noche, por medio de una visión: "No
temas, sino habla y no calles; 10 porque yo
estoy contigo, y nadie pondrá la mano sobre
ti para hacerte mal; porque yo tengo mucho
pueblo en esta ciudad." 11 Pablo se quedó
allí por un año y seis meses, enseñándoles la
palabra de Dios.
12 Siendo Galión procónsul de Acaya, los
judíos de común acuerdo se levantaron contra Pablo y le llevaron al tribunal, 13 diciendo:
—¡Este persuade a los hombres a honrar
a Dios contra la ley!
14 Cuando Pablo iba a abrir su boca, Galión
dijo a los judíos:
—Si se tratara de algún agravio o de un
crimen enorme, oh judíos, conforme al derecho yo os toleraría. 15 Pero ya que se trata

[a] 17:19 Tribunal superior de Atenas [b] 26 Algunos mss. antiguos dicen *de una sola sangre.* [c] 28 Cita de Epiménides, poeta griego del siglo VI a. de J.C. [d] 28 Cita de Arato, poeta de Cilicia, del siglo III a. de J.C.; otros poetas habían dicho algo parecido. [e] 30 Algunos mss. antiguos dicen *declara.* [f] 18:2 Emperador de Roma, 41-54 d. de J.C.; el decreto aludido se promulgó por el año 49 o 50. [g] 5 Otra trad., *Pablo era impulsado por la palabra* [h] 7 Algunos mss. antiguos omiten el nombre *Tito.* [i] 7 Es decir, gentil simpatizante del judaísmo

de cuestiones de palabras, de nombres y de
vuestra ley, vedlo vosotros mismos. Yo no
quiero ser juez de estas cosas.
16 Y los expulsó del tribunal. 17 Entonces
todos[a] tomaron a Sóstenes, el principal de la
sinagoga, y le golpeaban delante del tribunal,
y a Galión ninguna de estas cosas le importa-
ba.

Pablo regresa a Antioquía de Siria

18 Pero Pablo, habiéndose detenido allí
muchos días más, se despidió de los hermanos, e iba navegando hacia Siria; y con él iban
Priscila y Aquilas. En Cencrea se rapó la cabeza, porque había hecho un voto.
19 Llegaron[b] a Efeso, y él los dejó allí. Y
entró en la sinagoga y discutía con los judíos.
20 Pero a pesar de que ellos le pedían que se
quedase por más tiempo, no accedió, 21 sino que se despidió y dijo:[c] "Otra vez volveré
a vosotros, si Dios quiere." Y zarpó de Efeso.
22 Habiendo arribado a Cesarea, y después
de subir[d] y saludar a la iglesia, descendió a
Antioquía.
23 Y después de haber estado allí algún
tiempo, salió a recorrer en orden la región de
Galacia y Frigia, fortaleciendo a todos los discípulos.

Apolos se une a los cristianos

24 Llegó entonces a Efeso cierto judío llamado Apolos, natural de Alejandría, hombre
elocuente y poderoso en las Escrituras.
25 Este había sido instruido en el Camino del
Señor; y siendo ferviente de espíritu, hablaba
y enseñaba con exactitud las cosas acerca de
Jesús,[e] aunque conocía solamente el bautismo de Juan. 26 Comenzó a predicar con valentía[f] en la sinagoga, y cuando Priscila y
Aquilas le oyeron, le tomaron aparte y le ex-
pusieron con mayor exactitud el Camino de
Dios.
27 Como él quería viajar a Acaya, los hermanos le animaron y escribieron a los discípulos que le recibiesen. Cuando llegó allá,
fue de gran provecho a los que mediante la
gracia habían creído; 28 pues refutaba vi-
gorosamente a los judíos en público, demostrando por medio de las Escrituras que Jesús
era el Cristo.

Pablo en Efeso

19 Mientras Apolos estaba en Corinto,
aconteció que Pablo, después de recorrer las regiones interiores, bajó a Efeso y
encontró a ciertos discípulos. 2 Entonces
les dijo:
—¿Recibisteis el Espíritu Santo cuando
creísteis?
Ellos le contestaron:
—Ni siquiera hemos oído que haya Espíritu Santo.
3 Entonces dijo:
—¿En qué, pues, fuisteis bautizados?
Ellos respondieron:
—En el bautismo de Juan.
4 Y dijo Pablo:
—Juan bautizó con el bautismo de arrepentimiento, diciendo al pueblo que creyesen
en el que había de venir después de él, es
decir, en Jesús.[g]
5 Cuando oyeron esto, fueron bautizados
en el nombre del Señor Jesús. 6 Y cuando
Pablo les impuso las manos, vino sobre ellos
el Espíritu Santo, y ellos hablaban en lenguas
y profetizaban. 7 Eran entre todos como doce hombres.
8 Durante unos tres meses, entrando en la
sinagoga, Pablo predicaba con valentía[f] discutiendo y persuadiendo acerca de las cosas
del reino de Dios. 9 Pero como algunos se
endurecían y rehusaban creer, hablando mal
del Camino delante de la multitud, se separó
de ellos y tomó a los discípulos aparte, discutiendo cada día en la escuela de Tirano.[h]
10 Esto continuó por dos años, de manera
que todos los que habitaban en Asia, tanto
judíos como griegos, oyeron la palabra del
Señor.[i]
11 Dios hacía milagros[j] extraordinarios
por medio de las manos de Pablo; 12 de tal
manera que hasta llevaban pañuelos o delan-
tales que habían tocado su cuerpo para ponerlos sobre los enfermos, y las enfermedades se iban de ellos, y los espíritus malos
salían de ellos. 13 Pero también algunos de
los judíos, exorcistas ambulantes, se pusieron a invocar el nombre del Señor Jesús sobre los que tenían espíritus malos, diciendo:
—¡Os conjuro por el Jesús que Pablo predica!
14 Eran siete hijos de un tal Esceva, un
judío, principal de los sacerdotes, los que ha-

[a]17 Algunos mss. antiguos dicen *todos los griegos*. [b]19 Algunos mss. antiguos dicen *Llegó*. [c]21 Algunos mss. antiguos tienen . . . *dijo: En todo caso es necesario que yo guarde la próxima fiesta en Jerusalén, pero otra vez volveré* . . .; comp. 20:16. [d]22 Es decir, a Jerusalén [e]25 Algunos mss. antiguos tienen *acerca del Señor*. [f]26,8 Otras trads., *con confianza*; o, *con denuedo* [g]4 Algunos mss. antiguos dicen *en Jesús, el Cristo*. [h]9 Algunos mss. antiguos dicen *de un cierto Tirano*. [i]10 Algunos mss. antiguos dicen *del Señor Jesús*. [j]11 Lit., *hechos de gran poder*

cían esto. 15 Pero el espíritu malo respondió y les dijo:

—A Jesús conozco, y sé quién es Pablo;
pero vosotros, ¿quiénes sois?

16 Y el hombre en quien estaba el espíritu
malo se lanzó sobre ellos, los dominó a todos
y prevaleció contra ellos, de tal manera que
huyeron de aquella casa desnudos y heridos.
17 Este acontecimiento fue conocido por todos los que habitaban en Efeso, tanto judíos
como griegos. Cayó temor sobre todos ellos,
y el nombre del Señor Jesús era magnificado.

18 Muchos de los que habían creído venían
confesando y reconociendo sus prácticas públicamente. 19 Asimismo, un buen número
de los que habían practicado la magia trajeron sus libros y los quemaron delante de todos. Calcularon su valor y hallaron que era de
50.000 monedas de plata. 20 De esta manera
crecía la palabra del Señor y prevalecía poderosamente.

21 Cuando estas cosas se cumplieron, Pablo propuso en su espíritu ir a Jerusalén después de recorrer Macedonia y Acaya, diciendo: "Después que haya estado en Jerusalén,
me será preciso ver también a Roma." 22 Y
después de enviar a Macedonia a dos de los
que le ayudaban, a Timoteo y a Erasto, él
mismo se detuvo por algún tiempo en Asia.

Alboroto de los plateros en Efeso

23 En aquel entonces se produjo un alboroto no pequeño acerca del Camino. 24 Porque cierto platero, llamado Demetrio, que
elaboraba en plata templecillos de Diana,[a] y
daba no poca ganancia a los artesanos,
25 reunió a éstos con los obreros de oficios
semejantes y les dijo:

—Hombres, sabéis que nuestra prosperi-
dad proviene de este oficio; 26 y veis y oís
que no solamente en Efeso, sino también en
casi toda Asia, este Pablo ha persuadido y
apartado a mucha gente, diciendo que no son
dioses los que se hacen con las manos.
27 No solamente hay el peligro de que este
negocio nuestro caiga en descrédito, sino
también que el templo de la gran diosa Diana
sea estimado en nada, y que pronto sea des-
pojada de su majestad aquella a quien adoran
toda el Asia y el mundo.

28 Al oír estas palabras se llenaron de ira y
gritaron diciendo:

—¡Grande es Diana de los efesios!

29 Y la ciudad se llenó de confusión. Se
lanzaron unánimes al teatro, arrebatando a
Gayo y a Aristarco, macedonios y compañeros de Pablo. 30 Aunque Pablo quería salir
a la multitud, los discípulos no se lo permi-
tieron. 31 También algunas de las autoridades de Asia, que eran sus amigos, enviaron a
él y le rogaron que no se presentara en el
teatro. 32 Unos gritaban una cosa, y otros
otra cosa; porque la concurrencia estaba con-
fusa, y la mayor parte ni sabía por qué se
había reunido.

33 Entonces algunos de entre la multitud
dieron instrucciones[b] a Alejandro, a quien
los judíos habían empujado hacia adelante. Y
Alejandro, pidiendo silencio con la mano,
quería hacer una defensa ante el pueblo.
34 Pero reconociendo que era judío, todos
volvieron a gritar a una sola voz, por casi dos
horas:

—¡Grande es Diana de los efesios!

35 Por fin, cuando el magistrado había apa-
ciguado la multitud, dijo:

—Hombres de Efeso, ¿qué hombre hay
que no sepa que la ciudad de Efeso es guar-
diana del templo de la majestuosa Diana y de
su imagen caída del cielo?[c] 36 Ya que esto
no puede ser contradicho, conviene que os
apacigüéis y que no hagáis nada precipitado.
37 Pues habéis traído a estos hombres que ni
han cometido sacrilegio ni han blasfemado a
nuestra diosa. 38 Por tanto, si Demetrio y
los artesanos que están con él tienen pleito
contra alguien, se conceden audiencias y hay
procónsules. ¡Que se acusen los unos a los
otros! 39 Y si buscáis alguna otra cosa, será
deliberado en legítima asamblea. 40 Pero
hay peligro de que seamos acusados de sedición por esto de hoy, sin que tengamos ninguna causa por la cual podamos dar razón de
este tumulto.

41 Y habiendo dicho esto, disolvió la concurrencia.

Recorrido de Macedonia y Grecia

20 Después de cesar el disturbio, Pablo
mandó llamar a los discípulos, y habiéndoles exhortado, se despidió y salió para
ir a Macedonia. 2 Recorrió aquellas regiones, exhortándoles con abundancia de palabras, y luego llegó a Grecia. 3 Después de
estar él allí tres meses, los judíos tramaron
un complot contra él cuando estaba por navegar rumbo a Siria, de modo que decidió
regresar por Macedonia.

4 Le acompañaron Sópater hijo de Pirro,
de Berea, los tesalonicenses Aristarco y Se-

[a] 24 Lit., *Artemisa*, el nombre griego de la diosa Diana [b] 33 Algunos mss. antiguos dicen *sacaron a Alejandro*.
[c] 35 Lit., *enviada por Zeus*; posiblemente se trata de un meteorito que veneraban en el sitio.

gundo, Gayo de Derbe, Timoteo, y Tíquico y
Trófimo de Asia. **5** Estos salieron antes y nos
esperaron en Troas. **6** Pero después de los
días de los panes sin levadura,[a] nosotros navegamos desde Filipos y los alcanzamos después de cinco días en Troas, donde nos detu-
vimos siete días.

Pablo visita Troas

7 El primer día de la semana, cuando estábamos reunidos para partir el pan, Pablo comenzó a hablarles, porque había de partir al
día siguiente, y alargó el discurso hasta la
medianoche. **8** Había muchas lámparas en
el piso superior, donde estábamos[b] reunidos. **9** Y a cierto joven llamado Eutico, que
estaba sentado en la ventana, le iba dominan-
do un profundo sueño. Como Pablo seguía
hablando por mucho tiempo, el joven, ya
vencido por el sueño, cayó del tercer piso
abajo y fue levantado muerto. **10** Entonces
Pablo descendió y se echó sobre él, y al abra-
zarlo dijo: "¡No os alarméis, porque su vida
está en él!"

11 Después de subir, de partir el pan y de
comer, habló largamente hasta el alba; y de
esta manera salió. **12** Ellos llevaron al joven
vivo y fueron grandemente consolados.[c]

Viaje desde Troas hasta Mileto

13 Habiendo ido nosotros al barco con anticipación, navegamos hasta Asón para recibir a Pablo allí, pues así lo había dispuesto,
debiendo ir él por tierra. **14** Cuando se reunió con nosotros en Asón, le tomamos a bordo y fuimos a Mitilene. **15** Navegamos de allí
al día siguiente y llegamos frente a Quío. Al
otro día, atracamos en Samos,[d] y llegamos a
Mileto al próximo día, **16** pues Pablo había
decidido pasar de largo a Efeso para no detenerse en Asia; porque, de serle posible, se
apresuraba para pasar el día de Pentecostés
en Jerusalén.

Despedida de los ancianos de Efeso

17 Desde Mileto, Pablo envió a Efeso e hizo
llamar a los ancianos de la iglesia. **18** Cuando ellos llegaron a él, les dijo: "Vosotros sabéis bien cómo me he comportado con vosotros todo el tiempo, desde el primer día que
llegué a Asia, **19** sirviendo al Señor con toda
humildad y con muchas lágrimas y pruebas
que me vinieron por las asechanzas de los
judíos. **20** Y sabéis que no he rehuido el
anunciaros nada que os fuese útil, y el ense-
ñaros públicamente y de casa en casa,
21 testificando a los judíos y a los griegos
acerca del arrepentimiento para con Dios y la
fe en nuestro Señor Jesús.[e]

22 "Ahora, he aquí yo voy a Jerusalén con
el espíritu encadenado, sin saber lo que me
ha de acontecer allí; **23** salvo que el Espíritu
Santo me da testimonio en una ciudad tras
otra, diciendo que me esperan prisiones y
tribulaciones. **24** Sin embargo, no estimo
que mi vida sea de ningún valor ni preciosa
para mí mismo, con tal que acabe[f] mi carrera y el ministerio que recibí del Señor Jesús,
para dar testimonio del evangelio de la gracia
de Dios.

25 "Ahora, he aquí yo sé que ninguno de
todos vosotros, entre los cuales he pasado
predicando el reino, volverá a ver mi cara.
26 Por tanto, yo declaro ante vosotros en el
día de hoy que soy limpio de la sangre de
todos, **27** porque no he rehuido el anunciaros todo el consejo de Dios. **28** Tened cuidado por vosotros mismos y por todo el rebaño
sobre el cual el Espíritu Santo os ha puesto
como obispos,[g] para pastorear la iglesia del
Señor,[h] la cual adquirió para sí mediante su
propia sangre. **29** Porque yo sé que después
de mi partida entrarán en medio de vosotros
lobos rapaces que no perdonarán la vida al
rebaño; **30** y que de entre vosotros mismos
se levantarán hombres que hablarán cosas
perversas para descarriar a los discípulos tras
ellos. **31** Por tanto, velad, acordándoos que
por tres años, de noche y de día, no cesé de
amonestar con lágrimas a cada uno.

32 "Y ahora, hermanos, os encomiendo a
Dios y a la palabra de su gracia, a aquel que
tiene poder para edificar y para dar[i] herencia
entre todos los santificados.

33 "No he codiciado ni la plata ni el oro ni
el vestido de nadie. **34** Vosotros sabéis que
estas manos proveyeron para mis necesidades y para aquellos que estaban conmigo.
35 En todo os he demostrado que trabajando
así es necesario apoyar a los débiles, y tener
presente las palabras del Señor Jesús, que
dijo: 'Más bienaventurado es dar que recibir.' "

36 Cuando había dicho estas cosas, se puso
de rodillas y oró con todos ellos. **37** Entonces hubo gran llanto de todos. Se echaron
sobre el cuello de Pablo y le besaban, **38** lamentando sobre todo por la palabra que ha-

[a] *6* Es decir, la Pascua [b] *8* Algunos mss. antiguos dicen *estaban*. [c] *12* Otra trad., *animados* [d] *15* Algunos mss. antiguos incluyen *y habiendo hecho escala en Trogilio*. [e] *21* Algunos mss. antiguos dicen *Jesucristo*. [f] *24* Algunos mss. antiguos incluyen *con gozo*. [g] *28* Comp. Fil. 1:1; 1 Tim. 3:2; Tito 1:7 [h] *28* Algunos mss. antiguos dicen *la iglesia de Dios*. [i] *32* Algunos mss. antiguos dicen *para edificaros y para daros herencia*.

bía dicho que ya no volverían a ver su cara.
Y le acompañaron al barco.

Rumbo a Jerusalén

21 Habiéndonos despedido de ellos, zarpamos y navegamos con rumbo di-
recto a Cos, y al día siguiente a Rodas, y de
allí a Pátara. 2 Hallando un barco que hacía
la travesía a Fenicia, nos embarcamos y zarpamos. 3 Después de avistar Chipre y de dejarla a la izquierda, navegábamos a Siria y
arribamos a Tiro, porque el barco debía des-
cargar allí. 4 Nos quedamos siete días allí,
ya que hallamos a los discípulos. Mediante el
Espíritu ellos decían a Pablo que no subiese
a Jerusalén. 5 Cuando se nos pasaron los
días, salimos acompañados por todos con sus
mujeres e hijos hasta fuera de la ciudad, y
puestos de rodillas en la playa, oramos.
6 Nos despedimos los unos de los otros y subimos al barco, y ellos volvieron a sus casas.
7 Habiendo completado la travesía marítima desde Tiro, arribamos a Tolemaida; y habiendo saludado a los hermanos, nos quedamos con ellos un día. 8 Al día siguiente, partimos[a] y llegamos a Cesarea. Entramos a la
casa de Felipe el evangelista, quien era uno
de los siete,[b] y nos alojamos con él. 9 Este
tenía cuatro hijas solteras[c] que profetizaban.
10 Y mientras permanecíamos allí por varios
días, un profeta llamado Agabo descendió de
Judea. 11 Al llegar a nosotros, tomó el cinto
de Pablo, se ató los pies y las manos, y dijo:
—Esto dice el Espíritu Santo: "Al hombre
a quien pertenece este cinto, lo atarán así los
judíos en Jerusalén, y le entregarán en manos de los gentiles."
12 Cuando oímos esto, nosotros y también
los de aquel lugar le rogamos que no subiese
a Jerusalén. 13 Entonces Pablo respondió:
—¿Qué hacéis llorando y quebrantándome
el corazón? Porque yo estoy listo no sólo a ser
atado, sino también a morir en Jerusalén por
el nombre del Señor Jesús.
14 Como él no se dejaba persuadir, desisti-
mos diciendo:
—Hágase la voluntad del Señor.
15 Después de estos días, habiendo hecho
los preparativos, subimos a Jerusalén.
16 También vinieron con nosotros unos discípulos de Cesarea, trayendo consigo a un tal
Mnasón de Chipre, discípulo antiguo, en cuya casa nos hospedaríamos.
17 Cuando llegamos a Jerusalén, los hermanos nos recibieron de buena voluntad.

Pablo y los hermanos en Jerusalén

18 Al día siguiente, Pablo entró con nosotros para ver a Jacobo,[d] y todos los ancianos
se reunieron. 19 Después de saludarlos, les
contaba una por una todas las cosas que Dios
había hecho entre los gentiles por medio de
su ministerio. 20 Cuando lo oyeron, glorificaron a Dios. Y le dijeron:
—Tú ves, hermano, cuántos miles de judíos hay que han creído; y todos son celosos
por la ley. 21 Pero se les ha informado acerca de ti, que tú enseñas a apartarse de Moisés
a todos los judíos que están entre los gentiles[e], diciéndoles que no circunciden a sus
hijos ni anden según nuestras costumbres.
22 ¿Qué hay, pues, de esto? Seguramente oirán que has venido.[f] 23 Por tanto, haz esto
que te decimos. Entre nosotros hay cuatro
hombres que han hecho votos. 24 Toma
contigo a estos hombres, purifícate con ellos,
paga por ellos para que se rapen sus cabezas,
y todos sabrán que no hay nada de lo que se
les ha informado acerca de ti, sino que tú
también sigues guardando la ley. 25 Pero en
cuanto a los gentiles que han creído, nosotros hemos escrito lo que habíamos decidido:[g] que se abstengan de lo que es ofrecido
a los ídolos, de sangre, de lo estrangulado y
de fornicación.

Pablo es apresado en el templo

26 Entonces Pablo tomó consigo a aquellos
hombres. Al día siguiente, después de purificarse con ellos, entró en el templo para dar
aviso del día en que se cumpliría la purificación, cuando se ofrecería el sacrificio por cada uno de ellos.
27 Cuando iban a terminar los siete días,
los judíos de Asia, al verle en el templo, comenzaron a alborotar a todo el pueblo y le
echaron mano, 28 gritando: "¡Hombres de
Israel! ¡Ayudad! ¡Este es el hombre que por
todas partes anda enseñando a todos contra
nuestro pueblo, la ley y este lugar! Y además
de esto, ha metido griegos dentro del templo
y ha profanado este lugar santo." 29 Porque
antes habían visto con él en la ciudad a Trófimo, un efesio, y suponían que Pablo lo había
metido en el templo.
30 Así que toda la ciudad se agitó, y se hizo
un tumulto del pueblo. Se apoderaron de Pa-

[a]8 Algunos mss. antiguos dicen *saliendo Pablo y los que estábamos con él, llegamos* . . . [b]8 Ver 6:5 y 8:5, 26-40
[c]9 Otra trad., *hijas vírgenes* [d]18 O: *Santiago*; comp. Gál. 1:19 y Stg. 1:1 [e]21 Otra trad., *entre las naciones*
[f]22 Algunos mss. antiguos dicen *Seguramente se reunirá la multitud, porque oirán que has venido.* [g]25 Algunos mss. antiguos dicen *que no guarden nada de estas cosas, sino que se abstengan*; comp. 15:20, 29.

blo y le arrastraron fuera del templo, y de
inmediato las puertas fueron cerradas.
31 Mientras ellos procuraban matarle, llegó aviso al tribuno de la compañía que toda
Jerusalén estaba alborotada. 32 De inmediato, éste tomó soldados y centuriones, y bajó
corriendo a ellos. Y cuando vieron al tribuno
y a los soldados, dejaron de golpear a Pablo.
33 Entonces llegó el tribuno y le apresó, y
mandó que le atasen con dos cadenas. Preguntó quién era y qué había hecho; 34 pero
entre la multitud, unos gritaban una cosa y
otros, otra. Como él no podía entender nada
de cierto a causa del alboroto, mandó llevarlo
a la fortaleza. 35 Y sucedió que cuando llegó
a las gradas, Pablo tuvo que ser llevado en
peso por los soldados a causa de la violencia
de la multitud; 36 porque la muchedumbre
del pueblo venía detrás gritando: "¡Mátale!"

Defensa de Pablo ante el pueblo

37 Cuando ya iba a ser metido en la fortaleza, Pablo dijo al tribuno:
—¿Se me permite decirte algo?
Y él dijo:
—¿Sabes griego? 38 Entonces, ¿no eres
tú aquel egipcio que provocó una sedición
antes de estos días, y sacó al desierto a cuatro
mil hombres de los asesinos?[a]
39 Entonces dijo Pablo:
—A la verdad, yo soy judío, ciudadano de
Tarso de Cilicia, una ciudad no insignificante. Y te ruego, permíteme hablar al pueblo.
40 Como él se lo permitió, Pablo, de pie en
las gradas, hizo señal con la mano al pueblo.
Hecho un profundo silencio, comenzó a hablar en hebreo diciendo:

22 —Hermanos[b] y padres, oíd ahora mi
defensa ante vosotros.
2 Cuando oyeron que Pablo les hablaba en
lengua hebrea, guardaron aun mayor silencio. Entonces dijo:
3 —Soy un hombre judío, nacido en Tarso
de Cilicia pero criado en esta ciudad, instruido a los pies de Gamaliel en la estricta obser-
vancia de la ley de nuestros padres, siendo
celoso de Dios como lo sois todos vosotros
hoy. 4 Yo perseguí este Camino hasta la
muerte, tomando presos y entregando a las
cárceles a hombres y también a mujeres,
5 como aun el sumo sacerdote me es testigo,
y todos los ancianos de quienes también recibí cartas para los hermanos. Y fui a Damasco
para traer presos a Jerusalén a los que estaban allí, para que fuesen castigados. 6 Pero
me sucedió,[c] cuando viajaba y llegaba cerca
de Damasco, como a mediodía, que de repente me rodeó de resplandor una gran luz del
cielo. 7 Yo caí al suelo y oí una voz que me
decía: "Saulo, Saulo, ¿por qué me persigues?"
8 Entonces yo respondí: "¿Quién eres, Señor?" Y me dijo: "Yo soy Jesús de Nazaret, a
quien tú persigues." 9 A la verdad, los que
estaban conmigo vieron la luz,[d] pero no entendieron la voz del que hablaba conmigo.
10 Yo dije: "¿Qué haré, Señor?" Y el Señor me
dijo: "Levántate y vé a Damasco, y allí se te
dirá todo lo que te está ordenado hacer."
11 »Como no podía ver a causa del resplandor de aquella luz, fui guiado de la mano por
los que estaban conmigo, y entré en Damasco. 12 Entonces un tal Ananías, hombre piadoso conforme a la ley, que tenía buen testimonio de todos los judíos que moraban allí,
13 vino a mí y puesto de pie me dijo: "Hermano Saulo, recibe la vista." Y yo le vi en aquel
instante. 14 Y él me dijo: "El Dios de nuestros padres te ha designado de antemano para
que conozcas su voluntad y veas al Justo, y
oigas la voz de su boca. 15 Porque serás testigo suyo ante todos los hombres de lo que
has visto y oído. 16 Ahora, pues, ¿por qué te
detienes? Levántate y bautízate, y lava tus
pecados, invocando su nombre."
17 »Entonces, cuando volví a Jerusalén,
mientras oraba en el templo, sucedió que caí
en éxtasis 18 y vi al Señor que me decía:
"Date prisa y sal de inmediato de Jerusalén,
porque no recibirán tu testimonio acerca de
mí." 19 Y yo dije: "Señor, ellos saben bien
que yo andaba encarcelando y azotando a los
que creían en ti en todas las sinagogas; 20 y
cuando se derramaba la sangre de tu testigo
Esteban, yo también estaba presente, aproba-
ba su muerte y guardaba la ropa de los que
le mataban."[e] 21 Pero él me dijo: "Anda,
porque yo te enviaré lejos, a los gentiles."

Pablo ante el tribuno

22 Le escucharon hasta esta palabra. Entonces alzaron la voz diciendo:
—¡Quita de la tierra a tal hombre, porque
no conviene que viva!
23 Como ellos daban voces, arrojaban sus
ropas y echaban polvo al aire, 24 el tribuno
mandó que metieran a Pablo en la fortaleza
y ordenó que le sometieran a interrogatorio
mediante azotes, para saber por qué causa
daban voces así contra él. 25 Pero apenas lo

[a] *38* Lit., *sicarios*; o sea, *los que llevan dagas*; hay alusión a este grupo por Flavio Josefo en sus escritos. [b] *1* Lit., *Varones hermanos* [c] *6* Ver 9:1-22; 26:12-18 [d] *9* Algunos mss. antiguos incluyen *y se espantaron*. [e] *20* Ver 7:58; 8:1

estiraron con las correas, Pablo dijo al centurión que estaba presente:
—¿Os es lícito azotar a un ciudadano romano que no ha sido condenado?
26 Cuando el centurión oyó esto, fue e informó al tribuno diciendo:
—¿Qué vas a hacer? Pues este hombre es
romano.
27 Vino el tribuno y le dijo:
—Dime, ¿eres tú romano?
Y él dijo:
—Sí.
28 El tribuno respondió:
—Yo logré esta ciudadanía con una gran
suma.
Entonces Pablo dijo:
—Pero yo la tengo por nacimiento.
29 Así que, en seguida se retiraron de él los
que le iban a interrogar. También el tribuno
tuvo temor cuando supo que Pablo era ciudadano romano y que le había tenido atado.

Defensa de Pablo ante el Sanedrín

30 Al día siguiente, queriendo saber con
certeza la verdadera razón por la que era acusado por los judíos, le desató y mandó reunir
a todos los principales sacerdotes y a todo el
Sanedrín[a] de ellos. Y sacando a Pablo, lo
presentó delante de ellos.
23 Entonces Pablo, fijando la vista en el
Sanedrín, dijo:
—Hermanos,[b] yo he vivido delante de
Dios con toda buena conciencia hasta el día
de hoy.
2 Y el sumo sacerdote Ananías mandó a los
que estaban a su lado, que le golpeasen en la
boca. 3 Entonces Pablo dijo:
—¡Dios te ha de golpear a ti, pared blan-
queada! Tú estás sentado para juzgarme conforme a la ley; y quebrantando la ley, ¿man-
das que me golpeen?
4 Los que estaban presentes le dijeron:
—¿Insultas tú al sumo sacerdote de Dios?
5 Y Pablo dijo:
—No sabía, hermanos, que fuera el sumo
sacerdote; pues escrito está: *No maldecirás al
gobernante de tu pueblo*.[c]
6 Entonces Pablo, sabiendo que una parte
del Sanedrín eran saduceos y la otra parte
fariseos, gritó en el Sanedrín:
—Hermanos,[b] yo soy fariseo, hijo de fariseos. Es por la esperanza y la resurrección de
los muertos que soy juzgado.
7 Cuando dijo esto, se produjo disensión
entre los fariseos y los saduceos. La asamblea
se dividió, 8 porque los saduceos dicen que
no hay resurrección, ni ángeles, ni espíritus;
pero los fariseos afirman todas estas cosas.
9 Se levantó un gran vocerío, y algunos de los
escribas del partido de los fariseos se levantaron y contendían diciendo:
—No hallamos ningún mal en este hombre. ¿Y qué hay si un espíritu o un ángel le
ha hablado?[d]
10 Como hubo grande disensión, el tribuno, temiendo que Pablo fuese despedazado,
mandó a los soldados que bajaran para arre-
batarlo de en medio de ellos y llevarlo a la
fortaleza.
11 A la noche siguiente se le presentó el
Señor y le dijo: "Sé valiente, Pablo, pues así
como has testificado de mí en Jerusalén, así
es necesario que testifiques también en Roma."

Complot para asesinar a Pablo

12 Cuando llegó el día, los judíos tramaron
un complot y se juraron bajo maldición, diciendo que no comerían ni beberían hasta
que hubieran dado muerte a Pablo. 13 Eran
más de cuarenta los que habían hecho esta
conjuración. 14 Ellos fueron a los principales sacerdotes y a los ancianos, y les dijeron:
—Nosotros hemos jurado bajo maldición,
que no gustaremos nada hasta que hayamos
dado muerte a Pablo. 15 Ahora, pues, vosotros con el Sanedrín solicitad al tribuno que
le saque mañana a vosotros, como si tuvierais
que investigar su caso con más exactitud. Pero nosotros estaremos preparados para matarle antes que él llegue.
16 Pero el hijo de la hermana de Pablo oyó
hablar de la emboscada. El fue, entró en la
fortaleza y se lo informó a Pablo. 17 Pablo
llamó a uno de los centuriones y le dijo:
—Lleva a este joven al tribuno, porque tiene algo que comunicarle.
18 Entonces él le tomó, le llevó al tribuno
y le dijo:
—El preso Pablo me llamó y me rogó que
trajera este joven a ti, porque tiene algo que
decirte.
19 El tribuno le tomó de la mano, y llevándo-
dolo aparte le preguntó en privado:
—¿Qué es lo que tienes que decirme?
20 Y él dijo:
—Los judíos han acordado rogarte que
mañana saques a Pablo al Sanedrín, como si
fueran a indagar algo más exacto acerca de él.
21 Pues tú, no les creas, porque más de cua-

[a] *30* O sea, *la corte suprema* de los judíos [b] *1,6* Lit., *Varones hermanos* [c] *5* Exo. 22:28 [d] *9* Algunos mss. tardíos dicen *Y si algún espíritu o un ángel le ha hablado, no resistamos a Dios.*

renta hombres de ellos le están preparando
una emboscada. Se han jurado bajo maldición que no comerán ni beberán hasta que le
hayan asesinado. Ahora están listos, esperando una promesa de parte tuya.
22 Luego el tribuno despidió al joven en-
cargándole:
—No digas a nadie que me has informado
de esto.

Pablo es llevado a Cesarea

23 Entonces el tribuno llamó a dos de los
centuriones y dijo:
—Para la tercera hora[a] de la noche, preparad 200 soldados, más 70 de caballería y
200 lanceros para que vayan a Cesarea.
24 A la vez, ordenó que proveyeran cabal-
gaduras para que Pablo montara, y le llevasen
a salvo al procurador Félix.
25 También escribió una carta en estos términos:

26 Claudio Lisias, al excelentísimo
procurador Félix. Saludos.
27 Cuando este hombre fue prendido
por los judíos y estaba a punto de ser
muerto por ellos, yo le rescaté acudien-
do con la tropa, habiendo entendido que
era romano. 28 Queriendo saber el delito por el cual le acusaban, le hice bajar
al Sanedrín de ellos. 29 Hallé que era
acusado de cuestiones de la ley de ellos,
pero sin ninguna acusación de crimen
digno de muerte o de prisión. 30 Pero
como se me informó que habría un
complot[b] contra el hombre, inmediatamente le envié a ti y he informado también a sus acusadores que declaren delante de ti lo que tienen contra él.[c]

31 Por tanto, de acuerdo con las órdenes
que habían recibido, los soldados tomaron a
Pablo y le llevaron de noche a Antípatris.
32 Y al día siguiente, dejando que la caballería
siguiera con él, regresaron a la fortaleza.
33 Después de llegar a Cesarea y entregar la
carta al procurador, presentaron también a
Pablo delante de él.
34 El procurador leyó la carta y le preguntó
de qué provincia era. Informado que era de
Cilicia, dijo:
35 —Oiré tu causa cuando vengan tus acusadores.
Y mandó que le guardaran en el Pretorio
de Herodes.

Pablo acusado ante Félix

24 Cinco días después, descendió el sumo sacerdote Ananías con algunos de
los ancianos y un orador, un cierto Tértulo.
Ellos comparecieron delante del procurador
contra Pablo. 2 Y al ser llamado éste, Tértulo comenzó a acusarle diciendo:
—Puesto que gozamos de mucha paz, gracias a ti, y se están realizando reformas en
beneficio de esta nación debido a tu prudencia, 3 oh excelentísimo Félix, siempre y en
todo lugar lo aceptamos con toda gratitud.
4 Pero para no molestarte más largamente, te
ruego que nos escuches brevemente, conforme a tu equidad. 5 Porque hemos hallado
que este hombre es una plaga, y es promotor
de sediciones entre los judíos de todo el mundo y cabecilla de la secta de los nazarenos.
6,7[d] Intentó también profanar el templo, pero le prendimos. 8 Al examinarle, tú mismo
podrás saber todas estas cosas de las que le
acusamos.
9 También los judíos lo confirmaban, ale-
gando que estas cosas eran así.

Defensa de Pablo ante Félix

10 Entonces, cuando el procurador le dio
señal para hablar, Pablo contestó:
—Sabiendo que por muchos años has sido
juez de esta nación, con confianza expondré
mi defensa. 11 Tú puedes cerciorarte de que
no hace más de doce días que subí a Jerusalén
para adorar. 12 No me hallaron disputando
con nadie en el templo, ni provocando tumultos del pueblo, ni en las sinagogas ni en
la ciudad. 13 Tampoco pueden ellos com-
probarte las cosas de las que ahora me acusan. 14 Sin embargo, te confieso esto: que
sirvo al Dios de mis padres conforme al Camino que ellos llaman secta, creyendo todo lo
que está escrito en la Ley y en los Profetas.
15 Tengo esperanza en Dios, la cual ellos mismos también abrigan, de que ha de haber
resurrección de los justos y de los injustos.
16 Y por esto yo me esfuerzo siempre por tener una conciencia sin remordimiento delante de Dios y los hombres.
17 »Pasados muchos años, vine para presentar donativos[e] y ofrendas a mi nación.
18 Mientras hacía esto, unos judíos de Asia

[a]23 O sea, *a las 9:00 p.m.* según el sistema judío; de usar el sistema romano, sería *a las 3:00 a.m.* [b]30 Algunos mss. antiguos tienen *un complot preparado por los judíos.* [c]30 Algunos mss. antiguos incluyen *Que te vaya bien.* [d]7 Algunos mss. antiguos tienen . . . *pero le prendimos. Nosotros quisimos juzgarle conforme a nuestra ley. [7]Pero intervino el tribuno Lisias y con gran violencia le quitó de nuestras manos, [8]mandando a sus acusadores que se presenten delante de ti. Al examinarle, tú . . .* [e]17 Lit., *obras de misericordia;* o, *limosnas*

me hallaron purificado en el templo (no en
tumulto ni con alboroto). 19 Ellos deberían
comparecer delante de ti y traer acusaciones,
si es que tienen algo contra mí. 20 O que
digan éstos mismos qué delito[a] hallaron
cuando comparecí ante el Sanedrín,[b]
21 salvo que cuando estuve entre ellos lancé
este grito: "¡Con respecto a la resurrección de
los muertos yo soy juzgado hoy por vosotros!"[c]

22 Entonces Félix, estando bien informado
acerca de este Camino, les aplazó diciendo:

—Cuando venga[d] el tribuno Lisias, examinaré vuestro caso.

23 Dio órdenes al centurión de que Pablo
fuese custodiado, pero que tuviera algunos
privilegios y que no se impidiese a ninguno
de los suyos atenderle.

Prisión de Pablo en Cesarea

24 Algunos días después, vino Félix con
Drusila su esposa, que era judía. Mandó traer
a Pablo, y le oyó acerca de la fe en Cristo
Jesús. 25 Cuando Pablo disertaba de la justi-
cia, del dominio propio y del juicio venidero,
Félix se llenó de miedo y respondió:

—Por ahora, vete; pero cuando tenga
oportunidad, te llamaré.

26 A la vez, Félix esperaba también que se
le diera algún dinero de parte de Pablo. Por
eso le hacía venir con frecuencia y hablaba
con él. 27 Pero al cabo de dos años, Félix
recibió como sucesor a Porcio Festo, y que-
riéndose congraciar con los judíos, Félix dejó
preso a Pablo.

Pablo apela al César

25 Tres días después de haber asumido
el mando[e] de la provincia, Festo subió de Cesarea a Jerusalén. 2 Entonces los
principales sacerdotes y los dirigentes de los
judíos se presentaron ante él contra Pablo; y
le rogaban 3 pidiendo contra él, el favor de
que le hiciese traer a Jerusalén. Mientras tanto, ellos preparaban una emboscada para ase-
sinarle en el camino. 4 Pero Festo respondió que Pablo estaba custodiado en Cesarea,
y que en breve él mismo partiría para allá.
5 Dijo:

—Los que puedan de entre vosotros[f] desciendan conmigo; y si hay alguna falta en este hombre, acúsenle.

6 Después de detenerse entre ellos no más
de ocho o diez días, descendió a Cesarea; y al
día siguiente, se sentó en el tribunal y mandó
que Pablo fuese traído. 7 Cuando llegó, le
rodearon los judíos que habían descendido de
Jerusalén, haciendo muchas y graves acusaciones contra él, las cuales no podían probar;
8 mientras que Pablo decía en su defensa:

—En nada he pecado, ni contra la ley de los judíos, ni contra el pueblo, ni contra el César.

9 Pero Festo, queriendo congraciarse con
los judíos, respondió a Pablo y dijo:

—¿Quieres subir a Jerusalén para ser juzgado allí delante de mí acerca de estas cosas?

10 Pablo respondió:

—Ante el tribunal del César estoy, donde
me corresponde ser juzgado. A los judíos no
he hecho ninguna injusticia, como tú muy
bien lo sabes. 11 Si estoy haciendo alguna
injusticia o si he hecho alguna cosa digna de
muerte, no rehúso morir; pero si no hay nada
de cierto en las cosas de las que éstos me
acusan, nadie puede entregarme a ellos. Yo
apelo al César.

12 Entonces Festo, habiendo consultado
con el consejo, respondió:

—Al César has apelado. ¡Al César irás!

Agripa considera el caso de Pablo

13 Pasados algunos días, el rey Agripa y Berenice fueron a Cesarea para saludar a Festo.
14 Como pasaban allí muchos días, Festo presentó al rey el caso de Pablo, diciendo:

—Hay cierto hombre que ha sido dejado
preso por Félix, 15 con respecto a quien se
me presentaron los principales sacerdotes y
los ancianos de los judíos cuando subí a Jerusalén, pidiendo sentencia contra él. 16 A
ellos les respondí que no es costumbre de los
romanos entregar a ningún hombre antes
que el acusado tenga presentes a sus acusadores y tenga oportunidad de hacer su defensa contra la acusación. 17 Así que, habiendo
venido ellos juntos acá, sin ninguna demora,
al día siguiente, me senté en el tribunal y
mandé traer al hombre. 18 Pero cuando se
presentaron los acusadores, no trajeron ninguna acusación con respecto a él, de los crí-
menes[g] que yo sospechaba. 19 Solamente
tenían contra él ciertas cuestiones acerca de
su propia religión y de un cierto Jesús, ya
fallecido, de quien Pablo afirmaba que está
vivo. 20 Yo, vacilante con semejante caso, le
preguntaba si quería ir a Jerusalén y ser juz-

[a]20 Algunos mss. antiguos dicen *qué crimen encontraron en mí.* [b]20 O sea, *la corte suprema* de los judíos
[c]21 Ver 23:6 [d]22 Lit., *descienda* [e]1 Otra trad., *después que llegara a la provincia* [f]5 Otras trads., *los más influyentes entre vosotros*; o, *los que tienen autoridad entre vosotros* [g]18 Algunos mss. antiguos dicen *de las cosas que yo sospechaba.*

gado por estas cosas allí. 21 Pero como Pablo apeló a quedar bajo custodia para la decisión de Augusto, mandé que le guardasen
hasta que yo le enviara al César.
22 Entonces Agripa dijo a Festo:
—Yo también quisiera oír al hombre.
Y él dijo:
—Mañana le oirás.

Pablo testifica ante el rey Agripa

23 Así que al día siguiente vinieron Agripa
y Berenice con mucha pompa, y después que
entraron en la sala de audiencias con los tribunos y los principales de la ciudad, fue traído Pablo por mandato de Festo. 24 Entonces Festo dijo:
—Rey Agripa, y todos los hombres aquí
presentes con nosotros: Mirad a este hombre,
respecto del cual toda la multitud de los judíos ha recurrido a mí, tanto en Jerusalén
como aquí, clamando a gritos que él no debe
vivir más. 25 Pero yo hallé que él no había
hecho ninguna cosa digna de muerte, y habiendo apelado él mismo a Augusto, he determinado enviarle. 26 Pero no tengo nada de
cierto que escribir a mi señor acerca de él.
Por esto le he traído ante vosotros, y especialmente ante ti, oh rey Agripa, para que después de examinarle, yo tenga algo que escribir. 27 Porque me parece cosa no razonable
enviar un preso sin indicar también las acusaciones contra él.

26 Luego Agripa dijo a Pablo:
—Se te permite hablar por ti mismo.
Entonces Pablo extendió la mano y comenzó su defensa:
2 —Me tengo por dichoso que haya de exponer hoy mi defensa delante de ti, oh rey
Agripa, acerca de todas las cosas de las que
soy acusado por los judíos; 3 mayormente
por ser tú conocedor de todas las costumbres
y cuestiones de los judíos. Por lo tanto, te
ruego que me escuches con paciencia.
4 »Mi manera de vivir, desde mi juventud,
la cual pasé desde el comienzo entre los de mi
nación en Jerusalén, la conocen todos los judíos. 5 Ellos me conocen desde antes, si quisieran testificarlo, que conforme a la más
rigurosa secta de nuestra religión viví como
fariseo. 6 Y ahora soy sometido a juicio por
la esperanza de la promesa que Dios hizo a
nuestros padres, 7 promesa que esperan alcanzar nuestras doce tribus sirviendo cons-
tantemente día y noche. ¡Por la misma esperanza soy acusado por los judíos, oh rey!
8 ¿Por qué se juzga increíble entre vosotros
que Dios resucite a los muertos?
9 »Pues yo, a la verdad, había pensado que
debía hacer muchas cosas contra el nombre
de Jesús de Nazaret; 10 y esto hice en Jerusalén. Habiendo recibido autorización de los
principales sacerdotes, yo encerré en cárceles
a muchos de los santos; y cuando les mataban, yo di mi voto contra ellos. 11 Muchas
veces, castigándoles en todas las sinagogas,
procuraba obligarles a blasfemar; y enfureci-
do en extremo contra ellos, los perseguía
hasta en las ciudades extranjeras.
12 »En esto estaba ocupado cuando iba a
Damasco con autorización y comisión de los
principales sacerdotes.[a] 13 En el camino a
mediodía, oh rey, vi que desde el cielo una
luz, más resplandeciente que el sol, alumbró
alrededor de mí y de los que viajaban conmigo. 14 Habiendo caído todos nosotros a tierra, oí una voz que me decía en lengua hebrea: "Saulo, Saulo, ¿por qué me persigues?
¡Dura cosa te es dar coces contra el aguijón!"[b] 15 Entonces yo dije: "¿Quién eres,
Señor?" Y el Señor dijo: "Yo soy Jesús, a
quien tú persigues. 16 Pero levántate y ponte sobre tus pies, porque te he aparecido para
esto: para constituirte en ministro y testigo
de las cosas que has visto de mí[c] y de aquellas en que apareceré a ti. 17 Yo te libraré del
pueblo[d] y de los gentiles, a los cuales ahora
yo te envío 18 para abrir sus ojos, para que
se conviertan de las tinieblas a la luz y del
poder de Satanás a Dios, para que reciban
perdón de pecados y una herencia entre los
santificados por la fe en mí."
19 »Por lo cual, oh rey Agripa, no fui desobediente a la visión celestial. 20 Más bien,
primeramente a los que estaban en Damasco,
y en Jerusalén y por toda la tierra de Judea,
y a los gentiles, les he proclamado que se
arrepientan y se conviertan a Dios, haciendo
obras dignas de arrepentimiento.
21 »A causa de esto, los judíos me prendieron en el templo e intentaron matarme.
22 Pero habiendo obtenido auxilio de Dios,
me he mantenido firme hasta el día de hoy,
dando testimonio a pequeños y a grandes, sin
decir nada ajeno a las cosas que los profetas
y Moisés dijeron que habían de suceder:
23 que el Cristo había de padecer, y que por
ser el primero de la resurrección de los muertos, había de anunciar luz al pueblo[d] y a los
gentiles.

[a] *12* Comp. 9:1-22 y 22:6-21 [b] *14* lit., *los aguijones* [c] *16* Algunos mss. antiguos omiten *de mí.* [d] *17,23* O sea, *Israel*

24 Mientras él decía estas cosas en su defensa, Festo le dijo a gran voz:
—¡Estás loco, Pablo! ¡Las muchas letras te
vuelven loco!
25 Pero Pablo dijo:
—No estoy loco, oh excelentísimo Festo,
sino que hablo palabras de verdad y de cordu-
ra. **26** Pues el rey, delante de quien también
hablo confiadamente, entiende de estas cosas. Porque estoy convencido de que nada de
esto le es oculto, pues esto no ha ocurrido en
algún rincón. **27** ¿Crees, oh rey Agripa, a los
profetas? ¡Yo sé que crees!
28 Entonces Agripa dijo a Pablo:
—¡Por poco me persuades a ser cristiano!
29 Y Pablo dijo:
—¡Quisiera Dios que, por poco o por mucho, no solamente tú sino también todos los
que hoy me escuchan fueseis hechos como
yo, salvo estas cadenas!
30 Entonces[a] se levantaron el rey, el procurador, Berenice y los que se habían sentado
con ellos. **31** Y después de retirarse aparte,
hablaban los unos con los otros diciendo:
—Este hombre no hace ninguna cosa digna de muerte ni de prisión.
32 Y Agripa dijo a Festo:
—Este hombre podría ser puesto en libertad, si no hubiera apelado al César.

Pablo se embarca para Roma

27 Cuando se determinó que habíamos
de navegar a Italia, entregaron a Pablo y a algunos otros presos a un centurión
llamado Julio, de la compañía Augusta.
2 Así que nos embarcamos en una nave adra-
miteña que salía para los puertos de Asia, y
zarpamos. Estaba con nosotros Aristarco, un
macedonio de Tesalónica.
3 Al otro día, atracamos en Sidón; y Julio,
tratando a Pablo con amabilidad, le permitió
ir a sus amigos y ser atendido por ellos. **4** Y
habiendo zarpado de allí, navegamos a sotavento de Chipre, porque los vientos nos eran
contrarios. **5** Después de cruzar por alta
mar frente a Cilicia y a Panfilia, arribamos a
Mira, ciudad de Licia. **6** El centurión encontró allí una nave alejandrina que navegaba a
Italia, y nos embarcó en ella.
7 Navegando muchos días despacio,[b] y habiendo llegado a duras penas frente a Gnido,
porque el viento nos impedía, navegamos a
sotavento de Creta frente a Salmón. **8** Y cos-
teándola con dificultad, llegamos a un lugar
llamado Buenos Puertos, cerca del cual estaba la ciudad de Lasea.

La tempestad en el mar

9 Puesto que había transcurrido mucho
tiempo y se hacía peligrosa la navegación,
porque también el Ayuno[c] ya había pasado,
Pablo les amonestaba **10** diciendo:
—Hombres, veo que la navegación ha de
realizarse con daño y mucha pérdida, no sólo
de la carga y de la nave, sino también de
nuestras vidas.
11 Pero el centurión fue persuadido más
por el piloto y el capitán del barco, y no por
lo que Pablo decía. **12** Ya que el puerto era
incómodo para pasar el invierno, la mayoría
acordó zarpar de allí, por si de alguna manera
pudiesen arribar a Fenice, un puerto de Creta
que mira al suroeste y al noroeste, para inver-
nar allí.
13 Como sopló una brisa del sur y les pareció que ya habían logrado lo que deseaban,
izaron velas e iban costeando a Creta muy de
cerca. **14** Pero no mucho después dio contra
la nave un viento huracanado que se llama
Euraquilón.[d] **15** Como la nave era arrebata-
da y no podía poner proa al viento, nos aban-
donamos a él y éramos llevados a la deriva.
16 Navegamos a sotavento de una pequeña
isla que se llama Cauda,[e] y apenas pudimos
retener el esquife. **17** Y después de subirlo a
bordo, se valían de refuerzos para ceñir la
nave. Pero temiendo encallar en la Sirte, bajaron velas y se dejaban llevar así. **18** Al día
siguiente, mientras éramos sacudidos por
una furiosa tempestad, comenzaron a alige-
rar la carga; **19** y al tercer día, con sus propias manos arrojaron[f] los aparejos del barco.
20 Como no aparecían ni el sol ni las estrellas
por muchos días y nos sobrevenía una tempestad no pequeña, íbamos perdiendo ya toda
esperanza de salvarnos.
21 Entonces, como hacía mucho que no
comíamos, Pablo se puso de pie en medio de
ellos y dijo:
—Oh hombres, debíais haberme escucha-
do y no haber partido de Creta, para evitar
este daño y pérdida. **22** Pero ahora os insto
a tener buen ánimo, pues no se perderá la
vida de ninguno de vosotros, sino solamente
la nave. **23** Porque esta noche estuvo conmigo un ángel del Dios de quien soy y a quien
sirvo, **24** y me dijo: "No temas, Pablo. Es
necesario que comparezcas ante el César, y

[a] *30* Algunos mss. antiguos incluyen *cuando habían dicho estas palabras*. [b] *7* Otra trad., *la navegación se nos hizo difícil* [c] *9* O sea, la festividad judía *el día de la Expiación*; la alusión es a los peligros de navegar el mar Mediterráneo después de mediados de septiembre. [d] *14* Algunos mss. antiguos dicen *Euraclidón*; o sea, un temible viento del norte. [e] *16* Algunos mss. antiguos dicen *Claudа*. [f] *19* Algunos mss. antiguos dicen *con nuestras propias manos arrojamos*.

he aquí Dios te ha concedido todos los que
navegan contigo." 25 Por tanto, oh hombres, tened buen ánimo, porque yo confío en
Dios que será así como me ha dicho. 26 Pero
es necesario que demos en alguna isla.
27 Cuando llegó la decimocuarta noche, y
siendo nosotros llevados a la deriva a través
del mar Adriático, a la medianoche los marineros sospecharon que se acercaban a alguna
tierra. 28 Echaron la sonda y hallaron veinte brazas.[a] Pasando un poco más adelante,
volvieron a echar la sonda y hallaron quince
brazas.[b] 29 Temiendo dar en escollos,
echaron las cuatro anclas de la popa y ansia-
ban el amanecer.
30 Como los marineros procuraban huir de
la nave, y echaron el esquife al mar simulan-
do que iban a largar las anclas de la proa,
31 Pablo dijo al centurión y a los soldados:
—Si éstos no quedan en la nave, vosotros
no podréis salvaros.
32 Entonces los soldados cortaron las ama-
rras del esquife y dejaron que se perdiera.
33 Cuando comenzó a amanecer, Pablo
animaba a todos a comer algo, diciendo:
—Este es el decimocuarto día que veláis y
seguís en ayunas sin comer nada. 34 Por
tanto, os ruego que comáis algo, pues esto es
para vuestra salud; porque no perecerá ni un
cabello de la cabeza de ninguno de vosotros.
35 Habiendo dicho esto, tomó pan, dio gracias a Dios en presencia de todos y partiéndo-
lo comenzó a comer. 36 Y cuando todos re-
cobraron mejor ánimo, comieron ellos también. 37 Eramos en total 276 personas en la
nave. 38 Luego, satisfechos de la comida,
aligeraban la nave echando el trigo al mar.

El naufragio en la isla de Malta

39 Cuando se hizo de día, no reconocían la
tierra; pero distinguían una bahía que tenía
playa, en la cual, de ser posible, se proponían
varar la nave. 40 Cortaron las anclas y las
dejaron en el mar. A la vez, soltaron las ama-
rras del timón, izaron al viento la vela de proa
e iban rumbo a la playa. 41 Pero al dar en
un banco de arena entre dos corrientes, hicieron encallar la nave. Al enclavarse la proa,
quedó inmóvil, mientras la popa se abría por
la violencia de las olas.
42 Entonces los soldados acordaron matar
a los presos, para que ninguno se escapara
nadando; 43 pero el centurión, queriendo
librar a Pablo, frustró su intento. Mandó a los
que podían nadar que fueran los primeros en
echarse para salir a tierra; 44 y a los demás,
unos en tablas, y otros en objetos de la nave.
Así sucedió que todos llegaron salvos a tierra.

Experiencias de Pablo en Malta

28 Una vez a salvo, supimos luego que la
isla se llamaba Malta.[c] 2 Los nativos nos trataron con no poca amabilidad,
pues nos recibieron a todos y encendieron un
fuego a causa de la lluvia que caía, y del frío.
3 Entonces, al recoger Pablo una cantidad
de ramas secas y echarlas al fuego, se le prendió en la mano una víbora que huía del calor.
4 Cuando los nativos vieron la serpiente col-
gada de su mano, se decían unos a otros:
"¡Seguramente este hombre es homicida, a
quien, aunque se haya salvado del mar, la
justicia no le deja vivir!" 5 Entonces él sacudió la serpiente en el fuego, pero no padeció
ningún mal. 6 Mientras tanto, ellos esperaban que comenzara a hincharse o que cayera
muerto de repente. Pero al pasar mucho
tiempo esperando y al ver que no le pasaba
nada malo, cambiaron de parecer y decían
que era un dios.
7 En aquellos lugares estaban las propieda-
des del hombre principal de la isla, que se
llamaba Publio. Este nos recibió y nos hospe-
dó de manera amistosa por tres días.
8 Aconteció que el padre de Publio estaba en
cama, enfermo de fiebre y disentería. Pablo
entró a donde él estaba, y después de orar, le
impuso las manos y le sanó.
9 Después que sucedió esto, los demás de
la isla que tenían enfermedades también venían a él y eran sanados. 10 También ellos
nos honraron con muchos obsequios, y antes
que zarpáramos, nos abastecieron de las cosas necesarias.

Pablo llega a Roma

11 Así que, después de tres meses, zarpamos en una nave alejandrina que había inver-
nado en la isla y que tenía por insignia a
Cástor y Pólux.[d] 12 Habiendo arribado a Si-
racusa, estuvimos allí tres días. 13 De allí,
costeando alrededor, fuimos a Regio; y un día
después se levantó el viento del sur, y llegamos al segundo día a Puteoli. 14 Allí hallamos hermanos y fuimos invitados a quedarnos con ellos siete días. Y de esta manera
llegamos a Roma.
15 Al oír de nosotros, los hermanos vinieron hasta la plaza de Apio y las Tres Tabernas
para recibirnos. Pablo, al verlos, dio gracias

[a] *28* O sea, aprox. 40 m., siendo la braza una medida marítima que equivale a poco menos de 2 m. [b] *28* O sea, aprox. 30 m. [c] *1* Gr., *Melita* [d] *11* Lit., *los hijos de Zeus*; es decir, los dioses gemelos, o Géminis, que según la religión romana eran patrones de la navegación.

a Dios y cobró ánimo. **16** Cuando llegamos
a Roma,[a] a Pablo le fue permitido vivir aparte, con un soldado que le custodiaba.

Pablo y su mensaje en Roma

17 Aconteció que, tres días después, Pablo
convocó a los que eran los principales de los
judíos, y una vez reunidos les dijo:

—Hermanos,[b] sin que yo haya hecho ninguna cosa contra el pueblo[c] ni contra las
costumbres de los padres, desde Jerusalén he
sido entregado preso en manos de los romanos. **18** Habiéndome examinado, ellos me
querían soltar porque no había en mí ninguna causa digna de muerte. **19** Pero como los
judíos se oponían, yo me vi forzado a apelar
al César, no porque tenga de qué acusar a mi
nación. **20** Así que, por esta causa os he llamado para veros y hablaros, porque por la
esperanza de Israel estoy ceñido con esta cadena.

21 Entonces ellos dijeron:

—Nosotros no hemos recibido cartas de
Judea tocante a ti, y ninguno de los hermanos que ha venido ha denunciado o hablado
algún mal acerca de ti. **22** Pero queremos
oír de ti lo que piensas, porque nos es conocido acerca de esta secta, que en todas partes
se habla en contra de ella.

23 Habiéndole fijado un día, en gran número vinieron a él a donde se alojaba. Desde la
mañana hasta el atardecer, les exponía y les
daba testimonio del reino de Dios, persua-
diéndoles acerca de Jesús, partiendo de la Ley
de Moisés y de los Profetas. **24** Algunos quedaban convencidos por lo que decía, pero
otros no creían. **25** Como ellos no estaban
de acuerdo entre sí, se iban cuando Pablo les
dijo una última palabra:

—Bien habló el Espíritu Santo por medio
del profeta Isaías a vuestros[d] padres, diciendo:

26 *Vé a este pueblo y diles:*
"De oído oiréis y jamás entenderéis;
y viendo veréis y nunca percibiréis."
27 *Porque el corazón de este pueblo*
se ha vuelto insensible,
y con los oídos oyeron torpemente.
Han cerrado sus ojos
de manera que no vean con los ojos,
ni oigan con los oídos,
ni entiendan con el corazón,
ni se conviertan.
Y yo los sanaré.[e]

28 Sabed, pues, que a los gentiles es anunciada esta salvación de Dios, y ellos oirán.

29[f],**30** Pablo permaneció dos años enteros
en una casa que alquilaba.[g] A todos los que
venían a él, les recibía allí, **31** predicando el
reino de Dios y enseñando acerca del Señor
Jesucristo, con toda libertad[h] y sin impedimento.

La Epístola del Apóstol Pablo a los

Romanos

1 Pablo, siervo de Cristo Jesús, llamado a
ser apóstol;[i] apartado para el evangelio
de Dios, **2** que él había prometido antes por
medio de sus profetas en las Sagradas Escrituras, **3** acerca de su Hijo —quien, según la
carne, era[j] de la descendencia[k] de David;
4 y quien fue declarado Hijo de Dios con poder según el Espíritu de santidad por su resurrección de entre los muertos—, Jesucristo
nuestro Señor. **5** Por él recibimos la gracia
y el apostolado para la obediencia de la fe a
favor de su nombre en todas las naciones,
6 entre las cuales estáis también vosotros, los
llamados de Jesucristo. **7** A todos los que
estáis en Roma, amados de Dios, llamados a
ser santos:[l] Gracia a vosotros y paz, de parte
de Dios nuestro Padre y del Señor Jesucristo.

Pablo anhela visitar Roma

8 Primeramente, doy gracias a mi Dios por
medio de Jesucristo con respecto a todos vosotros, porque vuestra fe es proclamada en
todo el mundo. **9** Porque Dios, a quien sirvo[m] en mi espíritu en el evangelio de su Hijo,
me es testigo de que sin cesar me acuerdo de
vosotros siempre en mis oraciones, **10** ro-

[a]16 Algunos mss. antiguos incluyen . . . *Roma, el centurión entregó los presos al prefecto militar, pero a Pablo . . .*
[b]17 Lit., *Varones hermanos* [c]17 O sea, *Israel* [d]25 Algunos mss. antiguos dicen *nuestros*. [e]27 Isa. 6:9, 10 (LXX); comp. Mar. 4:12 y Mat. 13:14, 15 [f]29 Algunos mss. antiguos incluyen: [29]*Y cuando él dijo estas cosas, los judíos se fueron, porque tenían una fuerte discusión entre sí.* [g]30 Otra trad., *a su propio costo* [h]31 Otras trads., *con toda valentía*; o, *con todo denuedo* [i]1 Otra trad., *apóstol llamado* [j]3 Otra trad., *nació* [k]3 Lit., *semilla* [l]7 Otra trad., *santos llamados* [m]9 Otra trad., *rindo culto*

gando que, si de alguna manera por la voluntad de Dios, por fin yo sea bien encaminado
para ir a vosotros. 11 Porque deseo veros
para compartir con vosotros algún don espiritual a fin de que seáis afirmados. 12 Esto
es, para ser animado juntamente con vosotros por la fe que nos es común a vosotros y
a mí. 13 Pero no quiero, hermanos, que ignoréis que muchas veces me he propuesto ir
a vosotros (y hasta ahora he sido impedido)
para tener algún fruto también entre vosotros, así como entre las demás naciones.[a]
14 Tanto a griegos como a bárbaros, tanto a
sabios como a ignorantes soy deudor. 15 Así
que, en cuanto a mí, pronto estoy para anunciaros el evangelio también a vosotros que
estáis en Roma.

Poder del evangelio para salvación

16 Porque no me avergüenzo del evangelio; pues es poder de Dios para salvación a
todo aquel que cree, al judío primero y también al griego. 17 Porque en él la justicia de
Dios se revela por fe y para fe, como está
escrito: *Pero el justo vivirá por la fe.*[b]

El hombre es inexcusable ante Dios

18 Pues la ira de Dios se manifiesta desde
el cielo contra toda impiedad e injusticia de
los hombres que con injusticia detienen la
verdad. 19 Porque lo que de Dios se conoce
es evidente entre ellos, pues Dios hizo que
fuese evidente. 20 Porque lo invisible de él
—su eterno poder y deidad— se deja ver desde la creación del mundo, siendo entendido
en las cosas creadas; de modo que no tienen
excusa. 21 Porque habiendo conocido a
Dios, no le glorificaron como a Dios ni le
dieron gracias; más bien, se hicieron vanos
en sus razonamientos, y su insensato corazón fue entenebrecido. 22 Profesando ser
sabios se hicieron fatuos, 23 y cambiaron la
gloria del Dios incorruptible por una imagen
a la semejanza de hombre corruptible, de
aves, de cuadrúpedos y de reptiles.

24 Por tanto, Dios los entregó a la impureza, en las pasiones de sus corazones, para
deshonrar sus cuerpos entre sí.

25 Ellos cambiaron la verdad de Dios por la
mentira, y veneraron y rindieron culto a la
creación[c] antes que al Creador, ¡quien es
bendito para siempre! Amén.

26 Por esta causa, Dios los entregó a pasiones vergonzosas; pues sus mujeres cambiaron las relaciones naturales por relaciones
contra naturaleza. 27 De la misma manera,
también los hombres, dejando las relaciones
naturales con la mujer, se encendieron en
sus pasiones desordenadas unos con otros,
cometiendo actos vergonzosos, hombres con
hombres, y recibiendo en sí mismos la retribución que corresponde a su extravío.
28 Como ellos no aprobaron tener en cuenta
a Dios, los entregó Dios a una mente reproba-
da, para hacer lo que no es debido. 29 Se
han llenado de toda injusticia, maldad, avaricia[d] y perversidad. Están repletos de envidia,
homicidios, contiendas, engaños, mala intención. 30 Son contenciosos, calumniadores, aborrecedores de Dios, insolentes, soberbios, jactanciosos, inventores de males, desobedientes a sus padres, 31 insensatos,
desleales, crueles[e] y sin misericordia. 32 A
pesar de que ellos reconocen el justo juicio
de Dios, que los que practican tales cosas son
dignos de muerte, no sólo las hacen, sino que
también se complacen en los que las practican.

El judío ante el juicio de Dios

2 Por lo tanto, no tienes excusa, oh hombre, no importa quién seas tú que juzgas;
porque en lo que juzgas a otro, te condenas
a ti mismo, pues tú que juzgas haces lo mismo. 2 Pero sabemos que el juicio de Dios es
según verdad contra los que practican tales
cosas.

3 Oh hombre que juzgas a los que practican tales cosas y haces lo mismo, ¿supones
que escaparás del juicio de Dios? 4 ¿O menosprecias las riquezas de su bondad, paciencia y magnanimidad, ignorando que la bondad de Dios te guía al arrepentimiento?
5 Pero por tu dureza y por tu corazón no arrepentido, acumulas sobre ti mismo ira para el
día de la ira y de la revelación del justo juicio
de Dios. 6 El recompensará a cada uno conforme a sus obras: 7 vida eterna a los que
por su perseverancia en las buenas obras buscan gloria, honra e incorrupción; 8 pero
enojo e ira a los que son contenciosos y no
obedecen a la verdad, sino que obedecen a la
injusticia; 9 tribulación y angustia sobre toda persona que hace lo malo (el judío primero, y también el griego); 10 pero gloria,
honra y paz a cada uno que hace el bien (al
judío primero y también al griego).

11 Pues no hay distinción de personas delante de Dios. 12 Así que todos los que pecaron sin la ley, sin la ley también perecerán;

[a] 13 Otra trad., *los demás gentiles* [b] 17 Hab. 2:4 [c] 25 O: *lo creado* [d] 29 Algunos mss. antiguos agregan *malicia*. [e] 31 Algunos mss. antiguos dicen *crueles, implacables y . . .*

y todos los que pecaron teniendo la ley, por
la ley serán juzgados. 13 Porque no son los
oidores de la ley los que son justos delante de
Dios, sino que los hacedores de la ley serán
justificados. 14 Porque cuando los gentiles
que no tienen ley practican por naturaleza el
contenido de la ley, aunque no tienen ley, son
ley para sí mismos. 15 Ellos muestran la
obra de la ley escrita en sus corazones, mientras que su conciencia concuerda en su testimonio; y sus razonamientos se acusan o se
excusan unos a otros,[a] 16 en el día en que,
conforme a mi evangelio, Dios juzgue[b] los
secretos de los hombres, por medio de Cristo
Jesús.

17 He aquí, tú tienes nombre de ser judío,
te apoyas en la ley y te glorías en Dios. 18 Tú
conoces su voluntad y apruebas lo que más
vale, porque estás instruido en la ley. 19 Tú
estás persuadido de que eres guía de los ciegos, luz de los que están en tinieblas, 20 ins-
tructor de los que no saben, maestro de niños, teniendo en la ley la completa expresión[c] del conocimiento y de la verdad.
21 Tú, pues, que enseñas a otro, ¿no te enseñas a ti mismo? Tú que predicas contra el
robo, ¿robas? 22 Tú que hablas contra el
adulterio, ¿cometes adulterio? Tú que abomi-
nas a los ídolos, ¿cometes sacrilegio? 23 Tú
que te jactas en la ley, ¿deshonras a Dios con
la infracción de la ley? 24 Porque como está
escrito: *El nombre de Dios es blasfemado por
causa de vosotros entre los gentiles*.[d]

25 Porque la circuncisión aprovecha en
verdad, si guardas la ley; pero si eres transgresor de la ley, tu circuncisión ha llegado a
ser incircuncisión. 26 De manera que, si el
incircunciso cumple los justos preceptos de
la ley, ¿su incircuncisión no será considerada
como circuncisión? 27 El que físicamente[e]
es incircunciso pero guarda completamente
la ley, te juzgará a ti, que con la letra y con
la circuncisión eres transgresor de la ley.
28 Porque no es judío el que lo es en lo visible,
ni es la circuncisión la visible en la carne;
29 sino más bien, es judío el que lo es en lo
íntimo, y la circuncisión es la del corazón, en
espíritu y no en la letra. La alabanza del tal
no proviene de los hombres, sino de Dios.

3 ¿Qué ventaja tiene, pues, el judío? ¿O
qué beneficio hay en la circuncisión?
2 Mucho, en todo sentido. Primeramente,
que las palabras de Dios les han sido confia-
das. 3 ¿Qué, pues, si algunos de ellos han
sido infieles? ¿Acaso podrá la infidelidad de
ellos invalidar la fidelidad de Dios? 4 ¡De
ninguna manera! Antes bien, sea Dios veraz,
aunque todo hombre sea mentiroso, como
está escrito: *para que seas justificado en tus
palabras y venzas cuando seas juzgado*.[f]

5 Pero si nuestra injusticia hace resaltar la
justicia de Dios, ¿qué diremos? ¿Acaso es injusto Dios que da el castigo?[g] (Hablo como
hombre.) 6 ¡De ninguna manera! Porque en
tal caso, ¿cómo juzgaría Dios al mundo?
7 Pero si la verdad de Dios abundó en mi fal-
sedad para su gloria, ¿por qué todavía soy
juzgado[h] yo como pecador? 8 ¿Y por qué no
decir: "Hagamos lo malo para que venga lo
bueno"? De esto se nos calumnia, y algunos
afirman que así decimos. La condenación de
los tales es justa.

Ningún hombre es justo

9 ¿Qué, pues? ¿Les llevamos alguna ventaja? Claro que no; porque ya hemos acusado
tanto a judíos como a gentiles, diciendo que
todos están bajo pecado, 10 como está escrito:

No hay justo ni aun uno;
11 *no hay quien entienda,*
no hay quien busque a Dios.
12 *Todos se apartaron,*
a una fueron hechos inútiles;
no hay quien haga lo bueno,
no hay ni siquiera uno.[i]
13 *Sepulcro abierto es su garganta;*
con su lengua engañan.
Hay veneno de serpiente
debajo de sus labios;
14 *su boca está llena*
de maldiciones y amargura.[j]
15 *Sus pies son veloces*
para derramar sangre;
16 *hay ruina y miseria*
en sus caminos.
17 *No conocieron el camino de paz;*
18 *no hay temor de Dios*
delante de sus ojos.[k]

19 Pero sabemos que todo lo que dice la
ley, lo dice a los que están bajo la ley, para
que toda boca se cierre, y todo el mundo esté
bajo juicio ante Dios. 20 Porque por las
obras de la ley nadie[l] será justificado delante

[a] 15 Otra trad., *y sus razonamientos o los acusan o los defienden* [b] 16 Otra trad., *juzgará* [c] 20 Lit. *forma*
[d] 24 O sea, *naciones*; la cita es de Isa. 52:5; Eze. 36:20 (LXX) [e] 27 Lit., *por naturaleza* [f] 4 Sal. 51:4 (LXX)
[g] 5 Otra trad., *quien impone su ira* [h] 7 O: *condenado* [i] 12 Una serie de citas tomadas del Sal. 14:1-3; 53:1-3; Ecl. 7:20 [j] 14 Sal. 5:9 (LXX); 140:3 (LXX); 10:7 (LXX) [k] 18 Isa. 59:7, 8; Prov. 1:16; Sal. 36:1 [l] 20 Lit., *ninguna carne*

de él; pues por medio de la ley viene el reconocimiento del pecado.

El hombre es justificado por la fe

21 Pero ahora, aparte de la ley, se ha manifestado la justicia de Dios atestiguada por la
Ley y los Profetas. 22 Esta es la justicia de
Dios por medio de la fe en Jesucristo para
todos los que creen. Pues no hay distinción;
23 porque todos pecaron y no alcanzan[a] la
gloria de Dios, 24 siendo justificados gratuitamente por su gracia, mediante la redención
que es en Cristo Jesús. 25 Como demostración de su justicia, Dios le ha puesto a él
como expiación por la fe en su sangre, a causa
del perdón de los pecados pasados, en la paciencia de Dios, 26 con el propósito de manifestar su justicia en el tiempo presente; para que él sea justo y a la vez justificador del
que tiene fe en Jesús.

27 ¿Dónde, pues, está la jactancia? Está ex-
cluida. ¿Por qué clase de ley? ¿Por la de las
obras? ¡Jamás! Más bien, por la ley de la fe.
28 Así que consideramos que el hombre es
justificado por la fe, sin las obras de la ley.
29 ¿Es Dios solamente Dios de los judíos? ¿No
lo es también de los gentiles? ¡Por supuesto!
También lo es de los gentiles. 30 Porque hay
un solo Dios, quien justificará por la fe a los
de la circuncisión, y mediante la fe a los de
la incircuncisión. 31 Luego, ¿invalidamos la
ley por la fe? ¡De ninguna manera! Más bien,
confirmamos la ley.

Abraham, justificado por la fe

4 ¿Qué diremos, pues, que ha encontrado
Abraham, nuestro progenitor[b] según la
carne? 2 Porque si Abraham fue justificado
por las obras, tiene de qué gloriarse, pero no
delante de Dios. 3 Pues ¿qué dice la Escritura? *Y creyó Abraham a Dios, y le fue contado
por justicia.*[c]

4 Al que obra, no se le considera el salario
como gracia, sino como obligación. 5 Pero
al que no obra, sino que cree en aquel que
justifica al impío, se considera su fe como
justicia. 6 De igual manera, David también
proclama la felicidad[d] del hombre a quien
Dios confiere justicia sin obras, 7 diciendo:

Bienaventurados aquellos
cuyas iniquidades son perdonadas,
y cuyos pecados son cubiertos.
8 *Bienaventurado el hombre*
a quien el Señor jamás le tomará en
cuenta su pecado.[e]

9 Luego, ¿es esta felicidad[d] solamente para
los de la circuncisión, o también es para los
de la incircuncisión? Pues decimos: *A Abraham le fue contada su fe por justicia.*[f]
10 ¿Cómo le fue contada? ¿Estando él circuncidado o incircunciso? No fue en la circuncisión, sino en la incircuncisión. 11 El recibió
la señal de la circuncisión como sello de la
justicia de la fe que tenía estando aún incircunciso, para que fuese padre de todos los
creyentes no circuncidados —para que también a ellos les fuera conferida la justicia—;
12 y padre de la circuncisión —de los que no
solamente son de la circuncisión, sino que
también siguen las pisadas de la fe que tuvo
nuestro padre Abraham antes de ser circuncidado—.

La promesa se cumple por la fe

13 Porque la promesa a Abraham y a su
descendencia,[g] de que sería heredero del
mundo, no fue dada por medio de la ley, sino
por medio de la justicia de la fe. 14 Porque
si los herederos son los que se basan en la ley,
la fe ha sido hecha inútil y la promesa invali-
dada. 15 Porque la ley produce ira; pero
donde no hay ley, tampoco hay transgresión.
16 Por esto, proviene de la fe, a fin de que sea
según la gracia, para que la promesa sea firme para toda su descendencia. No para el que
es solamente de la ley, sino también para el
que es de la fe de Abraham, quien es padre de
todos nosotros 17 —como está escrito: *Te
he puesto por padre de muchas naciones*[h]—
delante de Dios, a quien él creyó, quien vivifica a los muertos y llama a las cosas que no
existen como si existieran.[i]

18 Abraham creyó contra toda esperanza,
de modo que vino a ser *padre de muchas
naciones*,[h] de acuerdo con lo que le había
sido dicho: *Así será tu descendencia.*[j]
19 Sin debilitarse en la fe, él tuvo muy en
cuenta[k] su cuerpo ya muerto (pues tenía casi
cien años) y la matriz muerta de Sara.
20 Pero no dudó de la promesa de Dios por
falta de fe. Al contrario, fue fortalecido en su
fe, dando gloria a Dios, 21 plenamente convencido de que Dios, quien había prometido,
era poderoso para hacerlo. 22 Por esta razón
le fue contada por justicia.[f]

23 Pero no sólo para él fue escrito que *le*

[a] 23 Otras trads., *les falta*; o, *carecen de* [b] 1 Algunos mss. antiguos tienen *padre*. [c] 3 Gén. 15:6; comp. Gál. 3:6
[d] 6,9 Lit., *bienaventuranza* [e] 8 Sal. 32:1, 2 [f] 9,22 Gén. 15:6 [g] 13 Lit., *semilla* [h] 17,18 Gén. 17:5
[i] 17 Otra trad., *llama a existencia las cosas que no existen* [j] 18 Gén. 15:5 [k] 19 Algunos mss. antiguos dicen *él no consideró.*

fue contada, 24 sino también para nosotros,
a quienes nos habría de ser contada: a los que
creemos en el que resucitó de entre los muertos, a Jesús nuestro Señor, 25 quien fue entregado por causa de nuestras transgresiones
y resucitado para nuestra justificación.

Paz para con Dios

5 Justificados, pues, por la fe, tenemos[a]
paz para con Dios por medio de nuestro
Señor Jesucristo, 2 por medio de quien
también hemos obtenido acceso por la fe[b] a
esta gracia en la cual estamos firmes, y nos
gloriamos en la esperanza de la gloria de
Dios. 3 Y no sólo esto, sino que también nos
gloriamos en las tribulaciones, sabiendo que
la tribulación produce perseverancia,[c] 4 y
la perseverancia[c] produce carácter probado,
y el carácter probado produce esperanza.
5 Y la esperanza no acarrea vergüenza, porque el amor de Dios ha sido derramado en
nuestros corazones por el Espíritu Santo que
nos ha sido dado; 6 porque aún siendo nosotros débiles, a su tiempo Cristo murió por los
impíos. 7 Difícilmente muere alguno por un
justo. Con todo, podría ser que alguno osara
morir por el bueno. 8 Pero Dios demuestra
su amor para con nosotros, en que siendo
aún pecadores, Cristo murió por nosotros.

9 Luego, siendo ya justificados por su sangre, cuánto más por medio de él seremos
salvos de la ira. 10 Porque si, cuando éramos enemigos, fuimos reconciliados con
Dios por la muerte de su Hijo, cuánto más,
ya reconciliados, seremos salvos por su vida.
11 Y no sólo esto, sino que nos gloriamos en
Dios por medio de nuestro Señor Jesucristo,
mediante quien hemos recibido ahora la reconciliación.

Adán y Cristo

12 Por esta razón, así como el pecado entró
en el mundo por medio de un solo hombre
y la muerte por medio del pecado, así también la muerte pasó a todos los hombres, por
cuanto todos pecaron. 13 Antes de la ley, el
pecado estaba en el mundo; pero como no
había ley, el pecado no era tenido en cuenta.
14 No obstante, la muerte reinó desde Adán
hasta Moisés, aun sobre los que no pecaron
con una ofensa semejante a la de Adán, quien
es figura del que había de venir.

15 Pero el don no es como la ofensa. Porque si por la ofensa[d] de aquel uno murieron
muchos, cuánto más abundaron para muchos la gracia de Dios y la dádiva por la gracia
de un solo hombre, Jesucristo. 16 Ni tampoco es la dádiva como el pecado de aquel uno;
porque el juicio, a la verdad, surgió de una
sola ofensa para condenación, pero la gracia
surgió de muchas ofensas para justificación.
17 Porque si por la ofensa[d] de uno reinó la
muerte por aquel uno, cuánto más reinarán
en vida los que reciben la abundancia de su
gracia y la dádiva de la justicia mediante
aquel uno, Jesucristo. 18 Así que, como la
ofensa de uno alcanzó a todos los hombres
para la condenación, así también la justicia
realizada por uno alcanzó a todos los hombres para la justificación de vida. 19 Porque
como por la desobediencia de un solo hombre, muchos fueron constituidos pecadores,
así también, por la obediencia de uno, muchos serán constituidos justos. 20 La ley entró para agrandar la ofensa, pero en cuanto
se agrandó el pecado, sobreabundó la gracia;
21 para que así como el pecado reinó para
muerte, así también la gracia reine por la
justicia para vida eterna, por medio de Jesucristo nuestro Señor.

Libres del pecado

6 ¿Qué, pues, diremos? ¿Permaneceremos
en el pecado para que abunde la gracia?
2 ¡De ninguna manera! Porque los que hemos
muerto al pecado, ¿cómo viviremos todavía
en él?

3 ¿Ignoráis que todos los que fuimos bautizados en Cristo Jesús fuimos bautizados en
su muerte? 4 Pues, por el bautismo fuimos
sepultados juntamente con él en la muerte,
para que así como Cristo fue resucitado de
entre los muertos por la gloria del Padre, así
también nosotros andemos en novedad de vida. 5 Porque así como hemos sido identificados con él en la semejanza de su muerte,
también lo seremos en la semejanza de su
resurrección. 6 Y sabemos que nuestro viejo
hombre fue crucificado juntamente con él,
para que el cuerpo del pecado sea destruido,
a fin de que ya no seamos esclavos del pecado;
7 porque el que ha muerto ha sido justificado
del pecado.

8 Si hemos muerto con Cristo, creemos
que también viviremos con él. 9 Sabemos
que Cristo, una vez resucitado de entre los
muertos, ya no muere; la muerte no se enseñorea más de él. 10 Porque en cuanto murió, para el pecado murió una vez por todas;
pero en cuanto vive, vive para Dios. 11 Así

[a] *1* Algunos mss. antiguos dicen *tengamos*. [b] *2* Algunos mss. antiguos omiten *por la fe*; otros tienen *en la fe*.
[c] *3,4* O: *paciencia* [d] *15,17* Otra trad., *en la ofensa de uno*

también vosotros, considerad que estáis
muertos para el pecado, pero que estáis vivos
para Dios en Cristo Jesús.[a]

12 No reine, pues, el pecado en vuestro
cuerpo mortal, de modo que obedezcáis a sus
malos deseos. 13 Ni tampoco presentéis
vuestros miembros al pecado, como instru-
mentos de injusticia; sino más bien presen-
taos a Dios como vivos de entre los muertos,
y vuestros miembros a Dios como instru-
mentos de justicia. 14 Porque el pecado no
se enseñoreará de vosotros, ya que no estáis
bajo la ley, sino bajo la gracia.

Siervos de la justicia

15 ¿Qué, pues? ¿Pecaremos, porque no estamos bajo la ley, sino bajo la gracia? ¡De
ninguna manera! 16 ¿No sabéis que cuando
os ofrecéis a alguien[b] para obedecerle como
esclavos, sois esclavos del que obedecéis; ya
sea del pecado para muerte o de la obediencia
para justicia? 17 Pero gracias a Dios porque,
aunque erais esclavos del pecado, habéis obedecido de corazón a aquella forma de enseñanza[c] a la cual os habéis entregado; 18 y
una vez libertados del pecado, habéis sido
hechos siervos de la justicia.

19 Os hablo en términos humanos, a causa
de la debilidad de vuestra carne. Porque así
como presentasteis vuestros miembros como
esclavos a la impureza y a la iniquidad cada
vez mayor, así presentad ahora vuestros
miembros como esclavos a la justicia para la
santidad. 20 Porque cuando erais esclavos
del pecado, estabais libres en cuanto a la justicia. 21 ¿Qué recompensa,[d] pues, teníais
entonces por aquellas cosas de las cuales ahora os avergonzáis? Porque el fin de ellas es
muerte. 22 Pero ahora, libres del pecado y
hechos siervos de Dios, tenéis como vuestra
recompensa la santificación, y al fin la vida
eterna. 23 Porque la paga del pecado es
muerte; pero el don de Dios es vida eterna en
Cristo Jesús, Señor nuestro.

La vida en unión con Cristo

7 Hermanos (hablo con los que conocen la
ley), ¿ignoráis que la ley se enseñorea del
hombre entre tanto que vive? 2 Porque la
mujer casada está ligada por la ley a su esposo
mientras vive; pero si su esposo muere, ella
está libre de la ley del esposo. 3 Por lo tanto,
si ella se une con otro hombre mientras vive
su esposo, será llamada adúltera. Pero si su
esposo muere, ella es libre de la ley; y si se
une con otro esposo, no es adúltera.

4 De manera semejante, hermanos míos,
vosotros también habéis muerto a la ley por
medio del cuerpo de Cristo, para ser unidos
con otro, el mismo que resucitó de entre los
muertos, a fin de que llevemos fruto para
Dios. 5 Porque mientras vivíamos en la carne, las pasiones pecaminosas despertadas por
medio de la ley actuaban en nuestros miembros, a fin de llevar fruto para muerte. 6 Pero ahora, habiendo muerto a lo que nos tenía
sujetos, hemos sido liberados de la ley, para
que sirvamos en lo nuevo del Espíritu y no en
lo antiguo de la letra.

El conflicto interior con el pecado

7 ¿Qué, pues, diremos? ¿Que la ley es pecado? ¡De ninguna manera! Al contrario, yo no
habría conocido el pecado sino por medio de
la ley; porque no estaría consciente de la codicia, si la ley no dijera: *No codiciarás*.[e]
8 Pero el pecado, tomando ocasión en el mandamiento, produjo en mí toda codicia; porque sin la ley el pecado está muerto.

9 Así que, yo vivía en un tiempo sin la ley;
pero cuando vino el mandamiento, el pecado
revivió; y yo morí. 10 Y descubrí que el mismo mandamiento que era para vida me resul-
tó en muerte; 11 porque el pecado, tomando
ocasión por el mandamiento, me engañó; y
por él, me mató. 12 De manera que la ley
ciertamente es santa; y el mandamiento es
santo, justo y bueno.

13 Luego, ¿lo que es bueno llegó a ser
muerte para mí? ¡De ninguna manera! Más
bien, el pecado, para mostrarse pecado, mediante lo bueno produjo muerte en mí; a fin
de que mediante el mandamiento el pecado
llegase a ser sobremanera pecaminoso.
14 Porque sabemos que la ley es espiritual;
pero yo soy carnal, vendido a la sujeción del
pecado. 15 Porque lo que hago, no lo entiendo, pues no practico lo que quiero; al
contrario, lo que aborrezco, eso hago. 16 Y
ya que hago lo que no quiero, concuerdo con
que la ley es buena. 17 De manera que ya no
soy yo el que lo hace, sino el pecado que mora
en mí.

18 Yo sé que en mí, a saber, en mi carne,
no mora el bien. Porque el querer el bien está
en mí, pero no el hacerlo. 19 Porque no hago el bien que quiero; sino al contrario, el
mal que no quiero, eso practico. 20 Y si hago lo que yo no quiero, ya no lo llevo a cabo

[a] *11* Algunos mss. antiguos agregan *Señor nuestro*. [b] *16* Otra trad., *a algo* [c] *17* Otra trad., *doctrina* [d] *21* Lit., *fruto* [e] *7* Exo. 20:17; Deut. 5:21

yo, sino el pecado que mora en mí. 21 Por
lo tanto, hallo esta ley: Aunque quiero hacer
el bien, el mal está presente en mí. 22 Porque según el hombre interior, me deleito en
la ley de Dios; 23 pero veo en mis miembros
una ley diferente que combate contra la ley
de mi mente y me encadena con la ley del
pecado que está en mis miembros.

24 ¡Miserable hombre de mí! ¿Quién me librará de este cuerpo de muerte? 25 ¡Doy
gracias a Dios por medio de Jesucristo nuestro Señor! Así que yo mismo con la mente
sirvo a la ley de Dios; pero con la carne, a la
ley del pecado.

Victoriosos en el Espíritu

8 Ahora pues, ninguna condenación hay
para los que están en Cristo Jesús,[a]
2 porque la ley del Espíritu de vida en Cristo
Jesús me[b] ha librado de la ley del pecado y
de la muerte. 3 Porque Dios hizo lo que era
imposible para la ley, por cuanto ella era débil por la carne: Habiendo enviado a su propio Hijo en semejanza de carne de pecado y
a causa del pecado, condenó al pecado en la
carne; 4 para que la justa exigencia de la ley
fuese cumplida en nosotros que no andamos
conforme a la carne, sino conforme al Espíritu. 5 Porque los que viven conforme a la
carne piensan en las cosas de la carne; pero
los que viven conforme al Espíritu, en las
cosas del Espíritu. 6 Porque la intención[c]
de la carne es muerte, pero la intención[c] del
Espíritu es vida y paz. 7 Pues la intención[c]
de la carne es enemistad contra Dios; porque
no se sujeta a la ley de Dios, ni tampoco puede. 8 Así que, los que viven según la carne
no pueden agradar a Dios.

9 Sin embargo, vosotros no vivís según la
carne, sino según el Espíritu, si es que el
Espíritu de Dios mora en vosotros. Si alguno
no tiene el Espíritu de Cristo, no es de él.
10 Pero si Cristo está en vosotros, aunque el
cuerpo está muerto a causa del pecado, no
obstante el espíritu vive a causa de la justicia.
11 Y si el Espíritu de aquel que resucitó a
Jesús de entre los muertos mora en vosotros,
el que resucitó a Cristo de entre los muertos
también dará vida a vuestros cuerpos morta-
les mediante su Espíritu que mora en vosotros.

12 Así que, hermanos, somos deudores, pero no a la carne para que vivamos conforme
a la carne. 13 Porque si vivís conforme a la
carne, habéis de morir; pero si por el Espíritu
hacéis morir las prácticas de la carne, vivi-
réis. 14 Porque todos los que son guiados
por el Espíritu de Dios, éstos son hijos de
Dios. 15 Pues no recibisteis el espíritu de
esclavitud para estar otra vez bajo el temor,
sino que recibisteis el espíritu de adopción
como hijos, en el cual clamamos: "¡Abba, Padre!" 16 El Espíritu mismo da testimonio
juntamente con nuestro espíritu de que somos hijos de Dios. 17 Y si somos hijos, también somos herederos: herederos de Dios y
coherederos con Cristo, si es que padecemos
juntamente con él, para que juntamente con
él seamos glorificados.

La gloria venidera

18 Porque considero que los padecimientos
del tiempo presente no son dignos de comparar con la gloria que pronto nos ha de ser
revelada.[d] 19 Pues la creación aguarda con
ardiente anhelo la manifestación de los hijos
de Dios. 20 Porque la creación ha sido suje-
tada a la vanidad,[e] no por su propia voluntad, sino por causa de aquel que la sujetó, en
esperanza 21 de que aun la creación misma
será librada de la esclavitud de la corrupción,
para entrar a la libertad gloriosa de los hijos
de Dios. 22 Porque sabemos que toda la
creación gime a una, y a una sufre dolores de
parto hasta ahora. 23 Y no sólo la creación,
sino también nosotros, que tenemos las primicias del Espíritu, gemimos dentro de nosotros mismos, aguardando la adopción como
hijos, la redención de nuestro cuerpo.
24 Porque fuimos salvos con[f] esperanza; pero una esperanza que se ve no es esperanza,
pues ¿quién sigue esperando lo que ya ve?[g]
25 Pero si esperamos lo que no vemos, con
perseverancia[h] lo aguardamos.

26 Y asimismo, también el Espíritu nos
ayuda en nuestras debilidades; porque cómo
debiéramos orar, no lo sabemos; pero el Espíritu mismo intercede[i] con gemidos indeci-
bles. 27 Y el que escudriña los corazones
sabe cuál es el intento del Espíritu, porque él
intercede por los santos conforme a la voluntad de Dios.

28 Y sabemos que Dios hace que todas las
cosas ayuden[j] para bien a los que le aman,
esto es, a los que son llamados conforme a su
propósito. 29 Sabemos que a los que antes

[a] 1 Algunos mss. antiguos incluyen *para los que no andan conforme a la carne, sino conforme al Espíritu.*
[b] 2 Algunos mss. antiguos dicen *te*; otros, *nos*. [c] 6,7 Otras trads., *fijar el pensamiento en*; o, *la mentalidad*
[d] 18 O: *ha de ser manifestada* [e] 20 Otra trad., *futilidad* [f] 24 Otras trads., *en* o *por* [g] 24 Algunos mss. antiguos dicen *porque lo que uno ve, ¿a qué esperarlo?* [h] 25 O: *paciencia* [i] 26 Algunos mss. antiguos tienen *intercede por nosotros.* [j] 28 Otra trad., *sabemos que todas las cosas cooperan para el bien a los que aman a Dios*

conoció, también los predestinó para que
fuesen hechos conformes a la imagen de su
Hijo; a fin de que él sea el primogénito entre
muchos hermanos. **30** Y a los que predestinó, a éstos también llamó; y a los que llamó,
a éstos también justificó; y a los que justificó,
a éstos también glorificó.

El amor de Dios en Cristo Jesús

31 ¿Qué, pues, diremos frente a estas cosas? Si Dios es por nosotros, ¿quién contra
nosotros? **32** El que no eximió ni a su propio
Hijo, sino que lo entregó por todos nosotros,
¿cómo no nos dará gratuitamente también
con él todas las cosas? **33** ¿Quién acusará a
los escogidos de Dios? El que justifica es
Dios. **34** ¿Quién es el que condenará? Cristo[a] es el que murió; más aun, es el que también resucitó; quien, además, está a la diestra
de Dios, y quien también intercede por nosotros.
35 ¿Quién nos separará del amor de Cristo?
¿Tribulación? ¿angustia? ¿persecución?
¿hambre? ¿desnudez? ¿peligros? ¿espada?
36 Como está escrito: *Por tu causa somos
muertos todo el tiempo; fuimos estimados
como ovejas para el matadero.*[b] **37** Más
bien, en todas estas cosas somos más que
vencedores por medio de aquel que nos amó.
38 Por lo cual estoy convencido de que ni la
muerte, ni la vida, ni ángeles, ni principados,
ni lo presente, ni lo porvenir, ni poderes,
39 ni lo alto, ni lo profundo, ni ninguna otra
cosa creada nos podrá separar del amor de
Dios, que es en Cristo Jesús, Señor nuestro.

Israel en el plan de Dios

9 Digo la verdad en Cristo; no miento. Mi
conciencia da testimonio conmigo en el
Espíritu Santo **2** de que tengo una gran tristeza y continuo dolor en el corazón; **3** porque desearía yo mismo ser separado de Cristo
por el bien de mis hermanos, los que son mis
familiares según la carne. **4** Ellos son israelitas, de los cuales son la adopción, la gloria,
los pactos,[c] la promulgación de la ley, el culto y las promesas. **5** De ellos son los patriarcas; y de ellos según la carne proviene el Cristo, quien es Dios sobre todas las cosas, bendito por los siglos.[d] Amén.
6 No es que haya fallado la palabra de Dios;
porque no todos los nacidos de Israel son de
Israel, **7** ni por ser descendientes de Abraham son todos hijos suyos, sino que *en Isaac
será llamada tu descendencia.*[e] **8** Esto
quiere decir que no son los hijos de la carne
los que son hijos de Dios; más bien, los hijos
de la promesa son contados como descendencia. **9** Porque la palabra de la promesa es
ésta: *Por este tiempo vendré, y Sara tendrá
un hijo.*[f] **10** Y no sólo esto, sino que también cuando Rebeca concibió de un hombre,
de Isaac nuestro padre, **11** y aunque todavía
no habían nacido sus hijos ni habían hecho
bien o mal —para que el propósito de Dios
dependiese de su elección, **12** no de las
obras sino del que llama—, a ella se le dijo:
"El mayor servirá al menor",[g] **13** como está escrito: *A Jacob amé, pero a Esaú aborre-
cí.*[h]
14 ¿Qué, pues, diremos? ¿Acaso hay injusticia en Dios?[i] ¡De ninguna manera!
15 Porque dice a Moisés: *Tendré misericordia
de quien tenga misericordia, y me compade-
ceré de quien me compadezca.*[j] **16** Por lo
tanto, no depende del que quiere ni del que
corre, sino de Dios quien tiene misericordia.
17 Porque la Escritura dice al Faraón: *Para
esto mismo te levanté, para mostrar en ti mi
poder y para que mi nombre sea proclamado
por toda la tierra.*[k] **18** De manera que de
quien quiere, tiene misericordia; pero a
quien quiere, endurece.

La misericordia y la ira de Dios

19 Luego me dirás: "¿Por qué todavía in-
culpa? Porque, ¿quién ha resistido a su voluntad?" **20** Antes que nada, oh hombre,
¿quién eres tú para que contradigas a Dios?
¿Dirá el vaso formado al que lo formó: "¿Por
qué me hiciste así?" **21** ¿O no tiene autoridad el alfarero sobre el barro para hacer de la
misma masa un vaso para uso honroso y otro
para uso común? **22** ¿Y qué hay si Dios, queriendo mostrar su ira y dar a conocer su poder, soportó con mucha paciencia a los vasos
de ira que han sido preparados para destrucción? **23** ¿Y qué hay si él hizo esto, para dar
a conocer las riquezas de su gloria sobre los
vasos de misericordia que había preparado de
antemano para gloria, **24** a los cuales también ha llamado, esto es, a nosotros, no sólo
de entre los judíos, sino también de entre los
gentiles? **25** Como también en Oseas dice:
*Al que no era mi pueblo llamaré pueblo mío,
y a la no amada, amada.* **26** *Y será que, en
el lugar donde se les dijo: "Vosotros no sois
mi pueblo", allí serán llamados hijos del
Dios viviente.*[l]
27 También Isaías proclama con respecto a

[a] *34* Algunos mss. antiguos dicen *Cristo Jesús.* [b] *36* Sal. 44:22 [c] *4* Algunos mss. antiguos dicen *el pacto.*
[d] *5* Comp. Sal. 41:13 y Rom. 1:25 [e] *7* Gén. 21:12 [f] *9* Gén. 18:10, 14 [g] *12* Gén. 25:23 [h] *13* Mal. 1:2, 3
[i] *14* Ver Deut. 32:4 [j] *15* Exo. 33:19 [k] *17* Exo. 9:16 (LXX) [l] *26* Ose. 2:23; 1:10

Israel: *Aunque el número de los hijos de Is-*
rael sea como la arena del mar, el remanen-
te será salvo. 28 *Porque el Señor ejecutará*
su palabra pronto y con vigor[a] *sobre la tie-*
rra.[b]
29 Y como dijo antes Isaías: *Si el Señor de*
los Ejércitos no nos hubiera dejado descen-
dencia, habríamos llegado a ser como Sodo-
ma y seríamos semejantes a Gomorra.[c]

Israel y la salvación

30 ¿Qué, pues, diremos? Que los gentiles,
quienes no iban tras la justicia, alcanzaron la
justicia, es decir, la justicia que procede de la
fe; 31 mientras que Israel, que iba tras la ley
de justicia, no alcanzó la ley. 32 ¿Por qué?
Porque no era por fe, sino por obras.[d] Tropezaron en la piedra de tropiezo, 33 como está
escrito:

He aquí pongo en Sion
una piedra de tropiezo
y una roca de escándalo;
y aquel que cree en él
no será avergonzado.[e]

10 Hermanos, el deseo de mi corazón y
mi oración a Dios por Israel[f] es para
salvación. 2 Porque yo les doy testimonio de
que tienen celo por Dios, pero no de acuerdo
con un conocimiento pleno. 3 Pues, ignorando la justicia de Dios y procurando establecer su propia justicia, no se han sujetado
a la justicia de Dios. 4 Porque el fin de la ley
es Cristo, para justicia a todo aquel que cree.

Salvación para todos los hombres

5 Moisés escribe de la justicia que es por la
ley: *El hombre que haga* estas cosas *vivirá*
por ellas.[g] 6 Pero la justicia que es por la fe
dice así: *No digas en tu corazón, "¿Quién*
subirá al cielo?"[h] (esto es, para hacer descender a Cristo) 7 ni *"¿Quién descenderá al*
abismo?"[i] (esto es, para hacer subir a Cristo
de entre los muertos). 8 Más bien, ¿qué dice? *Cerca de ti está la palabra, en tu boca y*
en tu corazón.[j]
Esta es la palabra de fe que predicamos:
9 que si confiesas con tu boca que Jesús es el
Señor,[k] y si crees en tu corazón que Dios le
levantó de entre los muertos, serás salvo.
10 Porque con el corazón se cree para justicia, y con la boca se hace confesión para salvación. 11 Porque la Escritura dice: Todo
aquel que cree en él no será avergonzado.[l]
12 Porque no hay distinción entre judío y
griego, pues el mismo que es Señor de todos
es rico para con todos los que le invocan.
13 Porque *todo aquel que invoque el nombre*
del Señor será salvo.[m]
14 ¿Cómo, pues, invocarán a aquel en
quien no han creído? ¿Y cómo creerán a
aquel de quien no han oído? ¿Y cómo oirán
sin haber quien les predique? 15 ¿Y cómo
predicarán sin que sean enviados? Como está
escrito: *¡Cuán hermosos son los pies de los*
que anuncian el evangelio de las cosas bue-
nas![n]
16 Pero no todos obedecieron el evangelio,
porque Isaías dice: *Señor, ¿quién ha creído a*
nuestro mensaje?[o] 17 Por esto, la fe es por
el oír, y el oír por la palabra de Cristo.[p]

La desobediencia de Israel

18 Pero pregunto: ¿Acaso no oyeron? ¡Claro que sí!

Por toda la tierra
ha salido la voz de ellos;
y hasta los confines del mundo,
sus palabras.[q]

19 Pero pregunto: ¿Acaso no comprendió Israel? Moisés fue el primero en decir:

Yo os provocaré a celos
con un pueblo que no es mío;
con una nación sin entendimiento
os *provocaré a enojo.*[r]

20 También Isaías se atreve a decir:

Fui hallado
entre los que no me buscaban;
me manifesté
a los que no preguntaban por mí.[s]

21 Pero acerca de Israel dice: *Todo el día ex-*
tendí mis manos a un pueblo desobediente y
rebelde.[t]

El remanente de Israel

11 Por tanto pregunto: ¿Acaso rechazó
Dios a su pueblo? ¡De ninguna manera! Porque yo mismo soy israelita, de la descendencia de Abraham, de la tribu de Benjamín. 2 Dios no rechazó a su pueblo, al cual
conoció de antemano. ¿O no sabéis lo que
dicen las Escrituras en el caso de Elías, cuando consultó con Dios contra Israel? Dice:

[a] *28* Algunos mss. antiguos añaden *en justicia.* [b] *28* Isa. 10:22, 23 (LXX) [c] *29* Isa. 1:9 (LXX) [d] *32* Algunos mss. antiguos dicen *obras de la ley.* [e] *33* Isa. 28:16 (LXX); comp. Isa. 8:14 [f] *1* Lit., *ellos* [g] *5* Lev. 18:5 [h] *6* Deut. 9:4; 30:12 [i] *7* Deut. 30:13 [j] *8* Deut. 30:14 [k] *9* Otra trad., . . . *boca al Señor Jesús* [l] *11* Isa. 28:16 (LXX) [m] *13* Joel 2:32 [n] *15* Isa. 52:7 [o] *16* Isa. 53:1 (LXX) [p] *17* Algunos mss. antiguos dicen *la palabra de Dios.* [q] *18* Sal. 19:4 (LXX) [r] *19* Deut. 32:21 [s] *20* Isa. 65:1 (LXX) [t] *21* Isa. 65:2 (LXX)

3 Señor, *han matado a tus profetas y han
derribado tus altares; y yo he quedado solo,
y procuran quitarme la vida.*[a] 4 Pero, ¿qué
le dice la respuesta divina? *He dejado* para mí
*siete mil hombres que no han doblado la ro-
dilla delante de Baal.*[b] 5 Así también, en
este tiempo presente se ha levantado un re-
manente según la elección de gracia. 6 Y si
es por la gracia, no procede de las obras; de
otra manera, la gracia ya no sería gracia.[c]
7 ¿Qué, pues? Lo que Israel busca, eso no
alcanzó, pero los elegidos sí lo alcanzaron;[d]
y los demás fueron endurecidos, 8 como está escrito: *Dios les dio espíritu de estupor,
ojos para no ver, y oídos para no oír, hasta
el día de hoy.*[e]
9 Y David dice:

Que su mesa se convierta
en trampa y red,
en tropezadero y retribución
para ellos.
10 *Que sus ojos se oscurezcan*
para no ver,
y haz que su espalda
se doblegue para siempre.[f]

La inclusión de los gentiles

11 Pregunto pues: ¿Acaso tropezaron para
que cayesen? ¡De ninguna manera! Más bien,
con la transgresión de ellos ha venido la salvación a los gentiles, para que ellos sean pro-
vocados a celos. 12 Y si su transgresión es la
riqueza del mundo y su fracaso es la riqueza
de los gentiles, ¡cuánto más será la plena restauración[g] de ellos!
13 Y a vosotros los gentiles digo: Por cuanto yo soy apóstol de los gentiles, honro mi
ministerio, 14 por si de alguna manera pueda provocar a celos a los de mi carne y hacer
salvos a algunos de ellos. 15 Porque si la
exclusión de ellos resulta en la reconciliación
del mundo, ¡qué será su readmisión, sino vida de entre los muertos! 16 Si la primicia es
santa, también lo es toda la masa; y si la raíz
es santa, también lo son las ramas.
17 Y si algunas de las ramas fueron desgajadas y tú, siendo olivo silvestre, has sido injertado entre ellas y has sido hecho copartícipe
de la raíz, es decir, de la abundante savia del
olivo, 18 no te jactes contra las demás ramas. Pero aunque te jactes en contra de ellas,
no eres tú quien sustentas a la raíz, sino la
raíz a ti. 19 Entonces dirás: "Las ramas fueron desgajadas para que yo fuera injertado."
20 Está bien; por su incredulidad fueron desgajadas. Pero tú por tu fe estás firme. No te
ensoberbezcas, sino teme; 21 porque si Dios
no perdonó a las ramas naturales, a ti tampoco te perdonará. 22 Considera, pues, la bondad y la severidad de Dios: la severidad ciertamente para con los que cayeron; pero la bondad para contigo, si permaneces en su
bondad. De otra manera, tú también serás
cortado. 23 Y ellos también, si no permanecen en incredulidad, serán injertados; porque
Dios es poderoso para injertarlos de nuevo.
24 Pues si tú fuiste cortado del olivo silvestre
y contra la naturaleza fuiste injertado en el
buen olivo, ¡cuánto más éstos, que son las
ramas naturales, serán injertados en su propio olivo!

La restauración de Israel

25 Hermanos, para que no seáis sabios en
vuestro propio parecer, no quiero que ignoréis este misterio: que ha acontecido a Israel
endurecimiento en parte, hasta que haya entrado la plenitud de los gentiles. 26 Y así
todo Israel será salvo, como está escrito:

Vendrá de Sion el libertador;
quitará de Jacob la impiedad.[h]
27 *Y éste será mi pacto con ellos,*
cuando yo quite sus pecados.[i]

28 Así que, en cuanto al evangelio, son enemigos por causa de vosotros, pero en cuanto
a la elección son amados por causa de los
padres; 29 porque los dones y el llamamiento de Dios son irrevocables. 30 De igual manera, vosotros en otro tiempo erais desobedientes a Dios, pero ahora habéis alcanzado
misericordia por la desobediencia de ellos.
31 Asimismo, ellos han sido desobedientes en
este tiempo, para que por la misericordia
concedida a vosotros, también a ellos les sea
ahora concedida misericordia. 32 Porque
Dios encerró a todos bajo desobediencia, para
tener misericordia de todos.

Doxología

33 ¡Oh la profundidad de las riquezas, y de
la sabiduría y del conocimiento de Dios!
¡Cuán incomprensibles son sus juicios e inescrutables sus caminos! 34 Porque:

¿Quién entendió la mente del Señor?
¿O quién llegó a ser su consejero?[j]

[a] *3* 1 Rey. 19:10, 14 [b] *4* 1 Rey. 19:18 [c] *6* Algunos mss. antiguos añaden *y si es por las obras, ya no es por gracia; de otra manera la obra no es obra.* [d] *7* Lit., *pero la elección sí lo alcanzó* [e] *8* Isa. 29:10 [f] *10* Sal. 69:22, 23 (LXX) [g] *12* Otra trad., *la plenitud* [h] *26* Isa. 59:20 (LXX) [i] *27* Isa. 27:9 (LXX) [j] *34* Isa. 40:13 (LXX)

35 *¿O quién le ha dado a él primero*
para que sea recompensado por él?[a]

36 Porque de él y por medio de él y para él son
todas las cosas. A él sea la gloria por los siglos. Amén.

El sacrificio agradable a Dios

12 Así que, hermanos, os ruego por las
misericordias de Dios que presentéis
vuestros cuerpos como sacrificio vivo, santo
y agradable a Dios, que es vuestro culto racio-
nal.[b] 2 No os conforméis a este mundo;
más bien, transformaos por la renovación de
vuestro entendimiento, de modo que com-
probéis cuál sea la voluntad de Dios, buena,
agradable y perfecta.
3 Digo, pues, a cada uno de vosotros, por
la gracia que me ha sido dada, que nadie tenga más alto concepto de sí que el que deba
tener; más bien, que piense con sensatez,
conforme a la medida de la fe que Dios repartió a cada uno. 4 Porque de la manera que
en un solo cuerpo tenemos muchos miembros, pero todos los miembros no tienen la
misma función; 5 así nosotros, siendo muchos, somos un solo cuerpo en Cristo, pero
todos somos miembros los unos de los otros.
6 De manera que tenemos dones que varían
según la gracia que nos ha sido concedida: Si
es de profecía, úsese conforme a la medida de
la fe; 7 si es de servicio, en servir; el que
enseña, úselo en la enseñanza; 8 el que exhorta, en la exhortación; el que comparte,
con liberalidad; el que preside, con diligencia; y el que hace misericordia, con alegría.

Consejos para la vida cristiana

9 El amor sea sin fingimiento, aborrecien-
do lo malo y adhiriéndoos a lo bueno:
10 amándoos los unos a los otros con amor
fraternal; en cuanto a honra, prefiriéndoos
los unos a los otros; 11 no siendo perezosos
en lo que requiere diligencia; siendo ardientes en espíritu, sirviendo al Señor; 12 gozosos en la esperanza, pacientes en la tribulación, constantes en la oración; 13 compar-
tiendo para las necesidades de los santos;
practicando la hospitalidad. 14 Bendecid a
los que os persiguen; bendecid y no maldi-
gáis. 15 Gozaos con los que se gozan. Llorad
con los que lloran. 16 Tened un mismo sentir los unos por los otros, no siendo altivos,
sino acomodándoos a los humildes. No seáis
sabios en vuestra propia opinión. 17 No pa-
guéis a nadie mal por mal. Procurad lo bueno
delante de todos los hombres. 18 Si es posible, en cuanto dependa de vosotros, tened
paz con todos los hombres. 19 Amados, no
os venguéis vosotros mismos, sino dejad lugar a la ira de Dios,[c] porque está escrito: *Mía
es la venganza; yo pagaré,*[d] dice el Señor.
20 Más bien, *si tu enemigo tiene hambre, dale de comer; y si tiene sed, dale de beber;
pues haciendo esto, carbones encendidos
amontonarás sobre su cabeza.*[e] 21 No seas
vencido por el mal, sino vence el mal con el
bien.

Actitud hacia las autoridades

13 Sométase toda persona a las autoridades superiores, porque no hay autoridad que no provenga de Dios; y las que
hay, por Dios han sido constituidas. 2 Así
que, el que se opone a la autoridad, se opone
a lo constituido por Dios; y los que se oponen
recibirán condenación para sí mismos.
3 Porque los gobernantes no están para in-
fundir el terror al que hace lo bueno, sino al
que hace lo malo. ¿Quieres no temer a la
autoridad? Haz lo bueno y tendrás su alabanza; 4 porque es un servidor de Dios para tu
bien. Pero si haces lo malo, teme; porque no
lleva en vano la espada; pues es un servidor
de Dios, un vengador para castigo del que
hace lo malo. 5 Por lo cual, es necesario que
estéis sujetos, no solamente por razón del
castigo, sino también por motivos de conciencia. 6 Porque por esto pagáis también
los impuestos, pues los gobernantes[f] son
ministros de Dios que atienden a esto mismo.
7 Pagad a todos lo que debéis: al que tributo,
tributo; al que impuesto, impuesto; al que
respeto, respeto; al que honra, honra.

El amor al prójimo

8 No debáis a nadie nada, salvo el amaros
unos a otros; porque el que ama al prójimo
ha cumplido la ley. 9 Porque los mandamientos *—no cometerás adulterio, no cometerás homicidio, no robarás,*[g] *no codiciarás,*[h] y cualquier otro mandamiento— se resumen en esta sentencia: *Amarás a tu
prójimo como a ti mismo.*[i] 10 El amor no
hace mal al prójimo; así que el amor es el
cumplimiento de la ley.
11 Y haced esto conociendo el tiempo, que
ya es hora de despertaros del sueño; porque
ahora la salvación está más cercana de nosotros que cuando creímos. 12 La noche está

[a] *35* Job 41:11 [b] *1* Otra trad., *servicio espiritual* [c] *19* En el texto griego no está *de Dios*, pero se sobrentiende de la cita. [d] *19* Deut. 32:35 [e] *20* Prov. 25:21, 22 (LXX) [f] *6 Los gobernantes,* suplido del v. 3 [g] *9* Algunos mss. antiguos incluyen *no dirás falso testimonio.* [h] *9* Exo. 20:13-17; Deut. 5:17-19, 21 [i] *9* Lev. 19:18

muy avanzada, y el día está cerca.[a] Despojémonos, pues, de las obras de las tinieblas y
vistámonos con las armas de la luz. 13 Andemos decentemente, como de día; no con
glotonerías y borracheras, ni en pecados
sexuales y desenfrenos, ni en peleas y envidia.
14 Más bien, vestíos del Señor Jesucristo, y no
hagáis provisión para satisfacer los malos deseos de la carne.

La comprensión entre hermanos

14 Recibid al débil en la fe, pero no para
contender sobre opiniones. 2 Por-
que uno cree que puede comer de todo, y el
débil come sólo verduras. 3 El que come no
menosprecie al que no come, y el que no
come no juzgue al que come; porque Dios le
ha recibido. 4 Tú, ¿quién eres que juzgas al
criado ajeno? Para su propio señor está en pie
o cae; pero será afirmado, porque poderoso es
el Señor para afirmarle. 5 Mientras que uno
hace diferencia entre día y día, otro juzga
iguales todos los días. Cada uno esté convencido en su propia mente. 6 El que hace caso
del día, para el Señor lo hace. El que come,
para el Señor come, porque da gracias a Dios;
y el que no come, para el Señor no come, y
da gracias a Dios. 7 Porque ninguno de nosotros vive para sí, y ninguno muere para sí.
8 Pues si vivimos, para el Señor vivimos; y si
morimos, para el Señor morimos. Así que,
sea que vivamos o que muramos, somos del
Señor. 9 Porque Cristo para esto murió[b] y
vivió, para ser el Señor así de los muertos
como de los que viven.

10 Pero tú, ¿por qué juzgas a tu hermano?
O tú también, ¿por qué menosprecias a tu
hermano? Pues todos compareceremos ante
el tribunal de Dios,[c] 11 porque está escrito:

Vivo yo, dice el Señor,
que ante mí se doblará toda rodilla,
y toda lengua confesará[d] *a Dios.*[e]

12 De manera que cada uno de nosotros ren-
dirá cuenta a Dios de sí mismo.

13 Así que, no nos juzguemos más los unos
a los otros; más bien, determinad no poner
tropiezo, impedimento u obstáculo al hermano. 14 Yo sé, y estoy persuadido en el Señor
Jesús, que nada hay inmundo en sí; pero para
aquel que estima que algo es inmundo, para
él sí lo es. 15 Pues si por causa de la comida
tu hermano es contristado, ya no andas conforme al amor. No arruines por tu comida a
aquel por quien Cristo murió.

16 Por tanto, no dejéis que se hable mal de
lo que para vosotros es bueno; 17 porque el
reino de Dios no es comida ni bebida, sino
justicia, paz y gozo en el Espíritu Santo.
18 Porque el que en esto sirve a Cristo, agrada
a Dios y es aprobado por los hombres.

19 Así que, sigamos lo que contribuye a la
paz y a la mutua edificación. 20 No destru-
yas la obra de Dios por causa de la comida.
A la verdad, todas las cosas son limpias; pero
es malo que un hombre cause tropiezo por su
comida. 21 Bueno es no comer carne, ni beber vino, ni hacer nada en que tropiece[f] tu
hermano.

22 La fe que tú tienes, tenla para contigo
mismo delante de Dios. Dichoso el que no se
condena a sí mismo con lo que aprueba.
23 Pero el que duda[g] al respecto, es condenado si come, porque no lo hace con fe. Pues
todo lo que no proviene de fe es pecado.

15 Así que, los que somos más fuertes
debemos sobrellevar las flaquezas de
los débiles y no agradarnos a nosotros mismos. 2 Cada uno de nosotros agrade a su
prójimo para el bien, con miras a la edificación. 3 Porque Cristo no se agradó a sí mismo; más bien, como está escrito: *Las afrentas de los que te afrentaron, cayeron sobre
mí.*[h] 4 Pues lo que fue escrito anteriormen-
te fue escrito para nuestra enseñanza, a fin de
que por la perseverancia[i] y la exhortación de
las Escrituras tengamos esperanza. 5 Y el
Dios de la perseverancia[i] y de la exhortación
os conceda que tengáis el mismo sentir los
unos por los otros, según Cristo Jesús; 6 para que unánimes y a una sola voz glorifiquéis
al Dios y Padre de nuestro Señor Jesucristo.
7 Por tanto, recibíos unos a otros como Cristo
os recibió para la gloria de Dios.

El evangelio para todas las naciones

8 Digo, pues, que Cristo fue hecho ministro de la circuncisión a favor de la verdad de
Dios, para confirmar las promesas hechas a
los patriarcas, 9 y para que las naciones[j]
glorifiquen a Dios por la misericordia, como
está escrito:

Por tanto, yo te confesaré[k]
entre las naciones,
y cantaré a tu nombre.[l]

10 Y otra vez dice:

[a]12 Lit., *se ha acercado*; comp. Mar. 1:15 [b]9 Algunos mss. antiguos incluyen *y resucitó.* [c]10 Algunos mss. antiguos tienen *de Cristo.* [d]11 O: *alabará* [e]11 Isa. 45:23 (LXX) [f]21 Algunos mss. antiguos añaden *o se ofenda o sea debilitado.* [g]23 Otra trad., *el que hace diferencia* [h]3 Sal. 69:9 [i]4,5 O: *paciencia* [j]9 O: *los gentiles* [k]9 O: *alabaré* [l]9 Sal. 18:49; 2 Sam. 22:50

Alegraos, naciones, con su pueblo.[a]

11 Y otra vez:

Alabad al Señor, todas las naciones;
y ensalzadle, pueblos todos.[b]

12 Y otra vez dice Isaías:

Vendrá la raíz de Isaí,
y el que se levantará
para gobernar a las naciones;
y las naciones esperarán en él.[c]

13 Que el Dios de esperanza os llene de todo
gozo y paz en el creer, para que abundéis en
la esperanza por el poder del Espíritu Santo.

Alcances del ministerio de Pablo

14 Pero yo mismo estoy persuadido de vosotros, hermanos míos, que vosotros también estáis colmados de bondad, llenos de
todo conocimiento, de tal manera que podéis
aconsejaros los unos a los otros. 15 Pero con
bastante atrevimiento os he escrito para haceros recordar ciertos asuntos. Esto hago a
causa de la gracia que me ha sido dada por
Dios 16 para ser ministro de Cristo Jesús a
los gentiles, ejerciendo el servicio sagrado del
evangelio de Dios; y esto, con el fin de que la
ofrenda de los gentiles sea bien recibida, san-
tificada por el Espíritu Santo.

17 Tengo, pues, de qué gloriarme en Cristo
Jesús, en las cosas que se refieren a Dios.
18 Porque no me atrevería a hablar de nada
que Cristo no haya hecho por medio de mí,
para la obediencia de los gentiles, por palabra
y obra, 19 con poder de señales y prodigios,
con el poder del Espíritu de Dios; de modo
que desde Jerusalén hasta los alrededores del
Ilírico[d] lo he llenado todo con el evangelio
de Cristo. 20 De esta manera he procurado
predicar el evangelio donde Cristo no era
nombrado, para no edificar sobre fundamento ajeno, 21 sino como está escrito: *Verán
aquellos a quienes nunca se les anunció
acerca de él, y los que no han oído entende-
rán.*[e]

22 Por esta razón, he sido impedido muchas veces de ir a vosotros; 23 pero ahora,
no teniendo más lugar en estas regiones y
teniendo desde hace muchos años el gran
deseo de ir a vosotros, 24 lo haré cuando
viaje para España. Porque espero veros al pasar y ser encaminado por vosotros allá, una
vez que en algo me haya gozado con vosotros.
25 Pero ahora voy a Jerusalén para ministrar
a los santos. 26 Porque Macedonia y Acaya
tuvieron a bien hacer una ofrenda para los
pobres de entre los santos que están en Jerusalén. 27 Pues les pareció bien, y son deudores a ellos; porque si los gentiles han sido
hechos participantes de sus bienes espirituales, ellos también deben servirles con sus bienes materiales. 28 Así que, cuando haya
concluido esto y les haya entregado oficial-
mente este fruto, pasaré por vosotros a España. 29 Y sé que cuando vaya a vosotros, llegaré con la abundancia de la bendición de
Cristo.[f]

30 Pero os ruego, hermanos, por nuestro
Señor Jesucristo y por el amor del Espíritu,
que luchéis conmigo en oración por mí delante de Dios; 31 para que yo sea librado de
los desobedientes que están en Judea, y que
mi servicio[g] a Jerusalén sea del agrado de los
santos; 32 para que al llegar a vosotros con
gozo por la voluntad de Dios, encuentre descanso junto con vosotros. 33 Y el Dios de
paz sea con todos vosotros. Amén.

Saludos personales

16 Os recomiendo a nuestra hermana
Febe, diaconisa de la iglesia que está
en Cencrea, 2 para que la recibáis en el Señor, como es digno de los santos, y que la
ayudéis en cualquier cosa que sea necesaria;
porque ella ha ayudado a muchos, incluso a
mí mismo.

3 Saludad a Priscila[h] y a Aquilas, mis colaboradores en Cristo Jesús, 4 que expusie-
ron sus cuellos por mi vida, y a quienes estoy
agradecido, no sólo yo, sino también todas
las iglesias de los gentiles. 5 Saludad también a la iglesia de su casa.

Saludad a Epeneto, amado mío, que es uno
de los primeros frutos de Acaya en Cristo.
6 Saludad a María, quien ha trabajado arduamente entre vosotros. 7 Saludad a Andróni-
co y a Junias, mis parientes y compañeros de
prisiones, quienes son muy estimados por los
apóstoles y también fueron antes de mí en
Cristo. 8 Saludad a Amplias, amado mío en
el Señor. 9 Saludad a Urbano, nuestro colaborador en Cristo y a Estaquis, amado mío.
10 Saludad a Apeles, aprobado en Cristo. Saludad a los de la casa de Aristóbulo. 11 Saludad a Herodión, mi pariente. Saludad a los de
la casa de Narciso, los cuales están en el Señor. 12 Saludad a Trifena y a Trifosa, las
cuales han trabajado arduamente en el Señor. Saludad a la amada Pérsida, quien ha

[a] *10* Deut. 32:43 (LXX) [b] *11* Sal. 117:1 [c] *12* Isa. 11:10 (LXX); comp. Apoc. 5:5 [d] *19* Parte de lo que es hoy Yugoeslavia; *Dalmacia* en 2 Tim. 4:10 [e] *21* Isa. 52:15 (LXX) [f] *29* Algunos mss. antiguos tienen: *de la bendición del evangelio de Cristo.* [g] *31* O: *ministerio* [h] *3* Lit., *Prisca*

trabajado mucho en el Señor. 13 Saludad a
Rufo, el escogido en el Señor; y a su madre,
que también es mía. 14 Saludad a Asíncrito,
a Flegonte, a Hermas, a Patrobas, a Hermes
y a los hermanos que están con ellos. 15 Saludad a Filólogo y a Julia, a Nereo y a la
hermana de él, a Olimpas y a todos los santos
que están con ellos. 16 Saludaos unos a
otros con un beso santo. Os saludan todas las
iglesias de Cristo.

17 Pero os ruego, hermanos, que os fijéis
en los que causan divisiones y tropiezos en
contra de la doctrina que habéis aprendido,
y que os apartéis de ellos. 18 Porque tales
personas no sirven a Cristo nuestro Señor,
sino a sus propios estómagos, y con suaves
palabras y lisonjas engañan a los corazones
de los ingenuos. 19 Porque vuestra obediencia ha llegado a ser conocida de todos, de
modo que me gozo a causa de vosotros; pero
quiero que seáis sabios para el bien e inocen-
tes para el mal. 20 Y el Dios de paz aplastará
en breve a Satanás debajo de vuestros pies. La
gracia de nuestro Señor Jesús[a] sea con vosotros.

21 Os saludan Timoteo mi colaborador, y
Lucio, Jasón y Sosípater, mis parientes.
22 Yo Tercio, que he escrito la epístola, os
saludo en el Señor. 23 Os saluda Gayo, hos-
pedador mío y de toda la iglesia. Os saludan
Erasto, tesorero de la ciudad, y el hermano
Cuarto.

Doxología final

24[b],25 Y al que puede haceros firmes —
según mi evangelio y la predicación de Jesucristo; y según la revelación del misterio que
se ha mantenido oculto desde tiempos eter-
nos, 26 pero que ha sido manifestado ahora;
y que por medio de las Escrituras proféticas
y según el mandamiento del Dios eterno se
ha dado a conocer a todas las naciones para
la obediencia de la fe—, 27 al único sabio
Dios, sea la gloria mediante Jesucristo, para
siempre. Amén.

La Primera Epístola del
Apóstol Pablo a los Corintios

1 Corintios

1 Pablo, llamado a ser apóstol de Cristo
Jesús por la voluntad de Dios, y el hermano Sóstenes;[c] 2 a la iglesia de Dios que
está en Corinto, a los santificados en Cristo
Jesús y llamados a ser santos, con todos los
que en todo lugar invocan el nombre de
nuestro Señor Jesucristo, Señor de ellos y
nuestro: 3 Gracia a vosotros y paz, de parte
de Dios nuestro Padre y del Señor Jesucristo.

Gracias por las riquezas en Cristo

4 Gracias doy a mi Dios siempre en cuanto
a vosotros por la gracia de Dios que os fue
concedida en Cristo Jesús; 5 porque en todo
habéis sido enriquecidos en él, en toda palabra y en todo conocimiento. 6 Así el testimonio de Cristo ha sido confirmado entre
vosotros 7 hasta no faltaros ningún don,
mientras esperáis la manifestación de nuestro Señor Jesucristo. 8 Además, él os confir-
mará hasta el fin, para que seáis irreprensibles en el día de nuestro Señor Jesucristo.[d]
9 Fiel es Dios, por medio de quien fuisteis
llamados a la comunión de su Hijo Jesucristo, nuestro Señor.

Disensiones en la iglesia

10 Os exhorto, pues, hermanos, por el
nombre de nuestro Señor Jesucristo, a que os
pongáis de acuerdo[e] y que no haya más disensiones entre vosotros, sino que estéis
completamente unidos en la misma mente y
en el mismo parecer. 11 Porque se me ha
informado de vosotros, hermanos míos, por
los de Cloé, que entre vosotros hay contiendas. 12 Me refiero a que uno de vosotros está
diciendo: "Yo soy de Pablo", otro "yo de Apolos", otro "yo de Pedro"[f] y otro "yo de Cristo". 13 ¿Está dividido Cristo?[g] ¿Acaso fue
crucificado Pablo por vosotros? ¿O habéis sido bautizados en el nombre de Pablo?
14 Doy gracias a Dios[h] que no bauticé a ninguno de vosotros, sino a Crispo y a Gayo,
15 para que nadie diga que ha sido bautizado
en mi nombre 16 (pero también bauticé a
los de la casa de Estéfanas; en cuanto a los

[a]20 Algunos mss. antiguos tienen *nuestro Señor Jesucristo*. [b]24 Algunos mss. antiguos incluyen aquí una doxología como las de 15:33 y 16:20: [24]*La gracia de nuestro Señor Jesucristo sea con todos vosotros. Amén.* [c]1 Ver Hech. 18:17 [d]8 Algunos mss. antiguos no incluyen *Cristo*. [e]10 Lit., *habléis todos una misma cosa* [f]12 Lit., *Cefas*, nombre arameo que significa *piedra*, como *Pedro* en griego; ver Juan 1:42 [g]13 Algunos mss. antiguos tienen *¿Acaso está . . .* [h]14 Algunos mss. antiguos no incluyen *a Dios* o dicen *a mi Dios*.

demás, no sé si bauticé a algún otro).
17 Porque Cristo no me envió a bautizar, sino
a predicar el evangelio; no con sabiduría de
palabras, para que no sea hecha vana la cruz
de Cristo.

Cristo: sabiduría y poder de Dios

18 Porque para los que se pierden,[a] el
mensaje de la cruz es locura; pero para nosotros que somos salvos,[b] es poder de Dios.
19 Porque está escrito:

Destruiré la sabiduría de los sabios,
y desecharé el entendimiento de los
entendidos.[c]

20 ¿Dónde está el sabio? ¿Dónde el escriba?
¿Dónde el disputador de esta edad presente?
¿No es cierto que Dios ha transformado en
locura la sabiduría de este mundo? 21 Puesto que en la sabiduría de Dios, el mundo no
ha conocido a Dios mediante la sabiduría, a
Dios le pareció bien salvar a los creyentes por
la locura de la predicación. 22 Porque los
judíos piden señales, y los griegos buscan sabiduría; 23 pero nosotros predicamos a
Cristo crucificado: para los judíos tropezadero, y para los gentiles locura. 24 Pero para
los llamados, tanto judíos como griegos,
Cristo es el poder de Dios y la sabiduría de
Dios. 25 Porque lo necio de Dios es más sabio que los hombres, y lo débil de Dios es más
fuerte que los hombres.
26 Pues considerad, hermanos, vuestro llamamiento: No sois muchos sabios según la
carne, ni muchos poderosos, ni muchos nobles. 27 Más bien, Dios ha elegido lo necio
del mundo para avergonzar a los sabios, y lo
débil del mundo Dios ha elegido para avergonzar a lo fuerte. 28 Dios ha elegido lo vil
del mundo y lo menospreciado; lo que no es,
para deshacer lo que es, 29 a fin de que nadie[d] se jacte delante de Dios. 30 Por él estáis vosotros en Cristo Jesús, a quien Dios
hizo para nosotros sabiduría,[e] justificación,
santificación y redención; 31 para que, como está escrito: *El que se gloría, gloríese en*
el Señor.[f]

El mensaje de Cristo crucificado

2 Así que, hermanos, cuando yo fui a vosotros para anunciaros el misterio[g] de
Dios, no fui con excelencia de palabras o de
sabiduría. 2 Porque me propuse no saber
nada entre vosotros, sino a Jesucristo, y a él
crucificado. 3 Y estuve entre vosotros con
debilidad, con temor y con mucho temblor.
4 Ni mi mensaje ni mi predicación fueron con
palabras persuasivas de sabiduría,[h] sino con
demostración del Espíritu y de poder, 5 para
que vuestra fe no esté fundada en la sabiduría de los hombres, sino en el poder de
Dios.

La sabiduría que viene del Espíritu

6 Sin embargo, hablamos sabiduría entre
los que han alcanzado madurez; pero una
sabiduría, no de esta edad presente, ni de los
príncipes de esta edad, que perecen. 7 Más
bien, hablamos la sabiduría de Dios en misterio, la sabiduría oculta que Dios predestinó
desde antes de los siglos[i] para nuestra gloria. 8 Ninguno de los príncipes de esta edad
conoció esta sabiduría; porque si ellos la hubieran conocido, nunca habrían crucificado
al Señor de la gloria. 9 Más bien, como está
escrito: *Cosas que ojo no vio ni oído oyó,*[j]
que ni han surgido en el corazón del hombre,
son las que Dios ha preparado para los que le
aman. 10 Pero a nosotros Dios nos las reveló
por el Espíritu; porque el Espíritu todo lo
escudriña, aun las cosas profundas de Dios.
11 Pues ¿quién de los hombres conoce las cosas profundas del hombre, sino el espíritu del
hombre que está en él? Así también, nadie ha
conocido las cosas profundas de Dios, sino el
Espíritu de Dios. 12 Y nosotros no hemos
recibido el espíritu de este mundo, sino el
Espíritu que procede de Dios, para que co-
nozcamos las cosas que Dios nos ha dado
gratuitamente. 13 De estas cosas estamos
hablando, no con las palabras enseñadas por
la sabiduría humana, sino con las enseñadas
por el Espíritu, interpretando lo espiritual
por medios espirituales. 14 Pero el hombre
natural no acepta las cosas que son del Espíritu de Dios, porque le son locura; y no las
puede comprender, porque se han de discernir espiritualmente. 15 En cambio, el hombre espiritual lo juzga todo,[k] mientras que él
no es juzgado por nadie. 16 Porque,

¿quién conoció la mente del Señor?
¿Quién le instruirá?[l]

Pero nosotros tenemos la mente de Cristo.

[a] *18* O sea, los que están en el camino de la perdición [b] *18* O sea, los que estamos en el camino de la salvación [c] *19* Isa. 29:14 (LXX) [d] *29* Lit., *ninguna carne* [e] *30* Otra trad., *quien para nosotros llegó a ser la sabiduría de Dios con . . .* [f] *31* Jer. 9:24 [g] *1* Algunos mss. antiguos tienen *testimonio.* [h] *4* Algunos mss. antiguos varían la frase *palabras persuasivas de sabiduría* e incluyen *humanas.* [i] *7* Otra trad., *la eternidad* [j] *9* Isa. 64:4; ver Isa. 52:15 [k] *15* Algunos mss. antiguos dicen *todos* (los hombres). [l] *16* Isa. 40:13 (LXX)

Colaboradores de Dios en el evangelio

3 Y yo, hermanos, no pude hablaros como
a espirituales, sino como a carnales, como a niñitos en Cristo. 2 Os di a beber leche
y no alimento sólido, porque todavía no po-
díais recibirlo, y ni aún ahora podéis; 3 porque todavía sois carnales. Pues en tanto que
hay celos y contiendas[a] entre vosotros, ¿no
es cierto que sois carnales y andáis como humanos? 4 Porque cuando uno dice: "Yo soy
de Pablo", mientras otro dice: "Yo soy de Apolos", ¿no sois carnales?[b]
5 ¿Qué, pues, es Apolos? ¿y qué es Pablo?
Sólo siervos[c] por medio de los cuales habéis
creído; y a cada uno según el Señor le concedió. 6 Yo planté, Apolos regó; pero Dios dio
el crecimiento. 7 Así que, ni el que planta es
algo, ni el que riega; sino Dios, quien da el
crecimiento. 8 El que planta y el que riega
son una misma cosa, pero cada uno recibirá
su recompensa conforme a su propia labor.
9 Porque nosotros somos colaboradores de
Dios, y vosotros sois huerto de Dios, edificio
de Dios.
10 Conforme a la gracia de Dios que me ha
sido dada, como perito arquitecto he puesto
el fundamento, y otro está edificando encima. Pero cada uno mire cómo edifica encima, 11 porque nadie puede poner otro fundamento que el que está puesto, el cual es
Jesucristo. 12 Si alguien edifica sobre este
fundamento con oro, plata, piedras preciosas, madera, heno u hojarasca, 13 la obra de
cada uno será evidente, pues el día la dejará
manifiesta. Porque por el fuego será revelada;
y a la obra de cada uno, sea la que sea, el
fuego la probará. 14 Si permanece la obra
que alguien ha edificado sobre el fundamento, él recibirá recompensa. 15 Si la obra de
alguien es quemada, él sufrirá pérdida; aunque él mismo será salvo, pero apenas, como
por fuego.
16 ¿No sabéis que sois templo de Dios, y
que el Espíritu de Dios mora en vosotros?
17 Si alguien destruye el templo de Dios, Dios
lo destruirá a él; porque santo es el templo de
Dios, el cual sois vosotros.
18 Nadie se engañe a sí mismo. Si alguno
entre vosotros cree ser sabio en esta edad
presente, hágase necio para llegar a ser sabio.
19 Porque la sabiduría de este mundo es locura delante de Dios, pues está escrito: *El prende a los sabios en la astucia de ellos*;[d] 20 y
otra vez: *El Señor conoce los pensamientos
de los* sabios, *que son vanos*.[e] 21 Así que
nadie se gloríe en los hombres; pues todo es
vuestro 22 —sea Pablo, sea Apolos, sea Pedro,[f] sea el mundo, sea la vida, sea la muerte, sea lo presente, sea lo porvenir—, todo es
vuestro, 23 y vosotros de Cristo, y Cristo de
Dios.

Contra los que causan disensiones

4 Que todo hombre nos considere como
servidores de Cristo y mayordomos de
los misterios de Dios. 2 Ahora bien, lo que
se requiere de los mayordomos es que cada
uno sea hallado fiel. 3 Para mí es poca cosa
el ser juzgado por vosotros o por cualquier
tribunal humano;[g] pues ni siquiera yo me
juzgo a mí mismo. 4 No tengo conocimiento de nada en contra mía, pero no por eso he
sido justificado; pues el que me juzga es el
Señor. 5 Así que, no juzguéis nada antes de
tiempo, hasta que venga el Señor, quien a la
vez sacará a la luz las cosas ocultas de las
tinieblas y hará evidentes las intenciones de
los corazones. Entonces tendrá cada uno la
alabanza de parte de Dios.
6 Hermanos, todo esto lo he aplicado a mí
y a Apolos como ejemplo por causa de vosotros, para que aprendáis en nosotros a no
pasar[h] más allá de lo que está escrito, y para
que no estéis inflados de soberbia, favore-
ciendo al uno contra el otro. 7 Pues, ¿quién
te concede alguna distinción? ¿Qué tienes
que no hayas recibido? Y si lo recibiste, ¿por
qué te jactas como si no lo hubieras recibido?
8 Ya estáis saciados; ya os enriquecisteis; sin
nosotros llegasteis a reinar. ¡Ojalá reinaseis,
para que nosotros reináramos también con
vosotros! 9 Porque considero que a nosotros
los apóstoles, Dios nos ha exhibido en último
lugar, como a condenados a muerte; porque
hemos llegado a ser espectáculo para el mundo, para los ángeles y para los hombres.
10 Nosotros somos insensatos por causa de
Cristo; vosotros sois sensatos en Cristo. Nosotros somos débiles; vosotros fuertes. Vosotros sois distinguidos, pero nosotros despre-
ciados. 11 Hasta la hora presente sufrimos
hambre y sed, nos falta ropa, andamos heridos de golpes y sin dónde morar. 12 Nos
fatigamos trabajando con nuestras propias
manos. Cuando somos insultados, bendecimos; cuando somos perseguidos, lo soportamos; 13 cuando somos difamados, procuramos ser amistosos.[i] Hemos venido a ser has-

[a] *3* Algunos mss. antiguos incluyen *y disensiones*. [b] *4* Otra trad., *¿no procedéis como hombres?* [c] *5* O sea, *ministros* [d] *19* Job 5:13 [e] *20* Sal. 94:11 [f] *22* Ver nota para 1:12 [g] *3* Lit., *día humano*, en contraste con el *día del Señor* [h] *6* *Pasar*, suplido por el contexto; algunos mss. antiguos tienen *pensar*. [i] *13* Lit., *soy llamado para estar al lado*; es decir, para alentar o ayudar

ta ahora como el desperdicio del mundo, el
desecho de todos.

14 No os escribo esto para avergonzaros,
sino para amonestaros como a mis hijos amados. 15 Pues aunque tengáis diez mil tuto-
res en Cristo, no tenéis muchos padres; porque en Cristo Jesús yo os engendré por medio
del evangelio. 16 Por tanto, os exhorto a que
seáis imitadores de mí. 17 Por esto, os he
enviado a Timoteo, quien es mi hijo amado
y fiel en el Señor, el cual os hará recordar mi
proceder[a] en Cristo Jesús,[b] tal como lo en-
seño por todas partes en todas las iglesias.

18 Pero algunos se han inflado de soberbia,
como si yo nunca hubiera de ir a vosotros.
19 Pero iré pronto a vosotros, si el Señor
quiere, y llegaré a conocer, ya no las palabras
de aquellos inflados, sino su poder. 20 Porque el reino de Dios no consiste en palabras,
sino en poder. 21 ¿Qué queréis? ¿Que vaya
a vosotros con un palo, o con amor y en espíritu de mansedumbre?

Contra la inmoralidad

5 Ciertamente, se oye que hay entre vosotros inmoralidad sexual, y una inmoralidad tal como ni aun entre los gentiles se tole-
ra; tanto, que hay quien tiene la esposa de su
padre. 2 ¡Y vosotros estáis inflados de soberbia! ¿No habría sido preferible llorar, para
que el que ha cometido semejante acción fuera expulsado de entre vosotros?

3 Aunque por cierto estoy ausente en el
cuerpo, estoy presente en el espíritu. Ya he
juzgado, tal como si estuviera presente, a
aquel que ha hecho semejante cosa. 4 En el
nombre de nuestro Señor Jesús,[c] reunidos
vosotros y mi espíritu con el poder de nuestro
Señor Jesús, 5 entregad al tal a Satanás para
la destrucción de la carne, a fin de que su
espíritu sea salvo en el día del Señor.[d]

6 Vuestra jactancia no es buena. ¿No sabéis
que un poco de levadura leuda toda la masa?
7 Limpiaos de la vieja levadura, para que seáis
una nueva masa, como sois sin levadura; porque Cristo, nuestro Cordero pascual, ha sido
sacrificado.[e] 8 Así que celebremos la fiesta,
no con la vieja levadura, ni con la levadura de
malicia y de maldad, sino con pan sin levadura, de sinceridad y de verdad.

9 Os he escrito por carta que no os asociéis
con fornicarios. 10 No me refiero en forma
absoluta a los que de este mundo son fornicarios, avaros, estafadores o idólatras, pues en
tal caso os sería necesario salir del mundo.
11 Pero ahora os escribo que no os asociéis
con ninguno que, llamándose hermano, sea
fornicario, avaro, idólatra, calumniador, bo-
rracho o estafador. Con tal persona ni aun
comáis. 12 Pues, ¿por qué tengo yo que juzgar a los que están afuera? ¿No juzgáis a los
que están adentro? 13 Pues a los que están
afuera Dios los juzgará.[f] Pero *quitad al malvado de entre vosotros*.[g]

Pleitos entre hermanos

6 ¿Cómo se atreve alguno de vosotros, teniendo un asunto contra otro, a ir a juicio delante de los injustos y no, más bien,
delante de los santos? 2 ¿O no sabéis que los
santos han de juzgar al mundo? Y si el mundo
ha de ser juzgado por vosotros, ¿sois indignos
de juzgar pleitos tan pequeños? 3 ¿No sabéis
que hemos de juzgar a los ángeles? ¡Cuánto
más las cosas de esta vida! 4 Por tanto, en
caso de haber pleitos con respecto a las cosas
de esta vida, a los que para la iglesia son de
poca estima, ¿a éstos ponéis para juzgar?[h]
5 Para avergonzaros lo digo. Pues, ¿qué? ¿No
hay entre vosotros ni un solo sabio que pueda
juzgar entre sus hermanos? 6 Pero hermano va a juicio contra hermano, ¡y esto ante
los incrédulos! 7 Sin lugar a duda, ya es un
fracaso total para vosotros el que tengáis pleitos entre vosotros. ¿Por qué no sufrir más
bien la injusticia? ¿Por qué no ser más bien
defraudados? 8 Sin embargo, vosotros hacéis injusticia y defraudáis, ¡y esto a los hermanos!

9 ¿No sabéis que los injustos no heredarán
el reino de Dios? No os engañéis: que ni los
fornicarios, ni los idólatras, ni los adúlteros,
ni los afeminados, ni los homosexuales,
10 ni los ladrones, ni los avaros, ni los borrachos, ni los calumniadores, ni los estafadores, heredarán el reino de Dios. 11 Y esto
erais algunos de vosotros, pero ya habéis sido
lavados, pero ya sois santificados, pero ya habéis sido justificados en el nombre del Señor
Jesucristo[i] y en el Espíritu de nuestro Dios.

Consagrar el cuerpo a Dios

12 Todas las cosas me son lícitas, pero no
todo me conviene. Todas las cosas me son
lícitas, pero yo no me dejaré dominar por
ninguna. 13 La comida es para el estómago,

[a] *17* Lit., *mis caminos* [b] *17* Algunos mss. antiguos omiten *Jesús*. [c] *4* Algunos mss. antiguos no incluyen *nuestro*; otros agregan *Cristo*. [d] *5* Algunos mss. antiguos dicen *Señor Jesús*; otros, *Señor nuestro, Jesucristo*. [e] *7* Algunos mss. tardíos agregan *a favor de nosotros*. [f] *13* Algunos mss. antiguos dicen *juzga*. [g] *13* Un refrán de Deut. 17:7 (LXX); 19:19; 22:21, 24; 24:7 [h] *4* Otra trad., *poned a éstos para juzgar*. [i] *11* Algunos mss. antiguos no incluyen *Cristo*; otros anteponen *nuestro*.

y el estómago para la comida, pero Dios destruirá tanto al uno como a la otra.

El cuerpo no es para la inmoralidad sexual,
sino para el Señor, y el Señor para el cuerpo.
14 Pues como Dios levantó al Señor, también
a nosotros nos levantará por medio de su poder. **15** ¿No sabéis que vuestros cuerpos son
miembros de Cristo? ¿Quitaré, pues, los
miembros de Cristo para hacerlos miembros
de una prostituta? ¡De ninguna manera!
16 ¿O no sabéis que el que se une con una
prostituta es hecho con ella un solo cuerpo?
Porque dice: *Los dos serán una sola carne.*[a]
17 Pero el que se une con el Señor, un solo
espíritu es.[b]

18 Huid de la inmoralidad sexual. Cualquier otro pecado que el hombre cometa está
fuera del cuerpo, pero el fornicario peca contra su propio cuerpo. **19** ¿O no sabéis que
vuestro cuerpo es templo del Espíritu Santo,
que mora en vosotros, el cual tenéis de Dios,
y que no sois vuestros? **20** Pues habéis sido
comprados por precio. Por tanto, glorificad a
Dios en vuestro cuerpo.[c]

El deber conyugal

7 En cuanto a las cosas de que me escribis-
teis, bueno es para el hombre no tocar
mujer. **2** Pero a causa de la inmoralidad
sexual, cada hombre tenga su esposa, y cada
mujer tenga su esposo. **3** El esposo cumpla
con su esposa el deber conyugal; asimismo la
esposa con su esposo. **4** La esposa no tiene
autoridad sobre su propio cuerpo, sino su
esposo; asimismo el esposo tampoco tiene
autoridad sobre su propio cuerpo, sino su
esposa.

5 No os neguéis el uno al otro, a menos que
sea de acuerdo mutuo por algún tiempo, para
que os dediquéis a la oración y volváis a uni-
ros en uno, para que no os tiente Satanás a
causa de vuestra incontinencia. **6** Esto digo
a modo de concesión, no como mandamiento. **7** Más bien, quisiera que todos los hombres fuesen como yo; pero cada uno tiene su
propio don procedente de Dios: uno de cierta
manera, y otro de otra manera.

8 Digo, pues, a los no casados y a las viudas
que les sería bueno si se quedasen como yo.
9 Pero si no tienen don de continencia, que
se casen; porque mejor es casarse que que-
marse.

La permanencia del matrimonio

10 Pero a los que se han casado mando,[d]
no yo, sino el Señor: que la esposa no se
separe de su esposo **11** (pero si ella se separa, que quede sin casarse o que se reconcilie
con su esposo), y que el esposo no abandone
a su esposa.

12 A los demás digo yo, no el Señor: que si
algún hermano tiene esposa no creyente,[e] y
ella consiente en vivir con él, no la abandone.
13 Y si alguna esposa tiene esposo no creyente, y él consiente en vivir con ella, no lo abandone. **14** Porque el esposo no creyente es
santificado en la esposa, y la esposa no creyente en el creyente.[f] De otra manera vuestros hijos serían impuros, pero ahora son
santos. **15** Pero si el no creyente se separa,
que se separe. En tal caso, el hermano o la
hermana no han sido puestos bajo servidum-
bre, pues Dios os[g] ha llamado a vivir en paz.
16 Porque, ¿cómo sabes, oh esposa, si quizás
harás salvo a tu esposo? ¿O cómo sabes, oh
esposo, si quizás harás salva a tu esposa?

El cristiano en su ambiente social

17 Solamente que viva cada uno como el
Señor le asignó, y tal como era cuando Dios
le llamó; así ordeno en todas las iglesias.
18 ¿Fue llamado alguien ya circuncidado? No
disimule su circuncisión. ¿Ha sido llamado
alguien incircunciso? No se circuncide.
19 La circuncisión no es nada, y la incircuncisión no es nada; más bien, lo que vale es
guardar los mandamientos de Dios. **20** Cada
uno permanezca en la condición[h] en que fue
llamado. **21** ¿Fuiste llamado siendo esclavo?
No te preocupes; pero si puedes hacerte libre,
por supuesto procúralo. **22** Porque el que en
el Señor es llamado siendo esclavo, es hombre libre del Señor. De igual manera, también el que es llamado siendo libre, es esclavo
del Señor. **23** Por precio fuisteis comprados;
no os hagáis esclavos de los hombres.
24 Hermanos, que cada uno se quede para
con Dios en la condición[h] en que fue llamado.

Consejos para los no casados

25 Pero con respecto a los que son solte-
ros,[i] no tengo mandamiento del Señor, aunque les doy mi parecer como quien ha alcanzado misericordia del Señor para ser fiel.
26 Pues, a causa de la presente[j] dificultad,

[a] *16* Gén. 2:24 [b] *17* Es decir, con él [c] *20* Algunos mss. antiguos incluyen *y vuestro espíritu, los cuales son de Dios.* [d] *10* O: *instruyo* [e] *12* Otra trad., *infiel* [f] *14* Lit., *hermano* en algunos mss. antiguos; *marido* en otros [g] *15* Algunos mss. antiguos tienen *nos.* [h] *20,24* Lit., *el llamamiento*; o, *la vocación* [i] *25* Lit., *vírgenes* [j] *26* Otra trad., *inminente*

bien me parece que al hombre le sea bueno
quedarse como está. 27 ¿Estás ligado a esposa? No procures desligarte. ¿Estás libre de
esposa? No busques esposa. 28 Pero también, si te casas, no pecas; y si la soltera[a] se
casa, no peca; aunque aquellos que se casan
tendrán aflicción en la carne, y yo quisiera
evitárosla.

29 Pero os digo esto, hermanos, que el
tiempo se ha acortado. En cuanto al tiempo
que queda, los que tienen esposas sean como
si no las tuvieran; 30 los que lloran, como
si no lloraran; los que se alegran, como si no
se alegraran; los que compran, como si no
poseyeran; 31 y los que disfrutan de este
mundo, como si no disfrutaran de él. Porque
el orden presente de este mundo está pasando.

32 Quisiera, pues, que estuvieseis libres de
ansiedad. El no casado se preocupa de las
cosas del Señor, de cómo agradar al Señor;
33 pero el casado se preocupa de las cosas de
la vida, de cómo ha de agradar a su esposa,
34 y su atención está dividida.[b] La mujer no
casada, o soltera,[a] se preocupa de las cosas
del Señor, a fin de ser consagrada tanto en
cuerpo como en espíritu. En cambio, la casada tiene cuidado de las cosas de la vida,[c] de
cómo ha de agradar a su esposo. 35 Esto
digo para vuestro provecho; no para poneros
restricción, sino para que viváis honestamente, atendiendo al Señor sin impedimento.

36 Si alguien[d] considera que su comportamiento es inadecuado hacia su virgen[e] y si
está en la flor de la edad y por eso siente
obligación de casarse, puede hacer lo que
quiere; no comete pecado. Cásense. 37 Pero
el que está firme en su corazón, no teniendo
necesidad, sino que tiene dominio sobre su
propia voluntad y así ha determinado en su
corazón conservársela virgen, hará bien.
38 De modo que el que se casa con[f] su virgen[e] hace bien; y de igual manera, el que no
se casa[g] hace mejor.

El matrimonio de las viudas

39 La esposa está ligada[h] mientras viva su
esposo. Pero si su esposo muere, está libre
para casarse con quien quiera, con tal que sea
en el Señor. 40 Pero según mi opinión, más
feliz será si permanece así. Y pienso que yo
también tengo el Espíritu de Dios.

Sobre lo sacrificado a los ídolos

8 Con respecto a lo sacrificado a los ídolos,
sabemos que todos tenemos conocimiento. El conocimiento envanece, pero el
amor edifica. 2 Si alguien se imagina que
sabe algo, aún no sabe nada como debiera
saber. 3 Pero si alguien ama a Dios, tal persona es conocida por él.

4 Por eso, acerca de la comida de los sacrificios a los ídolos, sabemos que el ídolo nada
es en el mundo y que no hay sino un solo
Dios. 5 Porque aunque sea verdad que algunos son llamados dioses, sea en el cielo o en
la tierra (como hay muchos dioses y muchos
señores), 6 sin embargo, para nosotros hay
un solo Dios, el Padre, de quien proceden
todas las cosas, y nosotros vivimos para él; y
un solo Señor, Jesucristo, mediante el cual
existen todas las cosas, y también nosotros
vivimos por medio de él.

7 Sin embargo, no en todos hay este conocimiento; porque algunos por estar hasta
ahora acostumbrados al ídolo, comen el alimento como algo sacrificado a los ídolos, y su
conciencia se contamina por ser débil. 8 Pero no es la comida lo que nos recomienda a
Dios; pues ni somos menos si no comemos,
ni somos más si comemos. 9 Pero mirad
que esta vuestra libertad no sea tropezadero
para los débiles. 10 Porque si alguien te ve
a ti que tienes conocimiento, sentado a la
mesa en el lugar de los ídolos, ¿no es cierto
que la conciencia del que es débil será esti-
mulada a comer de lo sacrificado a los ídolos?
11 Así, por el conocimiento tuyo se perderá el
débil, un hermano por quien Cristo murió.
12 De esta manera, pecando contra los hermanos e hiriendo sus débiles conciencias,
contra Cristo estáis pecando. 13 Por lo cual,
si la comida es para mi hermano ocasión de
caer, yo jamás comeré carne, para no poner
tropiezo a mi hermano.

La recompensa del ministerio

9 ¿No soy libre? ¿No soy apóstol? ¿Acaso no
he visto a Jesús nuestro Señor? ¿No sois
vosotros mi obra en el Señor? 2 Si para
otros yo no soy apóstol, ciertamente para vosotros lo soy, porque vosotros sois el sello de
mi apostolado en el Señor.

3 Esta es mi defensa contra cuantos me
cuestionan: 4 ¿Acaso no tenemos derecho a
comer y beber? 5 ¿No tenemos derecho a
llevar una esposa creyente[i] con nosotros, tal

[a]*28,34* Lit., *virgen* [b]*34* Algunos mss. antiguos dicen . . . *su esposa.* [34] *Y hay diferencia entre la esposa y la virgen. La mujer no casada . . .* [c]*34* Lit., *del mundo* [d]*36* Se refiere a un padre o a un novio. [e]*36,38* Se refiere a una hija o a una novia. [f]*38* Otra trad., *el que da en casamiento a* [g]*38* Otra trad., *el que no la da en casamiento* [h]*39* Algunos mss. antiguos incluyen *por la ley.* [i]*5* Lit., *una hermana como esposa*

como los demás apóstoles y los hermanos del
Señor y Pedro?[a] 6¿O sólo Bernabé y yo no
tenemos derecho a dejar de trabajar?
7¿Quién presta jamás servicio de soldado a
sus propias expensas? ¿Quién planta una viña
y no come de su fruto? ¿Quién apacienta el
rebaño y no toma la leche del rebaño?

8¿Será que digo estas cosas sólo como
hombre? ¿No lo dice también la ley? 9Por-
que en la ley de Moisés está escrito: *No pondrás bozal al buey que trilla.*[b] ¿Tiene Dios
cuidado sólo de los bueyes? 10¿O lo dice
enteramente para nosotros? Pues para nosotros está escrito. Porque el que ara ha de arar
con esperanza; y el que trilla, con esperanza
de participar del fruto.

11Si nosotros hemos sembrado cosas espirituales para vosotros, ¿será gran cosa si de
vosotros cosechamos bienes materiales?
12Si otros participan de este derecho sobre
vosotros, ¿no nos corresponde más a nosotros? Sin embargo, nunca usamos de este derecho; más bien, lo soportamos todo para no
poner ningún obstáculo al evangelio de Cristo.

13¿No sabéis que los que trabajan en el
santuario comen de las cosas del santuario;
es decir, los que sirven al altar participan del
altar? 14Así también ordenó el Señor a los
que anuncian el evangelio, que vivan del
evangelio. 15Pero yo nunca me he aprove-
chado de nada de esto, ni tampoco he escrito
al respecto para que se haga así conmigo.
Pues para mí sería mejor morir, antes que
alguien me quite este motivo de orgullo.
16Porque si anuncio el evangelio, no tengo
de qué jactarme, porque me es impuesta necesidad; pues ¡ay de mí si no anuncio el evangelio! 17Por eso, si lo hago de buena gana,
tendré recompensa; pero si lo hago de mala
gana, de todos modos el llevarlo a cabo[c] me
ha sido confiado. 18¿Cuál es, pues, mi recompensa? Que predicando el evangelio,
pueda yo presentarlo gratuitamente, para no
abusar de mi derecho en el evangelio.

Tras la corona del evangelio

19A pesar de ser libre de todos, me hice
siervo de todos para ganar a más. 20Para los
judíos me hice judío, a fin de ganar a los
judíos. Aunque yo mismo no estoy bajo la ley,
para los que están bajo la ley me hice como
bajo la ley, a fin de ganar a los que están bajo
la ley. 21A los que están sin la ley, me hice
como si yo estuviera sin la ley (no estando yo
sin la ley de Dios, sino en la ley de Cristo),
a fin de ganar a los que no están bajo la ley.
22Me hice débil para los débiles, a fin de ganar a los débiles. A todos he llegado a ser
todo, para que de todos modos salve a algunos. 23Y todo lo hago por causa del evangelio, para hacerme copartícipe de él.

24¿No sabéis que los que corren en el estadio, todos a la verdad corren, pero sólo uno
lleva el premio? Corred de tal manera que lo
obtengáis. 25Y todo aquel que lucha se disciplina en todo. Ellos lo hacen para recibir
una corona corruptible; nosotros, en cambio,
para una incorruptible. 26Por eso yo corro
así, no como a la ventura; peleo así, no como
quien golpea al aire. 27Más bien, pongo mi
cuerpo bajo disciplina y lo hago obedecer; no
sea que, después de haber predicado a otros,
yo mismo venga a ser descalificado.

Peligros de idolatría e inmoralidad

10 No quiero que ignoréis, hermanos,
que todos nuestros padres estuvieron
bajo la nube, y que todos atravesaron el mar.
2Todos en Moisés fueron bautizados[d] en la
nube y en el mar. 3Todos comieron la misma comida espiritual. 4Todos bebieron la
misma bebida espiritual, porque bebían de la
roca espiritual que los seguía; y la roca era
Cristo. 5Sin embargo, Dios no se agradó de
la mayoría de ellos; pues quedaron postrados
en el desierto.

6Estas cosas sucedieron como ejemplos
para nosotros, para que no seamos codiciosos
de cosas malas, como ellos codiciaron. 7No
seáis[e] idólatras, como algunos de ellos, según está escrito: *Se sentó el pueblo a comer
y a beber, y se levantó para divertirse.*[f]
8Ni practiquemos la inmoralidad sexual, como algunos de ellos la practicaron y en un
sólo día cayeron 23.000 personas.[g] 9Ni
tentemos a Cristo,[h] como algunos de ellos le
tentaron y perecieron por las serpientes.
10Ni murmuréis, como algunos de ellos
murmuraron y perecieron por el destructor.[i]

11Estas cosas les acontecieron como
ejemplos y están escritas para nuestra instrucción, para nosotros sobre quienes ha llegado el fin de las edades. 12Así que, el que
piensa estar firme, mire que no caiga. 13No
os ha sobrevenido ninguna tentación que no
sea humana; pero fiel es Dios, quien no os

a5 Ver nota para 1:12 b9 Deut. 25:4 c17 Lit., *la administración*; o, *el oficio divino* d2 O sea, *identificados con*; algunos mss. antiguos dicen que *se bautizaron a sí mismos* (según ciertos ritos del judaísmo). e7 En los imperativos de vv. 7-10 está implícita la idea de abandonar una acción ya en proceso. f7 Exo. 32:6 g8 Ver Núm. 25:9 h9 Algunos mss. antiguos dicen *al Señor*. i10 Ver Núm. 14:2, 37

dejará ser tentados más de lo que podéis soportar, sino que juntamente con la tentación
dará la salida, para que la podáis resistir.
14 Por tanto, amados míos, huid de la idolatría. 15 Como a sensatos os hablo; juzgad
vosotros lo que digo. 16 La copa de bendición que bendecimos, ¿no es la comunión de
la sangre de Cristo? El pan que partimos, ¿no
es la comunión del cuerpo de Cristo?
17 Puesto que el pan es uno solo, nosotros,
siendo muchos, somos un solo cuerpo; pues
todos participamos de un solo pan. 18 Considerad al Israel según la carne: Los que comen de los sacrificios, ¿no participan del altar? 19 ¿Qué, pues, quiero decir? ¿Que lo
que es sacrificado a los ídolos sea algo, o que
el ídolo sea algo? 20 Al contrario, digo que
lo que los gentiles[a] sacrifican, lo sacrifican
a los demonios, y no a Dios. Y yo no quiero
que vosotros participéis con los demonios.
21 No podéis beber la copa del Señor y la copa
de los demonios. No podéis participar de la
mesa del Señor, y de la mesa de los demonios.
22 ¿O provocaremos a celos al Señor? ¿Seremos acaso más fuertes que él?

Respeto a la conciencia de otros

23 Todo me es lícito, pero no todo conviene. Todo me es lícito, pero no todo edifica.
24 Nadie busque su propio bien, sino el bien
del otro. 25 Comed de todo lo que se vende
en la carnicería, sin preguntar nada por motivo de conciencia; 26 porque *del Señor es
la tierra y su plenitud*.[b]
27 Si algún no creyente os invita, y queréis
ir, comed de todo lo que se os ponga delante,
sin preguntar nada por motivo de conciencia.
28 Pero si alguien os dice: "Esto ha sido sacrificado en un templo",[c] no lo comáis, por
causa de aquel que lo declaró y por motivo de
conciencia.[d] 29 Pero no me refiero a la conciencia tuya, sino a la del otro. Pues, ¿por qué
ha de ser juzgada mi libertad por la conciencia de otro? 30 Si yo participo con acción de
gracias, ¿por qué he de ser calumniado por
causa de aquello por lo cual doy gracias?
31 Por tanto, ya sea que comáis o bebáis, o
que hagáis otra cosa, hacedlo todo para la
gloria de Dios. 32 No seáis ofensivos ni a
judíos, ni a griegos, ni a la iglesia de Dios;
33 así como yo en todo complazco a todos, no
buscando mi propio beneficio sino el de mu-
11 chos, para que sean salvos. 1 Sed vosotros imitadores de mí; así como yo
lo soy de Cristo.

Modestia de las mujeres en el culto

2 Os alabo[e] porque en todo os acordáis de
mí y retenéis las enseñanzas transmitidas[f]
tal como yo os las entregué. 3 Pero quiero
que sepáis que Cristo es la cabeza de todo
hombre, y el hombre es la cabeza de la mujer,
y Dios es la cabeza de Cristo. 4 Todo hombre
que ora o profetiza con la cabeza cubierta,
afrenta su cabeza. 5 Pero toda mujer que
ora o profetiza con la cabeza no cubierta,
afrenta su cabeza, porque da lo mismo que si
se hubiese rapado. 6 Porque si la mujer no
se cubre, que se corte todo el cabello; y si le
es vergonzoso cortarse el cabello o raparse,
que se cubra. 7 El hombre no ha de cubrir
su cabeza, porque él es la imagen y la gloria
de Dios; pero la mujer es la gloria del hombre. 8 Porque el hombre no procede de la
mujer, sino la mujer del hombre. 9 Además,
el hombre no fue creado a causa de la mujer,
sino la mujer a causa del hombre. 10 Por lo
cual, la mujer debe tener una señal de autoridad sobre su cabeza por causa de los ángeles.
11 No obstante, en el Señor ni el hombre
existe aparte de la mujer, ni la mujer existe
aparte del hombre. 12 Porque así como la
mujer proviene del hombre, así también el
hombre nace de la mujer; pero todo proviene
de Dios. 13 Juzgad por vosotros mismos:
¿Es apropiado que la mujer ore a Dios con la
cabeza no cubierta? 14 ¿Acaso no os enseña
la naturaleza misma que le es deshonroso al
hombre dejarse crecer el cabello, 15 mientras que a la mujer le es honroso dejarse crecer el cabello? Porque le ha sido dado el cabello en lugar de velo. 16 Con todo, si alguien
quiere ser contencioso, nosotros no tenemos
tal costumbre, ni tampoco las iglesias de
Dios.

Abusos en la Cena del Señor

17 Pero al encargaros lo siguiente no os
alabo; pues no os reunís para lo mejor, sino
para lo peor. 18 Primeramente, porque
cuando os reunís como iglesia, oigo que hay
entre vosotros disensiones, y en parte lo creo;
19 porque es preciso que haya entre vosotros
hasta partidismos, para que se manifiesten
entre vosotros los que son aprobados.
20 Porque cuando os reunís en uno, eso no
es para comer la cena del Señor, 21 pues
cada cual se adelanta a comer su propia cena;
y mientras uno tiene hambre, otro se halla
embriagado. 22 ¿Acaso no tenéis casas en

[a]20 Algunos mss. antiguos no incluyen *los gentiles*. [b]26 Sal. 24:1; 50:12; 89:11 [c]28 Algunos mss. antiguos dicen *sacrificado a los ídolos*. [d]28 Algunos mss. antiguos repiten la cita del v. 26: *porque del Señor es la tierra y su plenitud* [e]2 Algunos mss. antiguos dicen *Os alabo, hermanos, porque . . .* [f]2 Lit., *las tradiciones*

donde comer y beber? ¿O menospreciáis la
iglesia de Dios y avergonzáis a los que no
tienen? ¿Qué os diré? ¿Os alabaré? ¡En esto
no os alabo!

La Cena del Señor[a]

23 Porque yo recibí del Señor la enseñanza
que también os he transmitido:[b] que el Señor Jesús, la noche en que fue entregado,
tomó pan; 24 y habiendo dado gracias, lo
partió y dijo: "Tomad, comed.[c] Esto es mi
cuerpo que por vosotros es partido.[d] Haced
esto en memoria de mí."
25 Asimismo, tomó también la copa después de haber cenado, y dijo: "Esta copa es el
nuevo pacto en mi sangre. Haced esto todas
las veces que la bebáis en memoria de mí."
26 Todas las veces que comáis este pan y bebáis esta copa, anunciáis la muerte del Señor,
hasta que él venga.

Tomando la Cena de manera digna

27 De modo que cualquiera que coma este
pan y beba esta copa del Señor de manera
indigna, será culpable del cuerpo y de la sangre del Señor. 28 Por tanto, examínese cada
uno a sí mismo, y coma así del pan y beba de
la copa. 29 Porque el que come y bebe,[e] no
discerniendo el cuerpo,[f] juicio come y bebe
para sí. 30 Por eso hay entre vosotros muchos enfermos y debilitados, y muchos duermen.[g] 31 Pero si nos examináramos bien a
nosotros mismos, no se nos juzgaría. 32 Pero siendo juzgados, somos disciplinados por
el Señor, para que no seamos condenados
con el mundo.
33 Así que, hermanos míos, cuando os reunáis para comer, esperaos unos a otros.
34 Si alguien tiene hambre, coma en su casa,
para que no os reunáis para juicio. Las demás
cosas las pondré en orden cuando llegue.

Los dones que reparte el Espíritu

12 Pero no quiero que ignoréis, hermanos, acerca de los dones espirituales.
2 Sabéis que cuando erais gentiles, ibais como erais arrastrados, tras los ídolos mudos.
3 Por eso os hago saber que nadie, hablando
por el Espíritu de Dios, dice: "Anatema[h] sea
Jesús." Tampoco nadie puede decir: "Jesús es
el Señor", sino por el Espíritu Santo.
4 Ahora bien, hay diversidad de dones; pero
el Espíritu es el mismo. 5 Hay también diversidad de ministerios, pero el Señor es el
mismo. 6 También hay diversidad de actividades, pero el mismo Dios es el que realiza
todas las cosas en todos. 7 Pero a cada cual
le es dada la manifestación del Espíritu para
provecho mutuo. 8 Porque a uno se le da
palabra de sabiduría por medio del Espíritu;
pero a otro, palabra de conocimiento según
el mismo Espíritu; 9 a otro, fe por el mismo
Espíritu; y a otro, dones de sanidades por un
solo Espíritu;[i] 10 a otro, el hacer milagros;
a otro, profecía; a otro, discernimiento de
espíritus; a otro, géneros de lenguas; y a otro,
interpretación de lenguas. 11 Pero todas estas cosas las realiza el único y el mismo Espíritu, repartiendo a cada uno en particular
como él designa.[j]

Un solo cuerpo con muchos miembros

12 Porque de la manera que el cuerpo es
uno solo y tiene muchos miembros, y que
todos los miembros del cuerpo, aunque son
muchos, son un solo cuerpo, así también es
Cristo. 13 Porque por[k] un solo Espíritu fuimos bautizados todos en[l] un solo cuerpo,
tanto judíos como griegos, tanto esclavos como libres; y a todos se nos dio a beber de un
solo Espíritu. 14 Pues el cuerpo no consiste
de un solo miembro, sino de muchos. 15 Si
el pie dijera: "Porque no soy mano, no soy
parte del cuerpo", ¿por eso no sería parte del
cuerpo? 16 Y si la oreja dijera: "Porque no
soy ojo, no soy parte del cuerpo", ¿por eso no
sería parte del cuerpo? 17 Si todo el cuerpo
fuese ojo, ¿dónde estaría el oído? Si todo fuese oreja, ¿dónde estaría el olfato? 18 Pero
ahora Dios ha colocado a los miembros en el
cuerpo, a cada uno de ellos, como él quiso.
19 Porque si todos fueran un solo miembro,
¿dónde estaría el cuerpo? 20 Pero ahora son
muchos los miembros y a la vez un solo cuerpo.
21 El ojo no puede decir a la mano: "No
tengo necesidad de ti"; ni tampoco la cabeza
a los pies: "No tengo necesidad de vosotros."
22 Muy al contrario, los miembros del cuerpo
que parecen ser los más débiles son indispen-
sables. 23 Además, a los miembros del cuerpo que estimamos ser de menos honor, a éstos los vestimos aun con más honor; y nuestros miembros menos decorosos son tratados

[a] *23t* Ver Mat. 26:26-30; Mar. 14:22-26; Luc. 22:15-20 [b] *23* Comp. v. 2 [c] *24* Algunos de los mss. más antiguos no incluyen *Tomad; comed.* [d] *24* Algunos mss. antiguos no incluyen *partido*, de modo que dicen *Este mi cuerpo es para vosotros.* [e] *29* Algunos mss. antiguos incluyen *indignamente.* [f] *29* Algunos mss. antiguos incluyen *del Señor.* [g] *30* O sea, *han muerto* [h] *3* O sea, *separado*, a veces por consagración, a veces por condenación; aquí equivale a *condenado* o *maldito.* [i] *9* Algunos mss. antiguos dicen *el mismo Espíritu*; otro, *el Espíritu.* [j] *11* O: *según su voluntad* [k] *13* Otras trads., *en, con* [l] *13* Otra trad., *para* (formar)

con aun más decoro. 24 Porque nuestros miembros más honrosos no tienen necesidad; pero Dios ordenó el cuerpo, dando más abundante honor al que le faltaba; 25 para que no haya desavenencia en el cuerpo, sino que todos los miembros se preocupen los unos por los otros. 26 De manera que si un miembro padece, todos los miembros se conduelen con él; y si un miembro recibe honra, todos los miembros se gozan con él.

27 Ahora bien, vosotros sois el cuerpo de Cristo, y miembros suyos individualmente. 28 A unos puso Dios en la iglesia, primero apóstoles, en segundo lugar profetas, en tercer lugar maestros; después los que hacen milagros, después los dones de sanidades, los que ayudan, los que administran, los que tienen diversidad de lenguas. 29 ¿Acaso son todos apóstoles? ¿todos profetas? ¿todos maestros? ¿Acaso hacen todos milagros? 30 ¿Acaso tienen todos dones de sanidades? ¿Acaso hablan todos en lenguas? ¿Acaso interpretan todos? 31 Con todo, anhelad los mejores dones. Y ahora os mostraré un camino todavía más excelente:

La preeminencia del amor

13 Si yo hablo en lenguas de hombres y de ángeles, pero no tengo amor, vengo a ser como bronce que resuena o un címbalo que retiñe. 2 Si tengo profecía y entiendo todos los misterios y todo conocimiento; y si tengo toda la fe, de tal manera que traslade los montes, pero no tengo amor, nada soy. 3 Si reparto[a] todos mis bienes, y si entrego mi cuerpo para ser quemado,[b] pero no tengo amor, de nada me sirve.

4 El amor tiene paciencia y es bondadoso. El amor no es celoso. El amor no es ostentoso, ni se hace arrogante. 5 No es indecoroso, ni busca lo suyo propio. No se irrita, ni lleva cuentas del mal.[c] 6 No se goza de la injusticia, sino que se regocija con la verdad. 7 Todo lo sufre, todo lo cree, todo lo espera, todo lo soporta.

8 El amor nunca deja de ser. Pero las profecías se acabarán, cesarán las lenguas, y se acabará el conocimiento. 9 Porque conocemos sólo en parte y en parte profetizamos; 10 pero cuando venga lo que es perfecto, entonces lo que es en parte será abolido. 11 Cuando yo era niño, hablaba como niño, pensaba como niño, razonaba como niño; pero cuando llegué a ser hombre, dejé lo que era de niño. 12 Ahora vemos oscuramente por medio de un espejo, pero entonces veremos cara a cara. Ahora conozco en parte, pero entonces conoceré plenamente, así como fui conocido. 13 Y ahora permanecen la fe, la esperanza y el amor, estos tres; pero el mayor de ellos es el amor.

El don de lenguas y la edificación

14 Seguid el amor; y anhelad los dones espirituales, pero sobre todo, que profeticéis. 2 Porque el que habla en una lengua no habla a los hombres sino a Dios; porque nadie le entiende, pues en espíritu habla misterios. 3 En cambio, el que profetiza habla a los hombres para edificación, exhortación y consolación. 4 El que habla en una lengua se edifica a sí mismo, mientras que el que profetiza edifica a la iglesia. 5 Así que, yo quisiera que todos vosotros hablaseis en lenguas, pero más, que profetizaseis; porque mayor es el que profetiza que el que habla en lenguas, a no ser que las interprete, para que la iglesia reciba edificación.

6 Ahora pues, hermanos, si yo fuera a vosotros hablando en lenguas, ¿de qué provecho os sería, si no os hablara con revelación, o con conocimiento, o con profecía o con enseñanza? 7 Aun las cosas inanimadas como la flauta o el arpa, cuando producen sonido, si no hacen clara distinción de tonos, ¿cómo se sabrá lo que se toca con la flauta o se tañe con el arpa? 8 También, si la trompeta produce un sonido incierto, ¿quién se preparará para la batalla? 9 Así también vosotros, si mediante la lengua no producís palabras comprensibles, ¿cómo se entenderá lo que se dice? Porque estaréis hablando al aire. 10 Hay, por ejemplo, tanta diversidad de idiomas en el mundo; y ninguno carece de significado. 11 Por eso, si yo desconozco el significado del idioma, seré como extranjero al que habla, y el que habla será como extranjero para mí.

12 Así también vosotros; puesto que anheláis los dones espirituales, procurad abundar en ellos para la edificación de la iglesia. 13 Por eso, quien habla en una lengua, pida en oración poderla interpretar. 14 Porque si yo oro en una lengua, mi espíritu ora; pero mi entendimiento queda sin fruto. 15 ¿Qué pues? Oraré con el espíritu, pero oraré también con el entendimiento. Cantaré con el espíritu, pero cantaré también con el entendimiento. 16 Pues de otro modo, si das gracias con el espíritu, ¿cómo dirá "amén" a tu

a3 O sea, *reparto para dar de comer a los pobres* b3 Algunos mss. antiguos tienen *para que me glorie.* c5 Es decir, del mal recibido

acción de gracias el que ocupa el lugar de
indocto,[a] ya que no sabe lo que estás diciendo? 17 Porque tú, a la verdad, expresas bien
la acción de gracias, pero el otro no es edificado.

18 Doy gracias a Dios que hablo en lenguas
más que todos vosotros. 19 Sin embargo, en
la iglesia prefiero hablar cinco palabras con
mi sentido, para que enseñe también a los
demás, que diez mil palabras en una lengua.

20 Hermanos, no seáis niños en el entendimiento; más bien, sed bebés en la malicia,
pero hombres maduros en el entendimiento.
21 En la ley está escrito: *En otras lenguas y*
con otros labios hablaré a este pueblo, y ni
aun así me *harán caso,*[b] dice el Señor.
22 Así resulta que las lenguas son señal, no
para los creyentes, sino para los no creyentes;
en cambio, la profecía no es para los no creyentes, sino para los creyentes. 23 De manera que, si toda la iglesia se reúne en un lugar
y todos hablan en lenguas, y entran indoctos[c] o no creyentes, ¿no dirán que estáis locos? 24 Pero si todos profetizan, y entra algún no creyente o indocto,[a] por todos será
convencido, por todos será examinado, 25 y
lo oculto de su corazón será revelado. Y de
esta manera, postrándose sobre su rostro,
adorará a Dios y declarará: "¡De veras, Dios
está entre vosotros!"

Orden y decencia en el culto

26 ¿Qué significa esto, hermanos? Que
cuando os reunís, cada uno de vosotros tiene
un salmo o una enseñanza o una revelación
o una lengua o una interpretación. Todo se
haga para la edificación. 27 Si es que alguien habla en una lengua, hablen dos o a lo
más tres, y por turno; y uno interprete. 28 Y
si acaso no hay intérprete, que guarde silencio en la iglesia y hable a sí mismo y a Dios.

29 Igualmente, los profetas hablen dos o
tres, y los demás disciernan. 30 Si algo es
revelado a alguno que está sentado, que calle
el primero. 31 Porque todos podéis profetizar uno por uno, para que todos aprendan y
todos sean exhortados. 32 Además, los espíritus de los profetas están sujetos a los profetas; 33 porque Dios no es Dios de desorden,
sino de paz.

Como en todas las iglesias de los santos,
34 las mujeres guarden silencio en las con-
gregaciones; porque no se les permite hablar,
sino que estén sujetas, como también lo dice
la ley. 35 Si quieren aprender acerca de alguna cosa, pregunten en casa a sus propios
maridos; porque a la mujer le es impropio
hablar en la congregación.

36 ¿Salió de vosotros la palabra de Dios? ¿O
llegó a vosotros solos? 37 Si alguien cree ser
profeta, o espiritual, reconozca que lo que os
escribo es mandamiento.[d] 38 Pero si alguien lo ignora, él será ignorado. 39 Así
que, hermanos míos, anhelad profetizar; y no
impidáis hablar en lenguas. 40 Pero hágase
todo decentemente y con orden.

La resurrección de Cristo

15 Además, hermanos, os declaro el
evangelio que os prediqué y que recibisteis y en el cual también estáis firmes;
2 por el cual también sois salvos, si lo retenéis
como yo os lo he predicado. De otro modo,
creísteis en vano.

3 Porque en primer lugar os he enseñado
lo que también recibí: que Cristo murió por
nuestros pecados, conforme a las Escrituras;
4 que fue sepultado y que resucitó al tercer
día, conforme a las Escrituras; 5 que apareció a Pedro[e] y después a los doce. 6 Luego
apareció a más de quinientos hermanos a la
vez, de los cuales muchos viven todavía; y
otros ya duermen.[f] 7 Luego apareció a Jacobo, y después a todos los apóstoles. 8 Y al
último de todos, como a uno nacido fuera de
tiempo, me apareció a mí también. 9 Pues
yo soy el más insignificante de los apóstoles,
y no soy digno de ser llamado apóstol, porque
perseguí a la iglesia de Dios. 10 Pero por la
gracia de Dios soy lo que soy, y su gracia para
conmigo no ha sido en vano. Más bien, he
trabajado con afán más que todos ellos; pero
no yo, sino la gracia de Dios que ha sido
conmigo. 11 Porque ya sea yo o sean ellos,
así predicamos, y así habéis creído.

La resurrección de los muertos

12 Ahora bien, si Cristo es predicado como
que ha resucitado de entre los muertos, ¿cómo es que algunos entre vosotros dicen que
no hay resurrección de muertos? 13 Porque
si no hay resurrección de muertos, tampoco
Cristo ha resucitado. 14 Y si Cristo no ha
resucitado, vana es nuestra predicación; vana
también es vuestra fe. 15 Y aun somos hallados falsos testigos de Dios, porque hemos
atestiguado de Dios que resucitó a Cristo, al
cual no resucitó, si se toma por sentado que
los muertos no resucitan. 16 Porque si los
muertos no resucitan, tampoco Cristo ha re-

[a] *16,24* O: *no iniciado* [b] *21* Isa. 28:11, 12 [c] *23* O: *no iniciados* [d] *37* Algunos mss. antiguos incluyen *del Señor.* [e] *5* Ver nota para 1:12 [f] *6* O sea, *han muerto*

sucitado; 17 y si Cristo no ha resucitado,
vuestra fe es inútil; todavía estáis en vuestros
pecados. 18 En tal caso, también los que
han dormido en Cristo han perecido. 19 ¡Si
sólo en esta vida hemos tenido esperanza en
Cristo, somos los más miserables de todos los
hombres!

20 Pero ahora, Cristo sí ha resucitado de
entre los muertos, como primicias de los que
durmieron.[a] 21 Puesto que la muerte entró
por medio de un hombre, también por medio
de un hombre ha venido la resurrección de
los muertos. 22 Porque así como en Adán
todos mueren, así también en Cristo todos
serán vivificados. 23 Pero cada uno en su
orden: Cristo, las primicias; luego los que
son de Cristo, en su venida. 24 Después el
fin, cuando él entregue el reino al Dios y
Padre, cuando ya haya anulado todo principado,
autoridad y poder. 25 Porque es necesario
que él reine hasta poner a todos sus enemigos
debajo de sus pies. 26 El último enemigo
que será destruido es la muerte.

27 Porque *ha sujetado todas las cosas debajo
de sus pies.*[b] Pero cuando dice: "Todas
las cosas están sujetas a él", claramente está
exceptuando a aquel que le sujetó todas las
cosas. 28 Pero cuando aquél le ponga en sujeción
todas las cosas, entonces el Hijo mismo
también será sujeto al que le sujetó todas
las cosas, para que Dios sea el todo en todos.

29 Por otro lado, ¿qué harán los que se bautizan
por los muertos? Si los muertos de ninguna
manera resucitan, ¿por qué, pues, se
bautizan por ellos? 30 ¿Y por qué, pues, nos
arriesgamos nosotros a toda hora? 31 Sí,
hermanos,[c] cada día muero; lo aseguro por
lo orgulloso que estoy de vosotros en Cristo
Jesús nuestro Señor. 32 Si como hombre
batallé en Efeso contra las fieras, ¿de qué me
aprovecha? Si los muertos no resucitan,

¡comamos y bebamos,
que mañana moriremos![d]

33 No os dejéis engañar: "Las malas compañías
corrompen las buenas costumbres."[e]
34 Volved a la sobriedad, como es justo, y no
pequéis más, porque algunos tienen ignorancia
de Dios. Para vergüenza vuestra lo digo.

El cuerpo resucitado

35 Pero dirá alguno: ¿Cómo resucitan los
muertos? ¿Con qué clase de cuerpo vienen?
36 Necio, lo que tú siembras no llega a tener
vida a menos que muera. 37 Y lo que siembras,
no es el cuerpo que ha de salir, sino el
mero grano, ya sea de trigo o de otra cosa.
38 Pero Dios le da un cuerpo como quiere, a
cada semilla su propio cuerpo.

39 No toda carne es la misma carne; sino
que una es la carne de los hombres, otra la
carne de los animales, otra la de las aves y
otra la de los peces. 40 También hay cuerpos
celestiales y cuerpos terrenales. Pero de una
clase es la gloria de los celestiales; y de otra,
la de los terrenales. 41 Una es la gloria del
sol, otra es la gloria de la luna, y otra la gloria
de las estrellas; porque una estrella es diferente
de otra en gloria.

42 Así también es la resurrección de los
muertos. Se siembra en corrupción; se resucita
en incorrupción. 43 Se siembra en deshonra;
se resucita con gloria. Se siembra en
debilidad; se resucita con poder. 44 Se siembra
cuerpo natural; se resucita cuerpo espiritual.
Hay cuerpo natural; también hay cuerpo
espiritual. 45 Así también está escrito: *el*
primer *hombre* Adán *llegó a ser un alma viviente;*[f] y el postrer Adán, espíritu vivificante.
46 Pero lo espiritual no es primero, sino
lo natural; luego lo espiritual. 47 El primer
hombre es de la tierra, terrenal; el segundo
hombre[g] es celestial. 48 Como es el terrenal,
así son también los terrenales; y como es
el celestial, así son también los celestiales.
49 Y así como hemos llevado la imagen del
terrenal, llevaremos[h] también la imagen del
celestial. 50 Y esto digo, hermanos, que la
carne y la sangre no pueden heredar el reino
de Dios, ni la corrupción heredar la incorrupción.

Victoria final sobre la muerte

51 He aquí, os digo un misterio: No todos
dormiremos,[i] pero todos seremos transformados
52 en un instante, en un abrir y cerrar
de ojos, a la trompeta final. Porque sonará
la trompeta, y los muertos serán resucitados
sin corrupción; y nosotros seremos
transformados. 53 Porque es necesario que
esto corruptible sea vestido de incorrupción,
y que esto mortal sea vestido de inmortalidad.
54 Y cuando esto corruptible se vista de
incorrupción y esto mortal se vista de inmortalidad,
entonces se cumplirá la palabra que
está escrita:

¡Sorbida es la muerte en victoria!

[a] *20* Algunos mss. antiguos dicen . . . *muertos; como primicias de los que durmieron es hecho.* [b] *27* Sal. 8:6
[c] *31* Algunos mss. antiguos no incluyen *hermanos.* [d] *32* Isa. 22:13; 56:12 [e] *33* Un proverbio del poeta griego Menandro [f] *45* Gén. 2:7 [g] *47* Algunos mss. antiguos incluyen *que es el Señor.* [h] *49* Algunos mss. antiguos dicen *llevemos.* [i] *51* O sea, *moriremos*

55 *¿Dónde está, oh muerte, tu victoria?*
¿Dónde está, oh muerte, tu aguijón?[a]

56 Pues el aguijón de la muerte es el pecado,
y el poder del pecado es la ley. 57 Pero gracias a Dios, quien nos da la victoria por medio
de nuestro Señor Jesucristo. 58 Así que,
hermanos míos amados, estad firmes y constantes, abundando siempre en la obra del Señor, sabiendo que vuestro arduo trabajo en el
Señor no es en vano.

Ofrenda para la iglesia en Jerusalén

16 En cuanto a la ofrenda para los santos, haced vosotros también de la
misma manera que ordené a las iglesias de
Galacia. 2 El primer día de la semana, cada
uno de vosotros guarde algo en su casa, atesorando en proporción a cómo esté prospe-
rando, para que cuando yo llegue no haya
entonces que levantar ofrendas. 3 Cuando
yo esté allí, enviaré a los que vosotros aprobéis por cartas, para llevar vuestro donativo
a Jerusalén. 4 Y si conviene que yo también
vaya, ellos irán conmigo.

Planes de Pablo y de sus compañeros

5 Iré a vosotros cuando haya pasado por
Macedonia, porque por Macedonia he de pasar. 6 Puede ser que me quede con vosotros
o que hasta pase allí el invierno, para que
luego vosotros me encaminéis a donde deba
ir. 7 Porque ahora no quiero veros de paso,
sino que espero quedarme algún tiempo con
vosotros, si el Señor lo permite. 8 Pero me
quedaré en Efeso hasta Pentecostés; 9 porque se me ha abierto una puerta grande y
eficaz, y hay muchos adversarios.

10 Si llega Timoteo, mirad que esté con
vosotros sin temor; porque él trabaja en la
obra del Señor, igual que yo. 11 Por tanto,
nadie le tenga en poco; más bien, encaminad-
lo en paz para que venga a mí, porque le
espero con los hermanos.

12 Acerca del hermano Apolos, le animé
mucho a que fuera a vosotros con los hermanos; pero de ninguna manera había voluntad
para ir ahora. Sin embargo, irá cuando tenga
oportunidad.

Exhortaciones y saludos

13 Vigilad; estad firmes en la fe; sed valien-
tes y esforzaos. 14 Todas vuestras cosas sean
hechas con amor. 15 Hermanos, sabéis que
la casa de Estéfanas es las primicias de Acaya
y que se han dedicado al servicio de los santos; os ruego 16 que vosotros os sujetéis a
los tales y a todos los que colaboran y trabajan arduamente.

17 Me alegro de la venida de Estéfanas, For-
tunato y Acaico, porque éstos suplieron lo
que me faltaba de vuestra parte; 18 porque
tranquilizaron mi espíritu y el vuestro. Reco-
noced, pues, a los tales.

19 Os saludan las iglesias de Asia. Aquilas
y Priscila, con la iglesia que está en su casa,
os saludan mucho en el Señor. 20 Os saludan todos los hermanos. Saludaos los unos a
los otros con un beso santo.

21 La salutación de mi mano: Pablo.

22 Si alguno no ama al Señor,[b] sea anatema.[c] ¡Maranatha![d] 23 La gracia del Señor
Jesús[b] sea con todos vosotros. 24 Mi amor
sea con todos vosotros en Cristo Jesús.
Amén.[e]

La Segunda Epístola del
Apóstol Pablo a los Corintios

2 Corintios

1 Pablo, apóstol de Cristo Jesús por la voluntad de Dios, y el hermano Timoteo; a
la iglesia de Dios que está en Corinto, juntamente con todos los santos que están en toda
Acaya: 2 Gracia a vosotros y paz, de parte
de Dios nuestro Padre y del Señor Jesucristo.

Acción de gracias en la tribulación

3 Bendito sea el Dios y Padre de nuestro
Señor Jesucristo, Padre de misericordias y
Dios de toda consolación,[f] 4 quien nos
consuela en todas nuestras tribulaciones. De
esta manera, con la consolación con que nosotros mismos somos consolados por Dios,

[a] *55* Isa. 25:8; Ose. 13:14 (LXX). Algunos mss. antiguos dicen *sepulcro* en lugar de *muerte* en v. 55b. [b] *22,23* Algunos mss. antiguos tienen *Señor Jesucristo.* [c] *22* Ver nota para 12:3 [d] *22* Un saludo en arameo que significa *Ven, Señor*; o, *El Señor viene* [e] *24* Algunos mss. antiguos no incluyen *Amén.* [f] *3* Gr. *paráklesis,* que significa *llamado para estar al lado.* También se traduce *consuelo, exhortación, ruego,* etc. Aparece, como sustantivo o como verbo, en los vv. 3, 4, 5, 6, 7.

también nosotros podemos[a] consolar a los
que están en cualquier tribulación. 5 Porque de la manera que abundan a favor nuestro las aflicciones de Cristo, así abunda también nuestra consolación por el mismo Cristo. 6 Pero si somos atribulados, lo es para
vuestro consuelo y salvación; o si somos consolados, es para vuestra consolación, la cual
resulta en que perseveráis bajo las mismas
aflicciones que también nosotros padecemos.
7 Y nuestra esperanza con respecto a vosotros
es firme, porque sabemos que así como sois
compañeros en las aflicciones, lo sois también en la consolación.

8 Porque no queremos que ignoréis, hermanos, en cuanto a la tribulación que nos
sobrevino en Asia; pues fuimos abrumados
sobremanera, más allá de nuestras fuerzas,
hasta perder aun la esperanza de vivir. 9 Pero ya teníamos en nosotros mismos la sentencia de muerte, para que no confiáramos
en nosotros mismos sino en Dios que levanta
a los muertos, 10 quien nos libró y nos libra[b] de tan terrible muerte. Y en él hemos
puesto nuestra esperanza de que aún nos librará, 11 porque vosotros también estáis
cooperando a nuestro favor con ruegos, a fin
de que el don que se nos concedió sea para
que muchas personas den gracias a nuestro
favor.

La sinceridad de Pablo

12 Porque nuestro motivo de gloria es éste:
el testimonio de nuestra conciencia de que
nos hemos conducido en el mundo (y especialmente ante vosotros), con sencillez[c] y la
sinceridad que proviene de Dios, y no en sabiduría humana, sino en la gracia de Dios.
13 Porque no os escribimos otras cosas que
las que leéis y también comprendéis; y espero
que hasta el fin las comprenderéis, 14 como
también en parte nos habéis comprendido,
que somos vuestro motivo de gloria, así como también vosotros lo seréis para nosotros
en el día de nuestro Señor Jesús.

Pablo anuncia su visita a Corinto

15 Con esta confianza, quise ir antes a vosotros para que tuvieseis una segunda gracia,
16 y pasar de vosotros a Macedonia; y volver
otra vez de Macedonia a vosotros para ser
encaminado por vosotros a Judea. 17 Siendo ése mi deseo, ¿acaso usé de ligereza? ¿O
será que lo que quiero hacer, lo quiero según
la carne; de manera que en mí haya un "sí,
sí" y un "no, no"?

18 Pero Dios es fiel: Nuestra palabra para
vosotros no es "sí y no". 19 Porque Jesucristo, el Hijo de Dios, que ha sido predicado
entre vosotros por nosotros (por mí, por Silas[d] y por Timoteo), no fue "sí y no"; más
bien, fue "sí" en él. 20 Porque todas las promesas de Dios son en él "sí"; y por tanto,
también por medio de él, decimos "amén" a
Dios, para su gloria por medio nuestro. 21 Y
Dios es el que nos confirma con vosotros en
Cristo y el que nos ungió; 22 es también
quien nos ha sellado y ha puesto como garantía al Espíritu[e] en nuestros corazones.

23 Pero yo invoco a Dios por testigo sobre
mi alma, que es por consideración a vosotros
que no he pasado todavía a Corinto. 24 Porque no nos estamos enseñoreando de vuestra
fe. Más bien, somos colaboradores para vuestro gozo, porque por la fe estáis firmes.

2 Así que decidí en mí mismo no ir otra vez
a vosotros con tristeza. 2 Porque si yo
os causo tristeza, ¿quién será luego el que me
alegre, sino aquel a quien yo causé tristeza?
3 Y a pesar de que estoy confiado en todos
vosotros de que mi gozo es el mismo de todos
vosotros, os escribí esto mismo para que
cuando llegue, no tenga tristeza por causa de
aquellos por quienes me debiera gozar.
4 Porque os escribí en mucha tribulación y
angustia de corazón, y con muchas lágrimas;
no para entristeceros, sino para que sepáis
cuán grande es el amor que tengo por vosotros.

Pablo perdona al ofensor

5 Si alguno ha causado tristeza, no me ha
entristecido sólo a mí, sino en cierta medida
(para no exagerar) a todos vosotros. 6 Basta
ya para dicha persona la reprensión de la mayoría. 7 Así que, más bien, debierais perdo-
narle y animarle, para que no sea consumido
por demasiada tristeza.

8 Por lo tanto, os exhorto a que reafirméis
vuestro amor para con él. 9 Porque también
os escribí con este motivo, para tener la prueba de que vosotros sois obedientes en todo.
10 Al que vosotros habréis perdonado algo, yo
también. Porque lo que he perdonado, si algo
he perdonado, por vuestra causa lo he hecho
en presencia de Cristo; 11 para que no seamos engañados por Satanás, pues no ignora-
mos sus propósitos.

[a] 4 Otra trad., *a fin de que también podamos* [b] 10 Algunos mss. antiguos dicen *librará.* [c] 12 Algunos mss. antiguos dicen *santidad.* [d] 19 Lit., *Silvano*; la forma griega de *Silas,* compañero de Pablo; ver Hech. 16:19
[e] 22 Otra trad., *Ha dado la garantía del Espíritu en . . .*

Triunfantes en Cristo

12 Cuando llegué a Troas para predicar el
evangelio de Cristo, aunque se me había
abierto puerta en el Señor, 13 no tuve reposo en mi espíritu por no haber hallado a mi
hermano Tito. Así que me despedí de ellos y
partí para Macedonia.

14 Pero gracias a Dios, que hace que siempre triunfemos en Cristo y que manifiesta en
todo lugar el olor[a] de su conocimiento por
medio de nosotros. 15 Porque para Dios somos olor fragante de Cristo en los que se
salvan y en los que se pierden. 16 A los unos,
olor de muerte para muerte; mientras que a
los otros, olor de vida para vida. Y para estas
cosas, ¿quién es suficiente? 17 Porque no
somos, como muchos, traficantes de la palabra de Dios; más bien, con sinceridad y como
de parte de Dios, hablamos delante de Dios en
Cristo.

El ministerio del nuevo pacto

3 ¿Comenzamos otra vez a recomendarnos
a nosotros mismos? ¿O acaso tenemos
necesidad, como algunos, de cartas de reco-
mendación para vosotros, o de vosotros?
2 Vosotros sois nuestra carta, escrita en nuestros corazones, conocida y leída por todos los
hombres. 3 Es evidente que vosotros sois
carta de Cristo, expedida por nosotros, escrita no con tinta, sino con el Espíritu del Dios
vivo; no en tablas de piedra, sino en las tablas
de corazones humanos.

4 Esta confianza tenemos delante de Dios,
por medio de Cristo: 5 no que seamos sufi-
cientes en nosotros mismos, como para pensar que algo proviene de nosotros, sino que
nuestra suficiencia proviene de Dios. 6 El
mismo nos capacitó como ministros del nuevo pacto, no de la letra, sino del Espíritu.
Porque la letra mata, pero el Espíritu vivifica.

7 Y si el ministerio de muerte, grabado con
letras sobre piedras, vino con gloria —tanto
que los hijos de Israel no podían fijar la vista
en el rostro de Moisés a causa de la gloria de
su rostro, la cual se había de desvanecer—,
8 ¡cómo no será con mayor gloria el ministerio del Espíritu! 9 Porque si el ministerio de
condenación era con gloria, ¡cuánto más
abunda en gloria el ministerio de justificación! 10 Pues lo que había sido glorioso no
es glorioso en comparación con esta excelente gloria. 11 Porque si lo que se desvanecía
era por medio de gloria, ¡cuánto más excede
en gloria lo que permanece!

12 Así que, teniendo tal esperanza, actuamos con mucha confianza; 13 no como Moisés, quien ponía un velo sobre su cara para
que los hijos de Israel no se fijaran en el fin
de lo que se estaba desvaneciendo. 14 Sin
embargo, sus mentes fueron endurecidas;
pues hasta el día de hoy, cuando leen el antiguo pacto,[b] el mismo velo sigue puesto, porque sólo en Cristo es quitado. 15 Aún hasta
el día de hoy, cada vez que leen a Moisés, el
velo está puesto sobre el corazón de ellos.
16 Pero cuando se conviertan al Señor, el velo
será quitado. 17 Porque el Señor es el Espíritu; y donde está el Espíritu del Señor, allí
hay libertad. 18 Por tanto, todos nosotros,
mirando a cara descubierta como en un espejo la gloria del Señor, somos transformados
de gloria en gloria en la misma imagen, como
por el Espíritu del Señor.

4 Por esto, teniendo nosotros este ministerio según la misericordia que nos fue
dada, no desmayamos. 2 Pero rechazamos
los tapujos de vergüenza, no procediendo con
astucia, ni adulterando la palabra de Dios,
sino que, por la clara demostración de la verdad, nos recomendamos a nosotros mismos
a toda conciencia humana delante de Dios.
3 Pero aun si nuestro evangelio está encubierto, entre los que se pierden está encubierto. 4 Pues el dios de esta edad presente
ha cegado el entendimiento de los incrédulos, para que no les ilumine el resplandor del
evangelio de la gloria de Cristo, quien es la
imagen de Dios. 5 Porque no nos predicamos a nosotros mismos, sino a Cristo Jesús
como Señor; y a nosotros, como siervos vuestros por causa de Jesús. 6 Porque el Dios
que dijo: "La luz resplandecerá de las tinieblas"[c] es el que ha resplandecido en nuestros
corazones, para iluminación del conocimiento de la gloria de Dios en el rostro de Jesucristo.

La perseverancia en el ministerio

7 Con todo, tenemos este tesoro en vasos
de barro, para que la excelencia del poder sea
de Dios, y no de nosotros. 8 Estamos atribulados en todo, pero no angustiados; perplejos, pero no desesperados; 9 perseguidos,
pero no desamparados; abatidos, pero no des-
truidos. 10 Siempre llevamos en el cuerpo
la muerte de Jesús por todas partes, para que
también en nuestro cuerpo se manifieste la
vida de Jesús. 11 Porque nosotros que vivimos, siempre estamos expuestos a muerte
por causa de Jesús, para que también la vida
de Jesús se manifieste en nuestra carne mor-

[a] *14* Ver Exo. 29:18; Cant. 1:3; Ef. 5:2 [b] *14* Otra trad., *el Antiguo Testamento* [c] *6* Ver Gén. 1:3

tal. 12 De manera que en nosotros actúa la
muerte, pero en vosotros actúa la vida.
13 Sin embargo, tenemos el mismo espíritu de fe, conforme a lo que está escrito: *Creí;
por lo tanto hablé.*[a] Nosotros también creemos; por lo tanto también hablamos, 14 sabiendo que el que resucitó al Señor Jesús
también nos resucitará a nosotros con Jesús
y nos presentará a su lado juntamente con
vosotros. 15 Porque todas estas cosas suceden por causa vuestra para que, mientras au-
mente la gracia por medio de muchos, abunde la acción de gracias para la gloria de Dios.
16 Por tanto, no desmayamos; más bien,
aunque se va desgastando nuestro hombre
exterior, el interior, sin embargo, se va reno-
vando de día en día. 17 Porque nuestra mo-
mentánea y leve tribulación produce para nosotros un eterno peso de gloria más que incomparable; 18 no fijando nosotros la vista
en las cosas que se ven, sino en las que no se
ven; porque las que se ven son temporales,
mientras que las que no se ven son eternas.

La esperanza del ministerio

5 Porque sabemos que si nuestra casa terrenal, esta tienda temporal, se deshace,
tenemos un edificio de parte de Dios, una
casa no hecha de manos, eterna en los cielos.
2 Pues en esta tienda gemimos deseando ser
sobrevestidos de nuestra habitación celestial;
3 y aunque habremos de ser desvestidos, no
seremos hallados desnudos. 4 Porque los
que estamos en esta tienda gemimos agobia-
dos, porque no quisiéramos ser desvestidos,
sino sobrevestidos, para que lo mortal sea
absorbido por la vida. 5 Pues el que nos hizo
para esto mismo es Dios, quien nos ha dado
la garantía del Espíritu.
6 Así vivimos, confiando siempre y com-
prendiendo que durante nuestra estancia en
el cuerpo peregrinamos ausentes del Señor.
7 Porque andamos por fe, no por vista.
8 Pues confiamos y consideramos mejor estar
ausentes del cuerpo, y estar presentes delante
del Señor. 9 Por lo tanto, estemos presentes
o ausentes, nuestro anhelo es serle agradables. 10 Porque es necesario que todos nosotros comparezcamos ante el tribunal de
Cristo, para que cada uno reciba según lo que
haya hecho por medio del cuerpo, sea bueno
o malo.

El ministerio de la reconciliación

11 Conociendo, entonces, el temor del Señor, persuadimos a los hombres; pues a Dios
le es manifiesto lo que somos, y espero que
también lo sea a vuestras conciencias. 12 No
nos recomendamos otra vez ante vosotros,
sino que os damos ocasión de gloriaros por
nosotros, con el fin de que tengáis respuesta
frente a los que se glorían en las apariencias
y no en el corazón. 13 Porque si estamos
fuera de nosotros, es para Dios; o si estamos
en nuestro juicio, es para vosotros. 14 Porque el amor de Cristo nos impulsa, considerando esto: que uno murió por todos; por
consiguiente, todos murieron. 15 Y él murió por todos para que los que viven ya no
vivan más para sí, sino para aquel que murió
y resucitó por ellos.
16 De manera que nosotros, de aquí en adelante, a nadie conocemos según la carne; y
aun si hemos conocido a Cristo según la carne, ahora ya no le conocemos así. 17 De
modo que si alguno está en Cristo, nueva
criatura es;[b] las cosas viejas pasaron; he aquí
todas son hechas nuevas. 18 Y todo esto proviene de Dios, quien nos reconcilió consigo
mismo por medio de Cristo y nos ha dado el
ministerio de la reconciliación: 19 que Dios
estaba en Cristo reconciliando al mundo consigo mismo, no tomándoles en cuenta sus
transgresiones y encomendándonos a nosotros la palabra de la reconciliación. 20 Así
que, somos embajadores en nombre de Cristo; y como Dios os exhorta por medio nuestro, rogamos en nombre de Cristo: ¡Reconci-
liaos con Dios!
21 Al que no conoció pecado,[c] por nosotros Dios le hizo pecado, para que nosotros
fuéramos hechos justicia de Dios en él.
6 Y así nosotros, como colaboradores, os
exhortamos también que no recibáis en
vano la gracia de Dios; 2 porque dice:

En tiempo favorable te escuché,
y en el día de la salvación te socorrí.[d]

¡He aquí ahora el tiempo más favorable! ¡He
aquí ahora el día de salvación!

Credenciales del ministerio

3 No damos a nadie ocasión de tropiezo en
nada, para que nuestro ministerio no sea desacreditado. 4 Más bien, en todo nos presen-
tamos como ministros de Dios: en mucha
perseverancia, en tribulaciones, en necesidades, en angustias, 5 en azotes, en cárceles,
en tumultos, en duras labores, en desvelos,
en ayunos, 6 en pureza, en conocimiento,

[a] 13 Sal. 116:10 (LXX) [b] 17 Otra trad., *es una nueva creación* [c] 21 Comp. Rom. 8:3; Lev. 4:25 ss.; Isa. 53:4 ss.
[d] 2 Isa. 49:8

en tolerancia, en bondad, en el Espíritu Santo, en amor no fingido, 7 en palabra de verdad, en poder de Dios, por medio de armas de
justicia a derecha y a izquierda; 8 por honra
y deshonra, por mala fama y buena fama;
como engañadores, pero siendo hombres de
verdad; 9 como no conocidos, pero bien conocidos; como muriendo, pero he aquí vivimos; como castigados, pero no muertos;
10 como entristecidos, pero siempre gozosos;
como pobres, pero enriqueciendo a muchos;
como no teniendo nada, pero poseyéndolo
todo.

11 Nuestra boca ha sido franca con vosotros,[a] oh corintios; nuestro corazón está
abierto.[b] 12 No estáis limitados en nosotros; lo estáis en vuestros propios corazones.
13 Pues para corresponder del mismo modo,
como a hijos os hablo: ¡Abrid vosotros también vuestro corazón!

La consagración en el matrimonio

14 No os unáis en yugo desigual con los no
creyentes. Porque ¿qué compañerismo tiene
la rectitud con el desorden? ¿Qué comunión
tiene la luz con las tinieblas? 15 ¿Qué armo-
nía hay entre Cristo y Belial?[c] ¿Qué parte
tiene el creyente con el no creyente?
16 ¿Qué acuerdo puede haber entre un templo de Dios y los ídolos? Porque nosotros somos[d] templo del Dios viviente, como Dios
dijo:

Habitaré y andaré entre ellos.
Yo seré su Dios,
y ellos serán mi pueblo.[e]

17 Por lo cual,

¡Salid de en medio de ellos,
y apartaos! dice el Señor.
No toquéis lo impuro,
y yo os recibiré;[f]
18 y *seré* para vosotros *Padre,*
y vosotros me seréis hijos e hijas,
dice el Señor Todopoderoso.[g]

7 Así que, amados, ya que tenemos tales
promesas, limpiémonos de toda impureza de cuerpo y de espíritu, perfeccionando la
santidad en el temor de Dios.

El arrepentimiento de los corintios

2 Recibidnos. A nadie hemos agraviado; a
nadie hemos corrompido; a nadie hemos ex-
plotado. 3 No digo esto para condenaros;
porque ya dije que estáis en nuestros corazones, para juntos morir y juntos vivir. 4 Tengo mucha confianza en vosotros; mucho me
glorío en vosotros; lleno estoy de consolación; sobreabundo de gozo en toda nuestra
aflicción.

5 Cuando vinimos a Macedonia, ningún reposo tuvo nuestro cuerpo; más bien, en todo
fuimos atribulados: de fuera conflictos, de
dentro temores. 6 Pero Dios, que consuela
a los humildes, nos consoló con la venida de
Tito. 7 Y no sólo con su venida, sino también con la consolación que él recibió en
cuanto a vosotros, haciéndonos saber vuestro
anhelo, vuestras lágrimas y vuestro celo por
mí, para que así me gozara más.

8 Porque si bien os causé tristeza con la
carta, no me pesa, aunque entonces sí me
pesó; porque veo que aquella carta os causó
tristeza sólo por un tiempo. 9 Ahora me gozo, no porque hayáis sentido tristeza, sino
porque fuisteis entristecidos hasta el arrepentimiento; pues habéis sido entristecidos
según Dios, para que ningún daño sufrierais
de nuestra parte. 10 Porque la tristeza que
es según Dios genera arrepentimiento para
salvación, de que no hay que lamentarse; pero la tristeza del mundo degenera en muerte.
11 Pues he aquí, el mismo hecho de que hayáis sido entristecidos según Dios, ¡cuánta
diligencia ha producido en vosotros! ¡Qué
disculpas, qué indignación, qué temor, qué
ansiedad, qué celo y qué vindicación! En todo
os habéis mostrado limpios en el asunto.
12 Así que, si bien os escribí, no fue por causa
del que cometió la ofensa ni por causa del que
la padeció, sino para que vuestra solicitud
por nosotros se manifestara entre vosotros en
la presencia de Dios. 13 Por tanto, hemos
sido consolados.

Pero mucho más que por nuestra consolación, nos gozamos por el gozo de Tito, porque su espíritu ha sido reanimado por todos
vosotros. 14 Pues si en algo me he mostrado
orgulloso de vosotros ante él, no quedé avergonzado. Al contrario, como os habíamos dicho todo con verdad, así también nuestro
motivo de orgullo ante Tito fue hallado verdadero. 15 Ahora sus sentimientos se han
intensificado con respecto a vosotros, recor-
dando la obediencia de todos vosotros, de cómo lo recibisteis con temor y temblor.
16 Me gozo de que en todo puedo confiar en
vosotros.

[a] *11* Lit., *nuestra boca se ha abierto hacia vosotros* [b] *11* Lit., *se ha ampliado* [c] *15* Belial, nombre figurativo de Satanás como *príncipe de maldad*; ver 2 Sam. 23:6; Job 34:18; Nah. 1:15, etc., donde es traducido como *perverso* o *inicuo*. [d] *16* Algunos mss. antiguos dicen *vosotros sois.* [e] *16* Una cadena de citas tomadas de Lev. 26:12; Jer. 32:38; Eze. 37:27 [f] *17* Isa. 52:11; 2 Sam. 7:14; Eze. 20:34 [g] *18* 2 Sam. 7:8; Isa. 43:6; Jer. 31:9

Acerca de la generosidad cristiana

8 Ahora, hermanos, os hacemos conocer
la gracia de Dios que ha sido concedida
a las iglesias de Macedonia; 2 que en grande
prueba de tribulación, la abundancia de su
gozo y su extrema pobreza abundaron en las
riquezas de su generosidad. 3 Porque doy
testimonio de que espontáneamente han dado de acuerdo con sus fuerzas, y aun más allá
de sus fuerzas, 4 pidiéndonos con muchos
ruegos que les concediéramos la gracia de
participar en la ayuda para los santos. 5 Y
superando lo que esperábamos, se dieron primeramente ellos mismos al Señor y a nosotros, por la voluntad de Dios. 6 De manera
que exhortamos a Tito para que así como ya
había comenzado, también llevase a cabo esta
gracia entre vosotros.

7 Por tanto, así como ya abundáis en todo
—en fe, en palabra, en conocimiento, en toda diligencia y en vuestro amor para con nosotros[a]—, abundad también en esta gracia.
8 No hablo como quien manda, sino para poner también a prueba, por la eficacia de otros,
la sinceridad de vuestro amor. 9 Porque conocéis la gracia de nuestro Señor Jesucristo,
que siendo rico, por amor de vosotros se hizo
pobre, para que vosotros con su pobreza fueseis enriquecidos. 10 Y en esto doy mi consejo; porque esto os conviene a vosotros que
desde el año pasado tomasteis la iniciativa,
no sólo para hacerlo, sino también para que-
rerlo hacer. 11 Ahora pues, llevad el hecho
a su culminación para que, como fuisteis
prontos a querer, así lo seáis para cumplir
conforme a lo que tenéis. 12 Porque si primero se tiene dispuesta la voluntad, se acepta
según lo que uno tenga, no según lo que no
tenga. 13 Pero no digo esto para que haya
para otros alivio, y para vosotros estrechez;
14 sino para que haya igualdad. En este tiempo vuestra abundancia supla lo que a ellos les
falta, para que también la abundancia de ellos
supla lo que a vosotros os falte, a fin de que
haya igualdad; 15 como está escrito:

El que recogió mucho no tuvo más,
y el que recogió poco no tuvo menos.[b]

Ayuda para los hermanos en Jerusalén

16 Gracias a Dios que puso en el corazón de
Tito la misma solicitud por vosotros.
17 Pues él, a la verdad, aceptó la exhortación;
pero siendo también muy solícito, de su propia iniciativa partió hacia vosotros. 18 Y enviamos juntamente con él al hermano cuyo
renombre en el evangelio se oye en todas las
iglesias. 19 Y no sólo esto, sino que también
ha sido designado por las iglesias como compañero de viaje, para llevar esta expresión de
generosidad[c] que es administrada por nosotros para gloria del Señor mismo, y para de-
mostrar nuestra solicitud, 20 evitando que
nadie nos desacredite con respecto a este
abundante donativo que administramos.
21 Porque procuramos que las cosas sean ho-
nestas, no sólo delante del Señor, sino también delante de los hombres. 22 Y enviamos
con ellos a nuestro hermano, cuya diligencia
hemos comprobado muchas veces; pero ahora mucho más, por la mucha confianza que
tiene en vosotros. 23 En cuanto a Tito, él es
compañero mío y colaborador para con vosotros; y en cuanto a nuestros hermanos, ellos
son mensajeros de las iglesias y gloria de
Cristo. 24 Mostrad, pues, para con ellos ante
las iglesias la prueba de nuestro amor y de
nuestro motivo de orgullo respecto de vosotros.

9 En cuanto a esta ayuda para los santos,
está de más que os escriba; 2 pues conozco vuestra pronta disposición, por la cual
me glorié de vosotros entre los de Macedonia:
"Acaya está preparada desde el año pasado."
Y vuestro celo ha servido de estímulo para
muchos. 3 Pero he enviado a estos hermanos para que el orgullo que tenemos de vosotros no sea vano en este respecto, y para que
estéis preparados, como vengo diciendo.
4 No sea que, si van conmigo algunos macedonios y os hallan no preparados, nos avergoncemos nosotros (por no decir vosotros)
por haber tenido esta confianza. 5 Por eso
he creído conveniente exhortar a los hermanos a que vayan a vosotros con anticipación
y preparen primero vuestra generosidad[d] antes prometida, para que esté lista como
muestra de generosidad[d] y no como de exigencia.

Exhortación a la generosidad

6 Y digo esto: El que siembra escasamente
cosechará escasamente, y el que siembra con
generosidad[d] también con generosidad[d] cosechará. 7 Cada uno dé como propuso en su
corazón, no con tristeza ni por obligación;
porque Dios ama al dador alegre. 8 Y poderoso es Dios para hacer que abunde en vosotros toda gracia, a fin de que, teniendo siempre en todas las cosas todo lo necesario,

[a] 7 Algunos mss. antiguos dicen *nuestro amor para con vosotros.* [b] 15 Exo. 16:18 [c] 19 Lit., *esta gracia*
[d] 5,6 Lit., *bendición*

abundéis para toda buena obra; 9 como está
escrito:

Esparció; dio a los pobres.
Su justicia permanece para siempre.[a]

10 El que da semilla al que siembra y pan
para comer, proveerá y multiplicará vuestra
semilla y aumentará los frutos de vuestra justicia. 11 Esto, para que seáis enriquecidos
en todo para toda liberalidad, la cual produce
acciones de gracias a Dios por medio de nosotros. 12 Porque el ministrar este servicio sagrado no solamente suple lo que falta a los
santos, sino que redunda en abundantes acciones de gracias a Dios. 13 Al experimentar
esta ayuda, ellos glorificarán a Dios[b] por la
obediencia que profesáis al evangelio de Cristo, y por vuestra liberalidad en la contribu-
ción para con ellos y con todos. 14 Además,
por su oración a vuestro favor, demuestran
que os quieren a causa de la sobreabundante
gracia de Dios en vosotros.

15 ¡Gracias a Dios por su don inefable!

Pablo defiende su ministerio

10 Ahora yo, Pablo, os exhorto por la
mansedumbre y ternura de Cristo,
¡yo que en persona soy humilde entre vosotros, pero ausente soy osado para con vosotros! 2 Os ruego que cuando esté presente,
no tenga que usar de la osadía con que resuel-
tamente estoy dispuesto a proceder contra
algunos que piensan que andamos según la
carne. 3 Pues aunque andamos en la carne,
no militamos según la carne; 4 porque las
armas de nuestra milicia no son carnales,
sino poderosas en Dios para la destrucción de
fortalezas. 5 Destruimos los argumentos y
toda altivez que se levanta contra el conocimiento de Dios; llevamos cautivo todo pensamiento a la obediencia de Cristo, 6 y estamos dispuestos a castigar toda desobediencia, una vez que vuestra obediencia sea
completa.

7 ¡Miráis las cosas según las apariencias! Si
alguien está convencido dentro de sí que es
de Cristo, considere de nuevo que así como
él es de Cristo, también nosotros lo somos.[c]
8 Porque si me glorío un poco más de nuestra
autoridad, la cual el Señor nos ha dado para
edificación y no para vuestra destrucción, no
seré avergonzado; 9 para que no parezca
que quiero atemorizaros por cartas. 10 Porque dicen: "Aunque sus cartas son duras y
fuertes, su presencia física[d] es débil, y su
palabra despreciable." 11 Esto tenga en
cuenta tal persona: Lo que somos en palabra
por carta cuando estamos ausentes, lo mismo
seremos también en hechos cuando estemos
presentes.

12 Porque no osamos clasificarnos o com-
pararnos con algunos que se recomiendan a
sí mismos. Pero ellos, midiéndose y compa-
rándose a sí mismos consigo mismos, no son
juiciosos. 13 Pero nosotros no nos gloriare-
mos desmedidamente, sino conforme a la
medida de la regla que Dios nos asignó, para
llegar también hasta vosotros. 14 Porque no
nos salimos de nuestros límites, como si no
hubiéramos llegado a vosotros; pues hasta
vosotros hemos llegado con el evangelio de
Cristo, 15 no gloriándonos desmedidamente en trabajos ajenos. Más bien, tenemos la
esperanza de que, con el progreso de vuestra
fe, se incrementará considerablemente nuestro campo entre vosotros, conforme a nuestra norma; 16 para que anunciemos el evangelio en los lugares más allá de vosotros, sin
entrar en territorio ajeno como para gloriarnos de la obra ya realizada por otros. 17 Pero *el que se gloría, gloríese en el Señor.*[e]
18 Porque no es aprobado el que se recomienda a sí mismo, sino aquel a quien Dios recomienda.

Pablo y los falsos apóstoles

11 ¡Ojalá me toleraseis un poco de locura! ¡De veras, toleradme! 2 Porque
os celo con celo de Dios, pues os he desposa-
do con un solo marido, para presentaros como una virgen pura a Cristo. 3 Pero me temo que, así como la serpiente con su astucia
engañó a Eva, de alguna manera vuestros
pensamientos se hayan extraviado de la sencillez y la pureza que debéis a Cristo. 4 Porque si alguien viene predicando a otro Jesús
al cual no hemos predicado, o si recibís otro
espíritu que no habíais recibido, u otro evangelio que no habíais aceptado, ¡qué bien lo
toleráis! 5 Porque estimo que en nada soy
inferior a aquellos apóstoles eminentes;
6 pues aunque yo sea pobre en elocuencia, no
lo soy en conocimiento, como en todo os lo
he demostrado por todos los medios.

7 ¿Cometí pecado humillándome a mí mismo para que vosotros seáis enaltecidos, porque os he predicado gratuitamente el evangelio? 8 He despojado a otras iglesias, recibiendo sostenimiento para ministraros a
vosotros. 9 Cuando estaba entre vosotros y

[a] 9 Sal. 112:9 [b] 13 Otra trad., *Por aprobar esta ayuda, vosotros glorificáis a Dios* [c] 7 Algunos mss. antiguos dicen *somos de Cristo.* [d] 10 Lit., *su venida en la carne* [e] 17 Jer. 9:24; comp. 1 Cor. 1:31

tuve necesidad, a ninguno fui carga porque lo
que me faltaba lo suplieron los hermanos
cuando vinieron de Macedonia. En todo me
guardé de seros gravoso, y así me guardaré.
10 ¡Por la verdad de Cristo que está en mí,
este motivo de orgullo no me será negado en
las regiones de Acaya! 11 ¿Por qué? ¿Porque
no os amo? Dios lo sabe.
12 Pero seguiré haciendo lo que hago, para
quitarles la ocasión a aquellos que la desean,
con el fin de que en lo que se jactan se en-
cuentren en las mismas condiciones que nosotros. 13 Porque los tales son falsos apóstoles, obreros fraudulentos disfrazados como
apóstoles de Cristo. 14 Y no es de maravi-
llarse, porque Satanás mismo se disfraza como ángel de luz. 15 Así que, no es gran cosa
que también sus ministros se disfracen como
ministros de justificación, cuyo fin será conforme a sus obras.

Los sufrimientos de Pablo

16 Otra vez digo: que nadie me tome por
loco. Pero si no, recibidme aunque sea como
a loco, para que me gloríe siquiera un poquito. 17 Lo que ahora digo, no lo digo según
el Señor, sino como en locura, con esta base
de jactancia. 18 Ya que muchos se jactan
según la carne, también yo me jactaré.
19 Pues con gusto toleráis a los locos, siendo
vosotros sensatos. 20 Porque lo toleráis si
alguien os esclaviza, si alguien os devora, si
alguien se aprovecha de vosotros, si alguien
se ensalza, si alguien os hiere en la cara . . .
21 Con vergüenza lo digo, como que hemos
sido débiles.
Pero en lo que otro se atreva (hablo con
locura), yo también me atrevo. 22 ¿Son hebreos? Yo también. ¿Son israelitas? Yo también. ¿Son descendientes de Abraham? Yo
también. 23 ¿Son ministros de Cristo? (Hablo como delirando.) ¡Yo más! En trabajos
arduos, más; en cárceles, más; en azotes, sin
medida; en peligros de muerte, muchas veces. 24 Cinco veces he recibido de los judíos
cuarenta azotes menos uno; 25 tres veces he
sido flagelado con varas; una vez he sido apedreado; tres veces he padecido naufragio; una
noche y un día he estado en lo profundo del
mar. 26 Muchas veces he estado en viajes a
pie, en peligros de ríos, en peligros de asaltantes, en peligros de los de mi nación, en
peligros de los gentiles, en peligros en la ciudad, en peligros en el desierto, en peligros en
el mar, en peligros entre falsos hermanos;
27 en trabajo arduo y fatiga, en muchos desvelos, en hambre y sed, en muchos ayunos,
en frío y en desnudez. 28 Y encima de todo,
lo que se agolpa sobre mí cada día: la preocupación por todas las iglesias. 29 ¿Quién se
enferma sin que yo no me enferme? ¿A quién
se hace tropezar sin que yo no me indigne?
30 Si es preciso gloriarse, yo me gloriaré de
mi debilidad. 31 El Dios y Padre de nuestro
Señor Jesús,[a] quien es bendito por los siglos,
sabe que no miento. 32 En Damasco, el gobernador bajo el rey Aretas[b] guardaba la ciudad de los damascenos para prenderme;
33 pero fui descolgado del muro por una ventana en una canasta, y escapé de sus manos.

Visiones y revelaciones de Pablo

12 Me es preciso gloriarme, aunque no
es provechoso. Sin embargo, recurri-
ré a las visiones y revelaciones del Señor.
2 Conozco a un hombre en Cristo, que hace catorce años —si en el cuerpo, no lo sé;
si fuera del cuerpo, no lo sé; Dios lo sabe—
fue arrebatado hasta el tercer cielo. 3 Y sé
respecto a este hombre —si en el cuerpo o
fuera del cuerpo, no lo sé; Dios lo sabe—
4 que fue arrebatado al paraíso, donde escuchó cosas inefables que al hombre no le es
permitido expresar. 5 ¡De aquel hombre me
gloriaré! Pero de mí mismo no me gloriaré
sino en mis debilidades. 6 Porque, si acaso
quisiera gloriarme, no sería yo insensato,
pues diría la verdad. Pero desisto, para que
nadie piense de mí más de lo que ve en mí u
oye de mí. 7 Y para que no me exalte desmedidamente por la grandeza de las revelaciones, me ha sido dado un aguijón en la
carne, un mensajero de Satanás, que me abo-
fetee para que no me enaltezca demasiado.
8 En cuanto a esto, tres veces he rogado al
Señor que lo quite de mí; 9 y me ha dicho:
"Bástate mi gracia, porque mi poder se per-
fecciona en tu debilidad." Por tanto, de buena
gana me gloriaré más bien en mis debilidades, para que habite en mí el poder de Cristo.
10 Por eso me complazco en las debilidades,
afrentas, necesidades, persecuciones y angustias por la causa de Cristo; porque cuando
soy débil, entonces soy fuerte.

Próxima visita de Pablo a Corinto

11 ¡Me he hecho necio![c] ¡Vosotros me obli-
gasteis! Pues más bien, yo debería ser reco-
mendado por vosotros; porque en nada he
sido menos que los apóstoles eminentes,

[a] *31* Algunos mss. dicen *Jesucristo*. [b] *32* Aretas IV, rey de los nabateos. La ciudad de Damasco estaba bajo su dominio en esta época, pero fue administrada por un gobernador local (gr., *etnarcos*). [c] *11* Algunos mss. antiguos incluyen *al gloriarme*.

aunque nada soy. 12 Las señales de apóstol
han sido realizadas entre vosotros con toda
paciencia, con señales, prodigios y hechos
poderosos. 13 Pues, ¿en qué habéis sido menos que las otras iglesias, excepto en que yo
mismo no os he sido carga? ¡Perdonadme este agravio!
14 He aquí estoy listo para ir a vosotros por
tercera vez, y no os seré carga. Porque no
busco vuestras cosas, sino a vosotros; pues
los hijos no tienen obligación de atesorar para los padres, sino los padres para los hijos.
15 Sin embargo, de muy buena gana gastaré
yo de lo mío, y me desgastaré a mí mismo por
vuestras almas. Si os amo más, ¿seré amado
menos?
16 Bien, que sea así: Yo no os fui gravoso,
¡pero siendo astuto, os prendí por engaño!
17 ¿Acaso os he engañado por medio de alguno de los que he enviado a vosotros? 18 Rogué a Tito y envié con él al hermano. ¿Acaso
os engañó Tito? ¿No hemos procedido con el
mismo espíritu y por las mismas pisadas?
19 ¿Os parece que todavía nos estamos de-
fendiendo ante vosotros? Delante de Dios y
en Cristo hablamos; y todo, amados, para
vuestra edificación. 20 Pero me temo que
quizás, cuando llegue, no os halle tales como
quiero, y que yo sea hallado por vosotros tal
como no queréis. Temo que haya entre vosotros contiendas, celos, iras, enojos, disensiones, calumnias, murmuraciones, insolencias
y desórdenes. 21 Temo que, cuando vuelva,
Dios me humille entre vosotros y yo tenga
que llorar por muchos que antes han pecado
y no se han arrepentido de los actos de impureza, inmoralidad sexual y libertinaje que
han cometido.

Amonestaciones

13 Esta es la tercera vez que voy a vosotros. *Por la boca de dos o tres testigos*
se decidirá todo asunto.[a] 2 Lo he dicho antes, cuando estaba presente en mi segundo
viaje; y ahora que estoy ausente, también lo
repito a los que antes han pecado y a todos
los demás: que si voy otra vez, no seré indul-
gente, 3 puesto que buscáis una prueba de
que Cristo habla en mí. Y él no es débil para
con vosotros, sino que es poderoso en vosotros. 4 Porque fue crucificado en debilidad,
pero vive por el poder de Dios. Pues nosotros
también somos débiles en él, pero viviremos
con él por el poder de Dios para con vosotros.
5 Examinaos a vosotros mismos para ver si
estáis firmes en la fe; probaos a vosotros mismos. ¿O no conocéis en cuanto a vosotros
mismos, que Jesucristo está en vosotros, a
menos que ya estéis reprobados? 6 Pero espero que reconozcáis que nosotros no estamos reprobados. 7 Y oramos a Dios que no
hagáis nada malo; no para que nosotros luz-
camos como aprobados, sino para que vosotros hagáis lo que es bueno, aunque nosotros
quedemos como reprobados. 8 Porque no
podemos nada contra la verdad, sino a favor
de la verdad. 9 Por eso nos gozamos en que
nosotros seamos débiles y que vosotros seáis
fuertes. Y esto pedimos: vuestra madurez.
10 Por tanto, os escribo esto estando ausente,
para que estando presente no use de dureza
conforme a la autoridad que el Señor me ha
dado para edificación y no para destrucción.

Conclusión

11 En cuanto a lo demás, hermanos, regocijaos. Sed maduros; sed confortados; sed de
un mismo sentir. Vivid en paz, y el Dios de
paz y de amor estará con vosotros.
12 Saludaos unos a otros con un beso santo. 13 Todos los santos os saludan.
14 La gracia del Señor Jesucristo, el amor
de Dios y la comunión del Espíritu Santo
sean con todos vosotros.[b]

La Epístola del Apóstol Pablo a los

Gálatas

1 Pablo, apóstol —no de parte de hombres
ni por medio de hombre, sino por medio
de Jesucristo y de Dios Padre, quien lo resucitó de entre los muertos— 2 y todos los hermanos que están conmigo; a las iglesias de
Galacia: 3 Gracia a vosotros y paz, de parte
de Dios nuestro Padre y del Señor Jesucristo,[c] 4 quien se dio a sí mismo por nuestros
pecados. De este modo nos libró de la presente época malvada, conforme a la voluntad de
nuestro Dios y Padre, 5 a quien sea la gloria
por los siglos de los siglos. Amén.

[a] *1* Deut. 19:15; comp. Mat. 18:16; 1 Tim. 5:19 [b] *14* Algunos mss. antiguos incluyen *Amén.* [c] *3* Algunos mss. antiguos dicen *de parte de Dios Padre y de nuestro Señor Jesucristo.*

El carácter único del evangelio

6 Estoy asombrado de que tan pronto os
estéis apartando del que os llamó por la gracia de Cristo,[a] para ir tras un evangelio diferente. 7 No es que haya otro evangelio, sino
que hay algunos que os perturban y quieren
pervertir el evangelio de Cristo. 8 Pero aun
si nosotros mismos o un ángel del cielo os
anunciara[b] un evangelio diferente del que os
hemos anunciado, sea anatema.[c] 9 Como
ya lo hemos dicho, ahora mismo vuelvo a
decir: Si alguien os está anunciando un evangelio contrario al que recibisteis, sea anatema.[c]

Pablo defiende su evangelio

10 ¿Busco ahora convencer a los hombres,
o a Dios? ¿Será que busco agradar a los hombres? Si yo todavía tratara de agradar a los
hombres, no sería siervo de Cristo. 11 Pero
os hago saber, hermanos, que el evangelio
que fue anunciado por mí no es según hombre; 12 porque yo no lo recibí, ni me fue
enseñado de parte de ningún hombre, sino
por revelación de Jesucristo.

13 Ya oísteis acerca de mi conducta en otro
tiempo en el judaísmo: que yo perseguía fe-
rozmente a la iglesia de Dios y la estaba aso-
lando. 14 Me destacaba en el judaísmo sobre
muchos de mis contemporáneos en mi nación, siendo mucho más celoso de las tradiciones de mis padres. 15 Pero cuando Dios[d]
—quien me apartó desde el vientre de mi
madre y me llamó por su gracia— tuvo a bien
16 revelar a su Hijo en mí para que yo lo
anunciase entre los gentiles,[e] no consulté de
inmediato con ningún hombre[f] 17 ni subí
a Jerusalén a los que fueron apóstoles antes
que yo, sino que partí para Arabia y volví de
nuevo a Damasco.

18 Luego, después de tres años, subí a Jerusalén para entrevistarme con Pedro[g] y per-
manecí con él quince días. 19 No vi a ningún otro de los apóstoles, sino a Jacobo,[h] el
hermano del Señor; 20 y en cuanto a lo que
os escribo, he aquí delante de Dios, que no
miento. 21 Después fui a las regiones de Siria y de Cilicia. 22 Y yo no era conocido de
vista[i] por las iglesias de Judea, las que están
en Cristo. 23 Solamente oían decir: "El que
antes nos perseguía ahora proclama como
buena nueva la fe que antes asolaba." 24 Y
daban gloria a Dios por causa de mí.

2 Luego, después de catorce años, subí
otra vez a Jerusalén, junto con Bernabé,
y llevé conmigo también a Tito. 2 Pero subí
de acuerdo con una revelación y les expuse el
evangelio que estoy proclamando entre los
gentiles. Esto lo hice en privado ante los de
reputación, para asegurarme de que no corro
ni he corrido en vano. 3 Sin embargo, ni
siquiera Tito quien estaba conmigo, siendo
griego, fue obligado a circuncidarse, 4 a pesar de los falsos hermanos quienes se infiltra-
ron secretamente para espiar nuestra libertad que tenemos en Cristo Jesús, a fin de
reducirnos a esclavitud. 5 Ni por un momento cedimos en sumisión a ellos, para que
la verdad del evangelio permaneciese a vuestro favor.

6 Sin embargo, aquellos que tenían reputación de ser importantes —quiénes hayan sido en otro tiempo, a mí nada me importa;
Dios no hace distinción de personas— a mí,
a la verdad, los de reputación no me añadie-
ron nada nuevo. 7 Más bien, al contrario,
cuando vieron que me había sido confiado el
evangelio para la incircuncisión[j] igual que a
Pedro para la circuncisión[k] 8 —porque el
que actuó en Pedro para hacerle apóstol de la
circuncisión actuó también en mí para hacerme apóstol a favor de los gentiles—, 9 y
cuando percibieron la gracia que me había
sido dada, Jacobo, Pedro[l] y Juan, quienes
tenían reputación de ser columnas, nos dieron a Bernabé y a mí la mano derecha en
señal de compañerismo, para que nosotros
fuésemos a los gentiles y ellos a los de la
circuncisión. 10 Solamente nos pidieron
que nos acordásemos de los pobres, cosa que
procuré hacer con esmero.

Pablo y Pedro en Antioquía

11 Pero cuando Pedro[l] vino a Antioquía,
yo me opuse a él frente a frente, porque era
reprensible. 12 Pues antes que viniesen
ciertas personas de parte de Jacobo, él comía
con los gentiles; pero cuando llegaron, se re-
traía y apartaba, temiendo a los de la circuncisión. 13 Y los otros judíos participaban
con él en su simulación, de tal manera que
aun Bernabé fue arrastrado por la hipocresía
de ellos. 14 En cambio, cuando vi que no

[a] *6* Algunos mss. antiguos dicen *Jesucristo*; otros dicen *Dios*. [b] *8* Algunos mss. antiguos omiten *os*. [c] *8,9* O sea, *separado*, a veces por consagración, a veces por condenación; aquí equivale a *condenado* o *maldito*. [d] *15* Algunos mss. antiguos no incluyen *Dios*. [e] *16* Otra trad., *entre las naciones* [f] *16* Lit., *no busqué consejo en carne y sangre* [g] *18* Lit., *Cefas*, nombre arameo que significa *piedra* como *Pedro* en griego; ver Juan 1:42 [h] *19* O sea, *Santiago*; comp. nota sobre Stg. 1:1 [i] *22* Lit., *no fui conocido por la cara* [j] *7* Es decir, los gentiles [k] *7* Es decir, los judíos [l] *9,11* Ver nota para 1:18

andaban rectamente ante la verdad del evangelio, dije a Pedro[a] delante de todos: "Si tú
que eres judío vives como los gentiles y no
como judío, ¿por qué obligas a los gentiles a
hacerse[b] judíos?"[c]

Todo hombre es justificado por la fe

15 Nosotros somos judíos de nacimiento[d]
y no pecadores de entre los gentiles; 16 pero
sabiendo que ningún hombre es justificado
por las obras de la ley, sino por medio de la
fe en Jesucristo, hemos creído nosotros también en Cristo Jesús, para que seamos justificados por la fe en Cristo, y no por las obras
de la ley. Porque por las obras de la ley nadie[e] será justificado.[f]

17 Pero si es que nosotros, procurando ser
justificados en Cristo, también hemos sido
hallados pecadores, ¿será por eso Cristo servidor del pecado? ¡De ninguna manera!
18 Pues cuando edifico de nuevo las mismas
cosas que derribé, demuestro que soy transgresor. 19 Porque mediante la ley he muerto a la ley, a fin de vivir para Dios.

20 Con Cristo he sido juntamente crucificado; y ya no vivo yo, sino que Cristo vive en
mí. Lo que ahora vivo en la carne, lo vivo por
la fe en el Hijo de Dios, quien me amó y se
entregó a sí mismo por mí. 21 No desecho
la gracia de Dios; porque si la justicia fuese
por medio de la ley, entonces por demás murió Cristo.

No por la ley sino por la fe

3 ¡Oh gálatas insensatos, ante cuyos ojos
Jesucristo fue presentado como crucificado! ¿Quién os hechizó? 2 Sólo esto quiero
saber de vosotros: ¿Recibisteis el Espíritu por
las obras de la ley o por haber oído con fe?
3 ¿Tan insensatos sois? Habiendo comenzado
en el Espíritu, ¿ahora terminaréis en la carne? 4 ¿Tantas cosas padecisteis en vano, si
de veras fue en vano? 5 Entonces, el que os
suministra el Espíritu y obra maravillas entre
vosotros, ¿lo hace por las obras de la ley o por
el oír con fe? 6 De la misma manera, Abraham *creyó a Dios, y le fue contado por justicia*.[g]

7 Por lo tanto, sabed que los que se basan
en la fe son hijos de Abraham. 8 Y la Escritura, habiendo previsto que por la fe Dios
había de justificar a los gentiles, anunció de
antemano el evangelio a Abraham, diciendo:
"En ti serán benditas todas las naciones."[h]
9 Desde luego, los que se basan en la fe son
benditos junto con Abraham, el hombre de
fe.

10 Porque todos los que se basan en las
obras de la ley están bajo maldición, pues está
escrito: *Maldito todo aquel que no permanece en todas las cosas escritas en el libro de
la Ley para cumplirlas*.[i] 11 Desde luego, es
evidente que por la ley nadie es justificado
delante de Dios, porque *el justo vivirá por la
fe*.[j] 12 Ahora bien, la ley no se basa en la fe;
al contrario, *el que hace* estas cosas *vivirá por
ellas*.[k] 13 Cristo nos redimió de la maldición de la ley al hacerse maldición por nosotros (porque está escrito: *Maldito todo el que
es colgado en un madero*[l]), 14 para que la
bendición de Abraham llegara por Cristo Jesús a los gentiles,[m] a fin de que recibamos la
promesa del Espíritu por medio de la fe.

La verdadera descendencia de Abraham

15 Hermanos, hablo en términos humanos: Aunque un pacto sea de hombres, una
vez ratificado, nadie lo cancela ni le añade.
16 Ahora bien, las promesas a Abraham fueron pronunciadas también a su descendencia.[n] No dice: "y a los descendientes", como
refiriéndose a muchos, sino a uno solo: *y a
tu descendencia*,[o] que es Cristo. 17 Esto,
pues, digo: El pacto confirmado antes por
Dios no lo abroga la ley, que vino 430 años
después, para invalidar la promesa. 18 Porque si la herencia fuera por la ley, ya no sería
por la promesa; pero a Abraham Dios ha dado
gratuitamente la herencia por medio de una
promesa.

19 Entonces, ¿para qué existe la ley? Fue
dada por causa de las transgresiones, hasta
que viniese la descendencia a quien había sido hecha la promesa. Y esta ley fue promul-
gada por medio de ángeles, por mano de un
mediador. 20 Y el mediador no es de uno
solo, pero Dios es uno.

21 Por consecuencia, ¿es la ley contraria a
las promesas de Dios?[p] ¡De ninguna manera!
Porque si hubiera sido dada una ley capaz de
vivificar, entonces la justicia sería por la ley.
22 No obstante, la Escritura lo encerró todo
bajo pecado, para que la promesa fuese dada
por la fe en Jesucristo a los que creen. 23 Pero antes que viniese la fe, estábamos custo-
diados bajo la ley, reservados para la fe que

[a] *14* Ver nota para 1:18 [b] *14* O: *a vivir como* [c] *14* Algunos editores estiman que la cita continúa hasta fines del v. 16, 18, 19 o 21. [d] *15* Lit., *por naturaleza* [e] *16* Lit., *ninguna carne* [f] *16* Ver Sal. 143:2 [g] *6* Gén. 15:6; ver Rom. 4:3, 22 [h] *8* Gén. 12:3; *naciones* significa también *gentiles*. [i] *10* Deut. 27:26 (LXX) [j] *11* Hab. 2:4 [k] *12* Lev. 18:5; ver Rom. 10:5 [l] *13* Deut. 21:23 [m] *14* O sea, *las naciones* [n] *16* Lit., *semilla* [o] *16* Gén. 12:7; 13:15; 17:7, 8; 24:7 [p] *21* Algunos mss. antiguos no incluyen *de Dios*.

había de ser revelada. 24 De manera que la
ley ha sido nuestro tutor para llevarnos a
Cristo, para que seamos justificados por la fe.
25 Pero como ha venido la fe, ya no estamos
bajo tutor.

26 Así que, todos sois hijos de Dios por medio de la fe en Cristo Jesús, 27 porque todos
los que fuisteis bautizados en Cristo os habéis
revestido de Cristo. 28 Ya no hay judío ni
griego, no hay esclavo ni libre, no hay varón
ni mujer; porque todos vosotros sois uno en
Cristo Jesús. 29 Y ya que sois de Cristo, ciertamente sois descendencia[a] de Abraham, herederos conforme a la promesa.

Nuestra adopción en Cristo

4 Digo, además, que entre tanto que el heredero es niño, en nada difiere del esclavo, aunque es señor de todo; 2 más bien,
está bajo guardianes y mayordomos hasta el
tiempo señalado por su padre. 3 De igual
modo nosotros también, cuando éramos niños, éramos esclavos sujetos a los principios
elementales del mundo. 4 Pero cuando vino
la plenitud del tiempo, Dios envió a su Hijo,
nacido de mujer y nacido bajo la ley, 5 para
que redimiese a los que estaban bajo la ley,
a fin de que recibiésemos la adopción de hijos. 6 Y por cuanto sois hijos, Dios envió a
nuestros corazones el Espíritu de su Hijo,
que clama: "Abba, Padre." 7 Así que ya no
eres más esclavo, sino hijo; y si hijo, también
eres heredero por medio de Dios.[b]

Contra la esclavitud de la ley

8 Sin embargo, en otro tiempo, cuando no
habíais conocido a Dios, servisteis a los que
por naturaleza no son dioses. 9 En cambio,
ahora que habéis conocido a Dios, o mejor
dicho, ya que habéis sido conocidos por Dios,
¿cómo es que os volvéis de nuevo a los débiles
y pobres principios elementales? ¿Queréis
volver a servirlos otra vez? 10 ¡Vosotros
guardáis los días, los meses, las estaciones y
los años! 11 Me temo por vosotros, que yo
haya trabajado en vano a vuestro favor.

12 Os ruego, hermanos, que os hagáis como yo, ya que yo me hice como vosotros. No
me habéis hecho ningún agravio. 13 Sabéis
que fue a causa de una debilidad física que os
anuncié el evangelio la primera vez; 14 y lo
que en mi cuerpo era prueba para vosotros,
no lo desechasteis ni lo menospreciasteis. Al
contrario, me recibisteis como a un ángel de
Dios, como a Cristo Jesús. 15 ¿Dónde está,
pues, vuestra bienaventuranza? Porque os
doy testimonio de que si hubiera sido posible,
os habríais sacado vuestros ojos para dárme-
los. 16 ¿Resulta que ahora me he hecho
vuestro enemigo por deciros la verdad?
17 Ellos tienen celo por vosotros, pero no para bien; al contrario, quieren aislaros para
que vosotros tengáis celo por ellos. 18 Bueno es ser siempre celosos del bien, y no solamente cuando estoy presente con vosotros.
19 Hijitos míos, por quienes vuelvo a sufrir
dolores de parto hasta que Cristo sea formado
en vosotros, 20 yo quisiera estar ahora con
vosotros y cambiar el tono de mi voz, porque
estoy perplejo en cuanto a vosotros.

Alegoría de Sara y Agar

21 Decidme, los que queréis estar bajo la
ley: ¿No escucháis la ley? 22 Porque escrito
está que Abraham tuvo dos hijos: uno de la
esclava y otro de la libre.[c] 23 Pero mientras
que el de la esclava nació según la carne, el
de la libre nació por medio de la promesa.
24 En estas cosas hay una alegoría, pues estas
mujeres son dos pactos: Agar es el pacto del
monte Sinaí que engendró hijos para esclavitud. 25 Porque Agar representa a Sinaí,
montaña que está en Arabia y corresponde a
la Jerusalén actual, la cual es esclava juntamente con sus hijos. 26 Pero la Jerusalén de
arriba, la cual es nuestra madre, es libre;
27 porque está escrito:

Alégrate, oh estéril,
que no das a luz;
prorrumpe en grito de júbilo
y levanta la voz,
tú que no estás de parto;
porque más son los hijos de la desolada
que los de la que tiene marido.[d]

28 Ahora bien, hermanos, vosotros sois hijos de la promesa tal como Isaac. 29 Pero
como en aquel tiempo, el que fue engendrado
según la carne perseguía al que había nacido
según el Espíritu, así es ahora también.
30 Pero, ¿qué dice la Escritura? *Echa fuera a
la esclava y a su hijo; porque jamás será
heredero el hijo de la esclava con el hijo* de
la libre.[e] 31 Así que, hermanos, no somos
hijos de la esclava, sino de la libre.

Estad firmes en la libertad de Cristo

5 Estad, pues, firmes en la libertad con que
Cristo nos hizo libres, y no os pongáis
otra vez bajo el yugo de la esclavitud.

[a] 29 Lit., *semilla* [b] 7 Algunos mss. antiguos dicen *heredero por medio de Cristo.* [c] 22 Ver Gén. 21:8-14
[d] 27 Isa. 54:1 [e] 30 Gén. 21:10

2 He aquí yo, Pablo, os digo que si os dejáis
circuncidar, de nada os aprovechará Cristo.
3 Y otra vez declaro a todo hombre que acepta
ser circuncidado, que está obligado a cumplir
toda la ley.

4 Vosotros que pretendéis ser justificados
en la ley, ¡habéis quedado desligados de Cristo y de la gracia habéis caído![a] 5 Porque
nosotros por el Espíritu aguardamos por la fe
la esperanza de la justicia. 6 Pues en Cristo
Jesús ni la circuncisión ni la incircuncisión
valen nada, sino la fe que actúa por medio del
amor.

7 Corríais bien. ¿Quién os estorbó para no
obedecer a la verdad? 8 Tal persuasión no
proviene de aquel que os llama. 9 Un poquito de levadura leuda toda la masa. 10 Yo
confío en el Señor con respecto a vosotros
que no pensaréis de ninguna otra manera; y
el que os inquieta llevará su castigo, sea
quien sea. 11 Pero con respecto a mí, hermanos, si todavía predico la circuncisión,
¿por qué aún soy perseguido? En tal caso, se
habría quitado el tropiezo de la cruz.
12 ¡Ojalá se mutilasen[b] los que os perturban!

Frutos de la carne y del Espíritu

13 Vosotros fuisteis llamados a la libertad,
hermanos; solamente que no uséis la libertad
como pretexto para la carnalidad. Más bien,
servíos los unos a los otros por medio del
amor, 14 porque toda la ley se ha resumido
en un solo precepto: *Amarás a tu prójimo*
como a ti mismo.[c] 15 Pero si os mordéis y
os coméis los unos a los otros, mirad que no
seáis consumidos los unos por los otros.

16 Digo, pues: Andad en el Espíritu, y así
jamás satisfaréis[d] los malos deseos de la carne. 17 Porque la carne desea lo que es contrario al Espíritu, y el Espíritu lo que es contrario a la carne. Ambos se oponen mutua-
mente, para que no hagáis lo que quisierais.
18 Pero si sois guiados por el Espíritu, no
estáis bajo la ley.

19 Ahora bien, las obras de la carne son
evidentes. Estas son: fornicación,[e] impureza, desenfreno, 20 idolatría, hechicería,
enemistades, pleitos, celos, ira, contiendas,
disensiones, partidismos, 21 envidia,[f] borracheras, orgías y cosas semejantes a éstas,
de las cuales os advierto, como ya lo hice
antes, que los que hacen tales cosas no heredarán el reino de Dios.

22 Pero el fruto del Espíritu es: amor, gozo,
paz, paciencia, benignidad, bondad, fe,
23 mansedumbre y dominio propio. Contra
tales cosas no hay ley, 24 porque los que son
de Cristo Jesús[g] han crucificado la carne con
sus pasiones y deseos.

25 Ahora que vivimos en el Espíritu, andemos en el Espíritu.[h] 26 No seamos vanido-
sos, irritándonos unos a otros y envidiándo-
nos unos a otros.

La solidaridad cristiana

6 Hermanos, en caso de que alguien se encuentre enredado en alguna transgresión, vosotros que sois espirituales, restaurad
al tal con espíritu de mansedumbre, conside-
rándote a ti mismo, no sea que tú también
seas tentado. 2 Sobrellevad los unos las cargas de los otros y de esta manera cumpliréis[i]
la ley de Cristo. 3 Porque si alguien estima
que es algo, no siendo nada, a sí mismo se
engaña. 4 Así que, examine cada uno su
obra, y entonces tendrá motivo de orgullo
sólo en sí mismo y no en otro; 5 porque cada
cual llevará su propia carga.

6 El que recibe instrucción en la palabra
comparta toda cosa buena con quien le ins-
truye.

7 No os engañéis; Dios no puede ser burlado. Todo lo que el hombre siembre, eso mismo cosechará. 8 Porque el que siembra para
su carne, de la carne cosechará corrupción;
pero el que siembra para el Espíritu, del Espíritu cosechará vida eterna. 9 No nos canse-
mos, pues, de hacer el bien; porque a su tiempo cosecharemos, si no desmayamos.
10 Por lo tanto, mientras tengamos oportunidad, hagamos el bien a todos, y en especial a
los de la familia de la fe.

Conclusión

11 Mirad con cuán grandes letras os escribo con mi propia mano. 12 Aquellos que
quieren tener el visto bueno en la carne os
obligan a ser circuncidados, solamente para
no ser perseguidos a causa de la cruz de Cristo. 13 Pues ni los que son circuncidados
guardan la ley; sin embargo, quieren que vosotros seáis circuncidados para gloriarse en
vuestra carne. 14 Pero lejos esté de mí el
gloriarme sino en la cruz de nuestro Señor
Jesucristo, por medio de quien el mundo me
ha sido crucificado a mí y yo al mundo.

[a] *4* O sea, *habéis dejado de vivir por la gracia*
[b] *12* Juego de palabras en griego con el término *circuncisión* del v. 11
[c] *14* Lev. 19:18; ver Mat. 22:39; Mar. 12:31; Luc. 10:27.
[d] *16* Otra trad., *y así no satisfagáis nunca los . . .*
[e] *19* Algunos mss. antiguos dicen *adulterio, fornicación . . .*
[f] *21* Algunos mss. antiguos agregan *homicidios*.
[g] *24* Algunos mss. antiguos omiten *Jesús*.
[h] *25* Otra trad., *conduzcámonos según las normas del Espíritu*
[i] *2* Algunos mss. antiguos dicen *y de esta manera cumplid la . . .*

15 Porque[a] ni la circuncisión ni la incircuncisión valen nada, sino la nueva criatura.[b]
16 Para todos los que anden según esta regla, paz y misericordia sean sobre ellos, y
sobre el Israel de Dios.

17 De aquí en adelante nadie me cause dificultades,[c] pues llevo en mi cuerpo las mar-
cas de Jesús.
18 La gracia de nuestro Señor Jesucristo
sea con vuestro espíritu, hermanos. Amén.

La Epístola del Apóstol Pablo a los

Efesios

1 Pablo, apóstol de Jesucristo por la voluntad de Dios; a los santos y fieles en Cristo
Jesús que están en Efeso:[d] 2 Gracia a vosotros y paz, de parte de Dios nuestro Padre y
del Señor Jesucristo.

Bendiciones de Dios en Cristo

3 Bendito sea el Dios y Padre de nuestro
Señor Jesucristo, quien nos ha bendecido en
Cristo con toda bendición espiritual en los
lugares celestiales. 4 Asimismo, nos escogió
en él desde antes de la fundación del mundo,
para que fuésemos santos y sin mancha delante de él. 5 En amor nos predestinó[e] por
medio de Jesucristo para adopción como hijos suyos, según el beneplácito de su voluntad, 6 para la alabanza de la gloria de su
gracia, que nos dio gratuitamente en el Amado. 7 En él tenemos redención por medio de
su sangre, el perdón de nuestras transgresiones, según las riquezas de su gracia 8 que
hizo sobreabundar para con nosotros en toda
sabiduría y entendimiento. 9 El nos ha dado
a conocer el misterio de su voluntad, según
el beneplácito que se propuso en Cristo,[f]
10 a manera de plan[g] para el cumplimiento
de los tiempos: que en Cristo sean reunidas
bajo una cabeza todas las cosas, tanto las que
están en los cielos como las que están en la
tierra. 11 En él también recibimos herencia, habiendo sido predestinados según el
propósito de aquel que realiza todas las cosas
conforme al consejo de su voluntad,[h] 12 para que nosotros, que primero hemos esperado en Cristo, seamos para la alabanza de su
gloria. 13 En él también vosotros, habiendo
oído la palabra de verdad, el evangelio de
vuestra salvación, y habiendo creído en él,
fuisteis sellados con el Espíritu Santo que
había sido prometido, 14 quien[i] es la garantía de nuestra herencia para la redención
de lo adquirido, para la alabanza de su gloria.

Acción de gracias e intercesión

15 Por esta razón, yo también, habiendo
oído de la fe que tenéis en el Señor Jesús y
de vuestro amor para con todos los santos,
16 no ceso de dar gracias por vosotros, recor-
dándoos en mis oraciones. 17 Pido que el
Dios de nuestro Señor Jesucristo, el Padre de
gloria, os dé espíritu de sabiduría y de revelación en el pleno conocimiento de él; 18 habiendo sido iluminados los ojos de vuestro
entendimiento,[j] para que conozcáis cuál es
la esperanza a que os ha llamado, cuáles las
riquezas de la gloria de su herencia en los
santos, 19 y cuál la inmensurable grandeza
de su poder para con nosotros los que creemos, conforme a la operación del dominio de
su fuerza. 20 Dios la ejerció en Cristo cuando lo resucitó de entre los muertos y le hizo
sentar a su diestra en los lugares celestiales,
21 por encima de todo principado, autoridad,
poder, señorío y todo nombre que sea nombrado, no sólo en esta edad sino también en
la venidera. 22 Aun todas las cosas las sometió Dios bajo sus pies y le puso a él por cabeza
sobre todas las cosas para la iglesia, 23 la
cual es su cuerpo, la plenitud de aquel que
todo lo llena en todo.

Salvos por la gracia

2 En cuanto a vosotros, estabais muertos
en vuestros delitos y pecados, 2 en los
cuales anduvisteis en otro tiempo, conforme
a la corriente de este mundo[k] y al príncipe
de la potestad del aire, el espíritu que ahora
actúa en los hijos de desobediencia. 3 En
otro tiempo todos nosotros vivimos[l] entre
ellos en las pasiones de nuestra carne, haciendo la voluntad de la carne y de la mente;
y por naturaleza éramos hijos de ira, como

[a] *15* Algunos mss. incluyen *en Cristo Jesús*. [b] *15* Otra trad., *nueva creación* [c] *17* O sea, *nadie me sea molesto*
[d] *1* Algunos mss. antiguos no incluyen *en Efeso*. [e] *5* Otra trad., *de antemano fijó los horizontes de nuestro destino*
[f] *9* Otra trad., *se propuso en sí mismo* [g] *10* Gr., *oikonomía*; otra trad., *para el plan del* [h] *11* Ver Rom. 8:28
[i] *14* Algunos mss. antiguos dicen *lo cual*. [j] *18* Lit., *corazón* [k] *2* Lit., *edad* o *siglo*; es decir, conforme a la edad a la cual pertenece este mundo malo [l] *3* Otra trad., *nos conducíamos*

los demás. 4 Pero Dios, quien es rico en misericordia, a causa de su gran amor con que
nos amó, 5 aun estando nosotros muertos
en delitos, nos dio vida juntamente con Cristo. ¡Por gracia sois salvos! 6 Y juntamente
con Cristo Jesús, nos resucitó y nos hizo sentar en los lugares celestiales, 7 para mostrar
en las edades venideras las superabundantes
riquezas de su gracia, por su bondad hacia
nosotros en Cristo Jesús. 8 Porque por gracia sois salvos[a] por medio de la fe; y esto no
de vosotros, pues es don de Dios. 9 No es por
obras, para que nadie se gloríe. 10 Porque
somos hechura de Dios, creados en Cristo
Jesús para hacer las buenas obras que Dios
preparó de antemano para que anduviésemos
en ellas.

Nueva comunidad en Cristo

11 Por tanto, acordaos de que en otro tiempo vosotros, los gentiles en la carne, erais
llamados incircuncisión por los de la llamada
circuncisión que es hecha con mano en la
carne. 12 Y acordaos de que en aquel tiempo
estabais sin Cristo, apartados de la ciudadanía de Israel y ajenos a los pactos de la promesa, estando sin esperanza y sin Dios en el
mundo. 13 Pero ahora en Cristo Jesús, vosotros que en otro tiempo estabais lejos habéis sido acercados por la sangre de Cristo.

14 Porque él es nuestra paz, quien de ambos nos hizo uno. El derribó en su carne la
barrera de división, es decir, la hostilidad;
15 y abolió[b] la ley de los mandamientos for-
mulados en ordenanzas, para crear en sí mismo de los dos hombres un solo hombre nuevo, haciendo así la paz. 16 También reconcilió con Dios a ambos en un solo cuerpo, por
medio de la cruz, dando muerte en ella a la
enemistad. 17 Y vino y anunció las buenas
nuevas: paz para vosotros que estabais lejos
y paz para los que estaban cerca,[c] 18 ya que
por medio de él, ambos tenemos acceso al
Padre en un solo Espíritu.

19 Por lo tanto, ya no sois extranjeros ni
forasteros, sino conciudadanos de los santos
y miembros de la familia de Dios. 20 Habéis
sido edificados sobre el fundamento de los
apóstoles y de los profetas, siendo Jesucristo
mismo la piedra angular. 21 En él todo el
edificio,[d] bien ensamblado, va creciendo
hasta ser un templo santo en el Señor.
22 En él también vosotros sois juntamente
edificados para morada de Dios en el Espíritu.

Ministerio de Pablo para los gentiles

3 Por esta razón yo Pablo, prisionero de
Cristo Jesús a favor de vosotros los gentiles . . .[e]

2 Sin duda habéis oído de la administración de la gracia de Dios que me ha sido
conferida en vuestro beneficio. 3 Por revelación me fue dado a conocer este misterio,
como antes lo he escrito brevemente. 4 Por
tanto, leyéndolo, podréis entender cuál es mi
comprensión en el misterio de Cristo. 5 En
otras generaciones, no se dio a conocer este
misterio a los hijos de los hombres, como ha
sido revelado ahora a sus santos apóstoles y
profetas por el Espíritu, 6 a saber: que en
Cristo Jesús[f] los gentiles son coherederos,
incorporados en el mismo cuerpo y copartíci-
pes de la promesa por medio del evangelio.
7 De éste llegué a ser ministro, conforme a la
dádiva de la gracia de Dios que me ha sido
conferida, según la acción de su poder. 8 A
mí, que soy menos que el menor de todos los
santos, me ha sido conferida esta gracia de
anunciar entre los gentiles el evangelio de las
inescrutables riquezas de Cristo 9 y para
aclarar a todos[g] cuál es la administración del
misterio[h] que desde la eternidad había estado escondido en Dios, quien creó todas las
cosas. 10 Todo esto es para que ahora sea
dada a conocer, por medio de la iglesia, la
multiforme sabiduría de Dios a los principados y las autoridades en los lugares celestiales, 11 conforme al propósito eterno que
realizó en Cristo Jesús, nuestro Señor.
12 En él tenemos libertad y acceso a Dios con
confianza, por medio de la fe en él. 13 Por
tanto, os pido que no os desaniméis por mis
tribulaciones a vuestro favor, pues ellas son
vuestra gloria.

Para conocer el amor de Cristo

14 Por esta razón doblo mis rodillas ante el
Padre,[i] 15 de quien toma nombre toda familia en los cielos y en la tierra, 16 a fin de
que, conforme a las riquezas de su gloria, os
conceda ser fortalecidos con poder por su Espíritu en el hombre interior; 17 para que
Cristo habite en vuestros corazones por medio de la fe; de modo que, siendo arraigados
y fundamentados en amor, 18 seáis plenamente capaces de comprender, junto con to-

[a] 8 Lit., *habéis sido salvados* [b] 15 Otras trads., *hizo que cesara*; o, *destruyó* [c] 17 Ver Isa. 57:19; Zac. 9:10
[d] 21 Algunos mss. antiguos tienen *todo edificio*. [e] 1 Aparentemente esta oración elíptica continúa en el v. 14
[f] 6 Algunos mss. omiten *Jesús*. [g] 9 Algunos mss. antiguos no incluyen *a todos*. [h] Otra trad., . . . *a todos como se ha dispensado el misterio que . . .* [i] 14 Algunos mss. antiguos agregan *de nuestro Señor Jesucristo*.

dos los santos, cuál es la anchura, la longi-
tud, la altura y la profundidad, 19 y de conocer el amor de Cristo que sobrepasa todo
conocimiento; para que así seáis llenos de
toda la plenitud de Dios.
20 Y a aquel que es poderoso para hacer
todas las cosas mucho más abundantemente
de lo que pedimos o pensamos, según el poder que actúa en nosotros, 21 a él sea la
gloria en la iglesia y en Cristo Jesús, por todas
las generaciones de todas las edades, para
siempre. Amén.

La unidad, los dones y el crecimiento

4 Por eso yo, prisionero en el Señor, os
exhorto a que andéis como es digno del
llamamiento con que fuisteis llamados:
2 con toda humildad y mansedumbre, con paciencia, soportándoos los unos a los otros en
amor; 3 procurando con diligencia guardar
la unidad del Espíritu en el vínculo de la paz.
4 Hay un solo cuerpo y un solo Espíritu, así
como habéis sido llamados a una sola esperanza de vuestro llamamiento. 5 Hay un solo Señor, una sola fe, un solo bautismo,
6 un solo Dios y Padre de todos, quien es sobre todos, a través de todos y en todos.
7 Sin embargo, a cada uno de nosotros le
ha sido conferida la gracia conforme a la medida de la dádiva de Cristo. 8 Por esto dice:
Subiendo a lo alto, llevó cautiva la cautivi-
dad y dio dones a los hombres.[a] 9 Pero esto
de que subió, ¿qué quiere decir, a menos que
hubiera descendido[b] también a las partes
más bajas de la tierra? 10 El que descendió
es el mismo que también ascendió por encima de todos los cielos, para llenarlo todo.[c]
11 Y él mismo constituyó a unos apóstoles, a
otros profetas, a otros evangelistas, y a otros
pastores y maestros, 12 a fin de capacitar a
los santos para la obra del ministerio, para la
edificación del cuerpo de Cristo, 13 hasta
que todos alcancemos la unidad de la fe y del
conocimiento del Hijo de Dios, hasta ser un
hombre de plena madurez, hasta la medida
de la estatura de la plenitud de Cristo.
14 Esto, para que ya no seamos niños, sacudidos a la deriva y llevados a dondequiera por
todo viento de doctrina, por estratagema de
hombres que para engañar, emplean con astucia las artimañas del error; 15 sino que,
siguiendo la verdad con amor, crezcamos en
todo hacia aquel que es la cabeza: Cristo.
16 De parte de él todo el cuerpo, bien concer-
tado y entrelazado por la cohesión que apor-
tan todas las coyunturas, recibe su crecimiento de acuerdo con la actividad propor-
cionada a[d] cada uno de los miembros, para
ir edificándose en amor.

La vida del nuevo hombre en Cristo

17 Esto digo e insisto en el Señor: que no
os conduzcáis[e] más como se conducen los
gentiles, en la vanidad de sus mentes, 18 teniendo el entendimiento entenebrecido, ale-
jados de la vida de Dios por la ignorancia que
hay en ellos, debido a la dureza de su corazón. 19 Una vez perdida toda sensibilidad, se
entregaron a la sensualidad para cometer ávi-
damente toda clase de impurezas. 20 Pero
vosotros no habéis aprendido así a Cristo,
21 si en verdad le habéis oído y habéis sido
enseñados en él, así como la verdad está en
Jesús. 22 Con respecto a vuestra antigua
manera de vivir, despojaos del viejo hombre
que está viciado por los deseos engañosos;
23 pero renovaos en el espíritu de vuestra
mente, 24 y vestíos del nuevo hombre que
ha sido creado a semejanza de Dios en justicia y santidad de verdad.
25 Por lo tanto, habiendo dejado la mentira, *hablad la verdad cada uno con su próji-*
mo,[f] porque somos miembros los unos de
los otros. 26 *Enojaos, pero no pequéis*;[g] no
se ponga el sol sobre vuestro enojo, 27 ni
deis lugar al diablo. 28 El que robaba no
robe más, sino que trabaje esforzadamente,
haciendo con sus propias[h] manos lo que es
bueno, para tener qué compartir con el que
tenga necesidad. 29 Ninguna palabra obsce-
na salga de vuestra boca, sino la que sea buena para edificación según sea necesaria, para
que imparta gracia a los que oyen. 30 Y no
entristezcáis al Espíritu Santo de Dios en
quien fuisteis sellados para el día de la redención.
31 Quítense de vosotros toda amargura,
enojo, ira, gritos y calumnia, junto con toda
maldad. 32 Más bien, sed bondadosos y misericordiosos los unos con los otros, perdonándoos unos a otros, como Dios también os
perdonó a vosotros en Cristo.
5 Por tanto, sed imitadores de Dios como
hijos amados, 2 y andad en amor, como
Cristo también nos amó y se entregó a sí
mismo por nosotros como ofrenda y sacrificio en olor fragante a Dios. 3 Pero la inmoralidad sexual y toda impureza o avaricia no
se nombren más entre vosotros, como corresponde a santos; 4 ni tampoco la conduc-

[a] *8* Sal. 68:18 (LXX); ver Col. 2:15 [b] *9* Algunos mss. antiguos agregan *primero*. [c] *10* Otra trad., *cielos para cumplir todas estas cosas* [d] *16* Otra trad., *por* [e] *17* Lit., *andéis* [f] *25* Zac. 8:16 [g] *26* Sal. 4:4 (LXX)
[h] *28* Algunos mss. antiguos no incluyen *propias*.

ta indecente, ni tonterías ni bromas groseras,
cosas que no son apropiadas; sino más bien,
acciones de gracias. 5 Porque esto lo sabéis
muy bien: que ningún inmoral ni impuro ni
avaro, el cual es idólatra, tiene herencia en el
reino de Cristo y de Dios.

La conducta de los hijos de luz

6 Nadie os engañe con vanas palabras, porque a causa de estas cosas viene la ira de Dios
sobre los hijos de desobediencia. 7 Por eso,
no seáis partícipes con ellos; 8 porque si
bien en otro tiempo erais tinieblas, ahora sois
luz en el Señor. ¡Andad como hijos de luz!
9 Pues el fruto de la luz[a] consiste en toda
bondad, justicia y verdad. 10 Aprobad lo que
es agradable al Señor 11 y no tengáis ninguna participación en las infructuosas obras de
las tinieblas; sino más bien, denunciadlas.
12 Porque da vergüenza aun mencionar lo
que ellos hacen en secreto. 13 Pero cuando
son denunciadas, todas las cosas son puestas
en evidencia por la luz; pues lo que hace que
todo sea visible es la luz.[b] 14 Por eso dice:

"¡Despiértate, tú que duermes,
y levántate de entre los muertos,
y te alumbrará Cristo!"[c]

15 Mirad, pues, con cuidado, cómo os com-
portáis; no como imprudentes sino como
prudentes, 16 redimiendo el tiempo,[d] porque los días son malos. 17 Por tanto, no
seáis insensatos, sino comprended cuál es la
voluntad del Señor. 18 Y no os embriaguéis
con vino, pues en esto hay desenfreno. Más
bien, sed llenos del Espíritu, 19 hablando
entre vosotros con salmos, himnos y canciones espirituales;[e] cantando y alabando al Señor en vuestros corazones; 20 dando gracias
siempre por todo al Dios y Padre, en el nombre de nuestro Señor Jesucristo; 21 y some-
tiéndoos unos a otros en el temor de Cristo.

Conducta en la familia cristiana[f]

22 Las casadas estén sujetas[g] a sus propios
esposos como al Señor, 23 porque el esposo
es cabeza de la esposa, así como Cristo es
cabeza de la iglesia, y él mismo es salvador de
su cuerpo. 24 Así que, como la iglesia está
sujeta a Cristo, de igual manera las esposas
lo estén a sus esposos en todo.
25 Esposos, amad a vuestras esposas, así
como también Cristo amó a la iglesia y se
entregó a sí mismo por ella, 26 a fin de san-
tificarla, habiéndola purificado en el lavamiento del agua con la palabra, 27 para pre-
sentársela a sí mismo, una iglesia gloriosa
que no tenga mancha ni arruga ni cosa semejante, sino que sea santa y sin falta. 28 De
igual manera, los esposos deben amar a sus
esposas como a sus propios cuerpos. El que
ama a su esposa, a sí mismo se ama. 29 Porque nadie aborreció jamás a su propio cuerpo;[h] más bien, lo sustenta y lo cuida, tal
como Cristo a la iglesia, 30 porque somos
miembros de su cuerpo.[i] 31 *Por esto dejará el hombre a su padre y a su madre y se
unirá a su mujer, y serán los dos una sola
carne.*[j] 32 Grande es este misterio, pero lo
digo respecto de Cristo y de la iglesia. 33 Por
tanto, cada uno de vosotros ame a su esposa
como a sí mismo, y la esposa respete a su
esposo.

6 Hijos, obedeced en el Señor[k] a vuestros
padres, porque esto es justo. 2 *Honra a
tu padre y a tu madre* (que es el primer mandamiento con promesa) 3 *para que te vaya
bien y vivas largo tiempo sobre la tierra.*[l]
4 Y vosotros, padres, no provoquéis a ira a
vuestros hijos, sino criadlos en la disciplina
y la instrucción del Señor.
5 Siervos,[m] obedeced a los que son vuestros amos en la tierra[n] con temor y temblor,
con sinceridad de corazón, como a Cristo;
6 no sirviendo sólo cuando se os esté mirando, como los que quieren quedar bien con los
hombres, sino como siervos de Cristo, haciendo la voluntad de Dios con ánimo.
7 Servid de buena voluntad, como al Señor,
no como a los hombres, 8 sabiendo que el
bien que haga cada uno, eso recibirá de parte
del Señor, sea siervo o libre.
9 Y vosotros, amos, haced con ellos lo mismo, dejando las amenazas; porque sabéis que
el mismo Señor de ellos y vuestro está en los
cielos, y que no hay distinción de personas
delante de él.

La armadura que Dios ha provisto

10 Por lo demás,[o] fortaleceos en el Señor
y en el poder de su fuerza. 11 Vestíos de toda
la armadura de Dios, para que podáis hacer
frente a las intrigas del diablo; 12 porque
nuestra lucha no es contra sangre ni carne,

[a] *9* Algunos mss. antiguos dicen *del Espíritu*. [b] *13* Otra trad., *porque todo lo puesto en evidencia es luz* [c] *14* Ver Isa. 26:19 y 60:1 [d] *16* Otra trad., *aprovechando el momento oportuno* [e] *19* Comp. Col. 3:16, 17.
[f] *22t* Comp. Col. 3:18—4:1 y 1 Ped. 3:1-7 [g] *22* Los mss. más antiguos omiten *estén sujetas*, en cuyo caso habría que suplir *sean*. [h] *29* Lit., *carne* [i] *30* Algunos mss. antiguos tienen . . . *cuerpo de su carne y de sus huesos*.
[j] *31* Gén. 2:24; ver Mat. 19:5 [k] *1* Algunos mss. antiguos no incluyen *en el Señor*. [l] *3* Exo. 20:12; Deut. 5:16
[m] *5* O: *esclavos* [n] *5* Lit., *son vuestros señores según la carne* [o] *10* Algunos mss. antiguos incluyen *hermanos míos*.

sino contra principados, contra autoridades,
contra los gobernantes de estas tinieblas,
contra espíritus de maldad en los lugares celestiales.
13 Por esta causa, tomad toda la armadura
de Dios, para que podáis resistir en el día
malo, y después de haberlo logrado todo,
quedar firmes. **14** Permaneced, pues, firmes, ceñidos con el cinturón de la verdad,
vestidos con la coraza de justicia **15** y calza-
dos vuestros pies con la preparación para
proclamar el evangelio de paz.[a] **16** Y sobre
todo, armaos con el escudo de la fe con que
podréis apagar todos los dardos de fuego del
maligno. **17** Tomad también el casco de la
salvación y la espada del Espíritu, que es la
palabra de Dios, **18** orando en todo tiempo
en el Espíritu con toda oración y ruego, vigilando con toda perseverancia y ruego por todos los santos. **19** Y también orad por mí,
para que al abrir la boca me sean conferidas
palabras para dar a conocer con confianza el
misterio del evangelio, **20** por el cual soy
embajador en cadenas; a fin de que por ello
yo hable con valentía, como debo hablar.

Conclusión

21 Ahora bien, para que también vosotros
sepáis cómo me va y qué estoy haciendo, todo
os informará Tíquico, hermano amado y fiel
ministro en el Señor. **22** Por esto mismo, os
lo he enviado para que sepáis lo tocante a
nosotros y para que él anime vuestros corazones. **23** Paz sea a los hermanos, y amor
con fe, de parte de Dios Padre y del Señor
Jesucristo. **24** La gracia sea con todos los
que aman a nuestro Señor Jesucristo con
amor incorruptible.[b]

La Epístola del Apóstol Pablo a los

Filipenses

1 Pablo y Timoteo, siervos de Cristo Jesús;
a todos los santos en Cristo Jesús que
están en Filipos, con los obispos y diáconos:[c]
2 Gracia a vosotros y paz, de parte de Dios
nuestro Padre y del Señor Jesucristo.

Acción de gracias e intercesión

3 Doy gracias a mi Dios cada vez que me
acuerdo de vosotros, **4** siempre intercedien-
do con gozo por todos vosotros en cada oración mía, **5** a causa de vuestra participación[d] en el evangelio desde el primer día
hasta ahora; **6** estando convencido de esto:
que el que en vosotros comenzó la buena
obra, la perfeccionará hasta el día de Cristo
Jesús.
7 Me es justo sentir esto de todos vosotros,
porque os tengo en mi corazón. Tanto en mis
prisiones como en la defensa y confirmación
del evangelio, sois todos vosotros participantes conmigo de la gracia. **8** Pues Dios me es
testigo de cómo os añoro a todos vosotros
con el profundo amor de Cristo Jesús.
9 Y ésta es mi oración: que vuestro amor
abunde aun más y más en conocimiento y en
todo discernimiento, **10** para que aprobéis
lo mejor,[e] a fin de que seáis sinceros e irreprensibles en el día de Cristo, **11** llenos del
fruto de justicia, fruto que viene por medio
de Jesucristo, para gloria y alabanza de Dios.

Hacia una obra fructífera

12 Quiero que sepáis, hermanos, que las
cosas que me han sucedido han redundado
más bien para el adelanto del evangelio.
13 De esta manera, mis prisiones[f] por la causa de Cristo han sido conocidas en todo el
Pretorio y entre todos los demás. **14** La mayoría de los hermanos, tomando ánimo en el
Señor por mis prisiones,[f] se atreven mucho
más a hablar la palabra[g] sin temor. **15** Algunos, a la verdad, predican a Cristo por envidia
y contienda, pero otros lo hacen de buena
voluntad. **16** Estos últimos lo hacen por
amor, sabiendo que he sido puesto para la
defensa del evangelio,[h] **17** mientras aquéllos anuncian a Cristo por contención, no
sinceramente, pensando añadir aflicción a
mis prisiones.[f] **18** ¿Qué, pues? Solamente
que de todas maneras Cristo es anunciado,
sea por pretexto o sea de verdad,[i] y en esto
me alegro. Pero me alegraré aun más,

[a] 15 Ver Isa. 11:5; 52:7; 59:17 [b] 24 Algunos mss. tardíos agregan *Amén*. [c] 1 Otra trad., *los que presiden y los que sirven* [d] 5 Gr., *koinonía*; otra trad., *comunión* [e] 10 Otra trad., *para que podáis discernir lo que más vale* [f] 13,14,17 Lit., *mis cadenas* [g] 14 Algunos mss. antiguos agregan que es *la palabra de Dios*, o *la palabra del Señor*. [h] 16 Aunque en versiones tradicionales el contenido de los vv. 16 y 17 aparece en orden invertido, aquí se sigue el texto de los mejores mss. antiguos. [i] 18 Otra trad., *sea fingida o sinceramente*

19 pues sé que mediante vuestra oración y el
apoyo del Espíritu de Jesucristo, esto resulta-
rá en mi liberación, 20 conforme a mi anhelo y esperanza: que en nada seré avergonzado; sino que con toda confianza, tanto ahora
como siempre, Cristo será exaltado en mi
cuerpo, sea por la vida o por la muerte.
21 Porque para mí el vivir es Cristo, y el
morir es ganancia. 22 Pero si el vivir en la
carne me sirve para una obra fructífera, ¿cuál
escogeré? No lo sé. 23 Me siento presionado
por ambas partes. Tengo el deseo de partir y
estar con Cristo, lo cual es muchísimo mejor;
24 pero quedarme en la carne es más necesario por causa de vosotros. 25 Pues, convencido de esto, sé que me quedaré y que aún
permaneceré con todos vosotros para vuestro
desarrollo y gozo en la fe, 26 para que en mí
haya motivo de aumentar vuestro orgullo en
Cristo Jesús a causa de mi presencia otra vez
entre vosotros.

Una conducta digna del evangelio

27 Solamente procurad que vuestra conducta como ciudadanos[a] sea digna del evangelio de Cristo, de manera que sea que yo
vaya a veros o que esté ausente, oiga acerca
de vosotros que estáis firmes en un mismo
espíritu, combatiendo juntos y unánimes por
la fe del evangelio, 28 y no siendo intimida-
dos de ninguna manera por los adversarios.
Para ellos esta fe es indicio de perdición, pero
para vosotros es indicio de salvación; y esto
procede de Dios. 29 Porque se os ha concedido a vosotros, a causa de Cristo, no solamente el privilegio de creer en él, sino también el de sufrir por su causa. 30 Así tendréis el mismo conflicto que habéis visto y
que ahora oís que sigue en mí.

El ejemplo de Cristo

2 Por tanto, si hay algún aliento en Cristo;
si hay algún incentivo en el amor; si hay
alguna comunión en el Espíritu; si hay algún
afecto profundo y alguna compasión,
2 completad mi gozo a fin de que penséis[b] de
la misma manera, teniendo el mismo amor,
unánimes, pensando[c] en una misma cosa.
3 No hagáis nada por rivalidad ni por vanaglo-
ria, sino estimad humildemente a los demás
como superiores a vosotros mismos; 4 no
considerando cada cual solamente los intereses propios, sino considerando cada uno[d]
también los intereses de los demás.

5 Haya en vosotros esta manera de pensar[e]
que hubo también en Cristo Jesús:

6 Existiendo en forma de Dios,
él no consideró el ser igual a Dios
como algo a qué aferrarse;
7 sino que se despojó a sí mismo,
tomando forma de siervo,
haciéndose semejante a los hombres;
y hallándose en condición de hombre,
8 se humilló a sí mismo
haciéndose obediente hasta la muerte,
¡y muerte de cruz!
9 Por lo cual también Dios
lo exaltó hasta lo sumo
y le otorgó el nombre
que es sobre todo nombre;
10 para que en el nombre de Jesús
se doble toda rodilla
de los que están en los cielos,
en la tierra y debajo de la tierra;
11 y toda lengua confiese
para gloria de Dios Padre
que Jesucristo[f] es Señor.

Resplandecer como luminares

12 De modo que, amados míos, así como
habéis obedecido siempre —no sólo cuando
yo estaba presente, sino mucho más ahora en
mi ausencia—, ocupaos[g] en vuestra salvación con temor y temblor; 13 porque Dios es
el que produce en vosotros tanto el querer
como el hacer, para cumplir su buena voluntad.
14 Hacedlo todo sin murmuraciones y contiendas, 15 para que seáis irreprensibles y
sencillos, hijos de Dios sin mancha en medio
de una generación torcida y perversa,[h] en la
cual vosotros resplandecéis como luminares
en el mundo, 16 reteniendo la palabra de
vida. Así yo podré gloriarme en el día de Cristo de que no he corrido ni he trabajado en
vano. 17 Al contrario, aunque haya de ser
derramado como libación sobre el sacrificio
y servicio de vuestra fe, me gozo y me regocijo con todos vosotros. 18 De igual modo,
gozaos también vosotros y regocijaos conmigo.

La misión de Timoteo y Epafrodito

19 Espero en el Señor Jesús enviaros pronto a Timoteo, para que yo también me reani-
me al saber de vuestro estado; 20 pues no
tengo a nadie que se interese por vosotros
con tanto ánimo y sinceridad. 21 Porque to-

[a] *27* Otra trad., *vuestra manera de vivir* [b] *2* Otra trad., *sintáis* [c] *2* Otra trad. *sintiendo* [d] *4* Algunos mss. antiguos tienen en lugar de *cada uno* la forma plural; se traduciría *todos.* [e] *5* Otra trad., *sentir* [f] *11* Otra trad., *Jesús, el Cristo (Mesías)* [g] *12* Otra trad., *esforzaos* [h] *15* Ver Deut. 32:5

dos buscan sus intereses personales, no lo
que es de Jesucristo. 22 Ya conocéis la reputación de Timoteo, que como hijo a padre ha
servido conmigo en el evangelio. 23 Por lo
tanto, espero enviarle en cuanto yo vea cómo
van mis asuntos; 24 pero confío en el Señor
que yo también iré pronto a vosotros.

25 Sin embargo, también creí necesario
enviaros a Epafrodito, mi hermano, colaborador y compañero de milicia y vuestro mensajero y suministrador de mis necesidades,
26 ya que él os añoraba[a] a todos vosotros y
estaba angustiado porque habíais oído que él
estaba enfermo. 27 Pues en verdad estuvo
enfermo de muerte, pero Dios tuvo misericordia de él; y no solamente de él, sino también de mí, para que yo no tuviese tristeza
sobre tristeza. 28 Por lo tanto, le envío con
más urgencia, para que os volváis a gozar al
verlo y yo esté libre de preocupación. 29 Recibidle, pues, en el Señor con todo gozo y
tened en alta estima a hombres como él;
30 porque a causa de la obra de Cristo estuvo
cercano a la muerte, arriesgando su vida para
completar lo que faltaba en vuestro servicio
a mi favor.

La meta del llamamiento de Dios

3 Por lo demás, hermanos míos, regocijaos en el Señor. El escribiros las mismas
cosas a mí no me es molesto, y para vosotros
es más seguro.

2 ¡Guardaos de los perros! ¡Guardaos de los
malos obreros! ¡Guardaos de los que muti-
lan[b] el cuerpo! 3 Porque nosotros somos la
circuncisión: los que servimos a Dios en espíritu, que nos gloriamos en Cristo Jesús y que
no confiamos en la carne. 4 Aunque yo tengo de qué confiar también en la carne. Si
alguno cree tener de qué confiar en la carne,
yo más: 5 circuncidado al octavo día, del
linaje de Israel, de la tribu de Benjamín, hebreo de hebreos; en cuanto a la ley, fariseo;
6 en cuanto al celo, perseguidor de la iglesia;
en cuanto a la justicia de la ley, irreprensible.

7 Pero las cosas que para mí eran ganancia,
las he considerado pérdida a causa de Cristo.
8 Y aun más: Considero como pérdida todas
las cosas, en comparación con lo incomparable que es conocer a Cristo Jesús mi Señor.
Por su causa lo he perdido todo y lo tengo por
basura, a fin de ganar a Cristo 9 y ser hallado en él; sin pretender una justicia mía, derivada de la ley, sino la que es por la fe en
Cristo, la justicia que proviene de Dios por la
fe. 10 Anhelo conocerle a él y el poder de su
resurrección, y participar en sus padecimientos, para ser semejante[c] a él en su muerte;
11 y de alguna manera, me encontraré en la
resurrección de los muertos.

12 No quiero decir que ya lo haya alcanzado, ni que haya llegado a la perfección; sino
que prosigo a ver si alcanzo aquello para lo
cual también fui alcanzado por Cristo Jesús.
13 Hermanos, yo mismo no pretendo haberlo
ya alcanzado. Pero una cosa hago: olvidando
lo que queda atrás y extendiéndome a lo que
está por delante, 14 prosigo a la meta hacia
el premio del supremo llamamiento[d] de Dios
en Cristo Jesús. 15 Así que, todos los que
hemos alcanzado la madurez pensemos de
este modo; y si pensáis otra cosa, también eso
os lo revelará Dios. 16 En todo caso, sigamos fieles a lo que hemos logrado.[e]

17 Hermanos, sed imitadores de mí y prestad atención a los que así se conducen, según
el ejemplo que tenéis en nosotros. 18 Porque muchos andan por ahí, de quienes os
hablaba muchas veces, y ahora hasta lo digo
llorando, que son enemigos de la cruz de
Cristo. 19 El fin de ellos será la perdición; su
dios es su estómago; su gloria se halla en su
vergüenza; y piensan solamente en lo terrenal. 20 Porque nuestra ciudadanía está en
los cielos, de donde también esperamos ardientemente al Salvador, el Señor Jesucristo.
21 El transformará nuestro cuerpo de humillación para que tenga la misma forma de su
cuerpo de gloria, según la operación de su
poder, para sujetar también a sí mismo todas
las cosas.

4 Así que, hermanos míos, amados y que-
ridos, gozo y corona mía, estad firmes en
el Señor, amados.

Hacia la armonía y el regocijo

2 Ruego a Evodia, y ruego a Síntique que
se pongan de acuerdo[f] en el Señor. 3 Sí, y
a ti también, fiel compañero,[g] te pido que
ayudes a estas hermanas que lucharon junto
conmigo en el evangelio, también con Cle-
mente y los demás colaboradores míos, cuyos
nombres están en el libro de la vida.

4 ¡Regocijaos en el Señor siempre! Otra vez
lo digo: ¡Regocijaos! 5 Vuestra amabilidad
sea conocida por todos los hombres. ¡El Señor está cerca! 6 Por nada estéis afanosos;
más bien, presentad vuestras peticiones de-

[a] 26 Algunos mss. antiguos dicen *él añoraba veros.* [b] 2 Juego de palabras con *circuncisión* del v. 3; comp. Gál. 5:12 [c] 10 Lit., *ser amoldado juntamente con él en . . .* [d] 14 Lit., *el llamado desde arriba* [e] 16 Algunos mss. antiguos agregan *pensando en la misma cosa.* [f] 2 Lit., *que piensen de la misma manera* [g] 3 Gr., *sícigo*; algunos lo toman como nombre propio.

lante de Dios en toda oración y ruego, con
acción de gracias. 7 Y la paz de Dios, que
sobrepasa todo entendimiento, guardará
vuestros corazones y vuestras mentes en
Cristo Jesús.

8 En cuanto a lo demás, hermanos, todo lo
que es verdadero, todo lo honorable, todo lo
justo, todo lo puro, todo lo amable, todo lo
que es de buen nombre, si hay virtud alguna,
si hay algo que merece alabanza, en esto pen-
sad. 9 Lo que aprendisteis, recibisteis, ois-
teis y visteis en mí, esto haced; y el Dios de
paz estará con vosotros.

Gratitud por la ayuda recibida

10 En gran manera me regocijé en el Señor
porque al fin se ha renovado vuestra preocupación para conmigo. Siempre pensabais en
mí, pero os faltaba la oportunidad. 11 No lo
digo porque tenga escasez, pues he aprendido
a contentarme con lo que tengo. 12 Sé vivir
en la pobreza, y sé vivir en la abundancia. En
todo lugar y en todas las circunstancias, he
aprendido el secreto de hacer frente tanto a
la hartura como al hambre, tanto a la abundancia como a la necesidad. 13 ¡Todo lo puedo en Cristo[a] que me fortalece! 14 Sin embargo, hicisteis bien en participar conmigo
en mi tribulación.

15 También sabéis, oh filipenses, que al comienzo del evangelio cuando partí de Macedonia, ninguna iglesia participó conmigo en
cuanto a dar y recibir, sino vosotros solos.
16 Porque aun a Tesalónica enviasteis para
mis necesidades una y otra vez. 17 No es que
busque donativo, sino que busco fruto que
abunde en vuestra cuenta. 18 Sin embargo,
todo lo he recibido y tengo abundancia. Estoy
lleno, habiendo recibido de Epafrodito lo que
enviasteis, como olor fragante, un sacrificio
aceptable y agradable a Dios. 19 Mi Dios,
pues, suplirá toda necesidad vuestra, conforme a sus riquezas en gloria en Cristo Jesús.
20 A nuestro Dios y Padre sea la gloria por los
siglos de los siglos. Amén.

Saludos y bendición final

21 Saludad a todos los santos en Cristo Jesús. Los hermanos que están conmigo os saludan. 22 Todos los santos os saludan, y mayormente los que pertenecen a la casa del
César.[b] 23 La gracia de nuestro Señor Jesucristo sea con vuestro espíritu.[c]

La Epístola del Apóstol Pablo a los

Colosenses

1 Pablo, apóstol de Cristo Jesús por la voluntad de Dios, y el hermano Timoteo;
2 a los hermanos santos y fieles en Cristo que
están en Colosas: Gracia a vosotros y paz, de
parte de Dios nuestro Padre.[d]

Acción de gracias e intercesión

3 Damos gracias a Dios, el Padre de nuestro
Señor Jesucristo, orando siempre por vosotros; 4 porque hemos oído de vuestra fe en
Cristo Jesús y del amor que tenéis por todos
los santos, 5 a causa de la esperanza reservada para vosotros en los cielos, de la cual habéis oído en la palabra de verdad del evangelio 6 que ha llegado a vosotros. Y así como
está llevando fruto y creciendo en todo el
mundo, lo mismo sucede también entre vosotros desde el día en que oísteis y compren-
disteis de veras la gracia de Dios; 7 tal como
aprendisteis de Epafras,[e] nuestro consiervo
amado, quien es fiel ministro de Cristo a
vuestro favor. 8 El también nos ha informado de vuestro amor en el Espíritu.

9 Por esta razón también nosotros, desde el
día en que lo oímos, no cesamos de orar por
vosotros y de rogar que seáis llenos del conocimiento de su voluntad en toda sabiduría y
plena comprensión espiritual; 10 para que
andéis como es digno del Señor, a fin de agra-
darle en todo; de manera que produzcáis fruto en toda buena obra y que crezcáis en el
conocimiento de Dios; 11 y que seáis fortalecidos con todo poder, conforme a su gloriosa potencia, para toda perseverancia y paciencia. 12 Con gozo damos gracias al Padre que
os[f] hizo aptos para participar de la herencia
de los santos en luz. 13 El nos ha librado de
la autoridad de las tinieblas y nos ha traslada-

[a] *13* Los mss. más antiguos tienen *en aquel.* [b] *22* Es decir, los creyentes al servicio del emperador, con quienes Pablo estaba vinculado en sus prisiones [c] *23* Algunos mss. antiguos agregan *Amén*; otros tienen *con todos vosotros. Amén.* [d] *2* Algunos mss. antiguos incluyen *y del Señor Jesucristo.* [e] *7* Comp. 4:12, 13; Film. 23 [f] *12* Algunos mss. antiguos dicen *nos.*

do al reino de su Hijo amado, 14 en quien
tenemos redención,[a] el perdón de los pecados.

La preeminencia de Cristo

15 El es la imagen del Dios invisible, el primogénito de toda la creación; 16 porque en
él fueron creadas todas las cosas que están en
los cielos y en la tierra, visibles e invisibles,
sean tronos, dominios, principados o autoridades. Todo fue creado por medio de él y para
él. 17 El antecede a todas las cosas, y en él
todas las cosas subsisten. 18 Y además, él es
la cabeza del cuerpo, que es la iglesia. El es
el principio, el primogénito de entre los
muertos, para que en todo él sea preeminen-
te; 19 por cuanto agradó al Padre que en él
habitase toda plenitud, 20 y por medio de él
reconciliar consigo mismo todas las cosas,
tanto sobre la tierra como en los cielos, habiendo hecho la paz mediante la sangre de su
cruz.[b]

21 A vosotros también, aunque en otro
tiempo estabais apartados y erais enemigos
por tener la mente ocupada en las malas
obras, ahora os ha reconciliado 22 en su
cuerpo físico[c] por medio de la muerte, para
presentaros santos, sin mancha e irreprensibles delante de él; 23 por cuanto permanecéis[d] fundados y firmes en la fe, sin ser remo-
vidos de la esperanza del evangelio que habéis oído, el cual ha sido predicado en toda
la creación debajo del cielo.

Pablo, ministro del evangelio

De este evangelio yo, Pablo, llegué a ser
ministro. 24 Ahora me gozo en lo que padezco por vosotros, y completo en mi propia
carne lo que falta de las tribulaciones de Cristo a favor de su cuerpo, que es la iglesia.
25 De ella llegué a ser ministro según el oficio
divino[e] que Dios me dio a vuestro favor, para
dar pleno cumplimiento a la palabra de Dios:
26 el misterio de Dios que había estado oculto
desde los siglos y generaciones, pero que
ahora ha sido revelado a sus santos. 27 A
éstos, Dios ha querido dar a conocer cuáles
son las riquezas de la gloria de este misterio
entre las naciones,[f] el cual es: Cristo en vosotros, la esperanza de gloria. 28 A él anunciamos nosotros, amonestando a todo hombre y enseñando a todo hombre con toda sabiduría, a fin de que presentemos a todo
hombre, perfecto[g] en Cristo Jesús. 29 Por
esto mismo yo trabajo, esforzándome según
su potencia que obra poderosamente en mí.

2 Quiero, pues, que sepáis cuán grande
conflicto tengo por vosotros, por los de
Laodicea[h] y por todos los que nunca me han
visto personalmente;[i] 2 para que unidos en
amor, sus corazones sean reanimados hasta
lograr toda la riqueza de la plena certidumbre de entendimiento, para conocer el misterio de Dios,[j] es decir, Cristo mismo. 3 En
él están escondidos todos los tesoros de la
sabiduría y del conocimiento. 4 Digo esto
para que nadie os engañe con falsos argumentos persuasivos. 5 Pues aunque estoy
ausente en el cuerpo,[k] no obstante, en espíritu estoy con vosotros, gozándome y mirando vuestro buen orden y la firmeza de vuestra
fe en Cristo.

La vida plena en Cristo

6 Por tanto, de la manera que habéis recibido a Cristo Jesús el Señor, así andad en él,
7 firmemente arraigados y sobreedificados en
él, y confirmados por la fe, así como habéis
sido enseñados, abundando en acciones de
gracias.

8 Mirad que nadie os lleve cautivos por medio de filosofías y vanas sutilezas, conforme
a la tradición de hombres, conforme a los
principios elementales del mundo, y no conforme a Cristo. 9 Porque en él habita corpo-
ralmente toda la plenitud de la Deidad; 10 y
vosotros estáis completos en él,[l] quien es la
cabeza de todo principado y autoridad.

11 En él también fuisteis circuncidados
con una circuncisión no hecha con manos, al
despojaros del cuerpo pecaminoso carnal
mediante la circuncisión que viene de Cristo.
12 Fuisteis sepultados juntamente con él en
el bautismo, en el cual también fuisteis resucitados juntamente con él, por medio de la fe
en el poder de Dios que lo levantó de entre
los muertos. 13 Mientras vosotros estabais
muertos en los delitos y en la incircuncisión
de vuestra carne, Dios os dio vida juntamente
con él, perdonándonos[m] todos los delitos.
14 El anuló el acta que había contra nosotros,
que por sus decretos nos era contraria, y la
ha quitado de en medio al clavarla en su cruz.
15 También despojó a los principados y auto-

[a] *14* Algunos mss. tardíos incluyen *por su sangre*; comp. Ef. 1:7 [b] *20* Algunos mss. antiguos agregan *por medio de él.* [c] *22* Lit., *cuerpo de carne* [d] *23* Otra trad., *a condición de que permanezcáis* [e] *25* Otras trads., *según la mayordomía que . . .*; o, *según la administración que . . .* [f] *27* Otra trad., *entre los gentiles* [g] *28* Otras trads., *maduro;* o, *completo* [h] *1* Una ciudad vecina; ver 4:15, 16 [i] *1* Lit., *los que no han visto mi rostro en la carne* [j] *2* Algunos mss. tienen *Dios y Padre y de Cristo.* [k] *5* Lit., *en la carne* [l] *10* Otras trads., *y habiendo sido perfeccionados, estáis en él*; o, *habéis recibido plenitud en él* [m] *13* Algunos mss. antiguos dicen *perdonándoos.*

ridades, y los exhibió como espectáculo público, habiendo triunfado sobre ellos en la cruz.[a]

16 Por tanto, nadie os juzgue en asuntos de
comida o de bebida, o respecto a días de fiesta, lunas nuevas o sábados.
17 Todo ello es
sólo una sombra de lo porvenir, pero la realidad pertenece a Cristo.
18 Nadie os prive de
vuestro premio, fingiendo humildad y culto
a los ángeles, haciendo alarde de lo que ha
visto,[b] vanamente hinchado por su mente
carnal;
19 y no aferrándose a la cabeza, de
la cual todo el cuerpo, nutrido y unido por
coyunturas y ligamentos, crece con el crecimiento que da Dios.

La vida nueva en Cristo

20 Siendo que vuestra muerte con Cristo
os separó de los principios elementales del
mundo, ¿por qué, como si aún vivieseis en el
mundo, os sometéis a ordenanzas como:
21 "No uses, ni gustes, ni toques"?
22 Tales
cosas son destinadas a perecer con el uso,
pues son según los mandamientos y las doctrinas de hombres.
23 De hecho, semejantes
prácticas tienen reputación de ser sabias en
una cierta religiosidad, en la humillación y
en el duro trato del cuerpo; pero no tienen
ningún valor contra la sensualidad.[c]

3 Siendo, pues, que habéis resucitado con
Cristo, buscad las cosas de arriba, donde
Cristo está sentado a la diestra de Dios.
2 Ocupad la mente en las cosas de arriba, no
en las de la tierra;
3 porque habéis muerto,
y vuestra vida está escondida con Cristo en
Dios.
4 Y cuando se manifieste Cristo, vuestra vida, entonces también vosotros seréis
manifestados con él en gloria.

5 Por lo tanto, haced morir lo terrenal en
vuestros miembros: fornicación, impureza,
bajas pasiones, malos deseos y la avaricia,
que es idolatría.
6 A causa de estas cosas
viene la ira de Dios sobre los rebeldes.[d]
7 En ellas anduvisteis también vosotros en
otro tiempo cuando vivíais entre ellos.
8 Pero ahora, dejad también vosotros todas estas
cosas: ira, enojo, malicia, blasfemia y palabras groseras de vuestra boca.
9 No mintáis
los unos a los otros; porque os habéis despojado del viejo hombre con sus prácticas,
10 y
os habéis vestido del nuevo, el cual se renueva para un pleno conocimiento, conforme a
la imagen de aquel que lo creó.
11 Aquí no
hay griego ni judío, circuncisión ni incircuncisión, bárbaro ni escita, esclavo ni libre; sino
que Cristo es todo y en todos.

12 Por tanto, como escogidos de Dios, santos y amados, vestíos de profunda compasión,
de benignidad, de humildad, de mansedumbre y de paciencia,
13 soportándoos los unos
a los otros y perdonándoos los unos a los
otros, cuando alguien tenga queja del otro.
De la manera que el Señor[e] os perdonó, así
también hacedlo vosotros.
14 Pero sobre todas estas cosas, vestíos de amor, que es el
vínculo perfecto.
15 Y la paz de Cristo[f] gobierne en vuestros corazones, pues a ella
fuisteis llamados en un solo cuerpo; y sed
agradecidos.

16 [g]La palabra de Cristo habite abundantemente en vosotros, enseñándoos y amonestándoos los unos a los otros en toda sabiduría
con salmos, himnos y canciones espirituales,
cantando con gracia a Dios en vuestros corazones.
17 Y todo lo que hagáis, sea de palabra o de hecho, hacedlo todo en el nombre
del Señor Jesús, dando gracias a Dios Padre
por medio de él.

Conducta en la familia cristiana[h]

18 Esposas, estad sujetas a vuestros esposos, como conviene en el Señor.

19 Esposos, amad a vuestras esposas y no
os amarguéis contra ellas.[i]

20 Hijos, obedeced a vuestros padres en todo, porque esto es agradable en el Señor.

21 Padres, no irritéis a vuestros hijos, para
que no se desanimen.

22 Siervos,[j] obedeced en todo a vuestros
amos humanos; no sirviendo sólo cuando se
os está mirando, como los que agradan a los
hombres, sino con sencillez de corazón, temiendo a Dios.
23 Y todo lo que hagáis, hacedlo de buen ánimo como para el Señor y no
para los hombres,
24 sabiendo que del Señor recibiréis la recompensa de la herencia.
¡A Cristo el Señor servís!
25 Pero el que comete injusticia recibirá la injusticia que haga, porque no hay distinción de personas.

4 Amos, haced lo que es justo y equitativo
con vuestros siervos, sabiendo que también vosotros tenéis un amo[k] en los cielos.

La oración y el testimonio personal

2 Perseverad siempre en la oración, vigilando en ella con acción de gracias.
3 A la
vez, orad también por nosotros, a fin de que
el Señor nos abra una puerta para la palabra,

[a] *15* Lit., *en ella*; comp. Ef. 2:16 [b] *18* Algunos mss. antiguos dicen *de lo que no han visto*. [c] *23* Lit., *contra la satisfacción de la carne* [d] *6* Lit., *hijos de rebelión*; algunos mss. antiguos omiten esta frase. [e] *13* Algunos mss. antiguos dicen *Cristo*. [f] *15* Algunos mss. antiguos dicen *de Dios*. [g] *16* Comp. Ef. 5:19, 20 [h] *18t* Ver Ef. 5:22—6:9; 1 Ped. 3:1-7 [i] *19* Otra trad., *y no les amarguéis la vida* [j] *22* O: *esclavos* [k] *1* O sea, *un Señor*

para comunicar el misterio de Cristo, por lo
cual estoy aún preso. 4 Orad para que yo lo
presente con claridad, como me es preciso
hablar.
5 Andad sabiamente para con los de afuera,
redimiendo el tiempo.[a] 6 Vuestra palabra
sea siempre agradable, sazonada con sal, para
que sepáis cómo os conviene responder a cada uno.

La misión de Tíquico y Onésimo

7 Todos mis asuntos os los hará saber Tíquico,[b] hermano amado, fiel ministro y consiervo en el Señor.
8 Le envío a vosotros con
este fin: para que conozcáis nuestros asuntos[c] y para que él anime vuestros corazones.
9 Le envío con Onésimo,[d] el fiel y amado hermano, quien es uno de vosotros. Ellos os informarán de todo lo que pasa aquí.

Saludos finales

10 Os saludan Aristarco, prisionero conmigo; Marcos, el primo de Bernabé (ya habéis
recibido instrucciones acerca de él; si va a
vosotros, recibidle) 11 y Jesús, llamado Justo. Ellos son los únicos de la circuncisión que
son colaboradores conmigo en el reino de
Dios y que me han servido de consuelo.
12 Os saluda Epafras, quien es uno de vosotros, siervo de Cristo siempre solícito por vosotros en oración, para que estéis firmes como hombres maduros y completamente entregados a[e] toda la voluntad de Dios.
13 Porque doy testimonio de él, de que tiene
gran celo por vosotros, por los de Laodicea y
por los de Hierápolis. 14 Os saludan Lucas,
el médico amado, y Demas.
15 Saludad a los hermanos que están en
Laodicea: a Ninfa y a la iglesia que está en su
casa. 16 Cuando esta carta haya sido leída
entre vosotros, haced que se lea también en
la iglesia de los laodicenses; y la de Laodicea
leedla también vosotros.
17 Decid a Arquipo: "Cuida el ministerio
que has recibido del Señor, para que lo cumplas."
18 Ahora, la salutación de mi propia mano,
de Pablo. Acordaos de mis prisiones. La gracia sea con vosotros.[f]

La Primera Epístola del
Apóstol Pablo a los Tesalonicenses

1 Tesalonicenses

1 Pablo, Silas[g] y Timoteo; a la iglesia de los tesalonicenses, en Dios Padre y en el Señor Jesucristo: Gracia a vosotros y paz.[h]

Gracias por un testimonio ejemplar

2 Damos siempre gracias a Dios por todos
vosotros, haciendo mención de vosotros en
nuestras oraciones. 3 Nos acordamos sin cesar, delante del Dios y Padre nuestro, de la
obra de vuestra fe, del trabajo de vuestro
amor y de la perseverancia de vuestra esperanza en nuestro Señor Jesucristo. 4 Porque hemos conocido, hermanos amados de
Dios, vuestra elección; 5 por cuanto nuestro
evangelio no llegó a vosotros sólo en palabras, sino también en poder y en el Espíritu
Santo, y en plena convicción. Vosotros sabéis
de qué manera actuamos entre vosotros a
vuestro favor. 6 También os hicisteis imitadores de nosotros y del Señor, recibiendo la
palabra en medio de gran tribulación, con
gozo del Espíritu Santo; 7 de tal manera que
habéis sido ejemplo a todos los creyentes en
Macedonia y en Acaya. 8 Porque la palabra
del Señor ha resonado desde vosotros, no sólo en Macedonia y en Acaya, sino que también vuestra fe en Dios se ha extendido a todo lugar, de modo que nosotros no tenemos necesidad de decir nada. 9 Pues ellos mismos
cuentan de nosotros la buena recepción que
tuvimos por parte de vosotros, y cómo os
convertisteis de los ídolos a Dios, para servir
al Dios vivo y verdadero 10 y para esperar de
los cielos a su Hijo, a quien resucitó de entre
los muertos, a Jesús, quien nos libra de la ira
venidera.

Ministerio de Pablo en Tesalónica

2 Porque vosotros mismos sabéis, hermanos, en cuanto a nuestra visita a vosotros, que no fue en vano. 2 Al contrario, a
pesar de que habíamos padecido antes y ha-

[a]5 Otra trad., *aprovechando bien la oportunidad* [b]7 Ver Ef. 6:21, 22; Hech. 20:4; 2 Tim. 4:12; Tito 3:12
[c]8 Algunos mss. antiguos dicen *que conozca yo vuestros asuntos.* [d]9 Ver Film. 10 [e]12 Otra trad., *plenamente convencidos de* [f]18 Algunos mss. antiguos incluyen *Amén*; otros mss. tardíos tienen . . . *sea con todos vosotros. Amén.* [g]1 Lit., *Silvano*; la forma griega de *Silas*, compañero de Pablo; ver Hech. 16:19 [h]1 Algunos mss. antiguos incluyen *de parte de Dios nuestro Padre y del Señor Jesucristo.*

bíamos sido maltratados en Filipos, como sabéis, tuvimos valentía en nuestro Dios para
anunciaros el evangelio de Dios en medio de
grande conflicto. 3 Pues nuestra exhortación no procedía de error ni de motivos impuros, ni fue con engaño. 4 Más bien, según
fuimos aprobados por Dios para ser encomendados con el evangelio, así hablamos; no
como quienes buscan agradar a los hombres,
sino a Dios quien examina nuestros corazones. 5 Porque, como sabéis, nunca usamos
palabras lisonjeras ni tampoco palabras como
pretexto para la avaricia; Dios es testigo.
6 Tampoco buscamos gloria de parte de los
hombres, ni de vosotros, ni de otros; aunque
podríamos haberos sido carga como apóstoles de Cristo.[a]

7 Más bien, entre vosotros fuimos tiernos,[b] como la nodriza que cría y cuida a sus
propios hijos. 8 Tanto es nuestro cariño para vosotros que nos parecía bien entregaros
no sólo el evangelio de Dios sino también
nuestras propias vidas, porque habéis llegado
a sernos muy amados. 9 Porque os acordáis,
hermanos, de nuestro arduo trabajo y fatiga;
que trabajando de día y de noche para no ser
gravosos a ninguno de vosotros, os predicamos el evangelio de Dios.

10 Vosotros sois testigos, y Dios también,
de cuán santa, justa e irreprensiblemente actuamos entre vosotros los creyentes. 11 En
esto, sabéis que fuimos para cada uno de vosotros como el padre para sus propios hijos:
Os exhortábamos, os animábamos 12 y os
insistíamos[c] en que anduvieseis como es
digno de Dios, que os llama[d] a su propio
reino y gloria.

Persecución de la iglesia

13 Por esta razón, nosotros también damos
gracias a Dios sin cesar; porque cuando recibisteis la palabra de Dios que oísteis de parte
nuestra, la aceptasteis, no como palabra de
hombres, sino como lo que es de veras, la
palabra de Dios quien obra en vosotros los
que creéis. 14 Porque vosotros, hermanos,
llegasteis a ser imitadores de las iglesias de
Dios en Cristo Jesús que están en Judea; pues
también vosotros habéis padecido las mismas
cosas de vuestros propios compatriotas, como ellos de los judíos. 15 Estos mataron
tanto al Señor Jesús como a los profetas;[e] a
nosotros nos han perseguido; no agradan a
Dios y se oponen a todos los hombres,
16 prohibiéndonos hablar a los gentiles a fin
de que sean salvos. Así colman siempre la
medida de sus pecados. ¡Pero la ira de Dios
viene sobre ellos hasta el extremo!

Pablo anhela visitarlos de nuevo

17 Pero nosotros, hermanos, apartados[f]
de vosotros por un poco de tiempo, de vista
pero no de corazón, procuramos con mayor
empeño y con mucho deseo veros personalmente.[g] 18 Por eso quisimos ir a vosotros
(yo Pablo, una y otra vez), pero Satanás nos
lo impidió. 19 Porque, ¿cuál es nuestra esperanza, gozo o corona de orgullo delante del
Señor Jesucristo en su venida? ¿Acaso no lo
sois vosotros? 20 En efecto, vosotros sois
nuestra gloria y gozo.

La misión de Timoteo

3 Por lo cual, como no pudimos soportarlo
más, nos pareció bien quedarnos solos
en Atenas, 2 y enviamos a Timoteo, nuestro
hermano[h] y colaborador de Dios[i] en el
evangelio de Cristo, para afirmaros y anima-
ros en vuestra fe; 3 para que nadie sea turba-
do en medio de estas tribulaciones; porque
vosotros mismos sabéis que hemos sido puestos para esto. 4 Porque cuando aún estábamos con vosotros, os predecíamos que habríamos de sufrir tribulaciones. Y así ha
acontecido, como bien lo sabéis. 5 Por esta
razón, como yo tampoco pude soportarlo
más, le envié para informarme de vuestra fe,
no sea que os haya tentado el tentador y que
nuestro gran esfuerzo haya sido en vano.

6 Pero ahora Timoteo ha vuelto de vosotros
a nosotros y nos ha dado buenas noticias de
vuestra fe y de vuestro amor, y de que siempre tenéis buenos recuerdos de nosotros, deseando vernos, tal como nosotros también a
vosotros. 7 Por eso hemos sido animados
por vosotros, hermanos, por medio de vuestra fe, en toda nuestra necesidad y aflicción.
8 Porque ahora vivimos, si efectivamente estáis firmes en el Señor.

9 Por lo cual, ¿qué acción de gracias podremos dar a Dios con respecto a vosotros en
recompensa por todo el gozo con que nos
regocijamos por causa vuestra delante de
nuestro Dios? 10 De día y de noche implora-
mos con mucha instancia, a fin de veros personalmente[g] y completar lo que falta de

[a] 6 Otra trad., *aunque podríamos haber apelado a nuestra importancia como apóstoles de Cristo* [b] 7 Algunos mss. antiguos dicen *niñitos tiernos.* [c] 12 Lit., *testificábamos*; otra trad., *conjurábamos* [d] 12 Algunos mss. antiguos dicen *quien os llamó.* [e] 15 Algunos mss. antiguos dicen *sus propios profetas.* [f] 17 Lit., *privados como huérfanos* [g] 17,10 Lit., *ver vuestra cara* [h] 2 Algunos mss. antiguos incluyen *y ministro de Dios.* [i] 2 Algunos mss. antiguos dicen *colaborador nuestro.*

vuestra fe. 11 ¡Que el mismo Dios y Padre
nuestro, con nuestro Señor Jesús, nos abra
camino hacia vosotros! 12 El Señor os mul-
tiplique y os haga abundar en amor unos para
con otros y para con todos, tal como nosotros
para con vosotros; 13 a fin de confirmar
vuestros corazones irreprensibles en santidad delante de Dios nuestro Padre, en la venida de nuestro Señor Jesús con todos sus santos.[a]

La conducta que agrada a Dios

4 Por lo demás, hermanos, os rogamos y
exhortamos en el Señor Jesús que conforme aprendisteis de nosotros acerca de cómo os conviene andar y agradar a Dios, tal
como estáis andando, así sigáis progresando
cada vez más. 2 Ya sabéis cuáles son las instrucciones que os dimos de parte del Señor
Jesús. 3 Porque ésta es la voluntad de Dios,
vuestra santificación: que os apartéis de inmoralidad sexual; 4 que cada uno de vosotros sepa controlar su propio cuerpo[b] en
santificación y honor, 5 no con bajas pasiones, como los gentiles que no conocen a
Dios; 6 y que en este asunto nadie atropelle
ni engañe a su hermano;[c] porque el Señor
es el que toma venganza en todas estas cosas,
como ya os hemos dicho y advertido. 7 Porque Dios no nos ha llamado a la impureza,
sino a la santificación. 8 Por lo tanto, el que
rechaza esto no rechaza a hombre, sino a
Dios quien os[d] da su Espíritu Santo.
9 Pero con respecto al amor fraternal, no
tenéis necesidad de que os escriba, porque
vosotros mismos habéis sido enseñados de
Dios que os améis los unos a los otros. 10 De
hecho, lo estáis haciendo con todos los hermanos por toda Macedonia; pero os exhortamos, hermanos, a que sigáis progresando
aun más. 11 Tened por aspiración vivir en
tranquilidad, ocuparos en vuestros propios
asuntos y trabajar con vuestras propias manos, como os hemos mandado; 12 a fin de
que os conduzcáis honestamente para con los
de afuera y que no tengáis necesidad de nada.

Esperanza de la venida de Cristo

13 Tampoco queremos, hermanos, que ignoréis acerca de los que duermen,[e] para que
no os entristezcáis como los demás que no
tienen esperanza. 14 Porque si creemos que
Jesús murió y resucitó, de la misma manera
Dios traerá por medio de Jesús, y con él, a los
que han dormido.[f]
15 Pues os decimos esto por palabra del Señor: Nosotros que vivimos, que habremos
quedado hasta la venida del Señor, de ninguna manera precederemos a los que ya durmieron. 16 Porque el Señor mismo descenderá del cielo con aclamación, con voz de
arcángel y con trompeta de Dios; y los muertos en Cristo resucitarán primero. 17 Luego
nosotros, los que vivimos y habremos quedado, seremos arrebatados juntamente con
ellos en las nubes, para el encuentro con el
Señor en el aire; y así estaremos siempre con
el Señor. 18 Por tanto, alentaos[g] los unos
a los otros con estas palabras.

Vigilar por la venida del Señor

5 Pero acerca de los tiempos y de las ocasiones, hermanos, no tenéis necesidad
de que os escriba. 2 Porque vosotros mismos sabéis perfectamente bien que el día del
Señor vendrá como ladrón de noche.
3 Cuando digan: "Paz y seguridad", entonces
vendrá la destrucción de repente sobre ellos,
como vienen los dolores sobre la mujer que
da a luz; y de ninguna manera escaparán.
4 Pero vosotros, hermanos, no estáis en tinieblas, como para que aquel día os sorpren-
da como un ladrón. 5 Todos vosotros sois
hijos de luz e hijos del día. No somos hijos de
la noche ni de las tinieblas. 6 Por tanto, no
durmamos como los demás, sino vigilemos y
seamos sobrios; 7 porque los que duermen,
de noche duermen; y los que se emborrachan, de noche se emborrachan. 8 Pero nosotros que somos del día seamos sobrios, vestidos de la coraza de la fe y del amor, y con
el casco de la esperanza de la salvación.
9 Porque no nos ha puesto Dios para ira, sino
para alcanzar salvación por medio de nuestro
Señor Jesucristo, 10 quien murió por nosotros para que, ya sea que velemos o sea que
durmamos, vivamos juntamente con él.
11 Por lo cual, animaos los unos a los otros
y edificaos los unos a los otros, así como ya
lo hacéis.

Exhortaciones y saludos a la iglesia

12 Os rogamos, hermanos, que reconozcáis a los que entre vosotros trabajan, que os
presiden en el Señor y que os dan instrucción. 13 Tenedlos en alta estima con amor
a causa de su obra. Vivid en paz los unos con
los otros. 14 Hermanos, también os exhortamos a que amonestéis a los desordenados,
a que alentéis a los de poco ánimo, a que deis

[a] 13 Algunos mss. antiguos incluyen *Amén.* [b] 4 Lit., *vaso*; otra trad., *tener su propia esposa* [c] 6 Otra trad., *y que nadie haga daño ni defraude a su hermano en el negocio* [d] 8 Algunos mss. antiguos dicen *nos.* [e] 13 Es decir, los que mueren [f] 14 Es decir, los que han muerto en Cristo [g] 18 O: *consolaos*

apoyo a los débiles, y a que tengáis paciencia
hacia todos. 15 Mirad que nadie devuelva a
otro mal por mal; en cambio, procurad siempre lo bueno los unos para los otros y para
con todos. 16 Estad siempre gozosos.
17 Orad sin cesar. 18 Dad gracias en todo,
porque ésta es la voluntad de Dios para vosotros en Cristo Jesús. 19 No apaguéis[a] el Espíritu. 20 No menospreciéis[a] las profecías;
21 más bien,[b] examinadlo todo, retened lo
bueno. 22 Apartaos de toda apariencia de
mal.

23 Y el mismo Dios de paz os santifique por
completo; que todo vuestro ser —tanto espíritu, como alma y cuerpo— sea guardado sin
mancha en la venida de nuestro Señor Jesucristo. 24 Fiel es el que os llama, quien también lo logrará. 25 Hermanos, orad también
por nosotros.

26 Saludad a todos los hermanos con un
beso santo. 27 Solemnemente os insto[c] por
el Señor que se lea esta carta a todos los
hermanos.[d] 28 La gracia de nuestro Señor
Jesucristo sea con vosotros.[e]

La Segunda Epístola del
Apóstol Pablo a los Tesalonicenses

2 Tesalonicenses

1 Pablo, Silas[f] y Timoteo; a la iglesia de
los tesalonicenses en Dios nuestro Padre
y en el Señor Jesucristo: 2 Gracia a vosotros
y paz, de parte de Dios nuestro Padre y del
Señor Jesucristo.

Fidelidad en medio de la tribulación

3 Siempre debemos dar gracias a Dios por
vosotros, hermanos, como es digno, por
cuanto vuestra fe va creciendo sobremanera
y abunda el amor de cada uno para con los
demás; 4 tanto que nosotros mismos nos
gloriamos de vosotros en las iglesias de Dios,
a causa de vuestra perseverancia[g] y fe en
todas vuestras persecuciones y aflicciones
que estáis soportando. 5 Esto da muestra
evidente del justo juicio de Dios, para que
seáis tenidos por dignos del reino de Dios,
por el cual también estáis padeciendo.

La recompensa en la venida de Cristo

6 De hecho es justo delante de Dios retribuir con aflicción a los que os afligen, 7 y
retribuir con descanso, junto con nosotros, a
vosotros que sois afligidos. Esto sucederá
cuando el Señor Jesús con sus poderosos ángeles se manifieste desde el cielo 8 en llama
de fuego, para dar retribución a los que no
han conocido a Dios y a los que no obedecen
el evangelio de nuestro Señor Jesús.[h]
9 Ellos serán castigados con eterna perdición,
excluidos de la presencia del Señor y de la
gloria de su poder, 10 cuando él venga en
aquel día para ser glorificado en sus santos y
ser admirado por todos los que creyeron; porque nuestro testimonio ha sido creído entre
vosotros. 11 Con este fin oramos siempre
por vosotros: para que nuestro Dios os haga
dignos de su llamamiento y que él cumpla
todo buen propósito y toda obra de fe con
poder, 12 de manera que el nombre de nuestro Señor Jesús[h] sea glorificado en vosotros,
y vosotros en él, según la gracia de nuestro
Dios y del Señor Jesucristo.

El hombre de iniquidad

2 Ahora, con respecto a la venida[i] de
nuestro Señor Jesucristo y nuestra reunión con él, os rogamos, hermanos, 2 que
no seáis movidos fácilmente de vuestro modo
de pensar ni seáis alarmados, ni por espíritu,
ni por palabra, ni por carta como si fuera
nuestra, como que ya hubiera llegado el día
del Señor. 3 Nadie os engañe de ninguna
manera; porque esto no sucederá sin que
venga primero la apostasía y se manifieste el
hombre de iniquidad,[j] el hijo de perdición.
4 Este se opondrá y se alzará contra todo lo
que se llama Dios o que se adora, tanto que
se sentará en el templo de Dios haciéndose
pasar por Dios.[k]

5 ¿No os acordáis que mientras yo estaba
todavía con vosotros, os decía esto? 6 Ahora
sabéis qué lo detiene, a fin de que a su debido
tiempo él sea revelado. 7 Porque ya está
obrando el misterio de la iniquidad;[l] sola-

[a] *19,20* Está implícita la idea de abandonar una acción ya en proceso. [b] *21* Algunos mss. antiguos no incluyen *más bien*. [c] *27* Otra trad., *conjuro* [d] *27* Algunos mss. antiguos tienen *santos hermanos*. [e] *28* Algunos mss. antiguos agregan *Amén*. [f] *1* Lit., *Silvano*; la forma griega de *Silas*, compañero de Pablo; ver Hech. 16:19 [g] *4* O: *paciencia* [h] *8,12* Algunos mss. antiguos dicen *Jesucristo*. [i] *1* Lit., *presencia* [j] *3* Lit., *sin ley* o *de anarquía*; algunos mss. antiguos dicen *hombre de pecado*. [k] *4* Algunos mss. antiguos dicen *tanto que se sentará como Dios en el templo de Dios*; ver Dan. 11:36. [l] *7* Lit:, *sin ley* o *de anarquía*

mente espera hasta que sea quitado de en
medio el que ahora lo detiene. 8Y entonces
será manifestado aquel inicuo,[a] a quien el
Señor Jesús matará con el soplo de su boca
y destruirá con el resplandor de su venida.[b]
9El advenimiento del inicuo es por operación
de Satanás, con todo poder, señales y prodigios falsos, 10y con todo engaño de injusticia entre los que perecen, por cuanto no recibieron el amor de la verdad para ser salvos.
11Por esto, Dios les enviará una fuerza de
engaño para que crean la mentira, 12a fin
de que sean condenados todos los que no creyeron a la verdad, sino que se complacieron
en la injusticia.

La buena esperanza de los creyentes

13Pero nosotros debemos dar gracias a
Dios siempre por vosotros, hermanos amados del Señor, de que Dios os haya escogido
desde el principio para salvación, por la santificación del Espíritu y fe en la verdad.
14Con este fin os llamó Dios por medio de
nuestro evangelio para alcanzar la gloria de
nuestro Señor Jesucristo.

15Así que, hermanos, estad firmes y retened las doctrinas en que habéis sido enseñados, sea por palabra o por carta nuestra.
16Y el mismo Señor nuestro Jesucristo, y
nuestro Padre Dios quien nos amó y por gracia nos dio eterno consuelo y buena esperanza, 17anime vuestros corazones y os confirme en toda obra y palabra buena.

3 Por lo demás, hermanos, orad por nosotros para que la palabra del Señor se di-
funda rápidamente[c] y sea glorificada, así como sucedió también entre vosotros; 2y que
seamos librados de hombres perversos y malos; porque no es de todos la fe. 3Pero fiel
es el Señor, que os establecerá y os guardará
del mal. 4Tenemos confianza en el Señor
en cuanto a vosotros, que hacéis y haréis lo
que os mandamos. 5¡El Señor dirija vuestros corazones hacia el amor de Dios y la
paciencia de Cristo!

El deber de trabajar

6Sin embargo, os mandamos, hermanos,
en el nombre de nuestro Señor Jesucristo,
que os apartéis de todo hermano que ande
desordenadamente y no conforme a la doctrina que recibieron[d] de parte nuestra. 7Vo-
sotros mismos sabéis de qué manera debéis
imitarnos, porque no hemos vivido desordenadamente entre vosotros, 8ni hemos comido de balde el pan de nadie. Más bien, tra-
bajamos arduamente hasta la fatiga, de noche
y de día, para no ser gravosos a ninguno de
vosotros; 9no porque no tuviésemos autoridad, sino para daros en nuestras personas un
ejemplo a imitar.

10Aún estando con vosotros os amonestá-
bamos así: que si alguno no quiere trabajar,
tampoco coma. 11Porque hemos oído que
algunos andan desordenadamente entre vosotros, sin trabajar en nada, sino entrome-
tiéndose en lo ajeno. 12A los tales les orde-
namos y les exhortamos en el Señor Jesucristo que trabajando sosegadamente coman su
propio pan.

13Y vosotros, hermanos, no os canséis de
hacer el bien. 14Si alguno no obedece nuestra palabra por carta, a ése señaladlo y no
tengáis trato con él, para que le dé vergüenza. 15Pero no lo tengáis por enemigo, sino
amonestadle como a hermano. 16Y el mismo Señor de paz os dé siempre paz en toda
manera. El Señor sea con todos vosotros.

Conclusión

17Este saludo es de mi mano, Pablo. Así es
mi firma en todas mis cartas, tal como escribo. 18La gracia de nuestro Señor Jesucristo
sea con todos vosotros.[e]

La Primera Epístola del Apóstol Pablo a Timoteo

1 Timoteo

1 Pablo, apóstol de Cristo Jesús por mandato de Dios nuestro Salvador y de Cristo
Jesús[f] nuestra esperanza; 2a Timoteo, verdadero hijo en la fe: Gracia, misericordia y
paz, de parte de Dios Padre y de Cristo Jesús
nuestro Señor.

Contra las falsas enseñanzas

3Como te rogué cuando partí para Macedonia, quédate en Efeso, para que requieras
a algunos que no enseñen doctrinas extrañas,
4ni presten atención a fábulas e intermina-

[a]8 Lit., *sin ley* o *de anarquía* [b]8 Otra trad., *la manifestación de su presencia* [c]1 Lit., *corra* [d]6 Algunos mss. antiguos dicen *recibisteis*. [e]18 Algunos mss. antiguos incluyen *Amén*. [f]1 Algunos mss. antiguos dicen *del Señor Jesucristo*.

bles genealogías, que sirven más a especula-
ciones que al plan de Dios, que es por la fe.
5 Pero el propósito del mandamiento es el
amor que procede de un corazón puro, de
una buena conciencia y de una fe no fingida.
6 Algunos de ellos, habiéndose desviado, se
apartaron en pos de vanas palabrerías,
7 queriendo ser maestros de la ley, sin entender ni lo que hablan ni lo que afirman con
tanta seguridad.

8 Sabemos, sin embargo, que la ley es buena, si uno la usa legítimamente. 9 Y conocemos esto: que la ley no ha sido puesta para
el justo, sino para los rebeldes[a] e insubor-
dinados, para los impíos y pecadores, para los
irreverentes y profanos, para los parricidas y
matricidas, para los homicidas, 10 para los
fornicarios, para los homosexuales, para los
secuestradores, para los mentirosos, para los
perjuros, y para cuanto haya contrario a la
sana doctrina, 11 según el evangelio de la
gloria[b] del Dios bendito, que me ha sido en-
comendado.

Acción de gracias por el ministerio

12 Doy gracias al que me fortaleció, a Cristo Jesús nuestro Señor, porque me tuvo por
fiel al ponerme en el ministerio, 13 a pesar
de que antes fui blasfemo, perseguidor e in-
solente. Sin embargo, recibí misericordia
porque, siendo ignorante, lo hice en incredulidad. 14 Pero la gracia de nuestro Señor fue
más que abundante con la fe y el amor que
hay en Cristo Jesús. 15 Fiel es esta palabra
y digna de toda aceptación: que Cristo Jesús
vino al mundo para salvar a los pecadores, de
los cuales yo soy el primero. 16 No obstante,
por esta razón recibí misericordia, para que
Cristo Jesús mostrase en mí, el primero, toda
su clemencia, para ejemplo de los que habían
de creer en él para vida eterna. 17 Por tanto,
al Rey de los siglos, al inmortal, invisible y
único Dios,[c] sean la honra y la gloria por los
siglos de los siglos. Amén.

18 Este mandamiento te encargo, hijo Timoteo, conforme a las profecías que antes se
hicieron acerca de ti, para que milites por
ellas la buena milicia, 19 manteniendo la fe
y la buena conciencia, la cual algunos desecharon y naufragaron en cuanto a la fe.
20 Entre éstos están Himeneo y Alejandro,[d]
a quienes he entregado a Satanás, para que
aprendan a no blasfemar.

Sobre la oración y la conducta

2 Por esto exhorto, ante todo, que se hagan súplicas, oraciones, intercesiones y
acciones de gracias por todos los hombres;
2 por los reyes y por todos los que están en
eminencia, para que llevemos una vida tran-
quila y reposada en toda piedad y dignidad.
3 Esto es bueno y aceptable delante de Dios
nuestro Salvador, 4 quien quiere que todos
los hombres sean salvos y que lleguen al conocimiento de la verdad. 5 Porque hay un
solo Dios y un solo mediador entre Dios y los
hombres, Jesucristo hombre,[e] 6 quien se
dio a sí mismo en rescate por todos, de lo cual
se dio testimonio a su debido tiempo. 7 Para
esto yo fui constituido predicador, apóstol y
maestro de los gentiles en fe y verdad. Digo
la verdad;[f] no miento.

8 Quiero, pues, que los hombres oren en
todo lugar, levantando manos piadosas, sin
ira ni discusión. 9 Asimismo, que las mujeres se atavíen con vestido decoroso, con mo-
destia y prudencia; no con peinados ostentosos, ni oro, ni perlas, ni vestidos costosos;
10 sino más bien con buenas obras, como
conviene a mujeres que profesan reverencia
a Dios.

11 La mujer aprenda en silencio, con toda
sujeción; 12 porque no permito a una mujer
enseñar ni ejercer dominio sobre el hombre,[g] sino estar en silencio. 13 Pues Adán
fue formado primero; después, Eva. 14 Además, Adán no fue engañado; sino la mujer, al
ser engañada, incurrió en transgresión.
15 Sin embargo, se salvará teniendo hijos, si
permanece en fe, amor y santidad con prudencia.

Requisitos para ser obispo[h]

3 Fiel es esta palabra: Si alguien anhela el
obispado,[i] desea buena obra. 2 Entonces es necesario que el obispo sea irreprensible, marido de una sola mujer, sobrio, prudente, decoroso, hospitalario, apto para enseñar; 3 no dado al vino; no violento, sino
amable; no contencioso ni amante del dinero. 4 Que gobierne bien[j] su casa y tenga a
sus hijos en sujeción con toda dignidad.
5 Porque si alguien no sabe gobernar su propia casa, ¿cómo cuidará de la iglesia de Dios?
6 Que no sea un recién convertido, para que
no se llene de orgullo y caiga en la condena-

[a] *9* Lit., *sin ley* [b] *11* Otra trad., *según el glorioso evangelio* [c] *17* Algunos mss. antiguos tienen *y al único y sabio Dios.* [d] *20* Ver 2 Tim. 2:16-18; 4:14 [e] *5* Lit., *hombre Cristo Jesús* [f] *7* Algunos mss. antiguos incluyen *en Cristo.* [g] *12* Otra trad., *al marido* [h] *1t* Ver Tito 1:5-9 [i] *1* Otras trads., *ser supervisor*; o, *ser el que vigila por el bien de otros* [j] *4* Otra trad., *se preocupe por*

ción del diablo. 7 También debe tener buen
testimonio de los de afuera, para que no caiga
en el reproche y la trampa del diablo.

Requisitos para ser diácono

8 Asimismo, los diáconos[a] deben ser dignos de respeto, sin doblez de lengua, no da-
dos a mucho vino ni amantes de ganancias
deshonestas; 9 que mantengan el misterio
de la fe con limpia conciencia. 10 Que éstos
sean probados primero y que después sirvan
como diáconos, si es que son hallados irreprensibles. 11 Las mujeres, asimismo, deben ser dignas de respeto, no calumniadoras,
sobrias, fieles en todo. 12 Los diáconos sean
maridos de una sola mujer; que gobiernen
bien a sus hijos y sus propias casas. 13 Porque los que sirven bien como diáconos ganan
para sí buena reputación y mucha confianza
en la fe que es en Cristo Jesús.

Verdades centrales del evangelio

14 Te escribo esto, esperando ir a verte
pronto, 15 para que si me tardo, sepas cómo
te conviene conducirte en la casa[b] de Dios,
que es la iglesia del Dios vivo, columna y
fundamento de la verdad.

16 Indiscutiblemente,[c] grande es el misterio de la piedad:

Él[d] fue manifestado en la carne,
justificado por el Espíritu,
visto por los ángeles,
proclamado entre las naciones,
creído en el mundo,
y recibido arriba en gloria.

Contra la apostasía

4 Pero el Espíritu dice claramente que en
los últimos tiempos algunos se apartarán de la fe, prestando atención a espíritus
engañosos y a doctrinas de demonios. 2 Con
hipocresía hablarán mentira, teniendo caute-
rizada la conciencia. 3 Prohibirán casarse y
mandarán abstenerse de los alimentos que
Dios creó para que, con acción de gracias,
participasen de ellos los que creen y han conocido la verdad. 4 Porque todo lo que Dios
ha creado es bueno, y no hay que rechazar
nada cuando es recibido con acción de gracias; 5 pues es santificado por medio de la
palabra de Dios y de la oración.

El buen ministro de Jesucristo

6 Si expones estas cosas a los hermanos,
serás buen ministro de Jesucristo, nutrido de
las palabras de la fe y de la buena doctrina,
la cual has seguido de cerca. 7 Desecha las
fábulas profanas y de viejas, y ejercítate para
la piedad. 8 Porque el ejercicio físico para
poco aprovecha; pero la piedad para todo
aprovecha, pues tiene promesa para la vida
presente y para la venidera.

9 Fiel es esta palabra y digna de toda aceptación. 10 Porque para esto mismo trabaja-
mos arduamente y luchamos,[e] pues esperamos en el Dios viviente, quien es el Salvador
de todos los hombres, especialmente de los
que creen.

11 Estas cosas manda y enseña. 12 Nadie
tenga en poco tu juventud; pero sé ejemplo
para los creyentes en palabra, en conducta,
en amor,[f] en fe y en pureza. 13 Entre tanto
que voy, ocúpate en la lectura, en la exhortación y en la enseñanza.

14 No descuides el don que está en ti, que
te ha sido dado por medio de profecía, con la
imposición de las manos del concilio de ancianos.[g] 15 Dedícate a estas cosas; ocúpate
en ellas, para que tu progreso sea manifiesto
a todos. 16 Ten cuidado de ti mismo y de la
doctrina; persiste en ello, pues haciendo esto
te salvarás a ti mismo y a los que te escuchan.

5 No reprendas con dureza al anciano, sino exhórtale como a padre; a los más
jóvenes, como a hermanos; 2 a las ancianas,
como a madres; y a las jóvenes, como a hermanas, con toda pureza.

Acerca de las viudas en la iglesia

3 Honra a las viudas que realmente sean
viudas. 4 Pero si alguna viuda tiene hijos o
nietos, que aprendan primero a ser piadosos
con los de su propia casa y a recompensar a
sus padres, porque esto es aceptable delante
de Dios. 5 Ahora bien, la que es realmente
viuda, y que ha quedado sola, ha puesto su
esperanza en Dios y persevera en súplica y
oraciones de noche y de día; 6 pero la que
se entrega a los placeres, viviendo está muerta. 7 Manda también estas cosas para que
sean irreprensibles. 8 Si alguien no tiene
cuidado de los suyos, y especialmente de los
de su casa, ha negado la fe y es peor que un
incrédulo.

9 La viuda sea incluida en la lista después
de haber cumplido por lo menos sesenta

[a] *8* Lit., *servidores*; ver Fil. 1:1 y Hech. 6:1-6 [b] *15* Es decir, familia [c] *16* Otras trads., *confesadamente*; o, *de acuerdo con la confesión general* [d] *16* Algunos mss. antiguos dicen *Dios fue* . . . [e] *10* Algunos mss. antiguos dicen *sufrimos oprobio*; o, . . . *arduamente y sufrimos oprobio* . . . [f] *12* Algunos mss. antiguos incluyen *en espíritu*. [g] *14* O: *del presbiterio*

años, que haya sido esposa de un solo marido,
10 que tenga testimonio de buenas obras; si
ha criado hijos, si ha practicado la hospitalidad, si ha lavado los pies de los santos, si ha
socorrido a los afligidos y si se ha dedicado a
toda buena obra. 11 Pero no admitas a las
viudas más jóvenes, porque cuando sus pasiones las apartan[a] de Cristo, quieren casarse, 12 estando bajo juicio por haber abandonado su primer compromiso.[b] 13 Y a la vez
aprenden a ser ociosas, andando de casa en
casa. No sólo aprenden a ser ociosas, sino
también chismosas y entremetidas, hablando
lo que no conviene. 14 Por eso quiero que
las más jóvenes se casen, críen hijos, gobiernen su casa y no den al adversario ninguna
ocasión de reproche; 15 porque ya algunas
se han extraviado en pos de Satanás.
16 Si algún creyente o alguna creyente[c]
tiene viudas, cuídelas. No sea carga para la
iglesia, a fin de que haya lo suficiente para las
que realmente son viudas.

Acerca de los obreros en la iglesia

17 Los ancianos que dirigen bien sean tenidos por dignos de doble honor, especialmente los que trabajan arduamente en la palabra
y en la enseñanza. 18 Porque la Escritura
dice: *No pondrás bozal al buey que trilla*.[d]
Además: "El obrero es digno de su salario."[e]
19 No admitas acusación contra un anciano a no ser que haya dos o tres testigos. 20 A
los que continúan pecando, repréndelos delante de todos para que los otros tengan temor. 21 Requiero solemnemente delante de
Dios y de Cristo Jesús y de sus ángeles escogidos, que guardes estas cosas sin prejuicio, no
haciendo nada con parcialidad.
22 No impongas las manos a ninguno con
ligereza, ni participes en pecados ajenos;
consérvate puro. 23 De aquí en adelante no
tomes agua; usa, más bien, un poquito de
vino a causa de tu estómago y de tus frecuen-
tes enfermedades.
24 Los pecados de algunos hombres se hacen patentes antes de comparecer en juicio,
pero a otros les alcanzan después. 25 De la
misma manera, las buenas obras se hacen
patentes de antemano; y aunque sean de otra
manera, no es posible mantenerlas ocultas.

Conducta de los siervos creyentes

6 Todos los que están bajo el yugo de la
esclavitud tengan a sus propios amos como dignos de toda honra, para que no sea
desacreditado el nombre de Dios, ni la doctrina. 2 Los que tienen amos creyentes, no los
tengan en menos por ser hermanos. Al contrario, sírvanles mejor por cuanto son creyentes y amados los que se benefician de su
buen servicio. Esto enseña y exhorta.

La piedad y la verdadera riqueza

3 Si alguien enseña algo diferente y no se
conforma a las sanas palabras de nuestro Señor Jesucristo y a la doctrina que es conforme a la piedad, 4 se ha llenado de orgullo y
no sabe nada. Más bien, delira acerca de controversias y contiendas de palabras, de las
cuales vienen envidia, discordia, calumnias,
sospechas perversas, 5 y necias rencillas entre hombres de mente corrompida y privados
de la verdad, que tienen la piedad como fuente de ganancia.[f]
6 Sin embargo, grande ganancia es la piedad con contentamiento. 7 Porque nada trajimos a este mundo, y es evidente que[g] nada
podremos sacar. 8 Así que, teniendo el sustento y con qué cubrirnos, estaremos contentos con esto. 9 Porque los que desean enri-
quecerse caen en tentación y trampa, y en
muchas pasiones insensatas y dañinas que
hunden a los hombres en ruina y perdición.
10 Porque el amor al dinero es raíz de todos
los males; el cual codiciando algunos, fueron
descarriados de la fe y se traspasaron a sí
mismos con muchos dolores.

La buena batalla de la fe

11 Pero tú, oh hombre de Dios, huye de
estas cosas y sigue la justicia, la piedad, la fe,
el amor, la perseverancia, la mansedumbre.
12 Pelea la buena batalla de la fe; echa mano
de la vida eterna, a la cual fuiste llamado y
confesaste la buena confesión delante de muchos testigos.
13 Te mando delante de Dios, quien da vida
a todas las cosas, y de Cristo Jesús, quien dio
testimonio de la buena confesión delante de
Poncio Pilato, 14 que guardes el mandamiento sin mancha ni reproche, hasta la aparición de nuestro Señor Jesucristo. 15 A su
debido tiempo la mostrará el Bienaventurado
y solo Poderoso, el Rey de reyes y Señor de
señores;[h] 16 el único que tiene inmortalidad, que habita en luz inaccesible, a quien
ninguno de los hombres ha visto ni puede
ver. A él sea la honra y el dominio eterno.
Amén.
17 A los ricos de la edad presente manda

[a] 11 O: *se sublevan contra* . . . [b] 12 Lit., *primera fe* [c] 16 Algunos mss. antiguos no incluyen *algún creyente o*.
[d] 18 Deut. 25:4; comp. 1 Cor. 9:9 [e] 18 Ver Mat. 10:10 y Luc. 10:7 [f] 5 Algunos mss. antiguos agregan *Apártate de los tales*. [g] 7 Algunos mss. antiguos no incluyen *es evidente que*. [h] 15 Lit., *Señor de los señoríos*

que no sean altivos, ni pongan su esperanza
en la incertidumbre de las riquezas, sino en
Dios quien nos provee todas las cosas en
abundancia para que las disfrutemos.
18 Que hagan el bien, que sean ricos en
buenas obras, que sean generosos y dispuestos a compartir, 19 atesorando para sí buen
fundamento para el porvenir, para que
echen mano de la vida verdadera.[a]

Conclusión

20 Oh Timoteo, guarda lo que se te ha en-
comendado, evitando las profanas y vanas palabrerías y los argumentos de la falsamente
llamada ciencia; 21 la cual profesando algunos se descarriaron en cuanto a la fe.

La gracia sea con vosotros.[b]

La Segunda Epístola del Apóstol Pablo a Timoteo

2 Timoteo

1 Pablo, apóstol de Cristo Jesús por la voluntad de Dios, según la promesa de la
vida que es en Cristo Jesús; 2 a Timoteo,
amado hijo: Gracia, misericordia y paz, de
parte de Dios el Padre y de Cristo Jesús nuestro Señor.

No te avergüences de testificar

3 Doy gracias a Dios, a quien rindo culto[c]
con limpia conciencia como lo hicieron mis
antepasados, de que sin cesar me acuerdo de
ti en mis oraciones de noche y de día. 4 Me
he acordado de tus lágrimas y deseo verte
para ser lleno de gozo. 5 Traigo a la memoria la fe no fingida que hay en ti, la cual
habitó primero en tu abuela Loida y en tu
madre Eunice, y estoy convencido de que
también en ti.

6 Por esta razón, te vuelvo a recordar que
avives el don de Dios que está en ti por la
imposición de mis manos. 7 Porque no nos
ha dado Dios un espíritu de cobardía, sino de
poder, de amor y de dominio propio. 8 Por
tanto, no te avergüences de dar testimonio de
nuestro Señor, ni de mí, prisionero suyo.
Más bien, sé partícipe conmigo de los sufrimientos por el evangelio, según el poder de
Dios. 9 Fue él quien nos salvó y nos llamó
con santo llamamiento, no conforme a nuestras obras, sino conforme a su propio propósito y gracia, la cual nos fue dada en Cristo
Jesús antes del comienzo del tiempo;[d] 10 y
ahora ha sido manifestada por la aparición de
nuestro Salvador Cristo Jesús. El anuló la
muerte y sacó a la luz la vida y la inmortalidad por medio del evangelio, 11 del cual he
sido puesto como predicador, apóstol y maestro.[e] 12 Por esta razón padezco estas cosas,
pero no me avergüenzo; porque yo sé a quien
he creído, y estoy convencido de que él es
poderoso para guardar mi depósito[f] para
aquel día.

13 Ten presente el modelo de las sanas palabras que has oído de mí, en la fe y el amor
en Cristo Jesús. 14 Guarda el buen depósito
por medio del Espíritu Santo que habita en
nosotros.

15 Ya sabes que se apartaron de mí todos
los de Asia, entre ellos Figelo y Hermógenes.
16 El Señor conceda misericordia a la casa de
Onesíforo,[g] porque muchas veces me reani-
mó y no se avergonzó de mis cadenas.
17 Más bien, cuando estuvo en Roma, me
buscó solícitamente y me halló. 18 El Señor
le conceda que halle misericordia de parte del
Señor en aquel día. Cuánto nos ayudó en Efeso, tú lo sabes muy bien.

Sé buen soldado de Cristo

2 Tú pues, hijo mío, fortalécete en la gracia que es en Cristo Jesús. 2 Lo que oíste de parte mía mediante muchos testigos,
esto encarga a hombres fieles que sean idóne-
os para enseñar también a otros. 3 Tú, pues,
sé partícipe de los sufrimientos como buen
soldado de Cristo Jesús. 4 Ninguno en cam-
paña militar se enreda en los negocios de la
vida, a fin de agradar a aquel que lo alistó
como soldado. 5 Además, si algún atleta
compite, no es coronado a menos que compi-
ta según las reglas. 6 El labrador que trabaja
esforzadamente es quien debe recibir primero su parte de los frutos. 7 Considera bien
lo que digo, pues el Señor te dará entendimiento en todo.

[a] *19* Algunos mss. antiguos dicen *vida eterna*. [b] *21* Algunos mss. antiguos dicen *contigo*; algunos también agregan *Amén*. [c] *3* Otra trad., *sirvo* [d] *9* Lit., *antes de los tiempos de las edades* [e] *11* Algunos mss. antiguos dicen *maestro a los gentiles*. [f] *12* O sea, *lo que yo le he confiado*; o, *lo que él me ha confiado* [g] *16* Ver 4:19

Ten presente a Jesucristo

8 Acuérdate de Jesucristo, resucitado de
entre los muertos, de la descendencia de David, conforme a mi evangelio.
9 Por él soporto sufrimientos hasta prisiones, como si
fuera malhechor. ¡Pero la palabra de Dios no
está presa!

10 Por tanto, todo lo sufro a favor de los
escogidos, para que ellos también obtengan
la salvación que es en Cristo Jesús, con gloria
eterna.
11 Fiel es esta palabra:

Si morimos con él,
también viviremos con él.
12 Si perseveramos,
también reinaremos con él.
Si le negamos, él también nos negará.
13 Si somos infieles, él permanece fiel,
porque no puede negarse a sí mismo.

Procura ser obrero aprobado

14 Recuérdales esto, requiriéndoles delante de Dios[a] que no contiendan sobre palabras, que para nada aprovecha, sino que lleva
a la ruina a los que oyen.

15 Procura con diligencia presentarte a
Dios aprobado, como obrero que no tiene de
qué avergonzarse, que traza bien[b] la palabra
de verdad.
16 Pero evita las profanas y vanas
palabrerías, porque conducirán más y más a
la impiedad.
17 Y la palabra de ellos carcomerá como gangrena. Entre ellos se cuentan
Himeneo y Fileto,[c]
18 quienes se extraviaron con respecto a la verdad, sosteniendo que
la resurrección ya ha ocurrido, y trastornaron la fe de algunos.
19 A pesar de todo, el
sólido fundamento de Dios queda firme, teniendo este sello: *Conoce el Señor a los que
son suyos*[d] y "Apártese de iniquidad todo
aquel que invoca el nombre del Señor."[e]

20 Pero en una casa grande, no solamente
hay vasos de oro y de plata, sino también de
madera y de barro. Además, hay unos para
uso honroso y otros para uso común.
21 Así
que, si alguno se limpia de estas cosas, será
un vaso para honra, consagrado y útil para el
Señor,[f] preparado para toda buena obra.

22 Huye, pues, de las pasiones juveniles y
sigue la justicia, la fe, el amor y la paz con
los que de corazón puro invocan al Señor.
23 Pero evita las discusiones necias e ignorantes, sabiendo que engendran contiendas.
24 Pues el siervo del Señor no debe ser contencioso, sino amable para con todos, apto
para enseñar y sufrido;[g]
25 corrigiendo con
mansedumbre a los que se oponen, por si
quizás Dios les conceda que se arrepientan
para comprender la verdad,
26 y se escapen
de la trampa del diablo, quien los tiene cautivos a su voluntad.

Evita a los falsos piadosos

3 También debes saber esto: que en los últimos días se presentarán tiempos difíciles.
2 Porque habrá hombres amantes de sí
mismos y del dinero. Serán vanagloriosos,
soberbios, blasfemos, desobedientes a los padres, ingratos, impíos,
3 sin afecto natural,
implacables, calumniadores, intemperantes,
crueles, aborrecedores de lo bueno,
4 traidores, impetuosos, envanecidos y amantes de
los placeres más que de Dios.
5 Tendrán
apariencia de piedad, pero negarán su eficacia. A éstos evita.
6 Pues entre éstos están
los que se meten en las casas y se llevan cautivas a las mujercillas cargadas de pecados,
arrastradas por diversas pasiones,
7 que
siempre están aprendiendo y nunca logran
llegar al conocimiento de la verdad.
8 De la
manera que Janes y Jambres[h] se opusieron
a Moisés, así también éstos se oponen a la
verdad. Son hombres de mente corrompida,
réprobos en cuanto a la fe.
9 Pero no irán
muy lejos, porque su insensatez será evidente
a todos, como también lo fue la de aquéllos.

Persiste en lo que has aprendido

10 Pero tú has seguido de cerca mi enseñanza, conducta, propósito, fe, paciencia,
amor, perseverancia,
11 persecuciones y
aflicciones, como las que me sobrevinieron
en Antioquía, Iconio y Listra. Todas estas
persecuciones he sufrido, y de todas me libró
el Señor.[i]
12 También todos los que quieran vivir piadosamente en Cristo Jesús serán
perseguidos.
13 Pero los malos hombres y
los engañadores irán de mal en peor, engañando y siendo engañados.

14 Pero persiste tú en lo que has aprendido
y te has persuadido, sabiendo de quienes lo
has aprendido
15 y que desde tu niñez has
conocido las Sagradas Escrituras, las cuales
te pueden hacer sabio para la salvación por
medio de la fe que es en Cristo Jesús.

16 Toda la Escritura es inspirada por Dios

[a]14 Algunos mss. antiguos dicen *delante del Señor*. [b]15 Otra trad., *interpreta correctamente*; lit., *divide*, como quien marca un paño para cortar; tal vez, una alusión a la tarea práctica de dividir las palabras en un texto antiguo ESCRITODECORRIDO [c]17 Ver 4:14; 1 Tim. 1:20 [d]19 Núm. 16:5 (LXX) [e]19 Algunos mss. tienen *de Cristo*; comp. Núm. 16:26; Luc.13:27 [f]21 Otras trads., *dueño* o *amo* [g]24 Otra trad., *y paciente para soportar el maltrato* [h]8 Nombres tradicionales para los magos egipcios mencionados en Exo. 7:11 y 22 [i]11 Ver Hech. 13:50; 14:5, 6, 19

y es útil para la enseñanza, para la reprensión, para la corrección, para la instrucción
en justicia, 17 a fin de que el hombre de
Dios sea perfecto,[a] enteramente capacitado
para toda buena obra.

Cumple tu ministerio

4 Te requiero delante de Dios y de Cristo
Jesús,[b] quien ha de juzgar a los vivos y
a los muertos, tanto por su manifestación
como por su reino: 2 Predica la palabra;
mantente dispuesto a tiempo y fuera de tiempo; convence, reprende y exhorta con toda
paciencia y enseñanza. 3 Porque vendrá el
tiempo cuando no soportarán la sana doctrina; más bien, teniendo comezón de oír,
amontonarán para sí maestros conforme a
sus propias pasiones, 4 y a la vez que apartarán sus oídos de la verdad, se volverán a las
fábulas. 5 Pero tú, sé sobrio en todo; soporta
las aflicciones; haz obra de evangelista; cumple tu ministerio.

6 Porque yo ya estoy a punto de ser ofrecido
en sacrificio, y el tiempo de mi partida ha
llegado. 7 He peleado la buena batalla; he
acabado la carrera; he guardado la fe. 8 Por
lo demás, me está reservada la corona de justicia, la cual me dará el Señor, el Juez justo,
en aquel día. Y no sólo a mí, sino también a
todos los que han amado su venida.

Instrucciones personales

9 Procura venir pronto a verme, 10 porque Demas[c] me ha desamparado, habiendo
amado el mundo presente,[d] y se fue a Tesalónica. Crescente fue a Galacia, y Tito a Dalmacia.[e] 11 Sólo Lucas está conmigo. Toma a
Marcos y tráele contigo, porque me es útil
para el ministerio. 12 A Tíquico envié a Efeso.

13 Trae, cuando vengas, el manto que dejé
en Troas en casa de Carpo, y los rollos, especialmente los pergaminos.

14 Alejandro el herrero me ha causado muchos males. El Señor le pagará conforme a
sus hechos. 15 Guárdate tú también de él,
porque en gran manera ha resistido a nuestras palabras.

16 En mi primera defensa nadie estuvo de
mi parte. Más bien, todos me desampararon.
No se les tome en cuenta. 17 Pero el Señor
sí estuvo conmigo y me dio fuerzas para que
por medio de mí fuese cumplida la predicación, y que todos los gentiles escucharan. Y
fui librado de la boca del león. 18 El Señor
me librará de toda obra mala y me preservará
para su reino celestial. A él sea la gloria por
los siglos de los siglos. Amén.

Saludos finales

19 Saluda a Priscila[f] y a Aquilas, y a la casa
de Onesíforo. 20 Erasto se quedó en Corinto, y a Trófimo lo dejé enfermo en Mileto.
21 Procura venir antes del invierno. Te saludan Eubulo, Pudente, Lino, Claudia y todos
los hermanos.

22 El Señor Jesucristo sea con tu espíritu.
La gracia sea con vosotros.[g]

La Epístola del Apóstol Pablo a

Tito

1 Pablo, siervo de Dios y apóstol de Jesucristo según la fe de los elegidos de Dios
y el pleno conocimiento de la verdad —la
cual es según la piedad 2 basada en la esperanza de la vida eterna, que el Dios que no
miente prometió desde antes del comienzo
del tiempo,[h] 3 y a su debido tiempo manifestó su palabra en la predicación que se me
ha confiado por mandato de Dios nuestro
Salvador—; 4 a Tito, verdadero hijo según
la fe que nos es común: Gracia[i] y paz, de
Dios Padre y de Cristo Jesús nuestro Salvador.

Requisitos para los ancianos[j]

5 Por esta causa te dejé en Creta: para que
pusieras en orden lo que faltase y establecie-
ras ancianos en cada ciudad, como te mandé.
6 Sea el anciano irreprensible, marido de una
sola mujer, que tenga hijos creyentes que no
sean acusados como libertinos o rebeldes.
7 Porque es necesario que el obispo[k] sea irre-

[a] 7 O sea, *completo, capaz, apto,* o *maduro* [b] 1 Algunos mss. dicen *del Señor Jesucristo.* [c] 10 Ver Col. 4:14; Film. 24 [d] 10 Lit., *la edad presente* [e] 10 Costa de lo que es hoy Yugoeslavia; *Ilírico* en Rom. 15:19 [f] 19 Lit., *Prisca*; ver Hech. 18:2 [g] 22 Algunos mss. antiguos incluyen *Amén.* [h] 2 Lit., *antes de los tiempos de las edades* [i] 4 Algunos mss. antiguos incluyen *misericordia.* [j] 5ss Ver 1 Tim. 3:1-7 [k] 7 Otra trad., *supervisor*; o, *el que vigila por el bien de otros*; comp. 1 Tim. 3:1 ss.

prensible como mayordomo de Dios; que no
sea arrogante, ni de mal genio, ni dado al
vino, ni pendenciero, ni ávido de ganancias
deshonestas. 8 Antes bien, debe ser hospitalario, amante de lo bueno, prudente, justo,
santo y dueño de sí mismo; 9 que sepa retener la palabra fiel conforme a la doctrina,
para que pueda exhortar con sana enseñanza
y también refutar a los que se oponen.

Contra los falsos maestros

10 Porque hay aún muchos rebeldes, ha-
bladores de vanidades y engañadores, especialmente de los de la circuncisión. 11 A
ellos es preciso tapar la boca, pues por ganancias deshonestas trastornan casas enteras,
enseñando lo que no es debido. 12 Uno de
ellos, su propio profeta, ha dicho: "Los cretenses son siempre mentirosos, malas bes-
tias, glotones perezosos."[a] 13 Este testimonio es cierto. Por tanto, repréndeles severa-
mente para que sean sanos en la fe, 14 no
atendiendo a fábulas judaicas ni a mandamientos de hombres que se apartan de la verdad.

15 Para los que son puros, todas las cosas
son puras; pero para los impuros e incrédulos
nada es puro, pues hasta sus mentes y sus
conciencias están corrompidas. 16 Profesan
conocer a Dios, pero con sus hechos lo niegan; son abominables, desobedientes y reprobados para toda buena obra.

La sana doctrina y la vida

2 Pero habla tú lo que está de acuerdo con
la sana doctrina; 2 que los hombres mayores sean sobrios, serios y prudentes, sanos
en la fe, en el amor y en la perseverancia.
3 Asimismo, que las mujeres mayores sean
reverentes en conducta, no calumniadoras ni
esclavas del mucho vino, maestras de lo bueno, 4 de manera que encaminen en la prudencia a las mujeres jóvenes: a que amen a
sus maridos y a sus hijos, 5 a que sean prudentes y castas, a que sean buenas amas de
casa, a que estén sujetas a sus propios maridos, para que la palabra de Dios no sea desa-
creditada.

6 Exhorta asimismo a los jóvenes a que
sean prudentes, 7 mostrándote en todo como ejemplo de buenas obras. Demuestra en
tu enseñanza integridad,[b] seriedad 8 y palabra sana e irreprensible, para que el que se
nos oponga se avergüence, no teniendo nada
malo que decir de ninguno de nosotros.

9 Exhorta a los siervos a que estén sujetos
a sus propios amos en todo: que sean compla-
cientes y no respondones; 10 que no defrau-
den, sino que demuestren toda buena fe para
que en todo adornen la doctrina de Dios
nuestro Salvador.

11 Porque la gracia salvadora de Dios se ha
manifestado a todos los hombres, 12 ense-
ñándonos a vivir de manera prudente, justa
y piadosa en la edad presente, renunciando a
la impiedad y a las pasiones mundanas,
13 aguardando la esperanza bienaventurada,
la manifestación de la gloria del gran Dios y
Salvador nuestro Jesucristo, 14 quien se dio
a sí mismo por nosotros para redimirnos de
toda iniquidad y purificar para sí mismo un
pueblo propio, celoso de buenas obras.
15 Estas cosas habla, exhorta y reprende con
toda autoridad. ¡Que nadie te menosprecie!

La conducta cristiana

3 Recuérdales que se sujeten a los gobernantes y a las autoridades,[c] que obedezcan, que estén dispuestos para toda buena
obra; 2 que no hablen mal de nadie, que no
sean contenciosos sino amables, demostrando toda consideración por todos los hombres.

3 Porque en otro tiempo nosotros también
éramos insensatos, desobedientes, extraviados. Estábamos esclavizados por diversas pasiones y placeres, viviendo en malicia y en
envidia. Eramos aborrecibles, odiándonos
unos a otros. 4 Pero cuando se manifestó la
bondad de Dios nuestro Salvador y su amor
por los hombres, 5 él nos salvó, no por las
obras de justicia que nosotros hubiésemos
hecho, sino según su misericordia; por medio del lavamiento de la regeneración y de la
renovación del Espíritu Santo, 6 que él derramó sobre nosotros abundantemente por
medio de Jesucristo nuestro Salvador. 7 Y
esto, para que, justificados por su gracia, seamos hechos herederos conforme a la esperanza de la vida eterna. 8 Fiel es esta palabra.

Conclusión

Acerca de estas cosas, quiero que hables
con firmeza, para que los que han creído en
Dios procuren ocuparse en buenas obras. Estas cosas son buenas y útiles a los hombres.
9 Pero evita las contiendas necias, las genealogías, las controversias y los debates acerca
de la ley; porque de nada aprovechan y son
vanos.

[a] *12* Un proverbio del poeta griego Epiménides del siglo VI a. de J.C. [b] *7* O: *incorrupción* [c] *1* Algunos mss. antiguos tienen *a los gobernantes de las autoridades*.

10 Después de una y otra amonestación,
rechaza al hombre que causa divisiones,
11 sabiendo que el tal se ha pervertido y peca,
habiéndose condenado a sí mismo.

12 Cuando yo envíe a ti a Artemas o a Tíquico,[a] procura venir a mí a Nicópolis, pues allí
he decidido pasar el invierno. 13 Encamina
a Zenas, maestro de la ley, y a Apolos,[b] para
que no les falte nada. 14 Y aprendan los
nuestros a dedicarse a las buenas obras para
los casos de necesidad, con el fin de que no
sean sin fruto.

15 Te saludan todos los que están conmigo.
Saluda a los que nos aman en la fe. La gracia
sea con todos vosotros.[c]

La Epístola del Apóstol Pablo a

Filemón

1 Pablo, prisionero de Cristo Jesús, y el
hermano Timoteo; a Filemón el amado y colaborador nuestro, 2 a la hermana[d] Apia, a
Arquipo nuestro compañero de milicia, y a la
iglesia que está en tu casa: 3 Gracia a vosotros y paz de parte de Dios nuestro Padre y
del Señor Jesucristo.

Acción de gracias

4 Doy gracias siempre a mi Dios, haciendo
mención de ti en mis oraciones; 5 porque
oigo del amor y de la fe que tienes para con
el Señor Jesús y hacia todos los santos, 6 de
manera que la comunión de tu fe ha venido
a ser eficaz en el pleno conocimiento de todo
lo bueno que hay en nosotros[e] para la gloria[f] de Cristo.[g] 7 Porque tuve[h] gran gozo
y aliento por tu amor, pues los corazones de
los santos, oh hermano, han sido confortados
por medio tuyo.

Intercesión por Onésimo

8 Por lo tanto, aunque tengo mucha confianza en Cristo para ordenarte lo que conviene, 9 más bien intercedo en amor —siendo
como soy, Pablo anciano y ahora también
prisionero de Cristo Jesús—; 10 intercedo
ante ti en cuanto a mi hijo Onésimo, a quien
he engendrado en mis prisiones. 11 En otro
tiempo él te fue inútil; pero ahora es útil,[i]
tanto para ti como para mí. 12 Te lo vuelvo
a enviar,[j] a él que es mi propio corazón.
13 Yo deseaba retenerlo conmigo, para que en
tu lugar me sirviera en mis prisiones por el
evangelio. 14 Pero sin tu consentimiento no
quise hacer nada, para que tu bondad no fuera como por obligación, sino de buena voluntad. 15 Pues quizás por esta razón se apartó
por un tiempo, para que lo recibas ahora para
siempre; 16 ya no como a un esclavo, sino
más que esclavo, como a un hermano amado,
especialmente para mí, pero con mayor razón para ti, tanto en la carne como en el
Señor.

17 Así que, si me tienes por compañero,
recíbele como a mí mismo. 18 Si en algo te
hizo daño, o te debe, ponlo a mi cuenta.
19 Yo, Pablo, lo escribo con mi propia mano:
Yo lo pagaré; por no decirte que también tú
mismo te me debes a mí. 20 Sí, hermano, yo
quisiera tener este beneficio de ti en el Señor:
¡Conforta mi corazón en el Señor!

21 Habiendo confiado en tu obediencia, te
escribo sabiendo que harás aun más de lo que
digo. 22 A la vez, prepárame también aloja-
miento, pues espero que mediante vuestras
oraciones yo os sea concedido.

Salutaciones y bendición final

23 Te saludan Epafras, mi compañero de
prisiones por Cristo Jesús, 24 y mis colaboradores Marcos, Aristarco, Demas y Lucas.

25 La gracia del[k] Señor Jesucristo sea con
vuestro espíritu.[c]

[a] *12* Ver 2 Tim. 4:12 [b] *13* Ver Hech. 18:24; 19:1; 1 Cor. 1:12; 3:4 [c] *15,25* Algunos mss. antiguos incluyen *Amén.*
[d] *2* Algunos mss. antiguos dicen *a la amada*; algunas versiones traducen el giro como *la amada hermana.* [e] *6* Algunos mss. antiguos dicen *vosotros.* [f] *6* Lit., *para Cristo* [g] *6* Algunos mss. antiguos incluyen *Jesús.* [h] *7* Algunos mss. dicen *tenemos.* [i] *11* Onésimo significa *útil*; comp. *beneficio* del v. 20. [j] *12* Algunos mss. antiguos tienen . . . *enviar; recíbele como a mi propio corazón.* [k] *25* Algunos mss. antiguos dicen *de nuestro.*

La Epístola a los

Hebreos

La definitiva revelación en Cristo

1 Dios, habiendo hablado en otro tiempo
muchas veces y de muchas maneras a los
padres por los profetas, 2en estos últimos
días nos ha hablado por el Hijo, a quien constituyó heredero de todo, y por medio de
quien, asimismo, hizo el universo.[a] 3El es
el resplandor de su gloria y la expresión exac-
ta de su naturaleza, quien sustenta todas las
cosas con la palabra de su poder. Y cuando
había hecho la purificación de nuestros pecados,[b] se sentó a la diestra de la Majestad en
las alturas.

Jesucristo, superior a los ángeles

4Fue hecho tanto superior a los ángeles,
así como el nombre que ha heredado es más
excelente que el de ellos. 5Porque, ¿a cuál
de los ángeles dijo Dios jamás:

Hijo mío eres tú;
yo te he engendrado hoy;[c]

y otra vez:

Yo seré para él, Padre;
y él será para mí, Hijo?[d]

6Otra vez, al introducir al Primogénito en
el mundo, dice:

Adórenle todos los ángeles de Dios.[e]
7Y de los ángeles dice:
El hace a sus ángeles vientos,[f]
y a sus servidores llama de fuego;[g]
8mientras que del Hijo dice:
Tu trono, oh Dios,
es por los siglos de los siglos;
cetro de rectitud
es el cetro de tu reino.
9*Amaste la justicia*
y aborreciste la iniquidad;
por lo cual te ungió Dios,
el Dios tuyo,
con aceite de alegría,
más que a tus compañeros.[h]
10Y:
Tú, oh Señor, en el principio
fundaste la tierra,
y los cielos son
obra de tus manos.
11*Ellos perecerán,*
pero tú permaneces;
todos ellos se envejecerán
como un vestido,
12*Como a manto los enrollarás,*
y serán cambiados como vestido.[i]
Pero tú eres el mismo,
y tus años no se acabarán.[j]
13¿Y a cuál de sus ángeles ha dicho jamás:
Siéntate a mi diestra
hasta que ponga a tus enemigos
por estrado de tus pies?[k]

14¿Acaso no son todos espíritus servidores, enviados para ministrar a favor de los que
han de heredar la salvación?

Una salvación tan grande

2 Por lo tanto, es necesario que con más
diligencia atendamos a las cosas que hemos oído, no sea que nos deslicemos. 2Pues
si la palabra dicha por los ángeles fue firme,
y toda transgresión y desobediencia recibió
justa retribución, 3¿cómo escaparemos nosotros si descuidamos una salvación tan
grande? Esta salvación, que al principio fue
declarada por el Señor, nos fue confirmada
por medio de los que oyeron, 4dando Dios
testimonio juntamente con ellos con señales,
maravillas, diversos hechos poderosos y dones repartidos por el Espíritu Santo según su
voluntad.

El Autor de la salvación

5Porque no fue a los ángeles a quienes
Dios sometió el mundo venidero del cual hablamos. 6Pues alguien dio testimonio en
un lugar, diciendo:

¿Qué es el hombre,
para que te acuerdes de él,
o el hijo del hombre,
para que tengas cuidado de él?
7*Le has hecho por poco tiempo*
menor que los ángeles;

[a]*2* Lit., *hizo las edades* [b]*3* Algunos mss. antiguos incluyen *por sí mismo.* [c]*5* Sal. 2:7; comp. Hech. 13:33; Heb. 5:5 [d]*5* 1 Crón. 17:13; comp. 2 Sam. 7:14 [e]*6* Deut. 32:43 (LXX); comp. Sal. 97:7 [f]*7* Otra trad., *hace a sus mensajeros espíritus* [g]*7* Sal. 104:4 (LXX) [h]*9* Sal. 45:6, 7 [i]*12* Algunos mss. antiguos no incluyen *como vestido.* [j]*12* Sal. 102:25-27 (LXX) [k]*13* Sal. 110:1

le coronaste de gloria y de honra;[a]
8 *todas las cosas sometiste*
debajo de sus pies.[b]

Al someter a él todas las cosas, no dejó
nada que no esté sometido a él. Pero ahora
no vemos todavía todas las cosas sometidas a
él. 9 Sin embargo, vemos a Jesús, quien por
poco tiempo fue hecho menor que los ángeles, coronado de gloria y honra por el padeci-
miento de la muerte, para que por la gracia
de Dios gustase la muerte por todos.
10 Porque le convenía a Dios —por causa
de quien y por medio de quien todas las cosas
existen— perfeccionar[c] al Autor de la salvación de ellos, por medio de los padecimientos, para conducir a muchos hijos a la gloria.
11 Pues tanto el que santifica como los que
son santificados, todos provienen de uno. Por
esta razón, él no se avergüenza de llamarlos
hermanos, 12 diciendo:

Anunciaré a mis hermanos tu nombre;
en medio de la congregación te
alabaré.[d]

13 Y otra vez: *Yo pondré mi confianza en él.*
Y otra vez: *He aquí, yo y los hijos que Dios*
me dio.[e]
14 Por tanto, puesto que los hijos han participado de carne y sangre, de igual manera
él participó también de lo mismo, para destruir por medio de la muerte al que tenía el
dominio sobre la muerte (éste es el diablo),
15 y para librar a los que por el temor de la
muerte estaban toda la vida condenados a
esclavitud. 16 Porque ciertamente él no tomó para sí a los ángeles, sino a la descendencia de Abraham.[f] 17 Por tanto, era preciso
que en todo fuese hecho semejante a sus hermanos, a fin de ser un sumo sacerdote misericordioso y fiel en el servicio delante de
Dios, para expiar los pecados del pueblo.
18 Porque en cuanto él mismo padeció siendo
tentado,[g] es poderoso para socorrer a los que
son tentados.[h]

Jesucristo, superior a Moisés

3 Por tanto, hermanos santos, participantes del llamamiento celestial, considerad
a Jesús,[i] el apóstol y sumo sacerdote de
nuestra confesión. 2 El era fiel al que le
constituyó, como también lo fue Moisés en
toda la casa de Dios.[j] 3 Pero él ha sido estimado digno de una gloria superior a la de
Moisés, por cuanto aquel que ha construido
una casa tiene mayor dignidad que la casa.
4 Porque toda casa es construida por alguien,
pero el constructor de todas las cosas es Dios.
5 Moisés fue fiel como siervo en toda la casa
de Dios,[j] para dar testimonio de lo que se
había de decir después. 6 En cambio, Cristo
es fiel como Hijo sobre su casa. Esta casa suya
somos nosotros, si de veras retenemos[k] la
confianza y el gloriarnos de la esperanza.

El reposo del pueblo de Dios

7 Por eso, como dice el Espíritu Santo:

Si oís hoy su voz,
8 *no endurezcáis vuestros corazones*
como en la provocación,
en el día de la prueba en el desierto,
9 *donde vuestros padres*
me pusieron a gran prueba
y vieron mis obras
durante cuarenta años.
10 *Por esta causa me enojé*
con aquella generación
y dije: "Ellos siempre
se desvían en su corazón
y no han conocido mis caminos."
11 *Como juré en mi ira:*
"¡Jamás entrarán en mi reposo!"[l]

12 Mirad, hermanos, que no haya en ninguno de vosotros un corazón malo de incredulidad que os aparte del Dios vivo. 13 Más
bien, exhortaos los unos a los otros cada día,
mientras aún se dice: "Hoy", para que ninguno de vosotros se endurezca por el engaño del
pecado. 14 Porque hemos llegado a ser participantes de Cristo, si de veras retenemos el
principio de nuestra confianza hasta el fin,
15 entre tanto se dice:

Si oís hoy su voz,
no endurezcáis vuestros corazones
como en la provocación.[m]

16 Porque ¿quiénes fueron aquellos que habiendo oído le provocaron? ¿No fueron todos
los que salieron de Egipto con Moisés?[n]
17 ¿Y con quiénes se disgustó durante cuarenta años? ¿No fue precisamente con los que
pecaron, cuyos cuerpos cayeron en el desierto? 18 ¿Y a quiénes juró que no entrarían en
su reposo, sino a aquellos que no obedecie-

[a] *7* Algunos mss. antiguos incluyen *y le pusiste sobre las obras de tus manos*; la cita es del Sal. 8:6. [b] *8* Sal. 8:5-7 (LXX) [c] *10* Ver 5:7-10 [d] *12* Sal. 22:22 [e] *13* Isa. 8:17 (LXX), 18 [f] *16* Otra trad., *él no asumió para sí la naturaleza de los ángeles, sino la de la descendencia de Abraham* [g] *18* Otras trads., *siendo probado*; o, *teniendo pruebas* [h] *18* Otra trad., *probados* [i] *1* Algunos textos tardíos dicen *Cristo Jesús.* [j] *2,5* Lit., *toda su casa* [k] *6* Algunos mss. antiguos incluyen *firmes hasta el fin.* [l] *11* Sal. 95:7-11 [m] *15* Sal. 95:7, 8 (LXX) [n] *16* Algunos traducen este versículo como una declaración y no como preguntas.

ron? **19** Y vemos que ellos no pudieron entrar debido a su incredulidad.

4 Temamos, pues, mientras permanezca
aún la promesa de entrar en su reposo,
no sea que alguno de vosotros parezca quedarse atrás. **2** Porque también a nosotros,
como a ellos, nos han sido anunciadas las
buenas nuevas; pero a ellos de nada les aprovechó oír la palabra, porque no se identifica-
ron por fe con los que la obedecieron.[a]
3 Pero los que hemos creído sí entramos en
el reposo, como él ha dicho:

Como juré en mi ira:
"¡Jamás entrarán en mi reposo!"[b]

aunque sus obras quedaron terminadas desde
la fundación del mundo. **4** Porque en cierto
lugar ha dicho así del séptimo día: *Y reposó*
Dios en el séptimo día de todas sus obras.[c]
5 Y otra vez dice aquí: *"¡Jamás entrarán en*
mi reposo!"[b]

6 Puesto que falta que algunos entren en el
reposo, ya que aquellos a quienes primero les
fue anunciado no entraron a causa de la desobediencia, **7** Dios ha determinado otra vez
un cierto día, diciendo por medio de David:
"Hoy", después de tanto tiempo, como ya se
ha dicho:

Si oís hoy su voz,
no endurezcáis vuestros corazones.[d]

8 Porque si Josué les hubiera dado el reposo,
no se hablaría después de otro día. **9** Por
tanto, queda todavía un reposo sabático para
el pueblo de Dios. **10** El que ha entrado en
su reposo, también ha reposado de sus obras,
así como Dios de las suyas. **11** Hagamos,
pues, todo esfuerzo para entrar en aquel reposo, no sea que alguien caiga en el mismo
ejemplo de desobediencia.

12 Porque la Palabra de Dios es viva y eficaz, y más penetrante que toda espada de dos
filos. Penetra hasta partir el alma y el espíritu, las coyunturas y los tuétanos, y discierne
los pensamientos y las intenciones del corazón. **13** No existe cosa creada que no sea
manifiesta en su presencia. Más bien, todas
están desnudas y expuestas ante los ojos de
aquel a quien tenemos que dar cuenta.

Jesucristo, sumo sacerdote superior

14 Por tanto, teniendo un gran sumo sacerdote que ha traspasado los cielos, Jesús el
Hijo de Dios, retengamos nuestra confesión.
15 Porque no tenemos un sumo sacerdote
que no puede compadecerse de nuestras debilidades, pues él fue tentado en todo igual
que nosotros, pero sin pecado. **16** Acerqué-
monos, pues, con confianza al trono de la
gracia para que alcancemos misericordia y
hallemos gracia para el oportuno socorro.

5 Pues todo sumo sacerdote que es tomado
de entre los hombres es constituido para
servicio a favor de los hombres delante de
Dios, para que ofrezca ofrendas y sacrificios
por los pecados. **2** El puede sentir compasión de los ignorantes y de los extraviados, ya
que él también está rodeado de debilidad.
3 Y por causa de esta debilidad debe ofrecer
sacrificio, tanto por sus propios pecados como por los del pueblo. **4** Y nadie toma esta
honra para sí, sino porque ha sido llamado
por Dios, como lo fue Aarón.

5 Así también Cristo no se glorificó a sí
mismo para ser hecho sumo sacerdote, sino
que le glorificó el que le dijo:

Hijo mío eres tú;
yo te he engendrado hoy.[e]

6 Como también dice en otro lugar:

Tú eres sacerdote para siempre
según el orden de Melquisedec.[f]

7 Cristo,[g] en los días de su vida física,[h]
habiendo ofrecido ruegos y súplicas con fuerte clamor y lágrimas al que le podía librar de
la muerte, fue oído por su temor reverente.
8 Aunque era Hijo, aprendió la obediencia por
lo que padeció. **9** Y habiendo sido perfeccionado,[i] llegó a ser Autor de eterna salvación
para todos los que le obedecen, **10** y fue proclamado por Dios sumo sacerdote según el
orden de Melquisedec.

Advertencia a los inmaduros

11 De esto tenemos mucho que decir, aunque es difícil de explicar, porque habéis llegado a ser tardos para oír. **12** Debiendo ser ya
maestros por el tiempo transcurrido, de nuevo tenéis necesidad de que alguien os instru-
ya[j] desde los primeros rudimentos de las palabras de Dios. Habéis llegado a tener necesidad de leche y no de alimento sólido.
13 Pues todo el que se alimenta de leche no
es capaz de entender la palabra de la justicia,
porque aún es niño. **14** Pero el alimento sólido es para los maduros, para los que por la

[a] *2* Algunos mss. antiguos dicen *porque no fue acompañada con fe en los que oyeron.* [b] *3,5* Sal. 95:11; comp. Heb. 3:11 [c] *4* Gén. 2:2 [d] *7* Sal. 95:7, 8 (LXX) [e] *5* Sal. 2:7; comp. Heb. 1:5; 2:7 [f] *6* Sal. 110:4 [g] *7* Lit., *quien* [h] *7* Lit., *en los días de su carne* [i] *9* Ver 2:10 [j] *12* Algunos mss. dicen *necesidad de ser instruidos en cuáles son los rudimentos.*

práctica tienen los sentidos entrenados para
discernir entre el bien y el mal.

6 Por tanto, dejando las doctrinas elementales de Cristo, sigamos adelante hasta la
madurez, sin poner de nuevo el fundamento
del arrepentimiento de obras muertas, de la
fe en Dios, 2 de la doctrina de bautismos, de
la imposición de manos, de la resurrección
de los muertos y del juicio eterno. 3 Y esto
haremos si es que Dios lo permite. 4 Porque
es imposible que los que fueron una vez iluminados, que gustaron del don celestial, que
llegaron a ser participantes del Espíritu Santo, 5 que también probaron la buena palabra de Dios y los poderes del mundo venidero, 6 y después recayeron, sean otra vez re-
novados para arrepentimiento; puesto que
crucifican de nuevo para sí mismos al Hijo de
Dios y le exponen a vituperio. 7 Porque la
tierra, que bebe la lluvia que muchas veces
cae sobre ella y produce hierba para el provecho de aquellos que la cultivan, recibe la bendición de Dios. 8 Pero la que produce espinos y abrojos es desechada, está cercana a la
maldición, y su fin es ser quemada.

9 Pero aunque hablamos así, oh amados,
en cuanto a vosotros estamos persuadidos de
cosas mejores que conducen a la salvación.
10 Porque Dios no es injusto para olvidar
vuestra obra y el amor que habéis demostrado por su nombre, porque habéis atendido a
los santos y lo seguís haciendo. 11 Pero deseamos que cada uno de vosotros muestre la
misma diligencia para ir logrando plena certidumbre de la esperanza hasta el final, 12 a
fin de que no seáis perezosos, sino imitadores
de los que por la fe y la paciencia heredan las
promesas.

Firme esperanza en la promesa divina

13 Porque cuando Dios hizo la promesa a
Abraham, puesto que no podía jurar por otro
mayor, *juró por sí mismo*[a] 14 diciendo:

De cierto te bendeciré con bendición
y te multiplicaré en gran manera.[b]

15 Y así Abraham, esperando con suma paciencia, alcanzó la promesa.

16 Porque los hombres juran por el que es
mayor que ellos, y para ellos el juramento
para confirmación pone fin a todas las controversias. 17 Por esto Dios, queriendo de-
mostrar de modo convincente a los herederos
de la promesa la inmutabilidad de su consejo,
interpuso juramento 18 para que, por dos
cosas inmutables en las cuales es imposible
que Dios mienta, tengamos un fortísimo consuelo los que hemos acudido para asirnos de
la esperanza puesta por delante. 19 Tenemos la esperanza como ancla del alma, segura y firme, y que penetra aun dentro del velo,
20 donde entró Jesús por nosotros como pre-
cursor, hecho sumo sacerdote para siempre
según el orden de Melquisedec.

El sacerdocio de Melquisedec

7 Porque este *Melquisedec, rey de Salem*
y sacerdote del Dios Altísimo, salió al
encuentro de Abraham que volvía de derro-
tar a los reyes, y *le bendijo*. 2 Asimismo, le
dio *Abraham los diezmos de todo*.[c] En primer lugar, su nombre significa "rey de justicia", y también era *rey de Salem*, que significa "rey de paz". 3 Sin padre ni madre ni
genealogía, no tiene principio de días ni fin
de vida; y en esto se asemeja al Hijo de Dios,
en que permanece sacerdote para siempre.

4 Mirad, pues, cuán grande fue aquel a
quien aun el patriarca Abraham le dio los
diezmos del botín. 5 Ciertamente, aquellos
descendientes de Leví que han recibido el sacerdocio tienen, según la ley, mandamiento
de recibir los diezmos del pueblo, es decir, de
sus hermanos, aunque ellos también son descendientes[d] de Abraham. 6 Pero aquel, cuya genealogía no es contada entre ellos, recibió los diezmos de Abraham y bendijo al que
tenía las promesas. 7 Indiscutiblemente, el
que es menor es bendecido por el mayor.
8 Aquí los hombres que mueren reciben los
diezmos, mientras que allí los recibe aquel
acerca de quien se ha dado testimonio de que
vive. 9 Y por decirlo así, en la persona de
Abraham también Leví, el que recibe los diezmos, dio el diezmo. 10 Porque él todavía
estaba en el cuerpo[e] de su padre cuando Melquisedec le salió al encuentro.

11 Ahora bien, si fuera posible lograr la
perfección por medio del sacerdocio levítico
(porque bajo éste el pueblo ha recibido la
ley), ¿qué necesidad habría aún de que se
levantase otro sacerdote según el orden de
Melquisedec, y que no fuese llamado según el
orden de Aarón? 12 Porque de haber cambio
de sacerdocio, es necesario que también se
haga cambio de ley. 13 Pues aquel de quien
se dice esto es de otra tribu, de la cual nadie
ha servido en el altar. 14 Porque es evidente
que nuestro Señor nació de la tribu de Judá,
sobre la cual Moisés no dijo nada en cuanto
al sacerdocio. 15 Esto es aun más evidente
si otro sacerdote se levanta a la semejanza de

[a] *13* Gén. 22:16 [b] *14* Gén. 22:17 [c] *2* Gén. 14:17-20 [d] *5* Lit., *salieron de los lomos* [e] *10* Lit., *los lomos*

Melquisedec, 16 quien no ha sido constituido conforme al mandamiento de la ley acerca
del linaje carnal, sino según el poder de una
vida indestructible. 17 Pues de él se da este
testimonio:

Tú eres sacerdote para siempre
según el orden de Melquisedec.[a]

18 A la verdad, el mandamiento anterior
fue abrogado por ser ineficaz e inútil,
19 porque la ley no perfeccionó nada. Sin embargo, se introduce una esperanza mejor, por
la cual nos acercamos a Dios. 20 Y esto no
fue hecho sin juramento. 21 Los otros fueron hechos sacerdotes sin juramento, mientras que éste lo fue por el juramento del que
le dijo:

Juró el Señor y no se arrepentirá:
"Tú eres sacerdote para siempre."[b]

Jesús, sacerdote del pacto superior

22 De igual manera, Jesús ha sido hecho
fiador de un pacto superior. 23 A la verdad,
muchos fueron hechos sacerdotes, porque
debido a la muerte no podían permanecer.
24 Pero éste, porque permanece para siempre, tiene un sacerdocio perpetuo. 25 Por
esto también puede salvar por completo a los
que por medio de él se acercan a Dios, puesto
que vive para siempre para interceder por
ellos.

26 Porque tal sumo sacerdote nos convenía: santo, inocente, puro, apartado de los
pecadores y exaltado más allá de los cielos.
27 El no tiene cada día la necesidad, como los
otros sumos sacerdotes, de ofrecer sacrificios, primero por sus propios pecados y luego
por los del pueblo; porque esto lo hizo una
vez para siempre, ofreciéndose a sí mismo.
28 La ley constituye como sumos sacerdotes
a hombres débiles; pero la palabra del juramento, posterior a la ley, constituyó al Hijo,
hecho perfecto para siempre.

8 En resumen, lo que venimos diciendo es
esto: Tenemos tal sumo sacerdote que se
sentó a la diestra del trono de la Majestad en
los cielos, 2 ministro del lugar santísimo y
del verdadero tabernáculo que levantó el Señor y no el hombre.

3 Porque todo sumo sacerdote es puesto
para ofrecer ofrendas y sacrificios; de ahí que
era necesario que él también tuviera algo que
ofrecer. 4 Si estuviese sobre la tierra, ni siquiera sería sacerdote, porque ya hay sacerdotes que presentan ofrendas según la ley.
5 Ellos sirven a lo que es figura y sombra de
las cosas celestiales, como se le había advertido a Moisés cuando estaba por acabar el tabernáculo, diciendo: *Mira, harás todas las
cosas conforme al modelo que te ha sido
mostrado en el monte.*[c] 6 Pero ahora Jesús
ha alcanzado un ministerio sacerdotal tanto
más excelente por cuanto él es mediador de
un pacto superior, que ha sido establecido
sobre promesas superiores.

7 Porque si el primer pacto hubiera sido sin
defecto, no se habría procurado lugar para un
segundo. 8 Porque reprendiéndoles dice:

"He aquí vienen días,"
dice el Señor,
"en que concluiré
con la casa de Israel
y con la casa de Judá
un nuevo pacto;
9 *no como el pacto*
que hice con sus padres
en el día en que los tomé
de la mano para sacarlos
de la tierra de Egipto.
Porque ellos no permanecieron
en mi pacto,
y yo dejé de preocuparme
por ellos," dice el Señor.
10 *"Porque éste es el pacto que haré*
con la casa de Israel
después de aquellos días,"
dice el Señor.
"Pondré mis leyes
en la mente de ellos
y en sus corazones las inscribiré.
Y yo seré para ellos Dios,
y para mí ellos serán pueblo.
11 *Nadie enseñará a su prójimo,*
ni nadie a su hermano,
diciendo: 'Conoce al Señor';
porque todos me conocerán,
desde el menor de ellos
hasta el mayor.
12 *Porque seré misericordioso*
en cuanto a sus injusticias
y jamás me acordaré
de sus pecados."[d]

13 Al decir "nuevo", ha declarado caduco al
primero; y lo que se ha hecho viejo y anticua-
do está a punto de desaparecer.

Jesús y el santuario superior

9 Ahora bien, el primer pacto tenía regla-
mentos acerca del culto y del santuario

[a] *17* Sal. 110:4; comp. Heb. 5:6 [b] *21* Sal. 110:4; algunas versiones incluyen *según el orden de Melquisedec.*
[c] *5* Exo. 25:40 [d] *12* Jer. 31:31-34

terrenal.[a] 2 El tabernáculo fue dispuesto
así: En la primera parte, en lo que llaman el
lugar santo, estaban las lámparas, la mesa y
los panes de la Presencia.[b] 3 Tras el segundo velo estaba la parte del tabernáculo que se
llama el lugar santísimo. 4 Allí estaba el incensario de oro y el arca del pacto enteramente cubierta con oro. En ella estaban un
vaso de oro que contenía el maná, la vara de
Aarón que reverdeció y las tablas del pacto.
5 Sobre ella, los querubines de la gloria cubrían el propiciatorio.[c] De todas estas cosas
no podemos hablar ahora en detalle.

6 Estas cosas fueron dispuestas así: En la
primera parte del tabernáculo entraban
siempre los sacerdotes para realizar los servi-
cios del culto. 7 Pero en la segunda, una vez
al año, entraba el sumo sacerdote solo, no sin
sangre, la cual ofrecía por sí mismo y por los
pecados que el pueblo cometía por ignorancia.[d]

8 Con esto el Espíritu Santo daba a entender que todavía no había sido mostrado el
camino hacia el lugar santísimo, mientras
estuviese en pie la primera parte del tabernáculo. 9 Esto es una figura para el tiempo
presente, según la cual se ofrecían ofrendas
y sacrificios que no podían hacer perfecto, en
cuanto a la conciencia, al que rendía culto.
10 Estas son ordenanzas[e] de la carne, que
consisten sólo de comidas y bebidas y diversos lavamientos, impuestas hasta el tiempo
de la renovación.

Jesús, el sacrificio perfecto y final

11 Pero estando ya presente Cristo, el sumo sacerdote de los bienes que han venido,[f]
por medio del más amplio y perfecto tabernáculo no hecho de manos, es decir, no de
esta creación, 12 entró una vez para siempre en el lugar santísimo, logrando así eterna
redención, ya no mediante sangre de machos
cabríos ni de becerros, sino mediante su propia sangre. 13 Porque si la sangre de machos cabríos y de toros, y la ceniza de la va-
quilla[g] rociada sobre los impuros, santifican
para la purificación del cuerpo, 14 ¡cuánto
más la sangre de Cristo, quien mediante el
Espíritu eterno se ofreció a sí mismo sin
mancha a Dios, limpiará nuestras[h] conciencias de las obras muertas para servir al Dios
vivo!

15 Por esta razón, también es mediador del
nuevo pacto, para que los que han sido llamados reciban la promesa de la herencia eterna,
ya que intervino muerte para redimirlos de
las transgresiones bajo el primer pacto.
16 Porque donde hay un testamento, es necesario que se presente constancia de la muerte
del testador. 17 El testamento es confirmado con la muerte, puesto que no tiene vigen-
cia mientras viva el testador. 18 Por esto, ni
aun el primer testamento fue inaugurado sin
sangre. 19 Porque habiendo declarado Moisés todos los mandamientos según la ley a
todo el pueblo, tomó la sangre de los becerros
y de los machos cabríos junto con agua, lana
escarlata e hisopo, y roció al libro mismo y
también a todo el pueblo, 20 diciendo: Esta
es *la sangre del pacto, el cual Dios os ha
ordenado.*[i] 21 Y roció también con la sangre el tabernáculo y todos los utensilios del
servicio; 22 pues según la ley casi todo es
purificado con sangre, y sin derramamiento
de sangre no hay perdón.[j]

23 Era, pues, necesario purificar las figuras
de las cosas celestiales con estos ritos; pero
las mismas cosas celestiales, con sacrificios
mejores que éstos. 24 Porque Cristo no entró en un lugar santísimo[k] hecho de manos,
figura del verdadero, sino en el cielo mismo,
para presentarse ahora delante de Dios a
nuestro favor. 25 Tampoco entró para ofre-
cerse muchas veces a sí mismo, como entra
cada año el sumo sacerdote en el lugar santísimo con sangre ajena. 26 De otra manera,
le habría sido necesario padecer muchas veces desde la fundación del mundo. Pero ahora, él se ha presentado una vez para siempre
en la consumación de los siglos, para quitar
el pecado mediante el sacrificio de sí mismo.
27 Entonces, tal como está establecido[l] que
los hombres mueran una sola vez, y después
el juicio, 28 así también Cristo fue ofrecido
una sola vez para quitar los pecados de muchos. La segunda vez, ya sin relación con el
pecado, aparecerá para salvación a los que le
esperan.

10 Porque la ley, teniendo la sombra de
los bienes venideros y no la forma
misma de estas realidades, nunca puede, por
medio de los mismos sacrificios que se ofrecen continuamente de año en año, hacer perfectos a los que se acercan. 2 De otra manera, ¿no habrían dejado de ser ofrecidos? Porque los que ofrecen este culto, una vez

[a] *1* Ver Exo. 25 y 26 [b] *2* Ver Exo. 25:23-39 [c] *5* La tapa sobre el arca, donde se efectuaba la expiación
[d] *7* Ver Lev. 16:33, 34 [e] *10* Algunos mss. antiguos dicen *y en ordenanzas* que requiere otra trad.: . . . *culto,* 10 *consistiendo sólo en ordenanzas de la carne (comidas, bebidas y diversos lavamientos) impuestos hasta* . . .
[f] *11* Algunos mss. antiguos dicen *bienes venideros.* [g] *13* Ver Núm. 19:2 ss. [h] *14* Algunos mss. antiguos dicen *vuestras.* [i] *20* Exo. 24:8 [j] *22* Ver Lev. 17:11 [k] *24* Ver Exo. 26:31-37; 1 Rey. 6:19, 20 [l] *27* Lit., *reservado*

purificados, ya no tendrían más conciencia
de pecado. 3 Sin embargo, cada año se hace
memoria del pecado con estos sacrificios,
4 porque la sangre de los toros y de los machos cabríos no puede quitar los pecados.
5 Por lo tanto, entrando en el mundo, él dice:

Sacrificio y ofrenda no quisiste,
pero me preparaste un cuerpo.
6 *Holocaustos y sacrificios por el pecado*
no te agradaron;
7 *entonces dije: "¡Heme aquí*
para hacer, oh Dios, tu voluntad!"
como en el rollo del libro
está escrito de mí.[a]

8 Habiendo dicho arriba: *Sacrificios, ofren-*
das y holocaustos por el pecado no quisiste
ni te agradaron (cosas que se ofrecen según
la ley), 9 luego dijo: *¡Heme aquí para hacer*
tu voluntad! El quita lo primero para establecer lo segundo. 10 Es en esa voluntad que
somos santificados, mediante la ofrenda del
cuerpo de Jesucristo hecha una vez para
siempre.

11 Todo sacerdote se ha presentado, día
tras día, para servir en el culto y ofrecer muchas veces los mismos sacrificios que nunca
pueden quitar los pecados. 12 Pero éste, habiendo ofrecido un solo sacrificio por los pecados, se sentó para siempre a la diestra de
Dios, 13 esperando de allí en adelante hasta
que sus enemigos sean puestos como estrado
de sus pies. 14 Porque con una sola ofrenda
ha perfeccionado para siempre a los santificados.

15 También el Espíritu Santo nos da testimonio, porque después de haber dicho:

16 *"Este es el pacto que haré* con ellos
después de aquellos días",
dice el Señor;
"pondré mis leyes
en sus corazones,
y en sus mentes las inscribiré",
17 él añade:
"Nunca más me acordaré
de los pecados e iniquidades de ellos."[b]

18 Pues donde hay perdón de pecados, no hay
más ofrenda por el pecado.

Nuestro acceso a Dios

19 Así que, hermanos, teniendo plena confianza para entrar al lugar santísimo por la
sangre de Jesús, 20 por el camino nuevo y
vivo que él nos abrió a través del velo (es
decir, su cuerpo), 21 y teniendo un gran sacerdote sobre la casa de Dios, 22 acerqué-
monos con corazón sincero, en plena certidumbre de fe, purificados los corazones de
mala conciencia, y lavados los cuerpos con
agua pura. 23 Retengamos firme la confesión de la esperanza sin vacilación, porque
fiel es el que lo ha prometido. 24 Consideré-
monos los unos a los otros para estimularnos
al amor y a las buenas obras. 25 No dejemos
de congregarnos, como algunos tienen por
costumbre; más bien, exhortémonos, y con
mayor razón cuando veis que el día se acerca.

26 Porque si pecamos voluntariamente,
después de haber recibido el conocimiento de
la verdad, ya no queda más sacrificio por el
pecado, 27 sino una horrenda expectativa de
juicio y de fuego ardiente que ha de devorar
a los adversarios.

28 El que ha desechado la ley de Moisés ha
de morir sin compasión por el testimonio de
dos o tres testigos.[c] 29 ¿Cuánto mayor castigo pensáis que merecerá el que ha pisotea-
do al Hijo de Dios, que ha considerado de
poca importancia[d] la sangre del pacto por la
cual fue santificado y que ha ultrajado al Espíritu de gracia? 30 Porque conocemos al
que ha dicho: *"Mía es la venganza; yo daré*
la retribución."[e] Y otra vez: *"El Señor juz-*
gará a su pueblo."[f] 31 ¡Horrenda cosa es
caer en las manos del Dios vivo!

32 Traed a la memoria los días del pasado
en los cuales, después de haber sido iluminados, soportasteis gran conflicto y aflicciones.
33 Por una parte, fuisteis hechos espectáculo
público con reproches y tribulaciones. Por
otra parte, fuisteis hechos compañeros de los
que han estado en tal situación. 34 También
os compadecisteis de los presos[g] y con gozo
padecisteis ser despojados de vuestros bienes,
sabiendo que vosotros mismos tenéis[h] una
posesión mejor y perdurable.[i]

35 No desechéis, pues, vuestra confianza,
la cual tiene una gran recompensa. 36 Porque os es necesaria la perseverancia para que,
habiendo hecho la voluntad de Dios, obtengáis lo prometido; 37 porque:

Aún un poco, en un poco más
el que ha de venir vendrá
y no tardará.
38 *Pero mi*[j] *justo vivirá por fe;*

[a] *7* Sal. 40:6-8 [b] *17* Jer. 31:33, 34; comp. Heb. 8:10-12 [c] *28* Ver Deut. 17:6 [d] *29* Lit., *común*
[e] *30* Algunos mss. tardíos incluyen *dice el Señor.* [f] *30* Deut. 32:35, 36; comp. Rom. 12:19 [g] *34* Algunos mss. antiguos tienen *las prisiones*; otros, *mis prisiones.* [h] *34* Algunos mss. antiguos dicen *tenéis en vosotros.*
[i] *34* Algunos mss. antiguos añaden, *en los cielos.* [j] *38* Algunos mss. antiguos no incluyen *mi*; se leería *el justo.*

y si se vuelve atrás,
no agradará a mi alma.[a]

39 Pero nosotros no somos de los que se
vuelven atrás para perdición, sino de los que
tienen fe para la preservación del alma.

Las promesas y los héroes de la fe

11 La fe es la constancia de las cosas que
se esperan y la comprobación de los
hechos que no se ven. 2 Por ella recibieron
buen testimonio los antiguos. 3 Por la fe
comprendemos que el universo fue constituido por la palabra de Dios, de modo que lo que
se ve fue hecho de lo que no se veía.

4 Por la fe Abel[b] ofreció a Dios un sacrificio
superior al de Caín. Por ella recibió testimonio de ser justo, pues Dios dio testimonio al
aceptar sus ofrendas. Y por medio de la fe,
aunque murió, habla todavía.

5 Por la fe Enoc[c] fue trasladado para no ver
la muerte y *no fue hallado, porque Dios le*
había trasladado. Antes de su traslado, recibió testimonio de *haber agradado a Dios*.[d]
6 Y sin fe es imposible agradar a Dios, porque
es necesario que el que se acerca a Dios crea
que él existe y que es galardonador de los que
le buscan.

7 Por la fe Noé,[e] habiendo sido advertido
por revelación acerca de cosas que aún no
habían sido vistas, movido por temor reverente, preparó el arca para la salvación de su
familia. Por la fe él condenó al mundo y llegó
a ser heredero de la justicia que es según la
fe.

8 Por la fe Abraham,[f] cuando fue llamado,
obedeció para salir al lugar que había de recibir por herencia; y salió sin saber a dónde iba.
9 Por la fe habitó como extranjero en la tierra
prometida como en tierra ajena, viviendo en
tiendas con Isaac y Jacob, los coherederos de
la misma promesa; 10 porque esperaba la
ciudad que tiene cimientos, cuyo arquitecto
y constructor es Dios. 11 Por la fe, a pesar
de que Sara[g] misma era estéril, él[h] recibió
fuerzas para engendrar un hijo cuando había
pasado de la edad; porque consideró que el
que lo había prometido era fiel. 12 Y por lo
tanto, de uno solo, y estando éste muerto en
cuanto a estas cosas, nacieron hijos como las
estrellas del cielo en multitud,[i] y como la
arena innumerable que está a la orilla del
mar.

13 Conforme a su fe murieron todos éstos
sin haber recibido el cumplimiento de las
promesas. Más bien, las miraron de lejos y las
saludaron, y confesaron que eran extranjeros
y peregrinos[j] en la tierra. 14 Los que así
hablan, claramente dan a entender que buscan otra patria. 15 Pues si de veras se acor-
daran de la tierra de donde salieron, tendrían
oportunidad de regresar. 16 Pero ellos an-
helaban una patria mejor, es decir, la celestial. Por eso Dios no se avergüenza de llamar-
se el Dios de ellos, porque les ha preparado
una ciudad.

17 Por la fe Abraham, cuando fue probado,
ofreció a Isaac.[k] El que había recibido las
promesas ofrecía a su hijo único, 18 de
quien se había dicho: *En Isaac te será llama-*
da descendencia.[l] 19 El consideraba que
Dios era poderoso para levantar aun de entre
los muertos. De allí que, hablando figurada-
mente, lo volvió a recibir.

20 Por la fe Isaac bendijo[m] a Jacob y a Esaú
respecto al porvenir. 21 Por la fe Jacob,[n]
cuando moría, bendijo a cada uno de los hijos
de José y *adoró apoyado sobre la cabeza de*
su bastón.[o] 22 Por la fe José, llegando al fin
de sus días, se acordó del éxodo de los hijos
de Israel y dio mandamiento acerca de sus
restos.[p]

23 Por la fe Moisés, cuando nació, fue escondido[q] por sus padres durante tres meses,
porque vieron que era un niño hermoso y
porque no temieron al mandamiento del rey.
24 Por la fe Moisés, cuando llegó a ser grande,
rehusó ser llamado hijo de la hija del Faraón.[r] 25 Prefirió, más bien, recibir maltrato junto con el pueblo de Dios que gozar
por un tiempo de los placeres del pecado.
26 El consideró el oprobio por Cristo como
riquezas superiores a los tesoros de los egipcios, porque fijaba la mirada en el galardón.
27 Por la fe abandonó Egipto,[s] sin temer la
ira del rey, porque se mantuvo como quien
ve al Invisible. 28 Por la fe celebró la Pascua[t] y el rociamiento de la sangre, para que
el que destruía a los primogénitos no los tocase a ellos. 29 Por la fe ellos pasaron por el
mar Rojo[u] como por tierra seca; pero cuando
lo intentaron los egipcios, fueron anegados.

30 Por la fe cayeron los muros de Jericó[v]
después de ser rodeados por siete días.
31 Por la fe no pereció la prostituta Rajab[w]

[a] *38* Hab. 2:3, 4 (LXX) [b] *4* Ver Gén. 4:4 ss. [c] *5* Ver Gén 5:19-24 [d] *5* Gén. 5:24 (LXX) [e] *7* Ver Gén. 6:13, 22 [f] *8* Ver Gén. 12:1-8 [g] *11* Ver Gén. 17:19 [h] *11* Algunas versiones traducen *ella recibió* . . . [i] *12* Comp. Gén. 15:5 [j] *13* Otra trad., *advenedizos* [k] *17* Ver Gén. 22:1 ss. [l] *18* Gén. 21:12; comp. Rom. 9:7 [m] *20* Ver Gén. 27:27-29, 39, 40 [n] *21* Ver Gén. 48:15, 16, 20 [o] *21* Gén. 47:31 (LXX) [p] *22* Ver Gén. 50:24, 25 [q] *23* Ver Exo. 2:2 [r] *24* Ver Exo. 2:10, 11 [s] *27* Ver Exo. 12:50, 51 [t] *28* Ver Exo. 12:21, 22 [u] *29* Ver Exo. 14:22-29 [v] *30* Ver Jos. 6:20 [w] *31* Ver Jos. 2:8 ss.

junto con los incrédulos, porque recibió en
paz a los espías.

32 ¿Qué más diré? Me faltaría el tiempo para contar de Gedeón,[a] de Barac,[b] de San-
són,[c] de Jefté,[d] de David,[e] de Samuel[f] y de
los profetas. 33 Por la fe éstos conquistaron
reinos, hicieron justicia, alcanzaron promesas, taparon bocas de leones, 34 sofocaron la
violencia del fuego, escaparon del filo de la
espada, sacaron fuerzas de la debilidad, se
hicieron poderosos en batalla y pusieron en
fuga los ejércitos de los extranjeros. 35 Mujeres recibieron por resurrección a sus muertos. Unos fueron torturados, sin esperar ser
rescatados, para obtener una resurrección
mejor. 36 Otros recibieron pruebas de burlas y de azotes, además de cadenas y cárcel.
37 Fueron apedreados, aserrados, puestos a
prueba,[g] muertos a espada. Anduvieron de
un lado para otro cubiertos de pieles de ovejas y de cabras; pobres, angustiados, maltratados. 38 El mundo no era digno de ellos.
Andaban errantes por los desiertos, por las
montañas, por las cuevas y por las cavernas
de la tierra.

39 Y todos éstos, aunque recibieron buen
testimonio por la fe, no recibieron el cumplimiento de la promesa, 40 para que no fuesen ellos perfeccionados aparte de nosotros;
porque Dios había provisto algo mejor para
nosotros.

12 Por tanto, nosotros también, teniendo en derredor nuestro tan grande
nube de testigos, despojémonos de todo peso
y del pecado que tan fácilmente nos enreda,
y corramos con perseverancia[h] la carrera
que tenemos por delante, 2 puestos los ojos
en Jesús, el autor y consumador de la fe;
quien por el gozo que tenía por delante sufrió
la cruz, menospreciando el oprobio, y se ha
sentado a la diestra del trono de Dios.

La disciplina del Señor

3 Considerad, pues, al que soportó tanta
hostilidad de pecadores contra sí mismo, para que no decaiga vuestro ánimo ni desma-
yéis. 4 Pues todavía no habéis resistido hasta la sangre combatiendo contra el pecado.
5 ¿Y habéis ya olvidado la exhortación que se
os dirige como a hijos?

Hijo mío, no tengas en poco
la disciplina del Señor
ni desmayes cuando seas reprendido por
él.
6 *Porque el Señor disciplina al que ama*
y castiga a todo el que recibe como
hijo.[i]

7 Permaneced[j] bajo la disciplina; Dios os
está tratando como a hijos. Porque, ¿qué hijo
es aquel a quien su padre no disciplina?
8 Pero si estáis sin la disciplina de la cual
todos han sido participantes, entonces sois
ilegítimos, y no hijos. 9 Además, teníamos
a nuestros padres carnales que nos disciplinaban y les respetábamos. ¿No obedeceremos
con mayor razón al Padre de los espíritus, y
viviremos? 10 Ellos nos disciplinaban por
pocos días como a ellos les parecía, mientras
que él nos disciplina para bien, a fin de que
participemos de su santidad. 11 Al momento, ninguna disciplina parece ser causa de
gozo, sino de tristeza; pero después da fruto
apacible de justicia a los que por medio de
ella han sido ejercitados.

12 Por lo tanto, fortaleced las manos debili-
tadas y las rodillas paralizadas; 13 y enderezad para vuestros pies los caminos torcidos,
para que el cojo no sea desviado, sino más
bien sanado.

Perseverar en la gracia de Dios

14 Procurad la paz con todos, y la santidad
sin la cual nadie verá al Señor. 15 Mirad
bien que ninguno deje de alcanzar la gracia
de Dios; que ninguna raíz de amargura brote
y cause estorbo, y que por ella muchos sean
contaminados; 16 que ninguno sea inmoral
ni profano como Esaú[k] que por una sola comida vendió su propia primogenitura.
17 Porque ya sabéis que fue reprobado, a pesar de que después quería heredar la bendición, porque no halló más ocasión de arrepentimiento, aunque lo buscó con lágrimas.

18 No os habéis acercado al monte[l] que se
podía tocar, al fuego encendido, a las tinieblas, a la profunda oscuridad, a la tempestad,
19 al sonido de la trompeta y al estruendo de
las palabras, que los que lo oyeron rogaron
que no se les hablase más; 20 porque no
podían soportar lo que se mandaba: *Si un*
animal toca el monte, será apedreado.[m]
21 Y tan terrible era aquel espectáculo que
Moisés dijo: "*¡Estoy aterrado* y temblando!"[n]

22 Más bien, os habéis acercado al monte

[a] *32* Ver Jue. 6:11 [b] *32* Ver Jue. 4:6 [c] *32* Ver Jue. 13:24 [d] *32* Ver Jue. 11:1 [e] *32* Ver 1 Sam. 16:13 [f] *32* Ver 1 Sam. 1:20 [g] *37* Algunos mss. antiguos no incluyen *puestos a prueba.* [h] *1* O: *paciencia* [i] *6* Prov. 3:11, 12 (LXX) [j] *7* Algunos mss. tienen *Si permanecéis.* [k] *16* Ver Gén. 25:33 [l] *18* Algunos mss. antiguos omiten *al monte*; se leería *a algo que . . .* [m] *20* Exo. 19:12, 13 [n] *21* Deut. 9:19

Sion, a la ciudad del Dios vivo, a la Jerusalén
celestial, a la reunión de millares de ángeles,
23 a la asamblea de los primogénitos que están inscritos en los cielos, a Dios el juez de
todos, a los espíritus de los justos ya hechos
perfectos, 24 a Jesús el mediador del nuevo
pacto, y a la sangre rociada que habla mejor
que la de Abel.

25 Mirad que no rechacéis al que habla.
Porque si no escaparon aquellos que en la
tierra rechazaron al que advertía, mucho menos escaparemos nosotros si nos apartamos
del que advierte desde los cielos. 26 Su voz
estremeció la tierra en aquel entonces, y ahora ha prometido diciendo: *Todavía una vez*
más estremeceré no sólo *la tierra*, sino también *el cielo*.[a]

27 La expresión "todavía una vez más" indica con claridad que será removido lo que puede ser sacudido, como las cosas creadas, para
que permanezca lo que no puede ser sacudido. 28 Así que, habiendo recibido un reino
que no puede ser sacudido, retengamos la
gracia,[b] y mediante ella sirvamos a Dios,
agradándole con temor y reverencia.
29 Porque nuestro *Dios es fuego consumi-*
dor.[c]

Llamado a las virtudes cristianas

13 Permanezca el amor fraternal. 2 No
os olvidéis de la hospitalidad, porque
por ésta algunos hospedaron ángeles sin saberlo. 3 Acordaos de los presos, como si estuvieseis en cadenas junto con ellos; y de los
afligidos, puesto que también vosotros estáis
en el cuerpo. 4 Honroso es[d] para[e] todos el
matrimonio, y pura la relación conyugal; pero Dios juzgará a los fornicarios y a los adúlteros.

5 Sean vuestras costumbres sin amor al dinero, contentos con lo que tenéis ahora; porque él mismo ha dicho: *Nunca te abandona-*
ré ni jamás te desampararé.[f] 6 De manera
que podemos decir confiadamente:

El Señor es mi socorro,
y no temeré.
¿Qué me hará el hombre?[g]

7 Acordaos de vuestros dirigentes que os
hablaron la palabra de Dios. Considerando el
éxito de su manera de vivir, imitad su fe.
8 ¡Jesucristo es el mismo ayer, hoy y por los
siglos! 9 No seáis llevados de acá para allá
por diversas y extrañas doctrinas; porque
bueno es que el corazón haya sido afirmado
en la gracia; no en comidas, que nunca apro-
vecharon a los que se dedican a ellas. 10 Tenemos un altar del cual los que sirven en el
tabernáculo no tienen derecho a comer.
11 Porque los cuerpos de aquellos animales,
cuya sangre es introducida por el sumo sacerdote en el lugar santísimo como sacrificio
por el pecado, son quemados fuera del campamento.[h] 12 Por lo tanto, también Jesús
padeció fuera de la puerta de la ciudad para
santificar al pueblo por medio de su propia
sangre. 13 Salgamos pues a él, fuera del
campamento, llevando su afrenta. 14 Porque aquí no tenemos una ciudad permanen-
te, sino que buscamos la que ha de venir.
15 Así que, por medio de él, ofrezcamos siempre a Dios sacrificio de alabanza, es decir,
fruto de labios que confiesan su nombre.
16 No os olvidéis de hacer el bien y de compartir lo que tenéis, porque tales sacrificios
agradan a Dios.

17 Obedeced a vuestros dirigentes y someteos a ellos, porque ellos velan por vuestras
almas como quienes han de dar cuenta; para
que lo hagan con alegría y sin quejarse, pues
esto no os sería provechoso.

18 Orad por nosotros, pues confiamos que
tenemos buena conciencia y deseamos con-
ducirnos bien en todo. 19 Con mayor insistencia imploro que lo hagáis, para que yo os
sea restituido pronto.

Doxología y saludos finales

20 Y el Dios de paz, que por la sangre del
pacto eterno levantó de entre los muertos a
nuestro Señor Jesús, el gran Pastor de las
ovejas, 21 os haga aptos en todo lo bueno[i]
para hacer su voluntad, haciendo él en nosotros[j] lo que es agradable delante de él por
medio de Jesucristo, a quien sea la gloria por
los siglos de los siglos.[k] Amén.

22 Os ruego, hermanos, que recibáis bien
esta palabra de exhortación; porque os he escrito brevemente. 23 Sabed que nuestro
hermano Timoteo ha sido puesto en libertad.
Si él viene pronto, yo iré a veros con él.

24 Saludad a todos vuestros dirigentes y a
todos los santos. Os saludan los de Italia.

25 La gracia sea con todos vosotros.[l]

[a] 26 Hag. 2:6 (LXX) [b] 28 Otra trad., *tengamos gratitud* [c] 29 Deut. 4:24 [d] 4 Otra trad., *sea* [e] 4 Lit., *entre* [f] 5 Deut. 31:6; comp. Jos. 1:5 [g] 6 Sal. 118:6 (LXX) [h] 11 Ver Exo. 29:14 [i] 21 Algunos mss. antiguos dicen *en toda buena obra.* [j] 21 Algunos mss. antiguos dicen *haciendo él mismo en vosotros.* [k] 21 Otra trad., *gloria para siempre jamás* [l] 25 Algunos mss. antiguos incluyen *Amén.*

La Epístola de

Santiago

1 Santiago,[a] siervo de Dios y del Señor
Jesucristo, a las doce tribus de la dispersión:[b] Saludos.

Fe y sabiduría

2 Hermanos míos, tenedlo por sumo gozo
cuando os encontréis en diversas pruebas,
3 sabiendo que la prueba de vuestra fe produce paciencia.[c] 4 Pero que la paciencia[c] tenga su obra completa para que seáis completos
y cabales, no quedando atrás en nada. 5 Y si
a alguno de vosotros le falta sabiduría, pídala
a Dios, quien da a todos con liberalidad y sin
reprochar; y le será dada. 6 Pero pida con fe,
no dudando nada. Porque el que duda es semejante a una ola del mar movida por el viento y echada de un lado a otro. 7 No piense
tal hombre que recibirá cosa alguna del Señor. 8 El hombre de doble ánimo es inesta-
ble en todos sus caminos.

Pobreza y riqueza

9 El hermano de humilde condición, gloríese en su exaltación; 10 pero el rico, en su
humillación, porque él pasará como la flor de
la hierba. 11 Pues se levanta el sol con su
calor y seca la hierba, cuya flor se cae, y su
bella apariencia se desvanece. De igual manera también se marchitará el rico en todos sus
negocios.

Tentaciones y dones

12 Bienaventurado el hombre que persevera bajo la prueba; porque, cuando haya sido
probado, recibirá la corona de vida que Dios[d]
ha prometido a los que le aman.

13 Nadie diga cuando sea tentado: "Soy
tentado por Dios"; porque Dios no es tentado
por el mal, y él no tienta a nadie. 14 Pero
cada uno es tentado cuando es arrastrado y
seducido por su propia pasión. 15 Luego la
baja pasión, después de haber concebido, da
a luz el pecado; y el pecado, una vez llevado
a cabo, engendra la muerte.

16 Mis amados hermanos, no os engañéis:
17 Toda buena dádiva y todo don perfecto proviene de lo alto y desciende del Padre de las
luces, en quien no hay cambio ni sombra de
variación.[e] 18 Por su propia voluntad, él
nos hizo nacer por la palabra de verdad, para
que fuéramos como primicias de sus criaturas.

Oidores y hacedores de la Palabra

19 Sabed,[f] mis amados hermanos: Todo
hombre sea pronto para oír, lento para hablar
y lento para la ira; 20 porque la ira del hombre no lleva a cabo la justicia de Dios. 21 Por
lo tanto, desechando toda suciedad y la maldad que sobreabunda, recibid con mansedumbre la palabra implantada, la cual puede
salvar vuestras almas.

22 Pero sed hacedores de la palabra, y no
solamente oidores, engañándoos a vosotros
mismos. 23 Porque cuando alguno es oidor
de la palabra y no hacedor de ella, éste es
semejante al hombre que mira su cara natural en un espejo. 24 Se mira a sí mismo y se
marcha, y en seguida olvida cómo era.
25 Pero el que presta atención a la perfecta ley
de la libertad y que persevera en ella, sin ser
oidor olvidadizo sino hacedor de la obra, éste
será bienaventurado en lo que hace.

La verdadera religión

26 Si alguien parece ser religioso[g] y no re-
frena su lengua, sino que engaña a su corazón, la religión del tal es vana. 27 La religión pura e incontaminada delante de Dios y
Padre es ésta: visitar[h] a los huérfanos y a las
viudas en su aflicción, y guardarse sin mancha del mundo.

Contra la parcialidad

2 Hermanos míos, tened la fe de nuestro
glorioso Señor Jesucristo, sin hacer distinción de personas. 2 Porque si en vuestra
congregación entra un hombre con anillo de
oro y ropa lujosa, y también entra un pobre
con vestido sucio, 3 y sólo atendéis con res-

[a] *1* Lit., *Jacobo*; comp. Mat. 13:55; Mar. 6:3; Hech. 15:13; Gál. 1:19. La tradición en España convirtió el nombre en Sant-Yaqov o Santiago. [b] *1* Lit., *diáspora*; o sea, la difusión de colonias judías por todo el mundo entonces conocido; usado aquí con referencia a judíos cristianos, como en 1 Ped. 1:1 [c] *3,4* O sea, *perseverancia* o *constancia*
[d] *12* Algunos mss. antiguos dicen *él*; otros, *el Señor*. [e] *17* Algunos mss. antiguos dicen *sombra que varía*.
[f] *19* Algunos mss. antiguos anteponen *Por esto, . . .* [g] *26* Algunos mss. antiguos incluyen *entre vosotros*.
[h] *27* Otra trad., *cuidar*

peto al que lleva ropa lujosa y le decís: "Siéntate tú aquí en buen lugar"; y al pobre le decís: "Quédate allí de pie" o "Siéntate aquí[a]
a mis pies",[b] 4 ¿no hacéis distinción entre vosotros, y no venís a ser jueces con malos criterios?

5 Amados hermanos míos, oíd: ¿No ha elegido Dios a los pobres de este mundo, ricos[c] en fe y herederos del reino que ha prometido
a los que le aman? 6 Pero vosotros habéis afrentado al pobre. ¿No os oprimen los ricos, y no son ellos los que os arrastran a los tribunales?
7 ¿No blasfeman ellos el buen nombre que ha sido invocado sobre vosotros?
8 Si de veras cumplís la ley real conforme a las Escrituras: *Amarás a tu prójimo como a*
ti mismo,[d] hacéis bien. 9 Pero si hacéis distinción de personas, cometéis pecado y sois reprobados por la ley como transgresores.
10 Porque cualquiera que guarda toda la ley pero ofende en un solo punto se ha hecho
culpable de todo. 11 Porque el que dijo: *No cometas adulterio*, también dijo: *No cometas homicidio*.[e] Y si no cometes adulterio, pero cometes homicidio, te has hecho transgresor de la ley.

12 Así hablad y así actuad, como quienes están a punto de ser juzgados por la ley de la
libertad. 13 Porque habrá juicio sin misericordia contra aquel que no hace misericordia. ¡La misericordia se gloría triunfante sobre el juicio!

Fe y obras

14 Hermanos míos, si alguno dice que tiene fe y no tiene obras, ¿de qué sirve? ¿Puede
acaso su fe salvarle? 15 Si un hermano o una hermana están desnudos y les falta la comida
diaria, 16 y alguno de vosotros les dice: "Id en paz, calentaos y saciaos", pero no les da lo necesario para el cuerpo, ¿de qué sirve?
17 Así también la fe, si no tiene obras, está muerta en sí misma.

18 Sin embargo, alguno dirá: "Tú tienes fe, y yo tengo obras." ¡Muéstrame tu fe sin tus obras, y yo te mostraré mi fe por mis obras!
19 Tú crees que Dios es uno.[f] Bien haces. También los demonios creen y tiemblan.
20 Pero, ¿quieres saber, hombre vano, que la
fe sin obras es muerta?[g] 21 ¿No fue justificado por las obras nuestro padre Abraham, cuando ofreció a su hijo Isaac sobre el altar?
22 Ves que la fe actuaba juntamente con sus obras y que la fe fue completada por las obras.
23 Y se cumplió la Escritura que dice: *Abraham creyó a Dios, y le fue contado por justicia*;[h] y fue llamado amigo de Dios. 24 Veis, pues, que el hombre es justificado por las obras y no solamente por la fe.

25 De igual manera, ¿no fue justificada también la prostituta Rajab por las obras, cuando recibió a los mensajeros y los envió
por otro camino? 26 Porque tal como el cuerpo sin el espíritu está muerto, así también la fe sin obras está muerta.

Poder y peligro de la lengua

3 Hermanos míos, no os hagáis muchos maestros, sabiendo que recibiremos juicio más riguroso; 2 porque todos ofendemos en muchas cosas. Si alguno no ofende en palabra, éste es hombre cabal, capaz también
de frenar al cuerpo entero. 3 He aquí,[i] ponemos freno en la boca de los caballos para que nos obedezcan y dirigimos también su
cuerpo entero. 4 Considerad también los barcos: Aunque son tan grandes y son llevados por impetuosos vientos, son dirigidos con un timón muy pequeño a dondequiera,
según el antojo del que los conduce. 5 Así también la lengua es un miembro pequeño, pero se jacta de grandes cosas. ¡Mirad cómo un fuego tan pequeño incendia un bosque
tan grande! 6 Y la lengua es un fuego; es un mundo de maldad. La lengua está puesta entre nuestros miembros, y es la que contamina el cuerpo entero. Prende fuego al curso de nuestra vida,[j] y es inflamada por el infierno.[k]

7 Pues fieras y aves, reptiles y criaturas marinas de toda clase pueden ser domadas, y
han sido domadas por el ser humano. 8 Pero ningún hombre puede domar su lengua; porque es un mal incontrolable, llena de veneno
mortal. 9 Con ella bendecimos al Señor[l] y Padre, y con ella maldecimos a los hombres, que han sido creados a la semejanza de Dios.
10 De la misma boca sale bendición y maldición. No puede ser, hermanos míos, que estas cosas sean así. 11 ¿Será posible que de un manantial brote agua dulce y amarga por
la misma abertura? 12 Hermanos míos, ¿puede la higuera producir olivas, o la vid

[a] *3* Algunos mss. antiguos no incluyen *aquí*. [b] *3* Lit., *bajo mi estrado* [c] *5* Otra trad., *para ser ricos* [d] *8* Lev. 19:18; comp. Mat. 19:19; 22:39; Mar. 12:31; Luc. 10:27; Rom. 13:9; Gál. 5:14 [e] *11* Exo. 20:13, 14; Deut. 5:17, 18 [f] *19* Algunos mss. antiguos dicen *hay un solo Dios*; comp. Deut. 6:4. [g] *20* Algunos mss. antiguos dicen *inútil* (o sea, *estéril*); otros dicen *vacía*. [h] *23* Gén. 15:6; comp. Rom. 4:3; Gál. 3:6 [i] *3* Algunos mss. antiguos dicen *Y si*. [j] *6* Lit., *la rueda de la generación*; o sea, *el ciclo de la existencia* [k] *6* Gr., *Gehena* [l] *9* Algunos mss. antiguos dicen *Dios*.

higos? Tampoco de una fuente de agua salada
brota agua dulce.[a]

La sabiduría de lo alto

13 ¿Quién es sabio y entendido entre vosotros? ¡Que demuestre por su buena conducta
sus obras en la mansedumbre de la sabiduría!
14 Pero si en vuestros corazones tenéis amar-
gos celos y contiendas, no os jactéis ni mintáis contra la verdad. 15 Esta no es la sabiduría que desciende de lo alto, sino que es
terrenal, animal y diabólica. 16 Porque donde hay celos y contiendas, allí hay desorden
y toda práctica perversa.
17 En cambio, la sabiduría que procede de
lo alto es primeramente pura; luego es pacífi-
ca, tolerante, complaciente, llena de misericordia y de buenos frutos, imparcial y no hipócrita. 18 Y el fruto de justicia se siembra
en paz para aquellos que hacen la paz.

Contra la amistad con el mundo

4 ¿De dónde vienen las guerras y de dónde
los pleitos entre vosotros? ¿No surgen de
vuestras mismas pasiones que combaten en
vuestros miembros? 2 Codiciáis y no tenéis;
matáis y ardéis de envidia, pero no podéis
obtener. Combatís y hacéis guerra. No tenéis,[b] porque no pedís. 3 Pedís, y no recibís; porque pedís mal, para gastarlo en vuestros placeres. 4 ¡Gente adúltera! ¿No sabéis
que la amistad con el mundo es enemistad
con Dios? Por tanto, cualquiera que quiere
ser amigo del mundo se constituye enemigo
de Dios. 5 ¿O suponéis que en vano dice la
Escritura: El Espíritu que él hizo morar[c] en
nosotros nos anhela celosamente?[d] 6 Pero
él da mayor gracia. Por eso dice:

Dios resiste a los soberbios
pero da gracia a los humildes.[e]

7 Someteos, pues, a Dios. Resistid al diablo, y él huirá de vosotros. 8 Acercaos a
Dios, y él se acercará a vosotros. Limpiad
vuestras manos, pecadores; y purificad vuestros corazones, vosotros de doble ánimo.
9 Afligíos, lamentad y llorad. Vuestra risa se
convierta en llanto, y vuestro gozo en tristeza. 10 Humillaos delante del Señor, y él os
exaltará.

Contra el juzgar al hermano

11 Hermanos, no habléis mal los unos de
los otros. El que habla mal de su hermano o
juzga a su hermano habla mal de la ley y
juzga a la ley. Y si tú juzgas a la ley, entonces
no eres hacedor de la ley, sino juez. 12 Hay
un solo Dador de la ley y Juez,[f] quien es
poderoso para salvar y destruir. Pero ¿quién
eres tú que juzgas a tu prójimo?

Contra la jactancia

13 ¡Vamos pues ahora los que decís: "Hoy
o mañana iremos a tal ciudad, estaremos allá
un año y haremos negocios y ganaremos"!
14 Vosotros, los que no sabéis lo que será mañana, ¿qué es vuestra vida? Porque sois[g] un
vapor que aparece por un poco de tiempo y
luego se desvanece. 15 Más bien, deberíais
decir: "Si el Señor quiere, viviremos y haremos esto o aquello." 16 Pero ahora os jactáis
en vuestra soberbia. Toda jactancia de esta
clase es mala. 17 Por tanto, al que sabe hacer lo bueno y no lo hace, eso le es pecado.

Contra los ricos opresores

5 ¡Vamos pues ahora, oh ricos! Llorad y
aullad por las miserias que vienen sobre
vosotros. 2 Vuestras riquezas se han podrido, y vuestras ropas están comidas de polilla.
3 Vuestro oro y plata están enmohecidos; su
moho servirá de testimonio contra vosotros
y devorará vuestra carne como fuego. ¡Habéis
amontonado tesoros en[h] los últimos días!
4 He aquí clama el jornal de los obreros que
segaron vuestros campos, el que fraudulenta-
mente ha sido retenido por vosotros. Y los
clamores de los que segaron han llegado a los
oídos del Señor de los Ejércitos. 5 Habéis
vivido en placeres sobre la tierra y habéis sido
disolutos. Habéis engordado vuestro corazón
en[i] el día de matanza. 6 Habéis condenado
y habéis dado muerte al justo. El no os ofrece
resistencia.

Oración y perseverancia

7 Por lo tanto, hermanos, tened paciencia
hasta la venida del Señor. He aquí, el labrador espera el precioso fruto de la tierra,
aguardándolo con paciencia hasta que reciba
las lluvias tempranas y tardías. 8 Tened
también vosotros paciencia; afirmad vuestros
corazones, porque la venida del Señor está
cerca.
9 Hermanos, no murmuréis unos contra
otros, para que no seáis condenados. ¡He
aquí, el Juez ya está a las puertas! 10 Her-

[a] *12* Algunos mss. antiguos dicen *De modo igual, de ninguna fuente brota agua salada y dulce a la vez.* [b] *2* Algunos mss. tardíos incluyen *lo que deseáis.* [c] *5* Algunos mss. antiguos dicen *que mora en.* [d] *5* Otra trad., *El anhela celosamente al Espíritu que hizo morar en nosotros*; ver Exo. 20:5; 34:14; Zac. 8:2 [e] *6* Prov. 3:34 (LXX); comp. Mat. 23:12 y 1 Ped. 5:5 [f] *12* Algunos mss. antiguos no incluyen *y Juez.* [g] *14* Algunos mss. antiguos dicen *es.* [h] *3* Otra trad., *para* [i] *5* Algunos mss. antiguos tienen *como en.*

manos,[a] tomad por ejemplo de aflicción y de
paciencia a los profetas que hablaron en el
nombre del Señor. 11 He aquí, tenemos por
bienaventurados a los que perseveraron. Habéis oído de la perseverancia[b] de Job y habéis
visto el propósito final del Señor, que el Señor es muy compasivo y misericordioso.

12 Pero sobre todo, hermanos míos, no juréis, ni por el cielo, ni por la tierra, ni por
ningún otro juramento. Más bien, sea vuestro sí, sí; y vuestro no, no;[c] para que no
caigáis bajo condenación.

13 ¿Está afligido alguno entre vosotros?
¡Que ore! ¿Está alguno alegre? ¡Que cante
salmos! 14 ¿Está enfermo alguno de vosotros? Que llame a los ancianos de la iglesia y
que oren por él, ungiéndole con aceite en el
nombre del Señor. 15 Y la oración de fe dará
salud al enfermo, y el Señor lo levantará. Y
si ha cometido pecados, le serán perdonados.
16 Por tanto, confesaos unos a otros vuestros
pecados, y orad unos por otros de manera que
seáis sanados. La ferviente oración del justo,
obrando eficazmente, puede mucho.
17 Elías era un hombre sujeto a pasiones,
igual que nosotros, pero oró con insistencia
para que no lloviera, y no llovió sobre la tierra
durante tres años y seis meses. 18 Y oró de
nuevo, y el cielo dio lluvia, y la tierra produjo
su fruto.

19 Hermanos míos,[d] si alguno entre vosotros es engañado, desviándose de la verdad, y
otro le hace volver, 20 sabed[e] que el que
haga volver al pecador del error de su camino
salvará su vida de la muerte, y cubrirá una
multitud de pecados.

La Primera Epístola
del Apóstol Pedro

1 Pedro

1 Pedro, apóstol de Jesucristo; a los expatriados[f] de la dispersión[g] en Ponto, Galacia, Capadocia, Asia y Bitinia, 2 elegidos
conforme al previo conocimiento de Dios Padre por la santificación del Espíritu, para
obedecer a Jesucristo y ser rociados[h] con su
sangre: Gracia y paz os sean multiplicadas.

Esperanza viva de la salvación

3 Bendito sea el Dios y Padre de nuestro
Señor Jesucristo, quien según su grande misericordia nos ha hecho nacer de nuevo para
una esperanza viva por medio de la resurrección de Jesucristo de entre los muertos;
4 para una herencia incorruptible, inconta-
minable e inmarchitable, reservada en los
cielos para vosotros[i] 5 que sois guardados
por el poder de Dios mediante la fe, para la
salvación preparada para ser revelada en el
tiempo final. 6 En esto os alegráis, a pesar
de que por ahora, si es necesario, estéis afligidos momentáneamente por diversas pruebas,
7 para que la prueba[j] de vuestra fe —más
preciosa que el oro que perece, aunque sea
probado con fuego— sea hallada digna de
alabanza, gloria y honra en la revelación de
Jesucristo. 8 A él le amáis, sin haberle visto.
En él creéis; y aunque no lo veáis ahora, creyendo en él os alegráis con gozo inefable y
glorioso, 9 obteniendo así el fin de vuestra
fe, la salvación de vuestras almas.

10 Acerca de esta salvación han inquirido e
investigado diligentemente los profetas que
profetizaron de la gracia que fue destinada
para vosotros. 11 Ellos escudriñaban para
ver qué persona y qué tiempo indicaba el Espíritu de Cristo que estaba en ellos, quien
predijo las aflicciones que habían de venir a
Cristo y las glorias después de ellas. 12 A
ellos les fue revelado que, no para sí mismos
sino para vosotros,[k] administraban las cosas
que ahora os han sido anunciadas por los que
os han predicado el evangelio por el Espíritu
Santo enviado del cielo; cosas que hasta los
ángeles anhelan contemplar.

Exhortación a una vida santa

13 Por eso, con la mente preparada para
actuar[l] y siendo sobrios, poned vuestra esperanza completamente en la gracia que os es
traída en la revelación de Jesucristo. 14 Como hijos obedientes, no os conforméis a las
pasiones que antes teníais, estando en vuestra ignorancia. 15 Antes bien, así como

[a] *10* Algunos mss. tardíos incluyen *míos*. [b] *11* O: *paciencia* [c] *12* Ver Mat. 5:34-37 [d] *19* Algunos mss. tardíos omiten *míos*. [e] *20* Algunos mss. antiguos dicen *sepa* (cualquiera de vosotros) *que . . .* [f] *1* O: *extranjeros* [g] *1* Lit., *diáspora*; o sea, la difusión de colonias judías por todo el mundo antiguo; aquí con referencia a judíos cristianos, como en Stg. 1:1 [h] *2* Es decir, purificación en Cristo; comp. Exo. 24:8 [i] *4* Algunos mss. antiguos dicen *nosotros*. [j] *7* O sea, *lo genuino* o *lo comprobado* [k] *12* Algunos mss. tardíos dicen *nosotros*. [l] *13* Lit., *teniendo ceñidos los lomos de vuestro entendimiento*

aquel que os ha llamado es santo, también
sed santos vosotros en todo aspecto de vuestra manera de vivir, 16 porque escrito está:
Sed santos, porque yo soy santo.[a]

17 Y si invocáis como Padre a aquel que
juzga según la obra de cada uno sin hacer
distinción de personas, conducíos en temor
todo el tiempo de vuestra peregrinación.
18 Tened presente que habéis sido rescatados
de vuestra vana manera de vivir, la cual here-
dasteis de vuestros padres, no con cosas co-
rruptibles como oro o plata, 19 sino con la
sangre preciosa de Cristo, como de un cordero sin mancha y sin contaminación. 20 El,
a la verdad, fue destinado desde antes de la
fundación del mundo, pero ha sido manifestado en los últimos tiempos por causa de vosotros. 21 Por medio de él creéis en Dios,
quien lo resucitó de entre los muertos y le ha
dado gloria; de modo que vuestra fe y esperanza estén en Dios.

22 Habiendo purificado vuestras almas en
obediencia a la verdad[b] para un amor fraternal no fingido, amaos los unos a los otros
ardientemente y de corazón puro; 23 pues
habéis nacido de nuevo, no de simiente corruptible sino de incorruptible, por medio de
la palabra[c] de Dios que vive y permanece.[d]
24 Porque:

Toda carne es como la hierba,
y toda su gloria es
como la flor de la hierba.
La hierba se seca, y la flor se cae;
25 *pero la palabra del Señor*
permanece para siempre.[e]

Esta es la palabra del evangelio que os ha sido
anunciada.

Exhortación al crecimiento espiritual

2 Habiendo pues dejado toda maldad, todo
engaño, hipocresía, envidia y toda male-
dicencia, 2 desead como niños recién nacidos la leche espiritual[f] no adulterada, para
que por ella crezcáis para salvación; 3 puesto que habéis probado que el Señor es bondadoso.

4 Acercándoos a él, la Piedra Viva —que
fue ciertamente rechazada por los hombres,
pero delante de Dios es elegida y preciosa—,
5 también vosotros sed edificados[g] como piedras vivas en casa espiritual para ser un sacerdocio santo, a fin de ofrecer sacrificios espirituales, agradables a Dios por medio de
Jesucristo. 6 Por esto contiene la Escritura:

He aquí, pongo en Sion
la Piedra del ángulo,
escogida y preciosa.
Y el que cree en él
jamás será avergonzado.[h]

7 De manera que, para vosotros que creéis, es
de sumo valor; pero para los que no creen:

La piedra que desecharon los
edificadores,
ésta fue hecha cabeza del ángulo,[i]
8 y: *piedra de tropiezo*
y roca de escándalo.[j]

Aquéllos tropiezan, siendo desobedientes a la
palabra, pues para eso mismo fueron destinados.

El pueblo de Dios

9 Pero vosotros sois *linaje escogido, real*
sacerdocio, nación santa, pueblo adquirido,
para que anunciéis las virtudes[k] de aquel
que os ha llamado de las tinieblas a su luz
admirable.

10 Vosotros en el tiempo pasado
no erais pueblo,
pero ahora sois pueblo de Dios;
no habíais alcanzado misericordia,
pero ahora habéis alcanzado
misericordia.[l]

11 Amados, yo os exhorto como a peregrinos y expatriados,[m] que os abstengáis de las
pasiones carnales que combaten contra el alma. 12 Tened una conducta ejemplar entre
los gentiles, para que en lo que ellos os ca-
lumnian como a malhechores, al ver vuestras
buenas obras, glorifiquen a Dios en el día de
la visitación.

13 Estad sujetos a toda institución humana
por causa del Señor; ya sea al rey como quien
ejerce soberanía, 14 o a los gobernantes como quienes han sido enviados por él para el
castigo de los que hacen el mal y para la
alabanza de los que hacen el bien. 15 Porque
ésta es la voluntad de Dios: que haciendo el
bien hagáis callar la ignorancia de los hombres insensatos. 16 Actuad como libres, y no
como los que hacen de la libertad un pretexto
para hacer lo malo, sino como siervos de

[a] *16* Lev. 11:44, 45; 19:2; 20:7 [b] *22* Algunos mss. antiguos incluyen *por medio del Espíritu*. [c] *23* Otra trad., *el Verbo* [d] *23* Algunos mss. tardíos incluyen *para siempre*. [e] *25* Isa. 40:6-8; comp. Stg. 1:10, 11 [f] *2* Otra trad., *la leche de la palabra* [g] *5* Otra trad., *sois edificados* [h] *6* Isa. 28:16 (LXX) [i] *7* Sal. 118:22 [j] *8* Isa. 8:14 [k] *9* Una serie de alusiones tomadas de Isa. 43:21 (LXX); Exo. 19:5, 6 (LXX); Deut. 7:6 [l] *10* Ver Ose. 2:23 y 1:6, 9; [m] *11* O: *extranjeros*

Dios. 17 Honrad a todos; amad a los hermanos; temed a Dios; honrad al rey.

Ejemplo de Cristo en el sufrimiento

18 Siervos, estad sujetos con todo respeto a vuestros amos, no solamente a los que son buenos y comprensivos, sino también a los severos. 19 Porque esto es aceptable: si alguien soporta aflicción y padece injustamente por tener conciencia de Dios. 20 Porque, ¿qué de notable hay si, cuando cometéis pecado y sois abofeteados, lo soportáis? Pero si lo soportáis cuando hacéis el bien y sois afligidos, esto sí es aceptable delante de Dios. 21 Pues para esto fuisteis llamados, porque también Cristo sufrió por vosotros, dejándoos[a] ejemplo para que sigáis sus pisadas.

22 El *no cometió pecado,*
ni fue hallado engaño en su boca.[b]

23 Cuando le maldecían, él no respondía con maldición. Cuando padecía, no amenazaba, sino que se encomendaba al que juzga con justicia. 24 El mismo llevó nuestros pecados en su cuerpo sobre el madero a fin de que nosotros, habiendo muerto para los pecados, vivamos para la justicia. Por sus heridas habéis sido sanados. 25 Porque erais como ovejas descarriadas, pero ahora habéis vuelto al Pastor y Obispo[c] de vuestras almas.

Responsabilidades en el matrimonio[d]

3 Asimismo vosotras, mujeres, estad sujetas a vuestros maridos, para que si algunos no obedecen a la palabra, también sean ganados sin una palabra por medio de la conducta de sus mujeres, 2 al observar vuestra reverente y casta manera de vivir. 3 Vuestro adorno no sea el exterior, con arreglos ostentosos del cabello y adornos de oro, ni en vestir ropa lujosa; 4 sino que sea la persona interior del corazón, en lo incorruptible de un espíritu tierno y tranquilo. Esto es de gran valor delante de Dios. 5 Porque así también se adornaban en tiempos antiguos aquellas santas mujeres que esperaban en Dios y estaban sujetas a sus propios maridos. 6 Así Sara obedeció a Abraham, llamándole señor.[e] Y vosotras habéis venido a ser hijas de ella, si hacéis el bien y no tenéis miedo de ninguna amenaza.

7 Vosotros, maridos, de la misma manera vivid con ellas con comprensión, dando honor a la mujer como a vaso más frágil y como a coherederas de la gracia de la vida, para que vuestras oraciones no sean estorbadas.

Actitud frente a la persecución

8 Finalmente, sed todos de un mismo sentir: compasivos, amándoos fraternalmente, misericordiosos y humildes. 9 No devolváis mal por mal, ni maldición por maldición, sino por el contrario, bendecid; pues para esto habéis sido llamados, para que heredéis bendición. 10 Porque:

El que quiere amar la vida
y ver días buenos
refrene su lengua del mal,
y sus labios no hablen engaño.
11 *Apártese del mal y haga el bien.*
Busque la paz y sígala.
12 *Porque los ojos del Señor*
están sobre los justos,
y sus oídos están atentos
a sus oraciones.
Pero el rostro del Señor está contra
aquellos que hacen el mal.[f]

13 ¿Quién es aquel que os podrá hacer daño, si sois ávidos por el bien? 14 Pero aun si llegáis a padecer por causa de la justicia, sois bienaventurados.[g] Por tanto, no seáis atemorizados por temor de ellos ni seáis turbados. 15 Más bien, santificad en vuestros corazones a Cristo como Señor[h] y estad siempre listos para responder a todo el que os pida razón de la esperanza que hay en vosotros, pero hacedlo con mansedumbre y reverencia. 16 Tened buena conciencia, para que en lo que hablan mal[i] sean avergonzados los que se burlan de vuestra buena manera de vivir en Cristo. 17 Porque es mejor que padezcáis haciendo el bien, si la voluntad de Dios así lo quiere, que haciendo el mal.

18 Porque Cristo también padeció una vez para siempre por los pecados, el justo por los injustos, para llevarnos a Dios, siendo a la verdad muerto en la carne, pero vivificado en el espíritu; 19 en el cual también fue y predicó a los espíritus encarcelados 20 que en otro tiempo fueron desobedientes, cuando en los días de Noé la paciencia de Dios esperaba, mientras se construía el arca. En esta arca fueron salvadas a través del agua pocas personas, es decir, ocho. 21 El bautismo, que corresponde a esta figura, ahora, mediante la resurrección de Jesucristo, os[j] salva, no por quitar las impurezas de la carne, sino como

a21 Algunos mss. antiguos dicen *por nosotros, dejándonos.* b22 Isa. 53:9 c25 Otra trad., *supervisor* o sea, *el que vigila por el bien de otros*; comp. Gén. 16:14 d1f Ver Ef. 5:22-33; Col. 3:18, 19 e6 Ver. Gén. 18:12 f12 Sal. 34:12-16 g14 Ver Mat. 5:10 h15 Algunos mss. antiguos tienen *Dios*; otros, *Dios el Señor.* i16 Algunos mss. tardíos incluyen *de vosotros como de malhechores.* j21 Algunos mss. antiguos dicen *nos.*

apelación de una buena conciencia hacia
Dios. 22 Ahora él, habiendo ascendido al
cielo, está a la diestra de Dios; y los ángeles,
las autoridades y los poderes están sujetos a
él.

La vida según la voluntad de Dios

4 Puesto que Cristo ha padecido[a] en la
carne, armaos también vosotros con la
misma actitud. Porque el que ha padecido en
la carne ha roto con el pecado, 2 para vivir
el tiempo que le queda en la carne, no en las
pasiones de los hombres, sino en la voluntad
de Dios. 3 Porque ya es suficiente[b] el haber
hecho en el tiempo pasado los deseos de los
gentiles, habiendo andado en sensualidad, en
bajas pasiones, en borracheras, en orgías, en
banqueteos y en abominables idolatrías. 4 A
ellos les parece cosa extraña que vosotros ya
no corráis con ellos en el mismo desenfreno
de disolución, y por eso os ultrajan. 5 Ellos
darán cuenta a quien ha de juzgar a los vivos
y a los muertos. 6 Porque por esto ha sido
anunciado el evangelio aun a los muertos,
para que sean juzgados en la carne como los
hombres, pero vivan en espíritu según Dios.
7 El fin de todas las cosas se ha acercado.
Sed, pues, prudentes y sobrios en la oración.
8 Sobre todo, tened entre vosotros un ferviente amor, porque el amor cubre una multitud de pecados. 9 Hospedaos los unos a los
otros sin murmuraciones. 10 Cada uno
ponga al servicio de los demás el don que ha
recibido, como buenos administradores de la
multiforme gracia de Dios. 11 Si alguien habla, hable conforme a las palabras de Dios. Si
alguien presta servicio, sirva conforme al poder que Dios le da, para que en todas las cosas
Dios sea glorificado por medio de Jesucristo,
a quien pertenecen la gloria y el dominio por
los siglos de los siglos. Amén.

Glorificando a Dios en el sufrimiento

12 Amados, no os sorprendáis por el fuego
que arde entre vosotros para poneros a prueba, como si os aconteciera cosa extraña.
13 Antes bien, gozaos a medida que partici-
páis de las aflicciones de Cristo, para que
también en la revelación de su gloria os go-
céis con regocijo. 14 Cuando sois injuriados
en el nombre de Cristo, sois bienaventurados;[c] porque el glorioso Espíritu de Dios re-
posa sobre vosotros.[d]
15 Así que, ninguno de vosotros padezca
como homicida, o ladrón, o malhechor, o por
entrometerse en asuntos ajenos. 16 Pero si
alguno padece como cristiano, no se avergüence; más bien, glorifique a Dios en este
nombre. 17 Porque es tiempo de que el juicio comience por la casa de Dios. Y si primero
comienza por nosotros, ¿cómo será el fin de
aquellos que no obedecen al evangelio de
Dios?

18 Y *si el justo con dificultad se salva,*
¿en qué irá a parar el impío y
pecador?[e]

19 Por eso, los que sufren según la voluntad
de Dios, que encomienden sus almas al fiel
Creador, haciendo el bien.

Exhortación a los pastores y al rebaño

5 A los ancianos entre vosotros les exhorto, yo anciano también con ellos, testigo
de los sufrimientos de Cristo y también participante de la gloria que ha de ser revelada:
2 Apacentad el rebaño de Dios que está a vuestro cargo, cuidándolo[f] no por la fuerza, sino
de buena voluntad según Dios;[g] no por ganancias deshonestas, sino de corazón; 3 no
como teniendo señorío sobre los que están a
vuestro cargo, sino como ejemplos para el
rebaño. 4 Y al aparecer el Príncipe de los
pastores, recibiréis la inmarchitable corona
de gloria.
5 Asimismo vosotros, jóvenes, estad sujetos a los ancianos; y revestíos todos de humildad unos para con otros, porque:

Dios resiste a los soberbios
pero da gracia a los humildes.[h]

6 Humillaos, pues, bajo la poderosa mano de
Dios para que él os exalte al debido tiempo.
7 Echad sobre él toda vuestra ansiedad, porque él tiene cuidado de vosotros.
8 Sed sobrios y velad. Vuestro adversario,
el diablo, como león rugiente, anda alrededor
buscando a quién devorar. 9 Resistid al tal,
estando firmes en la fe, sabiendo que los mismos sufrimientos se van cumpliendo entre
vuestros hermanos en todo el mundo. 10 Y
cuando hayáis padecido por un poco de tiempo, el Dios de toda gracia, quien os ha llamado a su eterna gloria en Cristo Jesús, él mismo os restaurará, os afirmará, os fortalecerá

[a] *1* Algunos mss. antiguos incluyen *por nosotros*; otros, *por vosotros*. [b] *3* Algunos mss. antiguos incluyen *para nosotros*; otros, *para vosotros*. [c] *14* Ver Mat. 5:11, 12 [d] *14* Algunos mss. tardíos añaden *ciertamente, según ellos, él es blasfemado; según nosotros* (o, *vosotros*), *es glorificado*. [e] *18* Prov. 11:31 (LXX) [f] *2* Lit., *supervisándolo*; algunos mss. antiguos no lo incluyen. [g] *2* Algunos mss. antiguos no incluyen *según Dios*.
[h] 5 Prov. 3:34 (LXX)

y os establecerá. 11 A él sea el dominio[a] por los siglos. Amén.

Saludos finales

12 Os he escrito brevemente por medio de Silas,[b] a quien considero un hermano fiel, para exhortar y testificar que ésta es la verdadera gracia de Dios. Estad firmes en ella. 13 Os saluda la iglesia que está en Babilonia, elegida juntamente con vosotros; también Marcos, mi hijo. 14 Saludaos unos a otros con un beso de amor. La paz sea con todos vosotros que estáis en Cristo.[c]

La Segunda Epístola del Apóstol Pedro

2 Pedro

1 Simón[d] Pedro, siervo y apóstol de Jesucristo; a los que han alcanzado una fe igualmente preciosa como la nuestra por la justicia de nuestro Dios y Salvador Jesucristo: 2 Gracia a vosotros y paz os sea multiplicada en el conocimiento de Dios y de nuestro Señor Jesús.

Valores de la vida cristiana

3 Su divino poder nos ha concedido todas las cosas que pertenecen a[e] la vida y a la piedad por medio del conocimiento de aquel que nos llamó por su propia gloria y excelencia.[f] 4 Mediante ellas nos han sido dadas preciosas y grandísimas promesas, para que por ellas seáis hechos participantes de la naturaleza divina, después de haber huido de la corrupción que hay en el mundo debido a las bajas pasiones. 5 Y por esto mismo, poniendo todo empeño, añadid a vuestra fe, virtud; a la virtud, conocimiento; 6 al conocimiento, dominio propio; al dominio propio, perseverancia;[g] a la perseverancia,[g] devoción; 7 a la devoción, afecto fraternal; y al afecto fraternal, amor. 8 Porque cuando estas cosas están en vosotros y abundan, no os dejarán estar ociosos ni estériles en el conocimiento de nuestro Señor Jesucristo. 9 Pues el que no tiene estas cosas es ciego y tiene la vista corta, habiendo olvidado la purificación de sus pecados pasados. 10 Por eso, hermanos, procurad aun con mayor empeño hacer firme vuestro llamamiento y elección, porque haciendo estas cosas no tropezaréis jamás. 11 Pues de esta manera os será otorgada amplia entrada en el reino eterno de nuestro Señor y Salvador Jesucristo.

12 Por eso, siempre habré de traeros estas cosas a la memoria, aunque vosotros las sabéis y estáis afirmados en la verdad que está presente en vosotros. 13 Pero considero justo estimularos la memoria entre tanto que estoy en esta mi morada temporal.[h] 14 Pues como sé que dentro de poco tengo que dejar mi frágil morada,[i] como me lo ha declarado nuestro Señor Jesucristo, 15 también procuraré con empeño que, después de mi partida, vosotros podáis tener memoria de estas cosas en todo momento.

Testimonio de los apóstoles

16 Porque os hemos dado a conocer el poder y la venida de nuestro Señor Jesucristo, no siguiendo fábulas artificiosas, sino porque fuimos testigos oculares de su majestad. 17 Porque al recibir de parte de Dios Padre honra y gloria, desde la grandiosa gloria le fue dirigida una voz: "Este es mi Hijo amado, en quien tengo complacencia."[j] 18 Y nosotros oímos esta voz dirigida desde el cielo cuando estábamos con él en el monte santo.

Testimonio de las Escrituras

19 También tenemos la palabra profética que es aun más firme.[k] Hacéis bien en estar atentos a ella, como a una antorcha que alumbra en lugar oscuro, hasta que aclare el día y el lucero de la mañana se levante en vuestros corazones. 20 Y hay que tener muy en cuenta, antes que nada, que ninguna profecía de la Escritura es de interpretación privada; 21 porque jamás fue traída la profecía por voluntad humana; al contrario, los hom-

[a] *11* Algunos mss. antiguos dicen *la gloria y el dominio*. [b] *12* Lit., *Silvano*, la forma griega de *Silas*; ver Hech. 16:19. [c] *14* Algunos mss. antiguos tienen *Jesucristo*; algunos añaden *Amén*. [d] *1* *Simeón*, en algunos de los mss. más antiguos [e] *3* Otra trad., *todo lo necesario para* [f] *3* Algunos mss. antiguos dicen *por medio de la gloria y excelencia*. [g] *6* O: *paciencia* [h] *13* Lit., *tabernáculo*; o, *tienda*. Se refiere al cuerpo o la vida en este mundo; comp. 2 Cor. 5:2. [i] *14* Lit., *mi tabernáculo*; o sea, *el cuerpo* [j] *17* Ver Mat. 17:5; Mar. 9:7; Luc. 9:35 [k] *19* Otra trad., *palabra profética más segura, a la cual hacéis bien en . . .*

bres hablaron de parte de Dios[a] siendo inspi-
rados por el Espíritu Santo.

Los falsos profetas y maestros[b]

2 Pero hubo falsos profetas entre el pueblo, como también entre vosotros habrá
falsos maestros que introducirán encubierta-
mente herejías destructivas, llegando aun
hasta negar al soberano Señor que los compró, acarreando sobre sí mismos una súbita
destrucción. 2 Y muchos seguirán tras la
sensualidad de ellos, y por causa de ellos será
difamado el camino de la verdad. 3 Por avaricia harán mercadería de vosotros con palabras fingidas. Desde hace tiempo su condenación no se tarda, y su destrucción no se duerme.

4 Porque si Dios no dejó sin castigo a los
ángeles que pecaron, sino que, habiéndolos
arrojado al infierno en prisiones[c] de oscuridad, los entregó a ser reservados para el juicio; 5 y si tampoco dejó sin castigo al mundo antiguo, pero preservó a Noé, heraldo de
justicia, junto con otras siete personas, cuando trajo el diluvio sobre el mundo de los impíos;[d] 6 y si condenó a destrucción a las
ciudades de Sodoma y Gomorra, reduciéndo-
las a cenizas y poniéndolas como ejemplo para los que habían de vivir impíamente; 7 y
si rescató al justo Lot,[e] quien era acosado
por la conducta sensual de los malvados
8 —porque este hombre justo habitaba en
medio de ellos y afligía de día en día su alma
justa por los hechos malvados de ellos—;
9 entonces el Señor sabe rescatar de la prueba
a los piadosos y guardar a los injustos para ser
castigados en el día del juicio. 10 ¡Y especialmente a aquellos que andan tras las per-
vertidas pasiones de la carne, y desprecian
toda autoridad!

Estos atrevidos y arrogantes no temen
maldecir a las potestades superiores,[f]
11 mientras que los ángeles, que son mayores
en fuerza y poder, no pronuncian juicio de
maldición contra ellos delante del Señor.
12 Pero éstos, maldiciendo lo que no entienden, como animales irracionales que por naturaleza han sido creados para presa y destrucción, también perecerán en su perdición.
13 Recibirán injusticia como pago de la injusticia, porque consideran delicia el gozar en
pleno día de placeres sensuales. Estos son
manchas y suciedad que mientras comen con
vosotros se deleitan en sus engaños.[g]
14 Tienen los ojos llenos de adulterio y son
insaciables para el pecado. Seducen a las almas inconstantes. Tienen el corazón ejercita-
do para la avaricia. Son hijos de maldición.
15 Abandonando el camino recto, se extraviaron al seguir el camino de Balaam hijo de
Beor,[h] quien amó el pago de la injusticia
16 y fue reprendido por su iniquidad. ¡Una
muda bestia de carga, hablando con voz de
hombre, frenó la locura del profeta!

17 Son fuentes sin agua y nubes arrastradas por la tempestad. Para ellos se ha guardado la profunda oscuridad de las tinieblas.[i]
18 Porque hablando arrogantes palabras de
vanidad, seducen con las pasiones sensuales
de la carne a los que a duras penas[j] se habían
escapado de los que viven en el error. 19 Les
prometen libertad, cuando ellos mismos son
esclavos de la corrupción; puesto que cada
cual es hecho esclavo de lo que le ha vencido.
20 Porque si los que se han escapado de las
contaminaciones del mundo por el conocimiento de nuestro Señor y Salvador Jesucristo[k] se enredan de nuevo en ellas y son venci-
dos, el último estado les viene a ser peor que
el primero.[l] 21 Pues mejor les habría sido
no haber conocido el camino de justicia, que
después de conocerlo, volver atrás del santo
mandamiento que les fue dado.[m] 22 A ellos
les ha ocurrido lo del acertado proverbio: *El
perro se volvió a su propio vómito*;[n] y "la
puerca lavada, a revolcarse en el cieno".

A la espera del día del Señor

3 Amados, ésta es la segunda carta que os
escribo. En estas dos cartas estimulo con
exhortación[o] vuestro limpio entendimiento,
2 para que recordéis las palabras que antes
han sido dichas por los santos profetas, y el
mandamiento del Señor y Salvador declarado
por vuestros[p] apóstoles.

3 Primeramente, sabed que en los últimos
días vendrán burladores con sus burlas, quienes procederán según sus bajas pasiones,
4 y dirán: "¿Dónde está la promesa de su venida? Porque desde el día en que nuestros padres durmieron[q] todas las cosas siguen
igual, así como desde el principio de la creación." 5 Pues bien, por su propia voluntad
pasan por alto esto: que por la palabra de Dios

[a] *21* Algunos mss. antiguos dicen *los hombres santos de Dios hablaron*. [b] *1t* Ver Jud. 4-19 [c] *4* Algunos mss. antiguos dicen *cadenas*. [d] *5* Ver Gén. 7:6, 23; 1 Ped. 3:19, 20 [e] *7* Ver Gén. 19:6, 7, 24, 29 [f] *10* Lit., *las glorias*; o sea, *los seres gloriosos*; ver Jud. 8 [g] *13* Algunos mss. antiguos dicen *en sus fiestas de compañerismo*. [h] *15* *Basor* en algunos de los mss. más antiguos; ver Núm. 22:5, 28; 31:8 [i] *17* Algunos mss. añaden *para siempre*. [j] *18* Algunos mss. antiguos dicen *verdaderamente*, [k] *20* Algunos mss. no incluyen *nuestro*; otros no incluyen *y Salvador*. [l] *20* Ver Luc. 11:26 [m] *21* Ver Luc. 12:47, 48 [n] *22* Prov. 26:11 [o] *1* Otra trad., *con una advertencia* [p] *2* Algunos mss. antiguos tienen *nuestros*. [q] *4* O sea, *murieron*

existían desde tiempos antiguos los cielos, y
la tierra que surgió del agua y fue asentada
en medio del agua. 6 Por esto el mundo de
entonces fue destruido, inundado en agua.
7 Pero por la misma palabra, los cielos y la
tierra que ahora existen están reservados para el fuego, guardados hasta el día del juicio
y de la destrucción de los hombres impíos.

8 Pero, amados, una cosa no paséis por alto: que delante del Señor un día es como mil
años y mil años como un día. 9 El Señor no
tarda su promesa, como algunos la tienen
por tardanza; más bien, es paciente para con
vosotros,[a] porque no quiere que nadie se
pierda, sino que todos procedan al arrepentimiento. 10 Pero el día del Señor vendrá como ladrón.[b] Entonces los cielos pasarán con
grande estruendo; los elementos, ardiendo,
serán deshechos, y la tierra y las obras que
están en ella serán consumidas.[c] 11 Ya
que[d] todas estas cosas han de ser deshechas,
¡qué clase de personas debéis ser vosotros en
conducta santa y piadosa, 12 aguardando y
apresurándoos para la venida del día de Dios!
Por causa de ese día los cielos, siendo encendidos, serán deshechos; y los elementos, al
ser abrasados, serán fundidos. 13 Según las
promesas de Dios esperamos cielos nuevos y
tierra nueva[e] en los cuales mora la justicia.

14 Por tanto, oh amados, estando a la espera de estas cosas, procurad con empeño ser
hallados en paz por él, sin mancha e irreprensibles. 15 Considerad que la paciencia de
nuestro Señor es para salvación; como también nuestro amado hermano Pablo os ha
escrito, según la sabiduría que le ha sido dada. 16 El habla de estas cosas en todas sus
epístolas, en las cuales hay algunas cosas difíciles de entender, que los indoctos e inconstantes tuercen, como lo hacen también con
las otras Escrituras, para su propia destrucción.

Conclusión

17 Así que vosotros, oh amados, sabiendo
esto de antemano, guardaos; no sea que,
siendo desviados por el engaño de los malvados, caigáis de vuestra firmeza. 18 Más bien,
creced en la gracia y en el conocimiento de
nuestro Señor y Salvador Jesucristo. A él sea
la gloria ahora y hasta el día de la eternidad.
Amén.[f]

La Primera Epístola
del Apóstol Juan

1 Juan

El Verbo de vida

1 Lo que era desde el principio, lo que hemos oído, lo que hemos visto con nuestros ojos, lo que contemplamos y palparon
nuestras manos tocante al Verbo[g] de vida
2 —la vida fue manifestada, y la hemos visto;
y os testificamos y anunciamos la vida eterna
que estaba con el Padre y nos fue manifestada—, 3 lo que hemos visto y oído lo anunciamos también a vosotros, para que vosotros
también tengáis comunión con nosotros. Y
nuestra comunión es con el Padre y con su
Hijo Jesucristo. 4 Estas cosas escribimos
nosotros[h] para que nuestro[i] gozo sea completo.

Andando en la luz

5 Y éste es el mensaje que hemos oído de
parte de él y os anunciamos: Dios es luz, y en
él no hay ningunas tinieblas. 6 Si decimos
que tenemos comunión con él y andamos en
tinieblas, mentimos y no practicamos la verdad. 7 Pero si andamos en luz, como él está
en luz, tenemos comunión unos con otros, y
la sangre de su Hijo Jesús[j] nos limpia de
todo pecado.

8 Si decimos que no tenemos pecado, nos
engañamos a nosotros mismos, y la verdad
no está en nosotros. 9 Si confesamos nuestros pecados, él es fiel y justo para perdonar
nuestros pecados y limpiarnos de toda maldad.[k] 10 Pero si decimos que no hemos pecado, le hacemos a él mentiroso, y su palabra
no está en nosotros.

2 Hijitos míos, estas cosas os escribo para
que no pequéis. Y si alguno peca, abogado[l] tenemos delante del Padre, a Jesucristo
el justo. 2 El es la expiación por nuestros

[a]*9* Algunos mss. antiguos dicen *nosotros*. [b]*10* Algunos mss. antiguos añaden *en la noche*. [c]*10* Algunos mss. antiguos dicen *quemados*; otros, *descubiertos*. [d]*11* Algunos mss. antiguos dicen *Por tanto*. [e]*13* Comp. Isa. 65:17 [f]*18* Algunos mss. antiguos omiten *Amén*. [g]*1* O sea, *la Palabra*; comp. Juan 1:1 [h]*4* Algunos mss. antiguos dicen *os escribimos a vosotros*. [i]*4* Algunos mss. antiguos dicen *vuestro*. [j]*7* Algunos mss. antiguos incluyen *Cristo*. [k]*9* Lit., *injusticia* [l]*1* O sea, *consolador*; lit., *el que es llamado a estar al lado*; comp. Juan 14:16

pecados, y no solamente por los nuestros,
sino también por los de todo el mundo.

El mandamiento del amor

3 En esto sabemos que nosotros le hemos
conocido: en que guardamos sus mandamientos. 4 El que dice: "Yo le conozco" y no
guarda sus mandamientos es mentiroso, y la
verdad no está en él. 5 Pero en el que guarda
su palabra, en éste verdaderamente el amor
de Dios ha sido perfeccionado. Por esto sabemos que estamos en él. 6 El que dice que
permanece en él debe andar como él anduvo.

7 Amados,[a] no os escribo un mandamiento nuevo sino el mandamiento antiguo que
teníais desde el principio. El mandamiento
antiguo es la palabra que habéis oído. 8 Otra
vez os escribo un mandamiento nuevo, que
es verdadero en él y en vosotros, porque las
tinieblas van pasando y la luz verdadera ya
está alumbrando. 9 El que dice que está en
la luz y odia a su hermano, está en tinieblas
todavía. 10 El que ama a su hermano permanece en la luz, y en él no hay tropiezo.
11 Pero el que odia a su hermano está en tinieblas y anda en tinieblas; y no sabe a dónde
va, porque las tinieblas le han cegado los
ojos.

La victoria del que conoce a Dios

12 Os escribo a vosotros, hijitos, porque
vuestros pecados han sido perdonados por
causa de su nombre.

13 Os escribo a vosotros, padres, porque
habéis conocido al que es desde el principio.

Os escribo a vosotros, jóvenes, porque habéis vencido al maligno.

Os he escrito a vosotros, niñitos, porque
habéis conocido al Padre.

14 Os he escrito a vosotros, padres, porque
habéis conocido al que es desde el principio.

Os he escrito a vosotros, jóvenes, porque
sois fuertes, y la palabra de Dios permanece
en vosotros, y habéis vencido al maligno.

15 No améis al mundo ni las cosas que están en el mundo. Si alguno ama al mundo,
el amor del Padre no está en él; 16 porque
todo lo que hay en el mundo —los deseos de
la carne, los deseos de los ojos y la soberbia
de la vida— no proviene del Padre sino del
mundo. 17 Y el mundo está pasando, y sus
deseos; pero el que hace la voluntad de Dios
permanece para siempre.

Los enemigos de Cristo

18 Hijitos, ya es la última hora; y como
oísteis que el anticristo había de venir, así
también ahora han surgido muchos anticris-
tos. Por esto sabemos que es la última hora.
19 Salieron de entre nosotros, pero no eran
de nosotros; porque si hubieran sido de nosotros, habrían permanecido con nosotros. Pero salieron, para que fuera evidente que no
todos eran de nosotros.

20 Pero vosotros tenéis la unción[b] de parte
del Santo y conocéis todas las cosas.[c] 21 No
os escribo porque desconozcáis la verdad, sino porque la conocéis y porque ninguna
mentira procede de la verdad. 22 ¿Quién es
mentiroso, sino el que niega que Jesús es el
Cristo? Este es el anticristo: el que niega al
Padre y al Hijo. 23 Todo aquel que niega al
Hijo tampoco tiene al Padre. El que confiesa
al Hijo tiene también al Padre. 24 Permanezca en vosotros lo que habéis oído desde el
principio. Si permanece en vosotros lo que
habéis oído desde el principio, también vosotros permaneceréis en el Hijo y en el Padre.
25 Y ésta es la promesa que él nos ha hecho:
la vida eterna.

26 Os he escrito esto acerca de los que os
engañan. 27 Y en cuanto a vosotros, la unción que habéis recibido de él permanece en
vosotros, y no tenéis necesidad de que alguien os enseñe. Pero, como la misma unción os enseña acerca de todas las cosas, y es
verdadera y no falsa, así como os enseñó, permaneced en él.

Los hijos de Dios

28 Ahora, hijitos, permaneced en él para
que, cuando aparezca, tengamos confianza y
no nos avergoncemos delante de él, en su
venida. 29 Si sabéis que él es justo, sabed
también que todo aquel que hace justicia es
nacido de él.

3 Mirad cuán grande amor nos ha dado el
Padre para que seamos llamados hijos de
Dios. ¡Y lo somos![d] Por esto el mundo no nos
conoce, porque no le conoció a él. 2 Amados, ahora somos hijos de Dios, y aún no se
ha manifestado lo que seremos. Pero sabemos que cuando él sea manifestado, seremos
semejantes a él, porque le veremos tal como
él es. 3 Y todo aquel que tiene esta esperanza en él, se purifica a sí mismo, como él también es puro.

4 Todo aquel que comete pecado también
infringe la ley, pues el pecado es infracción

[a] *7* Algunos mss. antiguos dicen *Hermanos*. [b] *20* Es decir, del Espíritu Santo, fuente de discernimiento; comp. v. 27 y Juan 14:26 [c] *20* Algunos mss. dicen *y lo conocéis todo*. [d] *1* Algunos mss. antiguos no incluyen *Y lo somos*.

de la ley. **5** Y sabéis que él fue manifestado para quitar los pecados[a] y que en él no hay pecado. **6** Todo aquel que permanece en él no continúa pecando. Todo aquel que sigue pecando no le ha visto ni le ha conocido.

7 Hijitos, nadie os engañe. El que practica justicia es justo, como él es justo. **8** El que practica el pecado es del diablo, porque el diablo peca desde el principio. Para esto fue manifestado el Hijo de Dios: para deshacer las obras del diablo. **9** Todo aquel que ha nacido de Dios no practica el pecado, porque la simiente de Dios permanece en él, y no puede seguir pecando, porque ha nacido de Dios. **10** En esto se revelan los hijos de Dios y los hijos del diablo: Todo aquel que no practica justicia no es de Dios, ni tampoco el que no ama a su hermano.

El amor mutuo

11 Porque éste es el mensaje que habéis oído desde el principio: que nos amemos los unos a los otros. **12** No como Caín, que era del maligno y mató a su hermano.[b] ¿Y por qué causa lo mató? Porque sus obras eran malas, y las de su hermano eran justas. **13** Y no os maravilléis, hermanos, si el mundo os aborrece. **14** Nosotros sabemos que hemos pasado de muerte a vida, porque amamos a los hermanos. El que no ama[c] permanece en muerte. **15** Todo aquel que odia a su hermano es homicida, y sabéis que ningún homicida tiene vida eterna permaneciendo en él. **16** En esto hemos conocido el amor: en que él puso su vida por nosotros. También nosotros debemos poner nuestras vidas por los hermanos. **17** Pero el que tiene bienes de este mundo y ve que su hermano padece necesidad y le cierra su corazón, ¿cómo morará el amor de Dios en él? **18** Hijitos, no amemos de palabra ni de lengua, sino de hecho y de verdad.

Confianza delante de Dios

19 En esto sabremos que somos de la verdad y tendremos nuestros corazones confiados delante de él; **20** en caso de que nuestro corazón nos reprenda, mayor es Dios que nuestro corazón, y él conoce todas las cosas. **21** Amados, si nuestro[d] corazón no nos[e] reprende, tenemos confianza delante de Dios; **22** y cualquier cosa que pidamos, la recibiremos de él, porque guardamos sus mandamientos y hacemos las cosas que son agradables delante de él. **23** Y éste es su mandamiento: que creamos en el nombre de su Hijo Jesucristo y que nos amemos unos a otros, como él nos ha mandado. **24** Y el que guarda sus mandamientos permanece en Dios, y Dios en él. Y por esto sabemos que él permanece en nosotros: por el Espíritu que nos ha dado.

Discerniendo los espíritus

4 Amados, no creáis a todo espíritu, sino probad los espíritus, si son de Dios. Porque muchos falsos profetas han salido al mundo. **2** En esto conoced[f] el Espíritu de Dios: Todo espíritu que confiesa que Jesucristo ha venido en carne procede de Dios, **3** y todo espíritu que no confiesa a Jesús[g] no procede de Dios. Este es el espíritu del anticristo, del cual habéis oído que había de venir y que ahora ya está en el mundo. **4** Hijitos, vosotros sois de Dios, y los habéis vencido,[h] porque el que está en vosotros es mayor que el que está en el mundo. **5** Ellos son del mundo; por eso, lo que hablan es del mundo, y el mundo los oye. **6** Nosotros somos de Dios, y el que conoce a Dios nos oye; y el que no es de Dios no nos oye. En esto conocemos el Espíritu de verdad y el espíritu de error.

Dios es amor

7 Amados, amémonos unos a otros, porque el amor es de Dios. Y todo aquel que ama ha nacido de Dios y conoce a Dios. **8** El que no ama no ha conocido a Dios, porque Dios es amor. **9** En esto se mostró el amor de Dios para con nosotros: en que Dios envió a su Hijo unigénito[i] al mundo para que vivamos por él. **10** En esto consiste el amor: no en que nosotros hayamos amado a Dios, sino en que él nos amó a nosotros y envió a su Hijo en expiación por nuestros pecados.

11 Amados, ya que Dios nos amó así, también nosotros debemos amarnos unos a otros. **12** Nadie ha visto a Dios jamás. Si nos amamos unos a otros, Dios permanece en nosotros, y su amor se ha perfeccionado en nosotros. **13** En esto sabemos que permanecemos en él y él en nosotros: en que nos ha dado de su Espíritu. **14** Y nosotros hemos visto y testificamos que el Padre ha enviado al Hijo como Salvador del mundo. **15** El que confiesa que Jesús es el Hijo de Dios, Dios permanece en él, y él en Dios. **16** Y nosotros

[a] 5 Algunos mss. antiguos dicen *nuestros pecados*. [b] 12 Ver Gén. 4:2 ss. [c] 14 Algunos mss. antiguos incluyen *a sus hermanos*. [d] 21 Algunos mss. antiguos no incluyen *nuestro*. [e] 21 Algunos mss. antiguos omiten *nos*. [f] 2 Otra trad., *conocéis* [g] 3 Algunos mss. antiguos incluyen *Cristo* o *Señor*; algunos incluyen también la frase *ha venido en la carne*. [h] 4 Es decir, a las fuerzas del mal [i] 9 Otra trad., *único* en el sentido de *único en su género*

hemos conocido y creído el amor que Dios
tiene para con nosotros.
Dios es amor. Y el que permanece en el
amor permanece en Dios, y Dios permanece
en él. 17 En esto se ha perfeccionado el
amor entre nosotros, para que tengamos
confianza en el día del juicio: en que como él
es, así somos nosotros en este mundo.
18 En el amor no hay temor, sino que el perfecto amor echa fuera el temor. Porque el
temor conlleva castigo, y el que teme no ha
sido perfeccionado en el amor. 19 Nosotros
amamos,[a] porque él nos amó primero.
20 Si alguien dice: "Yo amo a Dios" y odia a
su hermano, es mentiroso. Porque el que no
ama a su hermano a quien ha visto, no puede
amar[b] a Dios a quien no ha visto. 21 Y tenemos este mandamiento de parte de él: El que
ama a Dios ame también a su hermano.

La fe victoriosa en Dios

5 Todo aquel que cree que Jesús es el Cristo es nacido de Dios, y todo aquel que
ama al que engendró ama también al que es
nacido de él. 2 En esto sabemos que amamos a los hijos de Dios, cuando amamos a
Dios y guardamos[c] sus mandamientos.
3 Pues éste es el amor de Dios: que guarde-
mos sus mandamientos. Y sus mandamientos no son gravosos. 4 Porque todo lo que ha
nacido de Dios vence al mundo; y ésta es la
victoria que ha vencido al mundo: nuestra fe.
5 ¿Quién es el que vence al mundo, sino el
que cree que Jesús es el Hijo de Dios?

Testigos del Hijo de Dios

6 Este es Jesucristo, el que vino por agua
y sangre;[d] no por agua solamente, sino por
agua y sangre. Y el Espíritu es el que da testimonio, porque el Espíritu es la verdad.
7 Porque tres son los que dan testimonio:[e]
8 el Espíritu, el agua y la sangre; y estos tres
concuerdan en uno. 9 Si recibimos el testimonio de los hombres, el testimonio de Dios
es mayor; porque éste es el testimonio de
Dios: que él ha dado testimonio acerca de su
Hijo. 10 El que cree en el Hijo de Dios tiene
el testimonio en sí mismo; el que no cree a
Dios le ha hecho mentiroso, porque no ha
creído en el testimonio que Dios ha dado
acerca de su Hijo. 11 Y éste es el testimonio:
que Dios nos ha dado vida eterna, y esta vida
está en su Hijo. 12 El que tiene al Hijo tiene
la vida; el que no tiene al Hijo de Dios no
tiene la vida.

Conclusión

13 Estas cosas os he escrito a vosotros que
creéis en el nombre del Hijo de Dios, para que
sepáis que tenéis vida eterna.[f] 14 Y ésta es
la confianza que tenemos delante de él: que
si pedimos algo conforme a su voluntad, él
nos oye. 15 Y si sabemos que él nos oye en
cualquier cosa que pidamos, sabemos que tenemos las peticiones que le hayamos hecho.
16 Si alguno ve que su hermano comete
pecado que no es de muerte, pedirá, y se le
dará vida; digo, a los que no pecan de muerte.
Hay pecado de muerte, acerca del cual no
digo que se pida. 17 Toda maldad[g] es pecado, pero hay pecado que no es de muerte.
18 Sabemos que todo aquel que ha nacido
de Dios no sigue pecando; más bien, Aquel
que fue engendrado de Dios le guarda,[h] y el
maligno no le toca. 19 Sabemos que somos
de Dios y que el mundo entero está bajo el
maligno. 20 No obstante, sabemos que el
Hijo de Dios está presente y nos ha dado entendimiento para conocer al que es verdadero;[i] y estamos en el verdadero, en su Hijo
Jesucristo. Este es el verdadero Dios y la vida
eterna. 21 Hijitos, guardaos de los ídolos.[j]

[a]*19* Algunos mss. dicen *le amamos*; otros dicen *amamos a Dios*. [b]*20* Algunos mss. antiguos dicen *¿cómo puede amar . . . visto?* [c]*2* Algunos mss. antiguos dicen *hacemos*. [d]*6* Algunos mss. varían la frase *por agua y sangre* para decir *por agua y el Espíritu;* o, *por agua y sangre y el Espíritu*. [e]*7* Los mss. antiguos no incluyen la ampliación de vv. 7 y 8 para decir: *[7] Porque tres son los que dan testimonio en el cielo: el Padre, el Verbo, y el Espíritu Santo; y estos tres son uno. [8] Y tres son los que dan testimonio en la tierra: el Espíritu, y el agua, y la sangre; y estos tres concuerdan en uno*. De ninguna manera depende sólo de estos vv. la autenticidad de la doctrina de la Trinidad; comp. estos pasajes: Mat. 28:19; Luc. 3:22; Juan 3:34, 35; 14:16, 26; 15:26; 16:7, 13-15; Hech. 1:2-5; 2 Tes. 2:13-16; 1 Ped. 1:2; Apoc. 4:8. [f]*13* Algunos mss. antiguos añaden *y para que creáis en el nombre del Hijo de Dios*; comp. Juan 20:31. [g]*17* Lit., *injusticia* [h]*18* Algunos mss. antiguos dicen *se guarda a sí mismo*. [i]*20* Algunos mss. antiguos dicen *lo verdadero*; otros, *al Dios verdadero*. [j]*21* Algunos mss. antiguos agregan *Amén*.

La Segunda Epístola
del Apóstol Pedro

2 Juan

1 El anciano a la señora elegida[a] y a sus
hijos, a quienes yo amo en verdad —y no sólo
yo, sino también todos los que han conocido
la verdad— 2 a causa de la verdad que permanece en nosotros y que estará con nosotros para siempre: 3 La gracia, la misericordia y la paz de parte de Dios Padre y de Jesucristo,[b] el Hijo del Padre, estarán con
nosotros[c] en verdad y amor.

4 Me alegré mucho al hallar de entre tus
hijos quienes andan en la verdad, conforme
al mandamiento que hemos recibido del Padre. 5 Y ahora te ruego, señora, no como si
te escribiera un nuevo mandamiento, sino el
mismo que teníamos desde el principio: que
nos amemos unos a otros. 6 Y éste es el
amor: que andemos según sus mandamientos. Este es el mandamiento en que habéis de
andar, como habéis oído desde el principio.
7 Porque muchos engañadores han salido
al mundo, quienes no confiesan que Jesucristo ha venido en la carne. Tal persona es el
engañador y el anticristo. 8 Mirad por vosotros mismos para que no perdáis[d] las cosas
en que hemos trabajado,[e] sino que recibáis[f]
abundante recompensa. 9 Todo el que se extravía y no permanece en la doctrina de Cristo no tiene a Dios. El que permanece en la
doctrina,[g] éste tiene al Padre y también al
Hijo. 10 Si alguien va a vosotros y no lleva
esta doctrina, no le recibáis en casa, ni le
digáis: "¡Bienvenido!" 11 Porque el que le da
la bienvenida participa de sus malas obras.

12 Aunque tengo muchas cosas que escribiros, no he querido comunicarlas por medio
de papel y tinta. Más bien, espero estar con
vosotros y hablar cara a cara, para que nuestro gozo sea completo.

13 Los hijos de tu hermana elegida te saludan.[h]

La Tercera Epístola
del Apóstol Juan

3 Juan

1 El anciano al muy amado Gayo, a quien
amo en verdad.

2 Amado, mi oración es que seas prospera-
do en todas las cosas y que tengas salud, así
como prospera tu alma. 3 Pues me gocé
mucho cuando venían hermanos y daban testimonio de tu verdad, es decir, de cómo andas
en la verdad. 4 No tengo mayor gozo que el
de oír que mis hijos andan en la verdad.

5 Amado, fielmente procedes en todo lo
que haces a favor de los hermanos, y más aún
cuando son forasteros. 6 En presencia de la
iglesia, ellos han dado testimonio de tu amor.
Si los encaminas como es digno de Dios, harás bien; 7 porque partieron por amor del
Nombre,[i] sin tomar nada de los gentiles.
8 Por lo tanto, nosotros debemos sostener a
los tales, para que seamos colaboradores en
la verdad.

9 He escrito[j] a la iglesia; pero Diótrefes,
quien ambiciona ser el primero entre ellos,
no nos admite. 10 Por esta causa, si voy allá,
haré recordar las obras que hace y cómo nos
denigra con palabras maliciosas. No satisfe-
cho con esto, él mismo no admite a los hermanos; además, impide a los que los quieren
recibir y los expulsa de la iglesia.

11 Amado, no imites lo que es malo, sino
lo que es bueno. El que hace lo bueno procede de Dios, pero el que hace lo malo no ha
visto a Dios.

12 Se ha dado buen testimonio acerca de
Demetrio de parte de todos y aun por la misma verdad. También nosotros damos testimonio, y sabéis que nuestro testimonio es
veraz.

13 Tenía muchas cosas que escribirte, pero

[a] *1* Algunos traducen *señora* o *elegida* como nombre propio. [b] *3* Algunos mss. antiguos dicen *del Señor Jesucristo*. [c] *3* Algunos mss., uno antiguo, tienen *con vosotros*. [d] *8* Algunos mss. antiguos dicen *no perdamos*. [e] *8* Algunos mss. antiguos dicen *habéis trabajado*. [f] *8* Algunos mss. antiguos dicen *recibamos*. [g] *9* Algunos mss. antiguos tienen *la doctrina de Cristo*. [h] *13* Algunos mss. antiguos añaden *Amén*; otros, *La gracia sea con vosotros. Amén*. [i] *7* Comp. Sal. 23:3 [j] *9* Algunos mss. antiguos tienen *He escrito algo*.

no quiero hacerlo por medio de tinta y pluma. 14 Más bien, espero verte dentro de poco, y hablaremos cara a cara.
15 La paz sea contigo. Los amigos te saludan. Saluda tú a los amigos, a cada uno por
nombre.

La Epístola de

Judas

1 Judas,[a] siervo de Jesucristo y hermano
de Santiago;[b] a los llamados, amados[c] en
Dios Padre y guardados en Jesucristo: 2 Misericordia, paz y amor os sean multiplicados.

Condenación de los falsos maestros[d]

3 Amados, mientras me esforzaba por escribiros acerca de nuestra común salvación,
me ha sido necesario escribir para exhortaros
a que contendáis eficazmente[e] por la fe que
fue entregada una vez a los santos. 4 Porque
algunos hombres han entrado encubierta-
mente, los cuales desde antiguo habían sido
destinados para esta condenación. Ellos son
hombres impíos, que convierten la gracia de
nuestro Dios en libertinaje y niegan al único
Soberano[f] y Señor nuestro, Jesucristo.
5 Ahora bien, quiero haceros recordar, ya
que todo lo habéis sabido, que el Señor,[g] al
librar al pueblo una vez[h] de la tierra de Egipto, después destruyó a los que no creyeron.[i]
6 También a los ángeles que no guardaron su
primer estado sino que abandonaron su propia morada, los ha reservado bajo tinieblas en
prisiones eternas para el juicio del gran día.
7 Asimismo, Sodoma, Gomorra y las ciudades
vecinas, que de la misma manera fornicaron
y fueron tras vicios contra lo natural,[j] son
puestas por ejemplo, sufriendo la pena del
fuego eterno.[k]
8 De la misma manera, también estos so-
ñadores mancillan la carne, rechazan toda
autoridad y maldicen las potestades superiores.[l] 9 Pero ni aun el arcángel Miguel,
cuando contendía disputando con el diablo
sobre el cuerpo de Moisés, se atrevió a pro-
nunciar un juicio de maldición contra él, sino que dijo: "El Señor te reprenda."[m] 10 Pero éstos maldicen lo que no conocen; y en lo
que por instinto comprenden, se corrompen
como animales irracionales.
11 ¡Ay de ellos! Porque han seguido el camino de Caín;[n] por recompensa se lanzaron
en el error de Balaam[o] y perecieron en la
insurrección de Coré.[p] 12 Estos que participan en vuestras comidas fraternales son
manchas, apacentándose a sí mismos sin temor alguno. Son nubes sin agua, llevadas de
acá para allá por los vientos. Son árboles
marchitos como en otoño, sin fruto, dos veces muertos y desarraigados. 13 Son fieras
olas del mar que arrojan la espuma de sus
propias abominaciones. Son estrellas errantes para las cuales está reservada para siempre la profunda oscuridad de las tinieblas.
14 Acerca de los mismos también profetizó
Enoc, séptimo después de Adán, diciendo:
"He aquí, el Señor vino entre sus santos millares 15 para hacer juicio contra todos y
declarar convicta a toda persona respecto a
todas sus obras de impiedad que ellos han
hecho impíamente y respecto a todas las duras palabras que los pecadores impíos han
hablado contra él."[q] 16 Estos se quejan de
todo y todo lo critican, andando según sus
propios malos deseos. Su boca habla arrogan-
cias, adulando a las personas para sacar provecho.

Amonestaciones y exhortaciones

17 Pero vosotros, amados, acordaos de las
palabras que antes han sido dichas por los
apóstoles de nuestro Señor Jesucristo,
18 porque ellos os decían: "En los últimos
tiempos habrá burladores que andarán según
sus propias pasiones, como impíos que son."
19 Estos son los que causan divisiones. Son
sensuales y no tienen al Espíritu. 20 Pero

[a] *1* Ver Mat. 13:55; Hech. 1:14 [b] *1* Lit., *Jacobo*; comp. Stg. 1:1; Hech. 12:17; 15:13 [c] *1* Algunos mss. antiguos dicen *santificados*. [d] *3t* Ver 2 Ped. 2:1-17 [e] *3* O: *defendáis inteligentemente* [f] *4* Algunos mss. antiguos incluyen *Dios*. [g] *5* Algunos mss. antiguos agregan *Jesús*; otros dicen *Dios*. [h] *5* Algunos mss. ponen la expresión *de una vez* antes de *el Señor*. [i] *5* Ver Núm. 14:29, 37 [j] *7* Lit., *salieron en pos de otras carnes*; otra trad., *prefirieron las uniones contra la naturaleza* [k] *7* Ver Gén. 19:24 ss. [l] *8* Lit., *las glorias*; o sea, *los seres gloriosos* [m] *9* Se refiere a una tradición del judaísmo ("Asunción de Moisés") en que Miguel y el diablo contendían por el cuerpo de Moisés. [n] *11* Ver Gén. 4:8 [o] *11* Ver Núm. 22—24; 31:16; Apoc. 2:14 [p] *11* Ver Núm. 16:1-3, 32, 33
[q] *15* Aunque Enoc se menciona en Gén. 5:21-24, la cita proviene de literatura extracanónica del judaísmo (1 Enoc 1:9).

vosotros, oh amados, edificándoos sobre
vuestra santísima fe y orando en el Espíritu
Santo, 21 conservaos en el amor de Dios,
aguardando con esperanza la misericordia de
nuestro Señor Jesucristo para vida eterna.
22 De algunos que vacilan tened misericordia;[a] 23 a otros haced salvos, arrebatándo-
los del fuego; y a otros tenedles misericordia,
pero con cautela, odiando hasta la ropa con-
taminada por su carne.

Doxología

24 Y a aquel que es poderoso para guarda-
ros sin caída y para presentaros irreprensibles delante de su gloria con grande alegría;
25 al único Dios,[b] nuestro Salvador por medio de Jesucristo nuestro Señor, sea la gloria,
la majestad, el dominio y la autoridad desde
antes de todos los siglos, ahora y por todos los
siglos. Amén.

La Revelación de Jesucristo a Juan

Apocalipsis

La revelación de Jesucristo

1 La revelación de Jesucristo, que Dios le
dio para mostrar a sus siervos las cosas
que deben suceder pronto; y que dio a conocer[c] enviándola por medio de su ángel a su
siervo Juan, 2 quien ha dado testimonio de
la palabra de Dios y del testimonio de Jesucristo, de todo lo que ha visto. 3 Bienaventurado el que lee y los que oyen las palabras
de esta profecía, y guardan las cosas escritas
en ella, porque el tiempo está cerca.

Saludo a las siete iglesias de Asia

4 Juan, a las siete iglesias que están en Asia:
Gracia a vosotros y paz de parte del que es y
que era y que ha de venir, y de parte de los
siete Espíritus[d] que están delante de su trono, 5 y de parte de Jesucristo, el testigo fiel,
el primogénito de entre los muertos y el soberano de los reyes de la tierra.

Al que nos ama y nos libró[e] de nuestros
pecados con su sangre, 6 y nos constituyó
en un reino, sacerdotes para Dios su Padre;
a él sea la gloria y el dominio para siempre
jamás. Amén.

7 He aquí que viene con las nubes, y todo
ojo le verá: aun los que le traspasaron. Todas
las tribus de la tierra harán lamentación por
él.[f] ¡Sí, amén!

8 "Yo soy el Alfa y la Omega",[g] dice el Señor Dios,[h] "el que es, y que era y que ha de
venir, el Todopoderoso."

Juan ve al Hijo del Hombre en visión

9 Yo Juan, vuestro hermano y copartícipe
en la tribulación y en el reino y en la perseverancia en Jesús,[i] estaba en la isla llamada
Patmos por causa de la palabra de Dios y del
testimonio de Jesús.[j] 10 Yo estaba en el Espíritu en el día del Señor y oí detrás de mí una
gran voz como de trompeta, 11 que decía:[k]
"Escribe en un libro lo que ves, y envíalo a las
siete iglesias:[l] a Efeso, a Esmirna, a Pérga-
mo, a Tiatira, a Sardis, a Filadelfia y a Laodicea."

12 Di vuelta para ver la voz que hablaba
conmigo. Y habiéndome vuelto, vi siete candeleros de oro, 13 y en medio de los candeleros vi a uno semejante al Hijo del Hombre,[m]
vestido con una vestidura que le llegaba hasta
los pies y tenía el pecho ceñido con un cinto
de oro. 14 Su cabeza y sus cabellos eran
blancos como la lana blanca, como la nieve,
y sus ojos eran como llama de fuego. 15 Sus
pies eran semejantes al bronce bruñido, ardiente como en un horno.[n] Su voz era como
el estruendo de muchas aguas. 16 Tenía en
su mano derecha siete estrellas, y de su boca
salía una espada aguda de dos filos. Su rostro
era como el sol cuando resplandece en su
fuerza.

17 Cuando le vi, caí como muerto a sus
pies. Y puso sobre mí su mano derecha y me
dijo: "No temas. Yo soy el primero y el último, 18 el que vive. Estuve muerto, y he aquí
que vivo por los siglos de los siglos.[o] Y tengo

[a] *22* El texto griego es difícil en varios puntos de los vv. 22 y 23.
[b] *25* Algunos mss. antiguos tienen *al solo y sabio Dios*.
[c] *1* Lit., *señaló*; otra trad., *declaró en símbolos*
[d] *4* Ver Isa. 11:2
[e] *5* Algunos mss. tardíos dicen *nos lavó*.
[f] *7* Ver Dan. 7:13, 14; Zac. 12:10-12; Mat. 24:30; Mar. 13:26; Luc. 21:27; Juan 19:34, 37
[g] *8* Primera y última letras del alfabeto griego; algunos mss. antiguos incluyen *el principio y el fin*; comp. 21:6.
[h] *8* Algunos mss. tardíos no incluyen *Dios*.
[i] *9* Algunos mss. antiguos dicen *Jesucristo*.
[j] *9* Algunos mss. antiguos incluyen *Cristo*.
[k] *11* Algunos mss. tardíos incluyen *Yo soy el Alfa y la Omega, el Primero y el Ultimo. Escribe . . .*
[l] *11* Algunos mss. tardíos incluyen *que están en Asia*.
[m] *13* Ver 14:14; comp. Dan. 7:13
[n] *15* Algunos mss. antiguos dicen *como en un horno ardiente*; otros, *ardientes como en un horno*.
[o] *18* Algunos mss. antiguos incluyen *Amén*.

las llaves de la muerte y del Hades.[a] 19 Así
que, escribe las cosas que has visto, y las que
son, y las que han de ser después de éstas.
20 En cuanto al misterio de las siete estrellas
que has visto en mi mano derecha, y de los
siete candeleros de oro: Las siete estrellas son
los ángeles de las siete iglesias, y los siete
candeleros[b] son las siete iglesias.

Mensaje para la iglesia en Efeso

2 "Escribe al ángel[c] de la iglesia en Efeso:
El que tiene las siete estrellas en su mano derecha, el que camina en medio de los
siete candeleros de oro, dice estas cosas:
2 Yo conozco tus obras, tu arduo trabajo y tu
perseverancia; que no puedes soportar a los
malos, que has puesto a prueba a los que
dicen ser apóstoles y no lo son, y que los has
hallado mentirosos. 3 Además, sé que tienes
perseverancia, que has sufrido por causa de
mi nombre y que no has desfallecido.[d]
4 "Sin embargo, tengo contra ti que has
dejado tu primer amor. 5 Recuerda, por
tanto, de dónde has caído. ¡Arrepiéntete! Y
haz las primeras obras. De lo contrario, yo
vendré pronto a ti y quitaré tu candelero de
su lugar, si no te arrepientes.
6 "Pero tienes esto: que aborreces los hechos de los nicolaítas, que yo también aborrezco.
7 "El que tiene oído, oiga lo que el Espíritu
dice a las iglesias. Al que venza le daré de
comer del árbol de la vida que está en medio
del paraíso de Dios.

Mensaje para la iglesia en Esmirna

8 "Escribe al ángel[c] de la iglesia en Esmirna: El primero y el último, el que estuvo
muerto y vivió, dice estas cosas: 9 Yo conozco[e] tu tribulación y tu pobreza —aunque
eres rico—, y la blasfemia de los que dicen
ser judíos y no lo son; más bien, son sinagoga
de Satanás. 10 No tengas ningún temor de
las cosas que has de padecer. He aquí, el diablo va a echar a algunos de vosotros en la
cárcel para que seáis probados, y tendréis tribulación por diez días. Sé fiel hasta la muerte, y yo te daré la corona de la vida.
11 "El que tiene oído, oiga lo que el Espíritu dice a las iglesias. El que venza, jamás
recibirá daño de la muerte segunda.

Mensaje para la iglesia en Pérgamo

12 "Escribe al ángel[c] de la iglesia en Pérga-
mo: El que tiene la espada aguda de dos filos
dice estas cosas: 13 Yo conozco[e] dónde ha-
bitas: donde está el trono de Satanás. Y retie-
nes mi nombre y no has negado mi fe, aun
en los días de Antipas, mi testigo fiel,[f] quien
fue muerto entre vosotros, donde mora Satanás.
14 "Sin embargo, tengo unas pocas cosas
contra ti: que tienes allí a algunos que se
adhieren a la doctrina de Balaam,[g] que enseñaba a Balac a poner tropiezo delante de los
hijos de Israel, a comer de lo sacrificado a los
ídolos y a cometer inmoralidad sexual.
15 Asimismo, tú también tienes a los que se
adhieren a la doctrina de los nicolaítas.[h]
16 Por tanto, ¡arrepiéntete! Pues de lo contrario vendré pronto a ti y pelearé contra ellos
con la espada de mi boca.
17 "El que tiene oído, oiga lo que el Espíritu dice a las iglesias. Al que venza le daré de
comer del maná escondido, y le daré una piedrecita blanca y en la piedrecita un nombre
nuevo escrito, que nadie conoce sino el que
lo recibe.

Mensaje para la iglesia en Tiatira

18 "Escribe al ángel[c] de la iglesia en Tiatira: El Hijo de Dios, que tiene sus ojos como
llama de fuego y sus pies semejantes al bronce bruñido, dice estas cosas: 19 Yo conozco
tus obras, tu amor, tu fidelidad, tu servicio y
tu perseverancia; y que tus últimas obras son
mejores que las primeras.
20 "Sin embargo, tengo contra ti que tole-
ras a la mujer Jezabel, que dice ser profetisa,
y enseña y seduce a mis siervos a cometer
inmoralidad sexual y a comer lo sacrificado a
los ídolos. 21 Le he dado tiempo para que se
arrepienta, y no quiere arrepentirse de su inmoralidad. 22 He aquí, yo la echo en cama,
y a los que con ella adulteran, en muy grande
tribulación, a menos que se arrepientan de
las obras de ella. 23 Y a sus hijos mataré con
penosa muerte, y todas las iglesias sabrán
que yo soy el que escudriño la mente y el
corazón. Y os daré a cada uno de vosotros
conforme a vuestras obras.
24 "Pero a los demás en Tiatira, a cuantos
no tienen esta doctrina, quienes no han conocido las cosas profundas de Satanás (como
las llaman), os digo: No os impongo ninguna

[a] *18* O sea, la morada de los muertos. [b] *20* Algunos mss. antiguos incluyen *que has visto.* [c] *1,8,12,18* Otra trad., *mensajero* [d] *3* Algunos mss. tienen *Sé que has sufrido, que tienes perseverancia y que por causa de mi nombre has trabajado sin desfallecer.* [e] *9,13* Algunos mss. antiguos tienen *conozco tus obras y . . .* [f] *13* Algunos mss. antiguos dicen *los días en que Antipas fue mi testigo fiel.* [g] *14* Ver Núm. 22:21-24, 28; 31:16 [h] *15* Algunos mss. antiguos incluyen *la cual yo aborrezco.*

carga más. 25 Solamente aferraos a lo que
tenéis, hasta que yo venga. 26 Al que venza
y guarde mis obras hasta el fin, yo le daré
autoridad sobre las naciones, 27 —él las
guiará con cetro de hierro; como vaso de alfarero son quebradas—,[a] así como yo también
he recibido de mi Padre. 28 Además, yo le
daré la estrella de la mañana.
29 "El que tiene oído, oiga lo que el Espíritu dice a las iglesias.

Mensaje para la iglesia en Sardis

3 "Escribe al ángel[b] de la iglesia en Sardis:
El que tiene los siete Espíritus de Dios y
las siete estrellas dice estas cosas: Yo conozco
tus obras, que tienes nombre de que vives,
pero estás muerto. 2 Sé vigilante[c] y refuer-
za las cosas que quedan y están a punto de
morir, porque no he hallado que tus obras
hayan sido acabadas delante de Dios.
3 Acuérdate, pues, de lo que has recibido y
oído. Guárdalo y arrepiéntete. Si no eres vigilante,[d] vendré como ladrón;[e] nunca sabrás
a qué hora vendré a ti.
4 "Sin embargo, tienes unas pocas personas[f] en Sardis que no han manchado sus
vestidos y que andarán conmigo en vestiduras blancas, porque son dignas. 5 De esta
manera, el que venza será vestido con vestidura blanca; y nunca borraré su nombre del
libro de la vida, y confesaré su nombre delante de mi Padre y delante de sus ángeles.
6 "El que tiene oído, oiga lo que el Espíritu
dice a las iglesias.

Mensaje para la iglesia en Filadelfia

7 "Escribe al ángel[b] de la iglesia en Filadelfia: El Santo y Verdadero, el que tiene la llave
de David, el que abre y nadie cierra, y cierra
y nadie abre,[g] dice estas cosas: 8 Yo conozco tus obras. He aquí, he puesto delante de
ti una puerta abierta, la cual nadie puede cerrar; porque tienes un poco de poder y has
guardado mi palabra y no has negado mi
nombre. 9 He aquí, yo te daré algunos de la
sinagoga de Satanás, de los que dicen ser judíos y no lo son, sino que mienten. He aquí,
yo haré que lleguen y se postren delante de
tus pies, y conocerán que yo te he amado.
10 Porque guardaste la palabra de mi paciencia, yo también te guardaré a la hora de la
prueba que ha de venir sobre todo el mundo
habitado, para probar a los moradores de la
tierra.
11 "Yo vengo[h] pronto. Retén lo que tienes
para que nadie tome tu corona. 12 Al que
venza, yo le haré columna en el templo de mi
Dios, y nunca jamás saldrá fuera. Y escribiré
sobre él el nombre de mi Dios, y el nombre
de la ciudad de mi Dios —la nueva Jerusalén
que desciende del cielo, enviada por mi
Dios— y mi nombre nuevo.
13 "El que tiene oído, oiga lo que el Espíritu dice a las iglesias.

Mensaje para la iglesia en Laodicea

14 "Escribe al ángel[b] de la iglesia en Laodicea: El Amén, el testigo fiel y verdadero, el
origen de la creación de Dios, dice estas cosas: 15 Yo conozco tus obras, que ni eres
frío ni caliente. ¡Ojalá fueras frío o caliente!
16 Así, porque eres tibio, y no frío ni caliente,
estoy por vomitarte de mi boca. 17 Ya que
tú dices: 'Soy rico; me he enriquecido y no
tengo ninguna necesidad', y no sabes que tú
eres desgraciado, miserable, pobre, ciego y
desnudo, 18 yo te aconsejo que de mí com-
pres oro refinado por el fuego para que te
hagas rico, y vestiduras blancas para que te
vistas y no se descubra la vergüenza de tu
desnudez, y colirio para ungir tus ojos para
que veas.
19 "Yo reprendo y disciplino[i] a todos los
que amo.[j] Sé, pues, celoso y arrepiéntete.
20 He aquí, yo estoy a la puerta y llamo; si
alguno oye mi voz y abre la puerta, entraré
a él y cenaré con él, y él conmigo. 21 Al que
venza, yo le daré que se siente conmigo en mi
trono; así como yo también he vencido y me
he sentado con mi Padre en su trono.
22 "El que tiene oído, oiga lo que el Espíritu dice a las iglesias."

La adoración alrededor del trono

4 Después de esto miré, y he aquí una
puerta abierta en el cielo. La primera voz
que oí era como de trompeta que hablaba
conmigo diciendo: "¡Sube acá, y te mostraré
las cosas que han de acontecer después de
éstas!"
2 De inmediato estuve en el Espíritu;[k] y he
aquí un trono estaba puesto en el cielo, y
sobre el trono uno sentado. 3 Y el que estaba
sentado era semejante a una piedra de jaspe
y de cornalina, y alrededor del trono había un
arco iris semejante al aspecto de la esmeralda. 4 También alrededor del trono había
veinticuatro tronos, y sobre los tronos vi a

[a] *27* Ver Sal. 2:8, 9 [b] *1,7,14* Otra trad., *mensajero* [c] *2* Otra trad., *Despierta* [d] *3* Otra trad., *Si no te despiertas* [e] *3* Algunos mss., uno antiguo, incluyen *a ti.* [f] *4* Lit., *unos pocos nombres* [g] *7* Ver Isa. 22:22; Job 12:14 [h] *11* Algunos mss. antiguos tienen *He aquí yo vengo.* [i] *19* O: *corrijo* [j] *19* Ver. Heb. 12:7, 8 [k] *2* Otra trad., *en espíritu*

veinticuatro ancianos sentados, vestidos de
vestiduras blancas, con coronas de oro sobre
sus cabezas.
5 Del trono salen relámpagos y truenos y
voces. Y delante del trono arden siete antorchas de fuego, las cuales son los siete Espíritus de Dios. 6 Y delante del trono hay como
un mar de vidrio, semejante al cristal.

Junto al trono, y alrededor del mismo, hay
cuatro seres vivientes llenos de ojos por delante y por detrás. 7 El primer ser viviente
es semejante a un león, y el segundo ser viviente es semejante a un becerro, y el tercer
ser viviente tiene cara como de hombre, y el
cuarto ser viviente es semejante a un águila
volando. 8 Y cada uno de los cuatro seres
vivientes tiene seis alas, y alrededor y por
dentro están llenos de ojos. Ni de día ni de
noche cesan de decir:

"¡Santo, Santo, Santo
es el Señor Dios Todopoderoso,
que era y que es y que ha de venir!"[a]

9 Y cada vez que los seres vivientes dan[b]
gloria, honra y alabanza al que está sentado
en el trono y que vive por los siglos de los
siglos, 10 los veinticuatro ancianos se pos-
tran[b] delante del que está sentado en el trono y adoran[b] al que vive por los siglos de los
siglos; y echan[b] sus coronas delante del trono, diciendo:

11 "Digno eres tú,
oh Señor y Dios nuestro,[c]
de recibir la gloria,
la honra y el poder;
porque tú has creado
todas las cosas,
y por tu voluntad tienen ser
y fueron creadas."

El Cordero abre el libro

5 Vi en la mano derecha del que estaba
sentado sobre el trono, un libro[d] escrito
por dentro y por fuera, sellado con siete sellos. 2 También vi a un ángel poderoso que
proclamaba a gran voz: "¿Quién es digno de
abrir el libro y de desatar sus sellos?" 3 Pero
ninguno, ni en el cielo ni en la tierra ni debajo de la tierra, podía abrir el libro; ni siquiera
mirarlo. 4 Y yo lloraba mucho, porque ninguno fue hallado digno de abrir el libro;[e] ni
siquiera de mirarlo. 5 Y uno de los ancianos
me dijo: "No llores. He aquí el León de la
tribu de Judá, la Raíz de David, ha vencido
para abrir el libro y sus siete sellos."
6 Y en medio del trono y de los cuatro seres
vivientes y de los ancianos vi[f] un Cordero de
pie, como inmolado. Tenía siete cuernos y
siete ojos, que son los siete Espíritus de Dios
enviados a toda la tierra. 7 El fue y tomó el
libro de la mano derecha del que estaba sentado en el trono. 8 Cuando tomó el libro, los
cuatro seres vivientes y los veinticuatro ancianos se postraron delante del Cordero. Cada uno tenía un arpa y copas de oro llenas de
incienso, que son las oraciones de los santos.
9 Ellos entonaban un cántico nuevo, diciendo:

"¡Digno eres de tomar el libro
y de abrir sus sellos!
Porque tú fuiste inmolado
y con tu sangre has redimido
para Dios gente[g] de toda raza,
lengua, pueblo y nación.
10 Tú los has constituido en un reino
y sacerdotes para nuestro Dios,
y reinarán[h] sobre la tierra."

11 Y miré, y oí la voz de muchos ángeles
alrededor del trono y de los seres vivientes y
de los ancianos. El número de ellos era miríadas de miríadas y millares de millares.[i]
12 Y decían a gran voz:

"Digno es el Cordero,
que fue inmolado,
de recibir el poder,
las riquezas, la sabiduría,
la fortaleza, la honra,
la gloria y la alabanza."

13 Y oí a toda criatura que está en el cielo
y sobre la tierra y debajo de la tierra y en el
mar, y a todas las cosas que hay en ellos,
diciendo:

"Al que está sentado en el trono
y al Cordero
sean la bendición y la honra
y la gloria y el poder
por los siglos de los siglos."

14 Los cuatro seres vivientes decían:
"¡Amén!" Y los veinticuatro ancianos se postraron y adoraron.[j]

[a]8 Ver Isa. 6:3 [b]9,10 Gr. en tiempo futuro [c]11 Algunos mss. antiguos no incluyen *y Dios nuestro.* [d]1 Es decir, un libro en forma de rollo de pergamino, sellado por fuera como documento oficial [e]4 Algunos mss. antiguos incluyen *ni de leerlo.* [f]6 Algunos mss. antiguos dicen *Yo miré, y he aquí en medio de los ancianos . . .* [g]9 Algunos mss. antiguos dicen *nos has redimido para Dios de . . . .* [h]10 Algunos mss. antiguos dicen *reinan*; otros, *reinaremos.* [i]11 Algunos mss. tardíos no incluyen *y millares de millares.* [j]14 Algunos mss. tardíos dicen . . . *se postraron sobre sus rostros y adoraron al que vive por los siglos de los siglos. Amén.*

El Cordero abre los siete sellos

6 Y miré cuando el Cordero abrió el primero de los siete sellos, y oí a uno de los
cuatro seres vivientes que decía con voz de
trueno: "¡Ven!"[a] 2 Y miré, y he aquí un caballo blanco. El que estaba montado sobre él
tenía un arco, y le fue dada una corona; y
salió venciendo y para vencer.
3 Cuando abrió el segundo sello, oí al segundo ser viviente que decía: "¡Ven!"[a] 4 Y
salió otro caballo, rojo. Al que estaba montado sobre él, le fue dado poder para quitar la
paz de la tierra y para que se matasen unos
a otros. Y le fue dada una gran espada.
5 Cuando abrió el tercer sello, oí al tercer
ser viviente que decía: "¡Ven!"[a] Y miré y he
aquí un caballo negro, y el que estaba montado sobre él tenía una balanza en su mano.
6 Y oí como una voz en medio de los cuatro
seres vivientes, que decía: "¡Una medida[b] de
trigo por un denario,[c] y tres medidas de cebada por un denario! Y no hagas ningún daño
al vino ni al aceite."
7 Cuando abrió el cuarto sello, oí la voz del
cuarto ser viviente que decía: "¡Ven!"[a] 8 Y
miré, y he aquí un caballo pálido; y el que
estaba montado sobre él se llamaba Muerte;
y el Hades[d] le seguía muy de cerca. A ellos
les fue dado poder sobre la cuarta parte de la
tierra, para matar con espada y con hambre
y con pestilencia y por las fieras del campo.
9 Cuando abrió el quinto sello, vi debajo
del altar las almas de los que habían sido
muertos a causa de la palabra de Dios y del
testimonio que ellos tenían. 10 Y clamaban
a gran voz diciendo: "¿Hasta cuándo, oh soberano Señor, santo y verdadero, no juzgas y
vengas nuestra sangre sobre los que moran
en la tierra?" 11 Y a cada uno de ellos le fue
dado un vestido blanco; y se les dijo que des-
cansaran todavía un poco de tiempo, hasta
que se completase el número de sus consiervos y sus hermanos que también habían de
ser muertos como ellos.
12 Y miré cuando él abrió el sexto sello, y
se produjo un gran terremoto. El sol se puso
negro como tela de cilicio; la luna entera se
puso como sangre, 13 y las estrellas del cielo
cayeron sobre la tierra, como una higuera
arroja sus higos tardíos cuando es sacudida
por un fuerte viento. 14 El cielo fue apartado como un pergamino enrollado, y toda
montaña e isla fueron removidas de sus lugares. 15 Los reyes de la tierra, los grandes, los
comandantes, los ricos, los poderosos, todo
esclavo y todo libre se escondieron en las cuevas y entre las peñas de las montañas, 16 y
decían a las montañas y a las peñas: "Caed
sobre nosotros y escondednos del rostro del
que está sentado sobre el trono y de la ira del
Cordero. 17 Porque ha llegado el gran día de
su ira, y ¡quién podrá permanecer de pie!"

Los 144.000 sellados de Israel

7 Después de esto, vi a cuatro ángeles que
estaban de pie sobre los cuatro puntos
cardinales de la tierra, y que detenían los cuatro vientos de la tierra, para que no soplase
viento alguno sobre la tierra, ni sobre el mar,
ni sobre ningún árbol. 2 Y vi que otro ángel,
subiendo del oriente, tenía el sello del Dios
vivo. Y llamó a gran voz a los cuatro ángeles
a quienes les fue dado hacer daño a la tierra
y al mar, 3 diciendo: "¡No hagáis daño a la
tierra, ni al mar, ni a los árboles, hasta que
marquemos con un sello la frente de los siervos de nuestro Dios!"
4 Oí el número de los sellados: 144.000 sellados de todas las tribus de los hijos de Israel.
5 Sellados,

de la tribu de Judá, 12.000
de la tribu de Rubén, 12.000
de la tribu de Gad, 12.000
6 de la tribu de Aser, 12.000
de la tribu de Neftalí, 12.000
de la tribu de Manasés, 12.000
7 de la tribu de Simeón, 12.000
de la tribu de Leví, 12.000
de la tribu de Isacar, 12.000
8 de la tribu de Zabulón, 12.000
de la tribu de José, 12.000
de la tribu de Benjamín, 12.000.

La multitud de los redimidos

9 Después de esto miré, y he aquí una gran
multitud de todas las naciones y razas y pueblos y lenguas, y nadie podía contar su número. Están de pie delante del trono y en la
presencia del Cordero, vestidos con vestiduras blancas y llevando palmas en sus manos.
10 Aclaman a gran voz diciendo:

"¡La salvación
pertenece a nuestro Dios
que está sentado sobre el trono,
y al Cordero!"

11 Todos los ángeles que estaban de pie alrededor del trono, y de los ancianos y de los
cuatro seres vivientes, se postraron sobre sus
rostros delante del trono y adoraron a Dios

[a] *1,3,5,7* Algunos mss. antiguos tienen *¡Ven y mira!* [b] *6* Esta *medida* equivale aprox. un kilo. [c] *6* Una moneda romana que equivalía al salario de un día para un obrero; comp. Mat. 20:2 [d] *8* O sea, la morada de los muertos

diciendo: 12"¡Amén! La bendición y la gloria y la sabiduría y la acción de gracias y la
honra y el poder y la fortaleza sean a nuestro
Dios por los siglos de los siglos. ¡Amén!"
13Uno de los ancianos me preguntó diciendo:
—Estos que están vestidos con vestiduras
blancas, ¿quiénes son y de dónde han venido?
14Y yo le dije:
—Señor mío, tú lo sabes.
Y él me dijo:
—Estos son los que vienen de la gran tribulación; han lavado sus vestidos y los han
emblanquecido en la sangre del Cordero.
15Por esto están delante del trono de Dios y
le rinden culto de día y de noche en su templo. El que está sentado en el trono extenderá
su tienda sobre ellos. 16No tendrán más
hambre, ni tendrán más sed, ni caerá sobre
ellos el sol ni ningún otro calor; 17porque
el Cordero que está en medio del trono los
pastoreará y los guiará a fuentes de agua viva,
y Dios enjugará toda lágrima de los ojos de
ellos.

El séptimo sello

8 Cuando él abrió el séptimo sello, se hizo
silencio en el cielo como por media hora.
2Y vi a los siete ángeles que estaban delante
de Dios, y les fueron dadas siete trompetas.
3Y otro ángel vino y se puso de pie delante
del altar. Tenía un incensario de oro, y le fue
dado mucho incienso para que lo añadiese a
las oraciones de todos los santos sobre el altar
de oro, que estaba delante del trono. 4Y el
humo del incienso con las oraciones de los
santos subió de la mano del ángel en presencia de Dios. 5Y el ángel tomó el incensario,
lo llenó con fuego del altar y lo arrojó sobre
la tierra. Y se produjeron truenos y estruen-
dos y relámpagos y un terremoto.

Las siete trompetas

6Los siete ángeles que tenían las siete
trompetas se dispusieron a tocarlas.
7El primero tocó la trompeta. Y se produjo
granizo y fuego mezclados con sangre, y fueron arrojados sobre la tierra. Y la tercera parte de la tierra fue quemada, y la tercera parte
de los árboles fue quemada, y toda la hierba
verde fue quemada.
8El segundo ángel tocó la trompeta. Y algo
como un gran monte ardiendo con fuego fue
lanzado al mar. Y la tercera parte del mar se
convirtió en sangre; 9y murió la tercera
parte de las criaturas vivientes que estaban
en el mar, y la tercera parte de los barcos fue
destruida.
10El tercer ángel tocó la trompeta. Y cayó
del cielo una gran estrella, ardiendo como
una antorcha; y cayó sobre la tercera parte de
los ríos y sobre las fuentes de agua. 11El
nombre de la estrella es Ajenjo. Y la tercera
parte de las aguas se convirtió en ajenjo, y
muchos hombres murieron por las aguas,
porque fueron hechas amargas.
12El cuarto ángel tocó la trompeta. Y fue
herida la tercera parte del sol, la tercera parte
de la luna y la tercera parte de las estrellas,
de manera que se oscureció la tercera parte
de ellos, y no alumbraba el día durante una
tercera parte, y también la noche de la misma
manera.
13Miré y oí volar un águila[a] por en medio
del cielo, diciendo a gran voz: "¡Ay, ay, ay de
los que habitan en la tierra, por razón de los
demás toques de trompeta que los tres ángeles aún han de tocar!"

9 El quinto ángel tocó la trompeta. Y vi
que una estrella había caído del cielo a la
tierra, y le fue dada la llave del pozo del abismo. 2Y abrió el pozo del abismo, y subió
humo del pozo como el humo de un gran
horno; y fue oscurecido el sol y también el
aire por el humo del pozo. 3Y del humo
salieron langostas sobre la tierra, y les fue
dado poder como tienen poder los escorpiones de la tierra. 4Y se les dijo que no hiciesen daño a la hierba de la tierra ni a ninguna
cosa verde, ni a ningún árbol, sino solamente
a los hombres que no tienen el sello de Dios
en sus frentes. 5Se les mandó que no los
matasen, sino que fuesen atormentados por
cinco meses. Su tormento era como el tormento del escorpión cuando pica al hombre.
6En aquellos días los hombres buscarán la
muerte, pero de ninguna manera la hallarán.
Anhelarán morir, y la muerte huirá de ellos.
7El aspecto de las langostas era semejante
a caballos equipados para la guerra. Sobre
sus cabezas tenían como coronas, semejantes
al oro, y sus caras eran como caras de hombres. 8Tenían cabello como cabello de mujeres, y sus dientes eran como dientes de leones. 9Tenían corazas como corazas de hierro. El estruendo de sus alas era como el
ruido de carros que con muchos caballos corren a la batalla. 10Tienen colas semejantes
a las de los escorpiones, y aguijones. Y en sus
colas está su poder para hacer daño a los
hombres durante cinco meses. 11Tienen
sobre sí un rey, el ángel del abismo, cuyo

[a]13 Algunos mss. antiguos dicen *ángel*.

nombre en hebreo es Abadón,[a] y en griego
tiene por nombre Apolión.[b]
12 El primer ay ha pasado. He aquí vienen
aún dos ayes después de esto.
13 El sexto ángel tocó la trompeta. Y oí una
voz que salía de los cuatro cuernos del altar
de oro que estaba delante de Dios, 14 diciendo al sexto ángel que tenía la trompeta: "Desata a los cuatro ángeles que han estado atados
junto al gran río Eufrates."
15 Fueron desatados los cuatro ángeles que
habían estado preparados para la hora y día
y mes y año, para que matasen a la tercera
parte de los hombres. 16 El número de los
soldados de a caballo era de dos miríadas de
miríadas;[c] yo escuché el número de ellos.
17 Y de esta manera, vi en la visión los caballos y a los que cabalgaban en ellos, que
tenían corazas color de fuego, de jacinto y de
azufre. Las cabezas de los caballos eran como
cabezas de leones; y de sus bocas salía fuego,
humo y azufre. 18 La tercera parte de los
hombres fueron muertos por estas tres plagas: por el fuego, el humo y el azufre que
salían de la boca de ellos. 19 Pues el poder
de los caballos está en sus bocas y en sus
colas. Porque sus colas son semejantes a serpientes, y tienen cabezas con las cuales hie-
ren.
20 Los demás hombres que no fueron
muertos con estas plagas ni aun así se arrepintieron de las obras de sus manos, para
dejar de adorar a los demonios y a las imágenes de oro, y de plata, y de bronce, y de piedra, y de madera, las cuales no pueden ver,
ni oír, ni caminar. 21 Tampoco se arrepintieron de sus homicidios, ni de sus hechicerías, ni de su inmoralidad sexual, ni de sus
robos.

El ángel y el librito

10 Vi a otro ángel poderoso que descendía del cielo envuelto en una nube, y
el arco iris estaba sobre su cabeza. Su rostro
era como el sol, y sus piernas[d] como columnas de fuego, 2 y tenía en su mano un librito
abierto. Puso su pie derecho sobre el mar y
su pie izquierdo sobre la tierra, 3 y gritó a
gran voz, como cuando ruge el león. Cuando
gritó, los siete truenos emitieron sus voces.
4 Cuando los siete truenos hablaron, yo estaba por escribir, pero oí una voz del cielo que
decía: "Sella las cosas que los siete truenos
hablaron; no las escribas."
5 Y el ángel que vi de pie sobre el mar y
sobre la tierra levantó su mano derecha al
cielo 6 y juró por el que vive para siempre
jamás, quien creó el cielo y las cosas que
están en él, y la tierra y las cosas que están
en ella, y el mar y las cosas que están en él:
"Ya no hay más tiempo, 7 sino que en los
días de la voz del séptimo ángel, cuando él
esté por tocar la trompeta, también será consumado el misterio de Dios, como él lo anunció a sus siervos los profetas."
8 Y la voz que oí del cielo habló otra vez
conmigo, diciendo: "Vé, toma el librito abierto de la mano del ángel que está de pie sobre
el mar y sobre la tierra." 9 Fui al ángel diciéndole que me diera el librito, y me dijo:
"Toma y trágalo; y hará amargar tu estómago, pero en tu boca será dulce como la miel."
10 Y tomé el librito de la mano del ángel y
lo tragué. Y era dulce en mi boca como la
miel, pero cuando lo comí, mi estómago se
hizo amargo. 11 Y me dijeron: "Te es necesario profetizar otra vez a muchos pueblos y
naciones y lenguas y reyes."

Los dos testigos y la bestia

11 Entonces me fue dada una caña, semejante a una vara de medir, y se me
dijo: "Levántate y mide el templo de Dios y
el altar, y a los que en él adoran. 2 Y deja
aparte el atrio de afuera del templo. Y no lo
midas, porque ha sido dado a los gentiles, y
ellos pisotearán la ciudad santa por cuarenta
y dos meses. 3 Yo mandaré a mis dos testigos, y ellos profetizarán por 1.260 días, vestidos de cilicio. 4 Ellos son los dos olivos y los
dos candeleros que están delante del Dios de
la tierra.[e] 5 Si alguien les quiere dañar, fuego sale de la boca de ellos y devora a sus
enemigos. Cuando alguien les quiera hacer
daño, tiene que morir de esta manera.
6 Ellos tienen poder para cerrar el cielo, de
modo que no caiga lluvia durante los días de
su profecía; y tienen poder sobre las aguas,
para convertirlas en sangre y para herir la
tierra con toda plaga, cuantas veces quieran.
7 Cuando hayan concluido su testimonio,
la bestia que sube del abismo hará guerra
contra ellos, los vencerá y los matará. 8 Y
sus cadáveres estarán en la plaza de la gran
ciudad que simbólicamente[f] es llamada Sodoma y Egipto, donde también fue crucificado el Señor de ellos.[g] 9 Y por tres días y
medio, la gente de los pueblos y de las razas

[a]11 Hebreo, *Destructor* o *Exterminador*; personificación de la muerte; ver Job 26:6; 28:22; Sal. 88:11; Prov. 15:11; 27:20
[b]11 Griego, *Destructor* o *Exterminador* [c]16 Lit., *dos diez millares de diez millares*; un total de doscientos millones
[d]1 Lit., *sus pies* [e]4 Ver Zac. 4:3, 11-14 [f]8 Lit., *en sentido espiritual* [g]8 Algunos mss. antiguos dicen *el Señor nuestro*.

y de las lenguas y de las naciones miran sus
cadáveres; y no permiten que sus cadáveres
sean puestos en sepulcros. 10 Y los habitantes de la tierra se gozan sobre ellos y se alegran. Y se enviarán regalos unos a otros, porque estos dos profetas habían sido un tormento para los habitantes de la tierra.

11 Después de los tres días y medio el aliento de vida enviado por Dios entró en ellos, y
se levantaron sobre sus pies. Y un gran temor
cayó sobre los que los veían. 12 Oyeron una
gran voz del cielo que les decía: "¡Subid acá!"
Y subieron al cielo en la nube, y sus enemigos
los vieron. 13 Y en aquella hora se produjo
un gran terremoto, y cayó la décima parte de
la ciudad. Murieron por el terremoto 7.000
hombres, y los demás estaban aterrorizados
y dieron gloria al Dios del cielo.

14 Ha pasado el segundo ay. He aquí el tercer ay viene pronto.

Séptima trompeta: el reino de Cristo

15 El séptimo ángel tocó la trompeta. Y en
el cielo se oyeron grandes voces que decían:

"El reino del mundo ha venido[a] a ser
de nuestro Señor y de su Cristo.
El reinará por los siglos de los siglos."

16 Y los veinticuatro ancianos, que estaban
sentados en sus tronos delante de Dios, se
postraron sobre sus rostros y adoraron a Dios
17 diciendo: "Te damos gracias, Señor Dios
Todopoderoso, que eres y que eras,[b] porque
has asumido tu gran poder, y reinas. 18 Las
naciones se enfurecieron, pero ha venido tu
ira y el tiempo de juzgar a los muertos y de
dar su galardón a tus siervos los profetas y a
los santos y a los que temen tu nombre, tanto
a los pequeños como a los grandes, y de destruir a los que destruyen la tierra."

19 Y fue abierto el templo de Dios que está
en el cielo, y se hizo visible el arca de su pacto
en su templo. Entonces estallaron relámpagos, voces, truenos, un terremoto y una fuerte granizada.

La mujer y el dragón

12 Apareció en el cielo una gran señal:
una mujer vestida del sol y con la
luna debajo de sus pies, y sobre su cabeza una
corona de doce estrellas. 2 Y estando encinta, gritaba con dolores de parto y sufría angustia por dar a luz. 3 Y apareció otra señal
en el cielo: he aquí un gran dragón rojo que
tenía siete cabezas y diez cuernos, y en sus
cabezas tenía siete diademas. 4 Su cola
arrastraba la tercera parte de las estrellas del
cielo y las arrojó sobre la tierra.

El dragón se puso de pie delante de la mujer que estaba por dar a luz, a fin de devorar
a su hijo en cuanto le hubiera dado a luz.
5 Ella dio a luz un hijo varón que ha de guiar
todas las naciones con cetro de hierro. Y su
hijo fue arrebatado ante Dios y su trono. 6 Y
la mujer huyó al desierto, donde tenía un
lugar que Dios había preparado, para ser ali-
mentada allí durante 1.260 días.

7 Estalló entonces una guerra en el cielo:
Miguel[c] y sus ángeles pelearon contra el dragón. Y el dragón y sus ángeles pelearon,
8 pero no prevalecieron, ni fue hallado más el
lugar de ellos en el cielo. 9 Y fue arrojado el
gran dragón, la serpiente antigua[d] que se
llama diablo y Satanás, el cual engaña a todo
el mundo. Fue arrojado a la tierra, y sus ángeles fueron arrojados junto con él.

10 Oí una gran voz en el cielo que decía:
"¡Ahora ha llegado la salvación y el poder y el
reino de nuestro Dios, y la autoridad de su
Cristo! Porque ha sido arrojado el acusador
de nuestros hermanos, el que los acusaba día
y noche delante de nuestro Dios. 11 Y ellos
lo han vencido por causa de la sangre del
Cordero y de la palabra del testimonio de
ellos, porque no amaron sus vidas hasta la
muerte. 12 Por esto, alegraos, oh cielos, y
los que habitáis en ellos. ¡Ay de la tierra y del
mar![e] Porque el diablo ha descendido a vosotros y tiene grande ira, sabiendo que le queda
poco tiempo."

13 Y cuando el dragón vio que había sido
arrojado a la tierra, persiguió a la mujer que
había dado a luz al hijo varón. 14 Pero le
fueron dadas a la mujer dos alas de gran águila, para volar de la presencia de la serpiente,
al desierto, a su lugar donde recibe alimento
por un tiempo, y tiempos y la mitad de un
tiempo.

15 Tras la mujer, la serpiente echó de su
boca agua como un río, para que ella fuese
arrastrada por el torrente. 16 Pero la tierra
ayudó a la mujer. Y la tierra abrió su boca y
tragó por completo el río que el dragón había
echado de su boca. 17 Entonces el dragón se
enfureció contra la mujer, y se fue para hacer
guerra contra los demás descendientes de
ella, quienes guardan los mandamientos de
Dios y tienen el testimonio de Jesucristo.

[a] 15 Algunos mss. dicen *Los reinos del mundo han venido.* [b] 17 Algunos mss. tardíos incluyen *y has de venir.*
[c] 7 Ver Dan. 10:13, 21; 12:1; Jud. 9 [d] 9 Ver Gén. 3:1 ss. [e] 12 Algunos mss. antiguos dicen *¡Ay de los habitantes de la tierra y del mar!*

18 Y él se puso de pie sobre la arena del
mar.[a]

La bestia que sube del mar

13 Y vi que subía del mar una bestia que
tenía diez cuernos y siete cabezas.
Sobre sus cuernos tenía diez diademas, y sobre sus cabezas había un nombre de blasfemia.[b] 2 La bestia que vi era semejante a un
leopardo; sus pies eran como de oso, y su
boca como la boca de león. Y el dragón le dio
su poder y su trono y grande autoridad. 3 Vi
una de sus cabezas como herida de muerte,
pero su herida mortal se había sanado. Y toda
la tierra se maravilló en pos de la bestia, 4 y
adoraron al dragón porque le había dado autoridad a la bestia, y adoraron a la bestia diciendo: "¿Quién es semejante a la bestia, y
quién puede combatir contra ella?"

5 Y a la bestia le fue dada una boca que
hablara insolencias y blasfemias, y le fue dada
autoridad para actuar por cuarenta y dos meses. 6 Y abrió su boca en blasfemias contra
Dios, para blasfemar contra su nombre y contra su tabernáculo, es decir, contra los que
tienen morada en el cielo. 7 Y le fue permitido hacer guerra contra los santos y vencer-
los. También le fue dado poder sobre toda
raza y pueblo y lengua y nación. 8 Y le adorarán todos los habitantes sobre la tierra, cuyos nombres no están inscritos[c] en el libro
de la vida del Cordero, quien fue inmolado
desde la fundación del mundo. 9 Si alguno
tiene oído, oiga:

10 Si alguien lleva en cautividad,
es llevado en cautividad;
si alguien mata a espada,
tiene que ser muerto a espada.

¡Aquí está la perseverancia[d] y la fe de los
santos!

La bestia que sube de la tierra

11 Y vi otra bestia que subía de la tierra. Y
tenía dos cuernos semejantes a los de un cordero, y hablaba como un dragón. 12 Y ejerce
toda la autoridad de la primera bestia en presencia de ella, y hace que la tierra y sus habitantes adoren a la primera bestia cuya herida
mortal fue sanada. 13 Y hace grandes señales, de tal manera que aun hace descender
fuego del cielo a la tierra delante de los hombres. 14 Y engaña a los habitantes de la tierra a causa de las señales que se le concedió
hacer en presencia de la bestia, mandándoles
a los habitantes de la tierra hacer una imagen
en honor de la bestia que tiene la herida de
espada y que revivió. 15 También le fue permitido dar aliento a la imagen de la bestia,
para que la imagen de la bestia hablase e hiciera que fueran muertos todos los que no
adoraran a la imagen de la bestia. 16 Y ella
hace que a todos, a pequeños y a grandes, a
ricos y a pobres, a libres y a esclavos, se les
ponga una marca en la mano derecha o en la
frente, 17 y que nadie pueda comprar ni
vender, sino el que tenga la marca, es decir,
el nombre de la bestia o el número de su
nombre. 18 Aquí hay sabiduría: El que tiene
entendimiento calcule el número de la bestia, porque es número de un hombre; y su
número es 666.

El Cordero y los 144.000 sellados

14 Y miré, y he aquí el Cordero de pie
sobre el monte Sion, y con él estaban
los 144.000 que tenían su nombre y[e] el nombre de su Padre escrito en sus frentes. 2 Oí
una voz del cielo como estruendo de muchas
aguas y como la voz de un gran trueno. Y la
voz que escuché era como de arpistas cuando
tocan sus arpas. 3 Ellos cantan[f] un himno
nuevo delante del trono y en presencia de los
cuatro seres vivientes y de los ancianos. Nadie podía aprender el himno, sino sólo los
144.000, quienes habían sido redimidos[g] de
la tierra. 4 Estos son los que nunca se man-
charon con mujeres, pues son vírgenes. Estos son los que siguen al Cordero por dondequiera que vaya. Estos fueron redimidos de
entre los hombres, primicias para Dios y para
el Cordero. 5 Y en sus bocas no se halló
engaño; son sin mancha.[h]

6 Vi a otro ángel que volaba en medio del
cielo, que tenía el evangelio eterno para pre-
dicarlo a los que habitan en la tierra: a toda
nación y raza y lengua y pueblo. 7 Decía a
gran voz:

"¡Temed a Dios y dadle gloria,
porque ha llegado
la hora de su juicio!
Adorad al que hizo los cielos
y la tierra y el mar
y las fuentes de las aguas."

[a] *18* Algunos mss. antiguos dicen *Y yo me puse de pie sobre . . .*; si se sigue esta lectura, v. 18 comienza cap. 13.
[b] *1* Algunos mss. antiguos dicen *nombres blasfemos*; otros, *nombre blasfemo*.
[c] *8* Algunos mss. antiguos dicen *cuyo nombre no está escrito*.
[d] *10* Otras trads., *paciencia*; o, *constancia*
[e] *1* Algunos mss. omiten *su nombre y*.
[f] *3* Algunos mss. antiguos incluyen *como*; es decir, como si fuera.
[g] *3* Algunos mss. tardíos incluyen *de entre los habitantes*.
[h] *5* Algunos mss. tardíos incluyen *delante del trono de Dios*.

8 Y siguió otro ángel, un segundo,[a] diciendo: "¡Ha caído, ha caído Babilonia la grande!
Todas las naciones habían bebido del vino de
la furia de su inmoralidad."
9 Y siguió otro ángel, un tercero, diciendo
a gran voz: "¡Si alguno adora a la bestia y a
su imagen, y recibe su marca en la frente o
en la mano, 10 él también beberá del vino
del furor de Dios que ha sido vertido puro en
la copa de su ira, y será atormentado con
fuego y azufre delante de los santos ángeles
y delante del Cordero. 11 El humo del tormento de ellos sube para siempre jamás. Y no
tienen descanso ni de día ni de noche los que
adoran a la bestia y a su imagen, ni cualquiera que recibe la marca de su nombre.
12 ¡Aquí está la perseverancia[b] de los santos,
quienes guardan los mandamientos de Dios
y la fe de Jesús!"[c]
13 Y oí una voz del cielo que decía: "Escribe: ¡Bienaventurados los muertos que de aquí
en adelante mueren en el Señor!" "Sí," dice
el Espíritu, "para que descansen de sus
arduos trabajos; pues sus obras les seguirán."

La cosecha de la tierra para juicio

14 Y miré, y he aquí una nube blanca, y
sobre la nube estaba sentado uno semejante
al Hijo de Hombre.[d] Tenía en su cabeza una
corona de oro y en su mano una hoz afilada.
15 Y otro ángel salió del templo, gritando a
gran voz al que estaba sentado sobre la nube:
"¡Mete tu hoz y siega! Porque ha llegado la
hora de segar, porque la mies de la tierra está
madura." 16 Y el que estaba sentado sobre
la nube lanzó su hoz sobre la tierra, y la tierra
fue segada.
17 Luego salió otro ángel del templo que
estaba en el cielo, llevando también él una
hoz afilada. 18 Y salió del altar otro ángel
que tenía poder sobre el fuego. Y llamó a gran
voz al que tenía la hoz afilada, diciendo: "¡Mete tu hoz afilada y vendimia los racimos de la
viña de la tierra, porque las uvas están madu-
ras!" 19 Entonces el ángel lanzó su hoz afilada en la tierra, y vendimió la viña de la
tierra. Echó las uvas en el gran lagar de la ira
de Dios. 20 Y el lagar fue pisado fuera de la
ciudad, y salió sangre del lagar hasta la altura
de los frenos de los caballos, a lo largo de
1.600 estadios.[e]

El coro de los victoriosos

15 Vi otra señal en el cielo, grande y admirable: siete ángeles que tenían las
siete últimas plagas, con las cuales la ira de
Dios es consumada.
2 Vi algo como un mar de vidrio mezclado
con fuego y a los vencedores sobre la bestia
y su imagen y el número de su nombre. Estaban de pie sobre el mar de vidrio, teniendo las
arpas de Dios. 3 Y cantan el cántico de Moisés, el siervo de Dios, y el cántico del Cordero, diciendo:

"Grandes y maravillosas son tus obras,
Señor Dios Todopoderoso.
Justos y verdaderos son tus caminos,
Rey de las naciones.[f]
4 Oh Señor, ¿quién no temerá[g]
y glorificará tu nombre?
Porque sólo tú eres santo.
Todas las naciones vendrán
y adorarán delante de ti;
porque tus juicios han sido
manifestados."

Los siete ángeles y las siete plagas

5 Después de esto miré, y[h] el santuario[i]
del tabernáculo del testimonio fue abierto en
el cielo; 6 y del santuario salieron los siete
ángeles que tenían las siete plagas. Estaban
vestidos de lino limpio y resplandeciente, ceñidos alrededor del pecho con cintos de oro.
7 Y uno de los cuatro seres vivientes dio a los
siete ángeles siete copas de oro, llenas de la
ira de Dios quien vive por los siglos de los
siglos.
8 El templo se llenó de humo por la gloria
de Dios y por su poder, y nadie podía entrar
en el templo hasta que fuesen consumadas
las siete plagas de los siete ángeles.

Las copas de la ira de Dios

16 Entonces oí una gran voz que desde
el templo decía a los siete ángeles: "Id
y derramad las siete copas de la ira de Dios
sobre la tierra."
2 Fue el primer ángel y derramó su copa
sobre la tierra. Y se produjo una llaga doloro-
sa y maligna sobre los hombres que tenían la
marca de la bestia y los que adoraban su imagen.
3 El segundo ángel derramó su copa sobre

[a] 8 Algunos mss. antiguos no incluyen *un segundo*. [b] 12 O: *paciencia* [c] 12 Otra trad., *su fe en Jesús* [d] 14 Ver 1:13; Dan. 7:13 [e] 20 Aprox. 300 km. [f] 3 Algunos mss. antiguos tienen *Rey de las edades*; otros, *Rey de los santos*. [g] 4 Algunos mss. antiguos dicen *¿Quién no te temerá y . . .* [h] 5 Algunos mss. antiguos incluyen *He aquí*. [i] 5 O sea, *templo*

el mar. Y se convirtió en sangre como de
muerto. Y murió todo ser viviente que estaba
en el mar.
4 El tercer ángel derramó su copa sobre los
ríos y sobre las fuentes de las aguas, y se
convirtieron en sangre. 5 Oí al ángel de las
aguas decir: "Justo eres tú[a] que eres y que
eras, el Santo, porque has juzgado estas cosas. 6 Porque ellos derramaron la sangre de
los santos y de los profetas, tú también les has
dado a beber sangre, pues se lo merecen."
7 Y oí al altar decir: "¡Ciertamente, oh Señor
Dios Todopoderoso, tus juicios son verdaderos y justos!"
8 El cuarto ángel derramó su copa sobre el
sol, y le fue dado quemar a los hombres con
fuego. 9 Los hombres fueron quemados con
el intenso calor y blasfemaron el nombre del
Dios que tiene autoridad sobre estas plagas,
pero no se arrepintieron para darle gloria.
10 El quinto ángel derramó su copa sobre
el trono de la bestia, y su reino fue convertido
en tinieblas. Se mordían las lenguas de dolor
11 y blasfemaron al Dios del cielo por sus dolores y sus llagas, pero no se arrepintieron de
sus obras.
12 El sexto ángel derramó su copa sobre el
gran río Eufrates, y sus aguas se secaron para
que fuese preparado el camino de los reyes
del Oriente. 13 Vi salir de la boca del dragón
y de la boca de la bestia y de la boca del falso
profeta, tres espíritus impuros semejantes a
ranas. 14 Pues son espíritus de demonios
que hacen señales, los cuales salen a los reyes
de todo el mundo habitado para congregarlos
para la batalla del gran día del Dios Todopoderoso. 15 "He aquí, yo vengo como ladrón.
Bienaventurado el que vela y guarda sus vestidos para que no ande desnudo y vean su
vergüenza." 16 Y los congregó en el lugar
que se llama en hebreo Armagedón.[b]
17 El séptimo ángel derramó su copa por el
aire. Y salió una gran voz del santuario[c] desde el trono, que decía: "¡Está hecho!" 18 Entonces se produjeron relámpagos y estruen-
dos y truenos, y hubo un gran terremoto. Tan
fuerte fue ese gran terremoto como jamás
había acontecido desde que el hombre existe
sobre la tierra. 19 La gran ciudad se dividió
en tres partes, y las ciudades de las naciones
cayeron. Y la gran Babilonia fue recordada
delante de Dios, para darle a ella de la copa
del vino del furor de su ira. 20 Toda isla
huyó, y las montañas no fueron halladas más.
21 Y del cielo cayó sobre los hombres enorme
granizo, como de un talento[d] de peso. Y los
hombres blasfemaron a Dios por la plaga del
granizo, porque la plaga era grande en extremo.

La ramera y la bestia

17 Vino uno de los siete ángeles que tenían las siete copas y habló conmigo
diciendo: "Ven acá, y te mostraré la condenación de la gran ramera[e] que está sentada
sobre muchas aguas. 2 Con ella fornicaron
los reyes de la tierra, y los que habitan en la
tierra se embriagaron con el vino de su fornicación."
3 Me llevó en el Espíritu[f] al desierto. Y vi
una mujer sentada sobre una bestia escarlata
llena de nombres de blasfemia y que tenía
siete cabezas y diez cuernos. 4 La mujer estaba vestida de púrpura y escarlata, y estaba
adornada con oro y piedras preciosas y perlas.
En su mano tenía una copa de oro llena de
abominaciones y de las impurezas de su inmoralidad. 5 En su frente estaba escrito un
nombre, un misterio: "Babilonia la grande,
madre de las rameras y de las abominaciones
de la tierra." 6 Vi a la mujer embriagada con
la sangre de los santos, y con la sangre de los
mártires[g] de Jesús.
Al verla, quedé asombrado con gran asombro. 7 Y el ángel me dijo: "¿Por qué estás
asombrado? Yo te explicaré el misterio de la
mujer y de la bestia que la lleva[h] y que tiene
siete cabezas y diez cuernos. 8 La bestia que
has visto era, y no es, y ha de subir del abismo, y va[i] a la perdición. Los habitantes de
la tierra, cuyos nombres no están inscritos en
el libro de la vida desde la fundación del mundo, se maravillarán cuando vean a la bestia
que era y no es y será. 9 Aquí está la mente
que tiene sabiduría: Las siete cabezas son siete montes sobre los cuales está sentada la
mujer. 10 Y son siete reyes: Cinco han caído, uno es, y otro aún no ha venido; y cuando
venga, debe quedar sólo por un breve tiempo.
11 La bestia que era y no es, también es el
octavo, y procede de los siete y va a la perdición. 12 Los diez cuernos que has visto son
diez reyes que todavía no han recibido reino,
pero toman autoridad por una hora como
reyes junto con la bestia. 13 Estos tienen un

[a]5 Algunos mss. tardíos añaden *oh Señor*. [b]16 El lugar de la última y decisiva batalla de Dios contra las fuerzas malignas. En hebreo significa *monte de Meguido* y tradicionalmente se asocia con el amplio valle al norte de este monte. [c]17 O sea, *templo*; algunos mss. antiguos incluyen *del cielo*. [d]21 O sea, *como 34 kilos de peso* [e]1 O: *prostituta* [f]3 Otra trad., *en espíritu* [g]6 Otra trad., *testigos*. La palabra griega para *testigo* llegó a significar *mártir* a causa del ejemplo de cristianos que sufrían por dar su testimonio de Cristo. [h]7 O: *sostiene* [i]8 Algunos mss. antiguos dicen *ha de ir*.

solo propósito, y entregan su poder y autoridad a la bestia. 14 Ellos harán guerra contra
el Cordero, y el Cordero los vencerá, porque
él es Señor de señores y Rey de reyes, y los
que están con él son llamados y elegidos y
fieles."
15 También me dijo: "Las aguas que has
visto donde está sentada la ramera, son pueblos y multitudes, naciones y lenguas.
16 Los diez cuernos que has visto, y la bestia,[a] éstos aborrecerán a la ramera y la dejarán desolada y desnuda. Comerán sus carnes
y la quemarán con fuego; 17 porque Dios ha
puesto en sus corazones el ejecutar su propósito, y que tengan un solo propósito, y que
entreguen su reino a la bestia hasta que se
cumplan las palabras de Dios. 18 La mujer
que has visto es la gran ciudad que tiene im-
perio sobre los reyes de la tierra."

La caída de la gran ciudad

18 Después de estas cosas vi a otro ángel
que descendía del cielo y que tenía
gran autoridad, y la tierra se iluminó con su
gloria. 2 Y proclamó con potente voz diciendo: "¡Ha caído, ha caído Babilonia la grande!
Se ha convertido en habitación de demonios,
refugio de todo espíritu inmundo, y refugio
de toda ave inmunda[b] y aborrecible. 3 Porque todas las naciones han bebido el vino de
la furia de su fornicación. Los reyes de la
tierra han fornicado con ella, y los comerciantes de la tierra se han enriquecido con la
potencia de su lujosa sensualidad."
4 Oí otra voz del cielo que decía: "¡Salid de
ella, pueblo mío, para que no participéis de
sus pecados y para que no recibáis sus plagas!
5 Pues sus pecados se han amontonado hasta
el cielo, y Dios se ha acordado de sus injusticias. 6 Pagadle tal como ella os ha pagado,
y devolvedle el doble según sus obras. En la
copa que ella preparó, preparadle el doble.
7 En la medida que ella se ha glorificado y ha
vivido en sensualidad, así dadle tormento y
llanto, porque dice en su corazón: 'Estoy sentada como reina; no soy viuda, ni jamás veré
llanto.' 8 Por eso, en un solo día le sobre-
vendrán las plagas: muerte, llanto y hambre.
Y será quemada con fuego, porque fuerte es
el Señor Dios quien la juzga.
9 "Cuando vean el humo de su incendio,
llorarán y se lamentarán por ella los reyes de
la tierra que han fornicado con ella y han
vivido de su sensualidad. 10 Estando de pie,
desde lejos por temor de su tormento, dirán:
'¡Ay! ¡Ay de ti, oh gran ciudad, oh Babilonia,
ciudad poderosa; porque en una sola hora
vino tu juicio!'
11 "Y los comerciantes de la tierra lloran y
se lamentan por ella, porque ya nadie compra
más su mercadería: 12 mercadería de oro,
plata, piedras preciosas, perlas, lino fino,
púrpura, seda, escarlata, toda madera oloro-
sa, todo artículo de marfil, todo artículo de
madera preciosa, y de cobre, y de hierro y de
mármol; 13 canela, especias aromáticas, incienso, mirra, perfumes, vino, aceite, harina
refinada, trigo, ganado, ovejas, caballos, carros, y cuerpos y almas de hombres.
14 "El fruto que anhela tu alma se apartó
de ti. Todas las cosas exquisitas y espléndidas
se te desvanecieron, y jamás las hallarán.[c]
15 "Los comerciantes de estos bienes que
se han enriquecido de ella, estarán de pie,
desde lejos por temor de su tormento, llorando y lamentando, 16 diciendo: '¡Ay! ¡Ay de la
gran ciudad, vestida de lino fino y de púrpura
y de escarlata, adornada de oro y piedras preciosas y perlas! 17 ¡Porque en una sola hora
ha sido asolada tanta riqueza!'
"Y todo timonel, todo el que navega de
lugar en lugar,[d] y los marineros y cuantos
trabajan en el mar se pusieron de pie desde
lejos. 18 Y viendo el humo de su incendio,
daban voces diciendo: '¿Qué ciudad era semejante a esta gran ciudad?' 19 Echaron polvo
sobre sus cabezas, y llorando y lamentando,
gritaban diciendo: '¡Ay! ¡Ay de la gran ciudad!
En ella todos los que tenían barcos en el mar
se enriquecieron de la opulencia de ella. ¡Porque en una sola hora ha sido asolada!'
20 "Alégrate sobre ella, oh cielo, y vosotros
santos y apóstoles y profetas. Porque Dios ha
juzgado vuestra causa contra ella."
21 Y un ángel poderoso tomó una piedra
como una gran piedra de molino y la arrojó
al mar diciendo: "Con semejante violencia
será derribada Babilonia la grande ciudad, y
nunca jamás será hallada. 22 Nunca más será oído en ti el tañido de arpistas, de músicos,
de flautistas o de trompetistas. Nunca más se
hallará en ti ningún artesano de cualquier
oficio. Y el ruido de los molinos nunca más
se oirá en ti. 23 La luz de la antorcha nunca
más alumbrará en ti. Y la voz del novio y de
la novia nunca más se oirá en ti; porque tus
comerciantes eran los magnates de la tierra,
y porque todas las naciones fueron engañadas
por tus hechicerías. 24 Y en ella fue hallada
la sangre de los profetas y de los santos y de

[a] 16 Algunos mss. dicen *visto en la bestia.* [b] 2 Algunos mss. antiguos incluyen *y refugio de toda fiera inmunda.* [c] 14 Algunos mss. antiguos dicen *hallarás.* [d] 17 Algunos mss. antiguos dicen *timonel y todos los que navegan en barcos y los . . .*

todos los que han sido muertos en la tierra."

Himnos de victoria

19 Después de estas cosas, oí como la
gran voz de una enorme multitud en
el cielo, que decía:

"¡Aleluya!
La salvación[a] y la gloria y el poder
pertenecen a nuestro Dios.[b]
2 Porque sus juicios son verdaderos y
justos;
pues él ha juzgado a la gran ramera
que corrompió la tierra con su
inmoralidad,
y ha vengado la sangre de sus siervos de
la mano de ella."

3 Y por segunda vez dijeron: "¡Aleluya!" Y el
humo de ella subió por los siglos de los siglos.
4 Y se postraron los veinticuatro ancianos
y los cuatro seres vivientes y adoraron a Dios
que estaba sentado sobre el trono, diciendo:
"¡Amén! ¡Aleluya!"
5 Entonces salió del trono una voz que decía: "¡Load a nuestro Dios, todos sus siervos
y los que le teméis, tanto pequeños como
grandes!"

Las bodas del Cordero

6 Oí como la voz de una gran multitud,
como el ruido de muchas aguas y como el
sonido de fuertes truenos, diciendo:

"¡Aleluya! Porque reina el Señor
nuestro Dios Todopoderoso.
7 Gocémonos, alegrémonos
y démosle gloria,
porque han llegado
las bodas del Cordero,
y su novia se ha preparado.
8 Y a ella se le ha concedido
que se vista de lino fino,
resplandeciente y limpio."

Porque el lino fino es los actos justos de los
santos.
9 El ángel me dijo: "Escribe: Bienaventurados los que han sido llamados a la cena de las
bodas del Cordero." Me dijo además: "Estas
son palabras verdaderas de Dios."
10 Yo me postré ante sus pies para adorarle, pero él me dijo: "¡Mira, no lo hagas! Yo soy
consiervo tuyo y de tus hermanos que tienen
el testimonio de Jesús. ¡Adora a Dios! Pues el
testimonio de Jesús es el espíritu de la profecía."

Victoria del Fiel y Verdadero

11 Vi el cielo abierto, y he aquí un caballo
blanco, y el que lo montaba se llama Fiel y
Verdadero. Y con justicia él juzga y hace guerra. 12 Sus ojos son como llama de fuego.
En su cabeza tiene muchas diademas, y tiene
un nombre escrito que nadie conoce sino él
mismo. 13 Está vestido de una vestidura te-
ñida en sangre, y su nombre es llamado EL
VERBO DE DIOS. 14 Los ejércitos en el cielo le seguían en caballos blancos, vestidos de
lino fino, blanco y limpio. 15 De su boca sale
una espada aguda para herir con ella a las
naciones, y él las guiará con cetro de hierro.
El pisa el lagar del vino del furor y de la ira
del Dios Todopoderoso. 16 En su vestidura
y sobre su muslo, tiene escrito el nombre:
REY DE REYES Y SEÑOR DE SEÑORES.
17 Vi a un ángel que estaba de pie en el sol,
y él gritó con gran voz a todas las aves que
volaban en medio del cielo, diciendo: "¡Venid!
¡Congregaos para el gran banquete de Dios!
18 Para que comáis la carne de reyes, de comandantes, y de los poderosos; y la carne de
caballos y de sus jinetes; y la carne de todos,
tanto de libres como de esclavos, tanto de
pequeños como de grandes."
19 Y vi a la bestia y a los reyes de la tierra
y a sus ejércitos, congregados para hacer la
guerra contra el que estaba montado sobre el
caballo y contra su ejército. 20 Y la bestia
fue tomada prisionera, junto con el falso profeta que había hecho delante de ella las señales con que había engañado a los que recibieron la marca de la bestia y adoraban a su
imagen. Ambos fueron lanzados vivos al lago
de fuego ardiendo con azufre. 21 Los demás
fueron muertos con la espada que salía de la
boca del que estaba sentado sobre el caballo,
y todas las aves se hartaron de la carne de
ellos.

El reino de mil años

20 Vi a un ángel que descendía del cielo
y que tenía en su mano la llave del
abismo y una gran cadena. 2 El prendió al
dragón, aquella serpiente antigua quien es el
diablo y Satanás, y le ató por mil años. 3 Lo
arrojó al abismo y lo cerró, y lo selló sobre él
para que no engañase más a las naciones,
hasta que se cumpliesen los mil años. Después de esto, es necesario que sea desatado
por un poco de tiempo.
4 Y vi tronos; y se sentaron sobre ellos, y se
les concedió hacer juicio. Y vi las almas de los
degollados por causa del testimonio de Jesús

[a] 1 Algunos mss. antiguos incluyen *y la honra*. [b] 1 Algunos mss. tardíos dicen *al Señor Dios nuestro*.

y por la palabra de Dios. Ellos no habían adorado a la bestia ni a su imagen, ni tampoco
recibieron su marca en sus frentes ni en sus
manos. Ellos volvieron a vivir y reinaron con
Cristo por mil años. 5 Pero los demás muertos no volvieron a vivir, sino hasta que se
cumplieran los mil años. Esta es la primera
resurrección. 6 Bienaventurado y santo el
que tiene parte en la primera resurrección.
Sobre éstos la segunda muerte no tiene ningún poder; sino que serán sacerdotes de Dios
y de Cristo, y reinarán con él por los mil años.

Derrota final de Satanás

7 Cuando se cumplan los mil años, Satanás
será soltado de su prisión 8 y saldrá para
engañar a las naciones que están sobre los
cuatro puntos cardinales de la tierra, a Gog
y a Magog,[a] a fin de congregarlos para la
batalla. El número de ellos es como la arena
del mar. 9 Y subieron sobre lo ancho de la
tierra y rodearon el campamento de los santos y la ciudad amada, y descendió fuego del
cielo[b] y los devoró. 10 Y el diablo que los
engañaba fue lanzado al lago de fuego y azufre, donde también están la bestia y el falso
profeta, y serán atormentados día y noche
por los siglos de los siglos.

Juicio ante el gran trono blanco

11 Vi un gran trono blanco y al que estaba
sentado sobre él, de cuya presencia huyeron
la tierra y el cielo, y ningún lugar fue hallado
para ellos. 12 Vi también a los muertos,
grandes y pequeños, que estaban de pie delante del trono,[c] y los libros fueron abiertos.
Y otro libro fue abierto, que es el libro de la
vida. Y los muertos fueron juzgados a base de
las cosas escritas en los libros, de acuerdo a
sus obras. 13 Y el mar entregó los muertos
que estaban en él, y la Muerte y el Hades[d]
entregaron los muertos que estaban en ellos;
y fueron juzgados, cada uno según sus obras.
14 Y la Muerte y el Hades[d] fueron lanzados al
lago de fuego. Esta es la muerte segunda, el
lago de fuego.[e] 15 Y el que no fue hallado
inscrito en el libro de la vida fue lanzado al
lago de fuego.

El cielo nuevo y la tierra nueva

21 Vi un cielo nuevo y una tierra nueva;
porque el primer cielo y la primera
tierra pasaron, y el mar ya no existe más. 2 Y
yo[f] vi la santa ciudad, la nueva Jerusalén que
descendía del cielo de parte de Dios, preparada como una novia adornada para su esposo.
3 Oí una gran voz que procedía del trono diciendo: "He aquí el tabernáculo de Dios está
con los hombres, y él habitará con ellos; y
ellos serán su pueblo,[g] y Dios mismo estará
con ellos como su Dios.[h] 4 Y Dios enjugará
toda lágrima de los ojos de ellos. No habrá
más muerte, ni habrá más llanto, ni clamor,
ni dolor; porque las primeras cosas ya pasaron."

5 El que estaba sentado en el trono dijo:
"He aquí yo hago nuevas todas las cosas." Y
dijo:[i] "Escribe, porque estas palabras son
fieles y verdaderas." 6 Me dijo también:
"¡Está hecho! Yo soy el Alfa y la Omega,[j] el
principio y el fin. Al que tenga sed, yo le daré
gratuitamente de la fuente de agua de vida.
7 El que venza heredará estas cosas; y yo seré
su Dios, y él será mi hijo. 8 Pero, para los
cobardes e incrédulos, para los abominables
y homicidas, para los fornicarios y hechiceros, para los idólatras y todos los mentirosos,
su herencia será el lago que arde con fuego
y azufre, que es la muerte segunda."

La nueva Jerusalén

9 Vino[k] uno de los siete ángeles que tenían
las siete copas llenas de las siete últimas plagas, y habló conmigo diciendo: "Ven acá. Yo
te mostraré la novia, la esposa del Cordero."
10 Me llevó en el Espíritu[l] sobre un monte
grande y alto, y me mostró la santa[m] ciudad
de Jerusalén, que descendía del cielo de parte
de Dios. 11 Tenía la gloria de Dios, y su resplandor era semejante a la piedra más preciosa, como piedra de jaspe, resplandeciente como cristal. 12 Tenía un muro grande y alto.
Tenía doce puertas, y a las puertas había doce
ángeles, y nombres inscritos que son los
nombres de las doce tribus de los hijos de
Israel. 13 Tres puertas daban al este, tres
puertas al norte, tres puertas al sur y tres
puertas al oeste. 14 El muro de la ciudad
tenía doce fundamentos, y sobre ellos los
doce nombres de los apóstoles del Cordero.

15 El que hablaba conmigo tenía una caña
de medir, de oro, para medir la ciudad, sus

[a] *8* Ver Gén. 10:2; Eze. 38 y 39 [b] *9* Algunos mss. antiguos dicen *descendió de Dios*; otros, *descendió del Dios del cielo*. [c] *12* Algunos mss. tardíos dicen *delante de Dios*. [d] *13,14* O sea, la morada de los muertos [e] *14* Algunos mss. antiguos no incluyen *el lago de fuego*; otros omiten la frase entera: *Esta . . . fuego*. [f] *2* Algunos mss. antiguos incluyen *Juan*. [g] *3* Algunos mss. antiguos dicen *sus pueblos*. [h] *3* Algunos mss. antiguos dicen *y Dios mismo será su Dios con ellos*; otros omiten *como su Dios*. [i] *5* Algunos mss. antiguos tienen *me dijo*. [j] *6* Primera y última letras del alfabeto griego [k] *9* Algunos mss. tardíos incluyen *a mí*. [l] *10* Otra trad., *en espíritu* [m] *10* Algunos mss. tardíos incluyen *y grande*.

puertas y su muro. 16 La ciudad está dispuesta en forma cuadrangular. Su largo es igual a su ancho. El midió la ciudad con la caña, y tenía 12.000 estadios.[a] El largo, el ancho y el alto son iguales. 17 Midió su muro, 144 codos[b] según medida de hombre, que es la del ángel. 18 El material del muro era jaspe, y la ciudad era de oro puro semejante al vidrio limpio. 19 Los cimientos del muro de la ciudad estaban adornados con toda piedra preciosa. El primer cimiento era de jaspe, el segundo de zafiro, el tercero de ágata, el cuarto de esmeralda, 20 el quinto de ónice, el sexto de cornalina, el séptimo de crisólito, el octavo de berilo, el noveno de topacio, el décimo de crisoprasa, el undécimo de jacinto, el duodécimo de amatista. 21 Las doce puertas eran doce perlas; cada puerta fue hecha de una sola perla. La plaza era de oro puro como vidrio transparente.

22 No vi en ella templo, porque el Señor Dios Todopoderoso, y el Cordero, es el templo de ella. 23 La ciudad no tiene necesidad de sol ni de luna, para que resplandezcan en ella; porque la gloria de Dios la ilumina, y el Cordero es su lámpara. 24 Las naciones[c] andarán a la luz de ella, y los reyes de la tierra llevan a ella su gloria.[d] 25 Sus puertas nunca serán cerradas de día, pues allí no habrá noche. 26 Y llevarán a ella la gloria y la honra de las naciones. 27 Jamás entrará en ella cosa impura o que hace abominación y mentira, sino solamente los que están inscritos en el libro de la vida del Cordero.

El río y el árbol de vida

22 Después me mostró un río[e] de agua de vida, resplandeciente como cristal, que fluye del trono de Dios y del Cordero. 2 En medio de la avenida de la ciudad, y a uno y otro lado del río, está el árbol de la vida,[f] que produce doce frutos, dando cada mes su fruto. Las hojas del árbol son para la sanidad de las naciones.[g]

3 Ya no habrá más maldición. Y el trono de Dios y del Cordero estará en ella, y sus siervos le rendirán culto. 4 Verán su rostro, y su nombre estará en sus frentes. 5 No habrá más noche, ni tienen necesidad de luz de lámpara, ni de luz del sol; porque el Señor Dios alumbrará sobre ellos, y reinarán por los siglos de los siglos.

Cristo viene pronto

6 Me dijo además: "Estas palabras son fieles y verdaderas. Y el Señor, el Dios de los espíritus de los profetas,[h] ha enviado su ángel para mostrar a sus siervos las cosas que tienen que suceder pronto. 7 ¡He aquí vengo pronto! Bienaventurado el que guarda las palabras de la profecía de este libro."

8 Yo, Juan, soy el que he oído y visto estas cosas. Cuando las oí y las vi, me postré para adorar ante los pies del ángel que me las mostraba. 9 Y él me dijo: "¡Mira, no lo hagas! Pues yo soy consiervo tuyo y de tus hermanos los profetas y de los que guardan las palabras de este libro. ¡Adora a Dios!"

10 Y me dijo: "No selles las palabras de la profecía de este libro, porque el tiempo está cerca. 11 El que es injusto, haga injusticia todavía. El que es impuro, sea impuro todavía. El que es justo, haga justicia todavía, y el que es santo, santifíquese todavía. 12 He aquí vengo pronto, y mi recompensa conmigo, para pagar a cada uno según sean sus obras. 13 Yo soy el Alfa y la Omega, el primero y el último, el principio y el fin."

14 Bienaventurados los que lavan sus vestiduras,[i] para que tengan derecho al árbol de la vida y para que entren en la ciudad por las puertas. 15 Pero afuera quedarán los perros, los hechiceros, los fornicarios, los homicidas, los idólatras y todo el que ama y practica la mentira.

Conclusión

16 "Yo, Jesús, he enviado a mi ángel para daros testimonio de estas cosas para las iglesias. Yo soy la raíz y el linaje de David, la estrella resplandeciente de la mañana."

17 El Espíritu y la esposa dicen: "¡Ven!" El que oye diga: "¡Ven!" El que tiene sed, venga. El que quiere, tome del agua de vida gratuitamente. 18 Yo advierto a todo el que oye las palabras de la profecía de este libro: Si alguno añade a estas cosas, Dios le añadirá las plagas que están escritas en este libro; 19 y si alguno quita de las palabras del libro de esta profecía, Dios le quitará su parte del árbol de la

[a] *16* Equivale aprox. 2.200 km., siendo cada estadio de unos 180 m. [b] *17* O sea, un total de aprox. 70 m., siendo cada codo de 45 a 50 cm. [c] *24* Algunos mss. tardíos incluyen *que hayan sido salvas*. [d] *24* Algunos mss. antiguos incluyen *y su honra*; ver v. 26. [e] *1* Algunos mss. antiguos incluyen *limpio*. [f] *2* Otra trad., *Entre la plaza de la ciudad por este lado, y del río por aquel lado, está el árbol de la vida . . .* [g] *2* Comp. Eze. 47:12 [h] *6* Algunos mss. antiguos dicen *el Dios de los santos profetas*. [i] *14* Algunos mss. tardíos dicen *los que guardan sus mandamientos*.

vida y de la santa ciudad, de los cuales se ha
escrito en este libro.
20 El que da testimonio de estas cosas dice:
"¡Sí, vengo pronto!"
¡Amén! ¡Ven, Señor Jesús!
21 La gracia de nuestro Señor Jesús[a] sea
con todos.[b]

[a]21 Algunos mss. dicen *Jesucristo*. [b]21 Algunos mss. antiguos dicen *con todos vosotros*; otros, *con todos nosotros*; todavía otros dicen *con todos los santos*; y algunos incluyen *Amén*.

TABLA DE PESAS Y MEDIDAS

Para el Nuevo Testamento

Si bien las pesas y medidas del mundo antiguo no eran tan precisas como en el día de hoy, esta tabla da las equivalencias aproximadas según las mejores informaciones actualmente disponibles. Son las que se han seguido en las notas de la RVA.

A. DISTANCIA:

codo	45-50 cm.
braza	1,8 m.
estadio	180 m.
milla	1,5 km.

B. PESAS:

talento	34 kg.
libra (litra)	327 gramos

C. CAPACIDAD:

medida (metrete)	20-25 litros
barril (bato)	37-39 litros
medida (koro)	370-390 litros

MONEDAS:

denario	salario de un obrero por un día de trabajo
dracma	un denario
mina	moneda de oro que equivale a 100 denarios; o el sueldo de un obrero por 100 días de trabajo
talento	6000 denarios (o dracmas); aprox. 34 kilos
cuadrante	2 blancas (leptones); o 1/64 de denario (o dracma)
blanca (lepton)	1/128 de denario

NOTA: En lo que respecta a los áridos, "litros" es la capacidad de un decímetro cúbico, cuyo peso es menor que en el caso de líquidos.

TAREAS

PARA LOS LIDERES DE LOS ESTUDIOS BIBLICOS

1. Formar un grupo de amigos que desean estudiar la Biblia. No se debe incluir más de doce personas para que todas puedan participar activamente en los estudios. Si hay más de doce personas que quieren estudiar, será aconsejable dividir el grupo en dos. Cada participante debe comprometerse a asistir y a participar en el estudio cada semana.

2. Decidir quién será el líder de cada grupo. Esta persona será responsable de comenzar las reuniones y controlar la hora. Tendrá la libertad de dirigir los estudios o asignar a otros para que los dirijan cada semana, según los dones y habilidades de las personas del grupo.

3. Seleccionar, con la ayuda del grupo, un lugar donde se puedan reunir una vez por semana. Idealmente debiera ser una casa céntrica para el grupo, y que dispongan de una sala amplia. Pero, no se desanimen si el espacio es limitado.

4. Fijar un horario para los estudios, es decir, la hora para comenzar y la hora para terminar. Observe este horario en forma estricta para no perder el respeto del grupo. Cuando llegue la hora asignada para terminar, debe concluir el estudio aunque tenga que seguir la misma lección durante dos reuniones.

5. Orientar a los participantes sobre cómo aprovechar al máximo los estudios.

Recomiende:

(1) Antes de la reunión: Que cada panicipante lea el pasaje bíblico y la lección que corresponde con una mente abierta y el deseo de aprender algo más de la Palabra de Dios.

(2) Durante la reunión: Que cada uno procure adorar a Dios en espíritu y en verdad. Aprender a cantar los coros e himnos. Participar activamente en los estudios y pedir a Dios en oración que ayude a todos los miembros del grupo a entender y aplicar lo que él les enseña por medio de su Palabra. Sugiérase que cada uno participe en el diálogo con un espíritu positivo, abierto y humilde ante Dios. Que nadie domine la conversación y que todos reconozcan que la suprema autoridad del grupo es la misma Palabra de Dios. Su Espiritu ha de enseñarles.

(3) Después de la reunión: Que cada uno medite y hable con otros de lo que ha aprendido y que todos procuren vivir las enseñanzas estudiadas.

Desde luego, estas lecciones también servirán como temas para cultos y estudios para iglesias y misiones, y para reuniones del círculo familiar. A la vez, fácilmente se adaptan para una serie de estudios para una persona interesada en profundizar su conocimiento de la Biblia y su servicio al Señor Jesús de una manera individual.

Estudios Bíblicos "VENID A MI"

INTRODUCCION

Estos estudios están dedicados a las personas que como usted buscan la verdad. Presentan a Cristo como la verdad y como el único que puede llenar el vacío espiritual en el corazón humano.

Los estudios muestran a varias personas que llegaron a encontrarse con Cristo, quien trató a cada una de ellas según sus necesidades, de acuerdo con sus conocimientos y en un lenguaje que podían entender. Les mostró respeto y jamás trató de imponerse en contra de la voluntad de ellos. Quiso que cada persona reconociera su condición pecadora y aceptase ser perdonada por medio del amor y la gracia de Dios. Una vez que estas personas comprendían que Jesús era la respuesta divina para el problema del pecado, él les invitaba a seguirle como sus discípulos. En efecto, les decía: "VENID A MI." Algunos consideraron que los requisitos eran muchos y no le siguieron. Otros respondieron positivamente con gozo y alegría a pesar del precio que tenían que pagar.

Estos son los títulos de los estudios con sus correspondientes pasajes bíblicos:

1. Una Invitación para Todos — Mateo 11:28-30
2. Cómo Usar el Nuevo Testamento — Juan 3:16 y otros textos
3. La Fe que Trae Convicción — Juan 9:1- 41
4. La Dulce Experiencia del Perdón — Juan 8:1-11
5. La Mera Religión No Basta — Juan 3:1-21
6. El Dinero No Satisface el Alma — Lucas 19:1-10
7. Un Salvador para Todos — Juan 4:1-30
8. Un Joven que Tomó una Decisión Fatal — Marcos 10:17-22
9. Cristo Puede Cambiar Su Vida — Marcos 5:1-20
10. De Perseguidor a Predicador — Hechos 9:1-22
11. La Fe Viene por la Palabra de Dios — Hechos 8:26-40
12. Un Solo Mensaje para Todo el Mundo — Hechos 10:1-48
13. Primeros Pasos para el Nuevo Creyente — Hechos 4:12 y otros textos

El Espíritu Santo puede usar estos estudios para guiar al buscador sincero a entender cómo establecer una relación personal con Cristo, gozarse en el perdón que Dios le ofrece en él y sentir la paz divina y la seguridad de la vida eterna.

UNA INVITACION PARA TODOS

1. Pasaje bíblico

A partir de la lección 3 cada participante buscará la cita bíblica en el Nuevo Testamento. Pero para esta primera lección se transcribe el pasaje para facilitar el estudio, mientras todos los miembros del grupo estén aprendiendo a manejar el Nuevo Testamento:

"Venid a mí, todos los que estáis fatigados y cargados, y yo os haré descansar. Llevad mi yugo sobre vosotros, y aprended de mí, que soy manso y humilde de corazón; y hallaréis descanso para vuestras almas. Porque mi yugo es fácil y ligera mi carga " (Mateo 11:28-30, páginas 17, 18).

2. Desarrollo de este estudio

(1) Note de quién viene la invitación. Hay invitaciones a las cuales se presta poca importancia, porque las personas de quienes proceden no merecen gran respeto. A veces se acepta una invitación por temor a desairar a la persona o al grupo que invita. Hay invitaciones que uno no se atrevería a desatender porque proceden de personas que ocupan puestos altos. Así, por ejemplo, la invitación de un rey o del presidente de la república casi equivale a una orden, y no se osaría menospreciarla.

La invitación que está leyendo en la Escritura citada arriba viene de Cristo Jesús, Dios encarnado. ¿Acaso puede usted tratarla con indiferencia? El es el único que podría extender una invitación de tal naturaleza.

(2) Note lo que Cristo ofrece a los que aceptan la invitación. Estas palabras captan la atención, no solamente porque vienen de Jesús, sino también por las promesas que ofrecen. En este mundo hay muchas ofertas. Hay personas y empresas que ofrecen empleo, dinero, amistad y placeres; pero Jesús ofrece descanso. ¿Cuál será el descanso que él of rece? No es un mero descanso del cuerpo, sino un verdadero descanso para el espíritu fatigado y oprimido, y para el corazón atribulado. Es el descanso espiritual que cada ser humano anhela lograr. El ofrece descanso al alma, liberándola de la carga del pecado; descanso de los temores de la muerte y del castigo futuro, reemplazando estos temores con la paz divina y la seguridad de la vida eterna.

La invitación es para que usted venga a él. Una vez que responda por fe a esta invitación incomparable, él cumple su palabra, dando el descanso que las almas anhelan. Pero la promesa no termina allí. El le invita a entrar en sus labores como colaborador.

Además de ofrecer descanso espiritual a todos los que responden a su invitación, Jesús les invita a aprender de él, considerándoles sus colaboradores. La palabra discípulo quiere decir *el que es alumno* . Es decir, que los discípulos de Cristo, en la Biblia y en la actualidad, son sus alumnos. Siempre quieren aprender más de él, no solamente para ser sabios, sino para poder vivir la vida cristiana. Al terminar su ministerio terrenal, en su última comisión a sus seguidores, él dijo: "enseñándoles que guarden todas las cosas que os he mandado" (Mateo 28:20, página 40). Entonces, el hecho de acercarse a Jesús por la fe resulta en que uno recibe de él descanso espiritual, llega a ser su discípulo y siempre aprenderá de él más y más, y de la vida abundante que le da, con el fin de poner en práctica sus enseñanzas.

(3) Note a quién se dirige la invitación. Otra razon por la cual esta invitación llama la atención es por el hecho de que está dirigida a "todos los que estáis fatigados y cargados". Cada pecador que siente el peso de su maldad puede saber que esta promesa es para él. Cada persona que ha intentado hacer por sí misma la paz con Dios, ignorando que Cristo ya la hizo por todos, debe abrir sus oídos a esta promesa. La fatiga y la carga que Jesús mencionó muchas veces tienen que ver con los pecados. Uno se siente culpable ante Dios y a pesar de los esfuerzos personales no encuentra el descanso espiritual.

Puede ser que usted nunca haya sentido la necesidad del descanso espiritual que Jesús ofrece. Muchas personas se contentan con la creencia de que no hacen mal a nadie, pagan sus deudas, ganan la vida con el sudor de su frente y procuran siempre decir la verdad. Llegan a pensar que Dios estará obligado a recompensar sus buenos esfuerzos. En realidad, todos los hombres son pecadores, pero parece que algunos no se sienten seriamente afligidos por el peso de sus propias culpas. También hay personas tan endurecidas de conciencia que no les importa su pecado. Esto es una triste característica de la actualidad.

(4) Note los requisitos para aceptar la invitación.

Pregúntese a usted mismo: "¿Cómo puedo lograr este descanso?" Es un don que Jesús quiere regalarle. Nadie lo merece. Tampoco se lo puede ganar. Ni puede uno obtenerlo por medio de ritos religiosos ni de penitencias, ni de buenas obras. Sólo lo puede recibir por la fe, con un espíritu humilde y contrito, como un don gratuito, por lo cual tendrá que dar a Dios las gracias. El poeta lo expresa así:

No es rezando mucho
  que mi alma se ha de salvar
ni por gastar dinero
  que el cielo he de ganar.
Jesús es quien me salva
  pues él por mí murió,
y por su sangre, hecha
  la redención quedó.

En los estudios bíblicos siguientes usted encontrará la historia de varias personas que llegaron a creer en Jesús. Cada una de ellas tuvo que decidir por sí misma en cuanto a la invitación de Jesús. Cada una era distinta en cuanto a personalidad, edad, sexo y demás características. Pero todas tenían en común el vacío del corazón que solamente Cristo podía llenar.

3. Para reflexionar y dialogar

Lea de nuevo la invitación de Jesús en Mateo 11:28-30 (págs. 17, 18) con la ayuda de todos los miembros del grupo, conteste estas preguntas:

(1) ¿Quién extendió la invitación?
(2) ¿Qué ofreció a los oyentes?
(3) ¿Quiénes fueron los receptores de esa invitación?
(4) ¿Cuál fue la condición espiritual de ellos?
(5) ¿Qué fue lo que tuvieron que hacer los que respondieron a la invitación?
(6) ¿En qué sentido se incluye a todas las personas del siglo XX en esta invitación?
(7) Explique la diferencia entre ser religioso y saber de Jesús, y ser seguidor de él.

COMO USAR EL NUEVO TESTAMENTO

El propósito de esta lección es el de orientarle en el uso de su Nuevo Testamento, el cual es una parte de la Palabra de Dios y habla con autoridad. La Biblia fue escrita por varios hombres a lo largo de muchos años, bajo la inspiración de Dios. El poder divino la ha conservado durante los siglos, y permanece hoy como la fuente principal del conocimiento de Dios. En ella Dios revela un mensaje de amor para todos, incluyéndole a usted, y para cada circunstancia de la vida. Dios acompaña su Palabra y habla a través de ella.

Cada persona tiene el derecho y el privilegio de leer y estudiar la Biblia. El Espiritu Santo, quien inspiró a los hombres a redactarla, es el mismo que ahora le ayuda a usted a entenderla y aplicarla a su vida diaria. En los siguientes estudios ha de encontrar varios pasajes de su Nuevo Testamento. Ellos formarán la base de los estudios. Es sumamente importante que usted sepa manejar su Nuevo Testamento para aprovecharlo al máximo.

Cualquier cita bíblica se puede localizar fácilmente. Cada una incluye un *libro,* un *capítulo* y los *versículos* respectivos. Sería bueno memorizar, en orden, los nombres de los libros del Nuevo Testamento; pero mientras usted lo logra, puede encontrar en el índice sus nombres y el número de la página donde comienza cada uno de ellos. Busque esta lista en la página 4 para leer en orden los nombres de los libros. Los capítulos forman las divisiones mayores de cada libro, y los versículos son las divisiones menores de cada capítulo. Puede abrir su Nuevo Testamento en cualquier página para observar estas divisiones.

Por ejemplo, al ver la referencia Juan 3:16, sabe que:

(1) El libro a que se refiere es el Evangelio según Juan que comienza en su Nuevo Testamento en la página número 96.

(2) El primer número que sigue al nombre del libro se refiere al capítulo del libro. En este caso es el capítulo 3 que comienza en la página 98.
(3) El capítulo y los versículos se separan mediante dos puntos (:)
(4) El número que sigue a los dos puntos es el del versículo.
(5) Si el texto bíblico incluye dos versículos seguidos, o dos versículos separados, se los divide por una coma. Por ejemplo: Juan 3:16, 17.
(6) Si el texto incluye más de dos versículos, se indica separando, con un guión, el versículo con el cual comienza la cita y el versículo con el cual termina. Ejemplo: Juan 3:16-21.

Para aprovechar al máximo cada estudio bíblico, lea todos los pasajes, anticipando que Dios le enseñe algo. Recuerde que es la Palabra de Dios y que él tiene interés en el bienestar espiritual de usted y de todos los del grupo. Su Palabra muestra este interés. Cada estudiante de la Biblia puede experimentar la realidad de las promesas divinas. Aunque parezcan inalcanzables, Dios le dará la capacidad para comprenderlas y aceptarlas. Dios siempre es fiel a su Palabra y responderá a usted cuando con sinceridad y fe le pide sabiduría para comprender la naturaleza de sus promesas.

Nadie puede entrar en la profundidad de las bendiciones de Dios hasta que reciba a Jesús como Señor y Salvador personal. El propósito por el cual estudiaremos los encuentros en la vida de Jesús con otras personas es el de ver cómo ellas se le acercaron a él por fe y cómo usted les puede imitar.

Antes de proceder a la próxima lección para seguir los estudios, haga este ejercicio:

Busque en su Nuevo Testamento las siguientes citas bíblicas:

(1) Juan 3:16
(2) Juan 10:10
(3) Lucas 19:10
(4) Romanos 3:23
(5) Romanos 6:23
(6) Romanos 5:8
(7) Romanos 1:14-16
(8) Romanos 10:8-13
(9) Efesios 2:8, 9
(10) Hechos 4:12

Sugerencias para el que dirige el estudio

1. Que cada persona en el grupo busque cada cita. La primera persona que la encuentre tendrá el privilegio de leerla en voz alta después de que todos la hayan encontrado. Si en el grupo hay una misma persona que siempre encuentra primero la cita, se le puede pedir que explique a los demas cómo lo hace, y entonces tomar turnos para leerlas en voz alta. Después de leer una cita, cada persona del grupo puede indicar lo que este pasaje le enseña.

2. Si la reunión se extiende demasiado por la lectura de estos pasajes y el diálogo, lo mejor sería terminar la reunión a tiempo y que cada uno de los participantes lea los versículos bíblicos en su casa, que medite en lo que cada pasaje le enseña y que llegue a la próxima reunión preparado para dialogar sobre lo que Dios le ha enseñado en estos pasajes bíblicos.

LA FE QUE TRAE CONVICCION

1. Pasaje bíblico: Juan 9:1-41

(1) Lea el pasaje notando el desarrollo del encuentro, el milagro de sanar al ciego y los resultados:

- vv. 1-7 El milagro
- vv. 8-12 La curiosidad de los vecinos
- vv. 13-17 La interrogación al hombre sanado
- vv. 18-23 La interrogación a los padres
- vv. 24-34 Una nueva interrogación al sanado
- vv. 35-41 El testimonio del hombre sanado

(2) Pida a Dios que use esta porción bíblica para abrir sus ojos a lo que él quiere enseñarle.

2. Palabras de esta lección que usted debe entender

(1) *Rabí*- Significa "mi grande". Llegó a ser entendida como "maestro". Fue un título dado a las personas que tenían reconocida habilidad para enseñar el Antiguo Testamento.

(2) *Sábado* - El séptimo día de la semana fue el día designado por la ley judía para descansar y celebrar la bondad divina. Las muchas tradiciones y restricciones acerca del sábado llegaron a ser un peso para el pueblo. Esas tradiciones formaban la base de una controversia constante entre Jesús y los fariseos.

(3) *Fariseos* - Un partido religioso de los judíos que se había organizado durante el período de la historia entre el Antiguo y el Nuevo Testamento. Enseñaban el deber de observar la letra de la ley de Moisés y los centenares de interpretaciones tradicionales que fueron añadidas a ella a través de los siglos.

(4) *El Cristo* - El Mesías, el Ungido, el que Dios escogió y mandó al mundo como el Señor y Salvador universal. Las obras y las enseñanzas de Jesús probaron que él era el Cristo. Su resurrección de entre los muertos puso el sello divino sobre esta verdad.

(5) *Edad tiene* - Indica que el hombre que nació ciego y fue sanado era adulto y que los padres no eran responsables por lo que él decía y hacía.

(6) *Sinagoga* - Un edificio en cada pueblo, aldea o ciudad del mundo donde vivía cierto número de judíos. Asistían a la sinagoga para oír la Palabra de Dios, para adorar a Jehovah, para aprender su ley y llevar a cabo las actividades religiosas en la comunidad. El hecho de pertenecer a la sinagoga equivalía para los judíos a tener seguridad espiritual. Ser expulsado de la sinagoga significaba que una persona era excomulgada de la familia de la fe y de toda comunión religiosa y social.

(7) *Profeta* - Un enviado por Dios con una misión específica. En este caso, el milagro de sanar al ciego fue la señal divina de la misión profética de Jesús.
(8) *Discípulo* - Una persona que aprende y camina en una disciplina o doctrina bajo la dirección de un maestro.

3. *Desarrollo del episodio*

(1) Hay muchas maneras de enfocar este estudio. Lo importante es que vemos a Jesús, rodeado por muchas personas, llevando a cabo su misión divina. Esta porción bíblica es un espejo en el cual se puede ver cualquier comunidad del mundo. Podemos observar a las siguientes personas en el relato:
- *Los filósofos:* Siempre hay personas a quienes les gusta ver todo lo que pasa en esta vida desde el punto de vista filosófico. En este pasaje eran los que andaban con Cristo quienes comenzaron a hablar sobre la razón por la cual ese hombre nació ciego. Parece que no se les ocurrió la idea de ayudarle.
- *Los curiosos:* Los vecinos y los demás de la ciudad vieron el cambio en el hombre. Su curiosidad les llevó a conversar sobre el cambio. Algunos dudaban de que fuera el mismo hombre.
- *Los temerosos:* Los padres no quisieron hablar sobre quién hizo el milagro de dar la vista a su hijo, por temor a que fuesen expulsados de la sinagoga. Ellos habrían sabido que Jesús fue la persona que sanó a su hijo. Este había compartido su experiencia con todos. Pero la autoridad despótica de los fariseos les hizo tener un comportamiento cobarde. Es fácil actuar igual que ellos.
- *Las autoridades:* Los fariseos dominaban al pueblo en los asuntos religiosos. Nadie se atrevía a ir en contra de ellos. Al ver que aquel hombre que nació ciego había recobrado la vista milagrosamente, trataron de convencerle de que Jesús no había venido de Dios y que, además de esto era pecador. El orgullo de esos hombres no les dejó admitir lo evidente e innegable. Luego dejaron de discutir con el hombre y comenzaron a ofenderle. Eran discípulos de Moisés, pero no reconocían a Jesús como el cumplimiento de lo que el mismo Moisés había dicho y escrito, ni permitían a otros hacerlo.
- *Los necesitados:* El mundo está lleno de gente necesitada. Siempre ha sido así. Pero, ¿quién en este relato bíblico tenía la mayor necesidad, el ciego o los fariseos? Los verdaderos ciegos son las personas que no quieren reconocer a Jesús como el cumplimiento de las profecías del Antiguo Testamento y como el único Mediador entre Dios y los hombres. (Lea 2 Corintios 4:3, 4.)

(2) El hombre ciego mostró su fe en Jesús cuando se fue al estanque a lavarse. Así recuperó su vista física. El impacto de eso milagro fue tal que todo el pueblo estuvo hablando de lo que le había pasado, y se preguntaban quién era el responsable por este milagro.

El milagro innegable fue la vida cambiada. El hombre estaba tan convencido de lo que le había sucedido que fue en contra de las autoridades judías, no dejándose vencer por ellas. Podrían expulsarle de la sinagoga pero no podrían negar el milagro. El hombre sanado no lo podía explicar, pero testificó del hecho de que podía ver (v. 25).

Fue una maravilla que aquel hombre fuera sanado físicamente. Pero el milagro aun más grande fue que recuperó la vista espiritual. Al principio del episodio reconoció a Jesús como a un hombre (v.11). Después le proclamó como profeta (v. 17); luego, como a uno que vino de Dios (v. 33); y al final, entendió que era el Ungido, o Mesías, a quien Dios mandó para que todos recuperaran la vista espiritual (vv. 35-38).

4. *Para reflexionar y dialogar*

(1) ¿Puede usted identificar a los filósofos, curiosos, temerosos, autoridades y necesitados en su propio medio?
(2) ¿A qué grupo pertenece usted?
(3) ¿Cuál es la necesidad más grande de todos los hombres?
(4) ¿Cuál es la respuesta divina para estas necesidades?
(5) ¿Cómo puede Jesús ayudarles a éstos en su necesidad?
(6) ¿En qué sentido vemos en el caso del hombre nacido ciego un ejemplo de fe que trae convicción?

LA DULCE EXPERIENCIA DEL PERDON

1. *Pasaje bíblico: Juan 8:1-11*

(1) Lea todo el pasaje.
(2) Pida a Dios que le ayude a entender esta porción bíblica.

2. *Palabras de esta lección que usted debe entender*

(1) *Escribas* - Un grupo de abogados y maestros judíos cuya profesión demandaba mucha pericia. Al copiar los manuscritos del Antiguo Testamento y las reglas de la ley, compilaban comentarios de interpretación de leyes, a las cuales agregaban reglas rituales. Se les consideraba como los eruditos y la autoridad máxima en el campo de la interpretación de las leyes de Dios para el pueblo.
(2) *Maestro* - Un título distinguido en Israel. Lo usaron para mostrar respeto a las personas que enseñaban con autoridad.

3. *Desarrollo del episodio*

(1) Note la trampa que los líderes religiosos tendieron a Jesús. Buscaban una razón por la cual podían acusarle, prenderle y condenarle a muerte. Leyendo el capítulo anterior (Juan 7:45-52), usted puede notar que fracasaron en ese esfuerzo. Uno de los propios dirigentes les hizo recordar que no había encontrado una razón para condenarle.

Ahora estaban sequros de que Jesús tendría que estar de acuerdo con ellos o que se pondría en contra de la ley de Dios. A la vez que ellos pusieron la trampa para Jesús, el quiso ayudarles a entender que él no había venido para condenar, sino para perdonar y restaurar a los pecadores.

(2) Note la mujer que llevaron. Trate de ponerse en el lugar de esa mujer. ¿Puede imaginarse cómo debió haberse sentido en la presencia de Jesús y de aquellos acusadores? No cabía duda de que era culpable del pecado de adulterio. Según la ley de los judíos los culpables de ese pecado merecían morir. Ella no tuvo ninguna base para salvarse de la muerte. La única esperanza que tenía era la misericordia y el perdón.

(3) Observe cómo Jesús escapó de la trampa que le habían tendido, dirigiendo el pensamiento de los acusadores hacia su propia culpa.

(4) Considere el dilema en que se encontró Jesús. El no pudo aprobar el pecado. Tampoco quiso unirse al grupo que estuvo dispuesto a condenar a aquella mujer a morir. El bienestar espiritual de ella no le interesaba al grupo. Jesús la reconocía como pecadora, pero quiso restaurarla en su respeto y dignidad como persona, a la vez que la perdonó de su pecado. El sabía que los acusadores eran pecadores que necesitaban del perdón, así como la mujer.

(5) Este pasaje revela una de las obras más radicales que Jesús realizó en todo su ministerio terrenal. En vez de condenarla, la perdonó y la puso en el camino para vivir una vida diferente de la de antes.

4. Para reflexionar y dialogar

(1) ¿Cuál fue la respuesta que los líderes religiosos esperaban de Jesús?

(2) ¿De qué quisieron acusarle?

(3) ¿Cómo se sentiría usted si tuviera que ponerse delante de Jesús y revelar el pecado más vergonzoso de su vida?

(4) ¿Por qué es más fácil ver los problemas, debilidades y pecados de otros que darnos cuenta de los nuestros?

(5) ¿Qué piensan de la manera cómo Jesús escapó de la trampa?

(6) ¿Es más fácil criticar y condenar, o mirar con compasión y perdonar?

(7) Si usted hubiese sido uno de los acusadores, ¿qué habría hecho al salir de allí?

(8) Si usted hubiese sido esa mujer, ¿cómo habría descrito "la dulce experiencia del perdón"? ¿Qué habría hecho después con su vida, para agradar a Jesús?

(9) ¿Cómo sabemos que Jesús tiene poder para perdonar pecados en el día de hoy?

LA MERA RELIGION NO BASTA

1. Pasaje bíblico: Juan 3:1-21

(1) Lea todo el pasaje.
(2) Pida a Dios que le ilumine la mente y el alma a través de este estudio para que entienda lo que significa el hecho de nacer de nuevo.

2 Palabras de esta lección que usted debe entender

(1) *Gobernante de los judíos* - Miembro del Sanedrín, o corte suprema de los judíos.
(2) *Señales* - Vea Juan 2:23. Incluía todos los milagros y enseñanzas de Jesús.
(3) *Reino de Dios* - Los judíos habían esperado el reino mesiánico por muchos siglos. En los días de Jesús ellos tenían un concepto político y materialista de dicho reino. Esperaban que el Mesías viniera para comenzar un reino que vencería a otros y que gobernaría en este mundo. En contraste con esas ideas, Jesús enseñaba que el reino de Dios comenzaría en la vida de cada persona que le permitiera a él entrar en ella y gobernarla. En el tiempo presente el reino de Dios significa la comunidad de los redimidos y cada seguidor de Jesús pertenece a ella. La culminación del reino está relacionada con la segunda venida de Cristo.
(4) *Nacer de nuevo* - Es expresión sinónima de "nacer de arriba". Significa el principio de la vida espiritual sin la cual nadie es cristiano. Jesús habló del nacimiento físico para aclarar esta experiencia espiritual a Nicodemo. Es obra divina milagrosa y misteriosa que transforma la vida de los que se entregan a Cristo y les hace partícipes en el reino de Dios para siempre.
(5) *Hijo del Hombre* - Jesús se identificaba con este título más que con cualquier otro. Viene de Daniel 7:13 y según la profecía, el Mesías usaría este título y tendría al final el dominio sobre la humanidad. Jesús usaba el título con referencia a su sufrimiento y muerte. El Hijo de Dios encarnado llegó a identificarse con los hombres y murió por ellos.

3. Desarrollo del episodio

(1) Observe que Nicodemo tenía su religión pero sentía que su vida estaba vacía. No conocía la paz verdadera que da el hecho de haber sido perdonado ni la seguridad de ser un hijo de Dios; pues la mera religión no basta.
(2) Las señales que Jesús hacía llamaron la atención hacia su persona. Algunos han sugerido que Nicodemo era un cobarde y que por eso se acercó a Jesús de noche para que ninguno de los líderes del pueblo le viera. Lo importante no es la hora en que buscó a Jesús sino el hecho de que lo hizo.

(3) Nicodemo esperaba que Jesús satisfaciera sus inquietudes espirituales. Su problema era que quería entender todo lo relativo al reino de Dios sin entrar en él. Jesús le hizo volver a lo más básico: la posibilidad de nacer de nuevo y formar parte de la familia de Dios.

(4) Jesús comparó el hecho de nacer espiritualmente con el nacimiento carnal. Nicodemo no entendía las palabras de Jesús y repitió su deseo de comprenderlo. El Maestro le indicó que lo importante no era entenderlo, sino experimentarlo. Luego le dijo que era una experiencia tan real y tan inexplicable como el viento. Es la obra del Espíritu Santo de Dios en la vida de las personas que confían en Jesús como Señor y Salvador.

(5) Jesús usó una ilustración de la historia de Israel (Números 21:4-9) para ayudar a Nicodemo a entender el mensaje milagroso de la salvación. Después vemos que su propósito al venir al mundo no era el de condenar a los pecadores sino el de salvarlos. Observamos tres asuntos importantes: el amor, la luz y la vida.

El amor de Dios es inexplicable. No es como el amor entre los seres humanos que aman a los que les aman. Dios ama a los que le han dado las espaldas y que andan en contra de sus leyes. Este amor es la base de la salvación eterna que Dios ofrece a los hombres. Sólo el amor divino explica la muerte de Jesús en la cruz. Vuelva a leer Juan 3:16.

En forma simbólica, esta porción bíblica se refiere a la venida de Jesús como una luz que brillaba en la oscuridad y en las tinieblas del pecado. El propósito de la luz era que los hombres pudieran ver el camino para volverse a Dios. En vez de hacerlo, muchos escogían esconderse en el pecado.

La vida en este mundo es corta. La muerte física es segura. Además de ésto, esta vida está llena de enfermedades, dolores y problemas. Jesús enseñaba que Dios deseaba dar a todos la vida eterna. No hablaba de extender la vida como se la conoce en este mundo. La que él daba tenía que ver con la calidad de vida, una vida que la muerte física no podía destruir. En otra ocasión Jesús dijo: "Yo he venido para que tengan vida, y para que la tengan en abundancia" (Juan 10:10). Esta vida abundante que Jesús ofrece es lo que cada creyente en Cristo recibe.

(6) Evidentemente, Nicodemo se fue de la presencia de Jesús en aquella noche sin tomar una decisión de serle seguidor. Pero, nunca podía olvidar las palabras del Maestro. En la profundidad de su alma, Jesús había dado respuesta a sus preguntas. Después, en el mismo Evan gelio de Juan, Nicodemo se encuentra entre los demás líderes del pue blo, pero sin estar de acuerdo con ellos en condenar a Jesús a morir (Juan 7:45-52). Más tarde, le vemos cuando ayudó a bajar el cuerpo de Jesús de la cruz, prepararlo y ponerlo en el sepulcro.

Esta acción parece indicar que Nicodemo decidió superar su religión antigua y a los compañeros de la corte suprema para ser seguidor de Jesús (Juan 19:38-42). ¿Podría haber sido posible que cuando vio a Jesús levantado en la cruz, entendiera la referencia histórica de aquella noche cuando Jesús le habló de Moisés y la serpiente? Antes de responder, lea otra vez los versículos 14 y 15 del pasaje que forma la base bíblica de esta lección.

4. Para reflexionar y dialogar

(1) ¿Cuándo piensa usted que Nicodemo decidió ser seguidor de Jesús?
(2) ¿En qué sentido es superior la fe cristiana a las demás religiones?
(3) ¿Puede usted explicar, usando sus propias palabras, el milagro de nacer de nuevo?
(4) ¿Puede usted explicar la diferencia entre entender lo que significa el hecho de ser cristiano y el hecho de haberlo experimentado?
(5) ¿En qué sentido se relacionan el juicio divino y el hecho de aceptar o rechazar a Jesús como Salvador?
(6) Aprenda de memoria Juan 3:16 antes de la próxima reunión del grupo. ¿Cómo se relaciona este versículo con la invitación de Jesús: "Venid a mí"?

EL DINERO NO SATISFACE AL ALMA

1. Pasaje bíblico: Lucas 19:1-10

(1) Antes de leer el pasaje reflexione sobre los primeros cinco estudios y dé gracias a Dios por su Palabra y por todo lo aprendido. ¿Aprendió de memoria Juan 3:16?
(2) Lea el pasaje. La porcion bíblica para hoy es corta. La lección es sencilla pero a la vez de mucha importancia, porque revela la razón de la venida de Jesús.

2. Palabras de esta lección que usted debe entender

(1) *Jericó* - Ciudad en el valle del río Jordán a unos 25 kilómetros de Jerusalén. Era un lugar próspero por las actividades comerciales internacionales. Era la ciudad de vacaciones para la familia de Herodes y otros gobernantes.
(2) *Publicano* - En el tiempo de Jesús se refería a los cobradores de impuestos para Roma. Cuando algún judío era nombrado para este puesto, el pueblo judío consideraba a esa persona como traidora a su patria y servidora de Roma. El puesto remuneraba muy bien a los que lo ocupaban. Aparte de cobrar los impuestos debidos a Roma, la gran mayoría de los publicanos estafaba al pueblo. Por lo tanto, la gente

les odiaba. Zaqueo era un "principal de los publicanos"; esto nos indica que otros publicanos trabajaban bajo su dirección. Es interesante que Mateo, uno de los doce apóstoles de Jesús, había sido publicano (Lucas 5:27-32).

(3) *Hijo de Abraham* - Un verdadero judío, que formaba parte de la familia de Dios y comprendía los valores espirituales del reino de Dios; como sucedió con Zaqueo como consecuencia de su encuentro con Jesús.

3. Desarrollo del episodio

Zaqueo recibió a Cristo como Señor, y el resultado de esa experiencia fue un cambio total en su vida. Siga los pasos de cómo ocurrió:

(1) Zaqueo tenía una necesidad y la reconoció. Es difícil que una persona bien acomodada reconozca que le falta algo. Esta clase de personas acostumbran comprar todo lo que les apetece, si bien, tarde o temprano, se dan cuenta de que las cosas más valiosas en la vida no se pueden comprar con dinero. ¿Cuánto daría un enfermo por recuperar la salud? ¿Cuál sería el precio de un verdadero amigo? El amor en la familia da seguridad y felicidad, pero si hubiera que comprarlo, ¿cuántos lo tendrían?

La necesidad más grande es la del alma. El más pobre de este mundo es la persona que sólo tiene dinero y los bienes que el dinero le puede dar. Hay un vacío espiritual en cada persona, y nadie puede sentir paz espiritual hasta que su alma descanse en Cristo.

(2) Zaqueo sentía un deseo y se puso en acción. Oyó que Jesús iba llegando a su ciudad y quiso verle, porque sentía que él podía llenar su necesidad.

(3) En su esfuerzo para llegar a la presencia de Jesús se encontró con una barrera. Las multitudes rodeaban al Maestro, y la estatura de Zaqueo le impedía llevar a cabo su deseo. Zaqueo no permitió que las circunstancias lo vencieran. Al ver hacia donde iba Jesús y los que le rodeaban, se adelantó y subió a un árbol cerca del cual tenían que pasar. Debe haber parecido hasta ridículo que un hombre rico estuviera sentado sobre la rama de un árbol como si fuera un muchacho. Tan fuerte fue su deseo de ver a Jesús que no le importó lo que tuviera que hacer para llevarlo a cabo.

(4) Zaqueo recibió una invitación personal de Jesús, ¡y la aceptó! Más tarde, Jesús asombró a la multitud al aceptar la hospitalidad de este despreciado cobrador de impuestos. Cualquier cosa que fuera la que atrajo a Zaqueo hacia Jesús —necesidad o curiosidad— el milagro de conversión ocurrió cuando Jesús le pidió que bajara del árbol y le avisó que iba a su casa. Zaqueo bajó del árbol gozoso y le recibió en su casa.

(5) Zaqueo experimentó un cambio, y su confesión así lo demostró. Antes de aceptar la invitación de Jesús, Zaqueo era un hombre centrado en sí mismo y amante del dinero. Repentinamente se preocupó de enmendar las injusticias que había cometido con otros. Esa actitud de interés por otros y por lo justo es otra evidencia de su salvación. Al escuchar las palabras de Zaqueo, Jesús confirmó que la salvación había llegado a esa casa.

4. *Para reflexionar y dialogar*

(1) ¿En qué sentido puede la experiencia de Zaqueo ilustrar que el dinero no satisface el alma?
(2) ¿Cuáles son algunas de las barreras en el camino de las personas de hoy que hacen difícil que ellas lleguen a Jesús?
(3) ¿Qué se puede hacer para ayudar a estas personas a vencer esas barreras?
(4) Lea otra vez Mateo 11:28-30 para considerar y reconocer que cada persona ha recibido una invitación personal de Jesús.
(5) Lucas 19:10 da la razón por la cual Jesús vino al mundo. Apréndalo de memoria. Explique lo que usted entiende de esa declaración. ¿Qué nos señala esto acerca de la misión de Jesús?
(6) ¿Cómo se lleva a cabo esta misión de Jesús en el día de hoy?

UN SALVADOR PARA TODOS

1. *Pasaje bíblico: Juan 4:1-30*

(1) Esta porción del Nuevo Testamento muestra cómo Jesús rompió con las tradiciones y los prejuicios raciales de su época para llevar el mensaje de esperanza y salvación a todos.
(2) Lea el pasaje notando las tradiciones, las barreras y los prejuicios evidentes en aquellos días y cómo el Maestro los venció.
(3) Tenga unos momentos de oración dando gracias a Dios por la salvación en Cristo que es para todos.

2. *Palabras de esta lección que usted debe entender*

(1) *Samaria, samaritanos* - Samaria era un territorio que quedaba entre Judea y Galilea al lado oeste del río Jordán. Unos 700 años antes de Cristo, durante los años de la cautividad asiria, los israelitas que no fueron llevados cautivos se mezclaron con gente extranjera llevada allí por los asirios. Así los israelitas se desviaron de su cultura y de su religión. Los judíos se sintieron superiores a ellos en todo sentido y les odiaron. Muchos judíos llegaron al punto de que ni aun caminaban por el territorio de Samaria. Para ir de Judea a Galilea cruzaban el río Jordán y caminaban bordeándolo. Por eso, note en el versículo 4 del texto, que Jesús iba contra los prejuicios de la época.
(2) *Jacob y José* - Antepasados de los judíos y de los samaritanos. Si desea entender el trasfondo de cuando Jacob dio este terreno a José, puede leer Génesis 48:1-22.

(3) *Este monte* - Se refiere al monte Gerizim en donde los samaritanos tenían su centro de culto. Ellos tenían sólo los primeros cinco libros del Antiguo Testamento, pero, evidentemente, esto era suficiente para que estuvieran informados de que iba a llegar el Mesías.

3. Desarrollo del episodio

El encuentro de la mujer samaritana con Jesús es de sumo interés. Se observa aquí al evangelista por excelencia evangelizando a una pecadora. Repasar el encuentro es como si contempláramos la luz divina brillando sobre la oscuridad del pecado, hasta penetrar el alma de aquella mujer. Al descubrir a Jesús como el Mesías prometido, su vida fue cambiada, y ella llegó a ser una mensajera de la salvación para sus conciudadanos.

Según las tradiciones de la época, había varias razones por las cuales Jesús no debiera haber hablado con la mujer. Era algo delicado que un hombre hablara con una mujer en un lugar público. Además, los prejuicios religiosos tampoco permitían a los samaritanos y a los judíos conversar. También, la Escritura dice que Jesús estaba cansado. ¿Por qué dedicar fuerzas a hablar con una extranjera cuando él tenía necesidad de descansar? Pero note que Jesús venció las limitaciones humanas, cruzó las barreras religiosas y los prejuicios de la época con el fin de dar a conocer las buenas nuevas.

Después de haber leído el relato, ¿qué opinion se ha formado usted de aquella mujer? Quizás quiera dialogar sobre este tema con los compañeros del grupo antes de seguir el estudio. iNote que a pesar de que ella era pecadora, también era religiosa a su manera. Pero, ¿de qué sirve una religión que no se manifiesta en la vida diaria?

Observe el comienzo y el desarrollo de la conversación entre Jesús y la mujer:

(1) Jesús comenzó la conversación de una manera natural. Estaban al lado de un pozo. ¿Qué sería más natural que hablar acerca del agua?

(2) Jesús profundizó la conversación cuando dejó de hablar del agua del pozo y mencionó el agua viva.

(3) Jesús le reveló a ella su pecado cuando le recordó su vida de inmoralidad. Al mencionar su pecado en seguida ella quiso cambiar el tema. Siempre es incómodo hablar del pecado con una persona si ésta no está dispuesta a arrepentirse. Jesús le permitió desviar la conversación para enseñarle que en la adoración el lugar no es tan importante como el espíritu del adorador.

(4) Jesús se le presentó a ella como el Mesías esperado, y ella le aceptó por fe. Al confiar en él como el Cristo, se emocionó, dejando olvidado su cántaro, corrió a la ciudad para compartir con otros lo que había sucedido.

(5) A pesar de las diferencias entre los samaritanos y los judíos, Jesús aceptó la invitación de ellos a quedarse allí durante dos días. Lea los versículos 39-42 para ver el resultado de aquella visita.

4. Para relfexionar y dialogar

(1) ¿Qué entiende usted por las palabras “agua viva”?
(2) ¿Quiénes necesitan esta agua, y cómo se la puede obtener?
(3) ¿Cómo se puede adorar a Dios en espíritu y en verdad?
(4) Explique cómo esta historia muestra que Jesús es el Salvador para todos.
(5) ¿Quiénes son las personas en su comunidad que son similares a la mujer samaritana en su necesidad?
(6) ¿Cómo se puede llevar el mensaje de salvación a ellas?
(7) ¿En qué sentido se relaciona esta lección con la invitación de Jesús: “Venid a mí”?

Apuntes

UN JOVEN QUE TOMO UNA DECISION FATAL

1. Pasaje bíblico: Marcos 10:17-22

(1) Este relato es conocido como "El Joven Rico". Mateo 19:16-22 identifica al hombre como joven. Lucas 18:18-23 nos hace entender que era un hombre principal entre los judíos. Los tres Evangelios (Mateo, Marcos y Lucas) nos cuentan que tenía muchas posesiones, que era rico.

(2) Lea el texto: Marcos 10:17-22

2. Palabras de esta lección que usted debe entender

Los mandamientos - Los Diez Mandamientos se encuentran en Exodo 20:1-17. Cuatro de éstos tienen que ver con la relación vertical (divina) del hombre. Los otros seis tienen que ver con la relación horizontal (humana).

3. Desarrollo del episodio

El mundo tiende a enseñar que si una persona tiene dinero y un puesto político, no tendrá necesidad de otras cosas. Tendrá sus amigos para que le ayuden y el dinero para comprar todo lo que su corazón desee. Pero en este pasaje bíblico se ve a un joven que, a pesar de ser rico y poderoso, tenía una necesidad que ninguna persona de influencia podía llenar y que el dinero tampoco podía cubrir. ¿Cuál era esa necesidad? Se manifestó como el deseo de saber, con toda seguridad, que cuando tuviera que cerrar los ojos en esta vida, en la experiencia de la muerte, pasaría a la vida eterna con Dios. Es decir, tenía una necesidad espiritual. Cada uno tiene esta necesidad, y todos desean tener la seguridad de la vida eterna tras la cortina de la muerte.

Jesús estaba caminando entre Perea y Jerusalén cuando se encontró con el joven. Fue un encuentro raro y breve, y al final, triste.

(1) El joven mostró su sinceridad para con Jesús al arrodillarse delante de él. La sinceridad es loable en cualquier persona. Nadie puede llegar a conocer a Jesús como Salvador y Señor sin ser sincero. Fingir delante de Dios de nada sirve, porque él conoce las intenciones del corazón.

(2) El joven identificó a Jesús como 'Maestro bueno". El Maestro aclaró 'esas palabras. Hay personas no creyentes que usan estos versículos para enseñar que Jesús mismo declaró que no era Dios. Pero, al examinar el texto más de cerca se descubre que Jesús le habló en esta forma para verificar si en realidad el joven sabía con quién estaba hablando. ¿De veras reconoció que Jesús era Dios encarnado? Si hubiera reconocido a Jesús como Dios habría podido seguir con la conversación estando seguro de que la respuesta a su pregunta venía de Dios mismo.

(3) Después de aclarar con quién estaba hablando, Jesús quiso ayudar al joven a reconocerse como idólatra. Era evidente al Maestro que el dios del joven era su riqueza. No sería posible para el joven encontrar al Dios verdadero y la seguridad espiritual que deseaba mientras otros dioses ocuparan el trono de su vida.

(4) Evidentemente era una persona que gozaba de una relacion horizontal excelente. Note cuáles de los Diez Mandamientos había guardado. Era un hombre bueno, pero el hecho de ser una persona buena y gozar de una buena relación con los demás no le daba seguridad de pertenecer a la familia de Dios.
(5) Jesús le miro y le amó. Quiso añadir este joven al grupo de sus discípulos. Puso el dedo en la llaga al pedirle que vendiera todos sus bienes y regalarlo a los pobres. Al reflexionar sobre la realidad de vivir sin esas cosas y confiar totalmente en Cristo, el joven tomó su decisión fatal. No estuvo dispuesto a pagar el precio que Jesús demandó, y rechazó el mensaje y la invitación del Maestro.
(6) El relato termina con el joven saliendo de la presencia del Maestro. Note que se fue triste. Es posible llegar a la presencia de Cristo, entender el plan de la salvación, escuchar la invitación divina y salir sin ser cristiano. No es posible rechazar el mensaje de la salvación e irse feliz.

4. Para reflexionar y dialogar

(1) ¿Ha observado usted la idolatría de la gente de hoy? ¿Cuáles son algunos de los dioses falsos a los que la gente sirve?
(2) ¿Tiene usted la paz del alma y la seguridad de la vida eterna? Re cuerde que la invitación de Jesús, “Venid a mí”, es para usted también.
(3) ¿Qué significan para usted las palabras, “Ven, sígueme”? (v. 21).
(4) ¿Por qué podemos catalogar lo que decidió este joven rico como “una decisión fatal”?
(5) ¿Qué decisión ha tomado usted respecto a Jesús como Salvador y Señor?

Apuntes

CRISTO PUEDE CAMBIAR SU VIDA

1. Pasaje bíblico: Marcos 5:1-20

(1) Aquí vemos que Jesús rescató a una persona que la gente creía incorregible. Sea por haber sido expulsado de la ciudad o por determinación propia debido a su estado no normal, vivía entre los sepulcros y vagaba por las montañas. Y si Cristo pudo transformar a alguien tan difícil, ¿no puede hacerlo con cualquiera?

(2) Lea el pasaje y pida a Dios en oración que le ayude a entender esta porción de su Palabra y a poner en práctica lo entendido.

2. Palabras de esta lección que usted debe entender

(1) *Gadarenos* - Habitantes de la región de Gadara, al oriente del mar de Galilea; Gadara era una de las diez ciudades de Decápolis (v. 20) que habían formado una liga, cuyos habitantes eran mayormente griegos.

(2) *Espíritu inmundo* - El versículo 10 lo relaciona con "los demonios", seres espirituales al servicio de Satanás, que afectan para mal a los humanos. Las circunstancias que condujeron a ese hombre a esta triste condición no las sabemos. Los vicios a veces contribuyen a tales cosas.

(3) *Le adoró* - Aun en el corazón de un prisionero de Satanás hay algo que puede responder al amor y compasión de Jesús, y existe la capacidad para temerle y adorarle.

(4) *Los cerdos en el mar* - Aunque no sabemos precisamente por qué Jesús usó este método de desalojar los demonios, enfatiza que un sólo hombre vale más que miles de animales. Es interesante recordar que los judíos consideraban al cerdo como inmundo y no apto para el consumo del pueblo de Dios.

3. Desarrollo del episodio

Lo importante de este pasaje es que Jesús se encontró con aquel hombre cuya vida había sido destruida por el diablo, y le transformó. El cambio radical en el hombre está mostrado por estas palabras: "sentado, vestido, y en su juicio cabal".

Podemos hacer un resumen del pasaje por medio de las tres solicitudes que se encuentran en él:

(1) Los demonios pidieron a Jesús que los enviara a los cerdos y Jesús "les dio permiso". No los mandó a destruir los cerdos. La voluntad perfecta de Dios no incluye el pecado o el sufrimiento. La voluntad permisiva de Dios ha dejado al enemigo con cierta libertad por un tiempo. No se puede echar la culpa a Dios por la maldad que viene a la vida como el resultado del pecado.

(2) Las personas de la región imploraron a Jesús que saliera de su territorio. El nunca se queda donde no se le invita; así que se fue. Esta es una verdad. El se queda en la vida, el hogar y la nación, si se le

invita; pero nunca entra por la fuerza o en contra de la voluntad de una persona.

(3) El que había sido endemoniado le rogaba a Jesús que le permitiera ir con él. En vez de permitirle salir de la región, le dio una tarea más difícil. Le mandó volver a su propia casa y a su pueblo, para compartir con ellos todo lo que Cristo había hecho en él. Con razón, "todos se maravillaban" al ver el cambio radical de aquel hombre. Se puede criticar la filosofía cristiana, pero nadie puede hablar en contra de una vida cambiada. El mundo espera de los cristianos una manifestación de la vida cristiana.

4. Para reflexionar y dialogar

(1) ¿De cuántas maneras ha notado usted que el diablo quiere controlar a los hombres?

(2) ¿Quién controla su propia vida?

(3) ¿Cuáles son algunos de los cambios que ocurren cuando una persona encuentra la vida nueva en Jesús? Lea 2 Corintios 5:17, 18 y aprenda estos versículos de memoria.

(4) ¿Cómo puede usted testificar a los suyos de lo que Cristo ha hecho en su vida?

DE PERSEGUIDOR A PREDICADOR

1. Pasaje bíblico: Hechos 9:1-22

Cuando Jesús volvió a tomar su debido lugar a la diestra del Padre, no dejo de llevar a cabo el ministerio de invitar a las personas a seguirle y cambiar a las que se le acercaban. La porción bíblica que se estudia esta vez, cuenta de la conversión más sorprendente del siglo primero.

Los seguidores de Jesús en aquellos días sufrían por la persecución de los judíos y después por la del gobierno romano. Pero, a pesar del sufrimiento, la iglesia seguía creciendo. Saulo, uno de los principales de los judíos, amenazaba con destruir la obra de Cristo, maltratando a sus seguidores. Varios años después de haber sido convertido, Pablo se expresó así: "Si alguno cree tener de qué confiar en la carne, yo más: circuncidado al octavo día, del linaje de Israel, de la tribu de Benjamín, hebreo de hebreos; en cuanto a la ley, fariseo; en cuanto al celo, perseguidor de la iglesia; en cuanto a la justicia de la ley, irreprensible" (Filipenses 3:4-6). Al leer estas palabras, la mente se llena con la imagen de un judío muy orgulloso de sí mismo. Pero siga leyendo: "Pero las cosas que para mi eran ganancia, las he considerado pérdida a causa de Cristo. Y aun más: Considero como pérdida todas las cosas, en comparación con lo incomparable que es conocer a Cristo Jesús mi Señor. Por su causa lo he perdido todo y lo tengo por basura, a fin de ganar a Cristo y ser hallado en él; sin pretender una justicia mía, derivada de la ley, sino la que es por la fe en Cristo" (Filipenses 3:7-9).

Lo que usted ha leído muestra la actitud de un creyente maduro. Para ver el comienzo de la nueva vida de Pablo, lea el episodio en el texto escogido para hoy.

(1) El hombre propone, y Dios dispone — 9:1-9
(2) Ananías, colaborador con Dios — 9:1-18
(3) El cambio radical producido en Pablo — 9:19-22

2. Palabras de esta lección que usted debe entender

(1) *Sumo sacerdote* - El hombre con máximo poder y responsabilidad entre la jerarquía de los sacerdotes. El llevaba el peso del servicio en el templo. Una vez al año entraba al lugar santísimo para ofrecer sacrificio por el pueblo, como también por sí mismo. Servía como dirigente del Sanedrín o corte suprema de Israel.

(2) *Cartas para las sinagogas* - Si bien Damasco estaba fuera del área de Judea, las autoridades romanas cedían al Sanedrín cierta jurisdicción sobre los judíos en otras partes.

3. Desarrollo del episodio

(1) "En aquel día se desató una gran persecución contra la iglesia que estaba en Jerusalén" (Hechos 8:1). Una de las personas responsables del odio hacia los seguidores de Jesús era Saulo de Tarso. En este pasaje note que Ananías dijo: "Señor, he oído que muchos hablan acerca de este hombre, y de cuantos males ha hecho a tus santos en Jerusalén" (v. 3). Esto indica que los creyentes tenían mucho miedo de él.

(2) Jesús estaba atento a los problemas de la iglesia. Sabía también que Saulo era uno que dirigía la persecución en contra de los suyos. Nadie podía haberle hecho a Saulo cambiar como lo hizo Jesús. La luz brillo del cielo indicando la presencia de Dios. Saulo escuchó la voz de Jesús.

(3) Al responder a Jesús, Saulo le reconoció como Señor. En un instante se convirtió de perseguidor de la iglesia en seguidor de Jesús. Desde el momento de la conversión, comenzó una vida de obediencia a Jesús como Señor.

(4) Jesús le transformó pero pidió la ayuda de Ananías para instruir y ayudar a este nuevo hermano en la fe. A pesar de que Ananías tenía miedo, estuvo dispuesto a obedecer al Señor a favor de Saulo. Dios siempre da a los creyentes el privilegio de ser colaboradores de Cristo.

(5) Notará en su estudio del Nuevo Testamento que la experiencia de conversión a Cristo de una persona, o de un grupo de personas, fue seguida por el bautismo. El bautismo llegó a ser la forma neotestamentaria de pública confesión de fe en Jesús como Señor y Salvador. De esta manera el nuevo creyente se identificaba con los demás creyentes que componían la iglesia local. Saulo se identificó con la iglesia (el grupo de creyentes) en Damasco. No se bautizó con el propósito de hacerse creyente. Ya lo era, y también lleno del Espíritu Santo, antes de bautizarse.

(6) Inmediatamente este nuevo creyente comenzó a proclamar el mensaje de la salvación en Cristo. Una evidencia de la nueva vida en Cristo es el deseo ardiente de glorificarle y compartir con otros su propia experiencia de fe en él.
(7) Tuvo que huir de Damasco para escapar del odio y de las amenazas de los judíos. Parece que aquellos primeros días de su nueva vida fueron un anticipo de su vida venidera como siervo de Jesús. Estaría sufriendo persecución durante el resto de su vida por proclamar a Jesús como el Mesías que Dios había prometido en los tiempos del Antiguo Testamento.

4. Para reflexionar y dialogar

(1) Trate, en breves palabras, de describir a Saulo antes y después de su conversión. Esto incluye cómo él se veía y cómo lo veían los creyentes de aquel entonces.
(2) ¿En qué fase de su vida llegó Saulo a ser creyente?
(3) ¿Qué significa el bautisrno para los creyentes?
(4) Si usted es creyente, ¿ha considerado la decisión de bautizarse?
(5) ¿Quiénes deben proclamar el mensaje de salvación en Cristo?
(6) ¿Cómo reaccionaban los creyentes primitivos frente a la persecución?
(7) ¿Puede suceder que nosotros también tengarnos que enfrentar dificultades a causa de nuestra fe?

LA FE VIENE POR LA PALABRA DE DIOS

1. Pasaje bíblico: Hechos 8:26-40

(1) ¿Ha testificado a una persona durante esta semana? Comparta la experiencia con el grupo.
(2) Pida a Dios que ayude a los que están a punto de entregar sus vidas a Cristo como Señor y Salvador.
(3) Lea el pasaje indicado para hoy.

2. Palabras de este estudio que usted debe entender

(1) *Gaza* - Ciudad que en tiempos antiguos pertenecía a los filisteos y estaba situada cerca del mar Mediterráneo.
(2) *Eunucos* - Eran comúnmente hombres incapacitados para ser padres, aunque también se usaba el término para significar "funcionario real". Los judíos no aceptaban personas castradas como miembros plenos de la congregación del pueblo (Deuteronomio 23:1). Probablemente este hombre era en algún grado prosélito ó convertido a la religión judía, pues había ido "a Jerusalén para adorar".
(3) *Candace* - No es un nombre personal sino el título dado a las reinas, así como los reyes de Egipto llevaban el título de Faraón.

3. Desarrollo de este estudio

Este relato le hace saber del progreso del evangelio fuera de Jerusalén y del judaísmo. El enfoque del estudio tendrá cuatro facetas. Sólo habría que cambiar los nombres, las nacionalidades y el idioma; y este relato se repite vez tras vez en la historia del cristianismo.

(1) El trasfondo de este episodio es el amor de Dios hacia todos los perdidos. No quiere que nadie perezca sino que todos lleguen a experimentar la salvación eterna que se ofrece en Jesús. El ha hecho todo lo necesario para que todo el mundo sea perdonado, restaurado y adoptado en la familia de Dios.

El relato revela la acción misericordiosa de la Providencia para la salvación de un alma.

(2) El eunuco etíope representa a los millones de personas del mundo que buscan la verdad. Era un alto funcionario de Etiopia. Evidentemente era un hombre honesto y bueno, pues la reina confiaba en él. Era un hombre religioso; buscaba la verdad. ¿Por qué fue a Jerusalén? Recuerde que hacía poco tiempo algo muy especial había sucedido en la ciudad de Jerusalén. Unas seis semanas después de la crucifixión y de la resurrección del Señor Jesús. Dios derramó el Esplritu Santo sobre la iglesia en cumplimiento de su promesa. Esto sucedió cuando judíos de todo el mundo se encontraban reunidos en aquella ciudad para celebrar una fiesta religiosa. Allí Pedro tomó la palabra y predicó un mensaje con el fin de aclarar lo que significaba ese movimiento divino.

Sea que el eunuco había oído del movimiento cristiano de parte de alguien que había estado en Jerusalén en esa fecha memorable, o que haya tenido contacto con los creyentes en su propio viaje reciente a la ciudad, ahora volvía a su patria preocupado por la interpretación de las Escrituras acerca del Mesías. Evidentemente él esperaba encontrar la verdad y la paz de Dios a través de la lectura de su Palabra. Parece que buscaba con el alma sedienta y con la mente abierta, el camino correcto para conocer a Dios.

(3) La Palabra de Dios es la fuente de la cual sale el río de agua viva. El mensaje central de ella es la salvación del pecado, que Dios ofrece a todos los pecadores por medio de la muerte y la resurrección de Jesús.

En el caso del eunuco. sólo tuvo una porción de la Biblia. Leía Isaías 53:7, 8 cuando se le acercó Felipe, pero no entendía lo que leía. Evidentemente había leído una gran parte del libro, pero no entendía el mensaje.

Usted tiene una ventaja sobre aquel hombre. Tiene en sus manos todo el Nuevo Testamento que le cuenta del nacimiento de Jesús, su vida, sus milagros, sus enseñanzas, su muerte, su victoria sobre la muerte, la historia de la iglesia, las doctrinas cristianas y la promesa de la segunda venida de Jesús.

El Espíritu Santo guiará a cada creyente a entender la Palabra leída y ponerla en práctica. No hay otro libro de tanta importancia como la Biblia. Cada cristiano debe leerla, estudiarla, meditar en sus enseñanzas, vivir según sus reglas y compartir el mensaje de la salvación que ella revela.

(4) Dios quiere que todos lleguen al conocimiento de la salvación en Cristo. Hay millones de personas que buscan la verdad. ¿Cuál es el

plan divino para llevar a cabo la obra de proclamar el mensaje de la salvación a los perdidos? Dios usa como sus mensajeros a las personas que han descubierto la verdad, para compartir el mensaje con otros. Felipe había ido a Samaria a predicar, y muchos se convirtieron allí. Cuando Dios le envió al desierto, obedeció y fue, aunque no sabía la razón de esa misión. Una vez que estuvo en el lugar donde Dios le mandó, tuvo el privilegio de compartir el mensaje de esperanza con un alma sedienta. Sin duda era un instrumento útil en las manos de Dios. Cada creyente debe conocer el plan bíblico de la salvación y estar dispuesto a compartirlo con otros. El método de compartir el mensaje puede variar, pero el mensaje nunca cambia.

(5) El eunuco tomó la decisión de confiar en Jesús y luego obedeció al Señor en el bautismo. El que salió de Etiopía buscando la verdad, al fin la había encontrado y volvía gozoso a casa.

4. Resumen de lo que se ha aprendido

(1) Sólo Jesús salva.
(2) Las oportunidades de testificar se encuentran en los lugares menos esperados.
(3) Esas oportunidades pasan rápidamente. Si no se aprovecha el momento, quizás no se tenga otra oportunidad.
(4) Hay que andar en el Espíritu. El Espíritu Santo trabaja en el evangelista y en la persona que ha de ser evangelizada.
(5) El método de evangelizar es señalado por estos factores: la persona, el ambiente, su conocimiento, el lugar y el tiempo que tiene para compartir el mensaje.
(6) Hay que estar dispuesto a evangelizar a los marginados y a los extranjeros.
(7) Use siempre la Palabra de Dios; ayude a la gente a saber lo que dice la Biblia.
(8) Hay que saber cuándo dar una invitación para que las personas puedan decidir y manifestar su decisión de seguir a Jesús.
(9) Siempre hay que dejar al nuevo convertido con toda su confianza puesta en Jesús y no en el evangelista.

5. Para reflexionar y dialogar

(1) ¿Cuál de estos hombres representa a usted, el que busca la verdad o el que ayuda a otro a encontrarla?
(2) Explique la diferencia en la vida del eunuco antes y después de entregarse a Jesús y seguirle en el bautismo.
(3) Si usted hubiera estado en el lugar de Felipe, ¿habría obedecido al Señor cuando le mandó a un desierto?
(4) El eunuco descubrió la verdad por la Palabra de Dios con la ayuda de un creyente obediente y fiel. ¿Cuántos amigos tiene usted que son como era aquel hombre antes de encontrar a Jesús? ¿Que puede hacer usted para ayudarles?
(5) A la luz de este estudio, ¿qué relación hay entre nuestra fe y la Palabra de Dios?

UN SOLO MENSAJE PARA TODO EL MUNDO

1. Pasaje bíbllco: Hechos 10:1-8

Lea el pasaje y pida a Dios que le ayude a entenderlo.

2. Palabras de esta lección que usted debe entender

(1) *Centurión* - Oficial del ejército romano al mando de unos cien hombres.

(2) *Cesarea* - Capital política de la provincia de Judea. Allí estaba la residencia del gobernador.

(3) *Extasis* - Estado en que la persona está fuera de sí, elevada por encima de la esfera ordinaria en que se mueve.

3. Desarrollo de este estudio

Hay algunos que dicen que todas las religiones son buenas y que tienen igual valor. La historia de Cornelio, que se encuentra en el estudio de hoy, y el hecho que tuvo que ser llevado al conocimiento de Cristo para participar de la salvación, contradicen esas enseñanzas.

Los dos personajes principales en este relato son Pedro y Cornelio. Pedro era un judío cristiano lleno de prejuicios. Dios le enseñó cosas nuevas y le usó como mensajero divino para llevar el mensaje de la salvación. Cornelio era romano, pagano de nacimiento. A la vez era religioso piadoso, simpatizante del judaísmo. El temor de Dios reinaba en su vida y en su casa. Hacía obras de misericordia y oraba continuamente.

Dios se dignaba revelarse en aquellos días a los hombres por medio de los ángeles que siempre ejecutaban sus órdenes. Semejantes revelaciones a las de esta porción bíblica habían sido concedidas a José, a Zacarías, a María madre de Jesús, a los pastores de Belén, a Pedro en la cárcel, etc.

Siendo que el pasaje bíblico es extenso, será mejor estudiarlo por etapas.

(1) Comelio y el ángel de Dios — 10:1-8

Se nota una descripcion de quién era Cornelio incluyendo su condición espiritual y moral.

Dios oyó las oraciones de Cornelio porque venían de un corazón sincero. Sin embargo, no bastaban para asegurar a Cornelio la paz y el gozo de la salvación. Le envió una revelación sobrenatural, a fin de llevarle al conocimiento del Salvador quien le pudo perdonar y transformar.

El ángel no anunció el mensaje de la salvación a Cornelio. Esto no es obra de ángeles sino de nosotros, los creyentes.

(2) *Pedro ante una visión especial* — 10:-16

Note que vio algo: El cielo se abrió, y descendió un lienzo, tendido por las cuatro esquinas, lleno de animales, reptiles y aves de toda clase. Tambien oyó algo: la voz de Dios. Ello le produjo un conflicto interior, porque lo que Dios le pedía hacer, según veía Pedro, era lo contrario de lo que le indicaba su religión.

Dios le enseñó que él había purificado todo. Para la salvación Dios no hace distinción entre judíos y gentiles.

(3) *Pedro y los mensajeros de Cornelio* — 10:17-23

El Espíritu Santo ayudó a Pedro a relacionar el mensaje divino con la realidad presente. Fue con ellos, no porque Cornelio le invitó, sino porque el Espíritu Santo le convenció.

(4) *Pedro y sus acompañantes en la casa de Cornelio* — 10:24-33

Cornelio les esperaba y había invitado a muchos para estar presentes en su casa a fin de que oyeran el mensaje que Dios les iba a dar por los labios de su mensajero Pedro.

(5) *El mensaje de la salvación y sus resultados* — 10:34-48

Note el carácter universal de la salvación que hay en Cristo. El mensaje es divino: Cristo Jesús es Salvador en este mundo y será el Juez después de la muerte. Todos pueden recibir el perdón del pecado por la fe en él.

4. Para reflexionar y dialogar

(1) Lea 2 Pedro 3:9 y Mateo 11:28-30 para luego relacionarlos con este estudio.

(2) Puede ser que en el transcurso de estos estudios, usted haya aceptado este mensaje de salvación y haya confiado en Jesús como su Salvador del pecado y Señor de su nueva vida. En la próxima página encontrará un resumen de lo que significa ser creyente. También hay un lugar para que usted confirme su decisión poniendo la fecha y su firma. Si no ha tomado tal decisión, considérelo antes de proseguir a la última lección.

UNA DECISION PERSONAL DE SEGUIR A CRISTO

Habrá notado en estos estudios bíblicos que el hecho de ser cristiano significa haber establecido una relación íntima con Cristo. Esta relación se construye sobre el amor de Dios hacia los pecadores, tal como ha sido expresado en la persona de Jesús. Los que han establecido esta relación se han considerado pecadores sin esperanza de salvarse; se han arrepentido del pecado y han entregado sus vidas a Jesús, reconociéndolo como el único Salvador del pecado y el Señor de sus vidas.

Así, pues, la salvación del pecado es el resultado de una decisión personal. El Espíritu Santo convence a cada persona de que es pecadora y señala a Jesús como la única esperanza para ser salva. Entonces, el que llega a entender lo que significa ser pecador y quién le puede cambiar, tiene que decidir por sí mismo si quiere aceptar a Cristo y ser salvo o si le va a rechazar. No es suficiente saber acerca de Jesús. Sólo los que confían en él tienen la vida eterna. El Nuevo Testamento dice: "El que cree en el Hijo de Dios tiene el testimonio en sí mismo; el que no cree a Dios le ha hecho mentiroso, porque no ha creído en el testimonio que Dios ha dado acerca de su Hijo. Y éste es el testimonio: que Dios nos ha dado vida eterna, y esta vida está en su Hijo. El que tiene al Hijo tiene la vida; el que no tiene al Hijo de Dios no tiene la vida. Estas cosas os he escrito a vosotros que creéis en el nombre del Hijo de Dios, para que sepáis que tenéis vida eterna" (1 Juan 5:10-13).

Puede ser que usted haya aceptado a Jesús como su Salvador en el transcurso de estos estudios. O quizás esté pensando seriamente en hacerlo ahora mismo. Si usted está convencido de que es pecador, de que Jesús vino a este mundo a salvar a los pecadores, incluído usted, y desea ahora mismo afirmar su fe en él, puede hacerlo usando la siguiente oración como suya.

> "Padre Celestial, te doy gracias por tu Palabra y por el privilegio que me has dado de estudiarla. Gracias por todo lo que me estás enseñando. Gracias por tu amor hacia los pecadores incluyéndome a mí. Gracias por haber mandado a Jesús a este mundo para salvarme. He vivido hasta ahora según mi propia voluntad, pensando poco en ti. Reconozco que soy pecador y que no merezco ser hijo tuyo. Pero, me has enseñado que Cristo vino a este mundo a sufrir el castigo de la muerte en mi lugar y que me ofreces el perdón del pecado y la vida eterna en él. Hoy me arrepiento de mi pecado y me entrego a ti. Acepto a Jesús como mi Salvador y Señor de mi nueva vida. Te pido esto en el nombre de Cristo Jesús, tu Hijo y el único Mediador entre tú y los hombres. Amén."

Yo acepté a Jesús como mi Salvador del pecado y el Señor de mi nueva vida.

____________________ ________________________________

fecha firma

13 PRIMEROS PASOS PARA EL NUEVO CREYENTE

Si usted ha tomado la decision de aceptar a Cristo como su Salvador personal, ha tomado el paso más importante de toda su vida. Si de veras usted ha tomado esta decisión, ahora puede estar seguro de que Cristo le ha perdonado todos sus pecados. Usted ahora es hijo de Dios y en el futuro irá al cielo para estar siempre con nuestro Padre Celestial.

Sus compañeros de estudio deben ser los primeros en saber de su decisión. ¿Les ha contado de su fe en Cristo? Si no, hágalo lo antes posible. Puede ser que varios en el grupo hayan tomado la misma decisión durante el tiempo que han estado estudiando juntos. Sugerimos que lea los siguientes pasajes en su Nuevo Testamento para ser afirmado en su decisión:

- Hechos 4:12
- Hechos 10:43
- Romanos 5:1
- Romanos 8:1
- Romanos 10:8-13
- Efesios 1:13-15

Usted ha nacido espiritualmente. Es de suma importancia que siga fiel a Cristo en todo. Los siguientes pasos le ayudarán a crecer como cristiano.

1. Leer y estudiar la Palabra de Dios

La Biblia es el libro principal de los cristianos. Es alimento para el alma, luz para la mente y consejero incomparable en la nueva vida. El Espíritu Santo le ayudará a entender sus enseñanzas y ponerlas en práctica. Hable con su pastor en cuanto a un plan sistemático para seguir estudiando la Palabra de Dios. Sería bueno participar en los estudios bíblicos que se ofrecen para los nuevos creyentes.

2. Asistir regularmente a los cultos de una iglesia que predica la Palabra de Dios

Cada persona que se convierte a Cristo tiene el deseo de "adorar a Dios en espíritu y en verdad" (Juan 4:24). La iglesia a cuyos cultos usted ha decidido asistir tendrá una variedad de actividades durante toda la semana. Alguien de esa iglesia le puede informar de estas actividades. El dla del Señor es un día especial para los creyentes. En este día celebramos la resurrección de Jesús y recordamos que él vive. Su vida espiritual se edificará al participar en los cultos de adoración con otros cristianos. Cada parte del culto está diseñada para la participación del grupo. Puede cantar alabanzas, unir sus pensamientos con los demás en oración presentar su ofrenda al Señor y escuchar el mensaje de la Palabra de Dios.

3. Esforzarse por ser un cristiano que mantiene un contacto con Dios en oración

Por medio de Jesús, nuestro Mediador, usted puede comunicarse directamente con Dios. Es imposible vivir la vida cristiana sin orar. Dios está atento a las oraciones de sus hijos. Aprenderá a orar escuchando al pastor y a los hermanos en la fe. También descubrirá, en sus estudios bíblicos, cómo oraron los antiguos siervos de Dios, y les puede imitar. Lo más importante en su oración es la sinceridad. Ore a solas en su casa, y con otros hermanos en el templo. Ore al comenzar cada día y al terminarlo. Dé gracias a Dios por todo lo que él provee. Ore cuando se sienta tentado y al enfrentar los problemas de la vida. Ore por los de su familia que todavía no conocen a Jesús como Señor y Salvador. Ore por el pastor y los demás de la iglesia. Siempre respalde sus oraciones con un testimonio puro.

4. Obedecer a Cristo en la ordenanza del bautismo

Ya sabe que el bautismo es un acto de obediencia, un testimonio público de la vida nueva que encontró cuando Cristo entró en su vida, y un acto simbólico de su unión con Cristo y la iglesia. Cada iglesia tendrá sus requisitos que deben llenar los candidatos antes de ser bautizados. El Nuevo Testamento enseña que cada persona que quiera ser bautizada ha de estar segura de que Cristo vive en ella y expresar el deseo de dar su testimonio por medio del bautismo. Dígale al pastor de la iglesia que usted desea obedecer al Señor en el bautismo. El le explicará en detalle lo que significa el bautismo y planeará con usted la fecha para realizarlo.

5. Mantenerse en compañerismo con su nueva familia espiritual

Es posible que usted haya perdido a algunos de sus amigos por haber abrazado la fe en Cristo. Muchas veces hasta los familiares abandonan a los suyos cuando éstos confían en Cristo, y les acusan de haberles traicionado. No se desanime si esto le sucede. Cualquier pérdida por el nombre del Señor redunda en bendición espiritual. Todos los hermanos en Cristo forman su nueva familia y desean ser sus amigos. La amistad de los demás cristianos sirve de gran estímulo en los caminos de Dios.

6. Empezar a servir al Señor Jesucristo

Usted va a descubrir pronto en su nueva vida que Dios le ha dado ciertos talentos o capacidades especiales. La Biblia llama a estos talentos y capacidades los "dones del Espiritu". Cada uno de estos dones debe ser dedicado para la edificación de la iglesia y la gloria de Dios. Al hablar con el pastor y los hermanos de la iglesia usted va a descubrir un lugar de servicio. El ministerio total de la iglesia se lleva a cabo cuando todos los creyentes descubren sus dones, los dedican a Dios y los desarrollan al máximo para su gloria.

7. Comenzar a compartir con otros lo que Cristo ha hecho en su vida

No hay en este mundo una felicidad que se pueda comparar con el gozo de saber que los pecados son perdonados y la seguridad de saber que ahora es salvo para siempre. Dios se encargará de ayudarle a perseverar en el camino de Cristo. Nunca debe avergonzarse por ser seguidor de él. El mayor bien que se puede hacer para otros es anunciarles las buenas nuevas de la salvación, indicándoles lo que Dios ha hecho en la vida de usted.

Si todos los cristianos comenzaran a compartir sus testimonios y llevar sus vidas de tal manera que otros pudieran observar la diferencia que Cristo hace en la vida, muchos de sus amigos desearían venir a él. ¡Hágalo!

¡Bienvenido a la familia de Dios! Sea fiel a Cristo en todo, y él le usará como un canal de su bendición para muchos.

Cantos Bíblicos

Obtenga el Cancionero para la Iglesia de Hoy, No. 3
(CBP No. 32223) donde encontrará la música de estos cantos.

(1) **EL HOMBRE NATURAL** • 1 Corintios 2:14
Pero el hombre natural
No acepta las cosas que son del Espíritu de Dios,
Porque le son locura;
Y no las puede comprender,
Porque se han de discernir espiritualmente,
Porque se han de discernir espiritualmente.

(2) **EL VERBO HECHO CARNE** • Juan 1:1-3
En el principio era el Verbo,
Y el Verbo era con Dios,
Y el Verbo era Dios.
El era en el principio con Dios.
Todas las cosas fueron hechas por medio de él,
Y sin él no fue hecho nada
De lo que ha sido hecho.

(3) **LOS QUE CREEN EN SU NOMBRE** • Juan 1:12
Pero a todos los que le recibieron,
A los que creen en su nombre,
Les dio el derecho, dio el derecho
De ser hechos hijos de Dios,
Les dio el derecho, dio el derecho
De ser hechos hijos de Dios.

(4) **SALVOS POR GRACIA** • Efesios 2:8, 9
Porque por gracia sois salvos
Por medio de la fe;
Y esto no de vosotros,
Pues es don de Dios
No es por obras,
Para que nadie se gloríe.

5 **EN ESTO ES GLORIFICADO** • Juan 15:8
En esto es glorificado mi Padre,
En esto es glorificado mi Padre:
En que llevéis mucho fruto
Y seáis mis discípulos,
En que llevéis mucho fruto
Y seáis mis discipulos.

6 **SI CONFIESAS** • Romanos 10:9,10
Si confiesas con tu boca
Que Jesús es el Señor,
Y si crees en tu corazón
Que Dios le levantó de entre los muertos,
Serás salvo, serás salvo.
Porque con el corazón se cree para justicia,
Y con la boca se confiesa para salvación.
Porque con el corazón se cree para justicia,
Y con la boca se confiesa para salvación.

7 **LA VERDAD OS HARA LIBRES** • Juan 8:31b, 32
Si vosotros permanecéis en mi palabra,
Seréis verdaderamente mis discípulos;
Si vosotros permanecéis en mi palabra,
Seréis verdaderamente mis discípulos;
Y conoceréis la verdad,
Y la verdad os hará libres,
Y la verdad os hará libres.

8 **TU OFRENDA** • Mateo 5:23, 24
Por tanto, si traes tu ofrenda al altar
Y allí te acuerdas que tu hermano
Tiene algo contra ti,
Deja tu ofrenda allí delante del altar,
Y vé, reconciliate primero con tu hermano,
Y entonces vuelve y ofrece tu ofrenda.

9 **CRISTO VIVE EN MI** • Gálatas 2:20
Con Cristo he sido juntamente
Crucificado, crucificado;
Y ya no vivo yo,
Sino que Cristo vive en mí.
Lo que ahora vivo en la carne,
Lo vivo por la fe en el Hijo de Dios,
Quien me amó y se entregó
A sí mismo por mí,
Quien me amó y se entregó
A sí mismo por mí.

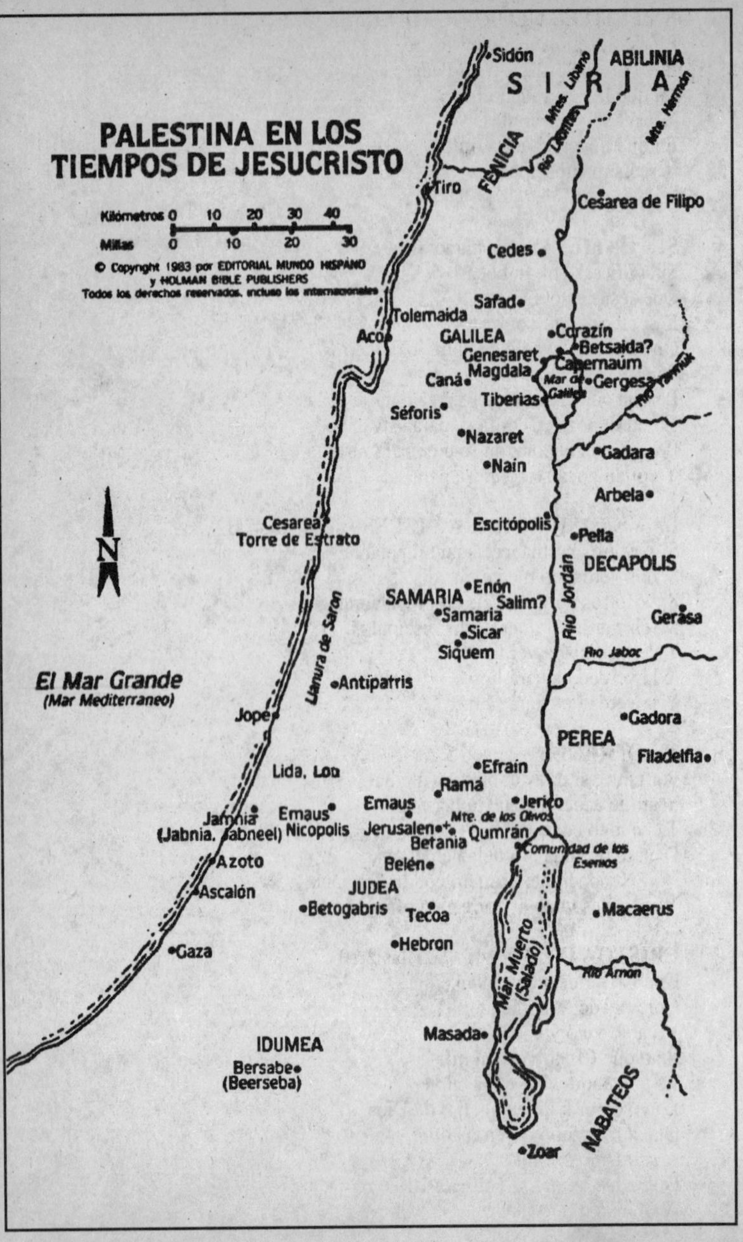
PALESTINA EN LOS TIEMPOS DE JESUCRISTO
Kilómetros 0 10 20 30 40
Millas 0 10 20 30
© Copyright 1983 por EDITORIAL MUNDO HISPANO
y HOLMAN BIBLE PUBLISHERS
Todos los derechos reservados, incluso los internacionales
Sidón
ABILINIA
SIRIA
Mte. Líbano
Mte. Hermón
Río Leontes
FENICIA
Tiro
Cesarea de Filipo
Cedes
Safad
Tolemaida
Aco
GALILEA
Corazín
Betsaida?
Genesaret
Capernaúm
Magdala
Caná
Mar de Galilea
Gergesa
Río Yarmuk
Tiberias
Séforis
Nazaret
Gadara
Naín
Arbela
Cesarea
Torre de Estrato
Escitópolis
Pella
N
DECAPOLIS
Enón
SAMARIA
Salim?
Samaria
Río Jordán
Gerasa
Sicar
Siquem
Río Jaboc
Llanura de Saron
El Mar Grande
(Mar Mediterraneo)
Antipatris
Jope
Gadora
PEREA
Filadelfia
Efraín
Lida, Lod
Ramá
Jericó
Emaus
Emaus
Mte. de los Olivos
Jamnia
(Jabnia, Jabneel)
Nicopolis
Jerusalen
Qumrán
Betania
Comunidad de los Esenios
Azoto
Belén
JUDEA
Ascalón
Betogabris
Tecoa
Macaerus
Hebron
Gaza
Mar Muerto (Salado)
Río Arnon
Masada
IDUMEA
Bersabe
(Beerseba)
NABATEOS
Zoar